LEVANDO OS DIREITOS A SÉRIO

LEVANDO OS DIREITOS A SÉRIO

Ronald Dworkin

Tradução
NELSON BOEIRA

wmf martinsfontes

1ª edição *2002*
3ª edição *2010*
7ª tiragem *2021*

Tradução
NELSON BOEIRA

Revisão da tradução
Silvana Vieira
Revisões
Ana Luiza França
Célia Regina Camargo
Maria Regina Ribeiro Machado
Dinarte Zorzanelli da Silva
Produção gráfica
Geraldo Alves
Paginação
Studio 3 Desenvolvimento Editorial
Capa
Katia Harumi Terasaka

Dados Internacionais de Catalogação na Publicação (CIP)
(Câmara Brasileira do Livro, SP, Brasil)

Dworkin, Ronald
Levando os direitos a sério / Ronald Dworkin ; tradução Nelson Boeira. – 3ª ed. – São Paulo : Editora WMF Martins Fontes, 2010. – (Biblioteca jurídica WMF)

Título original: Taking rights seriously
ISBN 978-85-7827-251-7

1. Direito – Filosofia 2. Direitos políticos 3. Jurisprudência 4. Positivismo jurídico I. Título. II. Série.

10-01093 CDU-340.12

Índices para catálogo sistemático:
1. Direito : Filosofia 340.12

Editora WMF Martins Fontes Ltda.
Rua Prof. Laerte Ramos de Carvalho, 133 01325-030 São Paulo SP Brasil
Tel. (11) 3293-8150 e-mail: info@wmfmartinsfontes.com.br
http://www.wmfmartinsfontes.com.br

Índice

Introdução

1

Os capítulos deste livro foram escritos em separado, durante um período de grande controvérsia sobre o que é o direito, quem deve obedecê-lo e quando. Durante o mesmo período a atitude política chamada de "liberalismo", que anteriormente fora a postura de quase todos os políticos, parecia ter perdido grande parte de seus atrativos. Aqueles de meia-idade responsabilizavam o liberalismo pela permissividade, e os mais jovens pela rigidez, pela injustiça econômica e pela Guerra do Vietnã. A incerteza em relação ao direito refletia a incerteza a respeito de uma atitude política convencional.

Os diferentes capítulos deste livro definem e defendem uma teoria liberal do direito. Não obstante isso, são profundamente críticos em relação a outra teoria que é amplamente considerada por muitos como uma teoria liberal. Essa teoria é tão popular e influente que a chamarei de teoria dominante do direito. A teoria dominante tem duas partes e insiste na independência de cada uma delas. A primeira parte é uma teoria sobre o que é o direito: em linguagem menos dramática, trata-se de uma teoria sobre as condições necessárias e suficientes para a verdade de uma proposição jurídica. Esta é a teoria do positivismo jurídico, que sustenta que a verdade das proposições jurídicas consiste em fatos a respeito das regras que foram adotadas por instituições sociais específicas e em nada mais do que isso. A segunda parte é uma teoria acerca do que o direito deve ser e sobre o modo como as instituições jurídicas que nos são familiares deveriam comportar-se. Essa é a teoria do utilitarismo, que sustenta que o direito e suas instituições deveriam estar a serviço do bem-estar geral e tão-somente isso. As duas partes da teoria dominante derivam da filosofia de Jeremy Bentham.

Os segmentos críticos desses ensaios examinam as duas partes da teoria, bem como o pressuposto de que são independentes uma da outra. Os segmentos construtivos enfatizam uma idéia que também faz parte da tradição liberal, mas que está ausente tanto do positivismo jurídico, como do utilitarismo. Trata-se da velha idéia dos direitos humanos individuais. Bentham referia-se a essa idéia como o "contra-senso em pernas de pau".

2

Uma teoria geral do direito deve ser ao mesmo tempo normativa e conceitual. Sua parte normativa deve examinar uma variedade de temas, indicados na relação que segue. Ela deve conter uma teoria da legislação, da decisão judicial* e da observância da lei**. Essas três teorias tratam das questões normati-

---

* *Adjudication* – deriva do latim *adjudicare*, pronunciar uma sentença em favor de alguém. Aqui foi traduzida por "decisão judicial". No direito civil americano, a *adjudicatio* é uma decisão através da qual um tribunal estabelece que o objeto de uma disputa é propriedade de um dos litigantes. *Adjudication*, por sua vez, corresponde ao processo legal destinado a resolver uma disputa. Refere-se ao processo formal de tomada de decisão por parte de um tribunal. Outra alternativa aceitável de tradução seria "prestação jurisdicional". A escolha da alternativa "decisão judicial" deve-se ao fato de que *adjudication* diz respeito tanto ao processo de tomada de decisão quanto ao resultado desse processo, a atribuição de direitos, fundada em razões. Dworkin emprega o termo para referir-se a uma teoria normativa das decisões judiciais, seus procedimentos e suas dificuldades conceituais, como se verá nos capítulos seguintes. (N. do T.)

** *Compliance* – refere-se tanto à obediência, respeito à lei e às decisões judiciais (*deference*, deferência), como à sua implementação, aplicação ou execução (*enforcement*). Aqui foi traduzida por "observância da lei". (N. do T.)

vas do direito, a partir da perspectiva de um legislador, de um juiz e de um cidadão comum.

A teoria da legislação deve conter uma teoria da legitimidade que descreva as circunstâncias nas quais um indivíduo ou um grupo particular está autorizado a fazer leis, e uma teoria da justiça legislativa, que descreve o tipo de leis que estão autorizados ou obrigados a fazer. Do mesmo modo, a teoria da decisão judicial deve ser complexa: deve conter uma teoria da controvérsia, que estabeleça os padrões que os juízes devem utilizar para decidir os casos jurídicos difíceis, e uma teoria da jurisdição, que explique por que e quando os juízes – e não outros grupos ou instituições – devem tomar as decisões exigidas pela teoria da controvérsia. A teoria da observância da lei deve discutir e distinguir dois papéis. Deve conter uma teoria do respeito à lei, que discuta a natureza e os limites do dever do cidadão de obedecer à lei, tal como esta se apresenta nas diferentes formas do Estado e em diferentes circunstâncias, bem como uma teoria da execução da lei que identifique os objetivos da aplicação e da punição e descreva como os representantes públicos devem reagir às diferentes categorias de crimes e infrações.

Uma teoria geral do direito incluirá assuntos que não pertencem a nenhuma dessas categorias, e um tópico que pertencer a uma poderá igualmente pertencer a outras. A questão politicamente sensível do constitucionalismo, por exemplo, diz respeito à teoria da legitimidade. Por que os representantes eleitos da maioria não deveriam estar habilitados, em qualquer circunstância, a sancionar leis que lhes parecessem equânimes* e eficientes?

---

* *Fair* – pode ser traduzido por "equânime". Na filosofia e na teoria do direito de Dworkin, o adjetivo *fair* e o substantivo *fairness*, dele derivado, indicam tanto "imparcialidade" como "eqüidade". Por vezes o termo indica "justiça", quando esta é definida como imparcialidade ou eqüidade dos processos de atribuição de direitos e obrigações, encargos e benefícios. Além disso, os termos *fair* e *fairness* estão ainda associados à honestidade, isenção, equilíbrio, ausência de preconceitos e eqüidistância na ponderação de interesses conflitantes. *Fair play*, por sua vez, refere-se àqueles juízos, decisões e ações que são considerados razoáveis, apropriados ou adequados, segundo o entendimento, sentimento e as crenças partilhados por um grupo social ou comunidade a respeito do que é correto e equânime. O emprego desses ter-

Mas há uma questão conexa que também se constitui em problema para a parte conceitual de uma teoria do direito. Os princípios mais fundamentais da Constituição, que definem o modo de fazer leis e quem é competente para fazê-las, podem ser considerados como partes integrantes do direito? Essa questão conceitual remete, claramente, a outros problemas de legitimidade e jurisdição. Se os princípios políticos inscritos na Constituição fazem parte do direito, a prerrogativa dos juízes para decidir o que determina a Constituição fica confirmada, pelo menos *prima facie*. Se esses princípios fazem parte do direito, apesar do fato de não serem produtos de decisão social ou política deliberada, então o fato de que, neste caso, o direito possa ser natural é um argumento em favor das restrições que a Constituição impõe ao poder da maioria. Tanto a questão conceitual quanto as questões de jurisdição e legitimidade incidem de maneira óbvia sobre a teoria da observância da lei. Incidem, por exemplo, sobre a questão de saber se um dissidente pode afirmar, de modo plausível ou mesmo coerente, que sua concepção a respeito do que determina a lei constitucional é superior à do poder legislativo e dos juízes.

Portanto, as interdependências entre as diversas partes de uma teoria geral do direito são complexas. Além disso, nesse mesmo sentido, uma teoria geral do direito terá muitas ligações com outras áreas da filosofia. A teoria normativa irá assentar-se em uma teoria moral e política mais geral, que poderá, por sua vez, depender de teorias filosóficas sobre a natureza humana ou a objetividade da moral. A parte conceitual fará uso da filosofia da linguagem e, portanto, também da lógica e da metafísica. Por exemplo, a questão do significado das proposições do direito e de sua verdade ou falsidade tem ligações imediatas com ques-

---

mos está claramente associado à idéia de uma justiça processual, cuja característica central é precisamente a "imparcialidade". Contudo, em alguns contextos, *fair* e *fairness* possuem um valor substantivo e não puramente processual. É importante lembrar que a teoria da justiça de John Ralws, autor de quem Dworkin se confessa devedor, é dita uma "teoria da justiça como eqüidade" (*justice as fairness*). (N. do T.)

tões muito difíceis e controvertidas da lógica filosófica. Por essa razão, uma teoria geral do direito deve constantemente adotar uma ou outra das posições em disputa a respeito de problemas de filosofia que não são especificamente jurídicos.

3

Bentham foi o último filósofo da corrente anglo-americana a propor uma teoria do direito que é geral no sentido acima descrito. Pode-se encontrar em sua obra uma parte conceitual e uma parte normativa de uma teoria geral do direito e, na parte normativa, teorias bem definidas da legitimidade, da justiça legislativa, da jurisdição e da controvérsia, todas adequadamente articuladas por uma teoria política e moral utilitarista e uma teoria metafísica empiricista mais geral. Cada componente dessa teoria foi desde então desenvolvido e aprimorado por diferentes autores, mas a teoria do direito que prevalece nas universidades inglesas e norte-americanas continua sendo uma teoria benthamiana.

A parte conceitual de sua teoria – o positivismo jurídico – foi bastante aperfeiçoada. A mais influente versão contemporânea do positivismo é a proposta por H. L. A. Hart e é essa versão que este livro critica. A parte normativa da teoria de Bentham foi muito aprimorada mediante a utilização da análise econômica na teoria do direito. A análise econômica fornece padrões para identificar e medir o bem-estar dos indivíduos que compõem uma comunidade (embora a natureza desses padrões seja matéria de muita discussão) e sustenta que as questões normativas de uma teoria da legitimidade, da justiça legislativa, da jurisdição e da controvérsia, bem como do respeito à lei e de sua execução, devem todas ser resolvidas mediante a suposição de que as instituições jurídicas compõem um sistema cujo objetivo geral é a promoção do mais elevado bem-estar médio para esses indivíduos. Essa teoria normativa geral enfatiza aquilo que as versões anteriores do utilitarismo freqüentemente negligenciavam, a saber, que este objetivo geral pode ser promovido com maior segurança atribuindo-se diferentes tipos de questões a diferentes instituições, de acordo com alguma teoria da competência institucional, em vez de supor que todas as instituições são igualmente capazes de calcular o impacto de uma decisão política particular sobre o bem-estar geral[1]. Uma vez que o positivismo jurídico e o utilitarismo econômico são doutrinas complexas, a teoria dominante do direito tem múltiplos oponentes, muitos dos quais também se opõem entre si. A teoria dominante é contestada, por exemplo, por diversas formas de coletivismo. O positivismo jurídico pressupõe que o direito é criado por práticas sociais ou decisões institucionais explícitas; rejeita a idéia mais obscura e romântica de que a legislação pode ser o produto de uma vontade geral ou da vontade de uma pessoa jurídica. O utilitarismo econômico é igualmente individualista, ainda que apenas até certo ponto. Fixa o objetivo do bem-estar médio ou geral como o padrão de justiça para a legislação, mas define o bem-estar geral como uma função do bem-estar de indivíduos distintos e se opõe firmemente à idéia de que, enquanto entidade separada, uma comunidade tem algum interesse ou prerrogativa independente.

A teoria dominante também é criticada por ser racionalista. Em sua parte conceitual, ensina que o direito é o produto de decisões deliberadas e intencionais, tomadas por homens e mulheres que planejam, por meio dessas decisões, modificar a comunidade com base na obediência geral às regras criadas por suas decisões. Em sua parte normativa, recomenda decisões baseadas em tais planos e, portanto, pressupõe que homens e mulheres que ocupam cargos públicos possuem a habilitação, o conhecimento e a virtude necessários para tomarem tais decisões de maneira eficiente em condições de considerável incerteza, em meio a comunidades extremamente complexas.

Alguns dos que criticam o individualismo e o racionalismo da teoria dominante representam o que é freqüentemente

---

1. Ver, por exemplo, o influente material didático de H. M. A. Hart e A. Sachs, *The Legal Process* (O processo legal), material mimeografado, publicado pela Faculdade de Direito de Harvard.

chamado, nas discussões políticas, de "esquerda". Estes acreditam que o formalismo do positivismo jurídico força os tribunais a substituir uma justiça substantiva mais densa, que solaparia políticas sociais conservadoras, por uma concepção fraca de justiça processual, que as promoveria. Acreditam que o utilitarismo econômico é injusto nas suas conseqüências, porque perpetua a pobreza como um instrumento para a eficiência, e deficiente na sua teoria da natureza humana, porque concebe os indivíduos como átomos auto-interessados da sociedade, em vez de seres inerentemente sociais, cujo sentido de comunidade é uma parte essencial de seu próprio sentido de identidade.

Por outro lado, muitos outros críticos da teoria dominante são ligados à direita política[2]. Seguem a curiosa filosofia de Edmund Burke, que recentemente tornou-se popular na teoria política norte-americana. Acreditam eles que o verdadeiro direito de uma comunidade não é constituído simples e exclusivamente pelas decisões deliberadas, como afirma o positivismo jurídico, mas também pela moral costumeira difusa, que exerce uma grande influência sobre essas decisões. Acreditam que o utilitarismo econômico revela-se irrecuperavelmente otimista, ao insistir que as decisões deliberadas contrárias à moral convencional podem aumentar o bem-estar da comunidade. Argumentam, com Burke, que as regras mais apropriadas para promover o bem-estar de uma comunidade emergem apenas da experiência dessa mesma comunidade, razão pela qual é preciso confiar mais na cultura social estabelecida do que na engenharia social dos utilitaristas, que supõem saber mais do que a própria história.

Contudo, nenhuma dessas críticas, tão diferentes entre si, põe em dúvida uma das características específicas, anteriormente mencionada, da teoria dominante. Nenhuma delas argumenta que a teoria dominante é falha porque rejeita a idéia de que os indivíduos podem ter direitos contra o Estado, anteriores aos direitos criados através de legislação explícita. Ao contrário, tanto a oposição de esquerda como a de direita são unânimes em condenar a teoria dominante pelo que consideram

---

2. Ver, por exemplo, Hayek, *Law, Liberty and Legislation*.

ser sua preocupação excessiva com o destino dos indivíduos enquanto indivíduos. A idéia de direitos individuais, no sentido forte em que tal idéia é defendida neste livro, não passa para eles de um caso grave da doença da qual a teoria dominante já sofre.

4

Essa idéia, sem dúvida, já foi apresentada nas mais diversas formas por muitos filósofos diferentes, mas a teoria dominante a rejeita, tenha ela a forma que tiver. O positivismo jurídico rejeita a idéia de que os direitos jurídicos possam preexistir a qualquer forma de legislação; em outras palavras, rejeita a idéia de que indivíduos ou grupos possam ter, em um processo judicial, outros direitos além daqueles expressamente determinados pela coleção de regras explícitas que formam a totalidade do direito de uma comunidade. O utilitarismo econômico rejeita a idéia de que os direitos políticos possam preexistir aos direitos jurídicos, isto é, que os cidadãos possuam outra justificativa para criticar uma decisão legislativa que não seja a alegação de que uma decisão não atende, de fato, ao bem-estar geral.

Grande parte da oposição da teoria dominante aos direitos naturais é conseqüência de uma idéia patrocinada por Bentham: os direitos naturais não têm lugar em uma metafísica empírica digna de respeito. Os liberais desconfiam do luxo ontológico. Acreditam ser uma fraqueza fundamental das várias formas de coletivismo o fato de que elas se apóiem em entidades fantasmagóricas como vontades coletivas ou espíritos nacionais e, por essa razão, eles são hostis a qualquer teoria do direito natural que pareça basear-se em entidades igualmente suspeitas. Mas a idéia de direitos individuais que estes ensaios defendem não pressupõe nenhuma forma fantasmagórica. Na verdade, esta idéia não possui uma natureza metafísica distinta das idéias principais da própria teoria dominante. Ela é, de fato, parasitária da idéia dominante do utilitarismo: a idéia de um alvo coletivo da comunidade como um todo.

Os direitos individuais são trunfos políticos que os indivíduos detêm. Os indivíduos têm direitos quando, por alguma razão, um objetivo comum não configura uma justificativa suficiente para negar-lhes aquilo que, enquanto indivíduos, desejam ter ou fazer, ou quando não há uma justificativa suficiente para lhes impor alguma perda ou dano. Sem dúvida, essa caracterização de direito é formal, no sentido de que não indica quais direitos as pessoas têm nem garante que de fato elas tenham algum. Mas não pressupõe que os direitos tenham alguma característica metafísica especial. Portanto, a teoria defendida nestes ensaios distingue-se das teorias mais antigas que se apóiam em tal suposição.

Essa teoria requer um vocabulário que nos permita estabelecer distinções entre os diferentes tipos de direitos que os indivíduos possuem. Tal vocabulário será exposto no capítulo 4. A mais importante das distinções ali estabelecidas é a que se refere às duas formas de direitos políticos: i) direitos preferenciais* são aqueles que, considerados abstratamente, prevalecem contra as decisões tomadas pela comunidade ou sociedade como um todo; ii) direitos institucionais mais específicos, que prevalecem contra decisões tomadas por uma instituição específica. Os direitos jurídicos podem ser identificados como uma espécie particular de um direito político, isto é, um direito institucional a uma decisão de um tribunal na sua função judicante.

De acordo com esse vocabulário, o positivismo jurídico é a teoria segundo a qual os indivíduos só possuem direitos jurídicos na medida em que estes tenham sido criados por decisões políticas ou práticas sociais expressas. Essa teoria é criticada nos capítulos 2 e 3 como uma teoria conceitual inadequada do

---

* *Background rights* – traduzido por "direitos preferenciais" para preservar a idéia de que tais direitos têm anterioridade e preferência com relação aos direitos institucionalmente estabelecidos. Uma tradução alternativa por "direitos de base" conserva a associação semântica com *ground*, que significa "fundamento", "base" ou "solo". Outras alternativas menos satisfatórias são as expressões "direitos primários", "direitos prioritários" ou "direitos fundamentais", utilizadas com sentidos variáveis em diferentes contextos da obra do autor e na literatura em geral. (N. do T.)

direito. O capítulo 4 sugere uma teoria conceitual alternativa que mostra como os indivíduos podem ter outros direitos jurídicos além daqueles criados por uma decisão ou prática expressa, isto é, que eles podem ter direitos ao reconhecimento judicial de suas prerrogativas, mesmo nos casos difíceis, quando não existem decisões judiciais ou práticas sociais inequívocas que exijam uma decisão em favor de uma ou outra parte.

O argumento do capítulo 4 estabelece uma ponte entre a parte normativa e a parte conceitual da teoria alternativa. Oferece uma teoria normativa da decisão judicial que enfatiza a distinção entre argumentos de princípio e argumentos de política* e defende a tese de que as decisões judiciais baseadas em argumentos de princípio são compatíveis com os princípios democráticos. O capítulo 5 aplica essa teoria normativa da atribuição judicial de direitos aos casos centrais e politicamente importantes do ajuizamento constitucional de direitos. Utiliza a teoria para criticar o debate entre o que é chamado de ativismo e de comedimento em direito constitucional e defende a justeza da revisão judicial limitada a argumentos de princípio, mesmo nos casos politicamente controversos.

O capítulo 6 discute os fundamentos de uma teoria dos direitos legislativos. Argumenta, através de uma análise da poderosa e influente teoria da justiça de John Rawls, que nossas intuições sobre a justiça pressupõem não apenas que as pessoas têm direitos, mas que um desses direitos é fundamental e até mesmo axiomático. Esse direito, que é o mais fundamental de todos, é uma concepção nítida do direito à igualdade, que chamo de direito à igual consideração e respeito**.

---

* *Policy* – traduzimos na maior parte dos casos por "política" (e eventualmente por "política pública). Refere-se tanto aos princípios gerais que orientam um governo na condução dos assuntos públicos, como aos programas e ações governamentais orientadas por esses princípios. Neste último caso, fala-se, por exemplo, de política econômica, social trabalhista, etc. Para o sentido técnico dessa expressão em Dworkin, ver capítulos 2 e 4, deste livro. E, ainda Ronald Dworkin, *Uma questão de princípio*, parte 1, capítulo 3. (N. do T.)

** *Right to equal concern and respect* – essa expressão faz parte do vocabulário técnico de Dworkin. Esse conceito indica que o sistema jurídico

Os capítulos 7 e 8 defendem uma teoria normativa da observância da lei. O capítulo 7 examina casos nos quais os direitos legislativos de um indivíduo – mas não necessariamente seus direitos jurídicos – estão em discussão. Não defende nenhum conjunto específico de direitos individuais, mas apenas expõe algumas conseqüências que derivam do fato de se admitir que os indivíduos têm alguns direitos legislativos distintos de seus direitos jurídicos e anteriores a estes. Essa teoria da observância da lei não se baseia, portanto, em quaisquer pressupostos sobre a natureza dos direitos preferenciais e legislativos que as pessoas possuem na realidade; não pressupõe nem mesmo a conclusão abstrata do capítulo 6. Cumpre, portanto, uma importante exigência de qualquer teoria política que conceda uma posição de destaque aos direitos: oferece uma teoria da obediência à lei sob condições de incerteza e controvérsia a propósito dos direitos que as pessoas de fato possuem.

O capítulo 8 amplia a análise para casos de incerteza e controvérsia sobre os direitos jurídicos e aborda duas questões importantes (e freqüentemente negligenciadas) da teoria da observância da lei: quais são os direitos preferenciais e as responsabilidades de um cidadão quando seus direitos constitucionais são incertos, mas ele acredita sinceramente que o governo não tem nenhum direito legal de forçá-lo a fazer algo que considera errado? Quais são as responsabilidades das autoridades públicas que acreditam que este cidadão está errado, mas que é sincero em sua opinião a respeito do que a lei estabelece?

O capítulo 9 retoma o direito à consideração e ao respeito que foi descrito no capítulo 6. Mostra de que modo essa concepção de igualdade pode ser usada para interpretar a famosa *Cláusula da Igual Proteção perante a Lei* da Décima Quarta

---

deve incorporar "o princípio de que as pessoas têm o direito a serem tratadas como iguais perante a lei" ou, mais precisamente, que "as leis não devem estar constituídas de maneira que coloque pessoas em desvantagem [umas em relação à outras] por qualquer razão irrelevante, arbitrária e, portanto, insultante, como a de que elas têm a pele negra". Para as definições de "consideração" e "respeito", ver capítulo 6, parte final ("Justiça e eqüidade") e capítulo 12, parte 2 ("O direito às liberdades"), neste livro. (N. do T.)

Emenda à Constituição dos Estados Unidos e como, usada desse modo, esta concepção confirma nossas intuições sobre a discriminação racial e ampara a prática politicamente controversa denominada discriminação compensatória*.

Os capítulos 10, 11 e 12 examinam as reivindicações antagônicas de um direito diferente que também tem sido considerado por muitos filósofos políticos como o mais fundamental dos direitos políticos: o direito à liberdade, que em geral é considerado não apenas como um rival do direito à igualdade, mas também, pelo menos em alguns casos, como incompatível com este. O capítulo 12 argumenta que não existe tal direito à liberdade e que a própria idéia de um tal direito é confusa. Não se rejeita a idéia de que os indivíduos têm direitos a certas liberdades específicas, como o direito às decisões morais pessoais, discutido no capítulo 10, ou o direito às liberdades descritas na Declaração de Direitos e Garantias Constitucionais*. Ao contrário, o capítulo 12 argumenta que esses direitos convencionais são derivados não de um direito geral mais abstrato à liberdade enquanto tal, mas do próprio direito à igualdade. Portanto, os ensaios contradizem a conhecida e perigosa idéia de que o individualismo é inimigo da igualdade. Essa idéia é um erro comum dos libertários que odeiam a igualdade e dos igualitaristas que odeiam a liberdade; cada um ataca seu próprio ideal sob o seu outro nome.

---

* *Reverse discrimination* – traduzida por "discriminação compensatória". O *Black's Law Dictionary* define a expressão como o "preconceito ou a predisposição contra pessoa ou classe com o propósito de corrigir um padrão de discriminação contra outra pessoa ou classe". Trata-se de "um tipo de discriminação na qual grupos majoritários são propositadamente discriminados [através da lei] para favorecer grupos minoritários, em geral através de programas de ação afirmativa". Ver ainda Ronald Dworkin, *O império do direito*, Martins Fontes, São Paulo, 1999, pp. 468-73 e Roanld Dworkin, *Uma questão de princípio*, Martins Fontes, São Paulo, 2000, pp. 437-94. (N. do T.)

* *Bill of Rights* – a expressão refere-se às dez primeiras emendas à Constituição americana, promulgadas em 1791, que enumeram as liberdades e os direitos individuais dos cidadãos norte-americanos e os procedimentos legais destinados a garanti-los. Ver Edward Corwin, *A Constituição norte-americana e seu significado atual*, Zahar, 1986, pp. 229-89. (N. do T.)

5

Os ensaios fornecem a estrutura central de uma teoria específica do direito. Mas, ainda que todos tenham sido escritos tendo em vista essa teoria, escrevi-os separadamente, de modo que, no conjunto, eles contêm sobreposições e diferenças de ênfase e detalhe. Não antecipam todas as objeções que serão feitas ao que foi dito, nem dizem tudo que eu gostaria de dizer sobre os muitos temas de que tratam.

Não faz parte da minha teoria afirmar, por exemplo, que existe algum procedimento mecânico para demonstrar quais direitos políticos, preferenciais ou jurídicos um indivíduo possui. Ao contrário, os ensaios enfatizam que existem casos difíceis, tanto na política quanto no direito, nos quais juristas criteriosos divergirão acerca de direitos e nos quais nenhum deles disporá de qualquer argumento que deva necessariamente convencer ao outro. Pode-se objetar que em tais circunstâncias é absurdo supor a existência de quaisquer direitos. Essa objeção pressupõe uma teoria filosófica geral segundo a qual nenhuma proposição pode ser verdadeira, a não ser que exista um procedimento capaz de demonstrar sua veracidade, pelo menos em princípio, de tal modo que qualquer pessoa racional seja obrigada a admitir que é verdadeira. O capítulo 13 argumenta que não temos nenhuma razão para aceitar essa posição filosófica geral, mas temos boas razões para rejeitá-la, particularmente quando ela se aplica a argumentos sobre direitos[3].

Contudo, alguém poderia objetar que, de qualquer modo, em termos práticos não tem sentido fazer reivindicações de direito ou discutir sobre elas a menos que se possa demonstrar que são verdadeiras ou falsas. Essa é uma objeção equivocada. Se fosse assim, não poderíamos compreender as importantes idéias de sinceridade, na argumentação política, ou de responsabilidade, na decisão política. Na verdade, não poderíamos igualmente compreender a prática corrente, à qual nos consagramos

3. Ver também "No Right Answer", em *Law, Morality and Society: Essays in Honour of H. L. A. Hart*, Londres, 1977.

todos, de argumentar sobre direitos nos casos difíceis. É importante, contudo, que uma teoria política reconheça que muitas reivindicações de direitos, inclusive algumas muito importantes, não são demonstráveis e, por essa razão, forneça princípios para orientar as decisões oficiais quando os direitos forem controversos. Como afirmei, a teoria da observância da lei desenvolvida nos capítulos 7 e 8 fornece tais princípios.

O capítulo 12 apresenta um argumento em favor do reconhecimento de certos direitos preferenciais e institucionais específicos. Convém repetir aqui o que afirmo naquele capítulo: nem os direitos ali descritos nem o método utilizado para defendê-los pretendem excluir outros direitos ou outros métodos de argumentação. A teoria geral dos direitos admite a existência de tipos diferentes de argumentos, cada um deles suficiente para sustentar alguma razão que explique por que um objetivo coletivo, que normalmente fornece uma justificativa para uma decisão política, não justifica que algum indivíduo seja objeto de uma determinada desvantagem.

Não obstante, o livro sugere uma forma preferencial de argumentação em favor dos direitos políticos, que consiste na derivação de direitos particulares do direito abstrato à consideração e ao respeito, considerados como fundamentais e axiomáticos. O capítulo 6 mostra como um conhecido argumento em favor dos direitos econômicos do grupo mais desfavorecido pode ser derivado desse direito abstrato, e os capítulos 9 e 12 mostram como um argumento diferente poderia gerar os conhecidos direitos civis a partir dessa mesma fonte. Além disso, o capítulo 12 sugere que o direito à consideração e respeito é mais fundamental que os outros direitos desde uma outra perspectiva, pois mostra como a própria idéia de um objetivo coletivo pode ser derivada daquele direito fundamental. Se assim for, o direito à consideração e ao respeito é tão fundamental que não pode ser apreendido através da caracterização geral dos direitos como trunfos diante dos objetivos coletivos, a não ser como um caso limite, pois ele é a fonte tanto da autoridade geral dos objetivos coletivos quanto das restrições especiais à autoridade desses objetivos, usadas para justificar direitos mais particulares.

Contudo, essa promessa de unidade na teoria política não fica muito clara nestes ensaios. Se ela deve ser defendida, isso deve ser feito em outro contexto. Em particular, é preciso mostrar como a mesma concepção de igual consideração que justifica as transações características dos objetivos econômicos coletivos também justifica a isenção, na forma de direitos econômicos, para os que mais sofrem por causa dessas transações. Alguma concepção dos níveis de necessidade torna-se imprescindível neste ponto, para que se possa mostrar que, se a igual consideração justifica as transações compensatórias no âmbito das necessidades de um dado nível de urgência, ela não permite o sacrifício de necessidades de um nível maior de urgência, mesmo em nome de uma satisfação mais plena de necessidades menos urgentes.

Os capítulos 12 e 13 são publicados pela primeira vez. Os capítulos 2 e 6 foram originalmente publicados na *University of Chicago Law Review* (Copyright © 1967 de Ronald Dworkin, Copyright 1973 da Universidade de Chicago); os capítulos 3 e 10 no *Yale Law Journal* (Copyright © 1972, 1966 do Yale Law Journal Company, Inc.); o capítulo 4 na *Harvard Law Review* (Copyright © 1975 de Ronald Dworkin); os capítulos 1, 5, 7, 8, 9 e 11 foram publicados na *New York Review of Books* (Copyright © 1969, 1972, 1970, 1968, 1976, 1974, de Ronald Dworkin). Em cada um desses casos foram feitas modificações para a presente publicação, algumas vezes incluindo mudança de título.

Capítulo 1
*Teoria do direito**

Os juristas**, quando argumentam em favor de uma causa, aconselham seus clientes ou redigem projetos de lei para atender objetivos sociais específicos, vêem-se diante de problemas técnicos, no sentido de que há um acordo geral entre os membros de sua profissão quanto ao tipo de argumento ou prova que é relevante. Às vezes, porém, os juristas lidam com problemas que não são técnicos nesse sentido e sobre os quais não há consenso geral quanto ao modo de proceder. Um exemplo é o problema ético que se apresenta quando um jurista se pergunta não se uma lei particular tem eficácia, mas se é equânime. Um

---

* *Jurisprudence* – expressão aqui traduzida por "teoria do direito", em consonância com a sinonimia (*legal theory*) sugerida por Dworkin no primeiro capítulo. Outra tradução perfeitamente aceitável seria "filosofia do direito", como se infere da leitura dos primeiros capítulos de Ronald Dworkin em *O império do direito*, Martins Fontes, São Paulo, 1999, por exemplo, p. 38. O termo "ciência do direito" é menos satisfatório por induzir a associações a respeito do estatuto metodológico da disciplina. A esse respeito, ver Edgar Bodenheimer, *Jurisprudence*, McGraw-Hill, Nova York, 1940; Harold Berman & Willian Greiner, *The Nature and Functions of law*, The Foundation Press, Brooklyn, 1966 e o *Black's Law Dictionary*, West Publishing Co., St. Paul, 6ª edição 1990. (N. do T.)

** *Lawyer* – substantivo que designa um indivíduo versado no direito, seja ele um advogado (*attorney*), um assessor ou conselheiro jurídico (*counsel*) ou um advogado com autorização para atuar e fazer a sustentação pública em determinados tribunais (*solicitor* ou *barrister*). Dworkin emprega o termo para referir-se aos estudiosos e praticantes do direito que, na sua refle-

outro exemplo são as perplexidades conceituais que surgem quando os juristas tentam descrever a lei por meio de conceitos que não são claros. Um jurista pode querer dizer, por exemplo, que a lei das responsabilidades civis* considera os homens responsáveis tão-somente por danos** causados por suas infrações legais (*faults*). Outro advogado pode contestar essa afirmação, e a controvérsia entre eles pode ser um desacordo não sobre fato ou doutrina, mas a respeito do que significa transgressão legal. Ou dois juristas podem discordar se em 1954, na questão da segregação, a Corte Suprema estava seguindo princípios já estabelecidos ou criando nova lei; e a controvérsia entre eles pode redundar na discussão sobre o que são princípios e o que

---

xão e prática, discutem e contribuem para a análise dos problemas da teoria do direito. Para uma apresentação mais detalhada das práticas profissionais anglo-saxãs, ver *Black's Law Dictionary* e E. Allan Farnsworth, *Introdução ao sistema jurídico dos Estados Unidos*, Editora Forense, s/d, pp. 29-44 (A profissão jurídica). (N. do T.)

* *Law of torts* – o termo "*tort*" diz respeito aos direitos e às obrigações que derivam de condutas que geram danos a pessoas ou propriedade. A *law of torts* contempla infrações (atos ilícitos) de ordem civil que interferem com a pessoa, a propriedade, a reputação e os direitos comerciais ou sociais, além da quebra de contratos por má fé. O objetivo da legislação relativa aos atos ilícitos é determinar os remédios legais (compensações) pelos danos causados. Ver William Prosser et alii, *Torts*, The Foundation Press, Nova York, 1987. (N. do T.)

** *Damage* – a tradução da terminologia jurídica anglo-saxã para a língua portuguesa enfrenta várias dificuldades. A primeira delas é a inexistência de diversos institutos e instituições no mundo jurídico brasileiro que permitiriam estabelecer uma correspondência terminológica precisa. Outra fonte de dificuldade é a diferença entre o processo de formação da terminologia jurídica anglo-saxã e o da brasileira. Nos países de língua inglesa, a terminologia jurídica é formada a partir da linguagem ordinária, cujos termos são tomados de empréstimo e adaptados a um uso técnico. Mas, com muita freqüência, esses termos guardam a imprecisão e as ressonâncias da linguagem ordinária. O contrário ocorre no Brasil, onde os termos jurídicos já nascem como termos técnicos, com significados mais precisos. No caso de Dworkin, que manifesta um claro desprezo por preocupações de estilo e, freqüentemente, pela clareza da exposição, a dificuldade de tradução agrava-se ainda mais. Mencionaremos, à guisa de exemplo, apenas algumas expressões cuja tradução oferece dificuldades. Dworkin utiliza ao longo deste livro uma série de termos jurídicos que ora são empregados de maneira técnica e precisa, ora com

significa aplicá-los. Não há clareza quanto ao modo de resolver controvérsias conceituais como essas; elas certamente extrapolam as técnicas costumeiras dos juristas na prática do direito.

Os juristas chamam essas questões recalcitrantes de "relativas à teoria do direito" e discordam, como se poderia esperar, quanto à importância de resolvê-las. As faculdades de direito em geral oferecem cursos especiais, denominados "Teoria do Direito", "Teoria Legal" ou qualquer coisa do gênero, dedicados ao estudo de tais questões. Contudo, como o traço distintivo de tais controvérsias é exatamente o fato de não haver acordo a respeito de que tipo de controvérsias elas são e que técnicas de estudo elas exigem, esses cursos variam extremamente no tocante aos métodos que empregam. Além disso, o método escolhido influencia a escolha dos temas particulares escolhidos para estudo, embora essa escolha seja também afetada por modismos intelectuais e assuntos de interesse público. Por exemplo, até agora a questão de saber se os homens têm a obrigação moral de obedecer à lei ocupa um lugar proeminente nos cursos de teoria legal em todo o país; mas duas décadas atrás ninguém mencionava esse tema.

Até recentemente a abordagem dominante na teoria do direito na Inglaterra e nos Estados Unidos era o que podemos chamar de abordagem profissional. Os juristas que ensinavam teoria do direito reconheciam que questões relativas à sua dis-

---

menos rigor. Referimo-nos a expressões como *injury*, *damage*, *wrong*, *fault*, etc., cujo sentido pode variar conforme o contexto. Procuramos manter a uniformidade da tradução, mas em muitas passagens isso não foi possível. *Injury*, que em determinados contextos se aproxima de *dano* e em outros de *lesão ao direito* ou ainda *infração*, contrapõe-se a *damage* (*dano* ou *prejuízo*), indicando a ação da qual resulta o dano. *Fault* em determinados contextos significa *erro*, em outros *negligência*, *imperícia* ou *imprudência*. Neste caso, a idéia subjacente e *fault* implica falta de discernimento, desvio da prudência ou do dever. *Wrong* (*violação de direito*, *ilicitude*, *ato ilícito*), por sua vez, indica a violação dos direitos de outrem e nesse sentido equivale a *tort*. Mas é igualmente utilizado, em um sentido mais amplo, para indicar uma violação de contrato, subsumindo-se, portanto, à esfera de *law of contracts*. É importante sublinhar que a idéia de *wrongs* ganha sentido quando contraposta à idéia de *rights*, objeto da infração resultante do ato ilícito. (N. do T.)

ciplina, como as que enumerei, eram problemáticas exatamente por não serem passíveis de exame através das técnicas jurídicas comuns. Não obstante isso, eles se propuseram a enfrentar essa dificuldade selecionando aqueles aspectos das questões que podiam ser examinados com tais técnicas, ao mesmo tempo que ignoravam o resto. Quando os juristas lidam com as questões técnicas que mencionei, eles utilizam uma combinação de três habilitações específicas. Os juristas são treinados para analisar leis escritas* e decisões judiciais** de modo que extraem uma doutrina jurídica dessas fontes oficiais. Eles são treinados para analisar situações factuais complexas com o objetivo de resumir, de forma precisa, os fatos essenciais. E são treinados para pensar em termos táticos, para conceber leis e instituições jurídicas que produzirão mudanças sociais específicas, anteriormente decididas. A abordagem profissional da teoria do direito tentou reformular as questões relativas à doutrina legal de tal maneira que uma ou mais dessas qualificações pudesse ser empregada. Essa abordagem produziu apenas a ilusão de progresso e deixou intocadas as questões de princípio, genuinamente importantes, que existem no direito.

Para sustentar esta grave acusação, devo descrever como se encontrava a teoria do direito em meados do século. Na Inglaterra, a matéria era ensinada a partir de manuais como *Salmon on Jurisprudence* ou *Paton on Jurisprudence*. A maior parte desses textos dedicava-se ao que denominavam teoria analítica do direito, que eles distinguiam cuidadosamente da

---

* *Statutes* – referem-se aos documentos escritos e formais através dos quais o poder legislativo emite proibições, autorizações, etc., com força de lei. Neste texto, designam as leis de origem legislativa, por oposição a decisões dos tribunais com força de lei ou leis assentadas no costume, na tradição, etc. (*common law*). Ver E. Allan Farnsworth, *Introdução ao sistema jurídico dos Estados Unidos*, op. cit., pp. 74-100. (N. do T.)

** *Opinion* – O termo jurídico *opinion* possui, como é óbvio, um valor mais amplo que *opinião* e corresponde a um ponto de vista sobre matéria jurídica sustentado por argumentos e razões. No contexto deste livro, *opinions* referem-se às razões dos juristas em seus pareceres, memoriais, etc. e/ou aos votos arrazoados contidos nas decisões de juízes e tribunais. (N. do T.)

"teoria do direito ética", isto é, o estudo do que deve ser o direito. Por teoria do direito analítica, eles entendiam a elaboração cuidadosa do significado de determinados termos (como "infração legal", "posse", "propriedade", "negligência" e "lei"), que são fundamentais para o direito no sentido em que aparecem não apenas em um ou outro ramo da doutrina jurídica, mas ao longo de todo o seu espectro. Esses conceitos, como os que mencionei antes, são problemáticos, porque os juristas os empregam mesmo quando não entendem exatamente o que eles significam.

Os manuais ingleses enfrentaram esses conceitos não através da elucidação de seu significado na linguagem ordinária, mas utilizando métodos doutrinários convencionais para demonstrar seu significado especificamente *jurídico*, tal como revelado na jurisprudência e nas leis escritas. Estudavam os votos e pareceres dos juízes e expertos legais e deles extraíam sumários das várias regras e doutrinas jurídicas nas quais esses conceitos problemáticos apareciam, mas pouco faziam para relacionar essas regras com os múltiplos juízos não-jurídicos que o leigo faz sobre infrações legais, posse, etc.

Contudo, se perguntarmos *por que* os juristas debatem a respeito desses conceitos, poderemos ver por que essa ênfase na doutrina parece irrelevante. Um jurista preocupa-se com o conceito de infração legal não porque ele não tenha consciência de como os tribunais empregam o termo, ou quais são as regras para determinar quais são as infrações legais, mas porque ele usa o conceito não-jurídico de infração para justificar ou criticar as leis. Ele acredita – por hábito ou convicção – que é moralmente errado punir alguém por infração que não cometeu; ele deseja saber se a lei ofende esse princípio moral ao considerar um empregador responsável por aquilo que seu empregado faz, ou ao considerar um motorista negligente responsável pela morte de um homem que atropelou, se a lesão causada foi leve mas a vítima era um hemofílico. Ele conhece muito bem esses fatos da doutrina jurídica, mas não sabe ao certo se os fatos colidem com o princípio. O erro atribuído a um homem, quando cometido por alguém sob sua responsabilidade, pode ser considerado uma lesão a um direito*? E se o dano resulta de seu ato em razão de circunstâncias que ele não poderia de modo algum prever? Essas questões pedem uma análise do conceito moral de infração e não do conceito legal que o jurista já compreende; mas é justamente o uso moral do conceito que a abordagem doutrinária da teoria do direito inglesa ignorou.

Os antecedentes da teoria do direito norte-americano são mais complexos. Ela se dedicou em grande parte a um tema que, em termos comparativos, a teoria inglesa havia negligenciado: como os tribunais decidem as ações judiciais difíceis ou controversas? Nossos tribunais desempenharam um papel mais amplo que os tribunais ingleses na reformatação do direito do século XIX às necessidades da industrialização, e a nossa Constituição transformou em questões legais problemas que na Inglaterra eram apenas políticos. Na Inglaterra, por exemplo, o problema de se a legislação sobre o salário mínimo é justa era um tema político, mas nos Estados Unidos era também um tema constitucional, isto é, jurídico. Portanto, os juristas norte-americanos foram mais duramente pressionados a fornecer uma descrição exata das decisões que os tribunais tomavam e justificá-las, se possível; a exigência era mais urgente quando os tribunais pareciam estar criando direito novo e politicamente controverso, em lugar de simplesmente aplicar o direito antigo, conforme exigia a teoria jurídica ortodoxa.

No início deste século, John Chipman Gray e, mais tarde, Oliver Wendell Holmes publicaram apresentações céticas do processo judicial, desmascarando a doutrina ortodoxa segundo a qual competia aos juízes apenas aplicar as regras existentes. Essa abordagem cética foi ampliada nos anos 20 e 30, transformando-se no poderoso movimento intelectual denominado "realismo legal". Seus líderes (Jerome Frank, Karl Llewelyn, Wesley Sturges e Morris e Felix Cohen, entre outros) argumentavam que a teoria ortodoxa fracassara pelo fato de ter adotado

* *Harm* – "*dano*", "*lesão*", "*prejuízo*". Termo de valor genérico que indica a presença de um dano ou prejuízo de qualquer espécie, infligido a alguém por qualquer causa. Não confundir com "*damage*" ou "*injury*". (N. do T.)

uma abordagem doutrinária da teoria do direito, tentando descrever o que os juízes fazem concentrando-se apenas nas regras que eles mencionam nas suas decisões. Trata-se de um erro, argumentavam os realistas, pois na verdade os juízes tomam as suas decisões de acordo com as suas próprias preferências políticas ou morais e então escolhem um regra jurídica apropriada como uma racionalização. Os realistas exigiam uma abordagem "científica" que se fixasse naquilo que os juízes fazem e não naquilo que eles dizem, bem como no impacto real que suas decisões têm sobre a comunidade mais ampla.

A linha principal da teoria do direito norte-americano seguiu essa exigência de realismo e evitou a abordagem doutrinária dos textos ingleses. Ela enfatizou as duas outras habilitações profissionais – a capacidade dos juristas de reunir e organizar fatos e de elaborar táticas para a mudança social. Poderemos reconstituir mais claramente o impacto posterior do realismo se distinguirmos essas duas técnicas. A ênfase nos fatos transformou-se naquilo que Roscoe Pound, de Harvard, denominou "teoria sociológica do direito", que ele entendia como o estudo criterioso das instituições jurídicas enquanto processos sociais. Essa abordagem trata um juiz, por exemplo, não como um oráculo de doutrina, mas como um homem que responde a diferentes tipos de estímulos sociais e pessoais. Alguns juristas, como Jerome Frank e o próprio Pound, tentaram realizar esse tipo de estudo, mas descobriram que os juristas não possuem o treinamento ou o equipamento estatístico necessário para descrever instituições complexas de um modo que não seja instrospectivo ou limitado. Com isso, a teoria do direito sociológica tornou-se o domínio dos sociólogos.

A ênfase nas táticas teve um efeito mais duradouro sobre as faculdades de direito. Estudiosos como Myres McDougal e Harold Lasswell, em Yale, e Lon L. Fuller, Henry Hart e Albert Sachs, em Harvard, apesar de cada um fazê-lo ao seu modo, insistiram todos na importância de se considerar o direito como um instrumento capaz de conduzir a certos objetivos amplos e tentaram responder instrumentalmente a questões relativas ao processo judicial, ao perguntarem que soluções melhor promoveriam aqueles objetivos.

Mas esta ênfase nos fatos e na estratégia terminou por distorcer os problemas de teoria do direito de uma maneira muito parecida com o que havia ocorrido com a abordagem doutrinária inglesa, isto é, exatamente através da eliminação daquelas questões relacionadas com princípios morais que formam o seu núcleo. Esse fracasso torna-se evidente quando examinamos detalhadamente o problema central que os sociólogos e os instrumentalistas discutiram: os juízes sempre seguem regras, mesmo em casos difíceis e controversos, ou algumas vezes eles criam novas regras e as aplicam retroativamente?

Os juristas estão discutindo esse tema há décadas, não porque ignoram o tipo de decisões que os juízes tomam ou as razões em que as sustentam, mas porque não vêem com clareza o que realmente significa o conceito de seguir regras. Nos casos fáceis (por exemplo, quando um homem é acusado de violar uma lei que proíbe dirigir a mais de noventa quilômetros por hora), parece correto dizer que o juiz está aplicando uma regra preexistente a um novo caso. Mas podemos dizer isso quando a Suprema Corte derruba um precedente e ordena que as escolas sejam dessegregadas ou declara ilegais procedimentos que, com a tolerância dos tribunais, a polícia vinha adotando há décadas? Nesses casos dramáticos a Suprema Corte apresenta razões – ela não cita leis escritas, mas apela para princípios de justiça e política pública. Isso significa que, em última instância, a Corte está seguindo regras, embora de natureza mais geral e abstrata? Se for assim, de onde provêm essas regras abstratas e o que as torna válidas? Ou isto significa que a Corte está decidindo o caso de acordo com suas próprias crenças morais e políticas?

Os juristas e os leigos que fazem tais perguntas não o fazem a esmo nem os move uma curiosidade vã; eles sabem que os juízes detêm um grande poder político e estão preocupados em saber se esse poder é justificado, seja em geral ou em casos particulares. Eles não estão necessariamente persuadidos de que os juízes que criam novas regras estão agindo de maneira imprópria, mas querem saber até que ponto a justificativa para o poder dos juízes, disponível para os casos fáceis – aquela segundo a qual o juiz está aplicando normas já estabelecidas –, estende-se também aos casos difíceis. E portanto querem saber quanta e que tipo de justificação suplementar é exigida por esses casos difíceis.

A questão da justificação tem ramificações importantes, pois afeta não somente a extensão da autoridade judicial, mas remete também à extensão da obrigação moral e política do indivíduo de obedecer à lei criada pelo juiz. Afeta igualmente os fundamentos com base nos quais se pode contestar uma decisão controversa. Se faz sentido afirmar que um juiz deve seguir os padrões existentes nos casos difíceis, então faz sentido para um objetor de consciência argumentar que o juiz comete um erro jurídico ao considerar constitucional o serviço militar obrigatório. Mas se os juízes somente podem criar novas leis nos casos difíceis, essa alegação é destituída de sentido. Portanto, embora a questão de se os juízes seguem regras possa parecer lingüística, na verdade ela revela preocupações que em última instância são práticas.

Apresentei detalhadamente essas implicações para mostrar que aqui, como no caso do conceito de infração legal, existem controvérsias relativas a princípios morais que subjazem a um problema aparentemente lingüístico. Os críticos do direito aceitam, mais uma vez por hábito ou convicção, o princípio de que uma decisão judicial é mais equânime quando ela representa a aplicação de padrões estabelecidos, em vez da imposição de novos padrões. Mas eles não têm clareza a respeito do que conta como uma aplicação dos padrões estabelecidos e expressam essa incerteza perguntando se, pelo menos em algum sentido, os juízes estão realmente seguindo regras, mesmo nos casos inusitados. A teoria do direito deveria responder a essa preocupação explorando a natureza da argumentação moral, tentando esclarecer o princípio de eqüidade que os críticos têm em mente, para ver se a prática judicial satisfaz realmente esse princípio.

Mas a teoria do direito norte-americano não fez qualquer tentativa desse tipo. Os sociólogos, por sua vez, recusaram-se a falar a respeito do conceito de seguir regras, sustentando que ele era muito vago para ser estudado de maneira experimental ou quantitativa. O próprio fato de os homens serem incapazes de chegar a um consenso sobre o que significa seguir regras, diziam eles, desqualifica aquele conceito para a ciência; se cada investigador utilizasse o sentido que ele próprio atribui ao termo, não haveria dados objetivos nem progresso em comum. Assim, sociólogos como Glendon Schubert, C. Herman Pritchett e Stuart Nagel voltaram-se para questões que pareciam mais precisas e relacionadas entre si: os juízes com origens econômicas e políticas específicas ou oriundos de tipos específicos de práticas jurídicas, ou adeptos de sistemas de valores específicos, ou com afiliações políticas específicas, tendem a decidir em favor de réus com as mesmas origens sociais e institucionais? Os juízes da Suprema Corte formam blocos que se mantêm unidos quando têm de decidir casos que envolvem raça, sindicatos ou trustes? Essas questões empíricas parecem relevantes, porque se a origem social ou as lealdades preexistentes determinam a decisão de um juiz, isso sugere que ele não está seguindo regras.

Mas na verdade essa informação, embora interessante e útil para outros propósitos, lança pouca luz sobre as matérias de princípio que inspiraram a questão original. Os juristas não precisam de provas para mostrar que os juízes divergem e que suas decisões com freqüência refletem sua formação e seu temperamento. Contudo, estão confusos quanto a se isso significa que os juízes divergem no tocante à natureza e ao núcleo dos princípios jurídicos fundamentais ou se isso demonstra que não existem tais princípios. A primeira alternativa conta como um argumento em favor de que os juízes estão tentando seguir regras, da maneira como as encaram, e de que aqueles que discordam de suas decisões podem, ainda assim, estar certos a respeito da lei. No caso da segunda alternativa estamos diante de um argumento absurdo, como afirmei anteriormente. Os juristas também não têm certeza se, em qualquer das alternativas, o fato da divergência deve ser lamentado, aceito como inevitável ou aplaudido como dinâmico, e de que modo tudo isso se vincula às questões cruciais que eles enfrentam, como as da obrigação política e da aplicação da lei. A abordagem sociológica, ao reformular a questão, eliminou precisamente aqueles aspectos que são relevantes para todos esses temas.

A corrente instrumental do pós-realismo também reformulou a questão, embora de maneira diversa. Em seus escritos brilhantes sobre o processo jurídico, Henry Hart e Sachs sugeriram que as questões conceituais a respeito de regras poderiam ser contornadas se o problema fosse colocado da seguinte maneira: como deveriam os juízes chegar às suas decisões a fim de atender da melhor maneira possível os objetivos do processo judicial? Porém, sua esperança de que isso evitaria a perplexidade referente às regras revelou-se vã, pois ficou demonstrado ser impossível estabelecer os objetivos do processo judicial sem que esses problemas reaparecessem em um estágio posterior. Se formularmos o objetivo do processo de alguma maneira vaga, afirmando que a lei deve fazer justiça ou promover o estado justo, então torna-se inevitável perguntar se, como muitos supõem, a justiça requer decisões de acordo com regras preexistentes. Essa questão, por sua vez, requer uma análise do que é seguir uma regra. Se tentarmos formular algum objetivo mais específico ou preciso – o processo legal deve aumentar o produto interno bruto, por exemplo – então o exercício perde sua razão de ser, pois nada nos autoriza a pressupor que tal objetivo específico seja preocupação exclusiva e peculiar do direito.

Podemos argumentar (como fizeram alguns autores) que a lei será economicamente mais eficiente se os juízes forem autorizados a levar em conta o impacto econômico de suas decisões; isso, porém, não responderá à questão de saber se é justo que eles procedam assim, ou se podemos considerar critérios econômicos como parte do direito existente, ou se decisões com base no impacto econômico têm, por essa razão, um maior ou menor peso moral. Suponhamos que um juiz esteja persuadido, por exemplo, de que a indústria automobilística prosperará se ele rejeitar uma regra antiga e inventar uma nova que a beneficie e que a economia em geral se beneficiará se isso ocorrer com a indústria automobilística. Essa é uma boa razão para mudar a regra? Não podemos decidir esse tipo de questão por meio de uma análise que apenas associe meios a fins.

Assim, as diversas correntes da abordagem profissional da teoria do direito fracassaram pela mesma razão subjacente. Elas ignoraram o fato crucial de que os problemas de teoria do direito são, no fundo, problemas relativos a princípios morais e não a estratégias ou fatos jurídicos. Enterraram esses problemas ao insistir na abordagem jurídica convencional. Mas, para ser bem-sucedida, a teoria do direito deve trazer à luz esses problemas e enfrentá-los como problemas de teoria moral.

Esse fato simples explica a importância e o sucesso do professor H. L. A. Hart. Hart é um filósofo moral; ele possui um instinto para problemas de princípio e uma lucidez maravilhosa para expô-los. Por exemplo, no seu primeiro livro, *The Concept of Law* (O conceito de direito), ele levantou a questão de se os juízes seguem regras e o fez de uma maneira tal que tornou clara a conexão entre esse problema e a questão moral de se é próprio para um homem impor a outro uma obrigação. Ofereceu uma análise das regras convencionalmente utilizadas por nossa comunidade ao produzir e criticar argumentos acerca da obrigação moral e argumentou que os juízes seguem quase as mesmas regras nos raciocínios sobre a obrigação jurídica. Em outro livro, *Causation in the Law* (A causação no direito), Hart e um co-autor, A. M. Honore, discutiram as perplexidades conceituais relativas à infração legal que mencionei anteriormente, mas, ao contrário dos predecessores de Hart, propuseram-se a explicar tanto os sentidos cotidianos como os estritamente jurídicos desse conceito. Tal como os colegas de Hart na corrente filosófica de Oxford e J. L. Austin em particular, eles utilizaram o estudo da linguagem cotidiana para demonstrar de que modo os membros da comunidade em geral atribuem infrações e responsabilidades uns aos outros. E a seguir utilizaram esses juízos convencionais para explicar, por exemplo, a regra jurídica que considera plenamente responsabilizável um homem que fere um hemofílico.

Hart e Honore salientaram que a linguagem comum faz uma distinção entre circunstâncias incomuns existentes no momento em que um homem age e as coincidências improváveis que surgem a partir daí. Ela distingue, por exemplo, o caso de um motorista descuidado que fere levemente um homem que morre porque é hemofílico, do caso de um motorista descuidado que fere um homem que morre de septicemia decorrente de negligência médica. Em sua maioria, as pessoas diriam que, no primeiro caso, o motorista descuidado causou a morte e que ela decorreu de sua negligência; mas não diriam isso no segundo caso. Essa distinção, por sua vez, reflete a concepção popular de causação: o homem comum identifica um ato causalmente eficiente como um ato que opera sobre um cenário já montado. As circunstâncias contemporâneas, tal como a doença sangüínea, são parte do cenário montado e não causas concorrentes. Mas eventos posteriores, como a negligência do médico, são intervenções que interrompem a cadeia causal. Desse modo, a regra jurídica é compreendida como uma extensão de teorias populares sobre a moralidade e a causação.

Porém, Hart não se contenta apenas em explicar o direito mostrando como ele incorpora os juízos morais do homem comum. Considera esse tipo de análise como uma preliminar necessária para a avaliação crítica tanto do direito como da moralidade popular sobre a qual aquele se assenta. Enquanto não tivermos clareza sobre que juízo ou prática moral o direito reflete, não poderemos criticá-lo de forma inteligente. Contudo, assim que tivermos essa clareza, restará ainda perguntar se essa prática ou juízo é sensato, bem fundado ou coerente com outros princípios que o direito alega servir.

O último livro de Hart, *Punishment and Responsability* (Punição e responsabilidade), é um excelente exemplo desse processo crítico. O livro contém a reimpressão de uma série de seus ensaios sobre questões de teoria jurídica referentes ao direito penal; a maior parte desses ensaios trata do problema de se um homem pode ser isentado de sua responsabilidade por um ato criminoso em razão de seu estado mental. Deve ser absolvido (ou ter sua pena reduzida) se seu ato foi acidental, se ele agiu antes com negligência do que com deliberação ou se ele sofria de doença mental? Nesses casos, a lei geralmente concede uma escusa ou pelo menos atenua a punição, mas alguns críticos contemporâneos argumentam que essa é uma política errônea.

Dizem eles que se o direito penal visasse a vingança e a reparação, a pertinência das defesas com base no estado mental seria óbvia, pois nenhuma satisfação pode ser extraída de vingar-se de alguém que agiu por erro ou insanidade. Mas se os objetivos do direito consistem simplesmente em prevenir danos adicionais por parte do criminoso e dissuadir outros através do exemplo, tais defesas parecem contraproducentes. Mais danos poderiam ser evitados encarcerando-se um motorista propenso a provocar acidentes do que encarcerando-se um homem que assassina seu pai por causa de uma herança. Aumentaríamos o poder dissuasório da lei se não aceitássemos quaisquer desculpas e não encorajássemos os criminosos em potencial a contar com a possibilidade de fingirem-se de loucos quando capturados. Desse modo, os críticos argumentam que a lei deveria limitar drasticamente tais linhas de defesa, com base na alegação de que elas aumentam os custos dos julgamentos e da formação jurídica, que são empregadas de maneira abusiva e que, em um sistema penal esclarecido, sua finalidade parece obscura.

Hart discorda. Ele começa sua resposta lembrando-nos que é errado pressupor que o direito penal (ou qualquer outro ramo do direito) possua um conjunto de objetivos dominantes, no sentido de que todos os aspectos do direito devem ser talhados para ajustar-se perfeitamente a tais objetivos. É certo que o direito penal visa prevenir crimes, mas, ao perseguir esse propósito, ele deve submeter-se a princípios que podem limitar sua eficiência para alcançar aqueles objetivos. Seria errado punir um homem inocente tratando-o como um refém, mesmo se ao fazer isso realmente reduzíssemos a criminalidade. Devemos entender as defesas com base no estado mental do acusado a partir dessa perspectiva, de modo que o fato de que elas possam interferir com a prevenção do crime não seja usado como argumento conclusivo. Mas essa consideração é apenas negativa e deixa em aberto a questão de saber se as defesas com base no estado mental são de fato justificadas ou se devem ser alteradas. Hart aborda esse problema da maneira que descrevi; começa perguntando se esse tipo de defesa reflete alguma tradição moral ou algum objetivo ou política geral da comunidade.

Ele examina em primeiro lugar a sugestão de alguns criminalistas como o professor Jerome Hall, para quem a finalidade da defesa com base no estado mental está em assegurar que a lei venha a punir como criminosos apenas os homens moralmente condenáveis segundo os padrões convencionais. Essa noção atraente possui uma plausibilidade inicial. Na vida comum não acusamos alguém que causou um dano se acreditamos que ele está sofrendo de desordem mental séria. É plausível, portanto, supor que os juízes e os legisladores transfiram essas atitudes ao direito penal, na forma de uma doutrina segundo a qual os homens não deveriam ser punidos em tais circunstâncias, ainda que fosse mais eficiente proceder assim.

Hart, no entanto, rejeita essa teoria com base na alegação de que existem muitos crimes – por exemplo, o desrespeito aos regulamentos das ferrovias inglesas – que não são, em si mesmos, moralmente condenáveis. A existência de tais crimes, argumenta ele, mostra que o direito não tem como finalidade geral apenas condenar atos moralmente censuráveis e desse modo comprova que este não pode ser o foco das defesas com base no estado mental.

Mas Hart está errado ao descartar dessa maneira a teoria da responsabilização moral; na minha opinião, ele confunde duas razões pelas quais uma violação da lei pode ser moralmente errada. Pode ser errado violar uma lei porque o ato que a lei condena (matar, por exemplo) é errado em si mesmo. Ou pode ser errado, mesmo que o ato condenado não seja errado em si mesmo, simplesmente porque a lei o proíbe; a legislação das ferrovias é um exemplo disso. Talvez seja duvidoso se, para a Inglaterra, é sábio ou justo nacionalizar as ferrovias; mas ainda assim pode ser verdadeiro que, uma vez aprovada a lei, todos têm a obrigação moral de obedecê-la.

Sem dúvida, daí não se segue que uma pessoa seja moralmente responsável todas as vezes que fizer algo que a lei proíbe. Ela pode não ser responsabilizada porque a lei é tão iníqua ou injusta que deixou de existir a obrigação moral normal de obedecer à lei, argumento este que foi utilizado por alguns objetores de consciência ao recrutamento militar. (É discutível se o objetivo do processo legal regular e outras cláusulas da Constituição dos Estados Unidos seja evitar que um homem seja punido em tais casos.) Ou ele pode não ser responsável porque o seu ato foi praticado acidental ou inadvertidamente, ou porque ele tinha uma doença mental e assim sendo não era responsável por sua conduta. O argumento do professor Hall, que Hart rejeita com demasiada rapidez, é o de que o objetivo das defesas com base no estado mental de um indivíduo consiste em evitar que, em casos como esse, um homem seja punido.

Contudo, mesmo que Hall esteja certo, as questões críticas persistem, porque devemos nos perguntar se nossas atitudes convencionais a respeito da responsabilização e punição são realmente relevantes para o direito. Os que duvidam do valor das defesas com base no estado mental argumentam que, como o objetivo do direito penal é reformar e dissuadir, essas convenções são irrelevantes e as tais defesas devem ser abandonadas. Eles formulam com nitidez esse ponto ao propor o abandono da palavra "punição" e a utilização de "tratamento" em seu lugar. Argumentam que, se um homem cometeu um crime, então a maneira como a sociedade deve tratá-lo – se deve ser confinado, hospitalizado ou libertado – deve estar associada ao curso de ação que melhor preveniria a sua repetição. Essa abordagem torna obscuro o problema de saber se ele era moralmente responsável ao fazer o que fez. E isto porque o tratamento poderia ser desnecessário, mesmo se ele fosse responsável, e aconselhável, mesmo se ele não fosse responsável. Devemos perguntar se as defesas com base no estado mental servem a algum propósito que seja relevante para essa noção revisada de direito penal.

Em um dos seus primeiros ensaios, *Legal Responsability and Excuses* (Responsabilidade legal e escusas), reimpresso em seu livro mais recente, Hart oferece a seguinte sugestão. As defesas com base no estado mental aumentam o controle de cada homem sobre seu próprio destino, ao reduzir o número de ocasiões em que a lei irá interferir com a sua liberdade de um modo que ele seria incapaz de prever a partir de seus próprios atos deliberados. Se tais defesas fossem rechaçadas, todos nós teríamos de conviver com o fato de que algum acidente ou pequena desatenção poderia mandar-nos para a prisão ou envolver-nos em um processo longo, caro e degradante. Graças a essas defesas, podemos contar com o fato de que, em geral, somente seremos processados por atos feitos com a consciência de que a eles pode seguir-se um processo, o que contém o benefício adicional de que os que forem punidos terão tido pelo menos a satisfação de ter tomado a decisão de infringir a lei e tê-la posto em prática.

Mas esse é um argumento frágil, caso seja dirigido exclusivamente ao aumento de segurança pessoal propiciado por esse tipo de defesa, uma vez que esse aumento de segurança é mínimo. Afinal, a comunidade aceitou numerosas decisões que tornam a vida muito perigosa, como a decisão de estimular a competição no comércio, de licenciar automóveis e de empreender guerras. Essas decisões aumentam enormemente a probabilidade de que determinados homens venham a sofrer danos que não podem prever e que não decorrem de seus atos deliberados; mas ainda assim a sociedade aceita essas decisões e corre esses riscos, em nome de algum objetivo de eficiência, lucro ou política nacional. Se, como Hart está propenso a pressupor, a eliminação das defesas com base em estados mentais aumentasse a eficiência do direito penal na prevenção do crime, então isso aumentaria a segurança pessoal do cidadão e o seu controle sobre o próprio destino, numa escala que presumivelmente compensaria o risco acrescido de estar sujeito a ser responsabilizado por um ato acidental.

Creio que Hart é mais bem-sucedido quando, em um ensaio posterior, *Punishment and Elimination of Responsability* (Punição e eliminação da responsabilidade), ele oferece uma justificação diferente e mais geral para as defesas com base no estado mental: "A sociedade humana é uma sociedade de pessoas; e pessoas não vêem a si mesmas ou aos outros meramente como corpos que se deslocam de uma maneira que, por ser às vezes nociva, precisa ser evitada ou alterada. Em vez disso, as pessoas interpretam os movimentos umas das outras como manifestações de intenções..." Em outro texto e no mesmo espírito, Hart afirma que, caso abandonasse esse tipo de defesa, o direito trataria as pessoas como meios e não como fins.

Essas afirmações ligam as doutrinas jurídicas a um amplo espectro de tradições morais. Estas insistem no princípio de que o governo deve tratar seus cidadãos com o respeito e a dignidade que os membros adultos da comunidade reivindicam uns em relação aos outros. O governo deve coibir um homem para o seu próprio bem ou para o bem geral, mas só pode fazê-lo com base no seu comportamento. Deve esforçar-se para julgar esse comportamento de acordo com o mesmo ponto de vista segundo o qual o seu autor julga a si mesmo, isto é, do ponto de vista de suas intenções, motivos e capacidades. Em geral, os homens sentem que escolheram agir do modo que agiram, mas não sentem dessa mesma maneira em circunstâncias particulares que envolvam acidente, compulsão, coerção ou doença. E cada um de nós faz essa distinção não apenas com relação a si mesmo, mas ao considerar como irá responder a outras pessoas pelas quais tem algum respeito. Até mesmo um cão, disse Holmes, percebe que existe uma diferença quando alguém o chuta ou quando tropeça nele por descuido.

O direito penal poderia ser mais eficiente se desconsiderasse essa distinção problemática e encarcerasse homens ou os forçasse a aceitar tratamento sempre que isso parecesse ter probabilidade de reduzir crimes no futuro. Mas isso, como sugere o princípio de Hart, significaria cruzar a linha que separa tratar alguém como um ser humano e como nosso próximo e tratá-lo como um recurso para o benefício de outros. Para as convenções e práticas da nossa comunidade, não pode haver insulto mais profundo que esse. O insulto é da mesma grandeza quando o processo recebe o nome de punição ou tratamento. É verdade que algumas vezes impomos restrições e submetemos a tratamento um homem apenas porque acreditamos que ele não tem controle sobre sua conduta. Fazemos isso com base em leis que regem a custódia de civis e, de modo geral, após um homem ter sido absolvido de um crime sério com base numa alegação de insanidade. Mas devemos reconhecer o compromisso de princípio que essa política implica. Deveríamos tratar um homem contra a sua vontade apenas quando o perigo que ele representa é real e não sempre que calculamos que o tratamento poderá reduzir a ocorrência de crimes, se for adotado.

Sem dúvida esse tipo de argumentação levanta mais problemas do que resolve. Com base na fisiologia e na psicologia contemporâneas, alguns filósofos pensam que essa distinção entre os fenômenos da escolha e da compulsão é desprovida de sentido. Acreditam que todo comportamento humano é determinado por fatores que fogem ao controle individual, de modo que os sentimentos associados à livre escolha que freqüentemente experimentamos não passam de meras ilusões. Mas a comprovação científica disso está longe de ser conclusiva e mesmo os que a consideram convincente devem decidir como o direito deve comportar-se até que este ponto seja demonstrado (se é que será ou pode ser demonstrado). Se aceitarmos, por exemplo, o ponto de vista de que todo comportamento é determinado, daí se segue que devemos abandonar inteiramente a idéia de que os seres humanos têm direitos que os seus governos estão moralmente obrigados a respeitar? Se optarmos por não ir tão longe, seja porque a comprovação científica é inconclusiva, seja porque relutamos em abrir mão da noção de direitos em todos os casos, não seria incoerente abandonar as defesas com base no estado mental em nome da ciência? Se, por outro lado, mantivermos essas defesas e admitirmos, como é sugerido por esse argumento, que elas têm por base a distinção entre os fenômenos "escolher" ou "não escolher fazer alguma coisa", de que modo isso poderia orientar nossa abordagem dos casos problemáticos, como os dos psicopatas? De acordo com os padrões convencionais de comportamento, o psicopata tem o controle de si mesmo ou seu caso representa uma situação intermediária, o que explicaria nossa confusão? Não tenho espaço aqui para desenvolver essas questões com profundidade (algumas das quais são discutidas por Hart) e as menciono somente para mostrar que a abordagem da teoria do direito que enfatiza os princípios não pode contentar-se apenas em mostrar as ligações entre a prática jurídica e a prática social, mas deve continuar a examinar e criticar a prática social à luz de padrões independentes de coerência e sentido.

As defesas com base no estado mental não são o único aspecto controverso das regras de procedimento penal – por exemplo, relativas a interrogatório, confissões e detenção preventiva – que protegem um suposto criminoso à custa da eficiência policial. Pode ser útil salientar o valor de uma abordagem desses temas que seja mais filosófica do que aquela que até o momento foi feita pelos juristas do meio acadêmico. Até hoje, a posição liberal foi apresentada sobretudo em termos instrumentais. O liberal argumenta que os objetivos peculiares ao direito penal incluem a proteção à liberdade individual, bem como a prevenção do crime, e que essas salvaguardas processuais estabelecem um equilíbrio entre esses dois objetivos. Mas essa maneira de apresentar a questão sugere que é necessário alcançar um equilíbrio entre esses dois objetivos e encoraja outros a se perguntarem por que motivo a maioria dos cidadãos que respeitam as leis não deveria buscar um equilíbrio que pendesse mais para o lado de sua própria proteção.

Essa questão deixa o liberal numa posição difícil. Ele poderia replicar que, pessoalmente, valoriza a liberdade dos outros mais do que a ampliação de sua própria segurança, mas teria de admitir que essa é uma posição minoritária. Ele poderia argumentar que, a longo prazo, a maioria ficaria em melhores condições ao promover a liberdade à custa de um pouco de segurança, mas esse argumento é claramente equivocado, apesar de muito popular entre os liberais. O direito penal representa uma ameaça maior para o dependente de drogas negro do que para o branco de classe média, e temos poucas razões para crer que o fato de interrogar o primeiro sem a presença do advogado, ou mantê-lo preso enquanto aguarda julgamento, venha a afetar, mesmo a longo prazo, a liberdade do segundo.

Aqui, mais uma vez, a abordagem geral de Hart pode auxiliar. Ela sugere que o argumento em favor da posição liberal deveria enfatizar princípios morais que agem como constrangimentos sobre o direito, em lugar de citar os objetivos conflitantes do direito. O argumento deveria concentrar-se em doutrinas jurídicas que estão assentadas em nossas tradições – por exemplo, a de que nenhum homem pode ser forçado a auto-incriminar-se e a de que todo homem deve ser presumido inocente até prova em contrário – para apoiar a alegação de que a sociedade não tem direito de interrogar um homem sem a presença de um advogado e a de que um suspeito contra o qual foi feita uma acusação tem o direito de ficar livre até seu julgamento, pouco importando se isso beneficia ou não a maioria. É evidente que pode haver conflitos entre esses princípios e as necessidades práticas, mas estas não são ocasiões para compromissos eqüitativos, mas antes, se os princípios tiverem que ser desonrados, ocasiões para vergonha e pesar.

Os que adotam um ponto de vista diferente e desejam aumentar a eficiência policial, aceitam as doutrinas que mencionei, como a do privilégio contra a auto-incriminação, mas negam que elas garantam os direitos específicos reivindicados pelos liberais. Tais pessoas argumentam, por exemplo, que esse privilégio protege um homem contra a tortura destinada a arrancar uma confissão, mas não dá a este o direito de voltar atrás em uma confissão voluntária simplesmente porque ela foi feita de maneira irrefletida. Assim, a controvérsia pode ser expressa em termos filosóficos: o uso de confissões irrefletidas ou prisões preventivas contradiz os princípios morais que subjazem às doutrinas aceitas? Penso que sim, mas cabe à teoria do direito construir as pontes entre a teoria jurídica e a teoria moral que sustentam essa alegação.

Talvez o princípio citado por Hart de que o governo deve mostrar um mínimo de respeito até mesmo pelos criminosos que estão sendo acusados e tratá-los antes como seres humanos do que como oportunidades, venha a ajudar-nos a expor a existência de uma contradição. Esse princípio, por exemplo, dá forma à doutrina segundo a qual um homem é inocente até prova em contrário e ajuda a explicar por que parece errado encarcerar um homem à espera de julgamento com base na predição de que ele poderia cometer crimes, caso fosse libertado sob fiança. Pois qualquer predição desse tipo, se for coerente, deve basear-se na concepção de que um indivíduo é um membro de uma classe com traços particulares, classe essa que tem mais probabilidade de cometer crimes que outras. A predição deve ser atuarial, como a que uma companhia de seguros faz a respeito da probabilidade de adolescentes sofrerem acidentes automobilísticos. Mas é injusto colocar alguém na prisão com base em um juízo, não importa quão acurado, acerca de uma classe, porque isso nega seu direito a ser tratado, enquanto indivíduo, com igual respeito.

Capítulo 2

O modelo de regras I

1. Questões embaraçosas

Os juristas apóiam-se pesadamente nos conceitos correlatos de direito jurídico e obrigação jurídica. Dizemos que alguém tem um direito ou uma obrigação jurídica e tomamos essa afirmação como uma base sólida para fazer reivindicações e exigências, bem como para criticar os atos das autoridades públicas. Mas nossa compreensão desses conceitos é extraordinariamente frágil e ficamos em dificuldades toda a vez que tentamos dizer o que são direitos e obrigações jurídicos. Dizemos com loquacidade que o fato de uma pessoa ter ou não uma obrigação jurídica é determinado pela aplicação do "direito" aos fatos particulares de seu caso, mas a resposta não é muito útil, pois temos as mesmas dificuldades com o conceito de direito.

Estamos acostumados a resumir nossos problemas às questões clássicas da teoria do direito: O que é "o direito"? Quando, como ocorre freqüentemente, duas partes discordam a respeito de uma proposição "de direito", sobre o que estão discordando e como devemos decidir sobre qual dos lados está com a razão? Por que denominamos de "obrigação jurídica" aquilo que "o direito" enuncia? Neste caso, "obrigação" é apenas um termo técnico que significa apenas o que é enunciado pela lei? Ou a obrigação jurídica tem algo a ver com a obrigação moral? Podemos dizer, pelo menos em princípio, que temos as mesmas razões tanto para cumprir nossas obrigações jurídicas como para cumprir nossas obrigações morais?

Estas não são perplexidades para ficarem guardadas no armário e serem trazidas de volta em um dia chuvoso, para diversão. Elas nos causam embaraço quando lidamos com problemas específicos que precisamos resolver de uma maneira ou de outra. Suponhamos que um caso inusitado de direito à privacidade chegue ao tribunal e que o autor da ação não invoque nenhuma lei ou jurisprudência. Que papel deveria desempenhar na decisão do tribunal o fato de que a maioria das pessoas da comunidade pense que cada indivíduo tem uma prerrogativa "moral" a essa privacidade particular? Suponhamos que a Suprema Corte ordene a libertação de um prisioneiro porque a polícia utilizou métodos que a partir de agora a Corte declara proibidos constitucionalmente, embora em suas decisões anteriores tenha aceito esses procedimentos. Deve a Corte, para ser consistente, libertar todos os prisioneiros anteriormente condenados com base nos mesmos procedimentos[1]? Perplexidades conceituais sobre "o direito" e a "obrigação jurídica" tornam-se agudas quando um tribunal é confrontado com um problema como esse.

Essas turbulências apontam para uma doença crônica. Dia após dia, através do uso da força, mandamos pessoas para a prisão, tiramos dinheiro delas, ou as levamos a fazer coisas que não desejam fazer, e, para justificar tudo isso, dizemos que essas pessoas infringiram a lei, deixaram de cumprir suas obrigações jurídicas ou interferiram nos direitos jurídicos de outras pessoas. Mesmo nos casos mais claros (um assalto a banco ou uma quebra voluntária de contrato), quando estamos certos de que alguém tem uma obrigação jurídica e a infringiu, não somos capazes de oferecer uma exposição satisfatória do que

1. Ver *Linkletter vs. Walker*, 381 U.S. 618 (1965). N. do T.: as citações de decisões judiciais norte-americanas indicam entre parênteses o ano em que a decisão foi tomada (1965), a fonte bibliográfica (U.S. United States Supreme Court Reports), o volume (381) e a página (618) em que se encontra a transcrição.

aquilo significa ou por que aquilo autoriza o estado a puni-lo ou coagi-lo. Podemos sentir que o que estamos fazendo é correto, mas, enquanto não identificamos os princípios que estamos seguindo, não podemos estar certos que eles são suficientes, ou se os estamos aplicando consistentemente. Em casos menos claros, quando saber se uma obrigação foi infringida é por alguma razão um tema controvertido, a intensidade dessas questões prementes aumenta e nossa responsabilidade de encontrar respostas se aprofunda.

Alguns juristas (que podemos chamar de "nominalistas") insistem em que a melhor maneira de resolver tais problemas consiste em ignorá-los. Na concepção deles, os conceitos de "obrigação jurídica" e "o direito" são mitos, inventados e mantidos pelos juristas em nome de uma sombria mistura de motivos conscientes e inconscientes. As perplexidades que esses conceitos provocam são simplesmente sintomas de que eles são mitos. Elas são insolúveis porque são irreais e a nossa preocupação com elas é apenas um traço da nossa escravidão. Melhor seria se nos livrássemos inteiramente das perplexidades e conceitos, perseguíssemos nossos importantes objetivos sociais sem esse excesso de bagagem.

Essa é um sugestão tentadora, mas tem desvantagens fatais. Antes que possamos decidir que nossos conceitos de direito e obrigação jurídica são mitos, necessitamos decidir o que são. Devemos ser capazes de expor, pelo menos aproximadamente, o que é que todos acreditamos ser um erro. Mas o cerne do nosso problema é que temos grande dificuldade de fazer justamente isso. De fato, ao perguntarmos o que é o direito e o que são as obrigações jurídicas, estamos pedindo uma teoria sobre como utilizar esses conceitos e sobre os compromissos conceituais que o seu uso implica. Antes de termos uma tal teoria geral, não podemos concluir que as nossas práticas são estúpidas ou supersticiosas.

Sem dúvida, os nominalistas pensam que sabem como nós outros utilizamos esses conceitos. Eles pensam que quando falamos "o direito", queremos dizer um conjunto de regras atemporais, estocadas em algum depósito conceitual à espera de que os juízes as descubram e que, quando falamos sobre obrigações jurídicas, estamos nos referindo às cadeias invisíveis que, de algum modo, essas misteriosas regras tecem à nossa volta. A teoria de que existem tais regras e cadeias é por eles chamada de "teoria mecânica do direito" e estão certos ao ridicularizar os adeptos dessa teoria. Contudo, enfrentam a dificuldade de encontrar tais adeptos para ridicularizar. Até agora, eles tiveram pouca sorte em enjaular e exibir adeptos da teoria mecânica do direito (todos os espécimes capturados – até mesmo Blackstone e Joseph Beale – tiveram que ser libertados após a leitura cuidadosa de seus textos).

De qualquer modo, é evidente que a maioria dos juristas não tem em mente nada de semelhante quando falam sobre o direito e a obrigação jurídica. Um exame superficial das nossas práticas é suficiente para mostrar isso, pois falamos de leis que mudam e evoluem e de obrigações legais que às vezes são problemáticas. Dessa e de outras maneiras, mostramos que não somos dependentes da teoria mecânica do direito.

Não obstante isso, fazemos uso dos conceitos de direito e de obrigação jurídica e supomos que a autorização da sociedade para punir e coagir está expressa nessa moeda. Pode ser que, quando os detalhes dessa prática forem desnudados, os conceitos que utilizamos venham a mostrar-se tão tolos e prenhes de ilusões quanto aqueles que os nominalistas inventaram. Se isso ocorrer, teremos que encontrar outras maneiras de descrever o que fazemos, seja fornecendo justificações, seja alterando nossas práticas. Mas enquanto não descobrirmos isso e fizermos esses ajustes, não poderemos aceitar o convite prematuro dos nominalistas para que voltemos as costas aos problemas colocados por nossos conceitos atuais.

Sem dúvida, a sugestão de que paremos de falar sobre "o direito" e a "obrigação científica" é em grande parte um blefe. Esses conceitos estão profundamente enraizados na estrutura das nossas práticas políticas – eles não podem ser deixados de lado como se fossem cigarros ou chapéus. Alguns nominalistas admitiram parcialmente isso e afirmaram que os mitos que eles condenam devem ser vistos como mitos platônicos e preservados para induzir as massas a aceitar a ordem social. Talvez a sugestão não seja tão cínica quanto parece; talvez ela seja uma maneira dissimulada de esquivar-se de uma aposta dúbia.

Se ignoramos o blefe, o ataque nominalista reduz-se a um ataque contra a teoria mecânica do direito. Não obstante suas heróicas exortações sobre a morte do direito, os próprios nominalistas ofereceram, embutida em seus ataques, uma análise de como devem ser usados os termos "direito" e "obrigação legal", análise que não é muito diferente daquela proposta pelos filósofos mais clássicos. Os nominalistas apresentaram suas análises como um modelo do "funcionamento real" das instituições jurídicas e especialmente dos tribunais. Mas esse modelo difere, especialmente naquilo que enfatiza, da teoria que o filósofo do século XIX, John Austin, foi o primeiro a popularizar, teoria que hoje é aceita, em uma forma ou outra, pela maior parte dos juristas mais ativos e de orientação mais acadêmica que defendem concepções a respeito da teoria do direito. Denominarei essa teoria, com alguma imprecisão histórica, de "positivismo jurídico". Desejo examinar a solidez do positivismo jurídico, especialmente na forma poderosa que lhe foi dada pelo Professor H. L. A. Hart. Resolvi concentrar-me na sua posição não apenas devido a sua clareza e elegância, mas porque neste caso, como em quase todas as outras áreas da filosofia do direito, o pensamento que visa construir deve começar com um exame das concepções de Hart.

2. Positivismo

O positivismo possui como esqueleto algumas poucas proposições centrais e organizadoras. Embora nem todo filósofo que é denominado positivista as subscreva da maneira que eu as apresento, elas efetivamente definem a posição geral que desejo examinar. Esses preceitos chaves podem ser formulados da seguinte maneira:

(a) O direito de uma comunidade é um conjunto de regras especiais utilizado direta ou indiretamente pela comunidade com o propósito de determinar qual comportamento será punido ou coagido pelo poder público. Essas regras especiais podem ser identificadas e distinguidas com auxílio de critérios específicos, de testes que não têm a ver com seu conteúdo, mas com o seu *pedigree* ou maneira pela qual foram adotadas ou formuladas. Esses testes de *pedigree* podem ser usados para distinguir regras jurídicas válidas de regras jurídicas espúrias (regras que advogados e litigantes erroneamente argumentam ser regras de direito) e também de outros tipos de regras sociais (em geral agrupadas como "regras morais") que a comunidade segue mas não faz cumprir através do poder público.

(b) O conjunto dessas regras jurídicas é coextensivo com "o direito", de modo que se o caso de alguma pessoa não estiver claramente coberto por uma regra dessas (porque não existe nenhuma que pareça apropriada ou porque as que parecem apropriadas são vagas ou por alguma outra razão), então esse caso não pode ser decidido mediante "a aplicação do direito". Ele deve ser decidido por alguma autoridade pública, como um juiz, "exercendo seu discernimento pessoal", o que significa ir além do direito na busca por algum outro tipo de padrão que o oriente na confecção de nova regra jurídica ou na complementação de uma regra já existente.

(c) Dizer que alguém tem uma "obrigação jurídica" é dizer que seu caso se enquadra em uma regra jurídica válida que exige que ele faça ou se abstenha de fazer alguma coisa. (Dizer que ele tem um direito jurídico, ou um poder jurídico de algum tipo, ou um privilégio ou imunidade jurídicos é asseverar de maneira taquigráfica que outras pessoas têm obrigações jurídicas reais ou hipotéticas de agir ou não agir de determinadas maneiras que o afetem.) Na ausência de uma tal regra jurídica válida não existe obrigação jurídica; segue-se que quando o juiz decide uma matéria controversa exercendo sua discrição, ele não está fazendo valer um direito jurídico correspondente a essa matéria.

Este é apenas o esqueleto do positivismo. A carne é distribuída diferentemente por diferentes positivistas e alguns chegam mesmo a rearranjar os ossos. As diferentes versões diferem sobretudo na sua descrição do teste fundamental de *pedigree* que uma regra deve satisfazer para ser considerada uma regra jurídica.

Austin, por exemplo, formulou sua versão do teste fundamental como uma série de definições e distinções interligadas[2]. Definiu ter uma obrigação como estar subsumido a uma regra, regra como uma ordem de caráter geral e ordem como uma expressão do desejo de que outras pessoas comportem-se de um modo específico, desejo sustentado pelo poder e pela vontade de fazer valer essa expressão em caso de desobediência. Ele estabeleceu uma distinção entre classes de regras (jurídicas, morais e religiosas), de acordo com a pessoa ou o grupo que é o autor da ordem geral que a regra representa. Em cada comunidade política, pensava ele, encontra-se um soberano — uma pessoa ou um grupo determinado ao qual as outras pessoas habitualmente obedecem, mas que não tem o hábito de obedecer a ninguém. As regras de uma comunidade são ordens de caráter geral apresentadas por seu soberano. A definição de obrigação jurídica de Austin derivou-se de sua concepção de direito. Em sua opinião, temos uma obrigação jurídica se nos encontramos entre os destinatários de alguma ordem de caráter geral do soberano e se corremos o risco de sofrer uma sanção caso não a obedeçamos.

O soberano não pode, por certo, antecipar todas as contingências através de algum sistema de ordens; algumas de suas ordens serão inevitavelmente vagas ou pouco claras. Portanto, segundo Austin, o soberano confere aos encarregados de fazer cumprir as leis (os juízes) poder discricionário para criar novas ordens, sempre que casos inéditos ou problemáticos se apresentarem. Os juízes então criam novas regras ou adaptam as antigas e o soberano anula suas criações ou, ao não fazê-lo, as confirma tacitamente.

---

2. J. Austin, *The Province of Jurisprudence Determined* (1832).

O modelo de Austin é extremamente belo em sua simplicidade. Enuncia o primeiro princípio do positivismo, isto é, que o direito é um conjunto de regras especialmente selecionadas para reger a ordem pública. E oferece um teste factual simples – o que ordenou o soberano? – como o único critério para identificar essas regras especiais. Com o tempo, porém, os que estudaram e tentaram aplicar o modelo de Austin o consideraram demasiadamente simples. Foram levantadas muitas objeções, das quais duas parecem fundamentais. Primeiro, o pressuposto-chave de Austin, o de que podemos encontrar em cada comunidade um determinado grupo ou uma instituição que, em última instância, controla todos os outros grupos, parecia não se aplicar a uma sociedade complexa. Em uma nação moderna, o controle político é pluralista e mutável, uma questão de mais ou menos, de compromissos, de cooperação e alianças, de maneira que freqüentemente é impossível dizer que alguma pessoa ou grupo detém aquele controle radical, necessário para ser considerado um soberano no sentido de Austin. Alguém pode afirmar, por exemplo, que nos Estados Unidos o "povo" é soberano. Mas isso não significa praticamente nada e não é suficiente para determinar o que o "povo" ordenou ou para distinguir suas ordens morais ou sociais de suas ordens jurídicas.

Em segundo lugar, os críticos começaram a se dar conta de que a análise de Austin falha por completo em explicar, e até mesmo reconhecer, certos fatos surpreendentes sobre as atitudes que tomamos com relação ao "direito". Fazemos uma distinção importante entre o direito e até mesmo as ordens de caráter geral de um gângster. Sentimos que os rigores da lei – e suas sanções – são diferentes na medida em que são obrigatórios de uma maneira que as ordens de um fora-da-lei não são. A análise de Austin não oferece espaço para que se faça tal distinção, porque define uma obrigação como sujeição à ameaça da força e, desse modo, fundamenta a autoridade do direito inteiramente na capacidade e na vontade do soberano de causar dano aos que desobedecem. Talvez a distinção que fazemos seja ilusória – talvez nossos sentimentos, que atribuem uma autoridade especial ao direito, estejam baseados em um resíduo religioso ou em alguma outra forma de auto-ilusão coletiva. Contudo, Austin não o demonstra e nós estamos autorizados a insistir em que uma análise de nosso conceito de direito reconheça e explique nossas atitudes ou mostre por que elas estão equivocadas.

A versão do positivismo de H. L. A. Hart é mais complexa que a de Austin. Em primeiro lugar, ele reconhece, ao contrário de Austin, que regras podem ser de tipos lógicos diferentes. (Hart distingue dois tipos de regras, que chama de "primárias" e "secundárias".) Em segundo lugar, ele rejeita a teoria de Austin segundo a qual uma regra é uma espécie de ordem e a substitui por uma análise mais elaborada e geral do que são regras. Devemos nos deter sobre cada um desses pontos para então identificar de que modo eles se fundem no conceito de direito de Hart.

A distinção de Hart entre regras primárias e secundárias é de grande importância[3]. As regras primárias são aquelas que concedem direitos ou impõem obrigações aos membros da comunidade. As regras de direito penal que nos impedem de roubar, assassinar ou dirigir em velocidade excessiva são bons exemplos de regras primárias. As regras secundárias são aquelas que estipulam como e por quem tais regras podem ser estabelecidas, declaradas legais, modificadas ou abolidas. As regras que determinam como o Congresso é composto e como ele promulga leis são exemplos de regras secundárias. Regras sobre a constituição de contratos e a execução de testamentos são também regras secundárias, pois estipulam como regras muito particulares, que governam obrigações legais específicas (por exemplo, os termos de um contrato ou as disposições de um testamento), surgem e são alteradas.

Sua análise geral das regras é também de grande importância[4]. Austin havia dito que toda regra é uma ordem de caráter geral e que um indivíduo está submetido a uma regra se ele

3. Ver H. L. A. Hart, *The Concept of Law*, 89-96 (1961).
4. Idem, pp. 79-88.

for passível de penalidade caso a desobedeça. Hart assinala que isso oblitera a distinção entre *ser compelido* (*being obliged*) a fazer alguma coisa e *ser obrigado* (*being obligated*) a fazê-lo. Se alguém está submetido a uma regra, não está simplesmente compelido, mas obrigado a fazer o que a regra determina. Portanto, estar submetido a uma regra deve ser diferente de estar sujeito a um dano, caso se desobedeça a uma ordem. Entre outras coisas, uma regra difere de uma ordem por ser *normativa*, por estabelecer um padrão de comportamento que se impõe aos que a ela estão submetidos, para além da ameaça que pode garantir sua aplicação. Uma regra nunca pode ser obrigatória somente porque um indivíduo dotado de força física quer que seja assim. Ele deve ter *autoridade* para promulgar essa regra ou não se tratará de uma regra; tal autoridade somente pode derivar de outra regra que já é obrigatória para aqueles aos quais ele se dirige. Essa é a diferença entre uma lei válida e as ordens de um pistoleiro.

Assim, Hart oferece uma teoria geral das regras que não faz a autoridades destas depender da força física de seus autores. Se, diz ele, examinarmos o modo como as diferentes regras são formadas e atentarmos para a distinção entre regras primárias e regras secundárias, veremos que existem duas fontes possíveis para a autoridade de uma regra[5]:

(a) uma regra pode tornar-se obrigatória para um grupo de pessoas porque, através de suas práticas, esse grupo *aceita* a regra como um padrão de conduta. Não basta simplesmente que o grupo se ajuste a um padrão de comportamento. Ainda que a maioria dos ingleses possa ir ao cinema sábado à noite, eles não aceitaram uma regra que exige que eles façam isso. Uma prática contém a aceitação de uma regra somente quando os que seguem essa prática reconhecem a regra como sendo obrigatória e como uma razão para criticar o comportamento daqueles que não a obedecem.

---

5. Idem, pp. 97-107.

(b) Uma regra também pode tornar-se obrigatória de uma maneira muito diferente, isto é, ao ser promulgada de acordo com uma regra secundária que estipula que regras assim promulgadas serão obrigatórias. Por exemplo, se o contrato de fundação de um clube estipula que os estatutos poderão ser adotados pela maioria de seus membros, então os estatutos particulares que forem aprovados dessa maneira serão obrigatórios para todos os membros, não devido a qualquer prática de aceitação desses estatutos particulares, mas porque o contrato de fundação assim estabelece. Nesse contexto, usamos o conceito de *validade*: regras obrigatórias que tiverem sido criadas de acordo com uma maneira estipulada por alguma regra secundária são denominadas regras "válidas".

Portanto, podemos registrar a distinção fundamental de Hart da seguinte maneira: uma regra pode ser obrigatória (a) porque é aceita ou (b) porque é válida.

O conceito de direito de Hart é uma construção a partir dessas várias distinções[6]. As comunidades primitivas possuem apenas regras primárias e essas obrigatórias tão-somente devido às práticas de aceitação. Não se pode afirmar que essas comunidades tenham um "direito", pois, nesse caso, não há maneira de distinguir um conjunto de regras jurídicas de outras regras sociais, como exige o primeiro princípio do positivismo. Mas, quando uma comunidade desenvolveu uma regra secundária fundamental que estipula como as regras jurídicas devem ser identificadas, nasce a idéia de um conjunto específico de regras jurídicas e, com isso, a idéia de direito.

Hart chama essa regra secundária fundamental de "regra de reconhecimento". A regra de reconhecimento de uma determinada comunidade pode ser relativamente simples ("O que o rei decreta é lei") ou pode ser muito complexa (a Constituição dos Estados Unidos, com todas as suas dificuldades de interpretação, pode ser considerada como uma única regra de reconhecimento). A demonstração de que uma regra particular é

6. Idem, passim, especialmente capítulo 6.

válida pode, portanto, exigir que se remonte a uma complexa cadeia de validade que vai dessa regra particular à regra fundamental. Assim, uma norma de estacionamento da cidade de New Haven é válida por ter sido adotada pela Câmara Municipal, em conformidade com os procedimentos e no âmbito de competência especificado pela lei municipal adotada pelo Estado de Connecticut, em conformidade com os procedimentos e no âmbito de competência especificada pela Constituição do estado de Connecticut, que, por sua vez, foi adotada em conformidade com os requisitos da Constituição dos Estados Unidos.

Sem dúvida, uma regra de reconhecimento não pode ser ela mesma válida, de vez que, por hipótese, ela é a última instância e não pode, portanto, satisfazer os testes estipulados por uma regra ainda mais fundamental. A regra de reconhecimento é a única regra em um sistema jurídico cuja obrigatoriedade depende de sua aceitação. Se desejarmos saber qual regra de reconhecimento uma comunidade particular adota ou segue, devemos observar de que modo se comportam os cidadãos e, em especial, seus funcionários públicos. Devemos prestar atenção a quais são os argumentos definitivos que eles aceitam como demonstração da validade de uma regra particular e quais os argumentos definitivos eles usam para criticar outros funcionários ou instituições. Não podemos aplicar nenhum teste mecânico, mas não corremos o perigo de confundir a regra de reconhecimento de uma comunidade com as suas regras de moralidade. A regra de reconhecimento é identificada pelo fato de seu domínio de aplicação dizer respeito ao funcionamento do aparato governamental composto pelo Legislativo, pelos tribunais, pelos órgãos públicos, pelos policiais, etc., etc.

Desse modo, Hart resgata os princípios fundamentais do positivismo dos erros de Austin. Hart concorda com Austin que as regras jurídicas válidas podem ser criadas através de atos de autoridades e instituições públicas. Contudo, Austin pensava que a autoridade dessas instituições encontrava-se tão-somente no seu monopólio do poder. Hart localiza a autoridade dessas instituições no plano dos padrões constitucionais a partir dos quais elas operam, padrões constitucionais esses previamente aceitos pela comunidade que é por eles governada, na forma de uma regra de reconhecimento fundamental. Esse plano legitima as decisões do governo e lhes confere a forma e o caráter de obrigação que faltavam às ordens cruas do soberano de Austin. A teoria de Hart também difere da de Austin por reconhecer que diferentes comunidades utilizam diferentes testes jurídicos de última instância e que alguns aceitam outros meios de criação de direito além do ato deliberado de uma instituição legislativa. Hart menciona as "práticas costumeiras antigas" e "a relação [de uma regra] com as decisões judiciais" como outros critérios que são freqüentemente usados, embora em geral de maneira simultânea e subordinada ao teste da legislação.

Assim, a versão do positivismo oferecida por Hart é mais complexa do que a de Austin e o seu teste para verificar a validade das regras de direito é mais sofisticado. Em um aspecto, porém, os dois modelos são muito similares. Hart, como Austin, reconhece que as regras jurídicas possuem limites imprecisos (ele se refere a elas como tendo "uma textura aberta") e, ainda como Austin, explica os casos problemáticos afirmando que os juízes têm e exercitam seu poder discricionário para decidir esses casos por meio de nova legislação[7]. (Tentarei mostrar, mais adiante, por que aquele que pensa sobre o direito como um conjunto especial de regras é quase inevitavelmente levado a explicar casos difíceis em termos de um exercício de poder discricionário por parte de alguém.)

3. Regras, princípios e políticas

Quero lançar um ataque geral contra o positivismo e usarei a versão de H. L. A. Hart como alvo, quando um alvo específico se fizer necessário. Minha estratégia será organizada em torno do fato de que, quando os juristas raciocinam ou debatem

---

7. Idem, capítulo 7.

a respeito de direitos e obrigações jurídicos, particularmente naqueles casos difíceis nos quais nossos problemas com esses conceitos parecem mais agudos, eles recorrem a padrões que não funcionam como regras, mas operam diferentemente, como princípios, políticas e outros tipos de padrões. Argumentarei que o positivismo é um modelo de e para um sistema de regras e que sua noção central de um único teste fundamental para o direito nos força a ignorar os papéis importantes desempenhados pelos padrões que não são regras.

Acabei de mencionar "princípios, políticas e outros tipos de padrões". Com muita freqüência, utilizarei o termo "princípio" de maneira genérica, para indicar todo esse conjunto de padrões que não são regras; eventualmente, porém, serei mais preciso e estabelecerei uma distinção entre princípios e políticas. Ainda que presente argumento nada vá depender dessa distinção, devo expor como cheguei a ela. Denomino "política" aquele tipo de padrão que estabelece um objetivo a ser alcançado, em geral uma melhoria em algum aspecto econômico, político ou social da comunidade (ainda que certos objetivos sejam negativos pelo fato de estipularem que algum estado atual deve ser protegido contra mudanças adversas). Denomino "princípio" um padrão que deve ser observado, não porque vá promover ou assegurar uma situação econômica, política ou social considerada desejável, mas porque é uma exigência de justiça ou eqüidade ou alguma outra dimensão da moralidade. Assim, o padrão que estabelece que os acidentes automobilísticos devem ser reduzidos é uma política e o padrão segundo o qual nenhum homem deve beneficiar-se de seus próprios delitos é um princípio. A distinção pode ruir se interpretarmos um princípio como a expressão de objetivo social (isto é, o objetivo de uma sociedade na qual nenhum homem beneficia-se de seu próprio delito) ou interpretarmos uma política como expressando um princípio (isto é, o princípio de que o objetivo que a contém é meritório) ou, ainda, se adotarmos a tese utilitarista segundo a qual os princípios de justiça são declarações disfarçadas de objetivos (assegurar a maior felicidade para o maior número). Em alguns contextos a distinção tem usos que se perdem, quando ela desmorona dessa maneira[8].

Meu objetivo imediato, porém, é distinguir os princípios, no sentido genérico, das regras e começarei reunindo alguns exemplos dos primeiros. Os exemplos que ofereço são escolhidos aleatoriamente, quase todos os casos mencionados em um livro didático de direito contêm exemplos que seriam igualmente úteis. Em 1889, no famoso caso *Riggs contra Palmer*[9], um tribunal de Nova Iorque teve que decidir se um herdeiro nomeado no testamento de seu avô poderia herdar o disposto naquele testamento, muito embora ele tivesse assassinado seu avô com esse objetivo. O tribunal começou seu raciocínio com a seguinte admissão: "É bem verdade que as leis que regem a feitura, a apresentação de provas, os efeitos dos testamentos e a transferência de propriedade, se interpretados literalmente e se sua eficácia e efeito não puderem, de modo algum e em quaisquer circunstâncias, ser limitados ou modificados, concedem essa propriedade ao assassino."[10] Mas o tribunal prosseguiu, observando que "todas as leis e os contratos podem ser limitados na sua execução e seu efeito por máximas gerais e fundamentais do direito costumeiro*. A ninguém será permitido lucrar com sua própria fraude, beneficiar-se com seus próprios atos ilícitos, basear qualquer reivindicação na sua própria iniqüidade ou adquirir bens em decorrência de seu próprio crime"[11]. O assassino não recebeu sua herança.

---

8. Ver capítulo 4. Ver também Dworkin, "Wasserstrom: The Judicial Decision", 75 *Ethics* 47 (1964), reimpresso como "Does Law Have a Function?", 74 *Yale Law Journal* 640 (1965).

9. 115 N.Y. 506, 22 N.E. 188 (1889).

10. Idem, em 509, 22 N.E. em 189.

* *Common law* – o termo designa o sistema de direito de leis originalmente baseadas em leis costumeiras e não escritas da Inglaterra, que se desenvolveu a partir da doutrina do precedente. De maneira geral, a expressão refere-se ao conjunto de leis que deriva e se desenvolve a partir das decisões dos tribunais, em oposição às leis promulgadas através de processo legislativo. Ver *Black's Law Dictionary* e Harold Berman e William Greiner, *The Nature and Functions of Law*, op. cit., pp. 71, 476-7 e Paul Vinogradoff, *Common Sense in Law*, Oxford University Press, Londres, 1913, especialmente capítulo VII. (N. do T.)

11. Idem, em 511, 22 N.E. em 190.

Em 1969, um tribunal em Nova Jérsei deparou, no caso *Henningsen contra Bloomfield Motors, Inc.*[12], com a importante questão de saber se (ou até que ponto) um fabricante de automóveis pode limitar sua responsabilidade no caso do automóvel ser defeituoso. Henningsen havia comprado um carro e assinado um contrato que dizia que a responsabilidade do fabricante por defeitos limitava-se ao "conserto" das partes defeituosas – "essa garantia substitui expressamente todas as outras garantias, obrigações ou responsabilidades". Henningsen argumentou que, pelo menos nas circunstâncias de seu caso, o fabricante não devia ser protegido por essa limitação e devia ser responsabilizado pelas despesas médicas e de outros tipos das pessoas feridas em uma colisão. Ele não conseguiu indicar nenhuma lei ou regra de direito estabelecida que proibisse o fabricante de insistir [nos termos do] no contrato. Não obstante isso, o tribunal concordou com Henningsen. Em vários pontos de sua argumentação, o tribunal apela aos seguintes padrões: (a) "Devemos ter em mente o princípio geral de que, na ausência de fraude, aquele que não lê o contrato antes de assiná-lo não pode, mais tarde, minimizar seus encargos."[13] (b) "Na aplicação desse princípio, o preceito básico da liberdade das partes competentes para contratar é um fator importante."[14] (c) "A liberdade de contratar não é uma doutrina tão imutável a ponto de não admitir nenhuma ressalva na área que nos concerne."[15] (d) "Em uma sociedade como a nossa, na qual o automóvel é um acessório comum e necessário à vida cotidiana e na qual o seu uso é tão cheio de perigos para o motorista, os passageiros e o público, o fabricante tem uma obrigação especial no que diz respeito à fabricação, promoção e venda de seus carros. Conseqüentemente, os tribunais devem examinar minuciosamente os contratos de compra para ver se os interesses do consumidor e do público estão sendo tratados com eqüi-

---

12. 32 N.J. 358, 161 A. 2d 69 (1960).
13. Idem, em 386, 161 A. 2d em 84.
14. Idem.
15. Idem, em 388, 161 A. 2d em 86.

dade."[16] (e) "Existe algum princípio que seja mais familiar ou mais firmemente inscrito na história do direito anglo-americano do que a doutrina basilar de que os tribunais não se permitirão ser usados como instrumentos de iniqüidade e injustiça?"[17] (f) "Mais especificamente, os tribunais em geral recusam a prestar-se a garantir a execução de uma "barganha" na qual uma parte aproveitou-se injustamente das necessidades econômicas da outra..."[18]

Os padrões especificados nessas citações não são do tipo que tomamos como regras jurídicas. Parecem muito diferentes de proposições como "A máxima velocidade legalmente permitida na auto-estrada é noventa quilômetros por hora" ou "Um testamento é inválido a menos que assinado por três testemunhas". Eles são diferentes porque são princípios jurídicos e não regras jurídicas.

A diferença entre princípios jurídicos e regras jurídicas é de natureza lógica. Os dois conjuntos de padrões apontam para decisões particulares acerca da obrigação jurídica em circunstâncias específicas, mas distinguem-se quanto à natureza da orientação que oferecem. As regras são aplicáveis à maneira do tudo-ou-nada. Dados os fatos que uma regra estipula, então ou a regra é válida, e neste caso a resposta que ela fornece deve ser aceita, ou não é válida, e neste caso em nada contribui para a decisão.

Esse tudo-ou-nada fica mais evidente se examinamos o modo de funcionamento das regras, não no direito, mas em algum empreedimento que elas regem – um jogo, por exemplo. No beisebol, uma regra estipula que, se o batedor errar três bolas, está fora do jogo. Um juiz não pode, de modo coerente, reconhecer que este é um enunciado preciso de uma regra do beisebol e decidir que um batedor que errou três bolas não está eliminado. Sem dúvida, uma regra pode ter exceções (o bate-

16. Idem, em 387, 161 A. 2d em 85.

17. Idem, em 389, 161 A. 2d em 86 (citando Frankfurter, J., in *United States vs. Bethlehem Steel*, 315 U.S. 289, 326 [1942]).

18. Idem.

dor que errou três bolas não será eliminado se o pegador [*catcher*] deixar cair a bola no terceiro lance). Contudo, um enunciado correto da regra levaria em conta essa exceção; se não o fizesse, seria incompleto. Se a lista das exceções for muito longa, seria desajeitado demais repeti-la cada vez que a regra fosse citada; contudo, em teoria não há razão que nos proíba de incluí-las e quanto mais o forem, mais exato será o enunciado da regra.

Se tomarmos por modelo as regras do beisebol, veremos que as regras do direito, como aquela segundo a qual um testamento é inválido se não for assinado por três testemunhas, ajustam-se bem ao modelo. Se a exigência de três testemunhas é uma regra jurídica válida, nenhum testamento será válido quando assinado por apenas duas testemunhas. A regra pode ter exceções, mas se tiver, será impreciso e incompleto simplesmente enunciar a regra, sem enumerar as exceções. Pelo menos em teoria, todas as exceções podem ser arroladas e quanto mais o forem, mais completo será o enunciado da regra.

Mas não é assim que funcionam os princípios apresentados como exemplos nas citações. Mesmo aqueles que mais se assemelham a regras não apresentam conseqüências jurídicas que se seguem automaticamente quando as condições são dadas. Dizemos que o nosso direito respeita o princípio segundo o qual nenhum homem pode beneficiar-se dos erros que comete. Na verdade, é comum que as pessoas obtenham vantagens, de modo perfeitamente legal, dos atos jurídicos ilícitos que praticam. O caso mais notório é o usucapião – se eu atravesso suas terras sem autorização durante muito tempo, algum dia adquirirei o direito de cruzá-las quando o desejar. Há muitos exemplos menos dramáticos. Se um homem abandona seu trabalho, rompendo um contrato, para assumir outro emprego mais bem pago, ele pode ter que pagar indenização a seu primeiro empregador, mas em geral ele terá direito de manter seu novo salário. Se um homem foge quando está sob fiança e cruza a fronteira estadual para fazer um investimento brilhante em outro estado, ele poderá ser remetido de volta à prisão, mas ele manterá os lucros.

Não trataremos esses contra-exemplos – e inumeráveis outros que podem ser facilmente concebidos – como uma indicação de que o princípio acerca da obtenção de vantagens a partir dos próprios atos ilícitos não é um princípio de nosso sistema jurídico ou que ele é incompleto e requer exceções que o limitem. Não trataremos os contra-exemplos como exceções (pelo menos não como exceções no sentido em que o pegador deixar cair a terceira bola configura uma exceção). Isto porque não podemos esperar apreender esses contra-exemplos simplesmente utilizando um enunciado mais extenso do princípio. Eles não são, mesmo em teoria, susceptíveis de enumeração, porque [para isso] teríamos que incluir não apenas casos (como o usucapião) nos quais alguma instituição já estabeleceu que pode-se obter lucro através de atos ilícitos, mas também aqueles inumeráveis casos imaginários aos quais, sabemos de antemão, o princípio não se aplica. Relacionar alguns desses contra-exemplos poderia aguçar nossa compreensão a respeito da importância do princípio (mencionarei essa dimensão logo adiante), mas isso não contribuiria para um enunciado mais exato ou completo do princípio.

Um princípio como "Nenhum homem pode beneficiar-se de seus próprios delitos" não pretende [nem mesmo] estabelecer condições que tornem sua aplicação necessária. Ao contrário, enuncia uma razão que conduz o argumento em uma certa direção, mas [ainda assim] necessita uma decisão particular. Se um homem recebeu ou está na iminência de receber alguma coisa como resultado direto de um ato ilícito que tenha praticado para obtê-la, então essa é uma razão que o direito levará em consideração ao decidir se ele deve mantê-la. Pode haver outros princípios ou outras políticas que argumentem em outra direção – por exemplo, uma política que garanta o reconhecimento da validade de escrituras ou um princípio que limite a punição ao que foi estimulado pelo Poder Legislativo. Se assim for, nosso princípio pode não prevalecer, mas isso não significa que não se trate de um princípio de nosso sistema jurídico, pois em outro caso, quando essas considerações em contrário estiverem ausentes ou tiverem menor força, o princípio poderá ser decisivo. Tudo o que pretendemos dizer, ao afirmarmos que um princípio particular é um princípio do nosso direito, é que ele, se for relevante, deve ser levado em conta pelas autoridades públicas, como [se fosse] uma razão que inclina numa ou noutra direção.

A distinção lógica entre regras e princípios aparece mais claramente quando consideramos princípios que nem mesmo se assemelham a regras. Consideremos a proposição que aparece em '(d)' nos extratos da decisão *Henningsen*: "o fabricante tem uma obrigação especial no que diz respeito à fabricação, promoção e venda de carros". Essa formulação não pretende definir os deveres específicos que essa obrigação específica acarreta, nem nos informa que direitos os compradores de automóveis adquirem em conseqüência dela. Simplesmente afirma – e este é um elo importante no caso *Henningsen* – que os fabricantes de carros devem observar padrões mais elevados do que os de outros fabricantes e estão menos autorizados a basear-se no princípio competitivo da liberdade de contrato. Isso não significa que nunca possam apoiar-se nesse princípio ou que os tribunais tenham o poder de reescrever à vontade os contratos de compra de automóveis; significa apenas que, se uma cláusula específica parecer injusta ou onerosa, os tribunais têm menos razões para fazê-la cumprir do que se a cláusula disser respeito à compra de gravatas. A "obrigação especial" conta a favor, mas em si mesma ela não compele a uma decisão que recuse fazer valer os termos de um contrato de compra de um automóvel.

Essa primeira diferença entre regras e princípios traz consigo uma outra. Os princípios possuem uma dimensão que as regras não têm – a dimensão do peso ou importância. Quando os princípios se intercruzam (por exemplo, a política de proteção aos compradores de automóveis se opõe aos princípios de liberdade de contrato), aquele que vai resolver o conflito tem de levar em conta a força relativa de cada um. Esta não pode ser, por certo, uma mensuração exata e o julgamento que determina que um princípio ou uma política particular é mais importante que outra freqüentemente será objeto de controvérsia. Não obstante, essa dimensão é uma parte integrante do conceito de um princípio, de modo que faz sentido perguntar que peso ele tem ou quão importante ele é.

As regras não têm essa dimensão. Podemos dizer que as regras são *funcionalmente* importantes ou desimportantes (a regra de beisebol segundo a qual o batedor que não conseguir rebater a bola três vezes é eliminado é mais importante do que a regra segundo a qual os corredores podem avançar uma base quando o arremessador comete uma falta, pois a modificação da primeira regra alteraria mais o jogo do que a modificação da segunda). Nesse sentido, uma regra jurídica pode ser mais importante do que outra porque desempenha um papel maior ou mais importante na regulação do comportamento. Mas não podemos dizer que uma regra é mais importante que outra enquanto parte do mesmo sistema de regras, de tal modo que se duas regras estão em conflito, uma suplanta a outra em virtude de sua importância maior.

Se duas regras entram em conflito, uma delas não pode ser válida. A decisão de saber qual delas é válida e qual deve ser abandonada ou reformulada, deve ser tomada recorrendo-se a considerações que estão além das próprias regras. Um sistema jurídico pode regular esses conflitos através de outras regras, que dão precedência à regra promulgada pela autoridade de grau superior, à regra promulgada mais recentemente, à regra mais específica ou outra coisa desse gênero. Um sistema jurídico também pode preferir a regra que é sustentada pelos princípios mais importantes. (Nosso sistema jurídico [norte-americano] utiliza essas duas técnicas.)

A forma de um padrão nem sempre deixa claro se ele é uma regra ou um princípio. "Um testamento é inválido a menos que seja assinado por três testemunhas" não é muito diferente, quanto à forma, de "Um homem não beneficiar-se de seus atos ilícitos", mas quem conhece o direito norte-americano sabe que deve considerar a primeira frase como a expressão de uma regra e a segunda como expressão de um princípio. Em muitos casos a distinção é difícil de estabelecer — é possível que não se tenha estabelecido de que maneira o padrão deve funcionar;

esse ponto pode ser ele próprio o foco da controvérsia. A primeira emenda à Constituição dos Estados Unidos contém uma disposição determinando que o Congresso não pode cercear a liberdade de expressão. Será esta uma regra, de modo que se alguma lei específica cercear a liberdade de palavra, se poderá concluir que se trata de uma lei inconstitucional? Os que afirmam que a primeira emenda é "um absoluto" dizem que ela deve ser vista dessa maneira, isto é, como uma regra. Ou ela meramente enuncia um princípio, de modo que, se um cerceamento da liberdade de expressão for descoberto, ele será inconstitucional a menos que seu contexto revele a existência de uma outra política ou princípio que, nas circunstâncias, tenha força suficiente para permitir esse cerceamento? Essa é a posição dos que defendem o teste do "perigo real e iminente"* ou alguma outra forma de "ponderação".

Às vezes, regras ou princípios podem desempenhar papéis bastante semelhantes e a diferença entre eles reduz-se quase a uma questão de forma. A primeira seção do *Sherman Act* afirma que será nulo todo o contrato que implique proibição de comércio. A Suprema Corte teve que decidir se essa disposição deve ser tratada como uma regra, nos termos de sua própria formulação (anulando todos os contratos "que proíbem comércio", o que ocorre com quase todos os contratos) ou como um princípio que fornece uma razão para a anulação de um contra-

---

* *Clear and present danger* – aqui traduzido por "perigo real e iminente". A doutrina do *clear and present danger* surgiu no direito constitucional norte-americano em 1917, como resultado da tentativa do governo americano de aplicar a Lei de Espionagem de 1917 aos que faziam propaganda contra o recrutamento para a guerra, limitando desse modo a liberdade de expressão garantida pela Primeira Emenda à Constituição (*Schenck v. U. S.*). Diz essa doutrina que "para que o governo possa punir uma manifestação [de opinião] é preciso, em geral, que tenha ocorrido em tais circunstâncias ou sido de tal natureza que pudesse criar um perigo evidente e atual do qual decorreriam "males substantivos" que o governo poderia prevenir". Ver Edward Corwin, *American Constitutional Law*, Haper & Row, Nova York, 1964, especialmente capítulo XI. Do mesmo autor, ver ainda *A Constituição norte-americana e seu significado atual*, Zahar, Rio de Janeiro, 1986, pp. 239 ss. Consultar igualmente *Schenck v. U. S.*, 249 U. S. 47, 39 S. Ct. 247, 63 L. Ed. 470. (N. do T.)

to, na ausência de políticas contrárias em vigor. A Suprema Corte interpretou a disposição como uma regra, mas tratou-a como se ela contivesse a expressão "não razoável" e como se proibisse apenas "a proibição de comércio não razoável"[19]. Isso permitiu que tal disposição funcionasse, do ponto de vista lógico, como uma regra (sempre que um tribunal considera que uma proibição é "não razoável" está obrigado a considerar o contrato inválido) e, do ponto de vista substantivo, como um princípio (o tribunal deve levar em consideração vários outros princípios e políticas para determinar se uma proibição particular em circunstâncias econômicas particulares é "não razoável").

Palavras como "razoável", "negligente", "injusto" e "significativo" desempenham freqüentemente essa função. Quando uma regra inclui um desses termos, isso faz com que sua aplicação dependa, até certo ponto, de princípios e políticas que extrapolam a [própria] regra. A utilização desses termos faz com que essa regra se assemelhe mais a um princípio. Mas não chega a transformar a regra em princípio, pois até mesmo o menos restritivo desses termos restringe o *tipo* de princípios e políticas dos quais pode depender a regra. Um processo mais longo de avaliação é necessário quando esses termos são omitidos do enunciado das regras, por exemplo, nos casos em que estamos submetidos à obrigação de uma regra que diz que os contratos "não razoáveis" são nulos ou que os contratos grosseiramente "injustos" (*unfair*) não serão reconhecidos. Suponhamos, porém, um caso em que alguma consideração de política ou princípio sugere que um contrato deva ser reconhecido legalmente, mesmo se a proibição que contém não seja razoável ou mesmo seja grosseiramente injusta. Nesse caso, a implementação desses contratos seria proibida por nossas regras e poderia ser permitida somente se tais regras fossem abandonadas ou modificadas. Contudo, se estivéssemos lidando não com uma regra, mas com uma política contrária ao cumprimento de contratos não razoáveis, ou com um princípio segun-

19. *Standard Oil v. United States*, 221 U.S. 1, 60 (1911); *United States v. American Tobacco Co.*, 221 U.S. 106, 180 (1911).

do o qual os contratos injustos não devem vigorar, tais contratos poderiam ser implementados sem alteração da lei.

4. Os princípios e o conceito de direito

Uma vez que tenhamos identificado os princípios jurídicos como tipos particulares de padrões, diferentes das regras jurídicas, subitamente nos damos conta de que estão por toda a parte, à nossa volta. Os professores de direito os ensinam, os livros de direito os citam e os historiadores do direito os celebram. Mas eles parecem atuar de maneira mais vigorosa, com toda sua força, nas questões judiciais difíceis, como os casos *Riggs* e *Heningsen*. Em casos como esses os princípios desempenham um papel fundamental nos argumentos que sustentam as decisões a respeito de direitos e obrigações jurídicos particulares. Depois que o caso é decidido, podemos dizer que ele ilustra um regra particular (por exemplo, a regra de que um assassino não pode beneficiar-se do testamento de sua vítima). Mas a regra não existe antes de o caso ser decidido; o tribunal cita princípios para justificar a adoção e a aplicação de uma nova regra. No caso *Riggs*, o tribunal citou o princípio de que nenhum homem pode beneficiar-se de seus próprios delitos como um parâmetro fundamental, à luz do qual se pode ler a lei sobre os testamentos e, assim procedendo, justificou uma nova interpretação dessa lei. No caso *Henningsen* o tribunal citou uma variedade de princípios e políticas que interagem, enquanto fontes de autoridade, para [gerar] uma nova regra acerca da responsabilidade dos fabricantes pelos defeitos dos automóveis.

Uma análise do conceito de obrigação jurídica deve, portanto, dar conta do importante papel desempenhado pelos princípios na formulação de decisões jurídicas específicas. Existem orientações diferentes que podemos seguir:

(a) Podemos tratar os princípios jurídicos da mesma maneira que tratamos as regras jurídicas e dizer que alguns princípios possuem obrigatoriedade de lei e devem ser levados em conta por juízes e juristas que tomam decisões sobre obrigações jurídicas. Se seguirmos essa orientação, deveremos dizer que nos Estados Unidos "o direito" inclui, pelo menos, tanto princípios como regras.

(b) Por outro lado, podemos negar que tais princípios possam ser obrigatórios no mesmo sentido que algumas regras o são. Diríamos, então, que em casos como *Riggs* e *Henningsen* o juiz vai além das regras que ele está obrigado a aplicar (isto é, ele vai além do "direito"), lançando mão de princípios extralegais que ele tem liberdade de aplicar, se assim o desejar.

Pode-se pensar que não há muita diferença entre essas duas linhas de ataque, que se trata apenas de uma questão verbal a respeito de como se pretende utilizar a palavra "direito". Mas isso é um erro, porque a escolha entre essas duas abordagens tem enormes conseqüências para uma análise da obrigação jurídica. Trata-se de uma escolha entre dois *conceitos* de um princípio jurídico, uma escolha que podemos esclarecer comparando-a a uma escolha que podemos fazer entre dois conceitos de uma regra jurídica. Às vezes afirmamos de uma pessoa que ela "adotou como regra" fazer determinada coisa, quando queremos dizer que ela optou por seguir uma determinada prática. Poderíamos, por exemplo, dizer que alguém adotou como regra, para si mesmo, correr um quilômetro e meio antes do café da manhã, pois deseja ser saudável e tem fé em um método. Ao fazer tal afirmação, não queremos dizer que tal pessoa esteja de fato *obrigada* a seguir a regra de correr um quilômetro e meio e nem mesmo que ela se julgue obrigada por essa regra. Aceitar uma regra como obrigatória é diferente de adotar como regra, para si mesmo, fazer determinada coisa. Retomando o exemplo de Hart: há uma diferença entre dizer que os ingleses adotam como regra que se deve ver um filme por semana e dizer que os ingleses estão submetidos a uma regra que estabelece o dever de ver um filme por semana. A segunda afirmação, ao contrário da primeira, implica que, se um inglês não seguir a regra, ele estará sujeito à crítica ou à censura. A primeira não exclui a possibilidade de um *tipo* de crítica – podemos dizer que quem não vê filmes está negligenciando sua educação – mas não sugerimos que ele está fazendo alguma coisa errada *precisamente* por não seguir a regra[20].

Se pensarmos nos juízes de uma comunidade como um grupo, poderíamos descrever as regras de direito que eles observam de acordo com essas duas alternativas. Poderíamos dizer, por exemplo, que em certo Estado os juízes adotam a regra de não reconhecer como válidos testamentos, a menos que contenham três testemunhas. Isso não implica que aquele juiz ocasional que reconhece como válido um tal testamento esteja, exatamente por essa razão, fazendo alguma coisa errada. Por outro lado, podemos dizer que, nesse Estado, uma regra de direito exige que os juízes não reconheçam como válidos tais testamentos; isso implica que um juiz que os reconheça como válidos esteja fazendo algo errado. Hart, Austin e outros positivistas certamente insistiriam nessa última abordagem das regras jurídicas; não ficaram de modo algum satisfeitos com a abordagem do tipo "adotar esse comportamento como regra". Qual a abordagem certa? – esta não é uma questão verbal. A questão é saber qual das duas presta contas de um modo mais preciso da situação social. A abordagem que escolhemos tem impacto sobre outros problemas importantes. Por exemplo, se os juízes simplesmente "adotam a regra" de não reconhecer como válidos certos contratos, então não podemos dizer, antes da decisão ocorrer, que alguém "tem direito" a esse resultado. Neste caso, essa proposição não pode fazer parte de nenhuma justificação que possamos oferecer para tal decisão.

As duas linhas de ataque aos princípios correm em paralelo a essas duas abordagens das regras. A primeira alternativa trata os princípios como obrigatórios para os juízes, de tal modo que eles incorrem em erro ao não aplicá-los quando pertinente. A segunda alternativa trata os princípios como resumos daquilo que os juízes, na sua maioria, "adotam como princí-

20. A distinção é substancialmente a mesma estabelecida por Rawls em "Two Concepts of Rules", 64 *Philosophical Review 3* (1955).

pio" de ação, quando forçados a ir além dos padrões aos quais estão vinculados. A escolha entre essas duas abordagens afetará, e talvez chegue mesmo a determinar, a resposta que podemos dar à questão de saber se, em casos difíceis como *Riggs* ou *Henningsen*, o juiz está tentando aplicar direitos e obrigações jurídicos preexistentes. No primeiro caso, ainda temos a liberdade de argumentar que, como esses juízes estão aplicando padrões jurídicos obrigatórios, estão também aplicando direitos e obrigações jurídicos. Porém, se partirmos da segunda alternativa, teremos abandonado a esfera dos tribunais no tocante a esse ponto e teremos que reconhecer que a família do assassino no caso *Riggs* e o fabricante, no caso *Henningsen*, foram privados de seus bens por um ato de poder discricionário do juiz*, aplicado *ex post facto*.

Muitos leitores talvez não se choquem com isso – a idéia do poder discricionário infiltrou-se na comunidade jurídica – mas ilustra uma das perplexidades mais exasperantes que levam os filósofos a ocupar-se da obrigação jurídica. Se o confisco de propriedade em casos como esse não pode ser justificado através do apelo a uma obrigação instituída, então outra justificativa deve ser encontrada, mas até agora nenhuma satisfatória foi apresentada.

No esboço sumário do positivismo que apresentei anteriormente, arrolei como a segunda tese a doutrina do poder discricionário do juiz. Os positivistas sustentam que quando um caso não é coberto por uma regra clara, o juiz deve exercer seu

---

* *Judicial discretion* – aqui traduzido por "poder discricionário do juiz", mas a expressão tem um sentido mais amplo e se aplica igualmente às decisões de tribunais. No direito anglo-saxão, o conceito está associado à margem de liberdade que juízes e tribunais têm na escolha das normas que devem utilizar para chegar a uma decisão. Refere-se à decisão consistente, construída e formulada de acordo com as diretrizes do sistema jurídico, particularmente naqueles casos difíceis, nos quais um dos litigantes demanda um direito que não é nítido ou sobre o qual a lei é omissa. Trata-se de uma decisão não arbitrária, que busca conscientemente alcançar um resultado justo e que, para tanto, leva em conta o que é eqüitativo e razoável nas circunstâncias do caso. Ver *Black's Law Dictionary* e André-Jean Arnaud et alii, *Dicionário enciclopédico de teoria e sociologia do direito*, Editora Renovar, Rio de janeiro, 1999. Ver ainda o item 5 deste capítulo. (N. do T.)

poder discricionário para decidi-lo mediante a criação de um novo item de legislação. Pode haver uma conexão importante entre essa doutrina e a questão a respeito de qual das duas abordagens dos princípios jurídicos devemos adotar. Portanto, talvez nos ocorra perguntar se a doutrina é correta e se ela implica a segunda abordagem, como parece à primeira vista. Contudo, antes de tratar desses temas, teremos que polir nossa compreensão do conceito de poder discricionário. Tentarei mostrar de que modo certas confusões a respeito desse conceito e, em particular, uma incapacidade de discriminar os diferentes sentidos nos quais é empregado, explicam a popularidade da doutrina do poder discricionário. Argumentarei que essa doutrina, na medida em que tem relevância para o nosso tratamento dos princípios, não é de forma alguma apoiada pelos argumentos que os positivistas utilizam para defendê-la.

5. O poder discricionário

Os positivistas extraíram o conceito de poder discricionário da linguagem ordinária. Para compreendê-lo, devemos, por um momento, colocá-lo de volta no seu *habitat*. O que significa dizer, na vida cotidiana, que alguém tem "um poder discricionário"? A primeira coisa a notar é que o conceito está sempre deslocado, exceto em contextos muito especiais. Por exemplo: você não diria que ou eu tenho ou eu não tenho o poder discricionário de escolher uma casa para a minha família. Não seria verdade afirmar que eu não tenho "nenhum poder discricionário" para fazer tal escolha e, ainda assim, seria igualmente enganoso afirmar que tenho. O conceito de poder discricionário só está perfeitamente à vontade em apenas um tipo de contexto: quando alguém é em geral encarregado de tomar decisões de acordo com padrões estabelecidos por uma determinada autoridade. Faz sentido falar do poder discricionário de um sargento que deve submeter-se às ordens de seus superiores ou do poder discricionário de uma autoridade esportiva ou de um juiz de competição que são governados por um regulamento ou pelos termos da competição. Tal como o espaço vazio no centro de uma rosca, o poder discricionário não existe a não ser como um espaço vazio, circundado por um faixa de restrições. Trata-se, portanto, de um conceito relativo. Sempre faz sentido perguntar: "poder discricionário de acordo com que padrões?" ou "poder discricionário com relação a qual autoridade?". Em geral, a resposta será dada pelo contexto, mas em alguns casos uma autoridade pode ter poder discricionário de um ponto de vista, mas não de outro.

Como quase todos os termos, o significado exato de "poder discricionário" é afetado pelas características do contexto. O termo é sempre matizado pelo pano de fundo de informações que compreendemos, em contraposição ao qual ele é utilizado. Embora as nuanças sejam muitas, será útil identificarmos algumas distinções toscas.

Algumas vezes empregamos "poder discricionário" em um sentido fraco, apenas para dizer que, por alguma razão, os padrões que uma autoridade pública deve aplicar não podem ser aplicados mecanicamente, mas exigem o uso da capacidade de julgar. Usamos este sentido fraco quando o contexto não é por si só esclarecedor, quando os pressupostos de nosso público não incluem esse fragmento de informação. Assim, podemos dizer: "as ordens do sargento deixaram-lhe uma grande margem de poder discricionário" a todos aqueles que desconhecem as ordens do sargento ou algo que tornou essas ordens vagas ou difíceis de ser executadas. Para fins de esclarecimento, faria perfeitamente sentido acrescentar que o tenente ordenara ao sargento que levasse em patrulha seus cinco homens mais experientes, mas fora difícil determinar quais eram os mais experientes.

Às vezes usamos a expressão em um segundo sentido fraco, apenas para dizer que algum funcionário público tem a autoridade para tomar uma decisão em última instância e que esta não pode ser revista e cancelada por nenhum outro funcionário. Falamos dessa maneira quando o funcionário faz parte de uma hierarquia de servidores, estruturada de tal modo que alguns têm maior autoridade, mas na qual os padrões de autoridade são diferentes para os diferentes tipos de decisão. Desse modo, podemos afirmar que no beisebol certas decisões, como a de saber se foi a bola ou o corredor que chegou antes à segunda base, são deixadas a cargo do poder discricionário do árbitro da segunda base. Podemos fazer essa afirmação, desde que queiramos sustentar que, nesta matéria, o árbitro principal não tem o poder de impor a sua própria avaliação, se discordar daquela decisão.

Chamo esses dois sentidos de fracos para diferenciá-los de um sentido mais forte. Às vezes usamos "poder discricionário" não apenas para dizer que um funcionário público deve usar seu discernimento na aplicação dos padrões que foram estabelecidos para ele pela autoridade ou para afirmar que ninguém irá rever aquele exercício de juízo, mas para dizer que, em certos assuntos, ele não está limitado pelos padrões da autoridade em questão. Nesse sentido, podemos dizer que um sargento tem um poder discricionário quando lhe for dito para escolher quaisquer cinco homens para uma patrulha ou que um juiz de uma exposição de cães tem o poder discricionário de avaliar os *airedales* antes dos *boxers,* caso as regras não estipulem uma ordem para esses eventos. Empregamos a expressão nesse sentido não para comentar a respeito da dificuldade ou do caráter vago dos padrões ou sobre quem tem a palavra final na aplicação deles, mas para comentar sobre seu âmbito de aplicação e sobre as decisões que pretendem controlar. Se o sargento recebe uma ordem para escolher os cinco homens mais experientes, ele não possui o poder discricionário nesse sentido forte, pois a ordem pretende dirigir a sua decisão. Pela mesma razão, o árbitro de uma luta de boxe, que deve decidir qual lutador foi mais agressivo, não possui poder discricionário no sentido forte da expressão[21].

---

21. Não falei desse conceito predileto da teoria do direito, o poder discricionário "limitado", porque ele não apresenta dificuldades, quando nos lembramos da relatividade do poder discricionário. Suponhamos que se diga ao sargento que escolha "entre" os homens experientes ou que "leve a experiência em conta". Poderíamos dizer que ele tem poder discricionário (limitado) para escolher os componentes da sua patrulha ou poder discricionário (pleno) tanto para escolher entre os homens experientes, quanto para tomar decisões com respeito ao que mais levar em consideração.

Se alguém dissesse que o sargento ou o árbitro possuíam poder discricionário neste caso, deveríamos entendê-lo, se o contexto permitisse, como se estivesse empregando o termo em um de seus sentidos fracos. Suponhamos, por exemplo, que o tenente tivesse ordenado ao sargento que escolhesse os cinco homens que considerasse mais experientes e que, em seguida, tivesse acrescentado que o sargento teria o poder discricionário de escolhê-los. Ou que as regras estipulassem que o árbitro deveria, em cada *round*, atribuir a vitória ao lutador mais agressivo, com poder discricionário para escolhê-lo. Deveríamos entender tais afirmações no segundo sentido fraco, como uma referência ao problema da revisão da decisão. O primeiro sentido fraco – o de que as decisões pressupõem um juízo – seria ocioso e o terceiro, o sentido forte, está excluído pelas próprias afirmações.

Devemos evitar uma confusão tentadora. O sentido forte de poder discricionário não é equivalente à licenciosidade e não exclui a crítica. Quase todas as situações nas quais uma pessoa age (inclusive aquelas nas quais não trata de decidir com base em uma autoridade especial e, portanto, sem poder discricionário) tornam relevantes certos padrões de racionalidade, eqüidade e eficácia. Criticamos mutuamente nossos atos nos termos desses padrões e não há razão para não fazê-lo quando os atos encontram-se dentro do perímetro da rosca de autoridade especial, em vez de além dele. Assim, podemos dizer do sargento ao qual se atribuiu o poder discricionário (no sentido forte) para selecionar uma patrulha, que ele o usou de maneira estúpida, mal-intencionada ou negligente. Ou que o juiz que detinha o poder discricionário para decidir a seqüência em que seriam examinados os cães cometeu um erro, porque deu prioridade aos *boxers*, embora houvesse apenas três *airedales* e um número muito maior de *boxers*. O poder discricionário de um funcionário não significa que ele esteja livre para decidir sem recorrer a padrões de bom senso e eqüidade, mas apenas que sua decisão não é controlada por um padrão formulado pela autoridade particular que temos em mente quando colocamos a questão do poder discricionário. Sem dúvida, esse último tipo de liberdade é importante; é por isso que falamos de um sentido forte de poder discricionário. Alguém que possua poder discricionário nesse terceiro sentido pode ser criticado, mas não por ser desobediente, como no caso do soldado. Podemos dizer que ele cometeu um erro, mas não que tenha privado um participante de uma decisão que lhe era devida por direito, como no caso de um árbitro esportivo ou de um juiz de uma exposição.

De posse dessas observações, podemos agora voltar à doutrina positivista do poder discricionário do juiz. Essa doutrina argumenta que se um caso não for regido por uma regra estabelecida, o juiz deve decidi-lo exercendo seu poder discricionário. Queremos examinar essa doutrina e testar sua relação com a nossa análise dos princípios; mas, primeiro, devemos nos perguntar em qual dos sentidos de poder discricionário devemos entendê-la.

Alguns nominalistas argumentam que os juízes sempre possuem poder discricionário, mesmo quando o que está em pauta é uma regra clara, pois os juízes são, em última análise, os árbitros definitivos da lei. Essa doutrina do poder discricionário utiliza o segundo sentido fraco do termo, pois sublinha que nenhuma autoridade revê as decisões da instância mais alta. Portanto, ela não tem relação com a questão de como explicamos os princípios, assim como também não tem relação com a questão de como explicamos as regras.

Os positivistas não atribuem esse sentido à sua doutrina, pois afirmam que um juiz não tem poder discricionário quando uma regra clara e estabelecida está disponível. Se atentarmos para os argumentos dos positivistas em favor de sua doutrina, teremos razões para suspeitar que eles empregam "poder discricionário" no primeiro sentido fraco, apenas para dizer que, às vezes, os juízes devem formar seu próprio juízo ao aplicar padrões jurídicos. Seus argumentos chamam atenção para o fato de que algumas regras de direito são vagas (o professor Hart, por exemplo, diz que todas as regras de direito têm uma "textura aberta") e que ocorrem casos (como o de *Henningsen*) nos quais as regras estabelecidas parecem adequadas. Eles enfatizam que, algumas vezes, os juízes devem examinar demoradamente pontos específicos do direito e que dois juízes igualmente inteligentes e bem treinados freqüentemente estarão em desacordo.

Esses pontos podem ser facilmente apresentados; eles constituem um lugar-comum para qualquer pessoa que tenha alguma familiaridade com o direito. Na verdade, nisso consiste a dificuldade em aceitar que os positivistas usam "poder discricionário" nesse sentido fraco. É tautológica a proposição segundo a qual, quando não há regra clara disponível, deve-se usar o poder discricionário para julgar. Além disso, ela não tem nenhuma relevância para o problema de como explicar os princípios jurídicos. É perfeitamente consistente dizer, por exemplo, que no caso *Riggs* o juiz teve que formar seu próprio juízo e dizer que ele estava obrigado a seguir o princípio de que nenhum homem pode beneficiar-se de seus próprios delitos. Os positivistas falam como se sua doutrina do poder discricionário judicial fosse um *insight* e não uma tautologia; como se ela tivesse alguma incidência sobre a análise dos princípios. Hart, por exemplo, afirma que, quando o poder discricionário do juiz está em jogo, não podemos mais dizer que ele está vinculado a padrões, mas devemos, em vez disso, falar sobre os padrões que ele "tipicamente emprega"[22]. Hart pensa que, quando os juízes possuem poder discricionário, os princípios que eles citam devem ser tratados de acordo com a nossa segunda alternativa, como aquilo que os tribunais "têm por princípio" fazer.

Portanto, parece que os positivistas, pelo menos algumas vezes, entendem a sua doutrina no terceiro sentido, o sentido forte de poder discricionário. Nesse sentido, ela tem relevância para a análise dos princípios; na verdade, nesse sentido ela nada mais é do que uma reformulação da nossa segunda abordagem. É o mesmo que dizer que, quando um juiz esgota as regras à sua disposição, ele possui o poder discricionário, no sentido de que ele não está obrigado por quaisquer padrões derivados da autoridade da lei. Ou para dizer de outro modo: os padrões jurídicos que não são regras e são citados pelos juízes não impõem obrigações a estes.

---

22. H. L. A. Hart, *The Concept of Law*, p. 144 (1961).

Devemos, pois, examinar a doutrina do poder discricionário no seu sentido forte. (Daqui em diante, usarei o termo "poder discricionário" nesse sentido.) Os princípios que os juízes citam, guiam suas decisões em casos como *Riggs* e *Henningsen* da mesma maneira que a decisão do sargento é guiada pela ordem de reunir os homens mais experientes ou a decisão do árbitro é guiada pelo dever de escolher o lutador mais agressivo? Que argumentos um positivista poderia oferecer para demonstrar que isso não ocorre?

(1) Um positivista poderia argumentar que os princípios não podem ser vinculantes ou obrigatórios. Tal argumento seria um erro. Sem dúvida, é sempre questionável se algum princípio particular obriga, *de fato*, alguma autoridade jurídica. Mas não há nada no caráter lógico de um princípio que o torne incapaz de obrigá-la. Suponhamos que o juiz no caso *Henningsen* não tenha, de maneira nenhuma, levado em conta o princípio segundo o qual os fabricantes de automóvel têm uma obrigação especial para com os consumidores ou o princípio segundo o qual os tribunais devem proteger aqueles cuja posição de barganha é frágil. Em lugar disso, suponhamos que ele tenha simplesmente decidido em favor do acusado, citando o princípio da liberdade de contrato e nada mais. Seus críticos não se contentariam em salientar que ele não dera atenção a ponderações que outros juízes vinham levando em conta já havia algum tempo. A maior parte dos críticos diria que era seu dever avaliar esses princípios e que o autor da ação tinha o direito de esperar que ele assim procedesse. Não queremos dizer nada além disso, quando dizemos que uma *regra* impõe uma obrigação a um juiz – e que ele deve segui-la se ela se aplicar ao caso e que, se ele não o fizer, cometerá um erro com respeito a isso.

Não basta dizer que em um caso como o *Henningsen* o tribunal está obrigado apenas "moralmente" a levar em conta princípios particulares, ou afirmar que está obrigado "institucionalmente", ou que ele está obrigado por tratar-se de matéria relativa ao "ofício" jurídico ou alguma outra coisa desse gênero. Mesmo assim, permanecerá em aberto a questão de por que esse tipo de obrigação (seja lá como a chamemos) é diferente da obrigação que as regras impõem aos juízes e por que isso nos autoriza a dizer que princípios e políticas não são parte do direito, mas meramente padrões extrajurídicos "tipicamente utilizados nos tribunais".

(2) Um positivista poderia argumentar que embora alguns princípios sejam obrigatórios, no sentido de que o juiz deve levá-los em consideração, eles não podem prescrever um resultado particular. Este é um argumento mais difícil de avaliar, pois não está claro o que significa dizer que um padrão "prescreve" um resultado. Talvez signifique que o padrão *dita* um resultado sempre que puder ser aplicado, de tal maneira que nada mais é levado em conta. Se assim for, então é certamente verdade que os princípios individuais não prescrevem resultados, mas isto é apenas uma outra maneira de dizer que os princípios não são regras. Seja como for, somente regras ditam resultados. Quando se obtém um resultado contrário, a regra é abandonada ou mudada. Os princípios não funcionam dessa maneira; eles inclinam a decisão em uma direção, embora de maneira não conclusiva. E sobrevivem intactos quando não prevalecem. Esta não parece uma razão para concluir que juízes que devem haver-se com princípios possuam poder discricionário, já que um conjunto de princípios *pode* ditar um resultado. Se um juiz acredita que os princípios que ele tem obrigação de reconhecer apontam em uma direção e os princípios que apontam em outra direção não têm igual peso, então ele deve decidir de acordo com isso, do mesmo modo que ele deve seguir uma regra que ele acredita obrigatória. Ele pode, sem dúvida, estar errado na sua avaliação dos princípios, mas pode também estar errado em seu juízo de que a regra é obrigatória. E poderíamos acrescentar: com freqüência, o sargento e o árbitro estão no mesmo barco. Nenhum fator dita quais são os soldados mais experientes ou qual lutador é mais agressivo. Essas autoridades devem avaliar os pesos relativos dos vários fatores: desse ponto de vista eles não têm poder discricionário.

(3) Um positivista poderia argumentar que os princípios não podem valer como lei, pois sua autoridade e mais ainda o seu peso são intrinsecamente *controversos*. É verdade que, em geral, não podemos demonstrar a autoridade ou o peso de um princípio particular, da mesma maneira que às vezes podemos demonstrar a validade de uma regra reportando-a a um ato do Congresso ou ao voto de um tribunal autorizado. Em lugar disso argumentamos em favor de um princípio e seu peso apelando para um amálgama de práticas e outros princípios, nos quais as implicações da história legislativa e judiciária aparecem juntamente com apelos às práticas e formas de compreensão partilhadas pela comunidade. Não existe papel de tornassol para testar a consistência desse argumento – ele é matéria que depende de juízo e pessoas razoáveis podem discordar a respeito dela. Uma vez mais, porém, isso não diferencia um juiz de outros funcionários públicos que não possuem poder discricionário. O sargento não tem papel de tornassol para experiência; o árbitro não tem nenhum para agressividade. Nenhum dos dois possui poder discricionário, pois eles têm a obrigação de chegar a uma compreensão, controversa ou não, a respeito do que suas ordens ou as regras exigem e agir com base nessa compreensão. Esse é, também, o dever do juiz.

Sem dúvida, se os positivistas estiverem certos em uma outra de suas doutrinas – a teoria segundo a qual em cada sistema legal existe um *teste* definitivo para identificar leis obrigatórias, semelhante à regra de reconhecimento do professor Hart – segue-se que os princípios não têm obrigatoriedade de lei. Contudo, a incompatibilidade entre os princípios e a teoria dos positivistas dificilmente pode ser considerada como um argumento em favor de que os princípios devam ser tratados dessa ou daquela maneira. Essa perspectiva não enfrenta a questão; estamos interessados no estatuto dos princípios porque queremos avaliar o modelo dos positivistas. O positivista não pode defender por decreto sua teoria sobre uma regra de reconhecimento; se os princípios não podem ser submetidos a um teste, então ele deve apresentar alguma outra razão por que eles não podem contar com parte do direito. Dado que os princípios parecem desempenhar um papel nos argumentos sobre a obrigação jurídica (como atestam, mais uma vez, os casos *Riggs* e *Henningsen*), um modelo que dê conta desse papel possui uma vantagem inicial sobre um outro modelo que não leve esse papel em consideração. E este segundo modelo não pode ser introduzido em defesa de si mesmo.

Estes são os argumentos mais óbvios que um positivista pode utilizar em favor da doutrina do poder discricionário no sentido forte e da segunda abordagem a respeito de princípios. Farei referência a um forte argumento contra essa doutrina e a favor da primeira abordagem. A não ser que pelo menos alguns princípios sejam reconhecidos como obrigatórios pelos juízes e considerados, no seu conjunto, como necessários para chegar a certas decisões, nenhuma regra ou muito poucas regras poderão ser então consideradas como obrigatórias para eles.

Na maior parte das jurisdições americanas, e atualmente também na Inglaterra, não é infreqüente a rejeição de regras estabelecidas. Regras de direito costumeiro (*common law*) – aquelas formuladas por decisões anteriores às dos tribunais – são algumas vezes diretamente revogadas, outras vezes radicalmente alteradas por formulações posteriores. As regras criadas por leis estão sujeitas à interpretação e reinterpretação, por vezes mesmo quando disso resulta a não-execução daquilo que é chamado de "intenção do legislador"[23]. Se os tribunais tivessem o poder discricionário para modificar as regras estabelecidas, essas regras certamente não seriam obrigatórias para eles e, dessa forma, não haveria direito nos termos do modelo positivista. Portanto, o positivista deve argumentar que existem padrões, obrigatórios para os juízes, que estabelecem quando um juiz pode e quando ele não pode revogar ou mudar um regra estabelecida.

Quando, então, um juiz tem permissão para mudar uma regra de direito em vigor? Os princípios aparecem na resposta de duas maneiras distintas. Na primeira delas, é necessário, embora não suficiente, que o juiz considere que a mudança favo-

23. Ver Wellington e Albert, "Statutory Interpretation and the Political Process: A Comment on Sinclair v. Atkinson", 72 *Yale Law Journal*, 1547 (1963).

recerá algum princípio; dessa maneira o princípio justifica a modificação. No caso *Riggs* a mudança (uma nova interpretação da lei que rege os testamentos) foi justificada com base no princípio de que nenhum homem pode beneficiar-se de atos ilícitos. No caso *Henningsen*, as regras previamente reconhecidas sobre a responsabilidade dos fabricantes de veículos automotivos foram modificadas com base nos princípios que extraí da decisão do tribunal.

Porém, não é qualquer princípio que pode ser invocado para justificar a mudança; caso contrário, nenhuma regra estaria a salvo. É preciso que existam alguns princípios com importância e outros sem importância e é preciso que existam alguns princípios mais importantes que outros. Esse critério não pode depender das preferências pessoais do juiz, selecionadas em meio a um mar de padrões extrajurídicos respeitáveis, cada um deles podendo ser, em princípio, elegível. Se fosse assim, não poderíamos afirmar a obrigatoriedade de regra alguma. Já que, nesse caso, sempre poderíamos imaginar um juiz cujas preferências, selecionadas entre os padrões extrajurídicos, fossem tais que justificassem uma mudança ou uma reinterpretação radical até mesmo da regra mais arraigada.

Na segunda maneira de considerar o problema, um juiz que se propõe a modificar uma doutrina existente deve levar em consideração alguns padrões importantes que se opõem ao abandono da doutrina estabelecida; esses padrões são, na sua maior parte, princípios. Esses padrões incluem a doutrina da "supremacia do Poder Legislativo", um conjunto de princípios que exige que os tribunais mostrem uma deferência limitada pelos atos do Poder Legislativo. Eles incluem também a doutrina do precedente, outro conjunto de princípios que reflete a eqüidade e a eficiência que derivam da consistência. As doutrinas da supremacia do Poder Legislativo e do precedente inclinam em favor do *status quo*, cada uma delas na sua própria esfera, mas não o impõe. Os juízes, no entanto, não têm liberdade para escolher entre os princípios e as políticas que constituem essas doutrinas – também neste caso, se eles fossem livres, nenhuma regra poderia ser considerada obrigatória.

Consideremos, portanto, o que fica implícito quando alguém diz que uma determinada regra é obrigatória. Ele pode sugerir que a regra é sustentada de maneira afirmativa por princípios que o tribunal não tem a liberdade de desconsiderar e que, tomados coletivamente, são mais importantes do que outros princípios que contêm razões em favor de uma mudança. E se não for esse o caso, ele pode sugerir que qualquer mudança é condenada por uma combinação de princípios conservadores, tais como o da supremacia do Poder Legislativo e do precedente, princípios que o tribunal não tem a liberdade de ignorar. Muito freqüentemente, ele irá sugerir as duas alternativas, pois princípios conservadores, por serem princípios e não regras, em geral não são suficientemente poderosos para salvar uma regra do direito costumeiro ou uma lei envelhecida que não tem nenhum apoio nos princípios substantivos que o tribunal está obrigado a respeitar. Sem dúvida, qualquer uma dessas linhas de inferência trata um corpo de princípios e políticas como leis, no mesmo sentido em que regras são leis; trata os princípios e políticas como padrões obrigatórios para as autoridades de uma comunidade, padrões que regulam suas decisões a propósito de direitos e obrigações jurídicas.

Esse tema fica pendente de exame. Se a teoria dos positivistas a respeito do poder discricionário judicial é ou trivial, porque emprega "poder discricionário" no sentido fraco, ou sem sustentação, porque os vários argumentos que podemos oferecer em seu apoio são insuficientes, por que então tantos juristas inteligentes e cuidadosos a adotaram? Não poderemos ter confiança no exame que fizemos dessa teoria, a menos que enfrentemos essa questão. Não é suficiente salientar (embora isso talvez contribua para a explicação) que "poder discricionário" possui diferentes sentidos que podem ser confundidos entre si. Nós não confundimos esses sentidos quando não estamos pensando a respeito do direito.

Pelo menos parte da explicação encontra-se na tendência natural de um jurista de associar leis e regras e pensar o direito como uma coleção ou sistema de regras. Roscoe Pound, que diagnosticou essa tendência muitos anos atrás, pensava que os juristas de língua inglesa eram iludidos por ela pelo fato de o idioma inglês utilizar a mesma palavra, mudando apenas o artigo, para "uma lei" e "o direito"[24]. (Outras línguas, ao contrário, usam duas palavras: "loi" e "droit", "Gesetz" e "Recht"). Isso pode ter tido algum efeito entre os positivistas de língua inglesa, pois a expressão "uma lei" com toda a certeza sugere uma regra. Mas a razão principal para associar direito e regras é mais profunda e encontra-se, penso eu, no fato de que a educação jurídica consiste, desde longa data, em ensinar e examinar aquelas regras estabelecidas que formam a parte mais importante do direito.

De qualquer modo, se um jurista pensa o direito como um sistema de regras e ainda assim reconhece, como deve, que os juízes mudam regras antigas e introduzem novas, ele chegará naturalmente à teoria do poder discricionário judicial no sentido forte do termo. Nos outros sistemas de regras nos quais ele tem experiência (como os jogos), as regras são a única autoridade importante a reger as decisões oficiais, de tal maneira que se um árbitro puder modificar uma regra, ele terá poder discricionário com respeito ao conteúdo dessa regra. Quaisquer princípios que os árbitros possam mencionar ao modificar uma regra representam apenas as suas preferências "típicas". Os positivistas tratam o direito como se ele fosse essa versão revisada do beisebol.

Há uma outra conseqüência, mais sutil, desse pressuposto inicial de que o direito é um sistema de regras. Quando os positivistas realmente se ocupam de princípios e políticas, os tratam como regras *manquées*. Presumem que, *se* eles são padrões de direito, então devem ser regras; desse modo, os positivistas os lêem como se fossem padrões tentando ser regras. Quando um positivista ouve alguém tentando argumentar que princípios jurídicos são parte do direito, ele compreende isso como um argumento em favor do que ele denomina teoria do

---

24. R. Pound, *An Introduction to the Philosophy of Law*, p. 56 (edição revista de 1956).

"direito de nível superior", segundo a qual esses princípios são regras de uma lei acerca do direito[25]. Ele refuta essa teoria salientando que algumas vezes essas "regras" são aplicadas, outras não e que, para cada "regra" do tipo "nenhum homem pode beneficiar-se de seus próprios delitos", existe uma "regra" contrária, do tipo "a lei favorece a garantia de direitos". Portanto, não há maneira de testar a validade de "regras" como essas. O positivista conclui que esses princípios e políticas não são regras válidas de uma lei acima do direito – o que é verdade – porque certamente não são regras. Ele conclui ainda que são padrões extrajurídicos que cada juiz seleciona de acordo com suas próprias luzes, no exercício de seu poder discricionário – o que é falso. É como se um zoólogo tivesse provado que os peixes não são mamíferos e então concluído que na verdade eles não passam de plantas.

6. A regra de reconhecimento

Esta discussão foi provocada por duas interpretações antagônicas dos princípios jurídicos. Estivemos explorando a segunda interpretação, que os positivistas parecem adotar através de sua doutrina do poder discricionário do juiz e descobrimos sérias dificuldades. Chegou o momento de voltarmos à bifurcação do caminho que percorremos. E se adotarmos a primeira interpretação? Sem dúvida teríamos que renunciar à segunda doutrina, a do poder discricionário (ou, alternativamente, deveríamos deixar claro que essa doutrina deve ser lida como querendo simplesmente dizer que, com freqüência, os juízes devem utilizar sua capacidade de julgar). Teríamos também que abandonar ou modificar a primeira doutrina, a proposição de que o direito pode ser identificado através de testes do tipo especificado numa regra suprema, como a regra de reco-

25. Ver, por exemplo, Dickinson, "The Law Behind Law" (partes 1 e 2), 29, *Columbia Law Review* 112, 254 (1929).

nhecimento do professor Hart? Se os princípios do tipo encontrado nos casos *Riggs* e *Henningsen* tiverem que ser considerados como pertencentes à esfera do direito e, ainda assim, quisermos preservar a noção de uma regra suprema para o direito, deveremos ser capazes de formular algum teste que possa ser satisfeito por todos os princípios que fazem parte do direito (e apenas por eles). Comecemos com o teste que Hart sugere para identificar *regras* jurídicas válidas, para ver se pode ser também aplicado aos princípios.

Segundo Hart, a maioria das regras de direito são válidas porque alguma instituição competente as promulgou. Algumas foram criadas por um poder legislativo, na forma de leis outorgadas. Outras foram criadas por juízes, que as formularam para decidir casos específicos e assim as instituíram como precedentes para o futuro. Mas esse teste de *pedigree* não funciona para os princípios dos casos *Riggs* e *Henningsen*. A origem desses princípios enquanto princípios jurídicos não se encontra na decisão particular de um poder legislativo ou tribunal, mas no compreensão do que é apropriado, desenvolvida pelos membros da profissão e pelo público ao longo do tempo. A continuidade de seu poder depende da manutenção dessa compreensão do que é apropriado. Se deixar de parecer injusto permitir que as pessoas se beneficiem de seus próprios delitos ou se deixar de parecer justo impor encargos especiais sobre monopólios que fabricam máquinas potencialmente perigosas, esses princípios não mais desempenharão um papel em novos casos, mesmo se eles não forem anulados ou revogados. (Na verdade, não tem sentido falar de "anulação" ou "revogação" de princípios como estes. Quando entram em declínio, eles sofrem uma erosão, eles não são torpedeados.)

É verdade que se fôssemos desafiados a sustentar nossa alegação de que determinado princípio é um princípio do direito, mencionaríamos qualquer um dos casos referidos anteriores, nos quais tal princípio fosse citado ou figurasse na argumentação. Também mencionaríamos ainda qualquer lei que parecesse exemplificar esse princípio (melhor ainda se o princípio fosse citado no preâmbulo da lei, nos relatórios de comissões ou em outros documentos legislativos a ela associados). A menos que pudéssemos encontrar tal apoio institucional, provavelmente não conseguiríamos sustentar nosso argumento. E quanto mais apoio obtivéssemos, mais peso poderíamos reivindicar para o princípio.

Ainda assim, não seríamos capazes de conceber uma fórmula qualquer para testar quanto e que tipo de apoio institucional é necessário para transformar um princípio em princípio jurídico. E menos ainda de atribuir uma certa ordem de grandeza à sua importância. Argumentamos em favor de um princípio debatendo-nos com todo um conjunto de padrões – eles próprios princípios e não regras – que estão em transformação, desenvolvimento e mútua interação. Esses padrões dizem respeito à responsabilidade institucional, à interpretação das leis, à força persuasiva dos diferentes tipos de precedente, à relação de todos esses fatores com as práticas morais contemporâneas e com um grande número de outros padrões do mesmo tipo. Não poderíamos aglutiná-los todos em uma única "regra", por mais complexa que fosse. Mesmo se pudéssemos fazê-lo, o resultado teria pouca relação com a imagem de uma regra de reconhecimento, tal como concebida por Hart. Essa imagem é a de uma regra suprema, razoavelmente estável, que especifica "alguma característica ou características, cuja posse por parte de uma regra sugerida é tomada como uma indicação afirmativa e conclusiva de que se trata de uma regra..."[26]

Além disso, as técnicas que aplicamos ao argumentar em favor de outro princípio não se situam (como pretende a regra de reconhecimento de Hart) em um plano inteiramente diferente dos princípios que elas defendem. A aguda distinção de Hart entre aceitação e validade não se sustenta. Se estamos argumentando em favor do princípio de que um homem não deve beneficiar-se de seus próprios delitos, podemos citar os atos dos tribunais e do poder legislativo que o especificam, mas isso fala em favor tanto da aceitação do princípio como de sua validade. (Parece estranho falar de um princípio como

26. H. L. A. Hart, *The Concept of Law*, p. 92 (1961).

sendo válido, talvez porque validade seja um conceito do tipo tudo ou nada, apropriado para regras, mas incompatível com a dimensão de peso, própria de um princípio.) Se nos for solicitado (o que pode bem ocorrer) defender a doutrina particular do precedente ou a técnica de interpretação das leis que utilizamos nesta argumentação, deveríamos certamente citar a prática de outros quando empregam aquela doutrina ou aquela técnica. Mas deveríamos também citar outros princípios gerais que, acreditamos, sustentam essa prática e isso introduz uma nota de validade no acorde de aceitação. Poderíamos argumentar, por exemplo, que o uso que fazemos de casos e leis anteriores é sustentado por uma análise particular do significado da prática dos legisladores ou da doutrina do precedente, pelos princípios da teoria democrática, por uma posição particular na divisão adequada de autoridade entre instituições nacionais e locais ou por alguma outra coisa desse tipo. Essa linha de sustentação não é uma rua de mão única que conduz a algum princípio último que depende apenas de aceitação. Nossos princípios de legislação, precedente, democracia ou federalismo, também podem ser contestados; se eles o forem, deveremos argumentar em favor deles não apenas em termos de práticas, mas em termos de uns em relação aos outros. E também em termos das implicações das tendências de decisões judiciais e legislativas, ainda que essas últimas envolvam o apelo às mesmas doutrinas de interpretação que justificamos apelando para os princípios que estamos tentando defender. Em outras palavras, nesse nível de abstração os princípios apóiam-se mutuamente, em lugar de juntarem-se uns aos outros.

Desse modo, mesmo que os princípios encontrem apoio em atos oficiais de instituições jurídicas, eles não têm uma conexão suficientemente simples ou direta com esses atos que lhes permita enquadrar essa conexão em termos dos critérios especificados por alguma regra suprema de reconhecimento. Existe algum outro caminho que nos permita submeter os princípios a uma regra desse tipo?

Hart sublinha que uma regra suprema pode designar como direito não apenas as regras promulgadas por instituições jurídicas particulares, mas também regras estabelecidas pelo *costume*. Ele tem em mente um problema que afligiu outros positivistas, inclusive Austin. Muitas das nossas mais antigas regras jurídicas nunca foram explicitamente criadas por um poder legislativo ou por um tribunal. Quando elas apareceram pela primeira vez em argumentações legais e textos jurídicos, foram tratadas como já pertencentes ao direito. E isto porque representavam a prática costumeira da comunidade ou de uma parte específica dela, como, por exemplo, a comunidade empresarial. (Os exemplos normalmente oferecidos são regras da prática mercantil, como as que regulam os direitos nascem a partir de uma forma padrão de título de crédito.)[27] Por considerar que toda lei era uma ordem emanada de um determinado soberano, Austin sustentava que essas práticas costumeiras não faziam parte do direito até que fossem reconhecidas pelos tribunais (enquanto agentes do soberano) e que os tribunais se entregavam a uma ficção, ao simular o contrário. Mas isso pareceu arbitrário. Se todos pensassem que o costume pode ser, em si mesmo, direito, o fato de que a teoria de Austin tenha afirmado o contrário não a tornava persuasiva.

Hart modificou Austin no tocante a nesse ponto. A regra suprema, diz ele, pode estipular que algum costume conte como direito, antes mesmo que os tribunais o reconheçam. Mas Hart não enfrenta a dificuldade que isso coloca para sua teoria geral, pois ele não tenta apresentar os critérios que a regra suprema poderia empregar com esse propósito. Ela não pode utilizar, como único critério, a cláusula de que a comunidade considera tal prática *moralmente* obrigatória, pois isso não permite distinguir regras jurídicas costumeiras de regras morais costumeiras e não resta dúvida de que nem todas as obrigações

27. Ver nota, "Custom and Trade Usage: Its Application to Commercial Dealings and the Common Law", 55, *Columbia Law Review* 1192 (1955), e os materiais ali citados em 1193, nota 1. Como essa nota deixa claro, as práticas concretas dos tribunais a propósito do reconhecimento dos costumes comerciais seguem o padrão que consiste em aplicar um conjunto de princípios e políticas gerais e não um teste que possa ser apreendido como parte de uma regra de reconhecimento.

morais, aceitas de há muito como costume em uma comunidade, são sancionadas pelo direito. Se, por outro lado, o teste consiste em saber se a comunidade considera a prática costumeira como juridicamente obrigatória, a razão de ser da regra suprema é solapada, pelo menos para essa classe de regras jurídicas. A regra suprema, diz Hart, marca a transformação de uma sociedade primitiva em uma sociedade regida pelo direito, porque fornece um teste para determinar quais são as regras jurídicas da sociedade, em vez de medi-las por sua aceitação. Mas, se a regra suprema simplesmente afirma que quaisquer outras regras aceitas pela sociedade como juridicamente obrigatórias são juridicamente obrigatórias, então ela de modo nenhum fornece um teste, além do teste que deveríamos aplicar caso não houvesse regra suprema. A regra suprema torna-se (para esses casos) uma não-regra de reconhecimento; bem poderíamos dizer que toda sociedade primitiva tem uma regra de reconhecimento secundária, a saber, a regra de que tudo que é aceito como obrigatório é obrigatório. O próprio Hart, ao discutir o direito internacional, ridiculariza a idéia de que tal regra possa ser uma regra de reconhecimento, ao descrever a regra proposta como "uma repetição vazia do mero fato de que a sociedade concernida ... segue certos padrões de conduta como regras obrigatórias."[28]

---

28. H. L. A. Hart, *The Concept of Law*, p. 230 (1961). Uma regra suprema poderia especificar alguma característica particular de um costume que fosse independente da atitude da comunidade; poderia determinar, por exemplo, que todos os costumes muito antigos ou todos os costumes relativos a títulos de créditos contam como direito. Contudo, não consigo pensar em características desse tipo que, de fato, distingam os costumes que foram reconhecidos como direito na Inglaterra e nos Estados Unidos. Alguns costumes que não são juridicamente sancionáveis são mais antigos que outros que possuem tal característica, algumas práticas relacionadas com papéis comerciais são sancionadas, e outras não são e assim por diante. De qualquer maneira, ainda que se encontrasse uma característica distintiva capaz de identificar todas as regras de direito estabelecidas pelo costume, continuaria sendo improvável que tal característica pudesse ser encontrada no caso de princípios que variam amplamente no tocante a seu tema, origem e *pedigree* – alguns dos quais são de origem muito recente.

Na verdade, o tratamento dado por Hart ao costume equivale a uma confissão de que existem pelos menos algumas regras de direito que não são obrigatórias pelo fato de terem sua validade estabelecida de acordo com os padrões de uma regra suprema – mas que são obrigatórias, tal como a regra suprema – porque são aceitas como obrigatórias pela comunidade. Isso reduz a fragmentos a elegante arquitetura piramidal que admiramos na teoria de Hart: não podemos mais afirmar que apenas a regra suprema é obrigatória em razão de sua aceitação e que todas as demais regras são válidas nos termos da regra suprema.

Isto talvez seja sem importância, pois as regras derivadas do costume que Hart tem em mente já não constituem uma parte muito significativa do direito. Mas sugere que Hart relutaria em aumentar o estrago ao colocar, sob a mesma rubrica de "costume", todos aqueles princípios e políticas cruciais que estivemos discutindo. Se ele os considerasse como parte do direito e ainda assim admitisse que o único teste da força deles repousa no grau de aceitação pela comunidade ou parte dela, ele reduziria drasticamente a área do direito sobre a qual sua regra ainda teria alguma aplicação. Não se trata apenas de que todos os princípios e as políticas escapariam de sua autoridade, embora isso já fosse suficientemente negativo. Uma vez tais princípios e políticas fossem aceitos como direito e portanto como padrões que os juízes deveriam seguir ao estabelecer obrigações jurídicas, seguir-se-ia que *regras* como as anunciadas pela primeira vez nos casos *Riggs* e *Henningsen* retirariam sua força, pelo menos em parte, da autoridade dos princípios e das políticas e, portanto, não inteiramente da regra suprema de reconhecimento.

Desse modo, não é possível adaptar a versão de Hart do positivismo, modificando sua regra de reconhecimento para incluir princípios. Nenhum teste de *pedigree* que associe princípios a atos que geram legislação pode ser formulado nem seu conceito de direito oriundo do costume, em si mesmo uma exceção à primeira tese do positivismo, pode ser tornado útil sem o abandono integral dessa tese.

Contudo, mais uma possibilidade deve ser examinada. Se nenhuma regra de reconhecimento pode fornecer um teste para identificar princípios, por que não dizer que os princípios constituem a última instância e constituem a regra de reconhecimento do nosso direito? A resposta à questão geral – "O que conta como direito válido em uma jurisdição norte-americana?" – exigiria nesse caso que enunciássemos todos os princípios (bem como as regras constitucionais mais fundamentais) em vigor naquela jurisdição à época, juntamente com as atribuições de importância adequadas. Um positivista poderia então considerar o conjunto completo desses padrões como a regra de reconhecimento daquela jurisdição. Esta solução tem a atração do paradoxo, mas é, sem dúvida, uma rendição incondicional. Se designarmos a nossa regra de reconhecimento simplesmente pelo enunciado "o conjunto completo dos princípios em vigor", chegaremos apenas à tautologia de que o direito é o direito. Se, em vez disso, realmente tentarmos arrolar todos os princípios em vigor, seremos mal sucedidos. Eles são controversos, seu peso é de importância fundamental, eles são incontáveis e se transformam com tanta rapidez que o início de nossa lista estaria obsoleto antes que chegássemos à metade dela. Mesmo se tivéssemos sucesso, não teríamos uma chave para o direito, pois não teria restado nada para a nossa chave abrir.

Concluo que, se tratamos os princípios como direito, devemos rejeitar a primeira doutrina positivista, aquela segundo a qual o direito de uma comunidade se distingue de outros padrões sociais através de algum teste que toma a forma de uma regra suprema. Já decidimos que nesse caso devemos abandonar a segunda doutrina – a doutrina do poder discricionário judicial – ou esclarecê-la a ponto de torná-la trivial. Que dizer da terceira doutrina, a teoria positivista da obrigação jurídica?

Essa teoria sustenta que uma obrigação jurídica existe quando (e apenas quando) uma regra de direito estabelecida impõe tal obrigação. Segue-se daí que, em um caso difícil – quando é impossível encontrar tal regra estabelecida – não existe obrigação jurídica enquanto o juiz não criar uma nova regra para o futuro. O juiz pode aplicar essa nova regra às partes da questão judicial, mas isso é legislar *ex post facto* e não tornar efetiva uma obrigação já existente.

A doutrina positivista do poder discricionário (no sentido forte) exige essa concepção de obrigação jurídica, pois, se um juiz tem o poder discricionário, então não existe nenhum direito legal (*right*) ou obrigação jurídica – nenhuma prerrogativa – que ele deva reconhecer. Contudo, uma vez que abandonemos tal doutrina e tratemos os princípios como direito, colocamos a possibilidade de que uma obrigação jurídica possa ser imposta por uma constelação de princípios, bem como por uma regra estabelecida. Poderemos então afirmar que uma obrigação jurídica existe sempre que as razões que sustentam a existência de tal obrigação, em termos de princípios jurídicos obrigatórios de diferentes tipos, são mais fortes do que as razões contra a existência dela.

Sem dúvida, muitas perguntas teriam que ser respondidas antes que pudéssemos aceitar essa concepção de obrigação jurídica. Se não existe nenhuma regra de reconhecimento e nenhum teste para o direito nesse sentido, como poderemos decidir, ao argumentar em favor dessa concepção, quais princípios devem ser levados em conta e em que medida? Como decidir se um conjunto de razões é melhor que outro? Se a obrigação jurídica repousa em um juízo desse tipo, que não pode ser demonstrado, como pode ele fornecer uma justificação para uma decisão judicial que estabelece que uma das partes tem uma obrigação jurídica? Essa concepção de obrigação está em harmonia com a maneira pela qual juristas, juízes e leigos falam? Ela é consistente com nossas atitudes a respeito da obrigação moral? Essa análise nos auxilia a lidar com perplexidades clássicas da teoria jurídica a respeito da natureza do direito?

Essas questões devem ser enfrentadas, mas mesmo as questões prometem mais do que o positivismo tem a oferecer. Nos termos de sua própria tese, o positivismo não chega a enfrentar esses casos difíceis e enigmáticos que nos levam à procura de teorias do direito. Quando lemos esses casos, o positivista nos remete a uma teoria do poder discricionário que não leva a lugar algum e nada nos diz. Sua representação do direito como um sistema de regras tem exercido um domínio tenaz sobre nossa imaginação, talvez graças a sua própria simplicidade. Se nos livrarmos desse modelo de regras, poderemos ser capazes de construir um modelo mais fiel à complexidade e sofisticação de nossas próprias práticas.

Capítulo 3

O modelo de regras II

No capítulo 2, argumentei que as proposições centrais da teoria que denominei de positivismo estavam equivocadas e deviam ser abandonadas[1]. Afirmei especialmente que é errado supor, como essa teoria supõe, que em todo sistema jurídico existe algum teste fundamental, normalmente reconhecido como válido, para determinar quais padrões contam como direito e quais não contam. Afirmei que nenhum teste fundamental como esse pode ser encontrado em sistemas jurídicos complexos, como os que vigoram nos Estados Unidos e na Grã-Bretanha, e que nesses países nenhuma distinção definitiva pode ser feita entre padrões jurídicos e morais, como insiste o positivismo.

Eu poderia resumir minha argumentação da seguinte maneira. Afirmei que é plausível a tese de que existe algum teste para o direito, comumente aceito, se considerarmos apenas as regras jurídicas simples, do tipo das que aparecem nas leis ou são apresentadas em negrito nos manuais de direito. Mas os juristas e os juízes, ao debaterem e decidirem ações judiciais, invocam não somente essas regras em negrito, como também outros tipos de padrões que denominei de princípios jurídicos, como, por exemplo, o princípio de que nenhum homem pode beneficiar-se de seus próprios delitos. Esse fato coloca o positivista diante da seguinte difícil escolha. Ele poderá tentar mos-

1. Ver pp. 16 ss.

trar que os juízes, quando invocam princípios desse tipo, não estão apelando a padrões jurídicos, mas apenas exercitando seu poder discricionário. Ou poderá tentar mostrar que, contrariamente às minhas dúvidas, um teste comumente aceito sempre identifica os princípios que os juízes consideram como fazendo parte do direito e os distingue dos princípios que eles não consideram como tal. Defendi que nenhuma das duas estratégias pode ser bem-sucedida.

Alguns juristas concederam-me a gentileza de responder a meus argumentos; um artigo do dr. Joseph Raz é um ilustre exemplo[2]. Os principais pontos contra o meu argumento parecem ser os seguintes: (1) não é claro, afirma-se, se a minha tese realmente envolve algo mais do que uma retificação da doutrina positivista. Se alguém ler cuidadosamente o trabalho do professor H. L. A. Hart, cuja obra eu considero o mais claro exemplo da teoria positivista, verá que sua teoria é capaz de incluir minhas conclusões com apenas uma retificação de menor importância[3]; (2) afirma-se, igualmente, que meus próprios argumentos são inconsistentes no seguinte sentido: meu argumento contra a teoria do poder discricionário supõe que, de fato, alguns princípios contam como direito e outros não; se é assim, então deve haver um teste para o direito, exatamente do tipo cuja existência eu nego[4]; (3) além disso, os argumentos que apresento sugerem a forma desse teste conclusivo. Afirmei que os juízes identificam princípios, pelo menos em parte,

2. Raz, "Legal Principles and the Limits of Law" , 81 *Yale L. J.* 823 (1972). Ver também G. Carrio, *Legal Principles and Legal Positivism* (1971); Christie, "The Model of Principles", 1968, *Duke L. J.* 649; Gross, "Jurisprudence", 1968/69, *Annual Survey of American Law* 575; Probert, "The Right Way", *Human Rights* 163 (E. Pollack, org. 1971); Sartorius, "Social Policy and Judicial Legislation", 8 *Am. Phil. Q.* 151 (1971); Tapper, "A Note on Principles", 1971 *Modern L. Rev.* 628. Para um artigo anterior, ver MacCallum, "Dworkin on Judicial Discretion", 60 *J. Phil.* 638 (1963). Não pretendo responder, nem mesmo mencionar, todos os pontos colocados nesses artigos. Selecionei, para a discussão, os pontos que aparecem com mais freqüência, ou que os estudantes consideram mais persuasivos.

3. Ver, por exemplo, Carrio, p. 22.

4. Sartorius, p. 155.

tomando como referência o papel que estes desempenham em argumentos jurídicos anteriores. Este tipo de teste, que descrevi como um critério da "estrutura institucional[5]", pode fornecer o teste conclusivo para princípios que eu afirmo não poderem ser identificados; (4) meu argumento de que os juízes não têm poder discricionário no tocante a princípios ignora o fato de que, algumas vezes, eles podem ser *forçados* a exercer o poder discricionário em virtude do fato de não ser óbvio quais são os princípios que contam e até que ponto contam[6]; (5) a distinção entre regras e princípios, da qual parece depender minha argumentação, é na verdade insustentável[7].

Há uma objeção adicional que pode ser feita, mas que deixarei sem resposta. Não tenho resposta para o argumento de que o termo "direito" (*law*) pode ser usado de maneira que torne a tese positivista verdadeira por estipulação. Isto é, ele pode ser usado de tal maneira que aquele que fala somente reconheça como padrões "jurídicos" aqueles que forem citados por juízes e juristas – os quais, na verdade, são identificados por algum teste comumente aceito. Não há dúvida de que "direito" pode ser usado dessa maneira e talvez alguns juristas procedam assim. Eu, porém, estava interessado no que considerei um argumento sobre o conceito de direito que é hoje de uso generalizado. Trata-se, penso eu, do conceito de padrões que estipulam os direitos e deveres que um governo tem o dever de (*has a duty to*) reconhecer e fazer cumprir (*enforce*), ao menos em princípio, através de instituições conhecidas como os tribunais e a polícia. Meu ponto era de que o positivismo, com sua doutrina do teste fundamental, normalmente reconhecido, toma parte da esfera de aplicação do conceito como se fosse o todo.

Antes de me voltar para as objeções específicas que arrolei, quero considerar uma objeção geral que não enumerei, por razões que logo ficarão claras, mas que, creio, subjaz a muitas daquelas que enumerei. Essa objeção geral depende de uma

5. Idem, p. 156.
6. Raz, pp. 843 ss.; Carrio, p. 27; Christie, p. 669; MacCallum, *loc. cit.*
7. Raz, pp. 834-54; Christie, pp. 656 ss.

tese defendida por Hart em *The Concept of Law* (O conceito de direito)[8], uma tese que pertence tanto à filosofia moral como à filosofia do direito. Na sua versão mais forte, ela sustenta que não podem existir direitos e deveres de qualquer tipo, a não ser em virtude de uma prática social uniforme que reconhece tais direitos e deveres. Se é assim e o direito é, como suponho, uma questão de direitos e deveres e não simplesmente de exercício do poder discricionário de autoridades públicas, então deve haver um teste para o direito, comumente aceito, na forma de uma prática social uniforme. Nesse caso, meu argumento deve estar errado.

Na primeira seção deste ensaio, desenvolverei essa tese poderosa, fazendo especial referência ao dever dos juízes de aplicar certos padrões particulares como fazendo parte do direito. Argumentarei, em seguida, que essa tese deve ser rejeitada. Nas seções remanescentes, em alguns momentos, remodelarei meus argumentos originais para mostrar por que eles dependem da rejeição dessa tese.

1. Regras sociais

Começarei chamando atenção para uma distinção importante entre dois dos vários tipos de conceitos que utilizamos quando discutimos o nosso próprio comportamento ou o alheio. Às vezes dizemos que, de um modo geral, considerados todos os aspectos de uma situação, alguém "deve" (*ought*) ou "não deve" (*ought not*) fazer algo. Em outras ocasiões, dizemos que alguém tem uma "obrigação" (*has an obligation to*) ou um "dever" (*has a duty to*) de fazer algo, ou que "não temos o direito" (*no right*) de fazê-lo*. Esses são tipos distintos de juízos:

8. H. L. A. Hart, *The Concept of Law*, pp. 79-88 (1961).

* A distinção entre diferentes sentidos de obrigação, aqui desenhados, está no cerne do argumento desenvolvido por Dworkin neste capítulo. Os verbos modais ingleses, que expressam necessidade, recomendação, proibi-

uma coisa é, por exemplo, simplesmente dizer que alguém deve (*ought to*) contribuir para uma instituição de caridade determinada e outra, completamente diferente, dizer que ela tem o dever (*has a duty to*) de fazer caridade. Uma coisa é dizer a uma pessoa apenas que ela não deve (*ought not*) tomar bebidas alcoólicas ou fumar maconha; outra coisa, completamente diferente, é dizer-lhe que não tem o direito (*has no right to do*) de fazer isso. É fácil pensar em casos nos quais deveríamos (*should*) estar preparados para fazer a primeira e a terceira dessas alegações, mas não a segunda e a quarta.

Além disso, em casos particulares tudo pode depender de qual das alegações sentimos como realmente justificada. Juízos de dever são em geral mais fortes do que aqueles que simplesmente nos recomendam o que fazer (*what one ought to do*). Podemos exigir obediência a uma obrigação ou a um dever e, algumas vezes, propor uma sanção por falta de obediência, mas nem as exigências, nem as sanções são apropriadas quando se trata apenas de uma questão do que devemos (*ought*), de maneira geral, fazer. A questão de saber quando as alegações de obrigação ou dever são apropriadas, enquanto distintas de tais

---

ção, dever, etc., cobrem uma gama de nuanças que não encontra correspondência exata na língua portuguesa, tornando impossível uma tradução que capture adequadamente a sutileza das distinções sugeridas. Assim, neste livro, com freqüência, somos obrigados, por exemplo, a traduzir verbos e expressões verbais tão distintas como "*I should*", "*I must*", "*I ought to*" e "*I have the duty to*" por "*eu devo*" ou "*eu tenho o dever de*". No contexto da argumentação de Dworkin, "*must*" expressa uma obrigação com caráter de necessidade extermamente determinada, não vinculada a uma obrigação subjetiva, "*ought*" indica uma obrigação subjetiva de natureza moral, que contém igualmente o elemento da recomendação, enquanto "*have to*" sugere a existência de uma autoridade externa que é fonte de dever (e nesse sentido aproxima-se de "*must*"). Dworkin utiliza a oposição entre "*ought to*" e "*have a duty to*" para estabelecer a diferença entre obrigação moral e obrigação jurídica. Contudo, para o autor não basta distinguir entre obrigação moral e jurídica; dado que os princípios jurídicos (no sentido de Dworkin) invocam prescrições morais, torna-se necessário distinguir ainda entre o peso moral dessas prescrições e seu peso especificamente jurídico, isto é, sua incidência específica sobre o sistema jurídico e particularmente sobre as decisões judiciais. (N. do T.)

alegações gerais sobre a conduta, é, portanto, uma importante, embora relativamente negligenciada, questão de filosofia moral.

O direito não simplesmente enuncia o que os cidadãos particulares devem ou não devem fazer (*ought or ought not to do*). Além disso, o direito não aconselha meramente os juízes e outras autoridades sobre as decisões que devem (*ought to*) tomar; determina que eles têm um dever (*have a duty to*) de reconhecer e fazer vigorar certos padrões. Pode ser que, em alguns casos, o juiz não tenha o dever (*has no duty to*) de decidir de um modo ou de outro; nesse tipo de caso, devemos nos dar por satisfeitos em falar sobre o que ele deve (*ought to do*) fazer. Isso, suponho, é o que está implícito quando dizemos que, em um caso como este, o juiz tem "poder discricionário". Porém, todo filósofo do direito, com exceção dos representantes mais extremados do realismo jurídico norte-americano, supõe que, pelo menos em alguns casos, o juiz tem um dever (*has a duty*) de decidir de uma maneira específica, pela expressa razão de que o direito exige tal decisão.

Contudo, para a teoria jurídica é um problema muito difícil explicar por que os juízes têm tais deveres. Suponhamos, por exemplo, que uma lei determine que, na ausência de testamento, o patrimônio de um homem seja herdado por seu parente mais próximo. Os advogados dirão que um juiz tem o dever (*has a duty*) de ordenar que o patrimônio seja distribuído de acordo com essa lei. Mas o que esse dever impõe ao juiz? Podemos dizer que os juízes estão "vinculados" (*bound*) a uma regra geral* no sentido de que devem (*must*) fazer o que estabelece a legislação, mas não é clara qual a origem dessa regra.

---

* As expressões "*to be bound*" e "*to be obliged*" devem ser distinguidas. Em muitos contextos a diferença existente entre elas é desprezível, mas em outros a tradução de ambas por "*estar obrigado*" apaga uma nuança importante. Em alguns contextos, "*to be bound*" pode ser traduzido com proveito por "*estar vinculado*". Enquanto "*to be bound*" sublinha a vinculação do agente com a norma jurídica *objetiva* (o conteúdo do dever ou da responsabilidade a que estamos obrigados), "*to be obliged*" sublinha o vínculo *subjetivo* de obrigação com essa norma (o sentimento de que devemos cumpri-la). (N. do T.)

Não podemos dizer que o Poder Legislativo seja, em si mesmo, a fonte da regra segundo a qual os juízes devem (*must*) fazer o que a legislação estabelece, pois esta explicação pressupõe a regra que estamos tentando justificar. Talvez possamos descobrir um documento jurídico básico, como a Constituição, que estabelece, explícita ou implicitamente, que o juiz deve seguir a legislação. Mas o que impõe aos juízes o dever de seguir a Constituição? Não podemos dizer que a Constituição impõe tal dever sem incorrer, da mesma maneira que no caso anterior, em petição de princípio.

Se nos contentássemos simplesmente em dizer que os juízes *devem* (*ought to*) seguir a legislação ou a Constituição, a dificuldade não seria tão séria. Podemos fornecer um sem-número de razões para esta alegação mais limitada; por exemplo, que, considerados todos aspectos, todos estariam em melhores condições a longo prazo, caso os juízes se comportassem dessa forma. Contudo, esse tipo de razão não é persuasiva, se quisermos alegar, como o nosso conceito de direito parece pressupor, que os juízes têm um *dever* (*have a duty*) de seguir o Poder Legislativo ou a Constituição. É necessário, então, que encontremos não apenas razões pelas quais os juízes deveriam assim proceder, mas fundamentos para afirmar a existência desse dever. Isso requer que encaremos a questão de filosofia moral que acabo de mencionar. Em que circunstâncias surgem os deveres e as obrigações?

A resposta de Hart pode ser resumida da seguinte maneira[9]. Os deveres existem quando existem as regras sociais que estabelecem tais deveres. Essas regras sociais existem se as condições para a prática de tais regras estão satisfeitas. Tais condições para a prática estão satisfeitas quando os membros de uma comunidade comportam-se de determinada maneira; esse com-

---

9. A análise feita por Hart, *loc. cit.*, versa sobre o conceito de "obrigação" (*obligation*). Emprego aqui a palavra "dever" (*duty*) porque é mais comum falar do dever do que da obrigação de um juiz de impor o direito. E também porque Hart pretende que sua análise seja aplicável a ambos os termos; na verdade, ele os usa em um sentido quase intercambiável em *The Concept of Law*. Ver idem, pp. 27 e 238.

portamento *constitui* um regra social e impõe um dever. Suponhamos que um grupo de igrejeiros siga a seguinte prática: (a) todo homem tira o seu chapéu antes de entrar na igreja; (b) quando lhe perguntam por que tira o chapéu, ele se refere à "regra" que exige que ele proceda assim; e (c) quando alguém esquece de tirar o chapéu ao entrar na igreja, é criticado e até mesmo punido pelos demais[10]. Nessas circunstâncias, de acordo com Hart, as condições para a prática de uma regra que impõe deveres estão satisfeitas. A comunidade "tem" uma regra social que estabelece que os homens não devem usar chapéu na igreja e essa regra social impõe um dever (*a duty*) de não usar chapéu na igreja. Essa regra, ao criar um dever, retira a questão relativa a usar ou não usar chapéu na igreja da esfera mais geral das questões que podemos debater em termos do que é recomendável que façamos (*ought to do*). A existência de uma regra social é, portanto, a existência do dever, é simplesmente uma questão factual.

Hart aplica sua análise à questão do dever judicial. Ele acredita que em todo sistema legal as condições práticas são satisfeitas – através do comportamento dos juízes – por uma regra social que impõe um dever de identificar e aplicar certos padrões como sendo expressão do direito. Se, em uma determinada comunidade, tais funcionários (a) aplicam regularmente, ao tomar suas decisões, as regras estabelecidas pelo Poder Legislativo; (b) justificam essa prática apelando à "regra" segundo a qual os juízes devem seguir as determinações do Poder Legislativo; (c) censuram qualquer autoridade que não siga a regra. Nesse caso, de acordo com a teoria de Hart, pode-se afirmar que essa comunidade tem uma regra social que determina que os juízes devem seguir o Legislativo. Se é assim, então, os juízes em tal comunidade têm um dever (*have a duty*) de proceder desse modo. Se agora perguntarmos por que os juí-

---

10. Hart usa esse exemplo com um objetivo diferente. Ver Hart, op. cit., p. 121. Formulei este exemplo de modo que a regra social que está em jogo aqui fosse uma regra que impõe uma obrigação (ou um dever), por exemplo, garantindo que as pressões sociais em favor da conformidade sejam rigorosas.

zes têm um dever de seguir as regras sociais, na forma indicada pelas nossas cavilações anteriores, Hart responderá que estamos fazendo a pergunta errada. Faz parte do conceito de um dever, de acordo com a formulação de Hart, que os deveres sejam criados por regras sociais do tipo que ele descreve.

A teoria de Hart, como apresentada até aqui, está aberta a uma objeção que deve ser colocada da seguinte forma. Quando um sociólogo afirma que uma comunidade particular "tem" ou "segue" uma regra específica, como a de não usar chapéu na igreja, pretende apenas descrever o comportamento dessa comunidade a partir de um certo ângulo. Hart quer apenas dizer que os membros dessa comunidade supõem que possuem um determinado dever, mas não que ele, Hart, concorde com isso. Contudo, quando um membro da comunidade apela para uma regra, com o propósito de criticar seu próprio comportamento ou o de outro indivíduo qualquer, é porque pretende não apenas descrever o comportamento de outras pessoas, mas também avaliá-lo. Não quer simplesmente dizer que os outros acreditam que têm um certo dever, mas que eles *realmente* têm esse dever. Devemos, portanto, reconhecer uma distinção entre dois tipos de assertivas, cada uma das quais recorre ao conceito de regra. O sociólogo, podemos dizer, está afirmando a existência de uma regra *social*, mas o igrejeiro está ratificando uma regra *normativa*. Podemos dizer que a asserção do sociólogo a respeito de uma regra social é verdadeira (ou é afiançada), se um certo estado de coisas factual ocorre, isto é, se a comunidade comporta-se do modo como Hart descreve em seu exemplo. Mas deveríamos dizer que a asserção do igrejeiro sobre a existência de uma regra normativa é verdadeira (ou afiançada), apenas se um determinado estado de coisas normativo existe, isto é, apenas se indivíduos possuem, de fato, o dever que se supõe que eles tenham, de acordo com o exemplo de Hart. O juiz que julga um processo encontra-se na posição do igrejeiro, não na do sociólogo. Ele não se propõe a simplesmente declarar, como dado frio, que os juízes acreditam ter o dever de seguir o que foi estabelecido pelo Legislativo. Ele quer dizer que eles realmente possuem um tal dever e cita esse dever – e não as crenças dos outros – como justificativa para sua própria decisão. Se é assim, a regra social não pode, sem mais, ser a fonte do dever, como Hart acredita que seja.

Hart antecipa essa objeção com um argumento que está no cerne de sua teoria. Reconhece a distinção que estabeleci entre as asserções a respeito da de uma "regra social" e as asserções a respeito de uma "regra normativa", embora ele não empregue esses termos. Contudo, ele nega, ao menos no que concerne aos casos que discute, que esses dois tipos de asserções possam representar dois tipos diferentes de regras. Em vez disso, ele nos convida a distinguir a *existência* de uma regra e sua *aceitação* por membros individuais da comunidade em questão. Quando o sociólogo afirma a existência de uma regra social, ele simplesmente afirma a sua existência: declara apenas que as condições práticas para o emprego de tal regra foram atendidas. Quando o igrejeiro afirma a existência de uma regra social, ele também alega que tais condições práticas foram atendidas, mas, *além disso*, manifesta sua *aceitação* da regra como um padrão para guiar sua própria conduta e para julgar a conduta de outras pessoas. Ele identifica uma prática social e indica sua disposição de ajustar seu comportamento a ela. No entanto, nos dois casos existe a referência a uma regra – a mesma regra – isto é, a regra que é constituída pela prática social em questão.

A diferença entre uma declaração sobre uma regra social e uma declaração sobre uma regra normativa não se constitui, então, em uma diferença relativa ao tipo de regra afirmada por cada uma das declarações. É antes uma diferença na atitude diante da regra social afirmada pela declaração. Quando um juiz invoca a regra segundo a qual tudo o que o Legislativo promulga é considerado como fazendo parte do direito, ele está assumindo um ponto de vista interno diante de uma regra social; o que ele diz é verdadeiro, porque existe uma prática social com esse sentido, mas ele vai além do simples afirmar que assim ocorre. Ele assinala a sua disposição de considerar a prática social como uma justificativa para sua conformidade com a regra.

Dessa forma, Hart antecipa tanto uma teoria geral sobre os conceitos de obrigação e dever como uma aplicação específica dessa teoria ao dever dos juízes de aplicar a lei. Com vista ao equilíbrio dessa seção inicial, preocupar-me-ei em criticar a teoria geral, que chamarei de teoria da regra social, distinguindo entre suas versões forte e fraca. Na versão forte, toda vez que alguém afirma a existência de um dever, ele deve ser entendido como pressupondo a existência de uma regra social e a aceitação da prática social que tal regra descreve. Assim, se eu disser que os homens têm o dever de não mentir, devo querer dizer, pelo menos, que existe uma regra social nesse sentido; se ela não existir, minha afirmação será falsa. Na versão mais fraca, apenas *às vezes* ocorre o caso em que alguém, que afirma a existência de um dever, deva ser entendido como pressupondo a existência de uma regra social que estipula tal dever. Por exemplo, pode ocorrer que um igrejeiro que diz que os homens devem tirar o chapéu ao entrar na igreja deva ser entendido dessa maneira, mas disso não se segue que um homem que afirme a existência do dever de não mentir deva ser entendido da mesma maneira. Ele pode estar afirmando a existência de um dever que, na verdade, não depende da existência de uma regra social.

Hart não torna perfeitamente claro, nas páginas relevantes de *The Concept of Law*, qual versão se propõe a adotar, embora muito do que diz sugira que se trata da versão forte. Porém, a aplicação de sua teoria geral ao problema do dever judicial depende, obviamente, de qual versão ele se propõe a defender. Se a versão forte estiver certa, os juízes que falam de um dever fundamental de tratar os ditames do Legislativo como direito devem, por exemplo, pressupor a existência de uma regra social nesse sentido. Mas, se a versão mais fraca da teoria social for válida, pode ocorrer que simplesmente não exista uma regra social e que, então, seja necessária uma argumentação adicional para mostrar que de fato é assim mesmo.

A versão forte da teoria não pode ser correta caso se proponha a explicar todos os casos nos quais as pessoas invocam deveres, ou mesmo todos os casos nos quais invocam regras com a fonte de deveres. A teoria deve admitir que há algumas asserções sobre uma regra normativa que não podem ser explicadas como uma invocação de uma regra social, pela razão de que não existe uma regra social correspondente. Um vegetariano pode dizer, por exemplo, que não temos o direito de matar animais para nossa alimentação, em razão da regra moral fundamental segundo a qual é sempre errado eliminar qualquer forma de vida, em quaisquer circunstâncias. Obviamente, não existe regra social nesse sentido: o vegetariano admitirá que atualmente são muito poucos os homens que reconhecem tal regra ou tal dever e na verdade é disso que ele se queixa.

Contudo, a teoria poderia argumentar que este uso dos conceitos de regra e de dever designa um caso específico e que na realidade esse uso diz respeito a um tipo particular de prática moral que é parasitário da prática padrão que a teoria pretende explicar. Nessa formulação, o vegetariano deve ser entendido como se estivesse dizendo, não que os homens e as mulheres têm, presentemente, um dever de não eliminar vidas, mas que, dado que existem fortes razões para se afirmar que *não é recomendável* (*one ought not*) tirar uma vida, devemos (*ought to*) supor que existe uma regra social nesse sentido. Seu apelo "à regra" pode sugerir que alguma regra desse tipo já existe, mas esta sugestão é uma espécie de figura de linguagem, uma tentativa de sua parte de capturar a força imperativa das regras sociais e estender essa força à sua própria alegação, que é de tipo muito diferente.

Essa defesa, porém desqualifica a alegação do vegetariano. Ele quer dizer não somente que é desejável que a sociedade rearranje suas instituições de forma que nenhum indivíduo venha jamais a ter o direito de tirar vidas, mas que, na verdade, nas condições presentes, ninguém possui esse direito em circunstância alguma. Ne verdade, ele vai querer defender enfaticamente a existência de um dever moral de respeitar a vida como uma razão para que a sociedade tenha uma regra social nesse sentido. A versão forte da teoria da regra social não lhe permite apresentar esse argumento. Assim, essa teoria pode conciliar suas afirmações apenas insistindo para que ele diga algo que não quer dizer.

Portanto, para que a teoria da regra social possa ser considerada plausível, será preciso enfraquecê-la pelo menos a esse ponto. Ela deve procurar explicar o que se entende por uma invocação ao dever (ou por uma asserção de uma regra normativa de dever) em um único tipo de caso, a saber, quando, de um modo geral, a comunidade concorda que algum dever como esse existe. Nesse caso, a teoria não se aplicaria ao caso do vegetariano, mas se aplicaria ao caso do igrejeiro. Esse enfraquecimento não afetaria muito a aplicação da teoria ao problema do dever judicial, pois os juízes realmente parecem seguir as mesmas regras quando decidem o que reconhecer como o direito que estão obrigados a fazer cumprir.

Mas teoria não é plausível nem mesmo em sua forma atenuada, pois mostra-se incapaz de reconhecer a importante distinção entre dois tipos de moralidade social, que podemos chamar de moralidade *concorrente* e moralidade *convencional*. Uma comunidade exibe uma moralidade concorrente quando seus membros estão de acordo quanto a afirmar a existência da mesma – ou quase a mesma – regra normativa, mas não consideram o fato desse acordo como parte essencial das razões que os levam a afirmar a existência dessa regra. Uma comunidade exibe uma moralidade convencional quando leva em conta o fato do acordo. Se os igrejeiros acreditam que todo homem tem um dever de tirar seu chapéu na igreja, mas que não teria tal dever se não houvesse uma prática social que determinasse isso, então estamos diante de um caso de moralidade convencional. Se também acreditam que todo homem tem um dever de não mentir e que teria esse dever mesmo que a maioria dos homens mentisse, estamos diante de uma moralidade concorrente.

A teoria da regra social deve ser atenuada para que se possa aplicá-la apenas aos casos de moralidade convencional. Nos casos de moralidade concorrente, como o da mentira, as condições para a prática descritas por Hart estão satisfeitas. Em geral, as pessoas não mentem; citam "a regra" de que mentir é errado como uma justificativa de seu comportamento e condenam aqueles que mentem. De acordo com a teoria de Hart, uma regra social se constituiria a partir desse comportamento e um sociólogo estaria justificado em afirmar que a comunidade "tem uma regra" contra mentir. Mas a alegação feita pelos membros da comunidade, quando falam de um dever de não mentir, ficaria distorcida se supuséssemos que eles estão *invocando* aquela regra social, ou se supuséssemos que eles consideram a existência dessa regra como indispensável para sustentar sua alegação. Ao contrário, como este é um caso de moralidade concorrente, o fato é que eles não fazem nenhuma dessas duas coisas. Assim, a teoria da regra social deve ficar confinada à moralidade convencional.

Esse abrandamento adicional da teoria poderia muito bem reduzir seu impacto sobre o problema do dever judicial. É possível que ao menos uma parte daquilo que os juízes acreditam que devem fazer (*must do*) represente antes a moralidade concorrente do que a moralidade convencional. Muitos juízes, por exemplo, podem acreditar que têm um dever de fazer cumprir as decisões de um Legislativo democraticamente eleito, com base em princípios políticos que eles aceitam como dotados de mérito independente e não simplesmente porque outros juízes e autoridades também os aceitam. Por outro lado, é plausível supor que não é isso que acontece e que, nos sistemas jurídicos típicos, pelo menos a maioria dos juízes consideraria alguma prática judicial geral como uma parte essencial do argumento em favor de qualquer alegação a respeito de seus deveres judiciais.

Entretanto, a teoria da regra social não é nem mesmo um exemplo adequado da moralidade convencional. Não é um exemplo adequado porque não pode explicar o fato de que, mesmo quando as pessoas consideram uma prática social como uma parcela necessária das razões para se afirmar a existência de um dever, elas podem, ainda assim, divergir quanto à abrangência desse dever. Suponhamos, por exemplo, que os membros da comunidade que "tem a regra" segundo a qual os homens não devem usar chapéu na igreja, estejam divididos quanto à questão de se "essa" regra aplica-se aos bebês do sexo masculino que usam gorros. Cada lado acredita que sua concepção acerca dos deveres dos bebês ou de seus pais é a melhor, mas nenhuma das concepções pode ser representada como se fosse baseada em uma regra social, pois não há nenhuma regra social que se aplique ao caso.

A descrição de Hart sobre as condições para a prática das regras sociais é explícita neste ponto: uma regra é constituída pelo comportamento em conformidade com ela, por parte da maioria da população. Hart, sem dúvida, considera como comportamento em conformidade com a regra aquele comportamento que todos concordam seja o exigido em determinado caso, mesmo quando tal caso não tenha ocorrido. Desse modo, a regra social "abrangeria" o caso de um homem ruivo, mesmo que a comunidade ainda não contasse com um. Porém, se a metade dos igrejeiros crê que os bebês devem tirar seus gorros e a outra metade não admite tal exigência, que regra social esse tipo de comportamento constitui? Não podemos dizer que constitua nem uma regra social que estabelece que os bebês devem tirar seus gorros nem uma regra social que estabelece que eles não têm esse dever.

Podemos ser tentados a que a regra social que proíbe os homens de usar chapéu na igreja é "incerta" no tocante aos bebês. Mas isso implica uma confusão do tipo que se pretende evitar com a teoria da regra social. Não podemos dizer que a regra social é incerta quando todos os fatos sobre o comportamento são conhecidos, como neste caso, porque isso violaria a tese de que as regras sociais são constituídas pelo comportamento. Podemos dizer que uma regra social sobre o uso de chapéus na igreja é incerta quando os fatos sobre o que as pessoas fizeram e pensaram ainda não foram reunidos ou, talvez, se a questão dos bebês ainda não tiver sido levantada, de tal modo que não se saiba se a maioria da comunidade tem ou não a mesma opinião. Contudo, nada que se assemelhe a esse tipo de incerteza está presente aqui; a questão já se colocou e sabemos que os membros da comunidade não estão de acordo. Assim, neste caso, devemos dizer não que a regra social referente ao uso do chapéu na igreja seja incerta, mas que a única regra social constituída pelo comportamento da comunidade é a regra que proíbe os adultos de usarem chapéu na igreja. A existência dessa regra é certa e é igualmente certo que não existe regra social alguma que diga respeito à questão dos bebês.

Tudo isso, porém, parece ser fatal para a teoria da regra social, pela seguinte razão: quando as pessoas afirmam a existência de regras normativas, mesmo no caso da moralidade convencional, elas tipicamente afirmam que as regras diferem quanto ao seu alcance ou seus detalhes ou, de qualquer modo, que se diferenciariam caso cada pessoa articulasse sua regra de maneira mais detalhada. Contudo, duas pessoas cujas regras diferem, ou difeririam, caso fossem elaboradas, não podem estar invocando a mesma regra social e, pelo menos uma delas, certamente não está invocando regra social nenhuma. Assim ocorre, mesmo que elas estejam de acordo na maioria das questões em que surgem ou podem surgir, quando as regras que elas endossam estiverem em jogo. Desse modo, para que possa sobreviver, a teoria da regra social precisa ser atenuada de uma forma inaceitável. Só será aplicável nos casos em que, como o de alguns jogos, os participantes aceitam que, se um dever é controverso, não é de forma alguma um dever. Nesse caso, a teoria não se aplica aos deveres judiciais.

A teoria pode tentar evitar tal conclusão de diferentes maneiras. Inicialmente, podemos argumentar que, quando, em um caso controverso, uma pessoa invoca uma regra, o que ela diz deve ser entendido como tendo duas partes: a primeira é a identificação da regra social que representa um acordo dentro da comunidade (os adultos não devem usar chapéus na igreja); a segunda, a recomendação insistente para que essa regra estenda sua obrigatoriedade (*ought to be extended*) a outros casos controversos (os bebês na igreja). Em outras palavras, a teoria pode adotar a mesma linha com relação a todas as invocações controversas de regras, tal como sugeri no caso do vegetariano. Mas a objeção que fiz ao discutir o caso do vegetariano poderia então ser apresentada com muito mais força, como uma crítica geral da teoria como um todo. As pessoas – pelo menos aquelas que vivem fora dos textos filosóficos – na maior parte das vezes invocam padrões morais em circunstâncias nas quais há controvérsia. Quando fazem isso, querem dizer não que a regra deva aplicar-se ao caso em questão, seja o que for que isso possa significar, mas sim que o padrão realmente se aplica; não que as pessoas devam (*ought to*) ter os deveres e as responsabilidades que a regra prescreve, mas que elas de fato os têm (*have*). A teoria pode sustentar que todas essas alegações são usos especiais e parasitários do conceito de dever; se o fizer, sua própria aplicação ficará limitada ao trivial.

Alternativamente, a teoria pode ser defendida de uma maneira muito diferente: mudando o conceito de regra social que emprega. Isso pode ser feito concentrando-se no fato de que, pelo menos nos casos da moralidade convencional, é comum que certas formulações verbais de uma regra sejam padronizadas, como na fórmula "os homens devem tirar o chapéu na igreja". De acordo com o conceito revisado, uma regra social existe quando uma comunidade aceita uma determinada formulação verbal de seus deveres e usa essa formulação como diretriz para sua conduta e sua crítica. Pode-se então dizer que a regra é "incerta", na medida em que a comunidade diverge quanto à aplicação apropriada de um ou mais termos da formulação padrão, desde que se concorde que os casos controvertidos sejam decididos com base em uma ou outra interpretação desses termos. A revisão oferece uma resposta ao argumento que apresentei. Os igrejeiros aceitam uma única regra social no que se refere à responsabilidade de não usar chapéu na igreja, isto é, a regra segundo a qual os homens devem tirar o chapéu ao entrar na igreja. Mas esta regra é incerta, pois há divergências quanto a se "homens" inclui "bebês do sexo masculino" e se "chapéu" inclui "gorro".

Mas esta revisão do conceito dá um peso excessivo ao fato contingente de se os membros da comunidade em questão são capazes de circunscrever, ou se realmente circunscrevem, suas divergências acerca de deveres como desacordos na interpretação de alguma palavra-chave da formulação verbal particular que se tornou popular. Os igrejeiros conseguem expressar sua divergência desse modo, mas isso não significa que todos o farão. A formulação verbal da regra pode ser diferente sem que os fatos sociais subjacentes também o sejam, como no caso em que as pessoas têm o hábito de dizer que somente as mulheres podem cobrir a cabeça na igreja. Nesse caso, a divergência tem que ser expressa não como um desacordo quanto a se "mulheres" inclui "bebês do sexo masculino", mas se a versão popular é uma formulação correta da regra normativa correta.

Além disso, a teoria perde a maior parte de seu poder explicativo original se for revisada dessa maneira. Tal como originalmente apresentada, ela capturava, ainda que de maneira equivocada, um fato importante, isto é, que a prática social desempenha um papel fundamental na justificação de pelo menos algumas de nossas alegações normativas acerca da responsabilidade ou do dever individual. O que conta, porém, são os fatos de uma prática consistente; não os acidentes do comportamento verbal. Nossas práticas morais não são exercícios de interpretação das leis.

Por fim, a teoria da regra social pode conservar a definição original de regra social oferecida por Hart – uma descrição de uma prática uniforme –, mas recuar de outra maneira e reduzir suas perdas. Pode renunciar à alegação de que as regras sociais sempre estabelecem o *limite* dos deveres de um homem, mas manter a idéia de que estabelecem o seu *limiar*. A função das regras sociais na moralidade pode, então, ser assim expressa: as regras sociais distinguem o que está estabelecido por meio dos deveres, não simplesmente no sentido factual de que elas descrevem uma área de consenso, mas no sentido conceitual de que, quando tal consenso existe, é inegável que os membros dessa comunidade têm pelo menos os deveres que ela adota, embora eles possam – e talvez com propriedade – recusar-se a honrar esses deveres. Mas a regra social não estabelece que os indivíduos não têm direitos ou deveres além do expresso em seus termos, mesmo na esfera da moralidade convencional. O fato de que a regra social não seja aplicável a certos casos, como o dos bebês na igreja, significa, nesse caso, que alguém que afirme que a existência de um dever deve apoiar-se em argumentos que ultrapassam um simples apelo à prática.

Se a teoria da regra social for revista dessa maneira, não mais sustentará a tese de Hart sobre uma regra social de reconhecimento: não da maneira que o faz a teoria original, por mim descrita. Se é possível que os juízes tenham o dever de decidir um caso de maneira específica, embora nenhuma regra social imponha tal alegação de Hart de que a prática social dá conta de todos os deveres de um juiz cai por terra. Gostaria de assinalar, no entanto, a fragilidade que se mantém mesmo nessa forma revista da teoria da regra social. Dizer que uma regra social estipula o nível mínimo de direitos e deveres é algo que não se ajusta à nossa prática moral. É geralmente reconhecido, até mesmo como uma característica da moral convencional, que as práticas não têm propósito, que em princípio são inconsistentes com outros requisitos da moralidade e que não impõem deveres, embora, sem dúvida, quando uma regra social existe, apenas uma pequena minoria pensará que essa condição de fato se aplica. Por exemplo, quando existia uma regra social que estipulava que os homens prestassem certas cortesias formais às mulheres, a maior parte das pessoas dizia que as mulheres tinham um direito a elas; mas qualquer pessoa, de qualquer sexo, que considerasse essas cortesias um insulto não concordaria com isso.

Esse fato acerca da moralidade convencional, que a teoria da regra social ignora, é de grande importância, porque leva a um entendimento da conexão entre prática social e juízos normativos que é melhor do que o proporcionado por aquela teoria. É verdade que os juízos normativos freqüentemente supõem uma prática social como uma parte essencial do argumento em favor desse juízo; como afirmei, esta é a marca registrada da moralidade convencional. No entanto, a teoria da regra social concebe de maneira equivocada essa conexão. Ela acredita que a prática social *constitui* uma regra que o juízo normativo aceita; na verdade, a prática social ajuda a *justificar* uma regra que é expressa pelo juízo normativo. A existência da prática de tirar o chapéu na igreja justifica que se afirme a existência de uma regra normativa nesse sentido – não porque a prática constitua uma regra que o juízo normativo descreva e endosse, mas porque a prática cria formas de ofender e dá origem a expectativas do tipo que fornece boas razões para sustentar a existência de um dever de tirar o chapéu na igreja, ou sustentar a existência de uma regra normativa que afirme esse dever.

A teoria da regra social fracassa porque insiste em que uma prática deve, de algum modo, ter o mesmo *conteúdo* que a regra que os indivíduos sustentam em seu nome. Contudo, se supusermos simplesmente que uma prática pode justificar uma regra, então a regra assim justificada pode ou não ter o mesmo conteúdo que a prática; pode ficar aquém da prática ou ir além dela. Se examinarmos a relação entre a prática social e as pretensões normativas deste ângulo, então poderemos facilmente dar conta daquilo que a teoria da regra social luta para explicar. Se alguém considera uma prática social sem sentido, tola ou insultuosa, ele poderá acreditar que nem mesmo em princípio ela justifica afirmar a existência de quaisquer deveres ou regras normativas de conduta. E nesse caso tal pessoa dirá não que a regra lhe impõe um dever que ela rejeita, mas que, apesar do que os outros pensam, não lhe impõe nenhuma dever.

Além disso, se uma comunidade possui uma prática particular, como a prática de não usar chapéu na igreja, então será provável, mais do que surpreendente, que os seus membros sustentem diferentes regras normativas, cada uma delas supostamente justificada por essa prática. Eles discordarão quanto a se os bebês devem ou não usar gorro, pois divergirão se, uma vez considerados todos os aspectos, o fato da prática justifica a afirmação daquele dever. Alguns podem pensar que a prática justifica aquele dever, porque pensam que a prática como um todo institui uma forma de insulto ou desrespeito que pode ser cometida pelos pais de uma criança. Outros podem discordar, por diversas razões. É verdade que eles expressarão sua discordância, mesmo neste caso trivial, como uma discordância sobre as exigências da "regra" relativa ao uso de chapéu nas igrejas. Mas a referência não será à regra que é constituída pelo comportamento comum, isto é, uma regra social, mas à regra que é justificada pelo comportamento comum, isto é, uma regra normativa. Eles discordam precisamente sobre o que é *essa* regra.

É possível que o dever judicial seja um caso de moralidade convencional. Disso não se segue que alguma regra social estabeleça o limite, ou mesmo o limiar, do dever judicial. Por exemplo, quando os juízes citam a regra segundo a qual eles devem (*must*) seguir o que determina o Legislativo, eles podem estar invocando uma regra normativa que é justificada por alguma prática. Podem também discordar quanto ao conteúdo preciso dessa regra normativa, de uma maneira que não representa apenas um desacordo sobre os fatos relativos ao comportamento de outros juízes. O positivista talvez tenha razão, mas deve argumentar em favor de sua posição sem recorrer ao atalho que a teoria da regra social tenta criar.

2. Estou realmente em desacordo com Hart?

Sugeriu-se que minha divergência com o positivismo, pelo menos na forma em que ele é apresentado por Hart, não é realmente tão ampla quanto eu aleguei. Talvez eu tenha mostrado que uma apresentação sensata do direito reserva um lugar tanto para princípios como para regras. Mas nada na teoria de Hart parece negar isso. É verdade que ele fala apenas a respeito de regras, mas não define "regra" da maneira limitada que defino esse termo no capítulo 2. Portanto, ele pode ser entendido, quando fala de regras, como se elas incluíssem tanto princípios como regras em um sentido restrito. Talvez eu tenha mostrado que qualquer teste fundamental para o direito, se pretender incluir tanto princípios como regras, deve ser mais complexo do que os exemplos que Hart oferece como espécimes de uma regra de reconhecimento. Mas Hart diz que a regra de reconhecimento pode ser complexa; que, na verdade, pode ser composta por vários critérios ordenados hierarquicamente. Seus exemplos simples – como a regra segundo a qual o que a Rainha sanciona no Parlamento é lei – não pretendem ser mais que exemplos.

Onde está, portanto, a divergência? É verdade que o capítulo 2 parece negar a tese de Hart de que todo o sistema jurídico dispõe de um teste fundamental para identificar o direito, na forma da regra de reconhecimento. Mas, como mostra o professor Sartorius, não posso realmente querer afirmar a existência de um sistema jurídico que não tenha um teste fundamental para identificar as regras e os princípios do direito[11]. Faz parte do meu argumento que alguns princípios devam ser considerados como direito e, portanto, estejam presentes em argumentos judiciais, enquanto outros não. Se isso é verdade, deve haver alguma espécie de teste que possa ser usada para distinguir entre uns e outros. Assim, é preciso entender minha declaração de que não existe tal regra fundamental que signifique simplesmente que o teste fundamental deve ser demasiadamente complexo para que se possa enunciá-lo na forma de uma simples regra. Uma vez que Hart nunca afirmou que a regra fundamental deve ser simples, este ponto de divergência tem importância limitada.

Esta é a formulação da primeira das objeções que desejo examinar. Quando escrevi o capítulo 2, pensei que a tese positivista – em todos os sistemas jurídicos existe um teste fundamental para determinar o que faz parte do direito – fosse suficientemente clara a ponto de exigir muito pouca elaboração. Pensei que quaisquer ambigüidades poderiam ser resolvidas se usássemos como exemplo a cuidadosa formulação dessa tese feita pelo professor Hart. A objeção que há pouco descrevi convence-me de que eu estava errado nesse ponto. Tentarei agora reparar os danos enunciando mais claramente qual é, a meu ver, a verdadeira natureza da alegação positivista e como ela difere das alegações que eu mesmo pretendo fazer.

Começarei pela apresentação de três teses distintas, cada uma delas relacionada com a idéia de um teste fundamental para o direito. Ao descrever essas diferentes teses, recorrerei à distinção que estabeleci na seção anterior: a distinção entre, de um lado, descrever o comportamento social através do conceito de uma regra social e, de outro, sustentar uma posição normativa através do conceito de regra normativa. (i) A primeira tese sustenta que, em todos os países que têm um sistema jurídico desenvolvido, existe, na comunidade de seus juízes e autoridades judiciárias, alguma regra *social* ou conjunto de re-

11. Sartorius, op. cit., p. 155.

gras que determinam os limites do dever, por parte do juiz, de reconhecer qualquer outra regra ou princípio como direito. A tese seria válida na Inglaterra, por exemplo, se, enquanto grupo, os juízes ingleses reconhecessem o dever de levar em consideração, quando da determinação de direitos e obrigações jurídicas, apenas regras e princípios promulgados pelo Parlamento, formulados nas decisões judiciais ou estabelecidos a partir de um costume muito antigo. E reconhecessem ainda, enquanto grupo, que não têm o dever de levar em consideração nada além disso. Hart adianta essa primeira tese; na verdade, sua teoria de que uma regra social de reconhecimento existe em todos os sistemas jurídicos pode ser vista como uma de suas mais importantes contribuições à tradição positivista. (ii) A segunda tese sustenta que, em todos os sistemas jurídicos, uma regra ou um princípio *normativo* específico, ou um conjunto complexo deles, constitui o padrão adequado a ser utilizado pelos juízes para a identificação de normas ou princípios de direito mais particulares. Alguém que aceite a segunda tese poderia acreditar, por exemplo, que na Inglaterra os juízes têm o dever de reconhecer como direito somente leis escritas, precedentes e costumes bem definidos, pouco importando se é dessa forma ou não que os juízes chegam às suas decisões. (iii) A terceira tese sustenta que, em todos os sistemas jurídicos, a maioria dos juízes aceita *alguma* regra ou teoria normativa que rege seu dever de levar em consideração outros padrões como sendo padrões jurídicos. Essa tese sustenta que, se alguém estudar os tipos de decisões de diferentes juízes ingleses, descobrirá que cada um deles, mais ou menos conscientemente, segue uma determinada regra que especifica certas fontes exclusivas de direito ou uma teoria mais complexa que estipula como o direito pode ser identificado. De tal tese não se segue, ainda que possa ser verdadeiro, que a maioria dos juízes ingleses segue a *mesma* regra ou teoria: se eles seguissem, então a primeira tese também seria verdadeira, pelo menos para a Inglaterra, mas não inversamente.

Minha divergência com Hart diz respeito à primeira dessas três teses. Ele a propõe e eu a nego. A questão é importante; dela depende a idéia ortodoxa de que os padrões jurídicos podem, em princípio e como grupo, ser distinguidos de padrões morais e políticos. Se a primeira tese for correta, existe realmente em todo sistema jurídico algum teste de direito comumente aceito, na forma de uma regra social, e isto é suficiente para distinguir regras e princípios morais de regras e princípios jurídicos. Mas se a primeira tese é falsa, tal teste não existe.

Não é suficiente que alguma versão da segunda ou da terceira tese seja bem fundada. Suponhamos que eu aceite uma teoria normativa do direito, do tipo contemplado pela segunda tese. Se não for compartilhada por mais ninguém, minha teoria incluirá disposições controvertidas; pode incluir, por exemplo, uma teoria controvertida sobre o precedente, que sustente que os tribunais devem atribuir mais peso aos precedentes recentes do que aos mais antigos. Eu seria instado, então, a sustentar a alegação de que minha concepção de precedente exprime corretamente o dever de um juiz, e isso eu somente poderia fazer apresentando uma nova teoria sobre o sentido ou o valor da instituição do precedente. Minha defesa dessa nova teoria dependeria, sem dúvida, de princípios controvertidos de moralidade política – por exemplo, princípios relativos ao lugar apropriado para o Poder Judiciário em uma democracia. É exatamente esse tipo de dependência que o positivismo mais se preocupa em negar.

As distinções que estabeleci entre essas três teses distintas mostram por que a objeção de Sartorius erra o alvo. Para ele, se eu disser que os juízes têm o dever de usar alguns princípios, mas não outros, ou de atribuir a um princípio um determinado peso, mas não mais do que esse peso, segue-se daí que estou comprometido com a idéia de que existe um teste fundamental para o direito. O que realmente se segue é que fico comprometido com alguma versão da segunda tese, a saber, que é possível fazer uma defesa persuasiva em apoio a uma teoria em vez de outra, a respeito de como os juízes devem (*must*) decidir nos casos difíceis. Mas não se segue que eu deva aceitar a primeira tese – aquela segundo a qual existe, entre os juízes, uma regra social que decide a questão. Essa é a tese Hart, mas não é e nem precisa ser a minha.

Contudo, uma característica da teoria de Hart sugere que eu lhe atribuo uma teoria excessivamente rígida. Ele tem o cuidado de dizer que uma regra social de reconhecimento pode ser incerta em alguns casos, ou seja, incapaz de resolver todos os problemas que podem surgir a respeito do que deve contar como direito[12]. Para que tal regra exista, é suficiente que resolva a maioria desses problemas. Hart dá o seguinte exemplo. Não há dúvida, diz ele, de que menos parte da regra de reconhecimento inglesa consiste em considerar como parte do direito o que quer que seja promulgado pelo Parlamento. Não obstante isso, é incerto se o Parlamento possui no momento o poder de criar obrigações vinculantes para os parlamentos futuros. Esse seria o caso, por exemplo, se o Parlamento adotasse uma regra jurídica específica e, em seguida, declarasse irrevogáveis tanto essa regra e a cláusula de irrevogabilidade conexa, determinando que nenhuma delas poderia ser revogada, exceto por uma maioria de dois terços. Se isso acontecesse, é bem provável que os juízes se dividissem quanto às conseqüências jurídicas de uma tentativa, por parte de um futuro Parlamento, de revogar essas regras por maioria simples. Se os juízes se dividissem desse modo, isso mostraria que, nesse ponto, a regra de reconhecimento é incerta. Então a questão poderia ser resolvida e a regra de reconhecimento aclarada, desde que algum tribunal tomasse uma decisão em favor de uma ou outra posição e mostrasse ter o poder político de fazer valer sua decisão.

Pode parecer, portanto, que Hart não está comprometido com a noção de que em todo sistema jurídico existe alguma regra social que resolve todos os problemas a respeito de que padrões contam como direito. Ele pode dizer que, para estabelecer a primeira tese, é suficiente tratar uma regra social como se ela *regesse* todas as decisões jurídicas – ainda que esta regra não seja tão precisa, a ponto de excluir disputa a respeito do que ela determina. Hart pode então acrescentar que, quando os juízes estão realmente divididos (como estariam no caso da

12. Hart, op. cit., p. 144.

cláusula de irrevogabilidade ou, para continuar com meu exemplo, a respeito da força a ser atribuída aos precedentes mais antigos), revelam uma área de incerteza no interior de uma regra social que é, na sua maior parte, incontroversa.

Porém, a ressalva de Hart – a regra de reconhecimento pode ser incerta em determinados aspectos – não se limita a acrescentar flexibilidade e sofisticação à sua teoria. Ao contrário, debilita-a por razões que tentei demonstrar na seção anterior. A regra de reconhecimento simplesmente não se ajusta ao conceito de regra social, tal como Hart o emprega para dizer que uma regra social pode ser incerta, no sentido que ele tem em mente neste contexto. Se os juízes estiverem de fato divididos quanto ao que devem fazer caso um Parlamento posterior tente revogar um regra protegida por uma cláusula de irrevogabilidade, não haverá dúvida se alguma regra social governa tal decisão. Ao contrário: é certo que nenhuma delas se aplica nesse caso. O exemplo mostra apenas que, estritamente falando, não é acurado dizer que na Inglaterra existe, entre os juízes, uma regra social segundo a qual tudo o que é promulgado pelo Parlamento constitui direito, embora essa afirmação possa ser suficientemente acurada para muitos outros fins.

Uma formulação cuidadosa da posição, utilizando-se do conceito de regra social, teria que ser feita nos seguintes termos. Uma regra social existe entre os juízes no sentido de que tudo que o Parlamento promulga, com exceção de uma lei que não possa ser revogada por parlamentos futuros, será considerado como direito. Não existe nenhuma regra social relacionada com o problema de se o Parlamento pode restringir o poder dos futuros parlamentos; sobre esse tema os juízes estão divididos. Alguns juízes acham que o Parlamento pode fazer isso e que eles têm, portanto, um dever (*have a duty to*) de não reconhecer nenhuma tentativa de revogar o caráter legal de uma regra com cláusula de irrevogabilidade. Outros acham que o Parlamento não pode fazer isso e que eles têm, portanto, um dever de reconhecer como direito a legislação que a revoga. (Esta formulação simplificada ignora posições mais complexas que diferentes juízes podem concretamente assumir.)

Sem dúvida, esta apresentação do problema oferece um contra-exemplo à alegação da primeira tese, segundo a qual sempre existe alguma regra social que estipula as condições necessárias e suficientes daquilo que os juízes devem (*must*) reconhecer como direito. Se essas divergências entre os juízes se limitasse apenas a casos raros e extraordinários, como as cláusulas de irrevogabilidade, então tais contra-exemplos seriam poucos e não constituiriam um obstáculo real à alegação da primeira tese. Mas se, como eu suponho, os desacordos desse tipo entre juízes são muito freqüentes e podem ser encontrados toda vez que tribunais de apelação tentam decidir casos difíceis ou controversos, então a fragilidade generalizada que esse argumento revela é fatal.

A esta altura pode-se dizer que eu tomo muito literalmente a declaração de Hart de que a regra de reconhecimento é uma regra social constituída pelo comportamento partilhado dos membros de uma comunidade particular, como os juízes e outras autoridades públicas. Talvez Hart queira rever esse conceito de acordo com a maneira que sugeri na seção anterior e dizer que uma regra de reconhecimento existe como uma regra social quando os juízes aceitam uma determinada formulação verbal de seu dever, como aquela na qual se afirma que "tudo o que é promulgado pelo Parlamento é direito". Se for assim, Hart pode dizer que uma regra de reconhecimento social existe, mas será incerta sempre que os membros da comunidade divergirem quanto à correta aplicação dessa formulação verbal aos casos particulares. Assim, a regra de reconhecimento de acordo, com a qual tudo o que o Parlamento faz é direito, existe enquanto fato social, mas é incerta na medida em que os juízes divergem sobre casos particulares, como os casos das leis com cláusula de irrevogabilidade.

Como já afirmei, porém, essa revisão do conceito atribui uma importância excessiva aos acidentes lingüísticos e históricos, o que é confirmado pelo presente exemplo. Pode ser convencional dizer que tudo o que o Parlamento promulga é direito, mas dificilmente se poderá formular a divergência sobre a irrevogabilidade das leis como uma divergência sobre a correta interpretação dos termos empregados nessa formulação convencional. Ninguém diria que o objeto da controvérsia é o significado de "tudo o que", ou sobre o peso que se deve dar ao verbo "promulgar". Do mesmo modo, muitas das controvérsias mais pedestres e numerosas que eu tenho em mente, como, por exemplo, sobre o peso que deve ser atribuído aos precedentes mais antigos, não podem ser descritas como divergências sobre o significado dos termos empregados em alguma formulação verbal consolidada.

Alguém pode levantar uma objeção distinta contra a minha argumentação, recordando-me da distinção que formulei na última seção, entre as afirmações sobre o que os juízes devem fazer (*ought to*) e as afirmações sobre o que eles têm o dever de fazer (*have a duty to do*). A primeira tese não alega que existe sempre uma regra social que decide o que os juízes devem (*ought to*) fazer nos casos controversos, como o da irrevogabilidade das leis. Alega apenas que uma regra social estipula o que se *exige* que os juízes façam em tais casos, isto é, os limites de seus deveres. Se os juízes realmente discordam sobre o cumprimento ou não de uma lei que pretende revogar uma regra com cláusula de irrevogabilidade, o próprio fato dessa divergência, de acordo com essa objeção, mostraria que os juízes não têm dever que os obrigue numa ou noutra direção. Nesse caso, a matéria ficaria sujeita ao poder discricionário dos juízes, até que algum tribunal, pela força de sua decisão numa ou noutra direção, encorajasse outros juízes a aceitar essa decisão como fonte de um dever.

Se fosse assim, a primeira tese seria imune ao argumento que apresentei. Mas por que deveríamos supor que é assim? A objeção depende de um pressuposto de filosofia moral; pressupõe que os deveres não podem, em princípio, ser controversos. Pressupõe, igualmente, que se não for claro qual o dever do juiz e que, se não houver consenso sobre que matéria de prova pode decidir a questão, então o juiz não poderá ter nenhum dever (*have any duty*). Nesse caso, podemos falar somente do que ele deve fazer (*ought to do*). Mas este pressuposto é, no mínimo, questionável. Não se ajusta ao modo como empregamos o conceito de dever na argumentação moral. O vegetariano não precisa aceitar que nossos deveres se reduzem aos deveres que consideramos indiscutíveis ou demonstráveis. Esse pressuposto não se ajusta nem mesmo ao modo como os juristas tratam a questão do dever judicial. Por exemplo, na controvérsia sobre a cláusula da irrevogabilidade, a única proposição que constitui terreno comum para os contendores é a de que essa é uma matéria na qual os juízes não têm liberdade para exercer o poder discricionário. Os que pensam que o Parlamento tem o poder de vincular (*power to bind*) seus sucessores acreditam que os juízes não têm o direito (*have no right*) de considerar válida uma tentativa posterior de revogação. Os que pensam que o Parlamento não tem esse poder acreditam que os juízes tem um dever (*have a duty*) de considerar válida a revogação posterior. É verdade que alguns juízes podem ter dúvida sobre essa matéria. Eles têm dúvidas a respeito de seus deveres, mas isso não quer dizer que tenham certeza de não terem nenhum dever. Sem dúvida, se a versão forte da teoria da regra social estiver certa, o pressuposto que descrevi seria sólido. Mas como a teoria é falsa, é preciso encontrar algum outro apoio para o pressuposto. E nenhum apoio, penso eu, pode ser encontrado.

Espero que ninguém queira dizer que nesse tipo de caso os juízes estão em desacordo quanto a seu dever político ou moral enquanto juízes, mas não quanto a seu dever jurídico. Nesse contexto, o único apoio para tal distinção é, inequivocamente, uma petição de princípio. A primeira tese destina-se a explicar a distinção que os positivistas estabelecem entre deveres jurídicos e deveres de outros tipos. Portanto, a primeira tese não pode incorporar aquela outra distinção. O próprio Hart afirma que a regra fundamental de reconhecimento é uma regra jurídica apenas no sentido de que o metro padrão de Paris mede um metro[13]. Se os juízes têm o dever de fazer cumprir as cláusulas de irrevogabilidade, então deve existir um dever jurídico precisamente nesse sentido. A questão de terminologia, porém, não vem ao caso aqui. Se é possível que os juízes te-

13. Hart, op. cit., p. 106.

nham o dever de aplicar alguma regra ou princípio ao determinarem o que é exigido pelo direito, apesar de nenhuma regra social indicar esse dever, então a primeira tese é falsa, seja lá como se descreva esse dever.

3. O "apoio institucional" constitui uma regra de reconhecimento?

No capítulo 2, afirmei que os princípios, como o princípio de que um homem não pode beneficiar-se de seus próprios delitos, não podem ser apreendidos por uma regra de reconhecimento simples, como a regra segundo a qual tudo o que o Parlamento promulga constitui direito. O positivista, como afirmei, tem essa escolha. Ele pode alegar que esses princípios não fazem parte do direito, porque o juiz não tem nenhum dever, mas apenas um poder discricionário de levá-los em consideração. Ou pode admitir que pertencem à esfera do direito e mostrar como uma regra social de reconhecimento mais complexa, capaz de apreender tais princípios. O positivista poderia, sem dúvida, combinar essas estratégias: poderia argumentar que uma regra de reconhecimento mais complexa incorporaria alguns dos princípios que os juízes citam e, em seguida, argumentar que os juízes não têm o dever de aplicar nenhum princípio além desses.

O dr. Raz deseja combinar essas duas estratégias dessa maneira. Ele confia principalmente no argumento – a ser examinado na próxima seção – de que os juízes têm um poder discricionário, mas não o dever, de empregar certos princípios. Mas ele acredita que os juízes têm, de fato, o dever de levar em consideração pelos menos alguns desses princípios e que estes podem ser subsumidos sob algo semelhante a uma regra social de reconhecimento, por meio da noção que ele denomina "costume judicial"[14]. Suponhamos que um princípio específico seja, durante algum tempo, efetivamente citado por muitos juízes

14. Raz, p. 852. Carrio, p. 25, utiliza o mesmo termo e conceito.

como um princípio que deve ser levado em consideração. Nesse caso, essa mesma prática, assinala Raz, se constituiria em uma regra social precisa que, juntamente com as regras de reconhecimento do tipo convencional que Hart tem em mente, pertenceria ao mesmo bloco de regras. Essas regras, tomadas em conjunto, fornecem um teste para direito.

Contudo, existem duas razões pelas quais esse conceito de costume judicial não leva esse argumento muito longe. Em primeiro lugar, um grande número de princípios e políticas que os juízes citam é controverso, pelo menos no tocante ao peso que lhes deve ser atribuído. Por exemplo, o peso do princípio segundo o qual nenhum homem pode beneficiar-se de seus próprios delitos foi suficientemente polêmico para provocar uma dissensão no caso *Rigger contra Palmer*[15]. Em segundo lugar, muitos apelos a princípios são apelos a princípios que não resultaram de nenhuma prática judicial estabelecida. Isso é verdadeiro no tocante a vários exemplos que extraí da decisão do caso *Henningsen*, que incluiu princípios que não haviam sido formulados anteriormente, de uma maneira comparável à formulação que recebeu o princípio de que os fabricantes de automóveis têm uma responsabilidade especial para com o público.

Desse modo, a noção de costume judicial de Raz não discrimina entre os muitos princípios que os juízes tratam como princípios que eles devem levar em consideração. Por isso, teremos que examinar muito seriamente o seu argumento de que, na verdade, os juízes não têm o dever de utilizar os princípios que não são objeto de tal costume judicial. Primeiramente, porém, quero examinar uma idéia diferente e mais complexa a respeito de como a noção de regra social de reconhecimento pode ser adaptada para incorporar tanto os princípios como as regras.

O professor Sartorius concorda comigo em rejeitar a idéia de que, quando os juízes invocam princípios nos casos difíceis, eles o fazem no exercício de algum poder discricionário[16]. Portanto, se ele deseja abraçar a primeira tese que distingui, deve

15. 115 N.Y. 506, 22 N.E. 188 (1889).
16. Sartorius, p. 155.

descrever uma forma de regra social que realmente incorpore todos esses princípios, ou pelo menos os leve em consideração. É o que ele tenta fazer, propondo-se a utilizar meus próprios argumentos contra mim. Ele admite que a construção de um teste fundamental para o direito é extremamente trabalhosa, mas acredita que, em princípio, é possível desenvolvê-lo. Sartorius acredita, além disso, que o cerne de qualquer teste conclusivo reside no conceito de "apoio institucional" que desenvolvi no capítulo 2. Em apoio à sua própria posição, Raz cita a seguinte passagem desse capítulo:

> [S]e fossemos desafiados a defender nossa alegação de que determinado princípio é um princípio de direito, mencionaríamos qualquer um dos casos anteriores nos quais tal princípio fosse citado ou figurasse na argumentação. Também mencionaríamos qualquer lei que parecesse exemplificar esse princípio (tanto melhor se o princípio fosse citado no preâmbulo da lei, nos relatórios da comissão ou em outros documentos legislativos a ela associados). A menos que pudéssemos encontrar tal apoio institucional, provavelmente não conseguiríamos sustentar nosso argumento. E quanto mais apoio obtivéssemos, mais peso poderíamos reivindicar para o princípio[17].

Sem dúvida, o professor Sartorius gostaria de desenvolver muito mais detalhadamente essa doutrina do apoio institucional. Eu mesmo deveria elaborá-la da maneira que exponho a seguir[18]; seu artigo sugere que ele poderia aceitar essa elaboração. Suponhamos que fôssemos juntar todas as regras que são inequivocamente regras jurídicas em, por exemplo, um determinado estado norte-americano e a ela juntássemos todas as regras explícitas sobre a competência institucional nas quais nos tivéssemos baseado para afirmar que o primeiro conjunto de regras continha, de fato, regras válidas daquela jurisdição. Isso feito, teríamos um conjunto impressionante de dados jurí-

---

17. Idem, p. 156. Capítulo 2 deste livro, parte 6.

18. Esta elaboração é apenas um resumo da longa argumentação que apresento no capítulo 4.

dicos. Poderíamos, então, perguntar que conjunto de princípios, tomados como um todo, seria necessário para *justificar* a adoção das regras jurídicas e regras institucionais explícitas que teríamos enumerado. Suponhamos que cada juiz e cada jurista desse estado desenvolvesse uma "teoria do direito" que descrevesse esse conjunto de princípios e atribuísse pesos a cada um deles. (Eu desconsidero o fato de que o trabalho de toda uma vida não seria suficiente nem começar essa tarefa.) Cada jurista poderia então argumentar que seu conjunto de princípios deve contar como princípios do sistema jurídico em questão.

Podemos formular da seguinte maneira o teste para o direito que esta história sugere: um princípio é um princípio de direito se figurar na mais bem fundada teoria do direito que possa servir como uma justificação das regras explícitas, tanto substantivas como institucionais, da jurisdição em questão. Sartorius diz, aparentemente pensando nesse tipo de teste, que "*ainda* que ele talvez esteja bem distante da versão do positivismo sustentada por Hart, está de acordo com a tese fundamental do positivismo, tal como descrita por Dworkin", isto é, "que o direito de uma comunidade ... pode ser identificado e reconhecido através de critérios específicos, por testes que nada têm a ver com ... o conteúdo, sim com o *pedigree*".[19]

A esta altura, se faz necessário um esclarecimento. Sartorius não pode estar querendo dizer que a teoria do direito de um jurista qualquer fornece uma regra *social* de reconhecimento. Se eu desenvolver uma teoria do direito para uma determinada jurisdição, poderei muito bem defender essa teoria como uma teoria normativa do dever judicial, no espírito da *segunda* tese que especifiquei. Se a maioria dos juízes dessa jurisdição adotar teoria como essa, então a *terceira* tese será válida para essa jurisdição. Mas a teoria de cada juiz teria diferenças maiores ou menores das teorias dos outros juízes. Alguns dos princípios propostos por esse juiz seriam diferentes e, dentre os princípios que fossem comuns, alguns teriam pesos diferentes.

19. Sartorius, 156, citando meu capítulo 2, seção 2.

Essas diferenças asseguram que nenhuma teoria, de nenhum jurista individual, pode ser considerada, em si mesma, como uma regra social complexa do tipo que a *primeira* tese requer.

Assim, Sartorius deve dizer não que a teoria do direito de um determinado jurista fornece uma regra social de reconhecimento, mas sim que o próprio teste fundamental de apoio institucional é, ele mesmo, uma regra social desse tipo. Isto é, ele pode dizer que a regra social de reconhecimento é precisamente a regra segundo a qual um princípio deve ser aplicado como direito, caso ele faça parte da mais bem fundada teoria do direito. Mais: ele deve ser aplicado com o peso que lhe atribui essa teoria. De acordo com essa concepção, as diferentes teorias do direito oferecidas por diferentes juristas são simplesmente teorias distintas sobre o modo pelo qual essa regra social deve ser aplicada a casos particulares.

Mas não vejo como se possa apresentar o assunto dessa maneira e, ainda assim, reter a idéia de que o teste de apoio institucional oferece "critérios específicos" de "*pedigree*" e não de "conteúdo". Do modo como o descrevi, o conceito de uma teoria do direito não supõe que princípios e políticas expliquem as regras estabelecidas da mesma maneira que um historiador do direito pode explicá-las, identificando os motivos daqueles que adotaram tais regras ou chamando atenção para os grupos de pressão que influenciaram sua promulgação. Se uma teoria do direito deve fornecer uma base para o dever judicial, então os princípios que ela apresenta de maneira ordenada devem tentar *justificar* as regras estabelecidas. Para isso, é preciso identificar as preocupações e tradições morais da comunidade que, na opinião do jurista que defende tal teoria, sustentam efetivamente essas regras. Esse processo de justificação deve levar o jurista ao exame muito aprofundado da teoria moral e política e bem além do ponto em que é acurado dizer que existe algum "teste" de "*pedigree*" para decidir qual de duas justificações diferentes de nossas instituições políticas é superior à outra.

O exemplo simples que apresentei anteriormente ilustra o ponto. Se discordo de outro jurista quanto à força relativa a ser dada aos precedentes mais antigos, defenderei uma teoria do direito que conceba o precedente de uma maneira que apóie o meu argumento. Eu poderei dizer que a doutrina do precedente promove a igualdade de tratamento perante a lei e que a simplicidade de tratamento torna-se menos importante e até mesmo perversa, à medida que aumenta o tempo transcorrido entre duas ocasiões. Meu opositor poderia retrucar que a questão do precedente não se refere tanto à igualdade como à previsibilidade da decisão, que será mais bem servida se ignorarmos as distinções de antiguidade entre os precedentes. Cada um de nós indicará aspectos da decisão judicial que sustentam seu próprio ponto de vista contra o do adversário. Se algum de nós não conseguir encontrar algum aspecto, então, como afirmei na passagem citada, o seu argumento seria fraco. Mas a escolha entre nossas concepções não dependerá apenas do número de aspectos que cada um possa encontrar. Dependerá também das razões morais que eu puder apresentar em defesa do dever de igual tratamento que meu argumento pressupõe, porque a tese de que esse argumento justifica o precedente pressupõe que tal dever exista.

Não estou afirmando que não seja possível encontrar algum fundamento para escolher uma teoria do direito em detrimento de outra. Ao contrário: uma vez que eu rejeito a doutrina do poder discricionário apresentada na próxima seção, eu pressuponho que argumentos convincentes *possam* ser oferecidos para caracterizar uma teoria como superior a outra. Esses argumentos, porém, devem incluir argumentos sobre temas de teoria política normativa – tal como a natureza do dever de igualdade que é próprio da sociedade – que transcendem a concepção positivista sobre os limites das considerações relevantes para se decidir o que é o direito. O teste de apoio institucional não fornece nenhuma base mecânica, histórica ou moralmente neutra para que se possa decidir que uma determinada teoria do direito é a mais bem fundamentada. Na verdade, não permite nem mesmo que qualquer jurista distinga um conjunto de princípios jurídicos de seus próprios princípios morais ou políticos mais amplos. Em geral, sua teoria do direito incluirá quase todo o conjunto de princípios morais e políticos que ele subscreve; na verdade é difícil pensar em um único princípio da moralidade política ou social de uso corrente na comunidade, por ele pessoalmente aceito – exceto aqueles excluídos por considerações constitucionais – que não encontraria espaço ou não teria algum peso no elaborado esquema de justificação necessário para justificar o conjunto de leis. Assim, o positivista somente aceitará o teste da decisão institucional como sendo capaz de desempenhar o papel de teste conclusivo para o direito ao preço do abandono do resto de seu roteiro.

Se é assim, as conseqüências para a teoria jurídica são consideráveis. A teoria do direito coloca a pergunta: o que é o direito? Na sua maior parte, os filósofos do direito têm tentado responder a essa pergunta distinguindo os *padrões* que figuram, maneira apropriada, nos argumentos em favor de direitos e deveres jurídicos. Contudo, se esta lista restrita de padrões não puder ser feita, será preciso encontrar algum outro modo de distinguir os direitos e deveres jurídicos de outros tipos de direitos e deveres.

4. É preciso que os juízes tenham poder discricionário?

Devo agora discutir, mais uma vez, a segunda das duas estratégias em favor do positivismo que distingui no início da última seção. Trata-se do argumento de que, quando os juízes divergem sobre questões de princípios, divergem não acerca do que o direito exige, mas sobre o modo como seu poder discricionário deve ser exercido. Nas discussões sobre o dever, usamos esse conceito de três maneiras diferentes. Eles divergem não sobre onde reside seu dever de decidir, mas sobre o modo como devem decidir, considerados todos os aspectos da questão, uma vez que eles não têm nenhum dever de decidir de uma ou outra maneira.

Em meu artigo original, tentei explicar que, na verdade, esse argumento depende de uma certa ambigüidade do conceito de poder discricionário. Nas discussões sobre o dever, usamos esse conceitos de três maneiras diferentes. Em primeiro lugar, dizemos que um homem tem poder discricionário se seu dever for definido por padrões que pessoas razoáveis podem interpretar de maneiras diferentes. Um sargento, por exemplo, terá poder discricionário quando receber uma ordem de escolher os cinco homens mais experientes para fazer uma patrulha. Em segundo lugar, dizemos que um homem possui poder discricionário se sua decisão for definitiva, no sentido de que nenhuma autoridade superior poderá rever ou descartar essa decisão; é o caso, por exemplo, em que cabe ao árbitro de linha decidir se um jogador está impedido de jogar ou não. Em terceiro lugar, dizemos que um homem tem poder discricionário quando algum conjunto de padrões que lhe impõe deveres não visa, na verdade, impor um dever de tomar uma decisão específica; é o que acontece quando uma cláusula de um contrato de locação concede ao locatário o poder discricionário de optar ou não pela renovação do contrato.

É evidente que se nenhuma regra social exige, de modo inequívoco, uma decisão jurídica específica e se os membros da profissão jurídica estão divididos com relação a qual decisão é, de fato, exigida, os juízes terão poder discricionário no primeiro desses sentidos, porque deverão exercitar uma iniciativa e uma capacidade que vão além da aplicação da regra estabelecida. É igualmente claro que, se esses juízes compuserem o mais alto tribunal de recursos, eles terão poder discricionário no segundo sentido. Contudo, a menos que aceitemos a versão mais forte da teoria da regra social de acordo com a qual os deveres e as responsabilidades podem ser gerados apenas por regras sociais, não se segue que esses juízes tenham um poder discricionário no terceiro sentido. Um juiz pode ter o poder discricionário tanto no primeiro como no segundo sentido e não obstante isso considerar, com razão, que sua decisão coloca a questão de qual é o seu dever enquanto juiz, questão que ele deve decidir refletindo sobre o que dele exigem as diferentes considerações que ele acredita serem pertinentes a essa matéria. Se for assim, esse juiz não tem o poder discricionário no terceiro sentido, aquele que um positivista precisa provar para mostrar que o dever judicial é definido exclusivamente por uma regra social de última instância ou por um conjunto de regras sociais.

Raz não se deixou persuadir por minha argumentação[20]. Ele repete a distinção que estabeleci entre esses três sentidos de poder discricionário mas, depois de repeti-la, ignora-a. Aparentemente, ele pensa que eu pretendi argumentar da seguinte maneira: (i) Os juízes não têm poder discricionário em relação a uma decisão quando todos concordam que um conjunto específico de princípios é dirimente; (ii) É assim que ocorre em determinadas ocasiões, mesmo quando nenhuma regra de direito permite decidir o caso; (iii) Portanto, nunca ocorre que os juízes tenham poder discricionário quando não houver uma regra que permita decidir o caso.

Essa é uma argumentação falaciosa; felizmente não é minha. Os juízes, às vezes, estão unidos em torno de um conjunto de princípios. Contudo, mesmo quando estão divididos a respeito de princípios, os juízes, algumas vezes, tratam essa questão como se ela fosse idêntica ao problema da responsabilidade judicial, isto é, como se fosse um problema que levanta a questão do que os juízes, enquanto juízes, têm o dever de fazer. Nesse caso, eles têm o poder discricionário no primeiro sentido que descrevi, mas isso é irrelevante. Não obstante isso, não acreditam que possuem o poder discricionário no terceiro sentido, que é o sentido que importa.

Por que Raz ignora as distinções que estabeleci? Ele supõe que qualquer sistema jurídico possui características das quais decorrem as seguintes conseqüências: se os juízes têm poder discricionário na primeiro sentido – pois nenhuma regra social dita, direta ou indiretamente, o resultado a que eles devem chegar – então também devem ter o poder discricionário no terceiro sentido, de tal modo que sua decisão não possa ser uma questão de dever judicial. Os juízes podem equivocar-se no seguinte ponto: podem empregar de maneira inapropriada a linguagem do dever. Mas não devemos, como afirma Raz, perpetuar erros apenas porque eles são comuns. Ainda assim é necessário mostrar que são erros, algo que Raz deixa de fazer. Que argumentos ele poderia apresentar?

20. Raz, pp. 843 ss. Ver MacCallum, loc. cit.

A inclinação de Raz para converter o poder discricionário do primeiro tipo em poder discricionário do terceiro tipo é extraordinariamente comum entre filósofos do direito[21]. Devemos tentar diagnosticar a sua fonte. Quando um juiz depara com uma decisão difícil, ele deve supor, antes de começar sua investigação, que em princípio existem três possibilidades. O conjunto de padrões que ele deve considerar, tomados coletivamente, requer que sua decisão seja favorável ao demandante ou ao acusado, ou não exige nenhuma dessas decisões, mas permite qualquer uma delas. Ele deve igualmente reconhecer estar, em certa medida, incerto quanto a qual dessas três possibilidades realmente se aplica. Nesse caso, deve decidir com base na argumentação que lhe parecer a mais forte. Essa incerteza pode dizer respeito tanto à terceira possibilidade como às outras duas. O direito poderia conceder-lhe um poder discricionário, no terceiro sentido, para chegar a qualquer uma dessas decisões. Porém, se isso ocorre ou não depende do significado que tenham essas informações jurídicas, quando tomadas em conjunto. É possível ter dúvidas se tais informações justificam *essa* conclusão ou qualquer uma das outras duas.

Raz aparentemente pensa que, caso existam dúvidas sobre qual possibilidade se concretizará – se a primeira ou segunda –, segue-se então que será a terceira possibilidade. Isto é, ele pensa que, se um juiz não tem certeza quanto a decidir-se pelo demandante ou pelo réu, segue-se que ele deveria estar seguro de que tem o poder discricionário para decidir em favor de qualquer um deles. Consigo pensar em apenas dois argumentos capazes de sustentar essa extraordinária conclusão.

O primeiro depende do pressuposto da filosofia moral que eu descrevi anteriormente, segundo o qual os deveres não podem em princípio ser controversos. Raz faz essa suposição porque, partindo do fato de que os juízes não podem discordar sobre princípios, e particularmente sobre o seu peso, chega à conclusão de que os juízes devem ter poder discricionário no sentido que nego. A menos que algo semelhante a esse pressu-

---

21. Ela aparece em todos os artigos referidos na nota 6.

posto seja válido, estamos diante de um *non sequitur*, mas, como afirmei, não temos razão alguma para supor que seja válido, uma vez que rejeitamos a versão forte da teoria da regra social.

O segundo argumento baseia-se em uma suposição diferente, a saber, que todo sistema jurídico contém uma regra de decisão que estabelece, afirmativamente, que os juízes têm poder discricionário nos casos difíceis. Alguns sistemas jurídicos empregam tal regra, mas os sistemas inglês e norte-americano, não. Eles não contêm uma tal regra explícita e neles – e Raz reconhece isso – o comportamento dos juízes não revela nenhuma regra desse tipo que seja implicitamente reconhecida.

Ao contrário, para nós a proposição de que os juízes têm poder discricionário no terceiro sentido, em uma ou outra questão, é uma proposição que deve ser estabelecida afirmativamente, com base na ponderação de argumentos e não simplesmente por omissão. Às vezes, os juízes chegam, de fato, a essa conclusão; por exemplo, quando pronunciam sentenças com base em leis penais que prevêem uma pena mínima ou máxima, ou quando adaptam um remédio jurídico* às determinações da eqüidade. Em tais casos, os juízes acreditam que ninguém tem direito a uma decisão específica; entendem que sua tarefa consiste em, após o exame de todos os elementos, escolher a decisão que, no conjunto, seja a melhor. Nesse caso, não falam sobre o que devem fazer, mas sobre o que deveriam fazer. Entretanto, na maioria dos casos difíceis, os juízes assumem uma postura diversa da que descrevi. Enquadram sua divergên-

---

* *Equitable relief* – refere-se ao remédio jurídico que era buscado nos antigos tribunais de eqüidade, em casos que envolviam, por exemplo, quebras de contrato, nos quais a vítima ou o prejudicado buscava compelir o infrator a realizar plenamente o prometido, ou obter mandado de segurança destinado a impedir atos lesivos ao seu interesse, etc. Modernamente, através da legislação, a noção de eqüidade estendeu-se dos direitos de propriedade a outras áreas, como as ameaças à integridade da personalidade, cujos interesses estão protegidos pelas liberdades civis, o direito à privacidade, reputação, a proteção às relações familiares, etc., etc. No argumento mais geral de Dworkin, as considerações de eqüidade são importantes porque indicam a existência de princípios importantes, utilizados largamente na prática judicial, mas não contemplados diretamente na legislação codificada. (N. do T.)

cia como uma divergência acerca dos padrões que eles estão proibidos ou obrigados a levar em conta, ou acerca do peso relativo que estão obrigados a lhes atribuir, com base em argumentos como os que descrevi na última seção para ilustrar a teoria do apoio institucional. Em tais casos, alguns juízes argumentam em favor da primeira possibilidade que mencionei, outros em favor da segunda, outros permanecem indecisos. Todos, porém, excluem a terceira possibilidade. Claramente, não existem nem mesmo os rudimentos de uma regra social que converta o poder discricionário que requer o exercício do juízo em um poder discricionário que exclui o dever.

5. As regras são realmente diferentes dos princípios?

No capítulo 2, distingui as regras dos princípios ao contrapor a força distinta desses dois tipos de padrões em argumentos. Meu objetivo era duplo: primeiro, chamar atenção para uma distinção que eu considerava importante para compreender como os juristas raciocinam; segundo, chamar a atenção para o fato de que alguns padrões que os juízes e juristas invocam colocam problemas específicos para o positivismo, pois tais padrões não podem ser capturados por um teste fundamental do direito, como a regra de reconhecimento de Hart. Esses dois propósitos eram distintos. Mesmo que se possa mostrar que é espúria a distinção lógica específica que alego existir entre regras e princípios, ainda assim pode ocorrer que padrões como os que mencionei – não obstante sejam identificados, e sejam ou não classificados como regras – não possam ser capturados por nenhum teste desse tipo. Portanto, se eu não conseguir formular com sucesso minha distinção entre regras e princípios, disso não se seguirá, de modo algum, que meu argumento geral contra o positivismo jurídico se veja solapado.

Não obstante, continuo a pensar que a distinção que estabeleci entre regras e princípios é, ao mesmo tempo, genuína e importante e eu gostaria de defendê-la. Não quero dizer, por certo, que seja errado estabelecer outras espécies de distinção entre tipos de padrões jurídicos, ou mesmo que seja errado ou fonte de confusão usar os termos "regra" e "princípio" para estabelecer essas distinções, em lugar de utilizar as delineadas por mim.

A principal objeção de Raz à minha distinção pode ser formulada da seguinte maneira[22].

Argumentei que princípios, como os que mencionei, entram em conflito e interagem uns com os outros, de modo que cada princípio relevante para um problema jurídico particular fornece uma razão em favor de uma determinada solução, mas não a estipula. O homem que deve decidir uma questão vê-se, portanto, diante da exigência de avaliar todos esses princípios conflitantes e antagônicos que incidem sobre ela e chegar a um veredicto a partir desses princípios, em vez de identificar um dentre eles como "válido". Raz deseja argumentar que não são apenas os princípios que entram em conflito entre si dessa maneira, mas também as regras, e acredita que esse fato solapa a distinção que estabeleci. Oferece exemplos extraídos tanto da argumentação moral como da argumentação jurídica. A seguir examinarei, em separado, cada conjunto de exemplos.

Raz tem em mente que um homem pode aceitar, como regras morais para a orientação de sua conduta, tanto a regra de que nunca se deve mentir, como a regra de que se deve sempre cumprir as promessas. Assinala que, em ocasiões específicas, essas duas regras podem entrar em conflito e exigir que o homem que aceita ambas tenha de escolher entre elas com base no maior peso, importância ou algum outro critério. Ele conclui que as regras morais seguem a lógica que descrevi para os princípios, isto é, que elas apontam em uma direção, embora não sejam necessariamente decisivas em nenhuma questão moral.

Mas, em primeiro lugar, embora seja possível que um homem aceite regras morais para orientar sua conduta da maneira que este argumento supõe, está longe de ser o caso que a maioria dos homens que leva a moralidade a sério proceda desse

22. A objeção é desenvolvida em Raz, op. cit., pp. 829 ss.

modo. Para a maioria das pessoas, a argumentação ou a decisão moral é antes uma questão de apresentar razões favoráveis ou contrárias à moralidade de uma certa linha de conduta, do que de apelar a regras estabelecidas de antemão, seja por decisão social ou individual. É verdade que um homem moral pode ver-se em dificuldades quando tiver que escolher entre contar uma mentira ou quebrar uma promessa, mas daí não decorre que ele tenha aceito regras que entrem em conflito a respeito dessa questão. Ele pode simplesmente ter reconhecido que, em princípio, tanto mentir como quebrar promessas é errado.

Sem dúvida, podemos descrever seu dilema dizendo que se viu forçado a escolher entre dois padrões morais, mesmo que ele próprio não tenha colocado o assunto nesses termos. Nesse caso, porém, se utilizarmos a distinção que estabeleci, devemos dizer que ele se viu forçado a decidir entre princípios, não regras, concorrentes – pois esta é a maneira mais precisa de descrever sua situação. Ele reconhece que nenhuma consideração moral possui, por si só, um efeito predominante e de importância decisiva e que, em algumas circunstâncias, qualquer razão que se possa apresentar contra um ato talvez tenha que capitular perante uma consideração em sentido contrário. Qualquer filósofo ou sociólogo que pretenda relatar as práticas morais desse indivíduo em termos de um código de padrões deve, portanto, dizer que para ele a moral é uma questão de princípio, e não de regras.

É possível, contudo, que algum indivíduo possa aceitar uma regra moral para a orientação de sua conduta, nos termos sugeridos por Raz. Ele pode dizer, por exemplo, que assumiu um compromisso pessoal de nunca contar uma mentira. Se ele pode aceitar assim uma regra trivial, poderá igualmente aceitar outras e estas poderão entrar em conflito, na forma pressuposta pelo exemplo. Nesse caso seria errado utilizar minha distinção para dizer que esse indivíduo simplesmente aceitou um conjunto de princípios que, em princípio, podem entrar em conflito. Isso descreveria erradamente suas atitudes diante dos diferentes compromissos que ele acredita ter assumido. Ele acredita estar comprometido com seus diferentes padrões enquanto regras, isto é, enquanto proposições que exigem uma linha específica de conduta nas circunstâncias que elas especificam.

Contudo, em meu artigo eu não neguei que possam existir conflitos entre regras. Afirmei que em nosso sistema jurídico tais conflitos ocorreriam em situações emergenciais, ocasiões que exigem uma decisão que altera o conjunto de padrões de uma maneira dramática. De fato, tal descrição também se encaixa no exemplo em exame, que não pertence à esfera jurídica. Nosso herói moral, caso compreenda todos os conceitos que utiliza, não poderá continuar afirmando, depois de ter solucionado seu conflito, que seguiu seus dois padrões, tomados como regras triviais. Se ele ainda desejar apresentar sua moralidade como um código consistente, poderá retificar uma das regras, ou ambas, para evitar o conflito. Ou poderá rever sua atitude com relação a uma delas, ou com relação a ambas, com o objetivo de convertê-las em princípios. Pode também não tomar nenhuma dessas atitudes e, ao deparar com um conflito, declarar-se em estado de dilema moral e não fazer nada, ou tirar cara ou coroa, ou ainda decidir-se de alguma maneira irracional, não autorizada pelo sistema jurídico. De qualquer modo, a distinção que estabeleci entre regras e princípios, longe de ser questionada pelo comportamento deste indivíduo incomum, é necessária para explicar sua conduta.

Raz retira do direito seus outros exemplos. Chama a nossa atenção, por exemplo, para regras do direito penal como a que proíbe uma agressão; esta regra, diz ele, entra em conflito com outra que permite a agressão em casos de legítima defesa. Aqui, conclui Raz, temos duas regras jurídicas, ambas inequivocamente válidas, que estão em conflito entre si. Ele acredita que em casos particulares, nos quais essas duas regras entram em conflito, como no caso de alguém que comete alguma agressão em legítima defesa, é necessário que o juiz pese as duas regras e decida-se pela aplicação da mais importante, que será sempre aquela que permite uma agressão em legítima defesa. Oferece isto como exemplo de duas regras que entram em conflito de forma aceitável, sem nenhum caráter emergencial, de uma maneira que não corresponde ao que afirmei sobre regras.

Contudo, esse exemplo repousa, sem dúvida, em uma noção bizarra do que é um conflito. Se um código penal contém uma regra que estabelece que ninguém deve ser criminalmente responsabilizado por um ato praticado em legítima defesa, então essa regra não entra em conflito com regras particulares que definem crimes específicos, mesmo se tais regras particulares não fazem menção alguma à legítima defesa. A regra geral sobre a legítima defesa deve ser lida como querendo dizer que, a despeito das regras particulares do direito penal, nenhum ato será considerado criminoso se for praticado em legítima defesa. Na verdade, as regras que podem ser utilizadas para formular excusas gerais para esses casos são comumente redigidas exatamente dessa maneira, mas mesmo quando não for este o caso, desse modo são entendidas. Mas uma regra que expressa uma exceção à outra regra não está em conflito com ela. Não pelo menos no sentido de que, se um homem acusado de agressão provar que agiu assim em legítima defesa, o juiz se verá diante de duas regras que apontam para direções opostas e cujo peso relativo ele precisará então ponderar para tomar uma decisão. Em conjunto, as duas normas determinam o resultado de uma maneira que não exige que o juiz escolha entre elas ou determine sua importância relativa.

Por que Raz deveria supor que as duas regras estão em conflito, mesmo quando uma delas possui, claramente, a força de ser uma exceção à outra? A resposta encontra-se, penso eu, no que ele diz sobre a individuação das leis[23]. Ele supõe que eu gostaria de responder à sua observação – a de que a regra que proíbe a agressão entra em conflito com a regra que permite a agressão em legítima defesa – argumentando que, na verdade, essas duas regras são parte da mesma regra. Hart afirma que só posso fazer isso à custa de aceitar uma teoria inaceitável sobre a individuação das leis e, antecipando um tal equívoco da minha parte, diz que dou pouca atenção ao problema geral da individuação das leis. Neste aspecto, ele é generoso demais, pois seria mais exato afirmar que não dou atenção alguma a

23. Raz, op. cit., pp. 825 ss.

esse problema. De fato, eu não me baseei no argumento de que uma regra e sua exceção podem ser consideradas como uma única regra e nem estaria disposto a argumentar que, na realidade, elas devem ser duas regras.

Raz está dividido a respeito de sua teoria da individuação das leis. Às vezes, trata a teoria da individuação como uma estratégia de exposição, isto é, como uma teoria sobre a maneira mais esclarecedora à nossa disposição para descrever o sistema jurídico de uma nação. Sem dúvida, o autor de um livro sobre, digamos, direito penal, necessita de uma estratégia de exposição. Ele precisa distinguir a doutrina da *mens rea* (intenção criminosa) da doutrina da necessidade, bem como distinguir essas duas doutrinas gerais das regras mais particulares que elas transcendem, enquanto ressalvas ou imunidades. Mas é certo que, embora algumas estratégias de exposição possam ser perversas ou mal orientadas, pois descrevem o direito de forma inadministrável ou inassimilável, múltiplas estratégias distintas podem ser igualmente adequadas.

Outras vezes, no entanto, Raz parece pensar que o problema da individuação das leis tem a ver, não com alguma estratégia para explicar o que o direito é para os estudantes ou juristas, mas com a questão mais filosófica de em que consiste o direito. Segundo ele, trata-se de um problema a respeito da estrutura formal do direito, que é importante para um filósofo do direito, mas não para o autor de um texto. Raz coloca o problema central da seguinte maneira: "O que significa que algo conte plenamente como uma lei?", e adota a elaboração que Bentham dá à questão. "O que é uma lei?" "O que é uma parte de uma lei?" O objeto dessas questões, convém observar, é o todo *lógico*, *ideal*, *intelectual*, e não o todo *físico*..."[24]

Esse tipo de questão nos afasta das técnicas de exposição jurídica: leva-nos ao ponto em que, como insiste o dr. Raz, teorias do direito podem ter sucesso ou fracassar, dependendo da resposta certa que se dê à questão: "o que significa que algo conte plenamente como uma lei?"[25] isso me parece exagerado.

---

24. Raz, op. cit., p. 825.
25. Raz, op. cit., pp. 825, 827-8.

Suponhamos que o leitor tenha lido um livro extenso sobre geologia e que eu lhe peça que me conte que informações ele contém. Você fará isso por meio de uma série de proposições de fato. Mas suponhamos que agora eu lhe pergunte, primeiro, quantas proposições de fato o livro contém e qual a teoria que você usou para contá-las. Você pensará que estou louco, não apenas porque a pergunta é despropositadamente difícil – como se eu estivesse lhe perguntando quantos grãos de areia existem em uma determinada praia – ou porque exige uma discriminação conceitual difícil de ser feita – como se eu estivesse lhe perguntando quantos seres humanos existem em um grupo que inclui uma mulher no início da gravidez. Você me consideraria louco porque eu lhe teria feito o tipo de pergunta completamente equivocado sobre os dados disponíveis. O livro contém um grande número de informações. Proposições são maneiras de apresentar informações, mas o número de proposições utilizado depende de considerações independentes do conteúdo da informação, como, por exemplo, se utilizamos o termo geral "rochas" ou os nomes de tipos particulares de rochas.

Da mesma maneira, os juristas usam regras e princípios para relatar informações jurídicas. É errado supor que qualquer uma dessas formulações seja canônica. Isso se aplica inclusive ao que chamamos de leis escritas, pois é um lugar-comum que os juristas irão, com freqüência, desfigurar as regras que uma lei escrita estabeleceu, caso eles simplesmente repitam a linguagem empregada por tal lei. Dois juristas podem resumir o efeito de determinada lei empregando palavras diferentes e um deles pode recorrer a mais regras do que o outro; ainda assim, ambos podem estar dizendo a mesma coisa.

O meu ponto não é que "o direito" contenha um número fixo de padrões, alguns dos quais são regras e outros, princípios. Na verdade, quero opor-me à idéia de que "o direito" é um conjunto fixo de padrões de algum tipo. Ao contrário, o que enfatizei foi que uma síntese acurada dos elementos que os juristas devem levar em consideração, ao decidirem um determinado problema sobre deveres e direitos jurídicos, incluirá proposições com a forma e a força de princípios e que, quando justificam suas conclusões, os próprios juízes e juristas, com freqüência, usam proposições que devem ser entendidas dessa maneira. Nada disso, creio, compromete-me com uma ontologia jurídica que pressuponha qualquer teoria específica da individuação.

O que eu disse, na verdade, foi que a enunciação "plena" de uma regra deve incluir suas exceções e que a formulação de uma regra que despreze as exceções será "incompleta". Eu não teria apresentado a questão nesses termos se pudesse prever a reação de Raz. Teria deixado claro que uma exceção pode ser enunciada na forma de uma regra precisa, como a que diz respeito à legítima defesa, ou ainda na forma de uma enunciação revisada da regra original. Caso eu tivesse feito isso, também teria deixado claro que a diferença é, em grande parte, uma questão de forma de exposição. A distinção entre regras e princípios permanece intocada. Eu poderia resumir um conjunto de leis mediante a formulação de uma regra – como aquela segundo a qual a agressão é um crime – e a lista das exceções estabelecidas. Se meu resumo estiver completo, qualquer um que praticar uma agressão será culpado de um crime, a menos que uma das exceções que formulei se aplique. Se ele não for culpado, ou eu me enganei, ou o direito mudou. No caso de um princípio, as coisas se passam de outro modo. Suponhamos que eu diga que, em princípio, um indivíduo não pode beneficiar-se de seus próprios delitos, mas algum indivíduo se beneficia. Minha declaração não precisa ser corrigida nem mesmo atualizada, apenas porque alguém pode, de maneira adequada, beneficiar-se de seus delitos. Isso desde que esses termos sejam entendidos, não como aplicando-se apenas quando existir uma exceção reconhecida para o caso, mas também quando as características especiais do caso desse indivíduo invocarem outro princípio ou outra política recentemente reconhecidos, capazes de estabelecer uma diferença pertinente.

É o segundo estado de ânimo ontológico sobre a individuação das leis que leva Raz a seu curioso ponto de vista sobre os conflitos. Se alguém levar a sério a idéia de que as regras jurídicas são, em certas de suas formas, "completas" e "integrais", poderá ser tentado a pensar que as leis "completas" e integrais" são também independentes umas das outras. Nesse caso, a regra que define agressão deverá ser entendida como uma orientação trivial: os homens que praticam determinados atos sejam punidos. Contudo, se tomarmos a formulação de uma regra jurídica como uma mera tentativa de descrever o efeito jurídico de determinadas decisões institucionais, não seremos tentados a supor nenhum conflito desse tipo. Nesse caso, diremos apenas que a regra sobre agressão, como muitas outras relativas a delitos, está sujeita a uma exceção nos casos de legítima defesa; não nos preocuparemos com a questão de se descrevemos uma regra ou duas.

Raz tem outro argumento contra minha distinção, um argumento que não entendo inteiramente. Afirma que ela é solapada pelo fato de que as regras podem conflitar com os princípios; as regras de usucapião de bem imóvel, por exemplo, podem ser pensadas como conflitantes com o princípio de que nenhum homem pode beneficiar-se de seus própios delitos. Não me parece esclarecedor recorrer à noção de conflito para descrever a relação entre essas regras e esses princípios como sendo uma de conflito. O fato de tais regras existirem é, como já disse, uma prova de que o princípio de que ninguém pode beneficiar-se de seus próprios delitos é, de fato, um princípio, e não uma regra. Se as regras de usucapião de bens imóveis forem um dia emendadas, seja por um ato legislativo explícito ou por uma reinterpretação judicial, uma razão para isso poderá ser que o princípio passou a ser considerado mais importante do que era, quando da adoção das regras. Não obstante isso, pode-se afirmar que, mesmo a esta altura, as regras que regem o usucapião de bens imóveis antes *refletem* o princípio do que *conflitam* com ele. Isso se deve ao fato de que essas regras têm uma forma diferente da que teriam, caso nenhum peso fosse atribuído ao princípio, quando da decisão. Por exemplo, o grande lapso de tempo geralmente exigido para se adquirir um título de propriedade por usucapião pode ser muito menor, caso não se considere que isso entra em conflito com o princípio. Na verdade, uma das minhas razões para estabelecer a distinção entre regras e princípios foi exatamente mostrar quão costumeiramente as regras representam uma espécie de compromisso – que toma essa forma – entre princípios concorrentes e como esse ponto pode perde-se ou submergir, quando falamos muito imprecisamente sobre como regras conflitam com princípios.

Seja como for, não consigo ver como esse fenômeno possa lançar dúvidas sobre a distinção que desejo estabelecer entre regras e princípio. Para Raz, isso mostra que tanto as regras como os princípios têm peso, pois ele pensa que, quando regras e princípios entram em conflito, é preciso decidir qual dos dois preferimos. Essa decisão deve ser tomada atribuindo-se à regra um peso que será então comparado com o peso do princípio. Contudo, tal descrição certamente representa de maneira equivocada a interação entre regras e princípios. Suponhamos que um tribunal decida revogar uma regra estabelecida de direito costumeiro (*commom law*), de acordo com a qual não pode haver responsabilidade jurídica por declarações falsas e negligentes e invoque vários princípios para justificar esta decisão, inclusive o princípio de que é injusto que um homem sofra em razão de um delito praticado por outro. Devemos entender o tribunal como se ele estivesse decidindo que o conjunto de princípios em favor da revogação da regra estabelecida – incluindo-se aí o princípio de justiça há pouco mencionado – possui, nas circunstâncias e enquanto um grupo, um peso maior que o conjunto de princípios – incluindo-se aí o princípio da *stare decisis* [decisão de acordo com os casos julgados] – que pede a manutenção da regra como até então. Para decidir sobre a manutenção da regra, o tribunal compara dois conjuntos de princípios; é enganoso, portanto, afirmar que o tribunal compara o peso da própria regra com um ou outro conjunto desses princípios. Na verdade, quando Raz descreve a aferição do peso de uma regra moral ou jurídica, ele está, na verdade, falando da aferição do peso de princípios e políticas servidos pela regra, pois deve ser isso que ele quer dizer quando fala do "objetivo" de uma regra. Não posso responder a todos os outros pontos de detalhe levantados por Raz em seu artigo, mas gostaria de comentar brevemente alguns deles.

(1) Raz endossa uma distinção entre regras e princípios que é diferente daquela que formulei[26]. Prefere uma distinção

26. Raz, op. cit., pp. 838 e ss.

segundo a qual as regras prescrevem atos relativamente específicos e os princípios prescrevem atos inespecíficos[27]. "Um ato é altamente inespecífico", diz Raz, "se puder ser praticado em diferentes ocasiões, através da execução de um grande número de atos genéricos e heterogêneos em cada uma dessas ocasiões"[28]. Mas isso é insatisfatório, pois Raz deixa de especificar, a não ser por meio de exemplos, seus critérios para a heterogeneidade dos "atos genéricos" e seus exemplos antes confundem do que esclarecem. Ele diz que a proposição de que é preciso cumprir as próprias promessas constitui uma regra e usa esta proposição para ilustrar sua tese de que as regras podem conflitar entre si. Mas os tipos mais variados de atos podem ser, em circunstâncias diversas, atos que cumprem promessas, pois tudo aquilo que um homem promete fazer, ele também pode prometer fazer. Por outro lado, Raz diz que "uma lei que instrua os tribunais e todos os funcionários públicos a proteger a liberdade de expressão" seria um princípio. Mas os atos que esses funcionários estariam obrigados a fazer, à luz desse princípio, seriam os atos de dar ordens ou votar – e esses atos pareceriam mais homogêneos, e certamente não menos homogêneos, do que os atos que deles se exigiram para cumprir todas as suas promessas assumidas enquanto indivíduos. Sem dúvida, todos os atos relativos ao cumprimento de promessas são semelhantes enquanto atos de cumprimento de promessas. Mas todos os atos de proteção à liberdade de expressão, ou mesmo de promoção da igualdade, assemelham-se da mesma maneira. O fato de um grupo de atos ser homogêneo da descrição a partir da qual eles são considerados e, enquanto Raz não nos oferecer uma teoria da descrição canônica, sua distinção não poderá ser utilizada.

(2) Raz está certo ao dizer que algumas afirmações que começam por "É um princípio do nosso direito que..." devem ser entendidas como meros resumos de outros padrões[29]. Está errado, porém, ao supor que a referência de um tribunal ao prin-

---

27. Raz, op. cit., p. 838.
28. Idem.
29. Raz, op. cit., pp. 837-8.

cípio da liberdade de contrato, por exemplo, no caso *Henningsen* que discuti anteriormente, deva ser entendida dessa maneira. Ao contrário, essas referências reconhecem a força de um princípio na determinação de direitos e deveres jurídicos específicos e tentam avaliar e, às vezes, limitar essa força.

(3) Raz interpreta erradamente o que afirmei sobre o emprego de palavras como "razoável" em regras[30]. Eu não quis dizer que tais palavras tivessem por função "imunizar o direito" contra considerações gerais incorporadas em certos princípios[31]. Na verdade, eu quis dizer que sua função consistia em expor as regras aos efeitos de certos princípios, mas apenas de certos princípios. A regra de acordo com a qual as restrições não razoáveis à liberdade de comércio não são válidas continua sendo uma regra, mesmo se toda restrição não razoável for inválida e ainda que outras razões para dar cumprimento a essa regra possam ser encontradas, mitigando assim seu caráter de irrazoabilidade. O princípio de Raz cita como plenamente de acordo com tal regra – o de que os tribunais geralmente se recusam a reconhecer como válidas transações injustas – é, nos seus próprios termos, diferente nesse sentido. O princípio considera que transações injustas podem, de fato, ser reconhecidas legalmente quando circunstâncias incomuns assim o exigirem; talvez, por exemplo, quando não for possível encontrar nenhum outro meio de proteger terceiros inocentes. Seria diferente se o Legislativo promulgasse uma regra segundo a qual as transações injustas são nulas e não passíveis de cumprimento?

(4) Raz está certo ao pressupor que muito poucas dentre as grandes comunidades compartilham um código coerente de crenças morais, mas interpreta erroneamente os juízes que invocam a moralidade, a quem acusam de difundirem uma ficção danosa[32]. Ele deixa igualmente de distinguir entre dois concei-

30. Raz, op. cit., p. 837.
31. Raz, op. cit., pp. 850-1.
32. Raz, op. cit., pp. 828-9.

tos de padrão moral de uma comunidade. A expressão pode referir-se a uma crença consensual a propósito de um teste específico, o mesmo que pode ser extraído de uma pesquisa de opinião do Instituto Gallup. Ou pode referir-se a princípios morais que servem de base para as instituições e leis da comunidade, no sentido de que tais princípios poderiam figurar em uma teoria do direito bem fundada, do tipo que já discutimos neste capítulo. Saber se um princípio é ou não um princípio da comunidade nesse sentido é matéria para argumentação e não para relatórios, embora o que está habitualmente em discussão é peso do princípio e não o seu *status*. Os juízes criticados por Raz empregam o conceito nesse segundo sentido, ainda que às vezes o façam utilizando uma linguagem compatível com o primeiro sentido. Raz confunde a incapacidade desses juízes de reconhecer uma distinção sofistica com hipocrisia. Será um exagero supor que a incapacidade do próprio Raz em reconhecer tal distinção reflita sua confiança na teoria da regra social? Se a versão forte dessa teoria estiver correta, então ninguém pode afirmar que uma comunidade está comprometida, por meio de suas tradições e instituições, com alguma moralidade do dever; exceto no caso de uma moralidade reconhecida por suas práticas sociais uniformes, que em geral contêm pouco que seja realmente significativo. Esta é, penso eu, a conseqüência mais importante da teoria da regra social para teoria do direito, bem como a mais convincente razão para insistirmos em que essa teoria está errada.

Capítulo 4

Casos difíceis

1. Introdução

O positivismo jurídico fornece uma teoria dos casos difíceis. Quando uma ação judicial específica não pode ser submetida a uma regra de direito clara, estabelecida de antemão por alguma instituição, o juiz tem, segundo tal teoria, o "poder discricionário" para decidir o caso de uma maneira ou de outra. Sua opinião é redigida em uma linguagem que parece supor que uma ou outra das partes tinha o direito preexistente de ganhar a causa, mas tal idéia não passa de uma ficção. Na verdade, ele legisla novos direitos jurídicos (*new legal rights*), e em seguida os aplica retroativamente ao caso em questão. Nos dois últimos capítulos, argumentei que essa teoria da decisão judicial é totalmente inadequada; no presente capítulo, vou descrever e defender uma teoria melhor.

Em minha argumentação, afirmarei que, mesmo quando nenhuma regra regula o caso, uma das partes pode, ainda assim, ter o direito de ganhar a causa. O juiz continua tendo o dever, mesmo nos casos difíceis, de descobrir quais são os direitos das partes, e não de inventar novos direitos retroativamente. Já devo adiantar, porém, que essa teoria não pressupõe a existência de nenhum procedimento mecânico para demonstrar quais são os direitos das partes nos casos difíceis. Ao contrário, o argumento pressupõe que os juristas e juízes sensatos irão divergir freqüentemente sobre os direitos jurídicos, assim como os cidadãos e os homens de Estado divergem sobre os direitos políticos. Este capítulo descreve as questões que juízes e juristas têm que enfrentar, mas não garante que todos eles dêem a mesma resposta a essas questões.

Alguns leitores podem objetar que, se não existe nenhum procedimento, mesmo em princípio, para demonstrar quais são os direitos jurídicos das partes nos casos difíceis, pode-se inferir que elas não têm nenhum. Essa objeção pressupõe uma tese polêmica de filosofia geral: nenhuma proposição pode ser verdadeira a não ser que possa, pelo menos em princípio, ter sua veracidade demonstrada. Não há razão alguma para se aceitar tal tese como parte integrante de uma teoria geral da verdade, mas há boas razões para rejeitar sua aplicação específica a proposições que dizem respeito aos direitos jurídicos[1].

2. A tese dos direitos

A. Princípios e políticas

As teorias da decisão judicial tornaram-se mais sofisticadas, mas as mais conhecidas ainda colocam o julgamento à sombra da legislação. Os contornos principais dessa história são familiares. Os juízes devem aplicar o direito criado por outras instituições; não devem criar um novo direito. Isso é o ideal, mas por diversas razões não pode ser plenamente concretizado na prática. As leis e as regras do direito costumeiro (*common law*) são quase sempre vagas e devem ser interpretadas antes de se poder aplicá-las aos novos casos. Além disso, alguns desses casos colocam problemas tão novos que não podem ser decididos nem mesmo se ampliarmos ou reinterpretarmos as regras existentes. Portanto, os juízes devem às vezes criar um novo direito, seja essa criação dissimulada ou explícita. Ao fazê-lo, porém, devem agir como se fossem delegados do

1. Ver capítulo 13.

poder legislativo, promulgando as leis que, em sua opinião, os legisladores promulgariam caso se vissem diante do problema.

Isso é muitíssimo conhecido, mas nessa história conhecida acha-se oculto um novo nível de subordinação que nem sempre é percebido. Quando os juízes criam leis, a expectativa habitual é a de que eles ajam não apenas como delegados do poder legislativo, mas como um poder legislativo segundo. Eles criam leis, em resposta a fatos e argumentos, da mesma natureza daquelas que levariam a instituição superior a criar, caso estivesse agindo por iniciativa própria. Este é um nível mais profundo de subordinação, pois coloca qualquer entendimento do que os juízes fazem nos casos difíceis na dependência de uma compreensão anterior do que os legisladores fazem o tempo todo. Essa subordinação mais profunda é, portanto, simultaneamente conceitual e política.

Na verdade, porém, os juízes não deveriam ser e não são legisladores delegados, e é enganoso o conhecido pressuposto de que eles estão legislando quando vão além de decisões políticas já tomadas por outras pessoas. Este pressuposto não leva em consideração a importância de uma distinção fundamental na teoria política que agora introduzirei de modo sumário. Refiro-me à distinção entre argumentos de princípio, por um lado, e argumentos de política (*policy*), por outro[2].

Os argumentos de política justificam uma decisão política, mostrando que a decisão fomenta ou protege algum objetivo coletivo da comunidade como um todo. O argumento em favor de um subsídio para a indústria aeronáutica, que apregoa que tal subvenção irá proteger a defesa nacional, é um argumento de política. Os argumentos de princípio justificam uma decisão política, mostrando que a decisão respeita ou garante um direito de um indivíduo ou de um grupo. O argumento em favor das leis contra a discriminação, aquele segundo o qual

2. Discuti a distinção entre princípios e políticas no capítulo 2. A formulação mais elaborada neste capítulo é um desenvolvimento do que se encontra naquele: entre outras virtudes, impede o colapso dessa distinção em decorrência dos pressupostos (artificiais) apresentados no capítulo anterior.

uma minoria tem direito à igualdade de consideração e respeito, é um argumento de princípio. Estes dois tipos de argumento não esgotam a argumentação política. Às vezes, por exemplo, uma decisão política, como a de permitir isenções extras de imposto de renda para os cegos, pode ser defendida como um ato de generosidade ou virtude pública, e não com base em sua natureza de política ou de princípio. Ainda assim, os princípios e as políticas são os fundamentos essenciais da justificação política.

A justificação de um programa legislativo de alguma complexidade vai normalmente exigir os dois tipos de argumento. Mesmo um programa que seja basicamente uma questão de política, como um programa de subsídios para indústrias importantes, pode exigir elementos de princípios para justificar sua formulação específica. Pode ser, por exemplo, que o programa ofereça subsídios iguais para fabricantes com capacidades diferentes, com base no suposto de que os mais fracos entre os fabricantes de aeronaves têm direito de não se ver privados de sua capacidade de produção pela intervenção governamental, ainda que a indústria possa ser mais eficiente sem eles. Por outro lado, um programa que dependa basicamente de princípios, como um programa contra a discriminação, pode refletir a idéia de que os direitos não são absolutos, e não vigoram quando suas conseqüências para a política pública forem muito graves. O programa pode determinar, por exemplo, que as regras relativas a práticas de emprego justas não vigorem sempre que se revelarem especialmente desagregadoras ou perigosas. No caso dos subsídios, poderíamos dizer que os direitos conferidos são gerados por uma política e qualificados por princípios; no caso contra a discriminação, são gerados por princípios e qualificados por uma política.

Não foge absolutamente à competência do poder legislativo aderir a argumentos de política e adotar programas gerados por tais argumentos. Se os tribunais forem legisladores segundos, eles também devem ser competentes para fazer o mesmo. Sem dúvida, as decisões judiciais não originais, que apenas aplicam os termos claros de uma lei de validade inquestionável, são sempre justificadas pelos argumentos de princípio, mesmo que a lei em si tenha sido gerada por uma política. Suponhamos que um fabricante de aviões mova uma ação para receber o subsídio que a lei prevê. Ele invoca seu direito ao subsídio; sua argumentação é um argumento de princípio. Ele não argumenta que a defesa nacional seria melhorada com o subsídio que lhe fosse concedido; poderia, inclusive, admitir que a lei estava politicamente errada quando foi adotada, ou que, por razões políticas, deveria ter sido revogada já há muito tempo. Seu direito a um subsídio não mais depende de um argumento de política, pois a lei o transformou em uma questão de princípio.

Contudo, se o caso em questão for um caso difícil, em que nenhuma regra estabelecida dita uma decisão em qualquer direção, pode parecer que uma decisão apropriada possa ser gerada seja por princípios, seja por políticas. Tomemos, por exemplo, o problema do caso recente da *Spartan Steel*[3]. Os empregados do réu haviam rompido um cabo elétrico pertencente a uma companhia de energia elétrica que fornecia energia ao autor da ação, e a fábrica deste foi fechada enquanto o cabo estava sendo consertado. O tribunal tinha de decidir se permitiria ou não que o demandante fosse indenizado por perda econômica decorrente de danos à propriedade alheia cometidos por negligência. O tribunal poderia ter chegado a sua decisão perguntando se uma empresa na posição do demandante tinha direito a uma indenização – o que é uma questão de princípio – ou se seria economicamente sensato repartir a responsabilidade pelos acidentes na forma sugerida pelo demandante – o que é uma questão de política.

Se os juízes fossem legisladores segundos, o tribunal deveria estar preparado para seguir a última alternativa, tanto quanto a primeira, e decidir em favor do demandante se fosse essa a recomendação do argumento. É isso, imagino, o que significa a idéia corrente de que um tribunal deve ser livre para decidir

---

3. *Spartan Steel & Alloys Ltd. vs. Martin & Co.*, [1973] 1 Q.B. 27.

um caso novo como o da *Spartan Steel* em bases políticas; e foi assim, de fato, que lorde Denning descreveu sua opinião neste caso específico[4]. Eu não suponho que ele pretendia estabelecer uma distinção entre um argumento de política e um argumento de princípio no mesmo sentido técnico que eu estabeleço, mas, ainda assim, ele não pretendia descartar um argumento de política nesse sentido técnico.

Não obstante, defendo a tese de que as decisões judiciais nos casos civis, mesmo em casos difíceis como o da *Spartan Steel*, são e devem ser, de maneira característica, gerados por princípios, e não por políticas. É evidente que essa tese precisa de muita elaboração, mas podemos observar que certos argumentos da teoria política e da teoria do direito a apóiam, inclusive em sua forma abstrata. Estes argumentos não são decisivos, mas têm força suficiente para sugerir a importância da tese e justificar a atenção que será necessária para dar-lhes uma formulação mais cuidadosa.

B. Princípios e democracia

A conhecida história de que a decisão judicial deve ser subordinada à legislação é sustentada por duas objeções à originalidade judicial. De acordo com a primeira, uma comunidade deve ser governada por homens e mulheres eleitos pela maioria e responsáveis perante ela. Tendo em vista que, em sua maior parte, os juízes não são eleitos, e como na prática eles não são responsáveis perante o eleitorado, como ocorre com os legisladores, o pressuposto acima parece comprometer essa proposição quando os juízes criam leis. A segunda objeção argumenta que, se um juiz criar uma nova lei e aplicá-la retroativamente ao caso que tem diante de si, a parte perdedora será punida, não por ter violado algum dever que tivesse, mas sim por ter violado um novo dever, criado pelo juiz após o fato.

4. Ibid., 36.

Esses dois argumentos se combinam para sustentar o ideal tradicional de que a decisão judicial deve ser o menos original possível. Contudo, eles oferecem objeções ainda mais poderosas às decisões judiciais geradas por políticas do que às geradas por princípios. A primeira objeção, segundo a qual o direito deveria ser criado por autoridades eleitas e responsáveis, parece irrepreensível quando pensamos no direito como política; isto é, como um compromisso entre objetivos e finalidades individuais em busca do bem-estar da comunidade como um todo. Não fica nem um pouco claro que as comparações interpessoais de utilidade ou preferência, através das quais tais compromissos poderiam ser realizados objetivamente, façam sentido mesmo em teoria; de qualquer maneira, porém, a prática não nos sugere nenhum cálculo apropriado. Portanto, as decisões sobre políticas devem ser operadas através de algum processo político criado para oferecer uma expressão exata dos diferentes interesses que devem ser levados em consideração. Pode ser que o sistema político da democracia representativa funcione com indiferença nesse aspecto, mas funciona melhor que um sistema que permite que juízes não eleitos, que não estão submetidos a lobistas, grupos de pressão ou a cobranças do eleitorado por correspondência, estabeleçam compromissos entre os interesses concorrentes em suas salas de audiências.

A segunda objeção também é persuasiva quando utilizada contra uma decisão gerada por uma política. Todos nós concordamos que é errado sacrificar os direitos de um homem inocente em nome de algum novo dever, criado depois do fato; portanto, parece errado tomar os bens de um indivíduo e dá-los a outro, apenas para melhorar a eficiência econômica global. Mas essa é a forma do argumento de política que seria necessário utilizar para justificar uma decisão no caso da *Spartan Steel*. Se o demandante não tivesse direito à indenização e o réu não tivesse dever algum de oferecê-la, o tribunal somente teria uma justificativa para transferir a propriedade do réu para o demandante caso tivesse em vista os interesses de uma política econômica criteriosa.

Mas suponhamos, por outro lado, que um juiz justifica com êxito uma decisão em um caso difícil, como o da *Spartan Steel*, não em bases de política, mas sim em termos de princípios. Imaginemos que ele seja capaz de mostrar que o demandante tem o *direito* de ser compensado por seus danos. Os dois argumentos há pouco descritos não chegam a constituir uma objeção à decisão. O primeiro é menos relevante quando um tribunal julga um princípio, pois um argumento de princípio nem sempre se fundamenta em pressupostos sobre a natureza e a intensidade dos diferentes interesses e necessidades distribuídos por toda a comunidade. Ao contrário, um argumento de princípio estipula alguma vantagem apresentada por quem reivindica o direito que o argumento descreve, uma vantagem cuja natureza torna irrelevantes as sutis discriminações de qualquer argumento de política que a ela se pudesse opor. Assim, um juiz que não é pressionado pelas demandas da maioria política, que gostaria de ver seus interesses protegidos pelo direito, encontra-se, portanto, em uma melhor posição para avaliar o argumento.

A segunda objeção à originalidade judicial não tem força alguma contra um argumento de princípio. Se o demandante tem um direito contra o réu, então este tem um dever correspondente, e é este dever, e não algum novo dever criado pelo tribunal, que justifica a sentença contrária a ele. Mesmo que o dever não lhe tenha sido imposto por uma legislação explícita anterior, não há, exceto por um ponto, mais injustiça em se exigir o cumprimento desse dever do que haveria se esse dever tivesse sido imposto por legislação. O ponto está, certamente, no fato de que se o dever tivesse sido criado por lei, o réu teria tomado conhecimento desse dever de maneira muito mais explícita, e seria razoável esperar que organizasse seus negócios de forma a precaver-se contra as conseqüências do cumprimento do dever. Mas um argumento de princípio nos leva a considerar, sob uma nova luz, a reivindicação do réu de que é injusto surpreendê-lo com a decisão. Se o demandante tem de fato o direito a uma decisão judicial em seu favor, ele tem a prerrogativa de poder contar com tal direito. Se for óbvio e incontroverso que ele tem o direito, o réu não poderá alegar ter sido injustamente surpreendido pela decisão, simplesmente porque o direito não foi criado por meio da publicação em uma lei. Por outro lado, se a reivindicação do demandante for duvidosa, o tribunal deverá, até certo ponto, surpreender qualquer uma das partes com sua decisão. Se o tribunal decidir que, pesadas as razões de ambas as partes, o argumento do demandante é o mais forte, também terá decidido que, comparadas com a da parte contrária, as expectativas do demandante eram mais justificadas. O tribunal pode, sem dúvida, equivocar-se ao extrair essa conclusão; mas essa possibilidade não é uma conseqüência da originalidade de seu argumento, pois não há nenhuma razão para supormos que um tribunal tolhido pela exigência de que suas decisões não sejam originais venha a cometer menos erros de princípio do que um tribunal que não seja submetido a semelhante embaraço.

C. Teoria do direito

Vemos, portanto, que nessas considerações políticas há uma forte razão para considerarmos mais criteriosamente se os argumentos judiciais não podem ser compreendidos, mesmo nos casos difíceis, como argumentos gerados por princípios. Encontramos uma razão adicional em um conhecido problema de teoria do direito. Os juristas acreditam que, quando os juízes criam novas leis, suas decisões são fortemente influenciadas por tradições jurídicas, apesar de serem, não obstante isso, pessoais e originais. Diz-se que as novas decisões refletem a moralidade política do próprio juiz, mas que refletem igualmente a moralidade que se acha inscrita nas tradições do direito costumeiro, que bem podem ser diferentes. Isso nada mais é, por certo, que retórica de escolas de direito, mas ainda assim coloca o problema de explicar como essas diferentes contribuições à decisão de um caso difícil podem ser identificadas e conciliadas.

Uma solução conhecida tem por base uma imagem espacial; esta nos diz que as tradições do direito costumeiro reduzem a área de poder discricionário de um juiz que lhe autorizaria basear-se em sua moralidade pessoal, mas não eliminam inteiramente essa área. Essa resposta, contudo, é insatisfatória por dois motivos. Primeiro, não elucida aquilo que, na melhor das hipóteses, é uma metáfora provocativa: a de que alguma moralidade acha-se assentada em uma massa de decisões particulares que outros juízes tomaram no passado. Em segundo lugar, sugere uma interpretação fenomenológica totalmente inadequada da decisão judicial. Os juízes não decidem os casos difíceis em duas etapas, avaliando, em um primeiro momento, os limites das restrições institucionais, para só então deixar os livros de lado e resolver as coisas a seu próprio modo. As restrições institucionais que eles intuem estão disseminadas, e perduram até a própria decisão. Precisamos, portanto, de uma explicação da interação da moralidade pessoal e da moralidade institucional que seja menos metafórica, e explique essa interação constante de maneira mais satisfatória.

A tese dos direitos, segundo a qual as decisões judiciais tornam efetivos os direitos políticos existentes, sugere uma explicação mais satisfatório do ponto de vista dessas duas exigências. Se essa tese é válida, a história institucional age, não como uma restrição do juízo político dos juízes, mas como um componente de tal juízo, pois a história institucional faz parte do pano de fundo que qualquer juízo plausível sobre os direitos de um indivíduo deve levar em consideração. Os direitos políticos são criações tanto da história, quanto da moralidade: aquilo a que um indivíduo tem direito, na sociedade civil, depende tanto da prática quanto da justiça de suas instituições políticas. Desse modo, desaparece a alegada tensão entre originalidade judicial e história institucional: os juízes devem fazer novos julgamentos sobre os direitos das partes que a eles se apresentam, mas esses direitos políticos antes refletem as decisões políticas tomadas no passado do que a elas se opõe. Quando um juiz opta entre a regra estabelecida por um precedente e uma nova regra que se considera mais justa, ele não está fazendo uma escolha entre a história e a justiça. Em vez disso, faz um julgamento que requer uma certa conciliação entre considerações que em geral se combinam em qualquer cálculo de direitos políticos, mas que aqui competem uma com a outra.

Portanto, a tese dos direitos oferece uma explicação mais satisfatória a respeito do modo como os juízes utilizam o precedente nos casos difíceis, uma explicação melhor do que a oferecida por qualquer teoria que atribua um lugar mais proeminente à política (*policy*). Os juízes, como qualquer autoridade política, estão sujeitos à doutrina da responsabilidade política. Em sua forma mais geral, essa doutrina afirma que as autoridades políticas devem tomar somente as decisões políticas que possam justificar no âmbito de uma teoria política que também justifique as outras decisões que eles se propõem a tomar. A doutrina parece inócua nessa forma geral, mas ela condena, mesmo em tal forma, um estilo de administração política que poderíamos chamar, com Rawls, de intuicionista[5]. Ela condena a prática de tomar decisões que parecem certas isoladamente, mas que não podem fazer parte de uma teoria abrangente dos princípios e das políticas gerais que seja compatível com outras decisões igualmente consideradas certas. Suponhamos que um deputado ou senador vote contra o aborto com base na crença de que a vida humana é sagrada em todas as suas formas, mas que em seguida vote favoravelmente a uma lei que permite que os pais de bebês com malformações interrompam o tratamento médico que poderia mantê-los vivos. O congressista em questão poderia alegar que percebe uma diferença entre os dois casos, mas o princípio de responsabilidade estritamente aplicado não lhe permitirá esses dois votos, a menos que ele possa incorporar essa diferença em alguma teoria política geral que ele professe com sinceridade.

A doutrina requer, poderíamos dizer, uma consistência articulada. Tal exigência, contudo, é relativamente fraca quando se trata de políticas. As políticas são agregativas em sua influência sobre as decisões políticas, e uma estratégia responsável para se atingir um objetivo coletivo não precisa tratar todos os indivíduos da mesma maneira. Da doutrina da responsabili-

5. Ver capítulo 10.

dade não se depreende, portanto, que, se o poder legislativo conceder um subsídio a um fabricante de aeronaves um dia, ele deva conceder um subsídio a outro fabricante no dia seguinte. No caso dos princípios, contudo, a doutrina insiste na aplicação da consistência distributiva a todos os casos, pois não admite a idéia de uma estratégia que possa ser mais bem servida pela distribuição desigual do benefício em questão. Se um servidor público acredita, por exemplo, que algum tipo de liberdade sexual é um direito dos indivíduos, ele deve proteger essa liberdade de uma maneira que distribua o benefício de modo relativamente igual entre todos os membros da classe que, em sua opinião, possui tal direito. Se ele permitir que um casal use contraceptivos porque, em caso contrário, esse direito estaria sendo cerceado, deve então, na medida em que não renegue a decisão anterior, conceder a mesma liberdade ao próximo casal. Ele não pode dizer que a primeira decisão concedeu à comunidade exatamente a medida de liberdade sexual de que ela necessitava, de sorte que essa necessidade teria deixado de existir no caso do segundo casal.

As decisões judiciais são decisões políticas, pelo menos no sentido mais amplo que remete à doutrina da responsabilidade política. Se a tese dos direitos for válida, a distinção que acabamos de fazer explicaria, pelo menos de uma maneira bastante geral, o interesse especial que os juízes demonstram, ao mesmo tempo, pelos precedentes e pelos exemplos hipotéticos. Um argumento de princípio pode oferecer uma justificação para uma decisão particular, segundo a doutrina da responsabilidade, somente se for possível mostrar que o princípio citado é compatível com decisões anteriores que não foram refeitas, e com decisões que a instituição está preparada para tomar em circunstâncias hipotéticas. Isso é dificilmente surpreendente, mas o argumento não se sustentaria se os juízes fundamentassem suas decisões em argumentos de política. Nesse caso, eles teriam liberdade para dizer que uma determinada política pode ser adequadamente sustentada, no caso em juízo, precisamente quando se concede, por exemplo, o subsídio necessário a alguma indústria com problemas, de sorte que nem as decisões anteriores, nem as hipotéticas decisões futuras precisem ser compreendidas como uma sustentação da mesma política.

Coerência aqui significa, por certo, coerência na aplicação do princípio que se tomou por base, e não apenas na aplicação da regra específica anunciada em nome desse princípio. Se, por exemplo, o princípio segundo o qual ninguém tem o dever de indenizar as perdas remotas ou inesperadas que decorram de sua negligência for usado como base para justificar uma decisão favorável ao réu no caso da *Spartan Steel*, deve-se então mostrar que a regra formulada em outros casos, que permite a indenização nos casos de declarações falsas e negligentes, é consistente com esse princípio; e não apenas que a regra sobre as declarações falsas e negligentes é uma regra diferente daquela que foi aplicada no caso da *Spartan Steel*.

D. Três problemas

Encontramos, portanto, nestes argumentos de teoria política e teoria do direito, alguma sustentação para a tese dos direitos em sua forma abstrata. Qualquer defesa adicional, contudo, deve esperar por uma formulação mais precisa. A tese exige um desenvolvimento em três direções. Em primeiro lugar, ela depende de uma distinção geral entre direitos individuais e objetivos sociais, e essa distinção deve ser exposta com mais clareza do que a que se obtém através de exemplos. Além do mais, a distinção deve ser enunciada de modo que dê conta do seguinte problema. Quando os políticos evocam os direitos individuais, eles têm em mente grandes proposições sobre interesses muito abstratos e fundamentais, como o direito à liberdade, à igualdade ou ao respeito. Estes grandes direitos não parecem relevantes para decisão dos casos difíceis em direito, exceto, talvez, no direito constitucional. Mesmo quando são relevantes, parecem abstratos demais para ter muita força de argumentação. Para ter êxito, a tese dos direitos deve demonstrar como a distinção geral entre argumentos de princípio e argumentos de política pode ser mantida para os argumentos, dotados de características e detalhes peculiares, que encontramos na argumentação jurídica. Na seção 3 deste capítulo, tentarei mostrar que, quando adequadamente elaborada, a distinção entre direitos abstratos e concretos é suficiente para tal finalidade.

Em segundo lugar, a tese fornece uma teoria do papel do precedente e da história institucional na decisão dos casos difíceis. Resumi essa teoria na seção anterior, mas ela deve ser expandida e ilustrada antes que se possa testá-la confrontando-a com nossa experiência do modo como os juízes realmente decidem os casos difíceis. Além do mais, deve ser expandida tendo em vista o seguinte problema. Ninguém pensa que o direito, tal como ele se apresenta, seja perfeitamente justo. Suponhamos que uma série de precedentes seja de fato injusta, por recusar-se a tornar efetivo, como um direito jurídico, algum direito político dos cidadãos. Mesmo que um juiz encarregado da decisão de um caso difícil desaprove estes precedentes por alguma razão, a doutrina da consistência articulada exige, não obstante isso, que ele permita que seu argumento seja influenciado por tais precedentes. Poderia parecer que seu argumento não pode ser um argumento de princípio, isto é, um argumento destinado a estabelecer os direitos políticos das partes, pois o argumento é corrompido, através de sua atenção ao precedente, por uma opinião falsa sobre o que são estes direitos. Para defender a tese, é preciso mostrar por que essa primeira impressão é equivocada. Não basta dizer que o argumento pode ser um argumento de princípio porque estabelece os direitos jurídicos dos litigantes, enquanto distintos de seus direitos políticos. A tese dos direitos supõe que o direito a ter uma decisão favorável em um processo é um direito político genuíno. Ainda que esse direito seja claramente distinto de outras formas de direitos políticos, como o direito de todos os cidadãos de serem tratados com igualdade, o simples fato de assinalar tal diferença não explica por que o primeiro direito pode ser alterado por decisões errôneas anteriormente tomadas. Para compreender essa característica da argumentação jurídica, é preciso levar em consideração as qualidades especiais dos direitos institucionais em termos gerais, o que examinarei na seção 4, e as qualidades particulares dos direitos jurídicos enquanto uma espécie de direito institucional, o que examinarei na seção 5.

Mas a explicação que dou dos direitos institucionais e jurídicos coloca um terceiro problema para a tese dos direitos. Essa explicação deixa claro que os juízes devem às vezes emitir julgamentos de moralidade política para poderem decidir quais são os direitos jurídicos dos litigantes. Com base nisso, portanto, podemos pensar que essa tese está sujeita ao primeiro dos desafios à originalidade judicial que mencionei anteriormente. Pode dizer-se que a tese é indefensável, por iludir a maioria com relação a seu direito a decidir, por si própria, questões de moralidade política. Examinarei este desafio na seção 6.

Estes são, portanto, os três problemas com os quais qualquer enunciado completo da tese dos direitos deve se defrontar. Se esse enunciado completo demonstrar que essas objeções à tese são equivocadas, mostrará que a tese é menos radical do que pode ter parecido à primeira vista. A tese não apresenta informações novas sobre o que os juízes fazem; oferece apenas uma nova maneira de descrever aquilo que todos sabemos que eles fazem, e as virtudes dessa nova descrição não são empíricas, mas sim políticas e filosóficas.

3. Direitos e objetivos

A. Tipos de direitos

Os argumentos de princípio são argumentos destinados a estabelecer um direito individual; os argumentos de política são argumentos destinados a estabelecer um objetivo coletivo. Os princípios são proposições que descrevem direitos; as políticas são proposições que descrevem objetivos. Mas o que são os direitos e os objetivos, e qual é a diferença? É difícil fornecer alguma definição que não incorra em petição de princípio. Parece natural dizer, por exemplo, que a liberdade de expressão é um direito e não um objetivo, pois os cidadãos têm direitos a essa liberdade por uma questão de moralidade política, e que o aumento da produção de material bélico é um objetivo e não um direito, pois contribui para o bem-estar coletivo, mas nenhum fabricante específico tem uma prerrogativa a um contrato governamental. Isso, porém, não melhora nossa compreensão, pois o conceito de prerrogativa antes utiliza do que explica o conceito de direito.

Neste capítulo, estabelecerei uma distinção entre direitos e objetivos, fixando-me no caráter distributivo de alegações sobre os direitos e sobre a força dessas alegações, na argumentação política, contra alegações concorrentes de uma natureza distributiva diferente. Em outras palavras, farei uma distinção formal que não tenta demonstrar que direitos os homens e as mulheres realmente têm, ou mesmo se eles têm algum. Apresentarei, na verdade, um guia que nos permita descobrir que direitos uma teoria política específica pressupõe que homens e mulheres tenham. A distinção formal sugere, por certo, uma abordagem da questão mais fundamental: sugere que descubramos os direitos que as pessoas efetivamente têm, examinando argumentos que possam justificar aquelas reivindicações que possuem a natureza distributiva apropriada. Por si mesma, porém, a distinção não fornece tais argumentos.

Começarei pela idéia de um objetivo político como uma justificação política genérica. Uma teoria política considera um determinado estado de coisas como um objetivo político se, para essa teoria, ele conta a favor de uma decisão política que tem a probabilidade de promover ou proteger tal estado de coisas, e contra uma decisão que irá retardar sua ocorrência ou colocá-la em perigo. Um direito político é um objetivo político individuado. Um indivíduo tem direito a uma oportunidade, a um recurso ou a uma liberdade se esse direito conta a favor uma decisão política que promove ou protege o estado de coisas no qual ele desfruta tal direito, mesmo que com isso nenhum outro objetivo político seja servido e algum objetivo político seja desservido, e se esse direito contar contra a decisão que retardar ou colocar em perigo esse estado de coisas, mesmo que com isso algum outro objetivo político possa ser atingido[6]. Uma meta é um objetivo político não-individuado, isto é, um estado de coisas cuja especificação não requer a concessão de nenhuma oportunidade particular, nenhum recurso ou liberdade para indivíduos determinados.

As metas coletivas estimulam as trocas de benefícios e encargos no seio de uma comunidade, tendo em vista a produção de algum benefício geral para a comunidade como um todo. A eficiência econômica é uma meta coletiva: exige a distribuição de oportunidades e responsabilidades que possam produzir o maior benefício econômico agregado, definido de um determinado modo. Algumas concepções de igualdade também podem ser consideradas como uma meta coletiva; uma comunidade pode visar uma distribuição na qual a riqueza máxima não seja mais que o dobro da riqueza mínima, ou, segundo uma outra concepção, nenhum grupo racial ou étnico tenha muito menos prosperidade que outros grupos. É evidente que qualquer meta coletiva irá sugerir uma distribuição específica, dados determinados fatos. A eficiência econômica enquanto meta irá sugerir que uma determinada indústria seja subsidiada em algumas circunstâncias, mas tributada punitivamente em outras. A igualdade enquanto meta irá sugerir uma redistribuição completa e imediata em determinadas circunstâncias, mas uma redistribuição parcial e discriminatória em outras. Em cada caso, os princípios distributivos estão subordinados a uma certa concepção do bem coletivo agregado, de modo que uma oferta menor de algum benefício a um homem possa ser justificada simplesmente mostrando que isso levará a um maior benefício geral.

As metas coletivas podem, mas não precisam, ser absolutas. A comunidade pode perseguir diferentes metas ao mesmo

---

6. Considero as pessoas jurídicas como indivíduos, de modo que as corporações podem ter direitos; uma teoria política que considera grupos especiais, como os grupos raciais, como dotados de alguma importância corporativa no seio da comunidade pode, por conseguinte, falar de direitos de grupos.

tempo, e pode fazer ajustes em uma meta em favor de outra. Pode, por exemplo, buscar a eficiência econômica, mas também o poder militar. A distribuição sugerida será então determinada pela soma das duas políticas, e isso aumentará as permutações e combinações das trocas possíveis. De qualquer modo, essas permutações e combinações irão oferecer um certo número de estratégias concorrentes para servir a cada meta e a ambas as metas em combinação. A eficiência econômica pode ser adequadamente promovida através da oferta de subsídios a todos os agricultores e a nenhum industrial, e pode ser mais bem servida mediante a oferta do subsídio em dobro a alguns fazendeiros, e de nenhum subsídio a outros. Existirão estratégias alternativas para se perseguir qualquer conjunto de metas coletivas e, particularmente à medida que o número de metas aumentar, será impossível determinar, pouco a pouco ou caso por caso, a distribuição que melhor atende a qualquer conjunto de metas. Se é ou não uma boa política dar subsídios em dobro a alguns agricultores e nenhum subsídio a outros vai depender de um grande número de outras decisões políticas que foram ou serão tomadas ao longo da busca de estratégias bastante gerais, às quais essa decisão particular deverá ajustar-se.

Os direitos também podem ser absolutos: uma teoria política que considera absoluto o direito à liberdade de expressão não aceitará nenhuma razão para que não se assegure a todos os indivíduos a liberdade por ela exigida; isto é, nenhuma razão a não ser a impossibilidade. Os direitos também podem ser menos que absolutos: um princípio pode ter que capitular diante de outro, ou mesmo diante de uma política intransigente com a qual esteja em conflito a propósito de determinados fatos. Podemos definir o peso de um direito, admitindo que ele não é absoluto, como sua capacidade de suportar tal concorrência. Segue-se, da definição de um direito, que ele não pode ser menos importante que todas as metas sociais. Para simplificar, podemos estipular que não chamaremos de direito qualquer objetivo político, a menos que ele tenha um certo peso contra as metas coletivas em geral; a menos que, por exemplo, não possa ser invalidado mediante o apelo a qualquer das metas rotineiras da administração política, mas somente por uma meta de urgência especial. Suponhamos, por exemplo, que um homem diga que reconhece o direito à liberdade de expressão, mas acrescente que tal liberdade deve ficar em segundo plano sempre que seu exercício possa ser inconveniente para o público. Ele quer dizer, imagino, que reconhece a meta amplamente disseminada do bem-estar coletivo, mas reconhece a distribuição da liberdade de expressão apenas nos termos recomendados por essa meta coletiva para circunstâncias específicas. Sua posição política é exaurida pela meta coletiva; o direito putativo nada acrescenta e não há nenhuma razão para reconhecê-lo como um direito.

Essas definições e distinções deixam claro que a natureza de um objetivo político – sua posição enquanto um direito ou meta – depende de seu lugar e de sua função no âmbito de uma determinada teoria política. A mesma expressão poderia descrever um direito no âmbito de uma teoria, e uma meta no âmbito de outra, ou um direito que é absoluto ou poderoso no âmbito de uma teoria, mas relativamente fraco no âmbito de outra. Se uma autoridade pública utiliza, ainda que intuitivamente, alguma teoria política coerente para justificar as decisões particulares que toma, sua teoria reconhecerá então uma vasta gama de diferentes tipos de direitos, ordenados de tal modo a atribuir a cada qual um peso relativo aproximado.

Qualquer teoria adequada distinguirá, por exemplo, entre direitos preferenciais (*ground rights*), que fornecem uma justificação para as decisões políticas tomadas pela sociedade em abstrato, e direitos institucionais, que oferecem uma justificação para uma decisão tomada por alguma instituição política específica. Suponhamos que minha teoria política afirme que todo homem tem direito à propriedade de outro desde que dela necessite mais. Eu posso ainda admitir que ele não tem um direito legislativo com o mesmo sentido; em outras palavras, eu posso admitir que ele não tem nenhum direito institucional a que a presente legislatura promulgue uma lei que viole a Constituição, algo que uma tal lei presumivelmente faria. Também posso admitir que ele não tem nenhum direito institucional a uma decisão judicial que perdoe o roubo. Mesmo que eu faça essas concessões, posso manter minha alegação inicial, argumentando que as pessoas, em seu conjunto, têm uma justificação para emendar a Constituição com o fito de abolir a propriedade, ou talvez para se rebelar e derrubar por completo a atual forma de governo. Eu posso alegar que cada homem possui um direito preferencial residual que pode justificar ou exigir tais atos, mesmo que eu conceda que ele não tem direito a decisões institucionais específicas, quando se considera como essas instituições estão atualmente constituídas.

Qualquer teoria adequada utilizará ainda uma distinção entre direitos abstratos e direitos concretos, e, portanto, entre princípios abstratos e princípios concretos. Trata-se de uma distinção de grau, mas discutirei exemplos relativamente claros nos dois extremos do espectro que ela contempla. Portanto, vou tratá-la como se fosse uma distinção de espécie (*distinction in kind*). Um direito abstrato é um objetivo político geral, cujo enunciado não indica como este objetivo geral deve ser pesado ou harmonizado, em circunstâncias particulares, com outros objetivos políticos. Neste sentido, os grandes direitos da retórica política são abstratos. Os políticos falam de um direito à liberdade de expressão, à dignidade ou à igualdade, sem sugerir que estes direitos são absolutos e sem tentar sugerir seu impacto sobre situações sociais particulares e complexas.

Por outro lado, os direitos concretos são objetivos políticos definidos com maior precisão, de modo que expressam com mais clareza o peso que possuem, quando comparados a outros objetivos políticos em ocasiões específicas. Suponhamos que eu não diga simplesmente que os cidadãos têm um direito à liberdade de expressão, mas que um jornal tem o direito de publicar projetos de defesa classificados como secretos, desde que tal publicação não coloque tropas diante de um perigo físico iminente. Meu princípio toma partido em favor de uma solução particular do conflito que ele reconhece existir entre o direito abstrato à livre expressão, por um lado, e os direitos concorrentes dos soldados à segurança ou às necessidades prementes de defesa, por outro. Desse modo, os direitos abstratos fornecem argumentos em favor dos direitos concretos, mas as alegações em favor de um direito concreto são mais conclusivas do que qualquer alegação em favor de um direito abstrato que sustente esse direito concreto[7].

B. Princípios e utilidade

A distinção entre direitos e metas não nega uma tese que faz parte da antropologia moral corrente. Pode ser inteiramente racional pensar, como quer essa tese, que os princípios que os membros de uma determinada comunidade consideram persuasivos são determinados, de maneira causal, pelas metas coletivas dessa comunidade. Se muitos membros de uma comu-

---

7. Uma teoria política completa também deve reconhecer duas outras distinções que utilizo implicitamente neste capítulo. A primeira é a distinção entre direitos contra o Estado e direitos contra os cidadãos. Os primeiros justificam uma decisão política que não pode prescindir da ação de algum órgão governamental; os segundos justificam uma decisão de exercer coerção contra determinados indivíduos. O direito a condições mínimas de moradia, se aceito, configura-se como um direito contra o Estado. O direito de ser indenizado por perdas e danos devido ao não-cumprimento de um contrato, ou o direito de ser salvo de um grande perigo com um mínimo de risco para quem salva, é um direito contra os demais cidadãos. O direito à liberdade de expressão geralmente se insere em ambas as categorias. Parece estranho definir os direitos que os cidadãos têm uns contra os outros como direitos políticos; por ora, contudo, esses direitos só nos interessam na medida em que justifiquem decisões políticas de diferentes tipos. A presente distinção vai além daquela que se verifica entre os direitos preferenciais e os direitos institucionais; a segunda faz uma distinção entre pessoas ou instituições que devem tomar uma decisão política; a primeira o faz entre pessoas ou instituições que essa decisão instrui para que ajam ou abstenham-se de agir. Os casos de direito civil comum, que constituem o tema principal deste ensaio, envolvem os direitos contra os cidadãos. Mas discuto também certas questões de direito constitucional e criminal, e desse modo também abordo os direitos contra o Estado.

A segunda distinção é a que se dá entre os direitos universais e os direitos especiais; isto é, entre direitos que uma teoria política prevê para todos os membros da comunidade, com as únicas exceções dos fenômenos como a incapacidade ou a punição, e os direitos que contemplam apenas um segmento da comunidade, ou talvez apenas um de seus membros. Pressuponho, neste ensaio, que todos os direitos políticos são universais.

nidade acreditam que cada indivíduo tem um direito a uma consideração mínima por parte dos outros, este fato pode ser então explicado, nos termos da história cultural, pelo fato adicional de que o bem-estar coletivo deles é promovido por tal crença. Se uma nova ordenação dos direitos servir melhor ao bem-estar coletivo deles, devemos esperar, de acordo com essa tese, que a seu devido tempo convicções morais dos membros da comunidade passem por uma transformação que favoreça essa nova ordenação.

Desconheço até que ponto essa teoria antropológica vigora em nossa própria sociedade, ou em qualquer outra. Sem dúvida, é impossível testá-la na forma simplificada em que eu a apresentei. Não vejo por que sua alegação de que os direitos são psicológica ou culturalmente determinados por metas seria, *a priori*, mais plausível do que a alegação em contrário. Talvez os homens e as mulheres escolham metas coletivas para acomodar algum sentido anterior de direitos individuais, e não para descrever os direitos em conformidade com suas metas comuns. Porém, seja como for, é necessário que transcorra um lapso de tempo importante para que, em um momento qualquer, a maioria das pessoas reconheça, pelo menos nos casos particulares, o conflito entre direitos e metas. Esse conflito é pressuposto pela distinção geral entre essas duas espécies de objetivos políticos.

Em outras palavras, a distinção pressupõe uma outra distinção, entre a força de um direito particular dentro de uma teoria política e a explicação causal de por que a teoria estipula este direito. Esta é uma maneira formal de colocar o problema, e só é apropriada quando, como estou pressupondo, pudermos identificar uma teoria política específica e, desse modo, estabelecer uma distinção entre a questão analítica daquilo que ela estipula e a questão histórica de como ela estipula isso. Portanto, a distinção perde sua nitidez quando falamos da moralidade de uma *comunidade* sem especificar qual, dentre as muitas concepções diferentes da moralidade de uma comunidade, temos em mente. Sem uma especificação adicional, não podemos criar nem mesmo uma teoria política vaga ou abstrata para servir como a teoria da comunidade em um determinado momento de sua existência. Assim, não podemos estabelecer a distinção entre razões e força, que é analiticamente necessária para compreender os conceitos de princípio e de política. Tornamo-nos, com isso, vítimas do argumento segundo o qual a tese antropológica destrói a distinção entre as duas; falamos como se tivéssemos alguma teoria coerente em mente, que tomamos como expressão da moral da comunidade. Mas negamos que ela diferencie princípio de política com base em um argumento que parece plausível somente porque não temos em mente nenhuma teoria particular. Uma vez que deixemos claro o que pretendemos com a referência à moralidade de uma comunidade e passemos a identificar, ainda que de modo grosseiro, o que entendemos sejam os princípios dessa moralidade, o argumento antropológico perde grande parte de sua força.

Existem, contudo, teorias políticas que unem os direitos e as metas não de maneira causal, mas fazendo com que a força de um direito dependa de seu poder, como direito, de promover alguma meta coletiva. Penso em diversas formas da teoria ética chamada de utilitarismo de regras. Uma modalidade conhecida dessa teoria, por exemplo, sustenta que um ato é correto se a aceitação geral de uma regra que exige esse ato puder melhorar o bem-estar médio dos membros da comunidade[8]. Uma teoria política poderia estipular o direito à liberdade de expressão, por exemplo, com base na hipótese de que a aceitação geral desse direito pelos tribunais e por outras instituições políticas viesse a promover, no longo prazo, a mais alta utilidade média da comunidade.

Não obstante isso, tal teoria nos permite, pelo menos, estabelecer uma diferença entre direitos institucionais e metas coletivas. Essa teoria considera que a liberdade de expressão é um direito se um funcionário de uma determinada instituição tiver uma justificativa para tomar uma decisão política e não

8. Ver Brandt, "Toward a Credible Form of Utilitarianism", em H. Castañeda e G. Nakhnikian (orgs.), *Morality and the Language of Conduct* (1963), 107.

tiver uma justificativa para recusar-se a tomá-la. Isto, sempre que tal decisão for necessária para proteger a liberdade de expressão de qualquer indivíduo, desconsiderando-se o impacto que essa decisão possa ter sobre as metas coletivas. Não é importante o fato de que a teoria estipule este direito a partir da hipótese de que, se todas as instituições políticas promoverem desse modo o cumprimento desse direito, uma meta coletiva importante será efetivamente fomentada. O importante é o compromisso com um sistema de governo que torna decisivo um apelo a tal direito em casos específicos.

Portanto, nem a tese antropológica nem o utilitarismo de regras colocam qualquer objeção à distinção entre argumentos de princípio e argumentos de política. Por excesso de cautela, devo mencionar outro desafio possível a essa distinção. Diferentes argumentos de princípio e de política podem muitas vezes ser apresentados em defesa da mesma decisão política. Suponhamos que um funcionário público queira defender a segregação racial nos lugares públicos. Ele pode apresentar o argumento político de que, em termos gerais, a mistura de raças provoca mais mal-estar geral do que satisfação. Ou pode oferecer um argumento de princípio, apelando para os direitos daqueles que poderiam ser mortos ou mutilados nos conflitos que seriam gerados pela dessegregação. Pode-se pensar que a permutabilidade desses argumentos anula a distinção entre argumentos de princípio e de política, ou que, de qualquer modo, torna a distinção menos útil, pela razão que apontamos a seguir. Suponhamos que se admita que o direito à igualdade entre as raças seja suficientemente forte para prevalecer sobre tudo, exceto sobre o mais premente argumento político, e que ele possa ser objeto de transigência e concessão somente nos termos requeridos pelos argumentos de princípio em contrário. Essa seria uma concessão vazia, caso fosse sempre possível encontrar argumentos de princípio que substituíssem um argumento de política passível de ser apresentado.

É uma falácia, porém, imaginar que, como sempre podemos encontrar um argumento de princípio para substituir um argumento de política, ele venha a ser tão cogente ou poderoso quanto teria sido o argumento de política apropriado. Se a reivindicação de uma lei contra a discriminação, por parte de uma minoria, for baseada em uma política e possa, portanto, ser suplantada por um apelo ao bem-estar geral ou à utilidade, então o argumento que menciona o mal-estar ou a contrariedade da maioria bem pode ser suficientemente poderoso. Contudo, se a reivindicação mencionar um direito à igualdade que deve prevalecer, exceto nos casos em que for igualada por um argumento de princípio que com ela compita, talvez o único argumento desse tipo disponível seja então, como neste caso, simplesmente fraco demais. A não ser em casos extraordinários, o perigo para a vida de um determinado homem, que decorre de uma dessegregação adequadamente administrada e policiada, será muito pequeno. Podemos, portanto, admitir que o direito concorrente à vida apresenta um argumento que se coloca contra o direito à igualdade, e ainda assim afirmar que o peso desse argumento é insignificante; forte o bastante, talvez, para retardar o avanço da dessegregação, mas não suficientemente forte para retardá-la muito.

C. Economia e princípios

Em seu aspecto descritivo, a tese dos direitos sustenta que, nos casos difíceis, as decisões judiciais são caracteristicamente geradas por princípios, não por políticas. As pesquisas recentes sobre as ligações entre a teoria econômica e o direito costumeiro talvez pudessem sugerir o contrário: que os juízes quase sempre decidem com base em políticas e não em princípios. Devemos, porém, ter o cuidado de distinguir entre duas proposições que, segundo se afirma, foram estabelecidas por essas pesquisas. Argumenta-se, em primeiro lugar, que é possível demonstrar que quase todas as regras desenvolvidas pelos juízes em campos tão díspares quanto o delito civil, o contrato e a propriedade atendem ao objetivo coletivo de tornar as alocações de recursos mais eficientes[9]. Em segundo lugar, argu-

9. Ver, por exemplo, R. Posner, *Economic Analysis of Law* (1972), 10-104.

menta-se que em certos casos os juízes fundamentam suas decisões explicitamente na política econômica[10]. Nenhuma dessas afirmações subverte a tese dos direitos.

A primeira afirmação não faz referência alguma às intenções dos juízes que decidiram os casos por meio do estabelecimento de regras que aumentam a eficiência econômica. Ela não pressupõe que esses juízes estavam conscientes do valor econômico de suas regras, ou mesmo que teriam reconhecido esse valor como um argumento favorável a suas decisões. Na maioria dos casos, a evidência sugere o contrário. Os tribunais que fomentaram a lamentável doutrina do companheiro de trabalho*, por exemplo, achavam que tal regra era ditada pela eqüidade, não pela utilidade, e a regra só foi abolida porque o argumento da eqüidade, não o argumento da utilidade, foi considerado insuficiente por uma outra geração de juristas[11]. Se essa primeira alegação for bem fundada, alguns estudiosos do direito poderão entendê-la como material de prova em favor da tese antropológica descrita na seção anterior. Eles pensarão que, ao refletir sobre as atitudes morais de seu tempo, os juízes e juristas pensaram que as corporações e os indivíduos têm precisamente aqueles direitos que teriam expressos em uma regra utilitarista explícita, formulada com a intenção de servir ao bem-estar geral. Mas a primeira alegação pode igualmente sugerir a conclusão contrária que mencionei: a de que nossas idéias atuais sobre o bem-estar geral refletem nossas

---

10. Ver, por exemplo, Coase, "The Problem of Social Cost", 3 *J. Law & Econ.* I, 19-28 (1960) .

* A doutrina do companheiro de trabalho diz respeito aos empregados que realizam a mesma espécie de trabalho, sob o controle do mesmo empregador. Aplica-se às situações nas quais o empregador, tendo sido processado por um empregado que sofreu lesões corporais durante suas horas de trabalho, alega que o dano foi total ou parcialmente causado pela negligência de um companheiro de trabalho. Essa doutrina foi em grande parte superada pela legislação federal norte-americana sobre a responsabilidade dos empregadores e pelas várias leis relativas às compensações devidas aos trabalhadores. (N. do T.)

11. Ver Posner, "A Theory of Negligence", I, *J. Legal Stud.* (1972), 29, 71.

idéias sobre o direito individual. O professor Posner, por exemplo, argumenta em favor dessa alegação ao pressupor uma concepção particular da alocação eficiente de recursos. Diz Posner que o valor de um recurso escasso para um determinado indivíduo é medido pela quantidade de dinheiro que ele está disposto a pagar por esse recurso, de tal modo que o bem-estar da comunidade é maximizado quando cada recurso está nas mãos de alguém que pagaria mais do que qualquer outro para possuí-lo[12]. É difícil, porém, entender tal concepção de valor como evidente por si mesma ou neutra. Ela é compatível com uma teoria política que celebra a concorrência, mas muito menos compatível com uma teoria mais igualitária, pois desqualifica as reivindicações dos pobres, que estão dispostos a gastar menos porque têm menos para gastar. A concepção de valor de Posner parece ser, portanto, tanto a conseqüência como a causa de uma teoria dos direitos individuais. De qualquer modo, porém, a tese antropológica da primeira afirmação não constitui nenhuma ameaça à tese dos direitos. Mesmo se admitirmos que a teoria dos direitos de um juiz é determinada por um senso instintivo do valor econômico, e não o contrário, ainda assim poderemos argumentar que ele se apóia nessa teoria, não na análise econômica, para justificar as decisões nos casos difíceis.

A segunda alegação que distinguimos, contudo, pode dar a impressão de que coloca um desafio mais sério. Se os juízes se referem explicitamente à política econômica em alguns casos, então esses casos não podem ser compreendidos simplesmente como uma comprovação da tese antropológica. A teoria da negligência de Learned Hand é o exemplo mais familiar dessa referência explícita à economia. Ele dizia, *grosso modo*, que o teste para saber se o ato praticado pelo réu era irracional e, portanto, sujeito a processo judicial, é o teste econômico que consiste em perguntar se o réu poderia ter evitado o acidente a um custo menor para si próprio do que aquele com o qual o autor

12. Posner, *Economic Analysis*, 4.

da ação poderia vir a arcar se o acidente ocorresse, descontando-se a improbabilidade do acidente[13]. Pode-se afirmar que esse teste econômico é mais um argumento de política do que de princípio, pois faz a decisão depender de se o bem-estar coletivo teria sido mais bem promovido ao permitir-se a ocorrência do acidente ou ao gastar-se o que fosse necessário para evitá-lo. Se fosse assim, então os casos nos quais um teste como o de Learned Hand é explicitamente utilizado, por menos numerosos que fossem, seriam contra-exemplos da tese dos direitos.

Contudo, o pressuposto de que um cálculo econômico de qualquer espécie deva ser um argumento de política não considera a distinção entre direitos abstratos e direitos concretos. Os direitos abstratos, como o direito de falar sobre problemas políticos, não levam em conta os direitos concorrentes; os direitos concretos, por outro lado, refletem o impacto de tal concorrência. Em certos tipos de caso, o argumento que parte de princípios abstratos concorrentes para chegar a um direito concreto pode ser feito em linguagem da economia. Considere-se o princípio de que cada membro de uma comunidade tem o direito de ser tratado por todos os outros membros com o respeito mínimo devido a um ser humano[14]. Trata-se de um princípio muito abstrato: exige um certo equilíbrio, em casos específicos, entre os interesses daqueles a serem protegidos e a liberdade daqueles de quem o princípio exige um nível não especificado de consideração e respeito. É natural, particularmente quando

---

13. *United States vs. Carroll Towing Co.*, 159 F. 2d 169, 173 (2d Cir. 1947). Coase, 22-3, apresenta outros exemplos, sobretudo de casos de turbação de posse (*nuisance*), nos quais se interpreta a doutrina segundo a qual uma interferência "razoável" no uso que o autor da ação dá à sua propriedade não configura um caso de turbação de posse.

14. Um argumento de princípio mais elaborado pode oferecer uma justificação melhor para o teste de Learned Hand do que este simples princípio. Apresentei uma argumentação mais elaborada a respeito desse ponto em uma série das Conferências Rosenthal, proferidas na Faculdade de Direito da Northwestern University em março de 1975. O princípio simples, contudo, oferece uma justificação suficientemente boa para a questão que é aqui abordada.

o vocabulário econômico está em moda, definir o equilíbrio adequado através da comparação da soma das utilidades dessas duas partes sob diferentes condições. Se um homem age de uma maneira que, dada a capacidade de previsão, ele pode antecipar como prejudicial a outra pessoa, de tal modo que a utilidade coletiva de ambos seja grandemente reduzida pelo seu ato, então ele não demonstra a consideração e o interesse exigidos. Se, por exemplo, ele puder precaver-se contra o dano ou proteger-se contra ele, e assim proceder a um custo muito menor e com muito mais eficiência que o outro, ele não demonstrará nem cuidado nem interesse, a menos que tome essas precauções ou providencie essa proteção.

Este tipo de argumento não é de modo algum novo, embora sua roupagem econômica talvez seja. Os filósofos vêm debatendo há muito tempo casos hipotéticos que testam o nível de interesse que um membro de uma comunidade deve a outro. Por exemplo, se um homem estiver se afogando e outro puder salvá-lo com um risco insignificante para si mesmo, o primeiro tem um direito moral a ser salvo pelo segundo. Tal proposição poderia ser facilmente colocada em termos econômicos: se a utilidade coletiva de ambos for grandemente incrementada graças a um salvamento, o homem que está prestes a se afogar tem um direito a este salvamento, e seu salvador tem o dever de salvá-lo. A proposição jurídica correspondente pode, sem dúvida, apresentar uma complexidade muito maior. Ela pode especificar circunstâncias específicas nas quais a questão crucial não consistirá em se a utilidade coletiva dos dois homens será radicalmente incrementada, mas apenas se isso ocorrerá marginalmente. Ela poderia colocar esta última questão, por exemplo, quando a ação positiva de um homem, em oposição à sua inação, criar um risco direto e previsível de dano físico para a pessoa ou propriedade de outro indivíduo. Sem dúvida, se a tese dos direitos for bem fundamentada, nenhum juiz poderá apelar a essa proposição jurídica, a menos que ele acredite que o princípio do respeito mínimo enuncia um direito jurídico abstrato; se apelar, porém, poderá montar seu argumento de acordo com uma fórmula econômica sem que, com isso, transforme seu argumento de princípio em argumento de política.

Dado que o teste de Learned Hand e a argumentação paralela sobre o salvamento de um homem que está se afogando são métodos para harmonizar direitos concorrentes, eles levam em conta apenas o bem-estar daqueles cujos direitos abstratos estão em jogo. Não consideram os custos ou benefícios para a comunidade em geral, a não ser na medida em que estes se refletem no bem-estar daqueles cujos direitos estão em discussão. Podemos facilmente imaginar um argumento que não aceita essas restrições. Suponhamos que alguém argumente que o princípio da exigência de salvamento no caso de um risco mínimo precise ser emendado de modo a fazer a decisão depender não de alguma função das utilidades coletivas da vítima e de seu salvador, mas da utilidade marginal do conjunto da comunidade, de modo que o salvador tivesse de levar em conta não apenas os riscos relativos a si próprio e à vítima, mas também a importância social relativa de ambos. Daí pode seguir-se que um homem insignificante deve arriscar sua vida para salvar o presidente de um banco, mas que o presidente de um banco não precisa mover uma palha para salvar um joão-ninguém. O argumento não é mais um argumento de princípio, pois supõe que a vítima não tem direito a nada além daquilo que pode esperar da utilidade geral. A fórmula de Learned Hand, assim como algumas variantes mais sofisticadas, não são argumentos dessa natureza; não subordinam um direito individual a algum objetivo coletivo, mas oferecem um mecanismo para resolver, por meio de concessões mútuas, reivindicações conflitantes dos direitos abstratos.

Os casos de negligência não são os únicos nos quais os juízes estabelecem um compromisso entre direitos abstratos ao definir direitos concretos. Se, por exemplo, um juiz apela à segurança pública ou à escassez de algum recurso vital como uma razão para restringir algum direito abstrato, podemos entender que seu apelo se volta para os direitos concorrentes daqueles cuja segurança vai ser sacrificada, ou cuja justa parte de tal recurso será ameaçada se o direito abstrato tornar-se concreto. Seu argumento será um argumento de princípio, se respeitar as exigências distributivas de tais argumentos e se observar a restrição mencionada na seção anterior: aquela segundo a qual o peso de um princípio concorrente pode ser menor que o peso da política paralela apropriada. Encontramos um outro tipo de exemplo no conhecido argumento de que certos tipos de ação judicial não deveriam ser permitidos, porque isso equivaleria a sobrecarregar os tribunais com litígios. O tribunal supõe que, se fosse permitido tal tipo de ação judicial, não lhe restaria tempo suficiente para examinar, com a devida rapidez, outras ações voltadas para a defesa de direitos que, tomados em conjunto, são mais importantes do que os direitos que, por essa razão, ele se propõe a bloquear.

Este é um bom momento para assinalarmos uma certa limitação da tese dos direitos. Ela é válida nos casos civis comuns, quando o pressuposto dominante é o de que uma das partes tem o direito de obter uma decisão favorável. Mas quando esse pressuposto não puder ser mantido, ela será apenas assimetricamente válida. Em um processo criminal, o acusado tem direito a uma decisão em seu favor, caso for inocente, mas o Estado não tem nenhum direito paralelo de condená-lo se ele for culpado. O tribunal pode, portanto, decidir favoravelmente ao acusado, em certos casos difíceis em que as regras de procedimento probatório são testadas, por exemplo, com base em um argumento de política que não pressupõe que o acusado tenha qualquer direito de ser absolvido. No caso *Linkletter vs. Walker*[15], a Suprema Corte afirmou que sua decisão anterior no caso *Mapp vs. Ohio*[16] era uma decisão desse tipo*. A Suprema Corte afirmou que havia mudado as regras, permitindo a introdução de provas ilegalmente obtidas, não porque a srta. Mapp tivesse qualquer direito a que tais provas não fossem uti-

---

15. 381 U.S. 618 (1965).

16. 367 U.S. 643 (1961).

* No caso *Mapp vs. Ohio* a Suprema Corte determinou que a utilização de propriedade apreendida em busca ilegal não pode ser utilizada como prova no processo penal, pois constitui uma infração ao princípio do processo legal justo (*due process of law*). Ver *Mapp vs. Ohio*, 367 U.S. 643, 81 S. Ct. 1684 (1961). (N. do T.)

lizadas, caso fossem admissíveis sob outros aspectos, mas para dissuadir policiais de reunir esse tipo de provas no futuro. Não quero dizer que uma decisão constitucional tomada em tais bases seja apropriada nem que a segunda descrição do tribunal sobre a decisão inicial era acurada. Pretendo apenas assinalar de que modo a geometria de um processo penal, que não coloca os direitos concorrentes em um caso uns contra os outros, difere do caso civil padrão, no qual a tese dos direitos se sustenta de maneira simétrica.

4. Direitos institucionais

A tese dos direitos estipula que os juízes decidem os casos difíceis por meio da confirmação ou negação dos direitos concretos. Mas os direitos concretos nos quais os juízes se apóiam devem ter duas outras características. Devem ser institucionais e não preferenciais; devem ser direitos jurídicos em vez de outros tipos de direitos institucionais. Não podemos, portanto, avaliar ou testar essa tese sem antes elaborar mais essas distinções.

Os direitos institucionais podem ser encontrados em vários tipos de instituições. Um jogador de xadrez tem um direito "enxadrístico" de ganhar um ponto em um torneio sempre que der xeque-mate em seu adversário. Em uma democracia, um cidadão tem o direito legislativo de ver cumpridas as leis que protegem sua liberdade de expressão. No caso do xadrez, os direitos institucionais são estabelecidos por regras constitutivas e reguladoras que são características do jogo ou de um determinado torneio. Neste sentido, o xadrez é uma instituição autônoma; quero dizer que fica claro, para os participantes, que nenhum deles pode reivindicar um direito institucional mediante um apelo direto à moralidade geral. Ninguém pode argumentar, por exemplo, que conquistou o direito de ser declarado vencedor devido a suas virtudes genéricas. Neste sentido, porém, a legislação é apenas parcialmente autônoma. Existem regras constitutivas e reguladoras especiais que definem o que é um poder legislativo, quem dele faz parte, de que modo vota tal poder, e que ele não pode estabelecer uma religião oficial. Contudo, essas regras que nitidamente pertencem à legislação quase nunca são suficientes para se determinar se um cidadão tem um direito institucional a que uma determinada lei seja promulgada; elas não decidem, por exemplo, se ele tem um direito a uma legislação sobre o salário mínimo. Espera-se que os cidadãos recorram a considerações gerais de moralidade política quando argumentam em favor de tais direitos.

O fato de algumas instituições serem totalmente autônomas e de que outras o sejam apenas parcialmente, tem a conseqüência mencionada anteriormente, isto é, a de que os direitos institucionais que uma teoria política reconhece podem divergir dos direitos preferenciais que ela reconhece. Não obstante isso, os direitos institucionais são direitos genuínos. Mesmo que supusermos que os pobres têm um direito preferencial abstrato ao dinheiro tomado dos ricos, seria errado, e não apenas inesperado, que o árbitro de um torneio de xadrez concedesse o dinheiro do prêmio ao participante mais pobre, e não àquele que fizesse mais pontos. Nesse caso, não vale como desculpa afirmar que, como os direitos do torneio apenas descrevem as condições necessárias para se chamar o torneio de torneio de xadrez, o ato do árbitro estaria justificado desde que ele não pronunciasse a palavra "xadrez" ao entregar o prêmio. Os participantes se inscreveram no torneio sabendo que as regras do xadrez seriam aplicadas; eles têm direitos genuínos ao cumprimento dessas regras, e não de outras.

A autonomia institucional insula o dever institucional de uma autoridade pública da maior parte da moralidade política de fundo. Mas até que ponto vai a força de tal insulamento? Mesmo no caso de uma instituição totalmente independente como o xadrez, algumas regras vão exigir uma interpretação ou uma elaboração antes que uma autoridade possa aplicá-las a determinadas circunstâncias. Suponhamos que uma determinada regra de um torneio de xadrez estipule que o árbitro deve impor uma penalidade, caso um dos enxadristas irrite "de maneira não razoável" o outro durante a partida. A linguagem utilizada na formulação da regra não determina o que significa irritação "não razoável"; não decide, por exemplo, se um jogador que sorri continuamente para seu adversário, para enervá-lo, como o grande mestre russo Tal sorriu certa vez para Fischer, irrita-o de maneira "não razoável".

O árbitro não é livre para pôr em prática suas convicções de fundo para decidir este caso difícil. Ele poderia sustentar, como matéria de teoria política, que os indivíduos têm direito a um bem-estar igual, a despeito de suas aptidões intelectuais. Não obstante isso, ele estaria cometendo um erro se utilizasse essa convicção para decidir os casos difíceis que implicam a aplicação de uma penalidade. Ele não poderia dizer, por exemplo, que um comportamento irritante é razoável na medida em que tem o efeito de diminuir a importância da aptidão intelectual na decisão de quem vai ganhar a partida. Os participantes e o conjunto da comunidade interessada dirão que seu dever consiste em fazer exatamente o contrário. Uma vez que o xadrez é um jogo intelectual, ele deve aplicar a regra da penalidade de modo a proteger, e não de pôr em risco, o papel desempenhado pelo intelecto neste torneio.

Temos então, no caso do árbitro da partida de xadrez, um exemplo de uma autoridade cujas decisões sobre os direitos institucionais são consideradas como regidas por restrições institucionais, mesmo quando a força de tais restrições não for clara. Não achamos que ele seja livre para legislar, de modo intersticial, em um contexto de "textura aberta" de regras imprecisas[17]. Se uma interpretação da regra que prevê a aplicação de uma penalidade protege a natureza do jogo e se uma outra não, os participantes têm um direito à primeira interpretação. Podemos esperar encontrar, neste caso relativamente simples, alguma característica geral dos direitos institucionais nos casos difíceis, que será relevante para a decisão de um juiz em um caso jurídico difícil.

Afirmei que o jogo de xadrez tem uma característica que as decisões do árbitro devem respeitar. Que significa isso? Como um árbitro sabe que o xadrez é um jogo intelectual, e

17. Ver, em geral, H. L. A. Hart, *The Concept of Law* (1961), 121-32.

não um jogo de azar ou um espetáculo de balé digital? Ele pode muito bem começar por aquilo que todos sabem. Toda instituição é colocada por seus participantes em uma categoria muito incipiente de instituição. Assim, por exemplo, ela é considerada como um jogo, e não como uma cerimônia religiosa, uma forma de exercício ou um processo político. Por este motivo, é inerente à definição do xadrez o fato de ser um jogo, e não um exercício de habilidade digital. Essas convenções, expressas por atitudes, por modos de agir e pela história, são decisivas. Se todos considerarem o xadrez como um jogo de azar, de modo que amaldiçoem sua sorte, e nada mais, quando uma peça *en prise* (em posição de ser tomada) for efetivamente tomada, então o xadrez será um jogo de azar, ainda que muito ruim.

Mas essas convenções irão deixar de valer, e talvez o façam antes que o árbitro descubra o suficiente para poder decidir o caso do sorriso de Tal. É importante assinalar, contudo, que as convenções deixam de valer de uma maneira particular. Não são incompletas, como um livro cuja última página está faltando, mas sim abstratas, de modo que toda a sua força pode ser apreendida por um conceito que admite concepções diferentes; em outras palavras, por um *conceito contestado*[18]. O árbitro deve optar por uma ou outra dessas concepções, não para complementar a convenção, mas para fazê-la cumprir. Ele deve *construir* a natureza do jogo fazendo a si mesmo uma série de perguntas distintas. Dado que o xadrez é um jogo intelectual, será ele, como o pôquer, intelectual em um sentido que inclui a habilidade de intimidação psicológica? Ou será, como a matemática, intelectual em um sentido que não inclui tal capacidade? Essa primeira série de perguntas intima-o a examinar mais cuidadosamente o jogo, para determinar se suas características apóiam uma ou outra dessas concepções do intelecto. Mas ele também deve colocar a si mesmo uma série de outras perguntas. Dado que o xadrez é uma certa modalidade

---

18. Ver Gallie, "Essentially Contested Concepts", 56. *Proceedings of the Aristotelian Society* (1965), 167, 167-8. Ver também capítulo 10.

de jogo intelectual, o que conta como um comportamento racional em um jogo de xadrez? Nesse caso, o que é realmente uma qualidade intelectual: a habilidade de intimidação psicológica ou a habilidade para resistir a essa intimidação? Essas questões forçam-no a examinar mais de perto o próprio conceito de intelecto.

Se forem conscientes, os cálculos do árbitro oscilarão entre esses dois conjuntos de questões, estreitando progressivamente o espectro das perguntas a serem feitas na etapa seguinte. Ao refletir sobre o conceito ele pode, de início, identificar diferentes concepções de intelecto. Na primeira etapa, por exemplo, pode supor que a elegância física do tipo que se consegue no balé é uma forma de inteligência. Em seguida, porém, deve confrontar essas diferentes concepções com as regras e as práticas do jogo. Este teste vai excluir qualquer concepção fisica de inteligência. Mas ele pode não distinguir entre uma concepção que inclui ou rejeita a intimidação psicológica, pois tanto uma quanto outra fornecem uma interpretação das regras e das práticas que não é realmente superior, julgadas por quaisquer cânones gerais de explicação à interpretação oferecida pela outra. Ele deve, então, perguntar-se qual das duas interpretações oferece um relato mais profundo ou satisfatório do que vem a ser, de fato, o intelecto. Assim concebidas, suas conjeturas oscilam entre uma filosofia da mente e os fatos da instituição cuja natureza ele deve elucidar.

Esta é, por certo, apenas uma reconstrução imaginária de um cálculo que jamais será feito; a compreensão do que é o jogo, por parte de qualquer autoridade, desenvolve-se ao longo de uma carreira, e esse indivíduo utilizará essa compreensão em seus juízos, em lugar de expô-la. Mas a reconstrução nos permite ver de que modo o conceito da natureza do jogo é adaptado a um problema institucional específico. Uma vez estabelecida uma instituição autônoma, de tal modo que seus participantes tenham direitos institucionais de acordo com regras precisas, próprias a essa instituição, podem surgir casos difíceis que, por definição, se supõe tenham uma resposta. Se Tal não tem o direito de que o jogo prossiga, deve ser porque a regra sobre a penalidade, devidamente entendida, justifica a intervenção do árbitro. Se for este o caso, Fischer tem o direito de ser imediatamente declarado vencedor. Em tal caso, de nada adianta mencionar o "poder discricionário" do árbitro. Se o que se tem em mente é um poder discricionário no sentido fraco, a observação é inútil. No sentido forte, Tal não mais tem o direito de vencer; isto é assim, mais uma vez, porque a regra adequadamente compreendida destrói o direito que ele teria, fossem outras as circunstâncias[19]. Suponhamos que se diga que, em tal caso, tudo a que as partes têm um direito de esperar é que o árbitro faça uso de seu melhor julgamento. Em certo sentido, isso é perfeitamente verdadeiro, pois as partes não podem ter mais, no que toca à decisão do juiz, do que o melhor juízo deste. Não obstante, elas têm direito a seu melhor juízo a respeito da questão de quais comportamentos não são racionais, nas circunstâncias do jogo. Em outras palavras, as partes têm direito a seu melhor juízo sobre a verdadeira natureza de seus direitos. A proposição de que existe uma resposta "certa" a essa pergunta não significa que as regras do xadrez sejam exaustivas e não ambíguas; na verdade, trata-se de uma complexa afirmação sobre as responsabilidades dos árbitros e dos participantes.

Contudo, se a decisão em um caso difícil deve ser uma decisão sobre os direitos das partes, as razões que a autoridade oferece para seu juízo devem ser do tipo que justifica o reconhecimento ou a negação de um direito. Tal autoridade deve incorporar à sua decisão uma teoria geral de por que, no caso de sua instituição, as regras criam ou destroem todo e qualquer direito, e ela deve mostrar qual decisão é exigida por essa teoria geral em um caso difícil. No xadrez, o fundamento geral dos direitos institucionais deve ser o consentimento ou o entendimento tácito das partes. Ao participarem de um torneio de xadrez, elas consentem com a aplicação de certas regras, e não de outras, e é difícil imaginar qualquer outro fundamento geral para a suposição de que elas tenham quaisquer direitos

19. Ver capítulo 2.

institucionais. Mas se isto é assim e se a decisão de um caso difícil é uma decisão sobre que direitos as partes efetivamente têm, os argumentos para a decisão devem aplicar essa fundamentação geral ao caso difícil.

Poderíamos dizer que o caso difícil coloca uma questão de teoria política. A questão é: o que é razoável (*fair*) supor que os jogadores fazem quando consentem com a regra da aplicação da penalidade? O conceito da natureza do jogo é um artifício conceitual que serve para articular essa questão. É um conceito contestado, que internaliza a justificação geral da instituição de maneira a torná-la utilizável para a formulação de distinções na esfera da própria instituição. Tal conceito supõe que um jogador concorda não apenas com um conjunto de regras, mas com um empreendimento que, podemos dizer, tem um caráter próprio. Assim, quando se coloca a questão – com o que ele consentiu ao dar seu consentimento? – a resposta pode examinar o empreendimento como um todo, e não apenas as regras.

5. Direitos jurídicos

A. Legislação

Nos casos difíceis, a argumentação jurídica versa sobre os conceitos contestados, cuja função e natureza são muito semelhantes ao conceito das características de um jogo. Eles incluem muitos dos conceitos substantivos através dos quais o direito se manifesta, como os conceitos de contrato e de propriedade. Também se incluem aí dois conceitos de muito maior relevância para a presente argumentação. O primeiro é a idéia de "intenção" ou "propósito" de uma determinada lei ou de uma cláusula estabelecida por lei. Este conceito faz uma ponte entre a justificação política da idéia geral de que as leis criam os direitos e aqueles casos difíceis que interrogam sobre que direitos foram criados por uma lei específica. O segundo é o conceito de princípios que "subjazem" às regras positivas do direito, ou que nelas estão "inscritos". Este conceito faz uma ponte entre a justificação política da doutrina segundo a qual os casos semelhantes devem ser decididos da mesma maneira e aqueles casos difíceis nos quais não fica claro o que essa doutrina geral requer. Juntos, esses conceitos definem os direitos jurídicos como uma função, ainda que muito especial, dos direitos políticos. Se um juiz aceita as práticas estabelecidas de seu sistema jurídico – isto é, se aceita a autonomia proporcionada pelas regras nítidas que constituem e regem este sistema – ele então deve, segundo a doutrina da responsabilidade política, aceitar uma teoria política geral que justifique essas práticas. Os conceitos de intenção legislativa e os princípios do direito costumeiro são artifícios para a aplicação dessa teoria política geral às questões controversas sobre os direitos jurídicos.

Podemos, portanto, examinar de que modo um juiz filósofo poderia desenvolver, nos casos apropriados, teorias sobre aquilo que a intenção legislativa e os princípios jurídicos requerem. Descobriremos que ele formula essas teorias da mesma maneira que um árbitro filosófico construiria as características de um jogo. Para esse fim, eu inventei um jurista de capacidade, sabedoria, paciência e sagacidade sobre-humanas, a quem chamarei de Hércules. Eu suponho que Hércules seja juiz de alguma jurisdição norte-americana representativa. Considero que ele aceita as principais regras não controversas que constituem e regem o direito em sua jurisdição. Em outras palavras, ele aceita que as leis têm o poder geral de criar e extinguir direitos jurídicos, e que os juízes têm o dever geral de seguir as decisões anteriores de seu tribunal ou dos tribunais superiores cujo fundamento racional (*rationale*), como dizem os juristas, aplica-se ao caso em juízo.

1. A Constituição. Suponhamos que exista, na jurisdição de Hércules, uma Constituição escrita que determine que nenhuma lei será válida se institucionalizar uma religião. O poder legislativo aprova uma lei que pretende assegurar o transporte escolar gratuito às crianças das escolas paroquiais. A concessão institucionaliza uma religião?[20] Os termos do dispositivo constitucional poderiam corroborar tanto um ponto de vista quanto o outro. Não obstante, Hércules deve decidir se a criança que a ele se apresenta tem direito à utilização do ônibus. Ele poderia começar perguntando-se por que a Constituição tem o direito de criar ou de destruir direitos. Se os cidadãos têm um direito preferencial à salvação através de uma religião institucionalizada, como muitos acreditam, este direito deve ser importante. Por que o fato de um grupo de homens ter votado de modo diferente há muitos séculos impede que também este direito preferencial se torne um direito jurídico? A resposta de Hércules deve ter a seguinte forma: a Constituição estabelece um sistema político geral que é justo o bastante para que o consideremos consolidado por razões de eqüidade. Os cidadãos se beneficiam do fato de viverem em uma sociedade cujas instituições são ordenadas e governadas de acordo com esse sistema, e devem também assumir seus encargos, pelo menos até que um novo sistema entre em vigor, quer por meio de uma emenda distinta, quer através de uma revolução geral. Em seguida, porém, Hércules deve perguntar-se qual sistema de princípios foi estabelecido. Em outras palavras, ele deve elaborar uma teoria constitucional; uma vez que ele é Hércules, podemos pressupor que seja capaz de desenvolver uma teoria política completa, que justifique a Constituição como um todo. Sem dúvida, deve ser um esquema que se ajuste às regras particulares dessa Constituição. Não poderá incluir um direito preferencial forte a uma religião oficial. Contudo, mais de uma teoria plenamente especificada pode ajustar-se suficientemente bem à disposição específica a respeito da religião. Uma teoria poderia estabelecer, por exemplo, que é errada a promulgação, por parte do governo, de qualquer legislação que possa levar a uma grande tensão ou desordem social. Assim, uma vez que a oficialização de uma religião terá tal efeito, é um erro dar poderes ao poder legislativo para estabelecê-la. Outra teoria considerará liberdade religiosa um direito preferencial, ar-

---

20. Ver *Everson vs. Board of Educ.*, 330 U.S. 1 (1947).

gumentando, portanto, que uma religião institucionalizada é um erro não porque possa vir a ser socialmente desagregadora, mas por violar este direito preferencial. Neste caso, Hércules deve voltar-se para as outras regras constitucionais restantes e para as práticas estabelecidas no contexto dessas regras, para ver qual dessas duas teorias se harmoniza melhor com o sistema constitucional como um todo.

Mas a teoria que, segundo este teste, é superior, será ainda assim insuficientemente concreta para decidir certos casos. Suponhamos que Hércules decida que a cláusula que não permite a instituição de uma religião justifica-se por um direito à liberdade religiosa e não por qualquer objetivo de ordem social. Cabe ainda perguntar, mais precisamente, o que vem a ser liberdade religiosa. Um direito à liberdade religiosa inclui o direito de não termos nossos impostos utilizados para nenhum objetivo que ajude uma religião a sobreviver? Ou, simplesmente, de não termos nossos impostos utilizados para beneficiar uma religião a expensas de outra? No primeiro caso, a legislação sobre o transporte gratuito viola este direito, o que já não ocorre no segundo caso. A estrutura institucional das regras e da prática pode não ser suficientemente detalhada para excluir qualquer uma dessas duas concepções de liberdade religiosa, ou para tornar uma delas uma justificação claramente superior de tal estrutura. Em algum momento de sua carreira, Hércules deve, portanto, examinar a questão não apenas como um problema de ajustamento entre uma teoria e as regras da instituição, mas também como uma questão de filosofia política. Ele deve decidir qual concepção é a elaboração mais satisfatória da idéia geral de liberdade religiosa. Deve decidir essa questão porque, de outro modo, não poderá levar muito adiante o projeto que iniciou. Não poderá responder, com detalhes suficientes, qual é o sistema político que a Constituição estabelece.

Hércules é então levado, por este projeto, a um processo de raciocínio muito semelhante àquele do árbitro autoconsciente do jogo de xadrez. Deve desenvolver uma teoria da constituição na forma de um conjunto complexo de princípios e políticas que justifiquem o sistema de governo, assim como o árbitro de xadrez é levado a desenvolver uma teoria sobre a natureza de seu jogo. Hércules deve desenvolver essa teoria referindo-se alternadamente à filosofia política e ao pormenor institucional. Deve gerar teorias possíveis que justifiquem diferentes aspectos do sistema, e testá-las, contrastando-as com a estrutura institucional mais ampla. Quando o poder de discriminação desse teste estiver exaurido, ele deverá elaborar os conceitos contestados que a teoria exitosa utiliza.

2. Leis. Na jurisdição de Hércules, uma lei estabelece que é crime federal transportar, com conhecimento de causa, em nível interestadual, "qualquer pessoa que tenha sido ilegalmente capturada, confinada, seqüestrada, enganada, atraída por artimanhas, raptada ou levada à força por quaisquer meios...". Pede-se a Hércules que decida se essa lei torna criminoso no plano federal um homem que levou uma jovem a acreditar que era seu dever religioso fugir com ele, em violação a uma ordem judicial, para consumar aquilo que ele chamou de casamento celestial[21]. A lei tinha sido aprovada após um famoso caso de seqüestro, para permitir que as autoridades federais pudessem se unir à perseguição aos seqüestradores. Os termos dessa lei, porém, são amplos o bastante para que se possa aplicá-la a este caso, e não existe nada, nos autos processuais ou nos relatórios oficiais das comissões do Congresso ou de outro órgão legislativo, que diga que ela não pode ser aplicada.

Ela se aplica a este caso? Hércules pode desprezar o casamento celestial, ou abominar a corrupção de menores, ou aprovar sem reservas a obediência que os filhos devem aos pais. O noivo tem, no entanto, um direito à sua liberdade, a menos que a interpretação correta da lei o prive de tal direito. A idéia de que os juízes possam, retroativamente, tornar uma conduta criminosa é incompatível com qualquer teoria plausível da Constituição. A lei priva-o desse direito? Hércules deve começar por perguntar-se por que uma lei tem o poder de alterar direitos jurídicos. Ele encontrará a resposta em sua teoria constitucio-

21. Ver *Chatwin vs. United States*, 326 U.S., 455 (1946).

nal: esta pode determinar, por exemplo, que uma assembléia legislativa democraticamente eleita é o órgão apropriado para a tomada de decisões coletivas sobre a conduta que se pode considerar criminosa. Mas essa mesma teoria constitucional imporá certas responsabilidades ao poder legislativo: irá impor não apenas restrições que refletem os direitos individuais, mas também um dever geral de lutar por metas coletivas que definam o bem-estar público. Este fato propicia a Hércules um bom teste neste caso difícil. Ele poderia perguntar-se qual a interpretação que vincula de modo mais satisfatório a linguagem utilizada pelo poder legislativo a suas responsabilidades institucionais como juiz. Em outras palavras, isso nos remete mais uma vez à pergunta do árbitro a respeito da natureza do jogo. Pede a construção, não de alguma hipótese a respeito do estado mental de determinados legisladores, mas de uma teoria política especial que justifique essa lei melhor do que qualquer teoria alternativa, à luz das responsabilidades mais gerais dos legisladores[22].

---

22. Um exemplo anterior do uso da política na interpretação das leis ilustra essa forma de constituição. Em *Charles River Bridge vs. Warren Bridge*, 24 Mass. (7 Pick.) 344 (1830), aff'd, 36 U. S. (11 Pet.) 420 (1837), o tribunal teve de decidir se uma concessão para construir uma ponte sobre o rio Charles devia ser considerada exclusiva, de modo que concessões adicionais não mais pudessem ser concedidas. O juiz Morton, do Tribunal Superior de Apelação, sustentou que a concessão não devia ser considerada exclusiva, e argumentou, em defesa dessa interpretação, que

> "Se conseqüências tão incompatíveis com o desenvolvimento e a prosperidade do Estado resultarem da interpretação liberal e extensiva das escrituras públicas que têm sido concedidas, deveremos, se os termos empregados assim o permitirem, adotar uma interpretação mais estrita e limitada, em vez de imputar tais imprevidências ao poder legislativo.
>
> ...
>
> ... [Interpretar a concessão como exclusiva] equivaleria, substancialmente, a estabelecer uma convenção em cujos termos, ao longo da duração da concessão do demandante, uma parte importante de nosso estado (*commonwealth*), como instalações para viagens e transporte, deveria permanecer *in statu quo*. Sou total e irrestritamente levado à conclusão de que essa interpretação não é nem condizente com a razão indene, nem com as autoridades judiciais ou com o desenvolvimento da legislação, nem com os princípios de nossas instituições livres. Ibid., 460.

Que argumentos de princípio e de política poderiam ter convencido o poder legislativo a promulgar exatamente essa lei? O poder legislativo não deveria ter seguido uma política destinada a substituir a execução penal estadual pela execução federal, sempre que esta for constitucionalmente possível, pois isso representaria uma interferência desnecessária no princípio do federalismo que deve fazer parte da teoria constitucional de Hércules. O poder legislativo poderia, contudo, ter agido de modo responsável, seguindo uma política que remetesse à esfera da competência federal todos os crimes cuja natureza interestadual viesse a representar um obstáculo ao cumprimento da lei por parte do estado. Ou poderia, de modo igualmente responsável, ter selecionado dentre esses crimes apenas aqueles especialmente perigosos ou disseminados. Qual dessas duas políticas responsáveis oferece uma melhor justificação da lei efetivamente redigida? Se as penalidades estipuladas pela lei forem duras e, desse modo, apropriadas para a segunda, mas não para a primeira política, a preferida deve ser a segunda. Qual das diferentes interpretações da lei permitidas pela linguagem serve melhor a essa política? Sem dúvida, uma decisão segundo a qual a sedução (*inveiglement*) do tipo apresentado no caso não se transforme em crime federal em decorrência da lei.

Descrevi um problema simples e talvez pouco representativo da interpretação das leis de origem legislativa, porque não posso, no momento, desenvolver em detalhes uma teoria de tal interpretação. Quero apenas sugerir de que modo se poderia defender a afirmação geral de que as suposições feitas pelos juízes sobre a intenção das leis são suposições sobre direitos políticos. Ainda assim, é preciso fazer duas observações mesmo sobre este exemplo simples. Em primeiro lugar, seria incorreto afirmar que Hércules complementou o que o poder legislativo fizera ao promulgar a lei, ou que ele tentou determinar o que o poder legislativo teria feito se tivesse levado em consideração o problema apresentado pelo caso. O ato de um órgão legislativo não é, como sugerem essas descrições, um evento cuja força possamos, de algum modo, medir para poder dizer que ele se esgotou em um determinado momento; trata-se, na verdade, de um evento cujo conteúdo é contestado, da mesma maneira como se contesta o conteúdo de um acordo para se jogar um jogo. Hércules constrói sua teoria política como um argumento sobre o que o poder legislativo fez naquela ocasião. O argumento contrário, de acordo com o qual os legisladores na realidade não fizeram o que Hércules diz que fizeram, não é um exemplo realista de bom senso, mas uma alegação antagônica sobre o verdadeiro conteúdo desse evento contestado.

Em segundo lugar, é importante assinalar quão grande é o papel que os termos canônicos da lei adotada desempenham no processo descrito. Tais termos estipulam um limite àquilo que de outro modo, levando-se em conta a natureza do caso, deveria ser ilimitado. A teoria política que Hércules desenvolveu para interpretar a lei, que apresenta uma política de apoio federal ao cumprimento da lei no caso de crimes graves, pode justificar um grande número de decisões que o poder legislativo de fato não tomou, seja qual for a interpretação que se dê à linguagem por ele utilizada. Pode justificar, por exemplo, que uma lei considere crime federal o fato de um assassino abandonar o estado no qual cometeu o crime. O poder legislativo não tem nenhum dever geral de ajustar-se às diretrizes de qualquer política em particular, e para Hércules seria um erro manifesto imaginar que, em algum sentido, o poder legislativo tenha promulgado essa outra lei. Os termos da lei efetivamente promulgada pelo poder legislativo permitem que este processo de interpretação opere sem incorrer em qualquer absurdo; permitem que Hércules afirme que o poder legislativo estendeu uma política até os limites permitidos pela linguagem de que fez uso. No entanto, Hércules não supõe que o poder legislativo tenha estendido essa política até um ponto ulterior indeterminado, além desse limite.

B. O direito costumeiro (common law)

1. O precedente. Um dia, os juristas apresentaram a Hércules um caso difícil que não está previsto em nenhuma lei. Eles questionaram se as decisões anteriores de direito costumeiro, tomadas pelo tribunal de Hércules, quando devidamente compreendidas, dão a alguma das partes o direito a uma decisão favorável. O *Spartan Steel* é um desses casos. O autor da ação não pretendia que a lei lhe desse um direito de ser indenizado por prejuízos econômicos; na verdade, invocava certas decisões judiciais anteriores que concediam compensações por outros tipos de dano, e sustentava que o princípio por trás desses casos também exigia uma decisão favorável no seu próprio caso.

Hércules deve começar perguntando-se por que os argumentos com essa forma nunca são bem fundamentados, mesmo em princípio. Descobrirá que não é nada fácil encontrar uma resposta rápida ou óbvia a tal pergunta. Quando ele se colocou a pergunta paralela sobre a legislação, encontrou uma resposta fácil na teoria democrática geral. Mas os detalhes das práticas de precedente que agora ele deve justificar resistem a qualquer teoria simples.

Ele pode, contudo, ser tentado pela seguinte resposta. Quando decidem casos particulares no direito costumeiro, os juízes estabelecem regras gerais que de algum modo se propõem a beneficiar a comunidade. Ao decidirem casos posteriores, outros juízes devem, portanto, aplicar essas regras de modo que o benefício possa ser obtido. Se essa apresentação do tema fosse uma justificação suficiente para práticas de precedente, Hércules poderia então decidir estes casos difíceis de direito costumeiro, considerando as decisões anteriores como leis e usando as técnicas que elaborou para a interpretação das leis. Porém, se levar muito longe essa teoria, ele irá deparar com enormes dificuldades. Seremos recompensados se examinarmos o porquê disso com certo detalhamento, já que os erros dessa teoria nos guiarão para uma teoria mais apropriada.

Como vimos há pouco, a interpretação das leis depende da disponibilidade de uma forma verbal canônica, por mais vaga ou imprecisa que seja, que possa colocar limites às decisões políticas que, como se atribui, tenham sido tomadas pela lei. Hércules descobrirá que muitas das opiniões que os litigantes citam como precedentes não contêm quaisquer proposições especiais que possam ser consideradas como uma forma canônica da regra estabelecida pelo caso. É verdade que, em fins do século XIX e primórdios do século XX, fazia parte do estilo judicial inglês e norte-americano tentar compor esses enunciados canônicos de modo que, dali para a frente, fosse possível referir-se, por exemplo, à regra do caso *Rylands vs. Fletcher*[23]. Mesmo nesse período, porém, os juristas e os livros de direito divergiam sobre que partes de decisões famosas deveriam ser consideradas como possuidoras dessa característica. Hoje, em todo caso, mesmo as opiniões importantes raramente tentam chegar a essa modalidade de redação legislativa. Citam razões, em forma de precedentes e princípios, que justificam uma decisão, mas é a decisão, e não alguma nova regra jurídica enunciada, que esses precedentes devem justificar. Em algumas ocasiões, um juiz reconhece abertamente que cabe aos casos posteriores determinar as conseqüências plenas do caso por ele decidido.

Sem dúvida, Hércules pode decidir que ao encontrar, em um caso anterior, um arranjo canônico de palavras, usará suas técnicas de interpretação das leis para decidir se a regra que essas palavras compõem abarca ou não um caso novo[24]. Ele

23. [1866] L.R. 1 Ex. 265, aff'd, (1868) L.R. 3 H.L. 330. O caso *Rylands vs. Fletcher* representa um marco na doutrina do precedente. Nele, a House of Lords decidiu que aquele que acumula artificialmente água em sua propriedade é absolutamente responsável pelos danos causados por seu escapamento. (Rylands e seus sócios haviam construído um dique para acumular água para seu moinho, que mais tarde inundou uma mina adjacente.) O princípio da decisão, embora obscuro, foi progressivamente estendido a outros casos por analogia, envolvendo depósitos de petróleo, gás, eletricidade, etc. Ver James Landis, *The Administrative Process*, Yale University Press, New Haven, 1938, pp. 221 et circa.

24. Mas, uma vez que Hércules será levado a aceitar a tese dos direitos (ver pp. 115-6 *infra*), sua "interpretação" das decisões judiciais será diferente de sua interpretação das leis em um aspecto importante. Quando interpreta as leis, ele atribui à linguagem jurídica, como vimos, argumentos de princípio ou de política que fornecem a melhor justificação dessa linguagem à luz das responsabilidades do poder legislativo. Sua argumentação continua sendo um argumento de princípio; ele usa a política para determinar que direitos já foram criados pelo Legislativo. Mas, quando "interpreta" as decisões judiciais, atribuirá à linguagem relevante apenas argumentos de princípio, pois a tese dos direitos sustenta que somente tais argumentos correspondem à responsabilidade do tribunal em que foram promulgadas.

bem pode reconhecer aquilo que se poderia chamar de força de promulgação do precedente (*enactment force of precedent*). Não obstante descobrirá que, quando um precedente tem força de promulgação, não se considera que sua influência sobre casos posteriores se limite a essa força. Os juízes e os juristas não pensam que a força dos precedentes se esgota, como aconteceria no caso de uma lei, devido aos limites lingüísticos de uma determinada formulação. Se o *Spartan Steel* fosse um caso nova-iorquino, o advogado do autor da ação imaginaria que a decisão anterior de Cardozo, no caso *Macpherson vs. Buick*[25], no qual uma mulher obteve reparação por perdas e danos devido à negligência na fabricação de um automóvel, contaria a favor do direito de seu cliente à indenização, apesar de o fato da decisão anterior não conter nenhuma formulação verbal que pudesse, de modo plausível, ser interpretada como uma promulgação desse direito. Ele insistiria em que a decisão anterior exerce uma força gravitacional sobre as decisões posteriores, mesmo quando se situam fora de sua órbita particular.

Essa força gravitacional faz parte da prática que deve ser capturada pela teoria geral de Hércules a respeito dos precedentes. Neste importante aspecto, a prática judicial difere da prática daqueles que representam outras instituições. No xadrez, os árbitros se adaptam às regras estabelecidas de uma maneira que pressupõe autonomia institucional plena. Exercem a originalidade somente na medida em que assim exige uma regra eventual, como a regra sobre a imposição de uma penalidade. No xadrez, portanto, pode-se afirmar que cada decisão tomada pelo árbitro é diretamente exigida e justificada por uma regra enxadrística estabelecida, ainda que algumas dessas decisões devam basear-se em uma interpretação e não apenas no significado manifesto e irrecusável dessa regra.

Alguns filósofos do direito escrevem sobre a decisão judicial no direito costumeiro como se fosse, neste sentido, seme-

---

25. *MacPherson vs. Buick Motor Co.*, 217 Nova York 382, 111 N.E. 1050 (1916). (N. do R. T.): Ver transcrição dos votos e das comparações com outros casos de responsabilidade por negligência, como *Devlin vs. Smith*, em Harold Berman, op. cit., pp. 421 ss.

lhante ao xadrez, exceto quanto ao fato de que é muito mais provável que as regras jurídicas exijam uma interpretação do que as regras do xadrez. É com este espírito, por exemplo, que o professor Hart argumenta que os casos difíceis só existem porque as regras jurídicas possuem aquilo que ele chama de "textura aberta"[26]. De fato, os juízes freqüentemente divergem não apenas sobre o modo de interpretar uma regra ou um princípio, mas também sobre a questão de saber se a regra ou o princípio que um juiz cita deve, inclusive, chegar a ser reconhecida como sendo uma regra ou um princípio. Em alguns casos, tanto a maioria quanto as opiniões dissidentes reconhecem os mesmos casos anteriores como relevantes, mas não chegam a um acordo sobre qual regra ou princípio se deve entender como tendo sido estabelecida por esses precedentes. Na decisão judicial, ao contrário do que acontece no xadrez, o argumento *em favor* de uma regra específica pode ser mais importante do que o argumento *extraído dessa regra* para o caso particular. Enquanto o árbitro de xadrez que decide um caso apelando para uma regra da qual ninguém jamais ouviu falar será desqualificado ou declarado insano, é muito provável que o juiz que assim proceder venha a ser louvado nas aulas das escolas de direito.

Não obstante, os juízes parecem concordar que as decisões anteriores realmente contribuem na formulação de regras novas e controvertidas de uma maneira distinta do que no caso da interpretação. Eles aceitam, por unanimidade, que as decisões anteriores têm força gravitacional, mesmo quando divergem sobre o que é essa força. É muito comum que o legislador se preocupe apenas com questões fundamentais de moralidade ou de política fundamental ao decidir como vai votar alguma questão específica. Ele não precisa mostrar que seu voto é coerente com os votos de seus colegas do poder legislativo, ou com os de legislaturas passadas. Um juiz, porém, só muito raramente irá mostrar este tipo de independência. Tentará, sempre, associar a justificação que ele fornece para uma decisão original às decisões que outros juízes ou funcionários tomaram no passado.

---

26. H. L. A. Hart, *The Concept of Law*, 121-32.

De fato, quando os bons juízes tentam explicar, em termos gerais, de que modo trabalham, procuram figuras de linguagem que descrevam as restrições que experimentam, mesmo quando supõem estar criando direito novo, restrições essas que não seriam apropriadas se fossem legisladores. Eles dizem, por exemplo, que encontram novas regras imanentes no direito como um todo, ou que aplicam uma lógica interna do direito através de algum método que pertence mais à filosofia do que à política, ou que eles são os agentes através dos quais o direito se purifica, ou que o direito tem vida própria, mesmo quando esta pertence mais à experiência do que à lógica. Hércules não deve contentar-se com essas famosas metáforas e encarnações, mas também não deve se contentar com qualquer descrição do processo judicial que ignore a atração que elas exercem sobre os melhores juristas.

A força gravitacional do precedente não pode ser apreendida por nenhuma teoria que considere que a plena força do precedente está em sua força de promulgação, enquanto uma peça de legislação. Contudo, a inadequação de tal abordagem sugere uma teoria superior. A força gravitacional de um precedente pode ser explicada por um apelo, não à sabedoria da implementação de leis promulgadas, mas à eqüidade que está em tratar os casos semelhantes do mesmo modo. Um precedente é um relato de uma decisão política anterior; o próprio fato dessa decisão, enquanto fragmento da história política, oferece alguma razão para se decidir outros casos de maneira similar no futuro. Essa explicação geral da força gravitacional do precedente explica a característica que invalidou a teoria da promulgação das leis, aquela segundo a qual a força de um precedente escapa à linguagem do voto em que é formulado. Se o governo de uma comunidade obrigou o fabricante de carros defeituosos a indenizar uma mulher que se feriu por causa desse defeito, então este fato histórico deve oferecer alguma razão para que este mesmo governo exija, de um empreiteiro que causou prejuízo econômico devido ao trabalho malfeito de seus empregados, que compense os danos decorrentes. Podemos testar o peso dessa razão não perguntando se a linguagem da decisão anterior, devidamente interpretada, exige que o empreiteiro pague indenizações, mas perguntando se é justo que o governo, depois de intervir do modo como fez no primeiro caso, recuse sua ajuda no segundo.

Hércules concluirá que sua doutrina da eqüidade oferece a única explicação adequada da prática do precedente em sua totalidade. Extrairá algumas outras conclusões sobre suas próprias responsabilidades quando da decisão de casos difíceis. A mais importante delas determina que ele deve limitar a força gravitacional das decisões anteriores à extensão dos argumentos de princípio necessários para justificar tais decisões. Se se considerasse que uma decisão anterior estivesse totalmente justificada por algum argumento de política, ela não teria força gravitacional alguma. Seu valor enquanto precedente ficaria restrito a sua força de promulgação, isto é, aos casos adicionais abarcados por alguns termos específicos do precedente. A força distributiva de uma meta coletiva, como já observamos aqui, é uma questão de fatos contingentes e de estratégia legislativa geral. Se o governo interveio em favor da srta. MacPherson, não porque ela tivesse algum direito à sua intervenção, mas somente porque uma estratégia criteriosa sugeria este meio para alcançar uma meta coletiva como a da eficiência econômica, então não pode haver um argumento de eqüidade efetivo, de acordo com o qual o governo tinha, por isso, a obrigação de intervir em favor do autor da ação no caso *Spartan Steel*.

Para compreender por que deve ser assim, não podemos perder de vista as insignificantes exigências que fazemos aos legisladores em nome da consistência, quando suas decisões são geradas por argumentos de política[27]. Suponhamos que o

---

27. Em *Williamson vs. Lee Optical Co.*, 348 U.S. 483 (1955), o juiz Douglas sugeriu que a legislação gerada por uma política não precisava ser uniforme ou coerente:

> O problema da classificação legislativa é um problema eterno que não admite nenhuma definição doutrinária. No mesmo campo é possível encontrar males de diferentes dimensões e proporções, que exigem diferentes remédios. Ou assim pode pensar o legislativo. Ou a reforma pode avançar aos poucos, voltando-se para a fase do problema que parece mais aguda ao espírito dos legisladores. O Legislativo pode selecionar uma fase em uma área e ali aplicar um remédio, negligenciando as outras áreas. A proibição

poder legislativo deseje estimular a economia e que possa fazê-lo, com aproximadamente a mesma eficiência, tanto subsidiando a construção de conjuntos habitacionais, como aumentando os gastos governamentais diretos com a construção de novas estradas. As empresas que as constroem não têm nenhum direito a que o poder legislativo opte por sua construção; se ele assim o fizer, as empresas que constroem casas não têm direito algum, nos termos de algum princípio de consistência, a que o poder legislativo também venha a subsidiar os programas habitacionais. Os legisladores podem decidir que o programa de construção de estradas já deu um estímulo suficiente à economia, e que novos programas não são necessários. Podem tomar essa decisão mesmo que agora admitam que, de início, o subsídio à construção de moradias teria sido uma decisão mais eficiente. Podem, também, admitir que é preciso estimular ainda mais a economia, mas decidir pela conveniência de esperar por mais provas – talvez provas do êxito do programa de construção de estradas – para ver se os subsídios fornecem um estímulo eficaz. Podem, inclusive, afirmar que não desejam, no momento, investir mais tempo e energia na política econômica. Talvez haja um limite à arbitrariedade das distinções que o poder legislativo pode estabelecer em sua perseguição de metas coletivas. Mesmo que seja eficiente construir todos os estaleiros navais no sul da Califórnia, pode-se considerar que é injusto e politicamente insensato tomar tal decisão. Mas esses requisitos frágeis, que proíbem tais repartições excessivamente injustas, são claramente compatíveis com a concessão de vantagens consideráveis a um grupo, vantagens essas negadas a outros.

---

da Cláusula de Igual Proteção não vai além de uma odiosa discriminação. Ibid. 489 (citação omitida).

Sem dúvida, o ponto principal do argumento aqui desenvolvido, o de que as exigências de consistência são diferentes nos casos de princípio e de política, é de grande importância para a compreensão da história recente da cláusula de igual proteção. É o ponto que está por trás das tentativas de distinguir entre igual proteção "antiga" e "nova", ou de estabelecer classificações "suspeitas". Ele oferece uma distinção mais acurada e inteligível do que aquelas alcançadas por essas tentativas.

Não pode haver, portanto, nenhum argumento geral de eqüidade, de acordo com o qual um governo que atende a uma meta coletiva de uma certa maneira em determinada ocasião deva atendê-la dessa maneira, ou mesmo atender à mesma meta, sempre que uma oportunidade paralela se apresentar. Não quero dizer, simplesmente, que o governo pode mudar de opinião e lamentar sua decisão anterior, quer esta diga respeito à meta, quer aos meios. Quero dizer apenas que um governo responsável pode servir a metas diferentes de maneira gradativa e ocasional. Ou seja, ainda que não lamente uma regra destinada a servir a uma meta particular, e continue a apoiá-la, pode rejeitar outras regras que também serviriam muito bem à mesma meta. Pode, por exemplo, instituir uma regra segundo a qual os fabricantes são responsáveis pelos danos decorrentes de defeitos em seus carros, e ainda assim recusar-se a instituir a mesma regra para os fabricantes de máquinas de lavar roupa, para não mencionar os empreiteiros que causam prejuízos econômicos como no caso *Spartan Steel*. O governo deve, sem dúvida, ser racional e equânime; deve tomar decisões que, em seu conjunto, sirvam a uma mescla justificável de metas coletivas, mas continue a respeitar quaisquer direitos que os cidadãos tenham. Essa exigência geral, contudo, não sustenta algo como a força gravitacional que se supôs realmente existir na decisão judicial em favor da sra. MacPherson.

Assim, ao definir a força gravitacional de um precedente específico, Hércules só deve levar em consideração os argumentos de princípio que justificam esse precedente. Se a decisão favorável à sra. MacPherson supõe que ela tem um direito à indenização, e não simplesmente que uma regra a seu favor promove alguma meta coletiva, então o argumento da eqüidade, no qual se fundamenta a prática do precedente, ganha precedência. Daí não se segue, por certo, que qualquer pessoa que de algum modo tenha sido prejudicada pela negligência de uma outra deva ter o mesmo direito concreto a uma indenização, como a outra teve. Pode ser que, neste último caso, os direitos concorrentes exijam uma solução conciliatória que não era exigida no primeiro caso. Também pode resultar daí que, neste último caso, o autor da ação tenha o mesmo direito abstrato. Se é assim, será necessária uma argumentação especial que cite os direitos concorrentes para mostrar que, no último caso, uma decisão em contrário seria justa (*fair*).

2. A teia inconsútil. A primeira conclusão de Hércules – a de que a força gravitacional de um precedente define-se pelos argumentos de princípio que lhe dão sustentação – sugere uma segunda conclusão. Uma vez que, em sua comunidade, a prática judicial pressupõe que os casos anteriores têm uma força gravitacional *geral*, Hércules somente pode justificar essa prática pressupondo que a tese dos direitos é válida em sua comunidade. Nunca se considera como um argumento satisfatório contra a força gravitacional de um precedente o fato de que a meta ao qual este servia encontra-se agora suficientemente atendida, ou que, neste momento, os tribunais ocupariam melhor seu tempo, caso servissem a uma outra meta que tenha sido relativamente negligenciada, talvez retomando uma meta à qual o precedente serviu em alguma outra ocasião. As práticas de precedente não pressupõem que os fundamentos racionais que recomendam as decisões judiciais possam ser atendidos dessa maneira fragmentária. Caso se reconheça que um precedente específico se justifica por uma determinada razão; caso tal razão também recomende um determinado resultado no caso em juízo; caso a decisão anterior não tenha sido objeto de uma retratação ou, de algum outro modo, não tenha sido vista como uma questão de arrependimento institucional, então deve-se chegar a essa decisão no segundo caso.

Hércules deve supor que sua comunidade compreende, ainda que talvez não o admita explicitamente, que é preciso ver as decisões judiciais como instâncias justificadas por argumentos de princípio, e não por argumentos de política. Ele agora se dá conta de que o conhecido conceito utilizado pelos juízes para explicar seus raciocínios a partir do precedente – o conceito de certos princípios subjacentes ao direito costumeiro ou a ele incorporados – não passa de uma afirmação metafórica da tese dos direitos. Doravante, Hércules pode usar este conceito em suas decisões de casos difíceis do direito costumeiro. O conceito fornece um teste geral para decidir casos desse tipo, teste que se assemelha ao conceito que o árbitro de xadrez tem a respeito da natureza de uma partida, ou similar ao seu próprio conceito de uma finalidade legislativa. O conceito também lhe apresenta uma questão – qual é o conjunto de princípios que melhor justifica os precedentes? – que faz uma ponte entre a justificação geral da prática do precedente, que é a eqüidade, e sua própria decisão sobre o que essa justificação geral requer em um caso difícil específico.

Hércules deve agora desenvolver seu conceito dos princípios que fundamentam o direito costumeiro, atribuindo a cada um dos precedentes relevantes algum esquema de princípios que justifique a decisão contida nesse precedente. Em seguida, ele descobrirá uma nova e importante diferença entre este conceito e o conceito de intenção da lei escrita que usou na interpretação das leis. No caso das leis, parece necessário escolher alguma teoria sobre a intenção da lei em questão, voltando-se para outros atos do poder legislativo apenas na medida em que estes possam ajudá-lo a fazer uma opção entre teorias que se ajustam de maneira mais ou menos equivalente à lei em exame. Mas se a força gravitacional do precedente tem por base a idéia de que a eqüidade exige a aplicação coerente dos direitos, Hércules deve então descobrir os princípios que se ajustam não apenas ao precedente específico para o qual algum litigante dirige sua atenção, mas para todas as outras decisões no âmbito de sua jurisdição geral e, na verdade, também às leis, na medida em que estas devem ser vistas como geradas a partir de princípios e não a partir de uma determinada política. Caso os princípios que ele citar como estabelecidos forem incompatíveis com outras decisões que seu tribunal propõe-se igualmente a sustentar, Hércules não terá cumprido seu dever de mostrar que a decisão que ele tomou é compatível com princípios estabelecidos e, portanto, equânime (*fair*).

Suponhamos, por exemplo, que Hércules possa justificar a decisão de Cardozo em favor da senhora MacPherson citando algum princípio abstrato de igualdade, segundo o qual toda vez que ocorre um acidente, a mais rica dentre as diversas pessoas cujos atos possam ter contribuído para provocá-lo deve arcar com os custos. Ainda assim, ele não poderá mostrar que tal princípio foi respeitado em outros casos de acidentes, e mesmo que possa mostrar isso, não poderá mostrar que o princípio foi respeitado em outras áreas do direito – por exemplo nos contratos – sobre as quais também poderia ter um grande impacto caso fosse reconhecido. Se Hércules, em um caso futuro que ennvolve um acidente, decidir desfavoravelmente a um demandante que é mais rico que o réu, apelando para este suposto direito à igualdade, o demandante poderá, com propriedade, queixar-se de que a decisão é incompatível com o comportamento do governo em outros casos. Tal decisão é tão inconsistente como ignorar o próprio caso *MacPherson*. O direito pode não ser uma trama inconsútil, mas o demandante tem o direito de pedir a Hércules que o trate como se fosse.

O leitor entenderá agora por que chamei nosso juiz de Hércules. Ele deve construir um esquema de princípios abstratos e concretos que forneça uma justificação coerente a todos os precedentes do direito costumeiro e, na medida em que estes devem ser justificados por princípios, também um esquema que justifique as disposições constitucionais e legislativas. Podemos apreender a magnitude de tal empreendimento se distinguirmos, no âmbito do vasto material de decisões jurídicas que Hércules deve justificar, uma ordenação vertical e outra horizontal. A ordenação vertical é fornecida por diferentes estratos de autoridade, isto é, estratos nos quais as decisões oficiais podem ser consideradas como controles das decisões tomadas em níveis inferiores. Nos Estados Unidos, a natureza gradativa da ordem vertical é evidente. A estrutura constitucional ocupa o mais alto nível, as decisões da Suprema Corte e, talvez, de outros tribunais que interpretam essa estrutura, vêm a seguir. As leis promulgadas pelos diferentes órgãos legislativos ocupam o nível seguinte, e abaixo deste, em níveis diversos, vêm as decisões dos diferentes tribunais que desenvolvem o direito costumeiro. Hércules deve organizar a justificação de princípio em cada um desses níveis, de tal modo que a justificação seja consistente com os princípios que fornecem a justificação dos níveis mais elevados. A ordenação horizontal requer apenas que os princípios que devem justificar uma decisão em um nível devem ser também consistentes com a justificação oferecida para outras decisões no mesmo nível.

Suponhamos que Hércules, fazendo valer suas aptidões extraordinárias, se proponha a desenvolver todo este esquema de antemão, de modo que esteja em condições de enfrentar os litigantes com toda uma teoria do direito, caso isso seja necessário para justificar qualquer decisão específica. Por consideração para com a ordenação vertical, ele começaria por especificar e aperfeiçoar a teoria constitucional que já utilizou. Essa teoria seria, em alguma medida, diferente da teoria desenvolvida por outro juiz, pois uma teoria constitucional requer juízos sobre questões complexas de adequação institucional, bem como juízos sobre filosofia política e moral, e os juízos de Hércules serão inevitavelmente diferentes daqueles emitidos por outros juízes. Em um alto nível de ordenação vertical, essas diferenças irão exercer uma força considerável sobre o esquema que cada juiz tende a propor para os níveis inferiores. Hércules pode pensar, por exemplo, que certas restrições constitucionais substantivas ao poder legislativo seriam mais bem justificadas se postulássemos um direito abstrato à privacidade contra o Estado, pois ele acredita que tal direito é uma conseqüência do direito ainda mais abstrato à liberdade, assegurado pela Constituição. Se assim for, ele verá como uma inconsistência a incapacidade das leis de responsabilidade civil em reconhecer, de alguma forma concreta, um direito abstrato e análogo à privacidade diante dos demais cidadãos. Se outro juiz não compartilhar as crenças de Hércules sobre a relação entre privacidade e liberdade, e em conseqüência não considerar convincente sua interpretação constitucional, este juiz também estará em desacordo com Hércules no que toca ao desenvolvimento adequado das leis de responsabilidade civil.

Assim, o impacto dos juízos do próprio Hércules será disseminado, embora alguns deles sejam controversos. Mas esses juízos não entrarão em suas considerações de maneira a fazer com que as diferentes partes da teoria por ele construída sejam atribuídas a suas convicções independentes, e não ao conjunto de leis que Hércules deve justificar. Ele não seguirá aquelas teorias clássicas da decisão judicial que mencionei anteriormente, que supõem que um juiz segue as leis ou os precedentes até que a clareza de orientação dos últimos deixe claro que ele está livre para agir por sua própria conta. Sua teoria diz respeito ao que a lei ou o precedente exigem, embora ao tomar suas decisões o juiz evidentemente deixe transparecer suas convicções intelectuais e filosóficas. Mas isso é muito diferente de supor que essas convicções têm alguma força independente no argumento, simplesmente pelo fato de serem suas convicções[28].

3. Erros. Neste momento, não tentarei desenvolver de modo mais detalhado a teoria do direito de Hércules. Mencionarei, contudo, dois problemas com os quais ele irá deparar. Em primeiro lugar, ele deve decidir que peso deve atribuir, ao construir um esquema de justificação para um conjunto de precedentes, aos argumentos incorporados às decisões pelos juízes que decidiram tais casos. Ele nem sempre encontrará, nessas sentenças, alguma proposição suficientemente precisa para ser posteriormente utilizada como uma lei passível de interpretação. Mas as sentenças sempre conterão uma argumentação na forma de proposições que, para o juiz, recomendam sua decisão. Hércules decidirá atribuir a essas proposições somente um lugar inicial ou *prima facie* em seu esquema de justificação. O propósito desse esquema é satisfazer o requisito que ordena ao governo estender a todos os direitos que ele supõe que alguns tenham. Pode-se considerar que o fato de um funcionário do governo oferecer um certo princípio como fundamento de sua decisão estabelece *prima facie* que o governo confia neste princípio até este ponto.

Contudo, a força principal do argumento subjacente de eqüidade volta-se para o futuro, e não para o passado. A força gravitacional do caso da sra. MacPherson não depende sim-

28. Ver mais adiante pp. 123-30.

plesmente do fato de ela ter sido indenizada por seu Buick, mas também pelo fato de o governo estar disposto a permitir que, no futuro, outras pessoas na mesma situação venham a ser igualmente indenizadas. Se os tribunais se propusessem a anular a decisão, nenhum argumento substancial de eqüidade assentado na decisão real deste caso sobreviveria em favor do autor da ação no caso *Spartan Steel*. No entanto, se um princípio diferente do que foi citado por Cardozo pode ser encontrado para justificar *MacPherson*, e se este outro princípio também justificar um grande número de precedentes que Cardozo não justifica, ou se ele se ajustar melhor aos argumentos evocados para justificar as decisões de um nível superior na ordem vertical, este novo princípio será uma base mais satisfatória para decisões que venham a ser posteriormente tomadas. Sem dúvida, este argumento contra a utilização do princípio de Cardozo será desnecessário, se o novo princípio for mais abstrato, e se o princípio de Cardozo puder ser visto apenas como uma forma concreta desse princípio mais abstrato. Neste caso, Hércules incorporará, em vez de rejeitar, a explicação dada por Cardozo a sua decisão. Na verdade, foi exatamente assim que Cardozo utilizou a opinião de um caso anterior no qual se baseou, o de *Thomas vs. Winchester*[29]. É possível, porém, que o novo princípio avance em uma outra direção, de maneira a justificar um precedente ou uma série de precedentes em bases muito diferentes daquelas propostas pelas decisões que deram origem a esses precedentes. O famoso argumento de Brandeis e Warren sobre o direito à privacidade[30] nos dá uma ilustração perfeita. Eles argumentaram que tal direito não era desconhecido pela jurisprudência; ao contrário, era validado por um grande número de decisões, apesar de não ser mencionado pelos juízes que haviam decidido tais casos. Pode ser que, assim concebida, essa argumentação não tenha tido êxito, e que Hércules, no lugar deles, tivesse chegado a um resultado diferente. Não obs-

29. 6 Nova York 397 (1852).

30. Warren & Brandeis, "The Right of Privacy", 4 *Harv. L. Rev.* (1890), 193.

tante isso, a teoria de Hércules mostra por que esse argumento, às vezes considerado como uma espécie de fraude brilhante, é pelo menos bem fundado em suas ambições.

Hércules deve igualmente enfrentar um problema diferente e, ao mesmo tempo, mais complexo. Se a história de seu tribunal não for muito complexa, ele descobrirá, na prática, que a exigência de consistência total por ele aceita se revelará excessivamente forte, a menos que ele a desenvolva de modo que inclua a idéia de que, ao aplicar essa exigência, pode desconsiderar alguma parte da história institucional por considerá-la equivocada. Isto porque ele será incapaz, mesmo com sua soberba imaginação, de encontrar qualquer conjunto de princípios que concilie todos os precedentes e todas as leis existentes. Este fato não surpreende: os legisladores e juízes do passado não tinham, todos, a capacidade ou o *insight* de Hércules, nem eram homens e mulheres que compartilhavam as mesmas idéias e opiniões. Sem dúvida, qualquer conjunto de leis e decisões pode ser explicado histórica, psicológica ou sociologicamente, mas a consistência exige uma justificação, e não uma explicação, e a justificação deve ser plausível, e não postiça. Se a justificação que Hércules concebe estabelece distinções que são arbitrárias, e se vale de princípios que não são convincentes, então ela não pode, de modo algum, contar como uma justificação.

Suponhamos que, na jurisdição de Hércules, a lei sobre acidentes causados por negligência se tenha desenvolvido da maneira simplificada e imaginária que apresento a seguir. Ela tem origem em decisões específicas do direito costumeiro que reconhecem o direito à indenização por lesões físicas causadas por instrumentos muito perigosos com defeitos de fabricação. Em seguida, estes casos são reinterpretados em alguma decisão de importância histórica, a exemplo do que ocorreu no caso *MacPherson*, como se fossem justificados pelo direito muito abstrato que cada indivíduo tem a uma atenção razoável por parte de outros, cujas ações podem causar danos a sua pessoa ou a sua propriedade. Este princípio é então simultaneamente ampliado e contraído de diferentes maneiras. Os tribunais decidem, por exemplo, que nenhum direito concreto se coloca contra um contador que tenha sido negligente na preparação de balanços financeiros. Decidem igualmente que não se pode abrir mão do direito em certos casos; por exemplo, na forma padrão do contrato de compra de automóveis. O poder legislativo acrescenta uma lei determinando que, em certos casos de acidentes de trabalho, a indenização será concedida a menos que o acusado consiga provar que a culpa era inteiramente do demandante. Mas também determina que em outros casos, por exemplo nos acidentes aéreos, a indenização fique restrita a um montante estipulado com antecedência, que pode ser muito inferior à perda real; e mais tarde acrescenta que o passageiro de um automóvel não pode processar o motorista mesmo que ele dirija de maneira imprudente e cause ferimentos aos passageiros. Suponhamos agora, tendo em vista este contexto, que Hércules seja chamado para decidir o caso *Spartan Steel*.

Poderá ele encontrar um conjunto coerente de princípios que justifiquem essa história na forma exigida pela eqüidade? Ele pode tentar a proposição de que os indivíduos não têm direito à compensação por danos a menos que esses tenham sido intencionalmente infligidos. Hércules pode argumentar que esses indivíduos têm direito à compensação por danos por razões de política (*policy*), e não em reconhecimento a qualquer direito abstrato a tal indenização. Pode citar as leis que limitam a responsabilidade para proteger as companhias aéreas e empresas seguradoras, bem como os casos que excluem a responsabilidade dos contadores, como prova de que a indenização é negada quando a diretriz política argumenta em sentido contrário. Mas ele deve admitir que essa análise da história institucional é incompatível com as decisões do direito costumeiro, particularmente a decisão que reconheceu um direito geral à indenização nos casos de negligência. Hércules não pode afirmar, de um modo que seja compatível com o restante de sua teoria, que essas decisões podem ser justificadas com base em políticas, se sustentar, em decorrência da teoria dos direitos, que os tribunais somente podem estender a responsabilidade em resposta a argumentos de princípio, mas não em resposta a argumentos de política. Desse modo, ele deve deixar de lado essas decisões como sendo decisões equivocadas.

Ele pode tentar outra estratégia. Pode propor algum princípio, de acordo com o qual os indivíduos têm direito à indenização somente nas circunstâncias dos casos particulares nos quais se decidiu que tinham, mas que não têm um direito geral a tais indenizações. Hércules pode, por exemplo, admitir a existência de um princípio jurídico que concede um direito à indenização por danos sofridos no interior de um carro pertencente ao demandante, mas negar um princípio que o estenda a outro tipo de dano. Contudo, ainda que Hércules pudesse talhar sua justificação da história institucional de modo a ajustá-la perfeitamente a essa história, ele se daria conta de que tal justificação repousa sobre distinções que são arbitrárias. Ele não encontra, em sua teoria política, nenhum espaço para uma distinção que conceda um direito abstrato quando alguém é ferido enquanto dirige seu próprio carro, mas o negue quando se trata de um passageiro, ou quando os ferimentos ocorrem em um avião. Neste caso, Hércules terá apresentado um conjunto de argumentos que não se sustentam enquanto justificação coerente de coisa alguma.

Hércules pode, portanto, reconhecer sua incapacidade para dar sentido à história institucional, a não ser mediante a suposição de que existe algum direito geral e abstrato à indenização por negligência, mas ainda assim argumentar que se trata de um direito relativamente fraco que, por esta razão, ficará em segundo plano quando defrontar-se com considerações de política, cuja força é relativamente secundária. Ele irá citar as leis limitativas e os casos que sustentam seu ponto de vista de que esse direito é fraco. Nesse caso, terá de deparar com uma dificuldade: se, ainda que a lei que limita a responsabilidade em acidentes aéreos não tiver sido revogada, as companhias aéreas tiverem-se tornado suficientemente seguras e os mecanismos à sua disposição tão eficientes e baratos que a não-revogação da lei só possa ser justificada se considerarmos que o direito abstrato é tão fraco que, para invalidá-lo, basta recorrer a argumentos de política relativamente fracos. Se Hércules considera o direito assim tão fraco, não pode justificar as diversas decisões do direito costumeiro que dão sustentação a esse direito, enquanto direito concreto, contra argumentos de política muito mais fortes do que aqueles que podem ser apresentados pelas companhias aéreas. Ele precisa, então, escolher entre o que considerar como erro: a não-revogação da lei que limita a responsabilidade nos casos de acidentes aéreos ou as decisões do direito costumeiro que atribuem a este direito um valor muito maior.

De qualquer modo, portanto, Hércules deve ampliar sua teoria de modo a incluir a idéia de que uma justificação da história institucional pode apresentar uma parte dessa história como um equívoco. Mas Hércules não pode fazer um uso impudente desse recurso, pois se ele fosse livre para considerar qualquer aspecto incompatível da história institucional como um erro, sem que isso causasse outras conseqüências para sua teoria geral, a exigência de consistência não poderia de modo algum ser considerada como uma verdadeira exigência. Hércules deve desenvolver alguma teoria dos erros institucionais, e essa teoria deve ter duas partes. Deve mostrar quais seriam as conseqüências, para novos argumentos, de se considerar algum evento institucional como um erro, e deve limitar o número e o caráter dos eventos dos quais se pode abrir mão dessa maneira.

Ele construirá a primeira parte de sua teoria dos erros por meio de dois conjuntos de distinções. Em primeiro lugar, distinguirá entre, de um lado, a autoridade específica de qualquer evento institucional, que corresponde ao seu poder de produzir, enquanto ato institucional, exatamente aquelas conseqüências institucionais que descreve e, por outro lado, sua força gravitacional. Se Hércules classificar algum evento como erro, ele não negará sua autoridade específica, mas estará negando sua força gravitacional, e não pode então, de modo consistente, apelar para essa força em outros argumentos. Ele também distinguirá entre erros enraizados e erros passíveis de correção; os primeiros são aqueles cuja autoridade específica achase estabelecida de tal maneira que ela sobrevive à perda de sua força gravitacional; os segundos são aqueles cuja autoridade específica depende da força gravitacional, de modo que ele não pode sobreviver à perda dela.

O nível constitucional de sua teoria irá determinar quais são os erros enraizados. Sua teoria da supremacia legislativa, por exemplo, irá assegurar que quaisquer leis que ele considere como erros perderão sua força gravitacional, mas não sua autoridade específica. Se ele negar a força gravitacional da lei de limitação da responsabilidade das companhias aéreas, a lei não se verá, assim, revogada; o erro está implantado de tal maneira que sua autoridade específica sobrevive. Hércules deve continuar a respeitar as limitações que a lei impõe à responsabilidade, mas não a usará para argumentar em favor de um direito mais fraco em algum outro caso. Se Hércules aceitar alguma doutrina estrita do precedente, e considerar errada alguma decisão judicial, como aquela que nega um direito nos casos de negligência praticada pelos contadores, então, nesse caso, a doutrina estrita poderá preservar a autoridade específica dessa decisão, que pode limitar-se à sua força de promulgação, mas a decisão perderá sua força gravitacional. Ela se transformará, nas palavras do juiz Frankfurter, em destroços de um naufrágio jurídico ou em uma carga jurídica jogada ao mar. Não é preciso decidir-se por uma alternativa.

Isso é relativamente fácil de compreender, mas Hércules terá muito mais trabalho com a segunda parte de sua teoria dos erros. Dele se exige, devido à justificação que apresentou da prática geral do precedente, que componha uma justificação mais detalhada, na forma de um esquema de princípios, para o conjunto das leis e das decisões do direito costumeiro. Contudo, uma justificação que designe uma parte daquilo que deve ser justificado como errônea já será, *prima facie*, mais frágil do que outra que não o faça. A segunda parte de sua teoria dos erros deve demonstrar que ela é, não obstante isso, uma justificação mais forte do que qualquer alternativa que não reconheça erros, ou que reconheça um conjunto diferente de erros. Essa demonstração não pode ser uma dedução a partir de regras simples de construção teórica, mas, se Hércules tiver em mente a ligação que anteriormente estabeleceu entre precedente e eqüidade, tal ligação indicará duas diretrizes para sua teoria dos erros. Em primeiro lugar, a eqüidade vincula-se à história institucional não apenas enquanto história, mas como um programa político ao qual o governo se propõe a dar continuidade no futuro; em outras palavras, ela vincula-se às implicações futuras do precedente, e não às passadas. Se Hércules descobrir que alguma decisão anterior, seja uma lei ou uma decisão judicial, é presentemente muito criticada no ramo pertinente da profissão, tal fato, por si só, revela a vulnerabilidade daquela decisão. Em segundo lugar, Hércules deve lembrar-se de que o argumento de eqüidade que exige consistência não é o único argumento de eqüidade ao qual devem responder o governo em geral, e os juízes em particular. Se Hércules acreditar, deixando de lado qualquer argumento de consistência, que uma lei ou uma decisão específica é errônea por não ser eqüitativa no âmbito do conceito de eqüidade da própria comunidade, essa crença será suficiente para caracterizar tal decisão e torná-la vulnerável. Ele deve, por certo, aplicar as diretrizes sem perder de vista a estrutura vertical de sua justificação geral, de modo que as decisões tomadas em um nível inferior sejam mais vulneráveis do que as que pertencem a um nível superior.

Hércules aplicará, portanto, pelo menos duas máximas na segunda parte de sua teoria dos erros. Se puder demonstrar, por argumentos históricos ou pela menção a uma percepção geral da comunidade jurídica, que um determinado princípio, embora já tenha tido no passado atrativo suficiente para convencer o poder legislativo ou um tribunal a tomar uma decisão jurídica, tem agora tão pouca força que é improvável que continue gerando novas decisões desse tipo – então, nesse caso, o argumento de eqüidade que sustenta este princípio se verá enfraquecido. Se Hércules puder demonstrar, por meio de argumentos de moralidade política, que esse princípio é injusto, a despeito de sua popularidade, então o argumento de eqüidade que sustenta o princípio estará invalidado. Hércules ficará encantado ao descobrir que essas distinções são familiares à prática de outros juízes. A importância de sua carreira para a teoria do direito não está na novidade, mas justamente na familiaridade da teoria dos casos difíceis que ele acabou de criar.

6. Objeções políticas

A tese dos direitos tem dois aspectos. Seu aspecto descritivo explica a estrutura atual da instituição da decisão judicial, enquanto o aspecto normativo oferece uma justificação política para essa estrutura. A história de Hércules mostra como a prática judicial que nos é familiar pode ter se desenvolvido a partir de uma aceitação geral da tese. Isso esclarece de imediato a tese, ao mostrar suas implicações com algum detalhe, e oferece uma argumentação poderosa, ainda que não convencional, em favor de seu aspecto descritivo. Mas essa história também fornece um novo argumento político em favor de seu aspecto normativo. Hércules começou suas conjecturas com a intenção não apenas de reproduzir o que os outros juízes fazem, mas de fazer cumprir os direitos institucionais verdadeiros daqueles que procuraram o seu tribunal. Se ele for capaz de tomar decisões que satisfaçam nosso senso de justiça, isso irá configurar um argumento em favor do valor político de sua tese.

Agora se pode dizer, porém, a título de refutação, que algumas características da história de Hércules entram em choque com o aspecto normativo da tese. Na parte introdutória desse capítulo, mencionei uma conhecida objeção à originalidade do juiz: trata-se do argumento democrático segundo o qual os legisladores eleitos têm qualificações superiores para tomar decisões políticas. Afirmei que este argumento é fraco no caso das decisões de princípio, mas a história de Hércules pode fazer surgir novas dúvidas a este respeito. A história deixa claro que muitas das decisões de Hércules sobre os direitos jurídicos dependem de juízos de teoria política que poderiam ser emitidos diferentemente por diferentes juízes, ou pelo público em geral. A essa objeção pouco importa que a decisão seja de princípio, e não de política. Importa apenas que seja uma decisão sobre matéria de convicção política, a propósito da qual os indivíduos razoáveis não cheguem a um consenso. Se Hércules decide casos com base em tais juízos, então decide com base em suas próprias convicções e preferências, o que parece injusto, contrário à democracia e ofensivo ao princípio geral de direito.

É essa a forma geral da objeção que examinarei nesta última seção. Primeiro, porém, é preciso esclarecê-la com respeito a um importante aspecto. A objeção acusa Hércules de basear-se em suas próprias convicções em assuntos de moralidade política. A acusação é ambígua, pois existem duas maneiras pelas quais uma autoridade poderia tomar por base suas próprias opiniões ao tomar tal decisão. Em se tratando de um juiz, uma delas é ofensiva, mas a outra é inevitável.

Às vezes um funcionário apresenta, como razão de sua decisão, o fato de que alguma pessoa ou algum grupo sustenta uma crença ou uma opinião específica. Um legislador pode apresentar, como razão para votar em favor de uma lei contra o aborto, o fato de que seus eleitores acreditam que o aborto é um erro. Essa é uma forma de apelo à autoridade: o funcionário que o faz não justifica, ele mesmo, a substância da crença à qual apela, nem considera a solidez da crença como parte de seu argumento. Podemos imaginar um juiz que apelasse, exatamente dessa maneira, recorrendo ao fato de que *ele próprio* tem uma preferência política particular. Em termos filosóficos, ele pode ser um cético em questões de moralidade política. Pode dizer que, em questões desse tipo, a opinião de um homem não vale mais do que a de um outro, porque nenhum delas tem uma base objetiva, mas que, como ele próprio é favorável ao aborto, irá considerar inconstitucionais as leis antiaborto.

Este juiz se baseia no fato puro e simples de que ele sustenta um ponto de vista político particular que configura, em si, uma justificação de sua decisão. Mas um juiz pode basear-se em sua própria crença em um sentido diferente: considerando a verdade ou a solidez da crença. Suponhamos, por exemplo, que ele acredite que, enquanto questão de direito, a cláusula constitucional norte-americana do processo legal justo invalida qualquer restrição a uma liberdade fundamental, e que as leis antiaborto restringem uma liberdade fundamental. Pode basear-se na solidez dessas convicções e não no fato de que, ao contrário de outros, ele próprio as defende. Um juiz não precisa basear-se, desse modo, na solidez de nenhuma crença *específica*. Suponhamos que a maioria de seus colegas, ou os editores de uma importante publicação jurídica, ou ainda a maioria dos membros de uma comunidade que se manifesta em algum referendo sustenta um ponto de vista contrário sobre o aborto. Ele pode decidir que é seu dever submeter-se àquilo que, na opinião dessas pessoas, é exigido pela Constituição, a despeito de ele próprio não reconhecer solidez alguma na opinião delas. Nesse caso, porém, ele se fundamenta na solidez de sua própria convicção, de acordo com a qual, em tais assuntos, seu dever institucional consiste em submeter-se ao juízo emitido por outros. Na verdade, em um determinado momento ele deve basear-se na substância de seu próprio juízo para poder emitir algum juízo.

Hércules não se baseia em suas próprias convicções na forma descrita pela primeira dessas duas maneiras. Não leva em conta que o fato de ele próprio adotar uma concepção particular de liberdade religiosa, por exemplo, configura um argumento em favor de uma decisão que fortalece essa concepção. Portanto, se a objeção que estamos considerando for pertinente, ela deve dizer respeito à segunda maneira de basear-se em suas próprias convicções. Neste caso, porém, a objeção não pode ser uma objeção geral ao fato de ele confiar em qualquer uma de suas convicções, uma vez que ele deve, inevitavelmente, tornar algumas delas por base. Trata-se, na verdade, de uma objeção ao fato de ele confiar na solidez de algumas de suas convicções; esta objeção sustenta que ele deve acatar certos juízos emitidos por outros ainda que, em sua opinião, tais juízos estejam errados.

É difícil, contudo, ver *quais* de seus juízos a objeção supõe que ele deva submeter aos outros. Não teríamos este tipo de problema se Hércules tivesse aceito, em vez de recusar, uma teoria corrente da decisão judicial. Como já afirmei, a teoria do direito clássica pressupõe que os juízes decidam os casos em duas etapas: encontrem o limite daquilo que o direito explícito exige e, em seguida, exerça um poder discricionário independente para legislar sobre problemas que o direito não alcance. Nos casos de aborto recentes[31], segundo essa teoria, os juízes da Suprema Corte determinaram, primeiro, que a linguagem da cláusula do processo legal justo, bem como das decisões anteriores da Suprema Corte, não ditava uma decisão tanto em um sentido quanto em outro. Em seguida, puseram de lado a Constituição e os casos para decidir se, na opinião deles, era fundamentalmente injusto que um Estado proibisse o aborto no primeiro trimestre de gravidez.

Imaginemos outro juiz, a quem chamaremos de Herbert, que aceita essa teoria da decisão judicial e se propõe a aplicá-la em suas decisões. Herbert pode acreditar, ao mesmo tempo, que as mulheres têm um direito preferencial de abortar seus fetos, e que a maioria dos cidadãos pensa de outra forma. A presente objeção sustenta que ele deve resolver esse conflito tomando partido da democracia, de modo que, ao exercer seu poder discricionário para decidir os casos de aborto, deve decidir em favor das leis que o proíbem. Herbert pode concordar, e neste caso deveríamos dizer que pôs de lado sua moralidade em favor da moralidade do povo. Esta é, na verdade, uma maneira ligeiramente enganosa de colocar as coisas. Sua própria moralidade tornou decisivo o fato de que as pessoas têm um ponto de vista particular; ele não teve que retratar-se para favorecer a substância dessa concepção. Por outro lado, Herbert poderia divergir. Herbert pode acreditar que os direitos preferenciais em geral, ou este direito em particular, devam prevalecer contra a opinião popular, inclusive no poder legislativo, de

---

31. *Roe vs. Wade*, 410 U.S. 113 (1973); *Doe vs. Bolton*, 410 U.S. 179 (1973) . (N. do T.): Sobre este caso e as diversas questões legais e filosóficas referentes ao aborto, ver Ronald Dworkin, *Freedom's Law*, op. cit., pp. 44-59 et passim. Ver também a discussão mais ampla de Dworkin sobre o aborto em Ronald Dworkin, *Life's Dominion*, Alfred Knopp, Nova York, 1993, passim. [Trad. bras. *O domínio da vida,* Martins Fontes, São Paulo, em preparação.]

tal modo que, ao exercer seu poder discricionário, ele tem o dever de declarar inconstitucionais essas leis. Neste caso, a presente objeção argumenta que ele está equivocado, pois não atribuiu um peso suficiente ao princípio da democracia em sua teoria política.

Em todo caso, porém, estes argumentos que parecem feitos sob medida para Herbert, causam perplexidade enquanto argumentos contra Hércules. Hércules não encontra, primeiro, os limites do direito, para só então mobilizar suas próprias convicções políticas de modo que complemente o que o direito exige. Utiliza seu próprio juízo para determinar que direitos têm as partes que a ele se apresentam. Quando esse juízo é emitido, nada resta que se possa submeter a suas convicções ou à opinião pública. A diferença não é simplesmente uma diferença entre os modos possíveis de descrever a mesma coisa: vimos, na seção 4, que um juízo de direito institucional, como aquele emitido pelo árbitro de xadrez sobre a regra de penalidade, é muito diferente de um juízo independente de moralidade política, concebido nos interstícios oferecidos pela textura aberta das regras.

Herbert não considerou se devia ou não consultar a moralidade política antes de haver fixado os direitos jurídicos das partes. Contudo, quando Hércules fixa direitos jurídicos, já levou em consideração as tradições morais da comunidade, pelo menos do modo como estas são capturadas no conjunto do registro institucional que é sua função interpretar. Suponhamos que duas justificações coerentes possam ser oferecidas para decisões anteriores da Suprema Corte que aplicam a cláusula de processo legal justo. Uma justificação contém algum princípio de extrema liberalidade, que não pode ser conciliado com o direito penal da maioria dos estados, mas a outra justificação não contém tal princípio. Hércules não pode valer-se da primeira justificação como autorização para tomar uma decisão favorável aos casos de aborto, ainda que ele próprio seja extremamente liberal. Suas próprias convicções políticas, que favorecem a justificação mais liberal dos casos anteriores, devem ceder, pois são incompatíveis com as tradições populares que deram forma ao direito penal que sua justificação também deve explicar.

Sem dúvida, a técnica de Hércules pode às vezes requerer uma decisão que se oponha à moralidade popular em um ou outro de seus aspectos. Suponhamos que não se possa apresentar nenhuma justificação dos casos constitucionais anteriores que não contenha um princípio liberal forte o bastante para exigir uma decisão favorável ao aborto. Hércules deve, então, chegar a essa decisão, seja qual for a intensidade com que a moralidade popular condene o aborto. Neste caso, ele não aplica suas próprias convicções contra as da comunidade. Ao contrário, julga que, neste aspecto, a moralidade da comunidade é incoerente: sua moralidade constitucional – a justificação que se deve dar à constituição, tal como interpretada por seus juízes – condena o juízo que Hércules emite sobre a questão específica do aborto. Esses conflitos são conhecidos na esfera da moralidade individual; se quisermos usar o conceito de uma moralidade comunitária em teoria política, será preciso que também reconheçamos a existência de conflitos no âmbito dessa moralidade. Não se coloca, por certo, a questão de saber de que maneira tal conflito pode ser resolvido. Os indivíduos têm um direito à aplicação consistente dos princípios sobre os quais se assentam as suas instituições. É esse direito institucional, do modo como o define a moralidade constitucional da comunidade, que Hércules deve defender contra qualquer opinião incoerente, por mais popular que seja.

Esses casos hipotéticos demonstram que a objeção concebida contra Herbert tem muito pouco valor enquanto objeção contra Hércules. A teoria da decisão judicial de Hércules não configura, em momento algum, nenhuma escolha entre suas próprias convicções políticas e aquelas que ele considera como as convicções políticas do conjunto da comunidade. Ao contrário, sua teoria identifica uma concepção particular de moralidade comunitária como um fator decisivo para os problemas jurídicos; essa concepção sustenta que a moralidade comunitária é a moralidade política que as leis e as instituições da comunidade pressupõem. Ele deve, por certo, basear-se em seu próprio juízo para determinar que princípios de moralidade são estes, mas essa forma de apoio é a segunda daquelas que distinguimos, uma forma que é inevitável em algum nível.

É perfeitamente verdadeiro que, em alguns casos, a decisão de Hércules a propósito do conteúdo dessa moralidade comunitária – e, portanto, sua decisão sobre os direitos jurídicos – será passível de controvérsia. Assim será toda vez que a história institucional tiver que ser justificada mediante o recurso a algum conceito político contestado, como a eqüidade, a liberalidade ou a igualdade, mas não seja suficientemente detalhada para poder ser justificada por apenas uma dentre as diferentes concepções desse conceito. Apresentei anteriormente, como exemplo de tal decisão, aquela tomada por Hércules a respeito do transporte escolar de crianças de bairros brancos para escolas de bairros negros, e vice-versa, com o objetivo de criar integração racial nas escolas; podemos, agora, tomar um exemplo de interesse mais atual. Suponhamos que os casos anteriores de processo legal justo só possam ser justificados se supusermos algum direito importante à dignidade humana, mas que, em si mesmos, eles não forcem uma tomada de decisão em um ou outro sentido, no que se refere a saber se a dignidade requer o controle total do uso do próprio útero. Se Hércules for julgar casos de aborto, deve decidir essa questão e, ao fazê-lo, empregar seu próprio modo de entender o que é a dignidade.

Seria uma tolice negar que se trata de uma decisão política, ou que juízes diferentes, oriundos de diferentes subculturas, tenderão a tomar decisões diferentes. Ainda assim, não obstante, trata-se de uma decisão muito diferente daquela que diz respeito a se, após o exame de todos os prós e contras, as mulheres têm um direito preferencial de abortar. Hércules pode considerar a dignidade como um conceito sem importância; caso participasse de uma nova constituinte, poderia votar pela revogação da cláusula de processo legal justo, ou pelo menos para que nela se introduzisse uma emenda que eliminasse toda e qualquer idéia de dignidade. Não obstante, ele é capaz de decidir se este conceito, devidamente compreendido, abrange o caso do aborto. Está na mesma situação do árbitro de xadrez que odeia a meritocracia, mas ainda assim tem condições de avaliar se a inteligência inclui a intimidação psicológica.

É necessário, sem dúvida, que Hércules tenha algum entendimento do conceito de dignidade, mesmo que desvalorize tal conceito. Ele obterá esse entendimento observando de que modo o conceito é usado por aqueles que o consideram importante. Se o conceito figurar na justificação de uma série de decisões constitucionais, deve ser importante para a retórica e os debates políticos da época. Hércules formará sua compreensão do conceito de dignidade examinando a vida desse conceito em tais contextos. Dará o melhor de si para entender a atração que essa idéia exerce sobre os indivíduos que a invocam e, na medida do possível, formulará a uma concepção capaz de explicar a atração que tal idéia exerce sobre eles.

A melhor maneira de observar este processo é vê-lo como se tivesse duas etapas. Hércules observará, com vistas simplesmente a compreender sua linguagem, quais são os casos claros e estabelecidos aos quais o conceito se aplica. Observará, por exemplo, que quando pensamos que um homem trata outro como se fosse seu criado, embora não seja seu empregador, ficamos com a impressão de que o primeiro violou a dignidade do segundo. Em seguida, Hércules tentará colocar-se, tanto quanto possa, no contexto mais geral das crenças e atitudes daqueles que valorizam o conceito, para ver os casos claros através dos olhos deles. Suponhamos, por exemplo, que eles acreditem em alguma doutrina aristotélica do impulso à auto-satisfação, ou que vejam a autoconfiança como uma grande virtude. Hércules deve formular alguma teoria geral do conceito que explique por que aqueles que sustentam essa crença, ou aceitam essa virtude, irão também valorizar a dignidade; se sua teoria também explicar por que ele, que não aceita nem a crença, nem a virtude, não valoriza a dignidade, a teoria será ainda mais satisfatória em razão dessa característica.

Hércules utilizará então sua teoria da dignidade para responder a questões que a história institucional deixa em aberto. Essa teoria pode associar dignidade e independência, de modo que a dignidade de uma pessoa seja comprometida sempre que ela se vir forçada, contra sua vontade, a dedicar uma parte importante de sua atividade às preocupações alheias. Neste caso, ela pode muito bem endossar a reivindicação de que as mulheres tenham a liberdade constitucional de abortar, como um aspecto de seu direito constitucional reconhecido à dignidade.

É assim que Hércules pode interpretar um conceito que para ele não tem valor, para chegar a uma decisão que, em termos de moralidade básica, ele rejeitaria. É muito improvável, contudo, que Hércules se encontre muitas vezes em tal situação; ele tenderá a valorizar a maioria dos conceitos que figuram na justificação das instituições de sua própria comunidade. Neste caso, sua análise desses conceitos não terá o mesmo ar consciente de si mesmo da indagação sociológica. Ele começará a partir de dentro, e não de fora, do esquema de valores que aprova o conceito, e poderá colocar a si próprio, e não a algum hipotético eu, questões que remetam à moralidade profunda que dá valor ao conceito. A nítida distinção entre moralidade fundamental e institucional irá apagar-se, não porque a moralidade institucional seja desalojada por convicções pessoais, mas porque as convicções pessoais terão se tornado, para ele, a mais favorável via de acesso à moralidade institucional.

Daí não se segue, por certo, que mesmo então Hércules chegará exatamente às mesmas conclusões a que qualquer outro juiz chegaria a respeito de casos polêmicos sobre o conceito em questão. Ao contrário, Hércules se tornará semelhante a qualquer membro pensante da comunidade disposto a discutir o que a eqüidade, a igualdade ou a liberdade exigem em determinadas ocasiões. Agora, porém, vemos que é um erro supor que, em tais debates, os cidadãos pensantes estejam simplesmente opondo suas convicções pessoais entre si. Estão também contestando diferentes concepções de um conceito que, imaginam, lhes é comum; estão discutindo qual das diferentes teorias sobre esse conceito explica melhor os casos estabelecidos ou claros que fixam o conceito. Essa característica deste debate é obscurecida pelo fato de que cidadãos realmente valorizam os conceitos que contestam, e, em decorrência disso, raciocinam intuitiva ou introspectivamente, e não nos termos mais sociológicos que poderiam ser usados por alguém não circunscrito à sua esfera de pensamento. Contudo, na medida em que fazem suas alegações como alegações sobre conceitos compartilhados, tais afirmações terão a mesma estrutura que aquelas feitas pelos que não pertencem ao seu círculo. Essas questões importantes podem ser assim resumidas: a moralidade da comunidade não é, pelo menos nesses assuntos, a soma, a combinação ou a função das alegações rivais de seus membros; ela é, mais exatamente, aquilo que cada uma das alegações rivais declara ser. Quando Hércules toma por base sua própria concepção de dignidade, no segundo sentido de "confiança" que distinguimos, está ainda fundamentando-se em sua própria percepção geral daquilo que a moralidade da comunidade estabelece.

Fica claro, portanto, que a presente objeção deve ser reformulada se pretendemos usá-la como arma contra Hércules. Mas não pode ser reformulada para ajustar-se melhor a Hércules, sem perder o que nela existe de atraente. Vamos supor que Hércules deva acatar não o seu próprio juízo sobre a moralidade institucional de sua comunidade, mas sim o juízo da maioria dos membros dessa comunidade a respeito do que vem a ser essa moralidade. Há duas objeções evidentes contra essa recomendação. Não fica claro, em primeiro lugar, como ele poderia descobrir qual é este juízo popular. Não foi o fato de o homem da rua desaprovar o aborto ou aprovar a legislação que o torna um crime, que Hércules concluiu que o conceito de dignidade pressuposto pela Constituição, coerentemente aplicado, apóia sua posição política. Trata-se de uma questão sofisticada que exige uma certa habilidade dialética. Ainda que este homem comum possa demonstrar essa habilidade ao defender conscientemente sua posição, não se pode presumir que suas preferências políticas, expressas de maneira casual ou através do voto, tenham sido submetidas a essa forma de exame.

No entanto, mesmo que Hércules se mostre convencido de que o homem comum decidiu que a dignidade não exige o direito ao aborto, continua sem resposta a questão de por que Hércules deveria considerar decisiva a opinião desse homem.

Suponhamos que Hércules pense que tal homem esteja errado; em outras palavras, que esteja errado em suas opiniões filosóficas a respeito daquilo que os conceitos da comunidade requerem. Se Herbert estivesse nessa posição, teria bons motivos para acatar os juízos do homem comum. Herbert pensa que, quando as regras positivas do direito são vagas ou indeterminadas, os litigantes não têm direito institucional algum, de modo que qualquer decisão que ele possa vir a tomar será sempre um novo elemento de legislação. Uma vez que nada do que ele decida irá privar as partes daquilo a que elas têm direito como resultado das decisões dele, é no mínimo plausível o argumento de que, ao legislar, ele deve ver a si próprio como agente da maioria. Hércules, porém, não pode ver as coisas da mesma maneira. Ele sabe que a questão que ele deve decidir é a questão dos direitos institucionais das partes. Sabe também que, se decidir erradamente, como faria se seguisse os pontos de vista do homem comum, estará privando as partes daquilo que é seu direito. Nem Hércules nem Herbert submeteriam uma questão jurídica ordinária à opinião popular. Hércules, uma vez que pensa que as partes têm direitos tanto nos casos difíceis quanto nos fáceis, também não se submeteria à opinião popular nos casos difíceis.

Sem dúvida, a opinião de qualquer juiz sobre os direitos das partes nos casos difíceis pode estar equivocada, e a objeção pode tentar, em um derradeiro esforço, capitalizar este fato. Poderia admitir, *arguendo*, que a técnica de Hércules é apropriada para Hércules, que, por hipótese, tem grande percepção moral. Negaria, porém, que a mesma técnica fosse apropriada aos juízes em geral, que não a possuem. Ao avaliar este desafio, contudo, não devemos perder de vista o exame das alternativas. Os juízes são injustos quando cometem erros sobre os direitos jurídicos, sejam tais erros em favor do demandante ou do acusado. A objeção chama atenção para o fato de que eles cometerão tais erros em algumas ocasiões, pois são falíveis e, de qualquer modo, divergem entre si. É certo, porém, que embora nós, enquanto críticos sociais, saibamos que erros serão cometidos, não sabemos quando, pois também não somos Hércules. Devemos confiar nas técnicas de decisão judicial que, a nosso juízo, possam reduzir o número de erros, com base em algum juízo a respeito das capacidades relativas dos homens e das mulheres que podem desempenhar diferentes papéis.

A técnica de Hércules encoraja um juiz a emitir seus próprios juízos sobre os direitos institucionais. Poder-se-ia pensar que o argumento extraído da falibilidade judicial sugere duas alternativas. A primeira argumenta que, por serem falíveis, os juízes não devem fazer esforço algum para determinar os direitos institucionais das partes diante deles, mas que somente devem decidir os casos difíceis com base em razões políticas ou, simplesmente, não decidi-los. Mas isso é perverso. A primeira alternativa argumenta que, por desventura e com freqüência, os juízes tomarão decisões injustas, eles não devem esforçar-se para chegar a decisões justas. A segunda alternativa sustenta que, por serem falíveis, os juízes devem submeter a outros as questões de direito institucional colocadas pelos casos difíceis. Mas submetê-las a quem? Não há razão para atribuir a nenhum outro grupo específico uma maior capacidade de argumentação moral; ou, se houver uma razão, será preciso mudar o processo de seleção dos juízes, e não as técnicas de julgamento que eles são instados a usar. Assim, essa forma de ceticismo não configura, em si mesma, um argumento contra a técnica de decisão judicial de Hércules, ainda que sem dúvida sirva, a qualquer juiz, como um poderoso lembrete de que ele pode muito bem errar nos juízos políticos que emite, e que deve, portanto, decidir os casos difíceis com humildade.

Capítulo 5

Casos constitucionais

1.

Quando candidato à presidência dos Estados Unidos, Richard Nixon prometeu que nomearia para a Suprema Corte homens que representassem sua própria filosofia jurídica, ou seja, que fossem o que ele próprio chamou de "construcionistas estritos"*.

Contudo, as indicações posteriores de Nixon para a Suprema Corte e os pronunciamentos que fez sobre elas não esclareceram essa filosofia jurídica. A teoria do direito desempenhou um pequeno papel na avaliação nacional de Haynesworth e Carswell, para não mencionar a daqueles que quase foram indicados, Hershell Friday e Mildred Lilly. Mas o presidente apresentou suas escolhas acertadas, Lewis Powell e William Rehnquist, como exemplos de sua teoria do direito, e aproveitou

---

* *Strict constructionists* – o termo refere-se aos defensores da doutrina sobre a interpretação da lei denominada "construção estrita" (*strict construction*). Os construcionistas estritos são favoráveis a uma interpretação rígida dos diplomas legais, baseadas em uma valorização da letra da lei. Muito especialmente, recusam-se a ampliar o significado e a esfera de aplicação das leis, seja a partir da análise de suas implicações, seja a partir da análise de suas implicações, seja através da introdução de considerações de eqüidade, objetivos sociais, etc. No contexto do direito norte-americano, reagem contra as concepções liberais de interpretação da lei que tornaram possível uma expressiva ampliação dos direitos civis a partir dos anos 50, graças a uma construção flexível do significado da Constituição

a oportunidade para explicá-la melhor ao público, em cadeia nacional de televisão. Esses homens, dizia, aplicariam o direito como ele é, sem "distorcê-lo ou dobrá-lo" para que se ajustasse a suas próprias convicções pessoais, uma prática da qual Nixon acusava a Corte Warren*.

Nixon afirmou que sua oposição às decisões da Corte Warren sobre dessegregação racial, bem como a outras decisões par ela tomadas, não se baseavam simplesmente em uma aversão pessoal ou política aos resultados. Argumentou que essas decisões violavam os padrões de decisão judicial que a Suprema Corte deveria seguir. Na sua concepção, a Suprema Corte estava usurpando poderes que por direito pertenciam a outras instituições, inclusive às diversas legislaturas dos Estados cujos sistemas escolares ela procurara reformar. Sem dúvida, Nixon não foi o único a sustentar esse ponto de vista. Já há algum tempo, a idéia de que a Suprema Corte tem excedido os limites de sua autoridade legítima faz parte das atitudes conservadoras em geral. Nixon, Ford, muitos congressistas e deputados estaduais têm discutido sobre formas de limitar a autoridade da Suprema Corte através da legislação. Nixon, por exemplo, defendeu a promulgação de uma lei pelo Congresso que teria revertido decisões importantes da Suprema Corte, inclusive a do caso *Swann vs. Charlotte-Mecklenburg Board of Education*, decisão que concedeu aos tribunais federais amplos poderes para ordenar o uso do transporte escolar como remédio para certas formas de segregação *de fato*. O senador Jackson

americana, do *Bill of Rights* e dos diplomas legais em geral. Um dos objetivos do *Levando os direitos a sério* é apontar as contradições, obscuridades e mesmo a inaplicabilidade do ideal da construção estrita. É preciso não confundir construcionismo estrito com construtivismo, termo por vezes utilizado para identificar a doutrina de Dworkin, exposta neste livro e nos seus demais livros. Uma boa apresentação das doutrinas e da relevância política do construtivismo está em Bruce Ackerman, *Reconstructing the American Law*, Harvard University Press, Cambridge, 1983.

* A Corte Warren (1953-1969), período em que a Suprema Corte formulou decisões históricas a favor da integração racial e a expansão das liberdades civis, é examinada em Leda Boechat Rodrigues, *A Corte de Warren, revolução constitucional*, Civilização Brasileira, Rio de Janeiro, 1991. (N. do T.)

e outros, durante algum tempo, fizeram campanha em prol de uma emenda constitucional com o mesmo propósito.

Não vou me ocupar em avaliar a correção das decisões controversas da Suprema Corte nem a prudência das diferentes tentativas, até o momento infrutíferas, de restringir seus poderes através de alguma forma de legislação ou emenda constitucional. Estou mais interessado na filosofia da decisão judicial em matéria constitucional que os políticos que se opõem à Suprema Corte supõem ser a deles. Argumentarei que de fato não há nenhuma filosofia coerente à qual tais políticos possam apelar de forma consistente. Também tentarei mostrar de que modo a teoria geral da decisão judicial que descrevi e defendi no capítulo 4 sustenta a filosofia constitucional, e talvez as decisões específicas do Tribunal Warren.

Nixon não é mais presidente, e seus crimes foram tão graves que provavelmente ninguém vai se preocupar muito com os detalhes de sua filosofia jurídica. Contudo, nas páginas seguintes utilizarei o nome "Nixon" para me referir não a Nixon, mas a qualquer político que defenda o conjunto de opiniões sobre a Suprema Corte que Nixon explicitou em suas campanhas políticas. Afortunadamente, houve apenas um Nixon na realidade, mas, no sentido especial em que utilizo o nome, existem muitos Nixons.

Qual pode ser a base da oposição desse Nixon composto às decisões controversas da Corte Warren? Ele não pode objetar a essas decisões simplesmente porque elas avançaram além das leis anteriores, ou dizer que a Suprema Corte nunca deve mudar de opinião. De fato, a própria Corte Burger parece ter a intenção de limitar as decisões liberais do Tribunal Warren, como no caso *Miranda**. É verdade que a garantia constitucional de "igual proteção perante a lei" não estabeleceu em termos

---

* O autor refere-se ao famoso caso *Miranda contra o Estado de Arizona* (384 U.S. 436, e 86 S. Ct., 1602), cuja decisão determinou que, previamente a qualquer interrogatório de prisioneiro em custódia ou de indivíduo privado de sua liberdade pelo Estado, este deverá ser informado que tem o direito de permanecer em silêncio, que suas declarações poderão ser usadas contra ele, que tem o direito à presença de um advogado durante o interrogatório e que, se necessário, o Estado providenciará um advogado para sua orientação e defesa. (N. do T.)

claros quais instalações escolares "separadas porém iguais" são inconstitucionais, ou que a segregação é tão injusta a ponto de exigir medidas heróicas para anular seus efeitos. Tampouco estipulou que, enquanto matéria de direito constitucional, a Suprema Corte incorreria em erro se chegasse a tais conclusões. A Constituição deixa essas questões para o julgamento da Suprema Corte. Assim, a Suprema Corte teria igualmente legislado se, por exemplo, tivesse se recusado a sustentar a inconstitucionalidade da lei da Carolina do Norte. Do mesmo modo, teria criado lei se tivesse estabelecido, como matéria de precedente, que a cláusula de igual proteção não se aplicava a esse caso*.

Assim, precisamos ir mais fundo para encontrar uma base teórica para a posição de Nixon. Sem dúvida, seria tolice supor que o ex-presidente tem uma teoria do direito. Ele pode ter simplesmente encadeado frases de efeito da retórica conservadora, ou talvez estivesse registrando sua aversão a qualquer decisão judicial que parecesse ampliar os direitos individuais contra a autoridade constituída. Mas Nixon é, afinal de contas, um advogado e, de qualquer modo, seus pontos de vista conservadores são sustentados por um grande número de juristas e por alguns juristas acadêmicos muito ilustres. Portanto, é importante avaliar até que ponto essa posição conservadora pode ser defendida como uma questão de princípio, e não simplesmente de preconceito.

2.

A teoria constitucional em que se baseia nosso governo não é uma simples teoria da supremacia das maiorias. A Constituição, e particularmente a *Bill of Rights* (Declaração de Di-

---

* Dworkin refere-se aqui ao caso *Carolina do Norte contra Swann*, 402 U.S. 43 (1971), no qual a Suprema Corte declarou inconstitucional a legislação estadual ao decidir que um Estado não pode proibir o *busing* (transporte escolar compulsório de estudantes para corrigir desigualdades de oportunidade educacional derivadas da segregação racial) onde ele é necessário para suprimir a segregação *de jure*. Ver Lawrence Tribe, *American Constitutional Law*, Foundation Press, Brooklyn, 2.ª ed, 1987, pp. 16-21. (N. do T.)

reitos e Garantias), destina-se a proteger os cidadãos (ou grupos de cidadãos) contra certas decisões que a maioria pode querer tomar, mesmo quando essa maioria age visando o que considera ser o interesse geral ou comum. Algumas dessas restrições constitucionais assumem a forma de regras bastante precisas, como a regra que exige um júri no caso de processos criminais federais ou, talvez, a regra que proíbe o Congresso Nacional de restringir a liberdade de expressão. Mas outras restrições assumem a forma daquilo que freqüentemente se chama de padrões "vagos", como por exemplo o dispositivo que determina que o governo não poderá negar a nenhum indivíduo o processo legal justo ou a igual proteção perante a lei.

Essa interferência na prática democrática exige uma justificação. Os redatores da Constituição presumiram que essas restrições poderiam ser justificadas através de um apelo aos direitos morais que os indivíduos possuem contra a maioria, direitos que – afirma-se – disposições constitucionais, tanto "vagas" como precisas, reconhecem e protejem.

Os padrões "vagos" foram escolhidos deliberadamente pelos homens que os redigiram e adotaram, em lugar das regras mais específicas e limitadas que poderiam ter sido promulgadas. Contudo, sua decisão de usar a linguagem que usaram causou muita controvérsia política e jurídica, porque mesmo homens razoáveis, dotados de boa vontade, discordam quando tentam especificar, por exemplo, os direitos morais que a cláusula de processo legal justo ou a de igual proteção introduzem no direito. Eles também discordam quando tentam aplicar esses direitos, independentemente de como tenham sido definidos, a questões complexas de administração política, tais como as práticas educacionais que foram o tema dos casos de segregação.

Desenvolveu-se a prática de fazer referência a um lado "estrito" e um lado "liberal" dessas controvérsias, de modo que se poderia dizer que a Suprema Corte optou pelo lado "liberal" nos casos de segregação, e que seus críticos adotaram o lado "estrito". Nixon tinha essa distinção em mente quando denominou-se um "construcionista estrito". Mas a distinção é, de fato, confusa porque funde dois problemas diferentes que devem ser separados. Qualquer caso subsumido em garantias constitucionais "vagas" coloca duas questões: (1) Que decisão é exigida pela adesão estrita, isto é, fiel, ao texto da Constituição ou à intenção daqueles que o adotaram? (2) Que decisão é exigida por uma filosofia política que adota uma concepção estrita, isto é, estreita, dos direitos morais que os indivíduos têm contra a sociedade? Uma vez distinguidas essas questões, fica claro que elas podem ter respostas diferentes. O texto da Primeira Emenda, por exemplo, afirma que o Congresso não fará *nenhuma* lei restringindo a liberdade de expressão, mas uma concepção estreita dos direitos individuais permitiria muitas leis desse tipo, desde leis sobre difamação e obscenidade até o Smith Act.

Contudo, no caso das cláusulas "vagas", como as do processo legal justo e as da igual proteção, os juristas fundiram as duas questões porque se basearam, em grande medida sem se dar conta, em uma teoria do significado que poderia ser assim enunciada: se os autores da Constituição utilizaram uma linguagem vaga, como fizeram ao condenar as violações do "processo legal justo", então o que "disseram" ou "quiseram dizer" fica limitado às instâncias de ação estatal que eles concebiam como violações, ou, pelo menos, a aqueles exemplos que teriam eles considerado violações, caso esses exemplos lhes tivessem ocorrido. Mas, se os responsáveis pela inclusão do processo legal justo na Constituição acreditaram que é fundamentalmente injusto oferecer educação em separado para raças diferentes, ou se detalharam concepções sobre a justiça que implicam essa conclusão, então as decisões contra a segregação podem ser defendidas como sendo aplicações dos princípios estabelecidos pelos redatores da Constituição. A menos que isso ocorra, as decisões contra a segregação não podem ser defendidas como aplicações de tais princípios. Se, por outro lado, não houver uma referência a esses princípios, isso mostrará que os juízes utilizaram suas próprias idéias de justiça, em lugar de empregar aquelas que os constituintes pretenderam deixar assentadas.

Essa teoria faz com que uma interpretação estrita do texto da Constituição produza uma concepção estreita dos direitos constitucionais, porque restrinje tais direitos aos reconhecidos por um grupo limitado de pessoas em um momento determinado da história. Ela força os defensores de um conjunto mais liberal de direitos a reconhecer que estão se distanciando da autoridade estritamente jurídica, distanciamento que devem então tentar justificar apelando apenas à desejabilidade dos resultados a que chegam.

Todavia, a teoria do significado da qual este argumento depende é demasiado tosca: ela ignora uma distinção feita pelos filósofos, mas ainda não apreciada pelos juristas. Suponhamos que eu dissesse a meus filhos que esperava que eles não tratassem os outros injustamente. Sem dúvida, eu teria em mente exemplos da conduta que desejaria desencorajar, mas não aceitaria que meu "significado" se limitasse a esses exemplos, por duas razões. Em primeiro lugar, eu esperaria que meus filhos aplicassem minhas instruções a situações nas quais eu não teria pensado nem poderia ter pensado. Em segundo lugar, eu estaria pronto a admitir que algum ato particular que eu considerara justo (*fair*) era de fato injusto, ou vice-versa, caso um de meus filhos conseguisse me convencer disso posteriormente. Nesse caso, eu gostaria de dizer que minhas instruções incluíam o caso por ele citado, e não que eu mudaria minhas instruções. Eu poderia dizer que minha intenção era a de que a família se guiasse pelo *conceito* de justiça (*fairness*) e não por alguma *concepção* particular de justiça (*fairness*) que eu tivesse tido em mente*.

Esta é uma distinção crucial que merece ser mais bem explorada. Suponhamos um grupo que compartilha a crença de que os atos podem padecer de um defeito moral particular que eles chamam de injustiça (*unfairness*), que consiste numa divisão errada de benefícios e ônus, ou numa distribuição errada de aprovação e censura. Suponhamos também que eles concordam quanto a um grande número de casos padrão de injustiça e os usam como referência para testar outros casos, mais con-

---

* Nos parágrafos seguintes, traduzimos *fairness* sistematicamente por *justiça*. Sobre o conceito de *fairness*, veja nota no primeiro capítulo. (N. do T.)

troversos. Nesse caso, o grupo possui um conceito de injustiça, e seus membros podem recorrer a ele para fins de educação ou argumentação moral. No entanto, os membros desse grupo podem divergir quanto a um grande número de casos controversos, de uma maneira que sugere que cada um deles tem ou age com base em uma teoria diferente de *por que* os casos-padrão são atos de injustiça. Em outras palavras, eles podem divergir quanto aos princípios mais fundamentais que devem tomar por base para demonstrar que uma divisão específica de benefícios e ônus, ou uma atribuição específica de aprovação e censura, não é justa. Nesse caso, os membros da comunidade têm diferentes concepções de justiça (*fairness*).

Se for assim, os membros dessa comunidade que estabelecem padrões em nome da justiça podem estar fazendo duas coisas diferentes. Em primeiro lugar, é possível que estejam apelando ao conceito de justiça (*fairness*) apenas para ensinar outras pessoas a agir com eqüidade (*act fairly*); neste caso, eles atribuem aos destinatários de suas instruções a responsabilidade de desenvolver e aplicar suas próprias concepções de justiça, sempre que surgirem casos controversos. Sem dúvida, isso não é a mesma coisa que lhes conceder um poder discricionário para agir como quiserem. Na verdade, fixa-se um padrão que eles devem procurar satisfazer – e podem fracassar nessa tentativa – porque se supõe que uma concepção é superior à outra. O homem que, desse modo, recorre ao conceito pode ter sua própria concepção de justiça – é o que ocorre quando digo aos meus filhos que ajam com justiça – mas para ele essa concepção é vista apenas como sua teoria de como o padrão que ele estabeleceu deve ser satisfeito. Assim, quando ele muda sua teoria, ele não muda esse padrão.

Por outro lado, os membros da comunidade podem formular uma concepção particular de justiça. É o que faço, por exemplo, se arrolo minhas aspirações com respeito a exemplos controversos ou se, o que é ainda menos provável, especifico alguma teoria explícita e controversa da justiça, por exemplo, quando digo que os casos difíceis devem ser resolvidos aplicando-se a ética utilitarista de Jeremy Bentham. A diferença não diz respeito apenas ao grau de *detalhe* das instruções fornecidas, mas ao *tipo* de instruções. Quando recorro ao *conceito* de justiça, recorro ao significado do conceito de justiça (*I appeal to what fairness means*), e não atribuo nenhuma importância especial a meus pontos de vista sobre a questão. Quando formulo uma *concepção* de justiça, defino um sentido para o conceito de justiça (*I lay down what I mean by fairness*), e por isso meu ponto de vista está no cerne do problema. Quando apelo à justiça, coloco uma questão moral; quando formulo minha concepção de justiça, tento respondê-la.

Uma vez feita essa distinção, parece óbvio que devemos considerar o que venho chamando de cláusulas constitucionais "vagas" como representando apelos aos conceitos que elas empregam, tais como legalidade, igualdade e crueldade. A Suprema Corte poderá decidir em breve, por exemplo, se a pena de morte é "cruel" no âmbito do significado da cláusula constitucional que proíbe "punição cruel e incomum". A Suprema Corte cometeria um erro caso se deixasse influenciar em demasia pelo fato de que, quando a cláusula foi adotada, a pena de morte era uma prática estabelecida e inquestionada. Isso seria decisivo se os autores da cláusula tivessem pretendido formular uma concepção específica de crueldade, pois isso mostraria que essa concepção não tinha grande alcance. Porém, isso não seria decisivo da questão distinta com a qual a Suprema Corte depara atualmente: a Suprema Corte pode, levando a sério o conceito de crueldade dos que legislaram sobre a matéria, defender hoje uma concepção que não faz da pena de morte uma crueldade?

Os que ignoram a distinção entre conceitos e concepções, mas acreditam que a Suprema Corte deveria determinar novamente se a pena de morte é cruel, são levados a argumentar de uma maneira vulnerável. Afirmam que as idéias sobre a crueldade mudam com o decorrer do tempo, e que a Suprema Corte deve ter liberdade para recusar as concepções ultrapassadas; isso sugere que a Suprema Corte pode mudar o que foi promulgado pela Constituição. Na verdade, porém, a Suprema Corte só pode aplicar o que a Constituição estabelece se chegar a uma conclusão a respeito do que concebe como cruel, exatamente como meus filhos, em meu exemplo, só podem fazer o que eu lhes disse se chegarem a uma conclusão a respeito do que consideram justo. Se aqueles que promulgaram as cláusulas gerais tivessem desejado estabelecer concepções particulares, teriam se valido do tipo de linguagem que era convencionalmente usado para isso. Isto é, eles teriam oferecido teorias particulares dos conceitos em questão.

De fato, agora se pode ver que a própria prática de chamar essas cláusulas de "vagas", prática à qual aderi, envolve um erro. As cláusulas são "vagas" somente se as considerarmos como tentativas remendadas, incompletas ou esquemáticas de estabelecer concepções particulares. Se as encararmos como apelos a conceitos morais, um maior detalhamento não as tornará mais precisas[1].

A confusão que mencionei entre os dois sentidos de "construção estrita" é, na verdade, extremamente desorientadora. Se os tribunais tentarem ser fiéis ao texto da Constituição serão forçados, por essa mesma razão, a decidir-se entre concepções concorrentes de moralidade política. Assim, seria um erro atacar a Corte Warren, por exemplo, por ter deixado de tratar a Constituição como um texto impositivo. Ao contrário, se desejarmos considerar a fidelidade a esse texto como uma exigência suprema da interpretação constitucional, então são os críticos conservadores da Corte Warren que estão enganados, pois sua filosofia ignora a diretriz que manda enfrentar as questões de princípios morais que são impostas pela lógica do texto.

Coloquei a questão de maneira cautelosa porque podemos *não* querer aceitar a fidelidade ao espírito do texto como um

1. É menos desorientador dizer que as cláusulas gerais da Constituição "delegam" à Suprema Corte o poder de aplicar suas próprias concepções de moralidade política. Mesmo isso, porém, será inexato se sugerir que a Suprema Corte não necessita justificar sua concepção através de argumentos que demonstrem as ligações entre sua concepção e os casos-padrão, tal como descrito no texto. Se a Suprema Corte achar que a pena de morte é cruel, deve fazê-lo com base em alguns princípios, ou grupos de princípios, que estabeleçam uma ligação entre a pena de morte e antigos instrumentos de tortura, tais como os anjinhos e os ecúleos.

princípio supremo da decisão judicial em matérias constitucionais. Para os tribunais, pode ser mais importante, por exemplo, decidir os casos constitucionais de modo que se respeitem os julgamentos de outras instituições de governo. Ou pode ser mais importante para os tribunais proteger doutrinas jurídicas estabelecidas, de modo que os cidadãos e o governo possam ter confiança que os tribunais sustentarão o que afirmaram no passado. Contudo, é crucial reconhecer que essas outras políticas competem com o princípio de que a Constituição é a fonte fundamental e imperativa do direito constitucional. Elas não são, como supõem os "construcionistas estritos", meras conseqüências desse princípio.

3.

Além disso, uma vez colocada a questão sob essa perspectiva, somos capazes de avaliar essas pretensões concorrentes sobre políticas livres da confusão imposta pela noção popular de "construção estrita". Com esse objetivo em mente, quero agora comparar e contrastar duas filosofias muito gerais acerca do modo como os tribunais devem decidir problemas constitucionais difíceis ou controversos. Designarei essas duas filosofias pelos nomes que lhes são atribuídos na bibliografia jurídica – os programas do "ativismo judicial" e da "moderação judicial" – embora venha a ficar claro que esses nomes são, sob certos aspectos, desorientadores.

O programa do ativismo judicial sustenta que os tribunais devem aceitar a orientação das chamadas cláusulas constitucionais vagas no sentido que descrevi, a despeito das razões concorrentes do tipo que mencionei. Devem desenvolver princípios de legalidade, igualdade e assim por diante, revê-los de tempos em tempos à luz do que parece ser a visão moral recente da Suprema Corte, e julgar os atos do Congresso, dos Estados e do presidente de acordo com isso. (Esta é a colocação do programa em sua forma mais forte; na verdade, seus partidários geralmente acrescentam-lhe qualificações que por enquanto pretendo ignorar.)

Ao contrário, o programa da moderação judicial afirma que os tribunais deveriam permitir a manutenção das decisões de outros setores do governo, mesmo quando elas ofendam a própria percepção que os juízes têm dos princípios exigidos pelas doutrinas constitucionais amplas, excetuando-se, contudo, os casos nos quais essas decisões sejam tão ofensivas à moralidade política a ponto de violar as estipulações de qualquer interpretação plausível, ou, talvez, nos casos em que uma decisão contrária for exigida por um precedente inequívoco. (Outra vez, esta é uma apresentação do programa em sua forma mais dura; os partidários dessa política qualificam-na de diferentes maneiras.)

A Suprema Corte seguiu a política do ativismo em detrimento da política da moderação em casos como os que envolviam segregação, porque os termos da cláusula de igual proteção deixam em aberto a questão de saber se as diferentes práticas educacionais dos Estados violam ou não a Constituição, porque nenhum precedente claro sustentam que a violam e porque homens de bom senso podem divergir quanto às questões morais envolvidas. Se a Suprema Corte tivesse seguido o programa da restrição judicial, teria se pronunciado a favor da lei da Carolina do Norte no caso *Swann*, e contra ela. Mas o programa da moderação nem sempre funciona de modo que produza decisões que agradem aos políticos conservadores. Nos primórdios do New Deal, como os críticos da Corte Warren prontamente assinalam, foram os liberais que objetaram às decisões da Suprema Corte que invalidavam atos do Congresso em nome da cláusula de processo legal justo.

Por conseguinte, pode parecer que, se Nixon tem uma teoria do direito, ela depende fundamentalmente de alguma teoria da moderação judicial. Contudo, precisamos agora examinar uma distinção entre duas formas de moderação judicial, pois há dois fundamentos diferentes e, na verdade, incompatíveis, sobre os quais essa política pode estar baseada.

O primeiro é uma teoria do *ceticismo* político que poderia ser descrita da seguinte forma: a política do ativismo judicial pressupõe uma certa objetividade dos princípios morais; em particular, pressupõe que os cidadãos têm certos direitos morais contra o Estado, como é o caso do direito moral à igualdade na educação pública, ou o direito a ser tratado com eqüidade pela polícia. O ativismo somente pode ser justificado como um programa baseado em algo mais que preferências pessoais dos juízes se, em algum sentido, esses direitos morais existem. A teoria cética ataca o ativismo em suas raízes, argumentando que, de fato, os indivíduos não têm tais direitos morais contra o Estado. Eles têm apenas os direitos *jurídicos* que a Constituição lhes assegura, e estes direitos se restringem às violações claras e inquestionáveis da moralidade pública que os constituintes devem efetivamente ter concebido ou as que desde então foram estabelecidas por uma sucessão de precedentes.

O fundamento alternativo de um programa de moderação é uma teoria da *deferência* judicial. Ao contrário da teoria cética, essa teoria supõe que os cidadãos têm direitos morais contra o Estado, além dos que o direito expressamente lhes garante. Contudo, essa teoria assinala que o caráter e a força desses direitos são discutíveis, e afirma que instituições políticas, outras que os tribunais, são responsáveis pela decisão sobre quais direitos haverão de ser reconhecidos.

Esta é uma distinção importante, ainda que a literatura sobre direito constitucional não a formule com clareza. A teoria cética e a teoria da deferência diferem drasticamente quanto ao tipo de justificação que supõem, como também quanto às implicações para as teorias morais mais gerais daqueles que professam sustentá-las. Essas teorias são tão diferentes que a maioria dos políticos norte-americanos pode coerentemente aceitar a segunda sem aceitar a primeira.

Como afirmei, um cético aceita a concepção de que os indivíduos não têm direitos morais contra o Estado, a não ser aqueles expressamente previstos pela lei. Mas o que isso quer dizer, e que tipo de argumento o cético poderia apresentar em defesa de seu ponto de vista? Na esfera da filosofia moral existe, sem dúvida, uma disputa muito acirrada quanto à natureza e o *status* (*standing*) dos direitos morais, e uma divergência considerável quanto ao que eles são, se é que são alguma coisa. Na tentativa de responder a estas questões, vou me basear em uma teoria moderada dos direitos morais contra o Estado, que desenvolvo no capítulo 7. De acordo com esta teoria, um homem tem um direito moral contra o Estado, se pudermos mostrar que este comete um erro ao tratá-lo de uma determinada maneira, ainda que o faça tendo em vista o interesse geral. Assim, por exemplo, uma criança negra tem um direito moral à igual educação, caso seja errado o Estado não lhe oferecer essa educação, mesmo se para isso o conjunto da comunidade venha a sofrer.

Desejo dizer algo sobre as virtudes desse modo de conceber os direitos morais contra o Estado. Muitos juristas são cuidadosos ao falar sobre direitos morais, mesmo que lhes pareça fácil falar sobre o que é certo ou errado o governo fazer. Isto porque eles supõem que os direitos, se é que de fato eles existem, fazem parte daquele tipo fantasmagórico de coisas que homens e mulheres têm, da mesma maneira que têm coisas não fantasmagóricas como as amígdalas. Mas o sentido de direitos que me proponho utilizar não pressupõe hipóteses ontológicas dessa natureza: ele mostra simplesmente que a reivindicação de um direito é, no sentido restrito, um tipo de juízo sobre o que é certo ou errado que os governos façam.

Além do mais, essa maneira de encarar os direitos evita alguns dos conhecidos paradoxos associados com esse conceito. Permite-nos afirmar, sem que soe estranho ou bizarro, que os direitos podem variar em força e características de um caso para outro e de um momento a outro na história. Se pensarmos nos direitos como coisas, essas metamorfoses parecem estranhas, mas estamos acostumados à idéia de que os juízos morais sobre o que é certo ou errado são complexos e afetados por considerações que são relativas e mutáveis.

O cético que pretende argumentar contra a possibilidade mesma desse tipo de direitos contra o Estado encontra-se diante de uma tarefa difícil. Ele deve basear-se, acredito, em uma de três posições gerais: (a) Pode apelar a um ceticismo moral mais generalizado, que sustenta que nem mesmo a referência a um ato como moralmente correto ou errôneo faz qualquer sentido. Se nenhum ato é moralmente errado, então o governo da Carolina do Norte não pode estar errado ao recusar o transporte escolar às crianças; (b) Pode sustentar uma modalidade sem qualificações do utilitarismo, que pressupõe que a única razão que podemos ter para considerar um ato como certo ou errado é seu impacto sobre o interesse geral. Segundo essa teoria, seria incoerente afirmar que o transporte escolar pode ser moralmente exigido, mesmo que não beneficie a comunidade como um todo; (c) Pode aceitar alguma forma de teoria totalitária que incorpore os interesses do indivíduo ao bem-estar da comunidade como um todo, e desse modo negar que ambos possam estar em conflito.

Muito poucos políticos norte-americanos poderiam aceitar qualquer uma dessas posições. Nixon, por exemplo, não poderia, pois ele se apresenta como um fundamentalista moral que sabe, do fundo de sua alma, que a pornografia é iníqua, e que algumas pessoas do Vietnã do Sul têm direitos à autodeterminação, em nome dos quais elas, assim como nós, podemos legitimamente matar muitas outras.

Contudo, não quero sugerir que, na realidade, ninguém argumentaria em favor da moderação judicial com base no ceticismo; ao contrário, alguns dos mais conhecidos defensores da moderação têm apoiado seus argumentos em bases inteiramente céticas. Em 1957, por exemplo, o grande juiz Learned Hand foi um dos oradores das Conferências Oliver Wendell Holmes em Harvard. Hand era um estudioso de Santayana e discípulo de Holmes, e o ceticismo moral era sua única religião. Defendeu a moderação judicial e afirmou que a Suprema Corte cometera um erro ao declarar ilegal a segregação escolar no caso *Brown*. É errôneo pressupor, disse ele, que as alegações a respeito de direitos morais expressam algo mais do que as preferências dos que as fazem. Se a Suprema Corte justificar suas decisões por meio de tais alegações, em vez de tomar por base o direito positivo, estará usurpando o lugar do poder legislativo, pois a tarefa deste poder, que representa a maioria, consiste em decidir que preferências serão dominantes.

Esse simples apelo à democracia é bem-sucedido quando se aceita a premissa cética. Sem dúvida, se as pessoas não têm direitos contra a maioria e se a decisão política não vai além da questão de saber que preferências serão dominantes, então a democracia realmente oferece uma boa razão para se deixar essa decisão a cargo de instituições mais democráticas do que os tribunais, mesmo quando essas instituições fizerem escolhas que os próprios juízes detestem. Porém, um argumento muito diferente, e muito mais vulnerável, é necessário se quisermos defender, a partir da democracia, a moderação judicial, se ela tiver por base não o ceticismo, mas a deferência, tal como tentarei mostrar.

4.

Se Nixon defende alguma teoria constitucional coerente, ela é uma teoria da moderação baseada não no ceticismo, mas na deferência. Ele acredita que os tribunais não devem decidir questões controversas de moralidade política porque devem deixar tais decisões a cargo de outras áreas do governo. Se atribuirmos tal política a Nixon, podemos compreender por que acusou a Corte Warren de "distorcer e subjugar" a lei. Ele queria dizer que a Suprema Corte havia distorcido e forçado o princípio da deferência judicial, o que é um eufemismo, porque teria sido mais exato dizer que o havia ignorado. Existem, porém, boas razões para se adotar essa política da deferência? Na verdade, se tal política for carecer de fundamento, a teoria do direito de Nixon estará solapada. Nesse caso, ele deveria ser convencido a não insistir, em nome dela, em novas indicações para a Suprema Corte ou a não estimular a oposição do Congresso contra a Suprema Corte.

Existe um argumento bem popular em prol da política da deferência, que pode ser chamado de argumento a partir da democracia. Nos termos desse argumento, é pelo menos discutível se uma concepção bem fundada de igualdade proíbe a educação segregacionista ou exige medidas capazes de acabar com ela, tal como o transporte escolar. Quem deve decidir essas questões controversas de teoria moral e política? Deveria ser uma maioria de um tribunal em Washington, cujos membros são vitalícios e não podem ser responsabilizados politicamente perante o público cuja vida será afetada pela decisão? Ou deveriam ser os legisladores estaduais ou nacionais, que foram eleitos e têm essa atribuição? Um democrata, como pressupõe esse argumento, só pode aceitar a segunda resposta.

Mas o argumento derivado da democracia é mais fraco do que poderia parecer à primeira vista. Em primeiro lugar, pressupõe que o poder legislativo estadual é, de fato, responsável perante o povo no sentido defendido pela teoria democrática. Mas em todos os Estados, ainda que em graus diferentes e por diferentes razões, não é o que ocorre. Em alguns deles, está muito longe de ser assim. Porém, vou omitir esse ponto, porque ele não enfraquece tanto o argumento derivado da democracia, como o que exige mais democracia, o que é um outro assunto. Vou concentrar minha atenção no problema de se, nesse contexto, o apelo à democracia é correto pelo menos em princípio.

O argumento pressupõe que em uma democracia todas as questões não resolvidas, inclusive aquelas relativas a princípios morais e políticos, devem ser resolvidas por instituições que sejam politicamente responsabilizáveis de um modo que os tribunais não são. Por que deveríamos aceitar essa concepção de democracia? Dizer que esse é o significado de democracia não resolve nada, pois é um erro supor que a palavra, enquanto palavra, tenha um significado tão preciso. Mesmo que tivesse, deveríamos então reformular nossa questão e perguntar por que deveríamos ter democracia, se pressupomos que é isso que ela significa. Nem é melhor dizer que essa idéia de democracia está estabelecida na Constituição dos Estados Unidos, ou tão entranhada em nossa tradição política que estamos comprometidos com ela. Não podemos afirmar que a Constituição – que não nos oferece nenhuma regra que limite a revisão judicial a casos bem definidos – estabeleça uma teoria da democracia que exclui revisões mais amplas, assim como não podemos dizer que nossos tribunais na realidade têm aceito consistentemente uma tal restrição. O ônus do argumento de Nixon está na afirmação de que eles têm aceito essa restrição.

Dessa forma, o argumento derivado da democracia não é um argumento com o qual estejamos comprometidos, seja por nosso vocabulário, seja por nosso passado. Devemos aceitá-lo, quando muito, por força de sua própria lógica. Para examinar os argumentos mais detalhadamente precisamos, porém, de uma nova distinção. O argumento, como eu o apresentei, pode prosseguir de duas formas distintas. No primeiro caso, podemos afirmar que a deferência judicial é exigida porque na verdade instituições democráticas, como poderes legislativos, tendem a tomar decisões *mais bem fundadas* que os tribunais quando se trata dos problemas subjacentes que os casos constitucionais colocam, ou seja, relativos à natureza dos direitos morais do indivíduo contra o Estado.

No segundo caso, podemos afirmar que, por alguma razão, é *mais justo* que uma instituição democrática, e não um tribunal, decida essas questões, ainda que nada nos leve a crer que a instituição possa tomar uma decisão mais bem fundada. A distinção entre esses dois argumentos não faz sentido algum para um cético, que não admite que alguém possa fazer um trabalho melhor ou pior de identificação dos direitos morais contra o Estado, assim como é impossível fazer um melhor ou pior trabalho de identificação de fantasmas. Mas um jurista que acredite na deferência judicial, e não no ceticismo, deve reconhecer a distinção, ainda que, se quiser, possa defender as duas perspectivas.

Começarei pelo segundo argumento, o de que os legislativos e outras instituições democráticas estão especialmente habilitados a tomar decisões constitucionais, independentemente de sua capacidade de tomar melhores decisões. Podemos afirmar que a natureza dessa prerrogativa é óbvia, porque é sempre mais justo permitir que uma maioria, e não uma minoria, decida um problema qualquer. Tal postura, contudo, como tem sido freqüentemente sublinhado, ignora o fato de que as decisões a respeito dos direitos contra a maioria não são questões que devam, por razões de eqüidade, ser deixadas a cargo da maioria. O constitucionalismo – a teoria segundo a qual os poderes da maioria devem ser limitados para que se protejam os direitos individuais – pode ser uma teoria política boa ou má, mas foi adotada pelos Estados Unidos, e não parece justo ou coerente permitir que a maioria julgue em causa própria. Dessa forma, os princípios de justiça parecem posicionar-se contra o argumento derivado da democracia, e não a seu favor.

O juiz Marshall, presidente da Suprema Corte, reconheceu tal fato em sua decisão no caso *Marbury vs. Madison*, o famoso caso em que a Suprema Corte afirmou, pela primeira vez, seu poder de revisar as decisões legislativas contrárias aos padrões constitucionais. O juiz sustentou que, como a Constituição estabelece que ela própria será a lei suprema do país, os tribunais em geral e a Suprema Corte em última instância devem ter o poder de declarar nulas as leis que violem a Constituição. Muitos juristas vêem esse argumento como um *non sequitur*, pois, dizem eles, embora as restrições constitucionais façam parte da lei, não se delegou necessariamente aos tribunais, em lugar de ao poder legislativo, a autoridade de decidir se, nos casos particulares, houve ou não violação da lei[2]. Mas o argumento não é um *non sequitur* se considerarmos que o princípio de que nenhum homem poderá legislar em causa própria é uma parte tão fundamental da idéia de legalidade que Marshall só teria o direito de desconsiderá-lo se a Constituição houvesse negado expressamente a revisão judicial.

Alguns poderiam objetar que é ingenuidade dizer que uma política da deferência permite que a maioria legisle em causa

2. Diferencio esta objeção ao argumento de Marshall de outra objeção distinta, que não é relevante neste contexto, segundo a qual a Constituição deve ser interpretada como impondo ao Congresso um *dever* jurídico de, por exemplo, não aprovar leis que restringem a liberdade de expressão, mas não deve ser interpretada como se estivesse diminuindo o *poder* jurídico do Congresso de conferir validade a tais leis, sempre que o Congresso infringir seu dever. Sob este ponto de vista, o Congresso está na posição jurídica de um ladrão que tem o dever jurídico de não vender bens roubados, mas que mantém o poder jurídico de fazer uma transferência válida. Essa interpretação tem pouco a recomendá-la, uma vez que o Congresso, diferentemente do ladrão, não pode ser punido, exceto se negarmos validade a seus atos incorretos, pelo menos de um modo que ofereça proteção aos indivíduos que a Constituição se destina a proteger.

própria. Nos Estados Unidos, as decisões políticas são tomadas não por uma maioria estável, mas por muitas instituições políticas diferentes, cada qual representando um segmento eleitoral diferente, que muda sua composição de tempos em tempos. A decisão de um setor do governo pode muito bem ser revista por outro que também é politicamente responsabilizável, mas perante um segmento eleitoral mais vasto ou diferente. Os atos da polícia do Arizona que a Suprema Corte considerou inconstitucionais no caso *Miranda*, por exemplo, foram na verdade revistos por diferentes órgãos do poder executivo e por várias instâncias do poder legislativo, tanto municipal quanto estadual, do Arizona, bem como pelo Congresso Nacional. Seria ingênuo supor que todas essas instituições políticas se dediquem às mesmas políticas e aos mesmos interesses, o que torna um erro supor que, se a Suprema Corte não tivesse intervindo, a polícia do Arizona teria ficado livre para julgar em causa própria.

Esta objeção é em si mesma demasiado simplificadora, pois ignora o caráter especial dos conflitos relativos aos direitos morais individuais, que os distingue de outros tipos de conflito políticos. Instituições diferentes respondem a públicos distintos quando, por exemplo, estão em pauta problemas trabalhistas, comerciais ou de bem-estar social, e a nação freqüentemente se divide quanto a estas questões. Em geral, porém, não é esse o caso quando o que está em jogo são direitos constitucionais individuais, como os direitos de criminosos acusados. Nesses casos, os conflitos têm sido marcados pela seguinte característica: os interesses dos que detêm o controle político das diferentes instituições do governo têm se revelado homogêneos e hostis. Na verdade, é por isso que os estudiosos da teoria política têm concebido os direitos constitucionais como direitos contra o "Estado" ou a "maioria" enquanto tais, e não contra algum ramo particular ou instituição específica do governo.

Talvez os primeiros casos de segregação racial sejam exceções a essa generalização, pois pode-se argumentar que as únicas pessoas que queriam a segregação *de jure* eram os brancos sulistas. Mas permanece o fato de que o Congresso Nacional não havia realmente enfrentado a segregação, seja por não acreditar que tivesse poder legal para tanto, ou porque não desejasse enfrentá-la. Tanto em um como em outro caso, o exemplo tem pouca serventia para o argumento de que o processo político constitui um contraponto eficaz às violações, inclusive às locais, dos direitos das minorias politicamente ineficazes. Além disso, na controvérsia sobre o transporte escolar, a maioria branca, cônscia de seus próprios interesses, provou ser tanto poderosa como de âmbito nacional. Sem dúvida, decisões do governo federal, como as decisões executivas de levar a cabo uma guerra, ou tentativas do Congresso para definir uma política policial adequada, como o *Crime Control Act*, de 1968, não estão sujeitas a revisão alguma, exceto a dos tribunais.

Parece justo afirmar, portanto, que o argumento a partir da democracia pede que os detentores de poder político sejam convidados a ser os únicos juízes de suas próprias decisões, para estabelecer se eles têm o direito de fazer aquilo que decidiram que querem fazer. Esta não é uma prova definitiva de que a política do ativismo judicial seja superior a um programa de deferência. O ativismo judicial envolve riscos de tirania; certamente esse é o caso da modalidade forte e simplificada que descrevi. Podemos inclusive mostrar que tais riscos anulam a injustiça que pode ocorrer quando a maioria julga em causa própria. Mas esse ponto por certo solapa o argumento de que, por razões de eqüidade, deve-se permitir à maioria decidir sobre os limites de seu próprio poder.

Devemos, portanto, nos voltar para a outra linha de argumentação a partir da democracia, que sustenta que as instituições democráticas, tal como o poder legislativo, têm mais probabilidade do que os tribunais de chegar a resultados *mais bem fundamentados* sobre os direitos morais dos indivíduos. Em 1969, o falecido professor Alexander Bickel, da Faculdade de Direito de Yale, proferiu suas conferências Holmes em Harvard e defendeu o programa de moderação judicial de uma maneira nova e engenhosa. Para fins de argumentação, permitiu-se supor que o programa de ativismo da Corte Warren poderia ser justificado se de fato produzisse resultados desejáveis[3]. Portanto, Bickel parecia estar testando a política do ativismo no seu próprio terreno, porque considerou que o ativismo consistia precisamente na alegação de que os tribunais têm o direito moral de aperfeiçoar o futuro, a despeito do que possa afirmar a teoria jurídica. Learned Hand e outros adversários do ativismo haviam contestado tal afirmação. Bickel aceitou-a, pelo menos provisoriamente, mas argumentou que o ativismo não passava em seu próprio teste.

Segundo Bickel, o futuro que a Corte Warren buscava já tinha começado a não funcionar. Por exemplo, a filosofia de integração racial que adotava era demasiado tosca e fora recusada pelos líderes mais criativos da comunidade negra. Sua tese de igualdade simples e radical também se mostrara inoperante de muitas outras maneiras; por exemplo, sua fórmula simples – "um homem, um voto" – para decidir sobre a eqüidade da reorganização dos distritos eleitorais nada produzira em termos de eqüidade ou sensatez.

Por que um tribunal radical, que visa a melhoria da sociedade, fracassaria até mesmo em seus próprios termos? Bickel oferece a seguinte resposta. Os tribunais, inclusive a Suprema Corte, devem decidir blocos de casos com base em princípios, em vez de responder fragmentariamente a um conjunto em constante alteração de pressões políticas. Devem agir assim não apenas porque sua moralidade institucional exige, mas porque sua estrutura institucional não oferece meios através dos quais possam aferir as forças políticas, mesmo que o desejassem. Contudo, o governo com base em princípios é uma forma de administração ineficiente e, no longo prazo, destinada ao fra-

3. O professor Bickel afirmou também, com sua enorme e habitual habilidade, que muitas das mais importantes decisões da Corte Warren não poderiam ser justificadas com base em razões convencionais, ou seja, pelos argumentos que a Suprema Corte invocara em suas decisões. Sua crítica dessas decisões é amiúde persuasiva, mas a falta de habilidade da Suprema Corte não afeta o argumento que examino neste texto. (As conferências Holmes proferidas por Bickel foram ampliadas em seu livro *The Supreme Court and the Idea of Progress*, 1970.)

casso, pouco importando quão capazes e honestos são os estadistas que tentem administrá-lo. Isto porque existe um limite para a complexidade que qualquer princípio pode incorporar e, ainda assim, permanecer como um princípio identificável. Esse limite fica aquém da complexidade da organização social.

Do ponto de vista de Bickel, as decisões da Suprema Corte sobre o realinhamento dos distritos eleitorais não foram equivocadas apenas porque a Suprema Corte optou pelo princípio errado. A fórmula "um homem, um voto" é demasiado simples, mas a Suprema Corte não poderia ter encontrado um princípio melhor, mais sofisticado e potencialmente mais bem-sucedido para servir de teste para a eleição distrital em todo o país ou ao longo dos anos. E isso porque a recomposição bem-sucedida de distritos eleitorais depende da acomodação de milhares de fatos da vida política, e só pode ser alcançado, se é que pode ser alcançado, através do desenvolvimento caótico e desprovido de princípios da história. O ativismo judicial não pode funcionar tão bem como um governo regido por instituições mais ou menos democráticas, não porque a democracia seja exigida por princípio, mas, ao contrário, porque a democracia funciona sem princípios, formando instituições e compromissos da mesma maneira que um rio forma um leito em seu caminho até o mar.

O que concluir do argumento de Bickel? Sua avaliação da história recente pode ser, e tem sido, contestada. Não é nada evidente, até agora certamente, que a integração racial irá fracassar enquanto estratégia a longo prazo; e Bickel está errado se pensa que os negros* norte-americanos, cuja adesão à NAACP** é muito maior do que a adesão a organizações mais militantes, a tenham rejeitado. Sem dúvida, a percepção nacional de como lidar com a maldição do racismo passa por avanços e recuos, à medida que a complexidade e as dimensões do problema se tornam mais evidentes, mas Bickel pode ter escrito no ponto mais alto de uma das duas direções do pêndulo.

---

* O presente capítulo foi originalmente publicado em 1972, na forma de artigo na *New Your Review of Books*. (N. do T.)

** NAACP: sigla de National Association for Advancement of Coloured People (Associação Nacional para o Progresso das Pessoas de Cor). (N. do T.)

Ele também se engana ao julgar o impacto da Suprema Corte sobre a história, como se a Suprema Corte fosse a única instituição em funcionamento, ou ao supor que, se o objetivo da Suprema Corte não foi ainda alcançado, o país está em pior situação do que se ela não tivesse tentado alcançá-lo. Desde 1954, quando a Suprema Corte estabeleceu o princípio segundo o qual a igualdade perante a lei exige uma educação integrada, ainda não tivemos, a não ser durante uns poucos anos da administração Johnson, um governo federal disposto a aceitar esse princípio como um imperativo. Nos últimos anos, tivemos um governo federal que parece determinado a destruí-lo. E também não dispomos de bases sólidas para supor que a situação racial nos Estados Unidos seria agora mais satisfatória, em termos gerais, se a Suprema Corte não tivesse intervindo, em 1954 e posteriormente, do modo que interveio.

Mas há uma objeção muito diferente, e para o meu propósito, muito mais importante, contra a teoria de Bickel. Sua teoria é nova porque parece conceder uma questão de princípio ao ativismo judicial, a saber, a de que a Suprema Corte tem a prerrogativa de intervir se sua intervenção produzir resultados socialmente desejáveis. Mas a concessão é uma ilusão, porque sua percepção do que é socialmente desejável é incompatível com o pressuposto do ativismo, segundo o qual os indivíduos têm direitos morais contra o Estado. Na verdade, o argumento de Bickel não se sustenta, nem mesmo se aceitarmos seus fatos e sua concepção da história, a não ser que ele se baseie em um ceticismo sobre os direitos tão profundo quanto o de Learned Hand.

Apresentei a teoria de Bickel como exemplo de uma forma de argumento a partir da democracia, ou seja, o argumento de que, uma vez que os homens discordam quanto aos direitos, é mais seguro deixar a decisão final sobre direitos a cargo do processo político. Mais seguro no sentido de que os resultados provavelmente serão mais bem fundados. Bickel sugere uma razão pela qual o processo político é mais seguro. Argumenta que a durabilidade de um acordo político sobre os direitos é, de certo modo, uma prova da moralidade política de tal acordo.

Argumenta que esta prova é melhor do que os argumentos derivados de princípios que os juízes poderiam mobilizar caso a decisão ficasse a cargo deles.

Há uma versão fraca desta alegação que não pode fazer parte do argumento de Bickel. Segundo essa versão, nenhum princípio político que estabeleça direitos pode ser bem fundado, sejam quais forem os argumentos abstratos apresentados a seu favor, a menos que passe no teste da aceitação social a longo prazo. Assim, por exemplo, a Suprema Corte não pode estar certa em seus pontos de vista sobre os direitos das crianças negras, os suspeitos de crimes ou os ateus, se a comunidade não for persuadida a reconhecer esses direitos.

Esta versão fraca pode parecer plausível por diferentes razões. Será atraente, por exemplo, para os que acreditam no fato e na força do senso moral do homem comum, bem como em sua disposição de levar em conta os apelos a esse sentido. Mas essa versão não argumenta em favor da moderação judicial, a não ser muito no longo prazo. Ao contrário, supõe o que os juristas gostam de chamar de diálogo entre os juízes e a nação, de acordo com o qual a Suprema Corte apresenta e defende sua concepção reflexivamente elaborada sobre quais são os direitos dos cidadãos, em grande parte como tentou fazer a Corte Warren, na esperança de que ao final o povo se porá de acordo com ela.

Devemos, portanto, retornar à versão forte da afirmação. Ela sustenta que o processo político orgânico irá assegurar com maior segurança os direitos humanos genuínos, caso seu caminho não seja atravessado pela intrusão artificial e racionalista dos tribunais. Sob este ponto de vista, os direitos dos negros, dos suspeitos e dos ateus emergirão normalmente do processo das instituições políticas, em resposta às pressões políticas. Se uma pretensão de direito não puder ser bem-sucedida dessa maneira, então por essa mesma razão será – ou, em todo caso, é possível que venha a ser – uma pretensão de direito imprópria. Mas essa proposição bizarra é apenas uma forma disfarçada da idéia cética de que, na realidade, não existem nenhum direito contra o Estado.

Talvez, como Burke e seus seguidores modernos afirmam, uma sociedade produzirá as instituições que melhor se ajustam a ela somente por meio da evolução, e nunca através de reformas radicais. Mas os direitos contra o Estado são pretensões que, se aceitas, exigem que a sociedade se conforme com instituições que talvez não se ajustem a ela de maneira confortável. O cerne de uma pretensão de direito, mesmo na análise desmitologizada dos direitos que estou utilizando, é que um indivíduo tem direito à proteção contra a maioria, mesmo à custa do interesse geral. Sem dúvida, o conforto da maioria exigirá alguma adaptação por parte das minorias, mas apenas na medida necessária para a preservação da ordem. Essa adaptação costuma não incluir o reconhecimento dos direitos da minoria.

De fato, a sugestão de que os direitos podem ser demonstrados ao longo de um processo histórico, e não por um apelo a princípios, mostra ou uma certa confusão ou uma falta de interesse real pelo que são direitos. Uma reivindicação de direito pressupõe um argumento moral e não pode ser estabelecida de nenhum outro modo. Bickel caracteriza os ativistas judiciais (e até mesmo alguns dos heróis da moderação judicial, como Brandeis e Frankfurter, que tiveram seus lapsos) como filósofos do século XVIII que apelaram ao princípio porque defendiam o ponto de vista otimista de que é conceber um esquema para o progresso. Mas essa imagem confunde dois fundamentos a partir dos quais se pode apelar ao princípio e à reforma, e dois sentidos de progresso.

Uma coisa é apelar ao princípio moral com uma fé tola de que a ética e a economia são movidas por uma mão invisível, de modo que os direitos individuais e o bem-estar geral irão fundir-se, e que o direito baseado em princípios levará a nação a uma utopia sem atritos onde todos estarão em melhores condições que antes. Bickel ataca essa visão apelando à história e com seus outros argumentos contra o governo por princípios. Porém, questão muito diferente é apelar ao princípio *enquanto* princípio para mostrar, por exemplo, que é injusto obrigar crianças negras a receber sua educação pública em escolas para negros, ainda que muitas pessoas *venham a ficar* em pior situação se o Estado adotar as medidas necessárias para impedir que isso aconteça.

Esta é uma versão diferente de progresso. Trata-se de progresso moral, e embora a história mostre quão difícil é decidir em que consiste o progresso moral, e quão difícil é persuadir os outros quando já se tomou a própria decisão, disso não se segue que os que nos governam não tenham a responsabilidade de encarar essa decisão ou de tentar tal persuasão.

5.

O argumento que apresentei é complexo e por isso desejo resumi-lo. Nosso sistema constitucional baseia-se em uma teoria moral específica, a saber, a de que os homens têm direitos morais contra o Estado. As cláusulas difíceis da *Bill of Rights*, como as cláusulas do processo legal justo e da igual proteção, devem ser entendidas como um apelo a conceitos morais, e não como uma formulação de concepções específicas. Portanto, um tribunal que assume o ônus de aplicar plenamente tais cláusulas como lei deve ser um tribunal ativista, no sentido de que ele deve estar preparado para formular questões de moralidade política e dar-lhes uma resposta.

Talvez seja necessário atenuar essa postura ativista até certo ponto, seja por razões práticas, seja por razões de princípio rivais. Mas as afirmações públicas de Nixon sobre a Suprema Corte sugerem que, por poderosas razões de princípio, a política ativista deve ser abandonada por completo, e não apenas amenizada. Se tentarmos enunciar essas razões de princípio, descobriremos que são incompatíveis com o pressuposto de um sistema constitucional, ou porque permitem que a maioria julgue em causa própria, ou porque se baseiam em um ceticismo sobre os direitos morais que nem Nixon nem a maioria dos políticos norte-americanos podem adotar de forma consistente.

Assim, a teoria do direito de Nixon é um simulacro e não uma verdadeira teoria. Não pode ser sustentada por argumentos que ele possa aceitar, e muito menos pelos argumentos que ele mesmo apresentou. Nixon abusou de suas credenciais jurídicas ao endossar uma filosofia incoerente do direito e ao questionar a boa fé de outros juristas por não aceitarem o que ele não é capaz de defender.

Os debates acadêmicos sobre o poder de revisão judicial da Suprema Corte devem, contudo, ter contribuído para a confusão de Nixon. A incapacidade de estabelecer as distinções que descrevi, entre invocar um conceito e enunciar uma concepção, e entre ceticismo e deferência, deu margem a uma falsa escolha entre o ativismo judicial, como um programa em prol de uma cruzada moral, e a moderação judicial, como um programa em prol da legalidade. Por que uma profissão sofisticada e culta colocou uma questão complexa dessa forma simples e desorientadora?

A questão central que está no cerne do debate acadêmico deve ser colocada da seguinte maneira. Se deixarmos as decisões de princípio exigidas pela Constituição a cargo dos juízes, e não do povo, estaremos agindo dentro do espírito da legalidade, tanto quanto nossas instituições o permitam, mas correremos o risco de que os juízes venham a fazer as escolhas erradas. Todo jurista acha que, em algum momento de sua história, a Suprema Corte errou, às vezes profundamente. Se ele não abomina as decisões conservadoras do início da década de 30, que ameaçaram bloquear o *New Deal*, é provável que abomine as decisões liberais da última década.

Não precisamos exagerar o perigo. As decisões realmente impopulares serão corroídas porque a adesão pública será relutante, como ocorreu no caso das orações nas escolas públicas, e porque os juízes mais velhos irão morrer ou se aposentar, e serão substituídos por novos juízes, indicados por estarem de acordo com um presidente que foi eleito pelo povo. As decisões contra o *New Deal* não se sustentaram, e as decisões mais ousadas dos anos mais recentes estão agora à mercê da Corte Nixon. E o perigo das decisões erradas não repousa inteiramente do lado do excesso; podemos afirmar que a falta de atuação da Suprema Corte no período McCarthy, simbolizada por sua vergonhosa decisão de defender a legalidade da *Smith Act* no caso *Dennis*, foi mais prejudicial à nação do que seu viés conservador nos primeiros anos do governo Roosevelt*.

Ainda assim, devemos conceber nossas instituições para reduzir o risco de erro, tanto quanto possível. Até o momento, porém, o debate acadêmico foi incapaz de produzir uma explicação adequada de onde se encontra o erro. Para os ativistas, as decisões sobre a segregação racial estavam certas porque fomentavam um objetivo social que lhes parecia desejável, ou estavam erradas porque fomentavam um objetivo social que lhes desagradava. Para os defensores da moderação eram incorretas, aprovassem eles ou não esse objetivo social, pois violavam o princípio de que a Suprema Corte não tem a prerrogativa de impor ao país sua própria concepção do que é o bem social.

Nenhum desses testes força os juristas a encarar o tipo específico de questão moral que descrevi anteriormente, ou seja, a questão de saber que direitos morais o indivíduo tem contra o Estado. Os ativistas fundamentam sua defesa, quando o fazem, no pressuposto de que seus objetivos sociais são indiscutivelmente bons, ou de que, a longo prazo, irão favorecer o interesse de todos. Esse otimismo deixa-os expostos ao argumento de Bickel, segundo o qual isso não é necessariamente assim. Os defensores da moderação argumentam que algum princípio de legalidade protege os juristas constitucionais da obrigação de enfrentar quaisquer questões morais.

O direito constitucional não poderá fazer um verdadeiro progresso enquanto não isolar o problema dos direitos contra o Estado e tornar esse problema parte de sua própria agenda. Isso conta como um argumento em favor de uma fusão do direito constitucional e da teoria moral, uma relação que, inacreditavelmente, ainda está por ser estabelecida. É perfeitamente compreensível que os juristas temam a contaminação pela filosofia moral, particularmente pelos filósofos que falam sobre direitos, porque as nuanças fantasmagóricas desse conceito assombram o cemitério da razão. Mas hoje dispomos de uma filo-

---

* Sobre o caso *Dennis*, ver Ronald Dworkin, *Freedom's Law*, op. cit., pp. 338-9. (N. do T.)

sofia melhor do que aquelas que estão na lembrança dos juristas. O professor Rawls, de Harvard, por exemplo, publicou um livro abstrato e complexo sobre a justiça que nenhum jurista constitucional poderá ignorar[4]. Não é necessário que os juristas desempenhem um papel passivo no desenvolvimento de uma teoria dos direitos morais contra o Estado, assim como não foram passivos no desenvolvimento da sociologia e da economia jurídicas. Eles devem reconhecer que o direito não é mais independente da filosofia do que dessas outras disciplinas.

4. *A Theory of Justice*, 1972. Ver capítulo 6. [Trad. bras. *Uma teoria da justiça*, Martins Fontes, São Paulo, 1997.]

Capítulo 6

A justiça e os direitos

1.

Acredito que não seja necessário descrever em maiores detalhes a famosa idéia da posição original de John Rawls[1]. Ela concebe um grupo de homens e mulheres que se reúnem para constituir um contrato social. Até esse ponto, ela se assemelha às assembléias imaginárias das teorias clássicas do contrato social. Contudo, a posição original difere dessas teorias em sua descrição dos participantes. Trata-se de homens e mulheres com gostos, talentos, ambições e convicções comuns, mas que temporariamente não sabem quais são suas personalidades individuais. Eles devem se colocar de acordo sobre os termos do contrato antes que voltem a saber quem são.

Rawls tenta demonstrar que, se esses homens e mulheres são racionais e agem tão-somente em seu próprio interesse, irão escolher seus dois princípios de justiça, princípios que estabelecem, *grosso modo*, que cada pessoa deve ter a mais ampla liberdade política compatível com uma igual liberdade para todos, e que as desigualdades em termos de poder, riqueza, renda e outros recursos não devem existir a não ser na medida em que favoreçam o benefício absoluto dos membros em pior situação na sociedade. Muitos dos críticos de Rawls não admi-

1. John Rawls, *A Theory of Justice*, 1972.

tem que os homens e as mulheres na posição original escolheriam inevitavelmente esses dois princípios. Os princípios são moderados, e os críticos acreditam que só seriam escolhidos por pessoas de temperamento cauteloso, e não por pessoas que fossem apostadoras natas. Não creio que essa crítica seja apropriada, mas neste livro, pelo menos, pretendo ignorar esse ponto. Estou interessado em uma questão diferente.

Suponhamos que os críticos estejam enganados, e que os homens e as mulheres na posição original de fato escolheriam os dois princípios de Rawls como os de seu maior interesse. Rawls parece pensar que esse fato ofereceria um argumento em favor desses dois princípios como um padrão de justiça para avaliar instituições políticas concretas. Mas não é nada evidente por que tal fato ofereceria tal argumento. Se um grupo acordasse de antemão que as disputas seriam resolvidas de uma determinada maneira, a existência desse contrato seria um argumento poderoso para que, quando surgissem, tais disputas fossem resolvidas dessa maneira. O contrato seria por si só um argumento, independentemente da força das razões que poderiam ter levado diferentes pessoas a fazê-lo. Em geral, por exemplo, cada uma das partes pressupõe que o contrato que assina protege seu próprio interesse. Contudo, se alguém se enganou ao calcular seu próprio interesse, o fato de que tenha feito o contrato é um argumento de peso em favor da eqüidade da exigência de que cumpra sua parte no acordo.

Rawls não pressupõe que algum grupo fez alguma vez um contrato social do tipo por ele descrito. Apenas afirma que, se um grupo de homens racionais se encontrasse na difícil situação da posição original, iria entrar em acordo nos termos dos dois princípios. Seu contrato é hipotético, e contratos hipotéticos não fornecem um argumento independente em favor da eqüidade do cumprimento de seus termos. Um contrato hipotético não é simplesmente uma pálida forma de um contrato real; na verdade, não é contrato algum.

Se, por exemplo, eu estiver participando de um jogo, é possível que tivesse concordado com qualquer número das regras básicas se me tivessem consultado antes do início do jogo. Daí não se segue que tais regras possam ser aplicadas contra mim se eu não tiver, de fato, concordado com elas. Sem dúvida, deve haver razões pelas quais eu teria concordado se me tivessem consultado de antemão, e estas talvez sejam as razões pelas quais seria justo aplicar essas regras contra mim mesmo que eu não tivesse concordado com elas. Mas minha concordância hipotética não vale como uma razão, independentemente dessas outras razões, para se aplicar as regras contra mim, como minha concordância real valeria.

Suponhamos que eu e você estamos jogando pôquer e descobrimos, na metade de uma mão, que está faltando uma carta. Você sugere que essa mão seja anulada, mas discordo porque sei que vou ganhar e quero o dinheiro apostado. Você poderia dizer que eu certamente teria concordado com tal procedimento se a possibilidade da falta da carta tivesse sido colocada de antemão. O que você quer dizer, porém, não é que eu esteja de algum modo comprometido a anular a mão por um acordo que nunca fiz. Você se utiliza do dispositivo de um acordo hipotético para insistir em algo com que se poderia concordar sem apelar para o dispositivo, ou seja, que a solução recomendada é tão evidentemente justa e sensata que somente alguém com um interesse contrário imediato poderia dela discordar. Seu principal argumento é de que sua solução é justa e sensata, e o fato de que eu próprio a teria escolhido não acrescenta nada de substancial ao argumento. Se eu for capaz de refutar o argumento principal, não restará nada, algo que derive de sua afirmação de que eu teria concordado, para ser respondido ou justificado.

Além disso, em determinadas circunstâncias o fato de que eu teria concordado nem mesmo sugere um argumento independente desse tipo. Tudo depende de suas razões para pressupor que eu teria concordado. Suponhamos que você diga que eu teria concordado, se você tivesse levantado a questão e insistido em sua solução, porque eu queria muitíssimo jogar e teria cedido para não perder a oportunidade. Eu poderia admitir que teria concordado por esta razão, e então acrescentaria que tenho a sorte de que você não tenha dito nada. O fato de que eu teria concordado se você tivesse insistido não acrescenta nem sugere nenhum argumento de que eu deva concordar agora. A questão não é saber se teria sido injusto de sua parte insistir em sua proposta como uma condição para prosseguir o jogo; de fato, não teria sido. Se você tivesse sustentado sua proposta e eu tivesse concordado, eu não poderia dizer que minha concordância teria sido, de algum modo, anulada ou questionada devido à coerção. Mas, se eu não tivesse realmente concordado, a hipótese de que poderia tê-lo feito não significa nada por si mesma.

Não quero dizer que nunca é importante, para decidir se um ato que afeta uma pessoa é justo, que ela teria consentido se tivesse sido consultada. Se um médico encontrasse um homem inconsciente e sangrando, por exemplo, seria importante que perguntasse se permitiria, se estivesse consciente, que lhe fizessem uma transfusão. Ainda que todas as razões o levassem a pensar que sim, esse fato é importante para justificar a transfusão se mais tarde o paciente, talvez por ter se convertido a alguma religião, condenasse o médico por tê-la feito. Mas esse tipo de caso extrapola os problemas com os quais nos ocupamos no momento porque a concordância hipotética do paciente demonstra que sua vontade se inclinava para essa decisão no momento e nas circunstâncias em que foi tomada. Ele nada perdeu por não ter sido consultado no momento certo, pois teria dado seu consentimento se o tivessem consultado. O argumento da posição original é muito diferente. Se o tomamos como sustentando que é justo aplicar os dois princípios, devemos tomá-lo como sustentando que, se um homem tivesse aceitado certos princípios se tivesse sido consultado de antemão, é justo aplicar-lhe esses princípios mais tarde, em circunstâncias diferentes, sob as quais ele não os aceita.

Mas este é um mau argumento. Suponhamos que eu não sabia o valor de um quadro na segunda-feira; se você tivesse me oferecido então cem dólares por ele, eu teria aceitado. Na terça-feira, descobri que era valioso. Você não pode sustentar que seria justo que os tribunais me fizessem vendê-lo por cem dólares na quarta-feira. Pode ter sido muita sorte minha que você não me pediu para comprá-lo na segunda, mas isso não justifica nenhuma coação futura contra mim.

Portanto, devemos tratar o argumento da posição original como tratamos o seu argumento no jogo de pôquer; deve ser um recurso para chamar a atenção para algum argumento independente em favor da eqüidade dos dois princípios – um argumento que não se fundamenta na falsa premissa de que um contrato hipotético tem alguma tênue força vinculadora. De que outro argumento dispomos? Poderíamos dizer que a posição original mostra que os dois princípios atendem aos interesses de todos os membros de qualquer comunidade política e que, por esta razão, é justo que se governe de acordo com eles. É verdade que, se se pudesse mostrar que os dois princípios favorecem o interesse de cada um, seria um sólido argumento em defesa de sua eqüidade, mas fica difícil perceber como a posição original pode ser utilizada para mostrá-lo.

Devemos ser cuidadosos com a distinção entre os dois sentidos em que se pode dizer que algo é de meu interesse. É de meu interesse *antecedente* apostar em um cavalo que, examinados os prós e contras, tem a maior probabilidade de ganhar uma corrida, ainda que acabe perdendo. É de meu interesse *presente* apostar no cavalo vencedor mesmo que, no momento em que apostei, tal aposta não passasse de uma tolice. Se a posição original oferece um argumento de que é do interesse de todos aceitar os dois princípios em detrimento de outras bases possíveis para uma constituição, deve ser um argumento que utiliza a idéia de interesse antecedente, e não de interesse atual. A escolha dos dois princípios não é do melhor interesse atual de cada um, pois, ao levantar-se o véu da ignorância, alguns irão descobrir que estariam numa situação melhor se tivessem escolhido algum outro princípio, tal como o princípio da utilidade média.

Um juízo de interesse antecedente depende das circunstâncias nas quais é feito e, em particular, do conhecimento disponível àquele que julga. Poderia ser de meu interesse antecedente apostar, com certa probabilidade de ganhar, em um determinado cavalo antes do tiro de partida, mas não, pelo menos com a mesma probabilidade, depois que ele tiver tropeçado na primeira volta. Portanto, o fato de uma escolha particular ser de meu interesse em um dado momento, em condições de grande incerteza, não é um bom argumento em favor da eqüidade da realização dessa escolha contra mim mais tarde, em condições de muito maior conhecimento. Mas, segundo essa interpretação, é isso o que sugere o argumento da posição original, pois procura justificar o uso presente dos dois princípios na suposição de que, em condições muito diferentes das atuais, seria do interesse antecedente de cada um concordar com eles. Se eu tivesse apostado em um cavalo azarão, seria de meu interesse antecedente, antes da corrida, vender o bilhete a você pelo dobro do preço; disso não decorre que seja justo que você o receba em troca dessa quantia quando o azarão estiver prestes a ganhar.

Contudo, alguém poderia dizer que compreendi mal a questão das condições especiais de incerteza na posição original. As partes são concebidas como ignorando seus recursos e talentos específicos para que não possam negociar princípios inerentemente injustos por favorecerem um determinado conjunto de recursos e talentos em detrimento de outros. Se o homem na posição original não sabe quais são seus interesses específicos, não pode negociar para favorecê-los. Desta forma, poderia ser dito que a incerteza da posição original não invalida o argumento do interesse antecedente, como sugeri, mas apenas limita o âmbito dentro do qual o auto-interesse pode operar. O argumento mostra que os dois princípios são de interesse de cada pessoa, pois os princípios evidentemente injustos são descartados por meio do recurso da incerteza. Uma vez que o único conhecimento adicional que os homens e as mulheres atuais possuem sobre os homens e as mulheres na posição original é um conhecimento sobre o qual não devem se basear para escolher princípios de justiça, seu interesse antecedente relevante é o mesmo. Se for assim, o argumento da posição original é um bom argumento para a aplicação dos dois princípios à política atual.

Porém, isso sem dúvida envolve uma confusão do argumento que Rawls apresenta com um argumento diferente que ele poderia ter apresentado. Suponhamos que seus homens e suas mulheres conhecessem inteiramente seus próprios gostos e talentos, mas tivessem de chegar a um acordo sob condições que excluíssem, por simples convenção, princípios evidentemente injustos, tais como aqueles que oferecem vantagens especiais para indivíduos identificados pelo nome. Se Rawls pudesse demonstrar que, uma vez que tais princípios evidentemente injustos fossem deixados de lado, seria do interesse de todos escolher seus dois princípios, isso realmente contaria como um argumento em favor dos dois princípios. Minha posição – de que o auto-interesse antecedente dos homens na posição original é diferente daquele dos homens no presente – não mais se sustentaria porque os dois grupos de homens teriam então o mesmo conhecimento sobre si próprios, e estariam sujeitos às mesmas restrições morais contra a escolha de princípios evidentemente injustos.

Contudo, o verdadeiro argumento de Rawls é muito diferente. O estado de ignorância em que seus homens devem escolher afeta seus cálculos do auto-interesse, e não pode ser descrito meramente como a delimitação do âmbito dentro do qual esses cálculos devam ser feitos. Por exemplo, Rawls pressupõe que seus homens escolheriam inevitavelmente princípios moderados porque essa seria a única escolha racional, em seu estado de ignorância, a ser feita por homens motivados por seu próprio interesse. Alguns homens reais, porém, conhecendo seus próprios talentos, poderiam perfeitamente preferir princípios menos moderados, que lhes permitissem aproveitar os recursos que sabem ter. Portanto, alguém que considere a posição original como produzindo um argumento favorável aos princípios moderados, depara com essa escolha. Se princípios menos moderados, como os que favorecem indivíduos identificados pelo nome, devem ser excluídos como evidentemente injustos, então o argumento em favor dos princípios moderados está completo desde o início, por razões de eqüidade apenas. Nesse caso, nem a posição original nem quaisquer considerações de auto-interesse que ela pretenda evidenciar desempenham qualquer papel no argumento. Contudo, se princípios menos moderados não podem ser excluídos de antemão como evidentemente injustos, então a imposição de um estado de ignorância, de modo a que os homens na posição original prefiram os princípios mais moderados, não pode ser explicada simplesmente como uma exclusão de escolhas evidentemente injustas. E, por afetar o auto-interesse antecedente desses homens, o argumento de que a posição original mostra qual é o auto-interesse antecedente dos homens atuais deve conseqüentemente fracassar. Sem dúvida, esse mesmo dilema pode ser formulado para cada característica dos dois princípios.

Reconheço que, até aqui, a argumentação parece ignorar um traço distintivo da metodologia de Rawls, que ele descreve como a técnica de buscar um "equilíbrio reflexivo" entre nossas crenças morais comuns, irrefletidas, e alguma estrutura teórica que poderia unificar e justificar essas crenças comuns[2]. Neste ponto, poderia ser dito que a idéia de uma posição original desempenha um papel nesse equilíbrio reflexivo, que perderemos se insistirmos, como venho insistindo, em tentar encontrar, um argumento mais direto e explícito, que leve da posição original aos dois princípios de justiça.

A técnica do equilíbrio desempenha um papel importante no argumento de Rawls e vale a pena descrevê-la resumidamente aqui. A técnica supõe que os leitores de Rawls possuem um senso, que aplicamos em nossa vida cotidiana, de que certos arranjos ou decisões políticas, como os juízos convencionais, são justos, e que outros, como a escravidão, são injustos. Além disso, supõe que cada um de nós é capaz de dispor essas intuições ou convicções intuitivas em uma ordenação que designe algumas delas como mais corretas que outras. A maioria das pessoas, por exemplo, acha que é mais claramente injusto, para o Estado, executar seus próprios cidadãos inocentes do que matar civis estrangeiros inocentes nas guerras. Eles poderiam ser convencidos a abrir mão de sua posição quanto aos civis estrangeiros em uma guerra, com base em uma certa argumentação, mas relutariam muito mais em abrir mão de seu ponto de vista quanto a executar seus conterrâneos inocentes.

2. Pp. 48 ss.

De acordo com a técnica do equilíbrio, é tarefa da filosofia moral, tendo em vista dois objetivos, fornecer uma estrutura de princípios que sustente essas convicções intuitivas sobre as quais estamos mais ou menos certos. Em primeiro lugar, essa estrutura de princípios deve explicar as convicções mostrando os pressupostos subjacentes que elas refletem; em segundo, deve fornecer orientação naqueles casos sobre os quais não temos convicção alguma, ou apenas convicções fracas ou contraditórias. Se não estivermos certos, por exemplo, de que as instituições econômicas que permitem grande disparidade de riqueza são injustas, podemos voltar aos princípios que explicam nossas convicções firmes e, em seguida, aplicar esses princípios a esse difícil problema.

Mas o processo não se resume a encontrar princípios que acomodem nossos juízos mais ou menos assentados. Esses princípios devem fundamentar nossos juízos, e não simplesmente explicá-los, e isso significa que os princípios devem ter um apelo independente ao nosso senso moral. Poderia ser o caso de que, por exemplo, um conjunto de convicções morais habituais se mostrasse favorecendo uma política indigna – talvez, os juízos padronizados que fazemos sem ponderação sirvam ao propósito de manter no poder uma determinada classe. Mas esta descoberta não pesaria a favor do princípio do egoísmo de classe; ao contrário, desacreditaria nossos juízos habituais, a menos que se pudesse encontrar algum outro princípio mais respeitável que também se adequasse às nossas intuições. Neste caso, seria este o princípio, e não o princípio do interesse de classe, recomendado por nossas intuições.

Pode-se mostrar impossível encontrar um conjunto coerente de princípios que tenha um apelo independente e sustente todo o conjunto de nossas convicções intuitivas; de fato, seria surpreendente se isso não fosse freqüente. Se isso acontece, devemos chegar a uma solução conciliatória, cedendo de ambos os lados. Poderíamos atenuar, mas não abandonar, nossa percepção inicial do que poderia constituir um princípio aceitável. Por exemplo, poderíamos vir a aceitar, após uma reflexão adicional, algum princípio que inicialmente nos tivesse parecido sem atrativos, talvez o princípio de que às vezes os homens estão preparados para se tornar livres. Poderíamos aceitar este princípio se nos convencêssemos de que nenhum outro princípio menos agressivo pudesse sustentar o conjunto das convicções políticas que relutávamos especialmente em abandonar. Por outro lado, também devemos estar dispostos a modificar, ajustar, ou mesmo abandonar por completo as convicções intuitivas que não se ajustam a nenhum princípio que convenha a nossos padrões atenuados. Para ajustar essas convicções intuitivas, utilizaremos nossa percepção inicial de quais nos parecem mais seguras, e de quais nos parecem menos, ainda que em princípio nenhuma convicção intuitiva possa ser considerada imune à reavaliação ou ao abandono, caso se mostre necessário. Podemos esperar por um procedimento de vai-e-vem entre nossos juízos intuitivos e a estrutura dos princípios explicativos, fazendo ajustes primeiro em um dos lados, e em seguida no outro, até chegar ao que Rawls chamou de estado de equilíbrio reflexivo, no qual ficamos satisfeitos ou pelo menos tão satisfeitos quanto podemos racionalmente esperar.

Pode perfeitamente acontecer que, pelo menos para a maioria de nós, nossos juízos políticos habituais permaneçam nessa relação de equilíbrio reflexivo com os dois princípios de justiça de Rawls, ou pelo menos que assim possa ser feito através do processo de ajuste que acabei de descrever. Contudo, não fica claro como a idéia da posição original se ajusta a essa estrutura ou por que ela de fato desempenha algum papel. A posição original não está entre as convicções políticas habituais que pensamos ter, e que procuramos justificar apelando ao equilíbrio reflexivo. Se ela desempenha algum papel, deve ser no processo de justificação, porque ela tem lugar no corpo da teoria que construímos para colocar nossas convicções em equilíbrio. Contudo, se os dois princípios de justiça estiverem, eles mesmos, em equilíbrio reflexivo com nossas convicções, não fica claro por que precisamos da posição original para complementar os dois princípios do lado teórico do equilíbrio. Que contribuição a idéia do equilíbrio reflexivo pode dar à harmonia já estabelecida?

Poderíamos analisar a resposta seguinte. Uma das condições que impomos a um princípio teórico, antes de permitirmos que figure como uma justificação de nossas convicções, é de que as pessoas a serem governadas pelo princípio teriam aceitado este princípio, pelo menos sob certas condições, se tivessem sido consultadas, ou de que pelo menos possa ser provado que o princípio favorece o interesse antecedente de cada uma dessas pessoas. Se assim for, então a posição original desempenha um papel essencial no processo de justificação pelo equilíbrio. Costuma-se utilizá-la para demonstrar que os dois princípios se ajustam a esse padrão estabelecido de aceitabilidade para os princípios políticos. Ao mesmo tempo, o fato de que os dois princípios, que realmente se ajustam a esse padrão, justificam nossas convicções habituais no equilíbrio reflexivo, reforça nossa confiança no padrão e nos estimula a aplicá-lo a outras questões de filosofia política ou moral.

No entanto, esta resposta não significa que a posição original ofereça um argumento a favor dos dois princípios; apenas reafirma as idéias que já analisamos e rejeitamos. Sem dúvida, não faz parte de nossas tradições políticas estabelecidas, ou de nossa compreensão moral corrente, que os princípios só sejam aceitáveis quando escolhidos por homens situados no contexto específico da posição original. Faz parte dessas tradições, por certo, que os princípios sejam justos quando realmente escolhidos por aqueles a quem governam, ou se pelo menos pudermos demonstrar que são de seu interesse antecedente comum. Já vimos, porém, que o recurso da posição original não pode ser usado para sustentar nenhum desses argumentos a favor da aplicação dos dois princípios à política atual. Se a posição original desempenha algum papel em uma estrutura de princípios e convicções em equilíbrio reflexivo, deve ser devido a pressupostos que ainda não identificamos.

Chegou o momento de reconsiderar uma suposição anterior. Até o momento, analisei a construção da posição original como se esta fosse tanto o fundamento da argumentação de Rawls como um componente do equilíbrio reflexivo estabelecido entre nossas intuições políticas e seus dois princípios de justiça. Na verdade, porém, Rawls não trata a posição original desse modo. Vejamos como ele descreve essa construção:

> Enfatizei que essa posição original é puramente hipotética. É natural que se pergunte por que, se realmente nunca se chega a esse acordo, deveríamos nos interessar por estes princípios, sejam eles morais ou de outra natureza. A resposta é que as condições incorporadas na descrição da posição original são aquelas que, de fato, aceitamos. Ou, em caso contrário, talvez possamos ser convencidos a aceitá-las através da reflexão filosófica. Pode-se fornecer razões sustentando cada um dos aspectos da situação contratual... Por outro lado, essa concepção é também uma noção intuitiva que sugere sua própria elaboração, de modo que, conduzidos por ela, somos levados a definir mais claramente o ponto de vista a partir do qual podemos interpretar melhor as relações morais. Precisamos de uma concepção que, de partida, nos permita prefigurar nosso objetivo: a noção intuitiva da posição original deverá fazer isso por nós.[3]

Esta descrição foi extraída da primeira afirmação de Rawls da posição original. É retomada e repetida no último parágrafo do livro[4]. Tem certamente uma importância capital, e sugere que a posição original, longe de ser a base de seu argumento, ou um recurso explicativo da técnica do equilíbrio, é um dos principais resultados substantivos da teoria como um todo. Sua importância está refletida em outra passagem crucial. Rawls descreve sua teoria moral como um tipo de psicologia. Quer caracterizar a estrutura de nossa capacidade (ou, pelo menos, a de uma pessoa) de realizar juízos morais de um certo tipo, ou seja, juízos sobre a justiça. Pensa que as condições incorporadas à posição original são os "princípios" básicos que "regem nossas capacidades morais ou, de modo mais específico, nosso senso de justiça"[5]. A posição original é, portanto, uma representação esquemática de um processo mental particular de pelo

3. Pp. 21-2.
4. P. 587.
5. P. 51.

menos alguns seres humanos, ou talvez da maioria, assim como a estrutura profunda da gramática, sugere ele, é a representação esquemática de uma capacidade mental diferente.

Tudo isso sugere que a posição original é uma conclusão intermediária, um ponto a meio caminho para uma teoria mais profunda que fornece argumentos filosóficos para suas condições. Na parte subseqüente deste ensaio, tentarei descrever pelo menos as linhas principais dessa teoria mais profunda. Distinguirei três traços da argumentação de superfície do livro – a técnica do equilíbrio, o contrato social e a posição original em si – e tentarei discernir quais dos vários princípios ou das posições filosóficas correntes eles representam.

Em primeiro lugar, porém, devo dizer uma palavra a mais sobre a idéia difundida por Rawls – instigante, ainda que imprecisa – de que os princípios dessa teoria mais profunda são constitutivos de nossa capacidade moral. Essa idéia pode ser entendida em diferentes níveis de profundidade. Pode significar, em seu nível menos profundo, que os princípios que sustentam a posição original como um recurso para raciocinar sobre a justiça são tão amplamente compartilhados, e tão pouco questionados dentro de uma comunidade específica, à qual se destina o livro, que a comunidade não poderia abandonar esses princípios sem transformar fundamentalmente seus padrões de raciocínio e de argumentação sobre a moralidade política. Pode significar em seu nível mais profundo que estes princípios são categorias inatas da moralidade comum a todos os homens, impressos em sua estrutura neural de modo que o homem não possa negar esses princípios sem correr o risco de abandonar o poder de raciocinar sobre a moralidade. Deverei guiar-me, no que se segue, pela interpretação menos profunda, apesar de acreditar que o que afirmarei seja compatível com a mais profunda. Imaginarei, portanto, que existe um grupo de homens e mulheres que descobrem, na leitura de Rawls, que a posição original os atinge como uma "noção intuitiva" apropriada, a partir da qual pensam os problemas de justiça, e que a considerariam convincente se se pudesse demonstrar que as partes colocadas na posição original realmente aceitariam um contrato com os dois princípios por ele descritos. Com base na experiência e na bibliografia existente, pressuponho que esse grupo inclui um grande número de pessoas que refletem sobre a justiça, e acho que pertenço a esse grupo. Quero descobrir as asserções ocultas que, dessa forma, pesam nas inclinações desse grupo. Faço isso repetindo a questão com a qual comecei: por que o argumento de Rawls sustenta sua afirmação de que seus dois princípios são princípios de justiça? Minha resposta é complexa e, por vezes, irá nos levar para longe de seu texto, mas não, penso eu, para longe do espírito de seu texto.

2.

A. O equilíbrio

Começarei examinando a base filosófica da técnica do equilíbrio que acabei de descrever. Para examiná-la, devo alongar-me por várias páginas, mas isso é importante para se entender que traços substantivos da teoria profunda de Rawls são exigidos por seu método. Esta técnica pressupõe, como afirmei, um fato conhecido de nossa vida moral. Todos nós temos crenças sobre a justiça que defendemos porque nos parecem corretas, não porque as tenhamos deduzido ou inferido a partir de outras crenças. Desta maneira, podemos acreditar, por exemplo, que a escravidão é injusta, e que o tipo convencional de julgamento é justo.

De acordo com alguns filósofos, esses diferentes tipos de crenças são percepções diretas de alguns fatos morais independentes e objetivos. Do ponto de vista de outros filósofos, não passam de preferências subjetivas que quase nada diferem dos gostos comuns mas que se revestem da linguagem da justiça para indicar o quanto nos parecem importantes. De qualquer modo, quando refletimos sobre a justiça ou sobre ela argumentamos com outras pessoas, utilizamos essas crenças habituais – que chamamos de "intuições" ou "convicções" – mais ou menos da mesma maneira sugerida pela técnica do equilíbrio de

Rawls. Comparamos teorias gerais sobre a justiça com as nossas próprias instituições, e tentamos confundir aqueles que discordam de nós, mostrando-lhes como suas próprias intuições complicam suas próprias teorias.

Suponhamos que tentemos justificar esse processo estabelecendo uma posição filosófica sobre a relação entre teoria moral e intuição moral. A técnica do equilíbrio pressupõe o que se poderia chamar de teoria da "coerência" da moralidade[6]. Contudo, temos de escolher entre dois modelos gerais que definem a coerência e explicam as razões de sua exigência, e a escolha entre eles é significativa e produz conseqüências para nossa filosofia moral. Descreverei esses dois modelos e, em seguida, argumentarei que a técnica do equilíbrio faz sentido segundo um deles, mas não segundo o outro.

Chamarei o primeiro modelo de "natural". Esse modelo pressupõe uma posição filosófica que pode ser resumida da seguinte forma. As teorias da justiça, tais como os dois princípios de Rawls, descrevem uma realidade moral objetiva; em outras palavras, não são criadas por homens ou sociedades, mas sim descobertas por eles, assim como se descobrem as leis da física. O principal instrumento dessa descoberta é uma faculdade moral que pelo menos alguns homens possuem, que produz intuições específicas de moralidade política em situações determinadas, tal como a intuição de que a escravidão é injusta. Essas intuições são indícios da natureza e da existência de princípios morais mais fundamentais e abstratos, da mesma forma que as observações físicas são indícios da existência e da natureza das leis fundamentais da física. O raciocínio moral ou filosófico é um processo de reconstrução dos princípios fundamentais pela correta ordenação dos juízos particulares, assim como um naturalista reconstrói a forma de um animal inteiro a partir dos fragmentos dos ossos que encontrou.

O segundo modelo é bem diferente. Trata as intuições de justiça não como indícios da existência de princípios indepen-

---

6. Ver Feinberg, "Justice, Fairness and Rationality", 81 *Yale L. J.* 1004, 1018-1021 (1972).

dentes, mas antes como traços estabelecidos de uma teoria geral a ser construída, como se um escultor se propusesse a esculpir o animal que melhor se ajusta à pilha de ossos que por acaso encontrou. Esse modelo "construtivo" não pressupõe, como faz o modelo natural, que os princípios de justiça tenham uma existência fixa e objetiva, de modo que as descrições desses princípios devam ser verdadeiras ou falsas de alguma maneira padronizada. Não pressupõe que o animal que se amolda aos ossos realmente exista. Parte do pressuposto diferente – e, sob certos aspectos, bem mais complexo – de que homens e mulheres têm a responsabilidade de adequar os juízos particulares que lhes servem de base para a ação a um programa coerente de ação ou, pelo menos, que as autoridades que exercem o poder sobre outros homens tenham esse tipo de responsabilidade.

Este segundo modelo, o construtivo, não é estranho aos juristas. É análogo a um modelo de decisão judicial no direito costumeiro. Suponhamos que um juiz se veja diante de uma exigência nova, por exemplo, uma exigência de indenizações com base no direito jurídico à privacidade, direito ainda não reconhecido pelos tribunais[7]. Ele deve analisar os precedentes que pareçam, de algum modo, relevantes para ver se algum princípio que esteja, digamos, "embutido" em tais precedentes diz respeito ao pretendido direito à privacidade. Poderíamos conceber esse juiz como na situação de um homem que, a partir de suas intuições morais, pretenda formular uma teoria geral da moralidade. Os precedentes específicos são análogos às intuições; o juiz tenta obter um ajuste entre esses precedentes e um conjunto de princípios que possa justificá-los e também justificar decisões posteriores que os extrapolem. Contudo, ele não pressupõe que os precedentes sejam vislumbres de uma realidade moral e, portanto, indícios de princípios objetivos que ele

7. Tenho em mente, aqui, o famoso debate entre Brandeis e Warren. Ver Brandeis e Warren, "The Rights of Privacy", 4 *Harv. L. Rev.* 193 (1890), que é um paradigma da argumentação do modelo construtivo. Ver capítulo 4, pp. 118-9.

termina afirmando. Não acredita que os princípios estejam "embutidos" nos precedentes nesse sentido. Em vez disso, no espírito do modelo construtivo, aceita esses precedentes como especificações de um princípio que ele deve construir tomando por base o senso de responsabilidade relativamente à coerência com os precedentes.

Quero sublinhar as diferenças importantes entre os dois modelos. Suponhamos que um funcionário público sustente, com razoável convicção, alguma intuição que não possa ser conciliada com suas outras intuições por nenhum conjunto de princípios que ele possa agora conceber. Pode pensar, por exemplo, que é injusto punir uma tentativa de assassinato com a mesma severidade com que se pune um assassinato consumado, e ainda assim ser incapaz de conciliar essa posição com a idéia de que a culpa de um homem é legitimamente avaliada considerando-se apenas o que ele pretendia fazer, e não o que realmente fez. Ou ele pode pensar que uma determinada raça minoritária tem, enquanto tal, direito à proteção especial, e mostrar-se incapaz de conciliar essa idéia com seu ponto de vista de que as distinções baseadas na raça são intrinsecamente injustas com os indivíduos. Quando um funcionário público estiver nessa situação, os dois modelos lhe oferecem diretrizes diferentes.

O modelo natural sustenta a política de que se deve seguir a intuição problemática e ignorar a contradição aparente, confiando que um conjunto mais sofisticado de princípios, que reconcilie essa intuição, realmente exista, embora não tenha sido ainda descoberto. Segundo esse modelo, o funcionário público encontra-se na situação do astrônomo que dispõe de dados de observação muito claros, mas que ainda assim é incapaz de conciliá-los de modo a formular, por exemplo, uma explicação coerente do sistema solar. Ele continua a aceitar e a utilizar seus dados, confiante na idéia de que exista alguma explicação conciliatória, embora não tenha sido ainda descoberta pelos homens e, considerando tudo que sabe, talvez nunca venha a sê-lo.

Assim, o modelo natural sustenta essa política porque se baseia em uma hipótese filosófica que apóia a analogia entre intuições morais e dados da observação. Nos termos dessa hipótese, faz sentido pressupor que as observações diretas, realizadas através de uma faculdade moral, extrapolaram a capacidade de explicação dos observadores. Também faz sentido pressupor que, apesar desse fracasso, existe de fato alguma explicação correta na forma de princípios de moralidade. Se as observações diretas forem corretas, deve existir alguma explicação correta de por que as coisas são do modo como foram observadas no universo moral; assim como deve existir alguma explicação de por que as coisas são, no universo físico, do modo como foram observadas.

Contudo, o modelo construtivo não sustenta a idéia de ignorar a incoerência aparente, na expectativa de que os princípios conciliadores devem existir. Ao contrário, exige que as decisões tomadas em nome da justiça nunca extrapolem a capacidade de um funcionário explicá-las no contexto de uma teoria da justiça, mesmo quando tal teoria comprometa algumas de suas intuições. Exige que atuemos com base em princípios, e não por fé. Seu motor é uma doutrina da responsabilidade que requer que os homens integrem suas intuições e subordinem algumas delas, quando necessário, a essa responsabilidade. Pressupõe que uma coerência articulada, assim como decisões de acordo com um programa que possa tornar-se público e ser seguido enquanto não for modificado, são aspectos fundamentais de qualquer concepção de justiça. Tendo esse modelo por guia, e na situação que descrevo, um funcionário deve desistir de sua posição aparentemente incoerente; deve fazê-lo ainda que espere que, um dia, o aprofundamento de suas reflexões possa levá-lo a encontrar princípios melhores, que permitam que todas as suas convicções iniciais sejam conciliadas[8].

---

8. O famoso debate entre o professor Wechsler, "Toward Neutral Principles in Constitutional Law", 73 *Harv. L. Rev.* 1 (1959r) e seus críticos pode ser esclarecido por essa distinção. Wechsler propõe um modelo construtivo para a decisão judicial em matérias constitucionais, ao passo que os que favorecem uma abordagem mais intuitiva ou experimental do direito estão seguindo o modelo natural.

O modelo construtivo não pressupõe nenhum ceticismo ou relativismo. Ao contrário, afirma que os homens e as mulheres que raciocinam nos termos do modelo irão defender, com sinceridade, as convicções que os levaram a adotá-lo, e que essa sinceridade será extensiva à crítica de atos ou sistemas políticos que agridem o que existe de mais profundo nessas convicções, por considerá-los injustos. O modelo não nega, assim como não afirma, a condição objetiva de nenhuma dessas convicções; é, portanto, compatível com a ontologia moral que o modelo natural pressupõe, ainda que, enquanto modelo de raciocínio, não a exija.

Não exige essa ontologia porque suas exigências são independentes dela. O modelo natural insiste na coerência com convicção, com base no pressuposto de que as intuições morais são observações precisas. A exigência de coerência decorre desse pressuposto. O modelo construtivo insiste na coerência com convicção como uma exigência independente, que não decorre do pressuposto de que essas convicções sejam relatos verdadeiros, mas do pressuposto diferente de que é injusto que os funcionários públicos atuem se não for com base numa teoria pública geral que os obrigue à coerência, que lhes forneça um padrão público para testar, discutir ou prever o que fazem, sem permitir que apelem a intuições singulares que poderiam mascarar o preconceito ou o interesse pessoal. Assim, o modelo construtivo requer coerência por razões independentes de moralidade política; assume como dados as convicções defendidas com a sinceridade necessária, e procura impor condições aos atos que essas intuições supostamente garantem. Se o modelo construtivo deve constituir uma moralidade, em qualquer desses sentidos por mim diferenciados, essas razões independentes de moralidade política estão no centro de nossas teorias políticas.

Por isso, os dois modelos representam pontos de vista diferentes a partir dos quais as teorias da justiça podem ser desenvolvidas. O modelo natural, poderíamos dizer, considera as intuições do ponto de vista pessoal do indivíduo que as sustenta, e que as vê como diferentes observações da realidade moral.

O modelo construtivo encara essas intuições a partir de um ponto de vista mais público. É o modelo que se poderia propor ao governo de uma comunidade na qual cada um dos membros tem fortes convicções que diferem, ainda que não amplamente, das convicções dos demais.

Desse ponto de vista público, o modelo construtivo é atraente por uma razão a mais. Ajusta-se bem à consideração de um grupo sobre problemas de justiça, isto é, ao desenvolvimento de uma teoria que se possa afirmar como a teoria de uma comunidade, mais do que de indivíduos particulares. Esta é uma tarefa importante, por exemplo, na decisão judicial. O alcance das convicções iniciais a serem avaliadas pode ser ampliado ou reduzido de modo que acomode as intuições de um grupo maior ou menor, quer incluamos todas as convicções sustentadas por cada um de seus membros, quer excluamos aquelas que não são sustentadas por todos, como o cálculo adotado poderia assegurar. Esse processo seria autodestrutivo dentro do modelo natural, porque cada indivíduo acreditaria que ou bem observações falsas são levadas em conta, ou bem observações verdadeiras são negligenciadas, o que invalidaria a inferência da moralidade objetiva. Mas, dentro do modelo construtivo, essa objeção não estaria disponível. O modelo seria adequado para identificar o programa de justiça que melhor se ajusta às convicções comuns da coletividade, por exemplo, sem precisar descrever um universo moral objetivo.

Assim, qual desses dois modelos sustenta melhor a técnica do equilíbrio? Alguns comentaristas parecem ter suposto que a técnica compromete Rawls com o modelo natural[9]. Mas a aliança entre esse modelo e a técnica do equilíbrio revela-se apenas superficial; com uma sondagem mais profunda, verificamos que são incompatíveis. Em primeiro lugar, o modelo natural é incapaz de explicar um traço distintivo da técnica. Explica por que nossa teoria da justiça deve adequar-se a nossas intuições sobre a justiça, mas não explica por que estamos

9. Ver, por exemplo, Hare, "Rawls' Theory of Justice – 1", 23 *Philosophical Quarterly* 144 (1973).

justificados em aprimorar essas intuições para tornar a adequação mais segura.

A noção de equilíbrio de Rawls, como já afirmei, é um processo de mão dupla; realizamos um vai-e-vem entre os ajustes à teoria e os ajustes à convicção, até conseguirmos o melhor ajuste possível. Se minhas convicções podem ser apreendidas de outro modo, por exemplo, por uma teoria claramente utilitarista da justiça, esta pode ser uma razão, no contexto da técnica, para descartar minha intuição de que a escravidão seria um erro ainda que oferecesse utilidade. Com base no modelo natural, porém, isso nada mais seria do que adulterar provas, como se um naturalista apagasse as pegadas que atrapalhassem seus esforços em descrever o animal que as deixou, ou como se o astrônomo desprezasse as observações que sua teoria se revela incapaz de acomodar.

Devemos ter o cuidado de não negligenciar esse ponto em nome de uma falsa sofisticação quanto à ciência. É comum se dizer – o próprio Rawls faz a comparação[10] – que os cientistas também ajustam suas provas para chegar a um conjunto uniforme de princípios explicativos. Mas, se há nisso alguma verdade, seus procedimentos são muito diferentes daqueles recomendados pela técnica do equilíbrio. Consideremos, para tornar um exemplo conhecido, as ilusões de ótica ou as alucinações. É perfeitamente verdadeiro que o cientista que vê água na areia não diz que o açude estava realmente ali, até que ele o alcançasse, de modo que a física devesse ser revista para dar conta do desaparecimento da água. Ao contrário, ele utiliza o aparente desaparecimento como prova de uma ilusão, ou seja, como prova de que, contrariamente à sua observação, ali nunca houve água alguma.

Sem dúvida, o cientista não pode dar-se por satisfeito com isso. Ele não pode descartar as miragens, a menos que complemente as leis da física com leis da ótica que as expliquem. Talvez ele tenha, em certo sentido, que escolher entre conjuntos concorrentes de explicações do conjunto de suas observações.

10. Rawls chama a atenção para a distinção, p. 49.

Por exemplo, ele pode ter que escolher entre tratar as miragens como objetos físicos de um tipo especial dentro da física, corrigindo as leis da física de modo a explicar o desaparecimento de objetos desse tipo, e tratar as miragens como ilusões de ótica, formulando, em seguida, as leis óticas que lhe permitam explicar tais ilusões. Ele tem uma escolha no sentido de que sua experiência não lhe impõe de modo algum nenhuma dessas explicações; a primeira é uma escolha possível, ainda que exigisse uma revisão total, tanto da física quanto do senso comum, para ser bem-sucedida.

Imagino que seja isso que querem dizer filósofos como Quine, para os quais nossos conceitos e nossas teorias se defrontam com nossas experiências como um todo, de modo que poderíamos reagir a uma experiência recalcitrante ou surpreendente fazendo diferentes revisões em diferentes pontos de nossas estruturas teóricas, se quiséssemos[11]. Independentemente de saber se esta é ou não uma imagem verdadeira do raciocínio científico, com certeza não se trata de uma imagem do procedimento do equilíbrio, pois esse procedimento afirma não apenas que estruturas de princípio alternativas estão disponíveis para explicar os mesmos fenômenos, mas que alguns deles, na forma de convicções morais, podem simplesmente ser ignorados para maior vantagem de uma determinada teoria.

É verdade que Rawls às vezes descreve o procedimento de um modo mais inocente. Ele sugere que, se nossas teorias tentativas da justiça não se ajustam a alguma intuição particular, isso deve funcionar como uma luz de advertência exigindo-nos saber se se trata, de fato, de uma convicção que sustentamos[12]. Se, sob outros aspectos, minhas convicções apóiam um princípio de utilidade, mas eu creio que a escravidão seria injusta mesmo que a utilidade aumentasse, poderia repensar o problema da escravidão com mais calma, e dessa vez minhas intuições poderiam ser diferentes e compatíveis com tal princípio.

---

11. W.V. Quine, "Two Dogmas of Empiricism", em *From a Logical Point of View* 20 (2ª ed. rev. 1964).

12. P. 48.

Neste caso, a incoerência inicial é utilizada como uma oportunidade de reconsiderar a intuição, mas não como uma razão para abandoná-la.

Contudo, isso não é necessário. Eu poderia continuar aceitando minha intuição original, não importando com que firmeza eu tenha me posicionado contra ela. Ainda assim, o procedimento autoriza-me a colocá-la de lado se isso for necessário para chegar à harmonia do equilíbrio. Se a coloco, porém, não estarei dando uma explicação alternativa das evidências, mas simplesmente ignorando-as. Qualquer pessoa cujas intuições sejam diferentes pode dizer que as minhas são distorcidas, talvez devido a alguma experiência infantil, ou porque eu talvez seja insuficientemente imaginativo para pensar em casos hipotéticos nos quais a escravidão poderia, de fato, aumentar a utilidade. Ou seja, tal pessoa poderia dizer que minha sensibilidade falha neste ponto, de modo que minhas intuições não são verdadeiras percepções da realidade moral, e que podem ser deixadas de lado tal como as descrições incorretas de um daltônico.

No que me diz respeito, não posso aceitar essa explicação para minhas próprias convicções problemáticas, enquanto eu sustentá-las e elas me parecerem bem fundadas, indiscerníveis, quanto à qualidade moral, de minhas outras convicções. Estou em uma situação diferente daquela do daltônico, que só precisa chegar a entender que as percepções alheias diferem das dele. Se eu acreditar que minhas intuições são um relato direto de alguma realidade moral, não posso aceitar que uma intuição particular seja falsa até que consiga sentir ou perceber que ela é falsa. O simples fato de que outros discordam pode ser uma oportunidade para consultar novamente minhas intuições, mas se minhas convicções permanecerem as mesmas, o fato de que outros possam explicá-las de um modo diferente não pode constituir razão suficiente para que eu as abandone, em vez de retê-las, confiando que de fato exista um ajuste entre elas e minhas outras convicções.

Portanto, o modelo natural não oferece uma explicação satisfatória da característica de mão dupla do equilíbrio. Mesmo que oferecesse, deixaria ainda outras características dessa técnica por explicar. Por exemplo, deixaria inexplicado o fato de que os resultados da técnica, pelo menos nas mãos de Rawls, são necessária e profundamente práticos. Os homens e as mulheres que Rawls coloca na posição original procuram encontrar princípios que eles e seus sucessores acharão fáceis de entender, dar a conhecer e observar. Princípios atraentes sob outros aspectos devem ser rejeitados ou ajustados por serem demasiado complexos ou, por outro lado, impraticáveis nesse sentido. Mas os princípios de justiça selecionados com esse espírito são concessões à fragilidade, e são contingentes no sentido de que mudarão quando mudarem as condições gerais e a educação do povo. Isso parece incompatível, pelo menos com o espírito do modelo natural, em cujos termos os princípios de justiça são características intemporais de alguma realidade moral independente à qual os indivíduos imperfeitos devem tentar se adequar da melhor maneira possível.

Além disso, a técnica do equilíbrio se destina a produzir princípios que são relativos pelo menos de dois modos. Primeiro, destina-se a selecionar a melhor teoria da justiça a partir de uma lista de teorias alternativas que deve ser não apenas finita, mas suficientemente curta para que seja possível compará-las entre si. Esta é uma limitação importante; leva o próprio Rawls a dizer que não há nenhuma dúvida de que a relação inicial de teorias possíveis, se expandida muito além da lista que ele considera, conteria uma teoria da justiça melhor do que seus dois princípios[13]. Segundo, apresenta resultados relativos ao âmbito do acordo inicial entre aqueles que, em conjunto, fazem as experiências especulativas que ele recomenda. Destina-se, como diz Rawls, a conciliar aqueles que divergem, fixando-se no que é um terreno comum entre eles[14]. Reconhecidamente, esse teste dará resultados diferentes para diferentes grupos, e para o mesmo grupo em diferentes momentos, à medida que o terreno comum das intuições confiáveis se deslocar.

13. P. 581.
14. Pp. 580-1.

Se a técnica do equilíbrio fosse utilizada dentro do modelo natural, a autoridade de suas conclusões estaria seriamente comprometida por ambas as formas de relativismo. Se o argumento do equilíbrio para os dois princípios de Rawls, por exemplo, mostrar apenas que se pode defendê-los melhor do que outros princípios de uma lista restrita, e se o próprio Rawls está seguro de que novos estudos poderiam produzir uma teoria melhor, então temos pouca razão para supor que esses dois princípios sejam uma descrição verdadeira da realidade moral. É difícil perceber, com base no modelo natural, por que deveriam ter, afinal, qualquer autoridade.

De fato, o argumento não oferece nenhuma boa razão para se supor até mesmo que os dois princípios sejam uma melhor descrição da realidade moral do que as outras teorias da pequena lista. Suponhamos que nos peçam que escolhamos, entre cinco teorias da justiça, a teoria que melhor agrupe nossas convicções em equilíbrio reflexivo, e que escolhamos a quinta delas. Vamos supor que exista uma sexta teoria, que teríamos escolhido se fizesse parte da lista. Esta sexta teoria poderia ser mais próxima, por exemplo, da primeira de nossa relação original do que da quinta, pelo menos no seguinte sentido: a longo prazo, uma sociedade que seguisse a primeira teoria chegaria a um maior número de decisões semelhantes às que chegaria a sociedade que seguisse a sexta do que chegaria a sociedade que seguisse a quinta.

Vamos supor, por exemplo, que nossa lista original incluísse, enquanto teorias da justiça disponíveis, o utilitarismo clássico e os dois princípios de Rawls, mas não incluísse o utilitarismo de média. Poderíamos ter rejeitado o utilitarismo clássico porque a produção do prazer pelo prazer, sem relação com qualquer aumento do bem-estar de determinados seres humanos ou de outros animais, faz pouco sentido, e então escolheríamos os dois princípios de Rawls como a melhor das teorias restantes. Porém, se o utilitarismo de média constasse da lista, poderíamos tê-lo escolhido por considerá-lo superior aos dois princípios, uma vez que não pressupõe que nenhum aumento da quantidade total de prazer seja um bem. Mas o utilitarismo clássico, que rejeitamos, poderia ser mais próximo do utilitarismo de média do que os dois princípios que de fato escolhemos. Poderia ser mais próximo, no sentido descrito, porque ditaria um maior número de decisões particulares exigidas pelo utilitarismo de média, e desse modo seria uma descrição melhor da realidade moral última do que seriam os dois princípios. Sem dúvida, o utilitarismo de média poderia ser rejeitado se constasse de uma lista ainda mais ampla, e a escolha que então teríamos que fazer poderia indicar que outro membro da lista original era melhor que o utilitarismo clássico ou que os dois princípios.

O segundo tipo de relativismo seria igualmente danoso ao modelo natural, por razões que já expliquei. Se a técnica do equilíbrio for utilizada por uma única pessoa e as intuições que se permitiu levar em consideração forem dela, e só dela, então os resultados podem ser aceitos como autorizados por ela. Outros, cujas intuições diferem, não serão capazes de aceitar suas conclusões, pelo menos em sua totalidade, mas ela própria pode fazer isso. Contudo, se a técnica for utilizada de um modo mais público, por exemplo, para decidir o que contará como habitual entre as intuições de um grupo, pode ser que ninguém aceite os resultados como autorizados, exatamente como qualquer pessoa pode não aceitar como autorizado um resultado científico alcançado mediante o desprezo pelo que essa pessoa acreditava serem evidências no mínimo tão pertinentes quanto as que foram usadas.

Assim, o modelo natural revela-se um suporte pobre para a técnica do equilíbrio. Nenhuma das dificuldades que acabamos de mencionar importa, contudo, se considerarmos que a técnica esteja a serviço do modelo construtivo. Dentro desse modelo, constitui-se numa razão para se rejeitar até mesmo uma poderosa convicção o fato de que não é possível reconciliá-la com outras convicções através de um conjunto de princípios plausível e coerente. A convicção não é rejeitada por ser falsa, mas simplesmente por não poder ser escolhida dentro de um programa que satisfaça as necessidades do modelo. Nenhum dos aspectos nos quais a técnica é relativa atrapalha o modelo construtivo. Não constitui um problema o fato de que algumas teorias não levadas em conta pudessem ter sido consideradas superiores se tivessem sido analisadas. O modelo requer que os funcionários públicos ou os cidadãos atuem de acordo com o melhor programa que possam elaborar naquele momento, por razões de coerência que não pressupõem, como faz o modelo natural, que a teoria escolhida seja verdadeira em qualquer sentido último. O fato de que um grupo diferente, ou uma sociedade diferente, com uma cultura e experiências diferentes, venha a produzir uma teoria diferente, não solapa uma determinada teoria. Isto pode nos levar a duvidar que qualquer grupo tenha o direito de tratar suas intuições morais como se fossem, de alguma forma, objetivas ou transcendentais, mas não que uma sociedade específica, que realmente trate certas convicções particulares desse modo, precise segui-las como princípios.

Portanto, vou admitir, pelo menos tentativamente, que a metodologia de Rawls pressupõe o modelo construtivo de raciocínio que vai das convicções particulares às teorias gerais da justiça, e usarei esse pressuposto em minha tentativa de mostrar os outros postulados da teoria moral por trás de sua teoria da justiça.

B. O contrato

Chego, então, à segunda das três características da metodologia de Rawls que desejo discutir, ou seja, o uso que ele dá à antiga idéia de um contrato social. Diferencio, como Rawls, a idéia geral de que um contrato imaginário é um recurso apropriado para raciocinar sobre a justiça daquelas características mais específicas da posição original, que constituem uma aplicação particular dessa idéia geral. Rawls pensa que todas as teorias concebíveis como baseadas em um contrato social hipotético de algum tipo são análogas e diferenciadas, enquanto classe, das que não podem ser assim concebidas. Ele pressupõe, por exemplo, que o utilitarismo de média, que pode ser concebido como resultado de um contrato social segundo uma determinada interpretação, está mais estreitamente ligado à sua própria teoria do que qualquer uma das duas ao utilitarismo clássico, que não pode ser tomado como resultado de um contrato segundo qualquer interpretação[15]. Na seção seguinte, examinarei a base teórica da posição original. Nesta seção quero analisar a base da idéia mais geral do contrato em si.

Rawls diz que o contrato é um poderoso argumento para seus princípios porque incorpora princípios filosóficos que aceitamos, ou aceitaríamos se sobre eles refletíssemos. Queremos descobrir quais são esses princípios, e podemos colocar nosso problema da seguinte maneira. Os dois princípios compreendem uma teoria da justiça construída a partir da hipótese de um contrato. Mas o contrato não pode ser sensatamente tomado como a premissa ou o postulado fundamental dessa teoria, pelas razões que descrevi na primeira parte deste capítulo. Deve ser visto como uma espécie de ponto intermediário de um argumento mais amplo, como se ele próprio fosse o produto de uma teoria política mais profunda, que defende os dois princípios *através*, e não *a partir*, do contrato. Por isso, devemos tentar identificar as características de uma teoria mais profunda que recomendariam o recurso de um contrato como o motor de uma teoria da justiça, mais do que os outros recursos teóricos mencionados por Rawls, como aquele do espectador imparcial[16].

Encontraremos a resposta, acredito, se atentarmos para, e refinarmos, as distinções habituais que os filósofos estabelecem entre dois tipos de teorias morais, que chamam de teorias teleológicas e teorias deontológicas[17]. Argumentarei que qualquer teoria mais profunda que justifique o uso dado por Rawls ao contrato deve ser uma forma particular da teoria deontoló-

15. Capítulo 30.
16. Pp. 144 ss.
17. Rawls define esses termos nas pp. 24-5 e 30.

gica, uma teoria que leva a idéia de direitos tão a sério que os torna fundamentais para a moralidade política. Tentarei demonstrar como uma teoria desse tipo seria distinta, como um tipo, de outros tipos de teorias, e porque somente uma teoria assim poderia atribuir ao contrato o papel e a importância que Rawls lhe atribui.

Contudo, devo iniciar esta argumentação explicando de que modo empregarei alguns termos bastante conhecidos. (1) Direi que um certo estado de coisas é uma *meta* no âmbito de uma teoria política particular se, segundo essa teoria, contar a favor de um ato o fato de promover ou preservar esse estado de coisas, e contar contra esse ato o fato de retardar ou ameaçar esse estado de coisas. Metas podem ser relativamente específicas, como o pleno emprego ou o respeito à autoridade, ou relativamente abstratas, como a melhoria do bem-estar geral, o aumento do poder de um determinado país, ou a criação de uma sociedade utópica de acordo com um conceito específico da bondade humana ou do que é viver bem. (2) Direi que um indivíduo tem *direito* a um determinado ato político, segundo uma teoria política, se a impossibilidade de se concretizar tal ato, quando o indivíduo o reivindica, não se justificasse no âmbito dessa teoria, ainda que, após a ponderação das circunstâncias, as metas da teoria não fossem promovidas pelo ato. A força de um determinado direito, na esfera de uma determinada teoria, é uma função do grau de desserviço prestado às metas da teoria, além de um mero desserviço geral, que é necessário para justificar a recusa do ato reivindicado pelo direito. Na teoria política popular que aparentemente prevalece nos Estados Unidos, por exemplo, os indivíduos têm direito à livre expressão pública em questões políticas, e a um determinado padrão mínimo de vida, mas nenhum desses direitos é absoluto, sendo o primeiro muito mais forte do que o segundo. (3) Direi que um indivíduo tem o *dever* de agir de um determinado modo, segundo uma teoria política, se uma decisão política que restrinja tal ato se justificar dentro dessa teoria, ainda que nenhuma meta do sistema seja favorecida por essa decisão. Uma teoria pode, por exemplo, estabelecer que os indivíduos têm o dever de adorar a Deus mesmo que não estipule nenhuma meta a ser favorecida pela exigência desse ato[18].

Os três conceitos que acabei de descrever operam de maneiras diversas, mas todos servem para justificar ou condenar, pelo menos *pro tanto*, decisões políticas determinadas. Em cada caso, a justificação fornecida pela referência a uma meta, um direito ou um dever é, em princípio, completa, no sentido de que nada precisa ser acrescentado para tomar a justificação efetiva, se não for solapada por algumas considerações concorrentes. Contudo, embora tal justificativa seja completa nesse sentido, não é necessário que, segundo a teoria, seja última. Permanece em aberto a questão de saber por que se justifica essa meta, direito ou dever específicos por si mesmos, e a teoria pode responder ao mobilizar uma meta, um direito ou um dever *mais básicos*, que é favorecido pela aceitação dessa meta, desse direito ou desse dever menos básicos, como uma justificação completa em casos específicos.

Uma meta específica, por exemplo, poderia ser justificada por contribuir para uma meta mais básica; dessa forma, o pleno emprego poderia ser justificado por contribuir para um maior bem-estar geral. Uma meta também poderia ser justificada pelo fato de favorecer um direito ou um dever mais básicos; uma teoria poderia sustentar, por exemplo, que o aumento do Produto Interno Bruto, que é uma meta, é necessário para capacitar o Estado a respeitar os direitos dos indivíduos a um padrão de vida minimamente decente, ou que é necessário melhorar a eficiência da polícia para fazer cumprir variados deveres individuais de não transgredir a lei. Por outro lado, direitos e deveres podem ser justificados com base no fato de que, funcionando como uma justificação completa em determinadas ocasiões, na verdade favorecem as metas mais fundamentais; o dever individual de dirigir com cuidado pode ser justificado

18. Não reconheço, como metas, a de respeitar direitos ou a de fazer cumprir deveres. Neste sentido, e em outros sentidos aparentes, minha utilização dos termos que defino é mais estreita do que o permite a linguagem comum.

por favorecer a meta mais básica de melhorar o bem-estar geral. Sem dúvida, esta forma de justificação não sugere que o próprio direito, ou o dever menos básico, justifique as decisões políticas apenas quando tais decisões, consideradas uma por vez, favorecerem uma meta mais básica. É antes a conhecida questão do utilitarismo de regras: tratar o direito ou o dever como uma justificativa completa em casos particulares, sem referência à meta mais básica, irá de fato promover a meta a longo prazo.

Assim, as metas podem ser justificadas por outras metas, por direitos ou por deveres, e os direitos ou deveres podem ser justificados por metas. Os direitos e deveres certamente também podem ser justificados por outros deveres ou direitos mais fundamentais. O dever que as pessoas têm de respeitar minha privacidade, por exemplo, pode ser justificado por meu direito à privacidade. Não quero dizer, simplesmente, que os direitos e deveres podem ser correlatos, como os dois lados de uma mesma moeda. Isso pode ocorrer quando, por exemplo, um direito e o dever correspondente são justificados por favorecerem uma meta mais fundamental, como quando o direito de alguém à propriedade e meu dever correspondente de não invadi-la se justificam, conjuntamente, pela meta mais fundamental do uso socialmente eficiente da terra. Em muitos casos, porém, os direitos e deveres correspondentes não são correlatos, mas um deriva do outro, e faz diferença saber qual deriva de qual. Há uma diferença entre a idéia de que você tem o dever de não mentir para mim, porque tenho o direito de que não mintam para mim, e a idéia de que tenho o direito de que você não minta para mim porque você tem o dever de não dizer mentiras. No primeiro caso, justifico um dever chamando atenção para um direito; se pretendo oferecer alguma justificação posterior, é o direito que eu devo justificar, e não posso fazê-lo chamando a atenção para o dever. No segundo caso dá-se o inverso. A diferença é importante porque, como tentarei mostrar dentro em breve, a teoria que considera os direitos como fundamentais é uma teoria de caráter diverso da que considera os deveres como fundamentais.

Portanto, as teorias políticas irão divergir umas das outras não simplesmente nas metas, nos direitos ou nos deveres particulares que cada uma estabelece, mas também no modo pelo qual cada uma conecta as metas, os direitos e deveres que emprega. Em uma teoria bem formada, será considerado como fundamental ou definitivo algum conjunto coerente dessas metas, desses direitos e desses deveres, internamente ordenados ou ponderados. Parece razoável supor que qualquer teoria particular só irá atribuir um lugar de honra definitivo a apenas um desses conceitos; tomará como fundamental alguma meta dominante, ou um conjunto de direitos fundamentais, ou um conjunto de deveres transcendentais, e mostrará as outras metas, direitos e deveres como subordinados e derivados[19].

Podemos, portanto, fazer uma tentativa de classificação inicial das teorias políticas que poderíamos produzir, no âmbito do modelo construtivo, como teorias profundas que pudessem conter um contrato como recurso intermediário. Tal teoria poderia ser *baseada em metas*, caso em que consideraria fundamental alguma meta como, por exemplo, o aumento do bem-estar geral; poderia ser *baseada em direitos*, adotando algum direito, tal como o direito de todos os homens à maior liberdade abrangente possível, como fundamental; ou poderia ser *baseada em deveres*, considerando fundamental algum dever, como o de obedecer à vontade de Deus conforme determinam os Dez Mandamentos. É fácil encontrar exemplos de casos puros, ou quase puros, para cada um desses tipos de teoria. O utilitarismo, como sugeriu meu exemplo, é uma teoria baseada em metas, os imperativos categóricos de Kant configuram uma teoria baseada em deveres, e a teoria da revolução de Tom Paine é baseada em direitos.

As teorias no âmbito de cada um desses tipos provavelmente irão compartilhar algumas características muito gerais. Os tipos podem ser contrastados, por exemplo, comparando-se as atitudes que exibem em relação à escolha e à conduta indi-

---

19. Mas uma teoria "intuicionista", como Rawls utiliza o termo, não precisa fazer o mesmo. Ver p. 34.

viduais. As teorias baseadas em metas dizem respeito ao bem-estar de um determinado indivíduo apenas, na medida em que isso contribua para algum estado de coisas estipulado como bom, deixando totalmente de lado sua escolha desse estado de coisas. Isso também é verdadeiro no contexto das teorias totalitárias baseadas em metas, como o fascismo, que considera fundamental o interesse de uma organização política. É igualmente verdadeiro no caso das diferentes formas de utilitarismo porque, embora levem em conta os impactos das decisões políticas sobre os indivíduos, e desse modo digam respeito ao bem-estar individual, misturam esses impactos de modo que os tornam totalidades gerais ou médias, e consideram desejável a melhora dessas totalidades e médias, desconsiderando por completo a decisão de qualquer indivíduo. Isto também se aplica às teorias perfeccionistas, como a de Aristóteles, que impõem aos indivíduos um ideal de excelência e consideram que a meta da política é o cultivo dessa excelência.

Por outro lado, as teorias baseadas em direitos e baseadas em deveres colocam o indivíduo no centro e tomam sua decisão ou conduta como algo de fundamental importância. Mas os dois tipos colocam o indivíduo sob focos diferentes. As teorias baseadas em deveres se preocupam com a qualidade moral de seus atos, pois pressupõem que é literalmente errado que o indivíduo não consiga seguir certos padrões de comportamento. Kant considerava um erro dizer uma mentira, por maiores que fossem os benefícios dela decorrentes, não porque agir assim fomentasse alguma meta, mas simplesmente por tratar-se de um erro. Por outro lado, as teorias baseadas em direitos preocupam-se mais com a independência do que com a conformidade da ação individual. Elas pressupõem e protegem o valor do pensamento e da escolha individuais. Ambos os tipos de teoria fazem uso da idéia de regras morais, códigos de conduta a serem seguidos, em determinadas ocasiões, sem consultar o auto-interesse. As teorias baseadas em deveres situam esses códigos de conduta na esfera do essencial, sejam eles impostos ao indivíduo pela sociedade ou pelo próprio indivíduo a si mesmo. O homem em seu centro é o homem que deve conformar-se a tal código: ser punido ou se deixar corromper. Contudo, as teorias baseadas em direitos consideram os códigos de conduta como instrumentais, necessários talvez para proteger os direitos dos outros, mas sem nenhum valor essencial em si mesmos. O homem que se encontra em seu centro é um homem que se beneficia da obediência alheia, e não o homem que leva uma vida virtuosa por sua própria obediência.

Logo, devemos esperar que diferentes tipos de teorias estejam associados a diferentes temperamentos metafísicos ou políticos, e que um ou outro seja dominante em certos tipos de economia política. As teorias baseadas em metas, por exemplo, parecem especialmente compatíveis com as sociedades homogêneas, ou com aquelas pelo menos temporariamente unidas por um meta urgente ou fundamental, como a autodefesa ou a expansão econômica. Deveríamos também esperar que essas diferenças entre tipos de teoria encontrassem eco nos sistemas jurídicos das comunidades onde são dominantes. Deveríamos esperar, por exemplo, que um advogado abordasse de maneira diversa a questão de punir as ofensas morais através do direito penal se sua incipiente teoria jurídica tivesse por base as metas, os direitos ou os deveres. Se sua teoria tivesse por base as metas, ele consideraria o pleno efeito da aplicação da moralidade sobre sua meta primordial. Se essa meta fosse utilitarista, por exemplo, ele aceitaria os argumentos de lorde Devlin, segundo os quais os efeitos secundários de se punir a imoralidade podem ser benéficos, ainda que viesse finalmente a rejeitá-los[20]. Por outro lado, se sua teoria fosse baseada em deveres, ele adotaria a posição do argumento, comumente chamado de corretivo, segundo o qual uma vez que a imoralidade é errada, o Estado deve puni-la mesmo que não cause dano a ninguém. Contudo, se a teoria fosse baseada em direitos, ele rejeitaria o argumento corretivo e julgaria o argumento utilitarista em comparação com seu pressuposto de que os direitos individuais devem ser respeitados mesmo à custa de algum ônus para o bem-estar geral.

20. Ver capítulo 10.

Sem dúvida, tudo isso é superficial e trivial como sociologia ideológica. Meu objetivo é apenas sugerir que essas diferenças de tipo sejam importantes a despeito dos detalhes que possam diferenciar uma teoria política de outra do mesmo tipo. É por esta razão que o contrato social é uma característica tão importante da metodologia de Rawls. Indica que sua teoria profunda é uma teoria baseada em direitos, e não uma teoria de algum dos outros dois tipos.

O contrato social concede a cada parte potencial o poder de veto: sem seu acordo, nenhum contrato é realizado. A importância, e mesmo a existência desse poder de veto, é obscurecida na interpretação particular do contrato que constitui a posição original. Já que ninguém nada sabe sobre si próprio que possa distingui-lo de qualquer outra pessoa, não pode racionalmente buscar nenhum interesse que seja distinto. Em tais circunstâncias, nada depende do fato de cada homem ter poder de veto, ou mesmo, de início, de existir mais de uma parte potencial. Todavia, a posição original é apenas uma interpretação do contrato. Em qualquer outra interpretação, na qual as partes tenham algum conhecimento com o qual distingam sua situação ou suas ambições, o poder de veto, que o contrato concede a cada parte, torna-se crucial. A força do poder de veto que cada indivíduo possui depende, sem dúvida, do seu conhecimento, ou seja, da interpretação particular do contrato que afinal escolhemos. Mas o fato de que os indivíduos devam ter algum poder de veto é, em si mesmo, digno de nota.

Isso não pode ocorrer em uma teoria exclusivamente baseada em metas, por exemplo. Não quero dizer que as partes envolvidas em um contrato social não possam concordar quanto a um meta social específica e fazer dessa meta, a partir daí, o padrão para testar a justiça das decisões políticas. Quero dizer que nenhuma teoria baseada em metas poderia fazer do contrato o recurso apropriado para se decidir sobre um princípio de justiça; em outras palavras, a teoria profunda que estamos tentando encontrar não poderia ser, ela própria, baseada em metas.

A razão para isso é simples. Suponhamos que uma determinada meta fundamental, como a meta de melhorar o bem-estar médio de uma comunidade, aumentar o poder e a autoridade do Estado ou criar uma utopia de acordo com uma concepção particular do bem, seja considerada fundamental numa teoria política. Se qualquer meta desse tipo for fundamental, é sinal de que autoriza uma distribuição de recursos, direitos, benefícios e ônus dentro da comunidade que favorece, da melhor maneira possível, o avanço dessas metas, e condena qualquer outra. O recurso do contrato, porém, que pressupõe que cada indivíduo busca seu interesse próprio, e que concede a cada um o poder de vetar as decisões coletivas, aplica um teste muito diferente para determinar a distribuição ideal. Destina-se a produzir a distribuição que cada indivíduo considera ser de seu próprio interesse, dado seu conhecimento, sob uma interpretação do contrato especificada, ou, pelo menos, a aproximar-se dessa distribuição tanto quanto lhe pareça possível. Logo, o contrato oferece um teste de distribuição ideal muito diferente daquele que seria estipulado por uma aplicação direta da meta fundamental. Não há nenhuma razão para supor que um sistema de vetos individuais seja uma boa solução para um problema no qual se presume que a eqüidade de uma distribuição, considerada à parte da contribuição desta distribuição a uma meta global, não contará para nada.

Sem dúvida, é possível que um contrato produza o resultado que alguma meta fundamental lhe dite. De fato, alguns críticos acreditam que os homens na posição original – a interpretação do contrato preferida por Rawls – escolheriam uma teoria da justiça baseada em princípios de utilidade média, ou seja, exatamente os princípios que seriam produzidos por uma teoria profunda que estabelecesse a meta fundamental da utilidade média[21]. Contudo, se isso for assim, a razão será ou a coincidência ou o fato da interpretação do contrato ter sido escolhida para produzir esse resultado. Em qualquer dos casos, o contrato é supererrogatório, pois o resultado final é determinado pela meta fundamental, e o recurso do contrato nada acrescenta.

---

21. John Mackie apresentou uma fórmula convincente desse argumento em um seminário realizado em Oxford no outono de 1972.

Dispomos de um contra-argumento. Suponhamos que pareça que a meta fundamental só será realmente favorecida se o Estado for governado segundo princípios que, em certo sentido, sejam vistos por todos como favoráveis a seus interesses. Se a meta fundamental for o engrandecimento do Estado, por exemplo, é possível que essa meta só possa ser alcançada se a população não perceber que o governo age em função desse meta, mas, ao contrário, imaginar que age segundo princípios claramente favoráveis a suas metas individuais através do recurso de um contrato; só se acreditarem nisso, trabalharão para o interesse do Estado. Não podemos ignorar esse argumento insidioso, quando não improvável, mas ele não sustenta o uso dado por Rawls ao contrato. O argumento depende de uma impostura, como o famoso argumento de Sidgwick segundo o qual a melhor maneira de servir ao utilitarismo é manter o público na ignorância dessa teoria[22]. Uma teoria que inclui uma impostura como essa é inaceitável pelo modelo construtivista que seguimos, pois nossa meta, segundo esse modelo, é o desenvolvimento de uma teoria que unifique nossas convicções e possa servir como um programa para a ação pública. A publicidade é tanto uma exigência de nossa teoria profunda como da concepção de justiça que Rawls desenvolve dentro dela.

Assim, uma teoria profunda baseada em metas não pode sustentar o contrato, a não ser como um apêndice inútil e ambíguo, gerador de confusão. Nem uma teoria profunda baseada em deveres pode sustentá-lo, por razões muito semelhantes. Uma teoria que considera um dever ou deveres como fundamentais não oferece nenhuma razão para se acreditar que as instituições justas são aquelas que, nos termos de uma certa descrição, parecem defender o interesse de cada um. Mais uma vez, não nego que as partes contratantes possam tomar a decisão de impor certos deveres a si próprias e a seus sucessores, assim como podem decidir-se a adotar determinadas metas no exercício de seu julgamento quanto ao que seja seu auto-interesse. Rawls descreve os deveres que imporiam a si mesmas

22. H. Sidgwick, *The Methods of Ethics* 489 ss. (7ª ed. 1907).

nos termos da interpretação que ele prefere, a posição original, e chama-os de deveres naturais[23]. Mas isto é muito diferente de supor que a teoria profunda, que torna essa decisão última no que diz respeito a esses deveres, possa ela própria ser baseada em deveres.

Sem dúvida é possível argumentar, como muitos filósofos fizeram, que o auto-interesse de um homem consiste em cumprir o dever que a lei moral lhe impõe, ou porque Deus pode castigá-lo se não proceder assim, ou porque cumprir seu papel na ordem natural é sua atividade mais satisfatória, ou, como pensava Kant, porque ele só pode ser livre se observar as regras que, de maneira coerente, pudesse querer como universais. Mas isso quer dizer que os deveres de um homem definem seu auto-interesse, e não o contrário. Trata-se de um argumento que não tem por objetivo decidir quais são os deveres particulares de um homem, permitindo que ele consulte seu próprio interesse, mas sim que deixe de lado quaisquer avaliações de interesse próprio, a não ser aquelas que dizem respeito ao dever. Logo, esse argumento não poderia dar sustentação ao papel de um contrato rawlsiano em uma teoria profunda baseada em deveres. É verdade que, se um contrato fosse uma característica de uma teoria profunda baseada em deveres, poderia ser escolhida uma interpretação do contrato que anulasse o aparente conflito entre auto-interesse e dever. Poderia ser uma característica da situação contratual, por exemplo, que todas as partes aceitassem a idéia que acabei de mencionar, ou seja, que seu auto-interesse consista em determinar e cumprir seus deveres. Esse contrato produziria princípios que descreveriam com precisão seus deveres, pelo menos se acrescentássemos a suposição de que, por alguma razão, elas são capazes de descobrir quais são seus deveres. Mas então, uma vez mais, tornamos o contrato supererrogatório, um esforço imenso que termina por voltar à estaca zero. Melhor seria que apenas tivéssemos formulado os princípios de justiça a partir dos deveres que a teoria profunda considera fundamentais.

---

23. Capítulo 19.

Contudo, o contrato faz sentido em uma teoria profunda baseada em direitos. Na verdade, parece um desenvolvimento natural de tal teoria. A idéia básica de uma teoria baseada em direitos é a de que indivíduos distintos possuem interesses que têm o direito de proteger se assim quiserem. No desenvolvimento dessa teoria, parece natural tentar identificar as instituições que o indivíduo vetaria no exercício de quaisquer direitos que sejam considerados fundamentais. O contrato é um excelente recurso para esse propósito, por duas razões pelo menos. Primeiro, por nos permitir distinguir entre um veto no exercício desses direitos e um veto em favor de algum interesse que não é tão protegido; uma distinção que podemos estabelecer ao adotarmos uma interpretação do contrato que reflita nosso entendimento da natureza desses direitos. Segundo, por fazer cumprir as exigências do modelo de argumento construtivo. As partes contratantes se defrontam com um problema prático simples: devem conceber uma Constituição a partir das opções que lhes estão disponíveis, em vez de adiar sua decisão para um momento de maior discernimento moral, e devem definir um programa que seja ao mesmo tempo prático e público no sentido por mim descrito.

Parece justo admitir, portanto, que a teoria subjacente à posição original deve ser algum tipo de teoria baseada em direitos. Há um outro modo de colocar a questão, que até agora tenho evitado. Deve haver uma teoria baseada em conceitos de direitos que são *naturais*, no sentido de que não são produtos de nenhuma legislação, convenção ou contrato hipotético. Tenho evitado essa expressão porque ela tem, para muitas pessoas, associações metafísicas que a desqualificam. Pensam que direitos naturais são atributos espectrais que o homem primitivo usava como amuletos, e que introduziram na civilização para afastar a tirania. O juiz Black, por exemplo, considerava refutação suficiente de uma filosofia jurídica que não lhe agradasse simplesmente mostrar que ela parecia basear-se nessa idéia absurda[24].

---

24. *Griswold vs. Connecticut*, 381 U.S. 479, 507 (1964) (opinião dissidente). (N. do T.): Neste caso, a Suprema Corte decidiu que as legisla-

Mas no modelo construtivo, pelo menos, o pressuposto dos direitos naturais não é metafisicamente ambicioso. Exige apenas a hipótese de que o melhor programa político, no sentido desse modelo, é o que considera a proteção de certas escolhas individuais como fundamental, e não propriamente subordinada a qualquer meta ou dever, ou alguma combinação destes. Isso não exige nenhuma antologia mais duvidosa ou controversa do que alternativa de conceitos fundamentais e, em particular, não mais do que exigiria a hipótese de uma meta fundamental que subjaz a diferentes teorias utilitaristas populares. Tampouco é perturbador que uma teoria rawlsiana profunda faça esses direitos naturais, e não jurídicos ou convencionais. Evidentemente, qualquer teoria baseada em direitos deve presumir direitos que não sejam simplesmente produto de uma legislação deliberada, ou de um costume social explícito, mas que sejam bases independentes para se julgar a legislação e o costume. No modelo construtivo, o pressuposto de que os direitos são naturais nesse sentido é simplesmente um pressuposto a ser feito e examinado por sua capacidade de unificar e explicar nossas convicções políticas, uma decisão programática básica a ser submetida a esse teste de coerência e experiência.

C. A posição original

Afirmei que o uso de um contrato social, do modo como Rawls o utiliza, pressupõe uma teoria profunda que admite direitos naturais. Quero agora descrever, de modo mais detalhado, como o recurso do contrato aplica esse pressuposto. Este recurso faz pleno uso da idéia, mencionada anteriormente, de que algumas disposições políticas pertencem à esfera do interesse antecedente de todo indivíduo, ainda que não favoreçam, de fato, seu verdadeiro interesse.

ções estaduais infringiam direitos constitucionais ao proibirem o uso de contraceptivos. A respeito, ver Ronald Dworkin, *Life's Dominion*, Alfred Knopf, Nova York, 1993, pp. 46 et passim.

Toda pessoa cujo consentimento é necessário para um contrato tem poder de veto sobre os termos desse contrato, mas para ela o valor de tal veto é limitado pelo fato de que seu julgamento deve ser relativo a seu auto-interesse antecedente, e não ao atual. Tal pessoa deve comprometer-se, e assim abrir mão de seu veto, em um momento em que seu conhecimento só é suficiente para lhe permitir estimar suas melhores probabilidades, mas não para lhe assegurar de sua aposta. Assim, a situação contratual é, de certo modo, estruturalmente semelhante à situação na qual um indivíduo com direitos políticos específicos se vê diante de decisões políticas que podem lhe causar prejuízo. Ele tem um direito político limitado de vetálas, um veto limitado pela abrangência dos direitos que possui. O contrato pode ser utilizado como um modelo da situação política configurando o grau ou a natureza da ignorância de uma das partes na situação contratual, de modo que essa ignorância tenha a mesma força sobre sua decisão que a natureza limitada de seus direitos teria na situação política.

Esta configuração da ignorância no sentido de ajustá-la ao caráter limitado dos direitos políticos é mais eficazmente obtida mediante o simples estreitamento das metas individuais que as partes contratantes sabem que querem alcançar. Se adotarmos a teoria profunda de Hobbes, por exemplo, para propor que os homens têm um direito natural fundamental à vida, de modo que seja errado privá-los dela, mesmo para favorecer metas sociais legítimas, deveríamos esperar por uma situação contratual do tipo que Hobbes descreve. Nas palavras de Rawls, as mulheres e os homens de Hobbes colocaram a segurança da vida lexicalmente acima de quaisquer outras metas individuais; a mesma situação ocorreria se simplesmente ignorassem quaisquer outras metas que pudessem ter, e fossem incapazes de especular sobre as possibilidades de terem qualquer meta específica, ou qualquer conjunto de metas específicas.

A ignorância das partes na posição original poderia, desse modo, ser um tipo de caso limite da ignorância que se pode encontrar, na forma de uma ordenação distorcida ou excêntrica dos interesses, nas teorias contratuais clássicas, e que é natural no recurso do contrato. A posição original é um caso limite porque os homens de Rawls não são simplesmente ignorantes de seus interesses, além de alguns poucos escolhidos; eles ignoram todos os interesses que têm. Seria errôneo pressupor que isso os torna incapazes de quaisquer juízos sobre seu autointeresse. Mas os juízos que emitem devem ser, não obstante, muito abstratos; devem permitir quaisquer combinações de interesses, sem a vantagem de qualquer suposição de que alguns sejam mais prováveis que outros.

Portanto, o direito básico da teoria profunda de Rawls não pode ser um direito a nenhuma meta individual particular, como um direito à segurança da vida, ou o direito de levar uma vida de acordo com uma concepção particular do que seja o bem. Esses direitos a metas individuais podem ser produzidos pela teoria profunda, como os direitos que os homens na posição original estabeleceriam como favoráveis a seus melhores interesses. Mas a posição original não pode, ela própria, ser justificada com base na suposição de direitos como esses, porque as partes contratantes não sabem que têm qualquer interesse desse tipo, nem os classificam lexicalmente à frente dos outros.

Assim, o direito básico da teoria profunda de Rawls deve ser um direito abstrato, ou seja, não um direito a qualquer meta individual particular. Temos, no âmbito dos conceitos correntes da teoria política, dois candidatos para esse papel. O primeiro é o direito à liberdade, e pode surpreender muitos leitores, como plausível e reconfortante admitir que toda a estrutura de Rawls tem por base o pressuposto de um direito natural fundamental à liberdade – plausível porque os dois princípios que compõem sua teoria da justiça atribuem à liberdade um papel importante e dominante, e reconfortante porque o argumento que tenta justificar tal lugar parece descaracterizadamente incompleto[25].

Contudo, o direito à liberdade não pode ser tomado como o direito fundamental na teoria profunda de Rawls. Vamos su-

25. Ver Hart, "Rawls on Liberty and its Priority", 40 *U. Chi. L. Rev.* 534 (1973).

por que definimos a liberdade geral como o mínimo possível de restrições globais, impostas pelo governo ou por outros homens, àquilo que um homem possa querer fazer[26]. Devemos então distinguir essa liberdade geral das liberdades particulares, ou seja, a ausência dessas restrições a atos particulares considerados especialmente importantes, tal como a participação política. As partes envolvidas na posição original certamente têm, e sabem que têm, um interesse pela liberdade geral, porque esta liberdade geral irá fortalecer, *pro tanto*, sua capacidade de alcançar quaisquer metas particulares que posteriormente descubram ter. Mas a ressalva é importante, porque elas não têm como saber se a liberdade geral irá, de fato, aumentar essa capacidade, e têm todas as razões para desconfiar que não irá fazê-lo. Elas sabem que poderiam ter outros interesses, além da liberdade geral, que só podem ser protegidas por restrições políticas sobre os atos dos outros.

Assim, se se vai pressupor que os homens rawlsianos têm direito a algum tipo de liberdade que é configurado pela situação contratual, deve tratar-se de um direito a certas liberdades. Rawls faz uma lista de liberdades básicas, que são aquelas que seus homens decidem proteger através de seu primeiro princípio de justiça lexicalmente ordenado[27]. Mas fica evidente que Rawls apresenta esse princípio como produto do contrato, e não como condição dele. Argumenta que as partes na posição original escolheriam essas liberdades básicas para proteger os bens essenciais que decidem valorizar, como a auto-estima, em vez de considerar essas liberdades como metas em si mesmas. É bem verdade que poderiam, de fato, valorizar as atividades protegidas como liberdades básicas em si mesmas, e não como meios para alcançar alguma outra meta ou interesse. É evidente, porém, que não sabem que o fazem.

O segundo conceito corrente da teoria política é ainda mais abstrato do que a liberdade. Trata-se da igualdade, e de certo modo os homens e as mulheres rawlsianos não têm outra coisa a

26. Cf. a definição de liberdade de Rawls na p. 202.
27. P. 61.

fazer senão protegê-la. O estado de ignorância na posição original está configurado de tal modo que o interesse antecedente de todos deve residir, como afirmei, na mesma solução. O direito de cada homem de ser tratado com igualdade a despeito de sua pessoa, seu caráter ou seus gostos é reforçado pelo fato de que ninguém mais pode garantir-se uma posição melhor em virtude de ser diferente em qualquer desses aspectos. Em outras situações contratuais, quando a ignorância é menos completa, os indivíduos que compartilham a mesma meta podem, não obstante, ter diferentes interesses antecedentes. Mesmo que dois homens valorizem a vida acima de tudo, por exemplo, o interesse antecedente do mais fraco poderia exigir um monopólio estatal da força em vez de uma disposição em favor da vingança privada, enquanto o interesse antecedente do mais forte talvez não o exigisse. Mesmo que dois homens valorizem a participação política acima de tudo, o conhecimento de que o ponto de vista de um é mais heterodoxo ou impopular que o dos outros irá sugerir que seu interesse antecedente exige diferentes disposições. Na posição original não se pode fazer esse tipo de discriminação dos interesses antecedentes.

É verdade que, sob dois aspectos, pode-se dizer que os princípios de justiça que, na opinião de Rawls, seriam escolhidos pelas pessoas na posição original estão longe de um ideal igualitário. Primeiro, subordinam a igualdade de recursos materiais, quando necessário, à liberdade de atividade política, tornando as exigências do primeiro princípio precedentes às do segundo. Em segundo lugar, não levam em conta a privação relativa, porque justificam qualquer desigualdade quando os menos favorecidos estão em melhor situação do que estariam, em termos absolutos, sem essa desigualdade.

Rawls deixa claro que essas desigualdades são exigidas, não por alguma noção concorrente de liberdade ou de alguma meta fundamental, mas por um sentido mais básico da igualdade em si, e aceita a distinção entre o que chama de duas concepções de igualdade:

> Alguns escritores distinguiram entre a igualdade invocada a propósito da distribuição de certos bens, alguns dos quais da-

> rão, quase certamente, mais *status* ou maior prestígio àqueles que são mais favorecidos, e a igualdade que se aplica ao respeito que se deve às pessoas, independentemente de sua posição social. O primeiro tipo de igualdade é definido pelo segundo princípio da justiça. (...) A igualdade do segundo tipo é, contudo, fundamental[28].

Podemos descrever um direito à igualdade do segundo tipo, que Rawls afirma ser fundamental, da seguinte maneira. Poderíamos dizer que os indivíduos têm direito à igual consideração e ao igual respeito no projeto e na administração das instituições políticas que os governam. Esse é um direito extremamente abstrato, e sobre ele alguém poderia argumentar, por exemplo, que é satisfeito por disposições políticas que garantem igualdade de oportunidades em termos da ocupação de cargos e posições com base no mérito. Alguém mais poderia argumentar, ao contrário, que tal direito só é satisfeito através de um sistema que garanta uma igualdade absoluta de renda e de *status*, sem a preocupação com o mérito. Um terceiro poderia argumentar que a igual consideração e o igual respeito são garantidos por qualquer sistema que favoreça o bem-estar médio de todos os cidadãos, aí incluído, na mesma escala, o bem-estar de cada um deles. Um quarto poderia defender, em nome dessa igualdade fundamental, a prioridade da liberdade e outras aparentes desigualdades dos dois princípios de Rawls.

Logo, o direito à igual consideração e ao igual respeito é mais abstrato que as concepções-padrão de igualdade que distinguem as diferentes teorias políticas. Permite argumentar que esse direito mais básico exige uma ou outra dessas concepções como um direito ou uma meta derivados.

A posição original pode agora ser vista como um recurso para se testar esses argumentos concorrentes. Tal recurso pressupõe, de maneira sensata, que as disposições políticas que não manifestam igual consideração e igual respeito são aquelas estabelecidas e administradas por homens e mulheres podero-

28. P. 511.

sos que, reconheçam-no ou não, têm mais consideração e respeito pelos membros de uma classe particular, ou por pessoas dotadas de certos talentos ou ideais particulares. Ela se apóia nesse pressuposto para configurar a ignorância das partes contratantes. Os homens que não sabem a que classe pertencem não podem, consciente ou inconscientemente, conceber instituições que favoreçam sua própria classe. Os homens que não fazem idéia de sua própria concepção do bem não podem agir de modo a favorecer aqueles que defendem um ideal em detrimento daqueles que defendem outro. A posição original é bem concebida para a aplicação do direito abstrato à igual consideração e ao igual respeito, que deve ser entendido como o conceito fundamental da teoria profunda de Rawls.

Se for assim, então Rawls não deve usar a posição original para defender esse direito do mesmo modo que a usa, por exemplo, para defender os direitos às liberdades básicas incorporadas ao primeiro princípio. O texto confirma que ele não faz isso. É verdade que certa vez ele afirmou que a igualdade de respeito é "definida" pelo primeiro princípio da justiça[29]. Mas isso não quer dizer que afirme, e não há caso em que afirme, que as partes escolham ser igualmente respeitadas a fim de promover algum direito ou meta mais básicos. Ao contrário, o direito ao igual respeito não é, segundo ele, produto de um contrato, mas uma condição para a admissão à posição original. Esse direito, diz ele, é "devido aos seres humanos enquanto pessoas morais", e deriva da personalidade moral que diferencia os seres humanos dos animais. Possuem-no todos os homens que podem fazer justiça, e somente esses homens podem estabelecer um contrato[30]. Este é, portanto, um direito que não emerge do contrato, mas que deve ser pressuposto, em sua concepção, como deve sê-lo o direito fundamental.

Rawls tem perfeita consciência de que seu argumento em defesa da igualdade tem um fundamento diferente de sua argumentação em defesa de outros direitos na esfera de sua teoria:

29. Id.

30. Capítulo 77.

> É evidente que nada disso constitui, literalmente, uma argumentação. Não estabeleci as premissas das quais deriva esta conclusão, como tentei fazê-lo, embora sem muito rigor, com a escolha das concepções de justiça na posição original. Tampouco tentei provar que a caracterização das partes deva ser usada como base da igualdade. Ao contrário, esta interpretação parece ser o complemento natural da justiça como eqüidade[31].

Em outras palavras, é o "complemento natural" da teoria como um todo. Completa a teoria fornecendo o pressuposto fundamental que sustenta a posição original e a transforma em uma "noção intuitiva" que nos permite desenvolver e testar as teorias da justiça.

Logo, podemos dizer que a justiça enquanto eqüidade tem por base o pressuposto de um direito natural de todos os homens e as mulheres à igualdade de consideração e respeito, um direito que possuem não em virtude de seu nascimento, seus méritos, suas características ou excelências, mas simplesmente enquanto seres humanos capazes de elaborar projetos e fazer justiça. Muitos leitores não ficarão surpresos com esta conclusão; ela fica, como já afirmei, razoavelmente clara a partir do texto. Contudo, trata-se de uma conclusão importante, porque algumas formas clássicas da crítica da teoria ignoram-na. Encerrarei este longo capítulo com um exemplo.

Há uma forma de crítica que me tem sido dirigida por muitos colegas e estudantes, particularmente por juristas. Eles afirmam que as instituições e as disposições políticas particulares que, segundo Rawls, os homens escolheriam na posição original, não passam de formas idealizadas daquelas atualmente em vigor nos Estados Unidos. São, por assim dizer, as instituições da democracia constitucional liberal. Os críticos concluem que os pressupostos fundamentais da teoria de Rawls devem, portanto, ser os pressupostos do liberalismo clássico, seja como for que os definam, e que a posição original, que parece dar alma à teoria, deve ser de algum modo a incorporação desses

---

31. P. 509.

pressupostos. Em sua totalidade, portanto, a justiça como eqüidade lhes parece uma racionalização sutil do *status quo* político, que pode ser seguramente descartada por aqueles que queiram fazer uma crítica mais radical da tradição liberal.

Se eu estiver certo, tal ponto de vista é descabido, e os que o adotam perdem uma rara oportunidade de submeter suas próprias concepções políticas a alguma forma de análise filosófica. O pressuposto mais básico de Rawls não é o de que os homens tenham direito a determinadas liberdades que Locke ou Mill consideravam importantes, mas que eles têm direito ao igual respeito e à igual consideração pelo projeto das instituições políticas. Esse pressuposto pode ser contestado de diversas maneiras. Será negado por aqueles que acreditam que alguma meta, como a utilidade, o triunfo de uma classe ou o florescimento de alguma concepção de como os homens devem viver, é mais fundamental do que qualquer direito individual, inclusive o direito à igualdade. Mas não pode ser negado em nome de qualquer conceito mais radical de igualdade, simplesmente porque esse conceito não existe.

Rawls é eloqüente ao afirmar que esse direito fundamental à igualdade exige uma Constituição liberal, e sustenta uma forma idealizada das estruturas econômicas e sociais atuais. Afirma, por exemplo, que os homens na posição original protegeriam as liberdades básicas em nome de seu direito à igualdade, uma vez que se tenha alcançado um certo nível de conforto material, porque entenderiam que uma ameaça à auto-estima, que as liberdades básicas protegem, constituiria então a mais séria ameaça ao igual respeito. Ele também argumenta que esses homens aceitariam o segundo princípio de preferência à igualdade material, porque entenderiam que se sacrificar por inveja de outro é uma forma de estar subordinado a ele. Sem dúvida, esses argumentos podem estar equivocados. Certamente, nada afirmei aqui em sua defesa. Mas os críticos do liberalismo têm agora a responsabilidade de mostrar que são equivocados. Não podem afirmar que as atitudes e os pressupostos básicos de Rawls se acham tão distantes dos seus próprios que não permitem um confronto.

Capítulo 7

Levando os direitos a sério

1. Os direitos dos cidadãos

A linguagem dos direitos atualmente domina o debate político nos Estados Unidos. O governo respeita os direitos morais e políticos de seus cidadãos? A política exterior do Governo, ou sua política racial, desobedece ostensivamente a esses direitos? As minorias cujos direitos foram violados têm, em contrapartida, o direito de violar a lei? A própria maioria silenciosa tem direitos, inclusive o direito a que os que violam a lei sejam punidos? Não é nenhuma surpresa que estas questões tenham adquirido grande importância atualmente. O conceito de direitos, e, particularmente, o conceito de direitos contra o governo*, tem seu uso mais natural quando uma sociedade política está dividida, e os apelos à cooperação ou a um objetivo comum são inúteis.

O debate não inclui a questão de saber se os cidadãos têm *alguns* direitos morais contra seu Governo. Parece haver um consenso geral de que os possuem. Juristas e políticos convencionais se orgulham de que nosso sistema jurídico reconheça, por

* Neste texto, a expressão "governo" traduz a palavra "government", que se refere ao conjunto dos três poderes (judiciário, legislativo e executivo) e instituições auxiliares que formam o Estado. Dworkin deseja sublinhar que se trata de direitos contra aquelas instâncias do Estado que fazem, interpretam e executam a lei. (N. do T.)

exemplo, os direitos individuais de liberdade de expressão, igualdade e processo legal regular. Fundamentam nesse fato, pelo menos em parte, a sua afirmação de que nosso sistema jurídico merece respeito, pois não se dispõem a afirmar que os sistemas totalitários merecem a mesma lealdade.

Alguns filósofos, é certo, rejeitam a idéia de que os cidadãos possuam direitos além daqueles que a lei lhes outorga. Para Bentham, a idéia de direitos morais era um "contra-senso em pernas de pau". Mas esse ponto de vista nunca fez parte de nossa teoria política ortodoxa e os políticos de ambos os lados apelam aos direitos do povo para justificar grande parte do que desejam fazer. Neste ensaio, não me preocuparei em defender a tese de que os cidadãos têm direitos morais contra seus governos; ao contrário, pretendo explorar as implicações dessa tese para aqueles, inclusive o atual governo dos Estados Unidos, que afirmam aceitá-la.

Discute-se muito, sem dúvida, sobre que direitos *particulares* os cidadãos possuem. Será que o amplamente admitido direito à liberdade de expressão inclui, por exemplo, o direito de participar de manifestações que perturbam a ordem pública? Na prática, o governo terá a última palavra sobre quais são os direitos individuais, porque sua polícia fará o que suas autoridades e seus tribunais ordenarem. Mas isto não significa que o ponto de vista governamental seja necessariamente correto. Quem quer que pense assim está obrigado a acreditar que homens e mulheres só possuem os direitos morais sancionados pelo governo, o que significa que não possuem direitos morais de espécie alguma.

Nos Estados Unidos, tudo isso é às vezes obscurecido pelo sistema constitucional. A Constituição norte-americana garante um conjunto de direitos individuais jurídicos na Primeira Emenda, bem como nas cláusulas do processo legal regular, da igual proteção perante a lei e em outras similares. Nos termos da prática jurídica vigente, a Suprema Corte tem o poder de declarar nula uma lei do Congresso ou de uma legislatura estadual se considerar que tal lei entra em choque com tais disposições. Essa prática levou alguns comentaristas a supor que os direitos morais e individuais são totalmente protegidos por esse sistema, mas isso dificilmente é caso e nem poderia ser.

A Constituição funde questões jurídicas e morais, fazendo com que a validade de uma lei dependa da resposta a problemas morais complexos, como o problema de saber se uma determinada lei respeita a igualdade inerente a todos os homens. Esta fusão tem conseqüências importantes para os debates sobre a desobediência civil; já as descrevi em outra parte deste livro[1], e vou me referir a elas mais adiante. Mas isso deixa em aberto duas questões importantes. Não nos esclarece se a Constituição, mesmo corretamente interpretada, reconhece todos os direitos morais que os cidadãos têm, e não nos diz se, como muitos supõem, os cidadãos têm o dever de obedecer à lei mesmo quando esta infringe seus direitos morais.

Ambas as questões tornam-se cruciais quando alguma minoria reivindica direitos morais que o direito lhe nega, como o direito de administrar seu sistema escolar local, direito que, na opinião dos juristas, não é protegido pela Constituição. A segunda questão torna-se crucial quando, como ocorre atualmente, a maioria está suficientemente exaltada para que emendas constitucionais que eliminam direitos, como o direito contra a auto-incriminação, sejam seriamente propostas. É igualmente crucial em nações como o Reino Unido, que não possui uma Constituição com características comparáveis.

Sem dúvida, mesmo que a Constituição fosse perfeita e a maioria não se preocupasse com ela, disso não se seguiria que a Suprema Corte pudesse garantir os direitos individuais dos cidadãos. Uma decisão da Suprema Corte continua sendo uma decisão jurídica e deve levar em conta os precedentes e as considerações institucionais, como as relações entre a Corte e o Congresso, assim como a moralidade. E nenhuma decisão jurídica é necessariamente a decisão correta. Os juízes representam diferentes posições quanto a questões controversas de direito e da moral e, como demonstraram os embates quanto às nomeações de Nixon para a Suprema Corte, um presidente tem a prerrogativa de designar juízes que compartilham suas convicções, desde que sejam honestos e capazes.

1. Ver capítulo 8.

Desse modo, embora o sistema constitucional acrescente alguma coisa à proteção dos direitos morais contra o governo, está longe de garantir esses direitos, ou mesmo de estabelecer quais são eles. Isso significa que, em determinadas ocasiões, uma outra instância que não o Legislativo terá a última palavra nestas questões, o que dificilmente poderá satisfazer alguém que considere que tal instância esteja profundamente equivocada.

Sem dúvida, é inevitável que alguma instância do governo tenha a última palavra sobre que leis serão efetivamente implementadas. Quando os homens discordam sobre os direitos morais, nenhuma das partes tem como provar seu ponto de vista e alguma decisão deve prevalecer, se não quisermos que a anarquia se instale. Mas esse exemplo de sabedoria ortodoxa deve ser o início, e não o fim, de uma filosofia da legislação e da aplicação das leis. Se não podemos exigir que o governo chegue a respostas corretas sobre os direitos de seus cidadãos, podemos ao menos exigir que o tente. Podemos exigir que leve os direitos a sério, que siga uma teoria coerente sobre a natureza desses direitos, e que aja de maneira consistente com suas próprias convicções. Tentarei demonstrar o que isso significa e como afeta os debates políticos atuais.

2. Os direitos e o direito de infringir a lei

Começarei pela questão mais calorosamente discutida. Existe alguma circunstância na qual um norte-americano tenha o direito moral de violar uma lei? Suponhamos que alguém admita que uma lei seja válida; ele terá, por isso, o dever de obedecê-la? Os que tentam responder a esta questão parecem dividir-se em dois campos. Os conservadores, como irei chamá-los, parecem desaprovar qualquer ato de desobediência; parecem satisfeitos quando tais atos são processados e decepcionados quando as condenações são revogadas. O outro grupo, o dos liberais, é muito mais flexível com certos casos de desobediência; em alguns casos eles desaprovam os processos e celebram as absolvições. Contudo, se olharmos além dessas reações emocionais e atentarmos para os argumentos utilizados pelas partes, descobriremos um fato estarrecedor. Os dois grupos oferecem, essencialmente, a mesma resposta à questão de princípio que supostamente os divide.

A resposta que ambas as partes oferecem é a seguinte. Em uma democracia, ou pelo menos em uma democracia que em princípio respeita os direitos individuais, todo cidadão tem um dever moral geral de obedecer a todas as leis, mesmo que ele queira que algumas delas sejam modificadas. Ele tem esse dever para com seus concidadãos que, para seu benefício, acatam leis de que não gostam. Mas este dever geral não pode ser um dever absoluto, porque mesmo uma sociedade em princípio justa pode produzir leis e políticas injustas, e um homem tem outros deveres além daqueles para com o Estado. Um homem deve honrar seus deveres para com Deus e sua consciência, e se estes entram em conflito com seu dever para com o Estado, compete a ele, em última análise, fazer o que julga ser correto. Contudo, se decidir que deve violar a lei, deve então submeter-se ao julgamento e à punição que o Estado impõe, em reconhecimento ao fato de que seu dever para com seus concidadãos foi suplantado, mas não eliminado, por suas obrigações morais ou religiosas.

Sem dúvida, essa resposta comum pode ser elaborada de modos bem diferentes. Alguns descreveriam o dever para com o Estado como sendo fundamental e representariam o dissidente como um fanático moral ou religioso. Outros descreveriam com desagrado o dever para com o Estado e representariam os que a ele se opõem como heróis morais. Mas essas são diferenças de tom, e a posição que descrevi representa, penso eu, o ponto de vista da maioria daqueles que, nos casos específicos, vêem-se argumentando tanto em favor como contra a desobediência civil.

Não alego que este seja o ponto de vista de todos. Deve haver aqueles que colocam tão alto o dever para com o Estado que reconhecem que esse dever não pode ser superado. Outros, sem dúvida, negam que o homem possa ter, em algum momento, o dever moral de obedecer à lei, ao menos nos Estados Unidos de hoje. Mas essas duas posições extremas são os tênues limites da curvatura de um sino e todos os que se situam entre elas assumem a posição ortodoxa que descrevi – a de que as pessoas têm o dever de obedecer à lei, mas têm também o direito de seguir sua consciência sempre que esta entrar em conflito com tal dever.

Mas se é assim, então estamos diante de um paradoxo: as pessoas que dão a mesma resposta a uma questão de princípio parecem divergir profundamente e dividir-se encarniçadamente nos casos particulares. O paradoxo aprofunda-se ainda mais, porque cada parte, ao menos em alguns casos, assume uma posição que parece francamente inconsistente com a posição teórica que ambas aceitam. Tal posição tem sido submetida a teste quando, por exemplo, alguém escapa ao recrutamento militar por razões de consciência, ou encoraja outros a cometer o mesmo crime. Os conservadores tem argumentado que tais homens devem ser processados, mesmo sendo sinceros. Por que devem ser processados? Porque a sociedade não pode tolerar a falta de respeito pela lei que tais atitudes expressam e encorajam. Em resumo, eles devem ser processados para que eles e outros como eles sejam desencorajados de fazer o que fizeram.

Mas aqui parece haver uma contradição monstruosa. Se uma pessoa tem o direito de fazer o que sua consciência lhe ordena, como justificar que o Estado a desencoraje de agir assim? O Estado não estaria sendo iníquo ao proibir e punir aquilo que as pessoas têm o direito de fazer?

Além disso, não são apenas os conservadores que afirmam que os que violam a lei por convicção moral deveriam ser processados. O liberal é notoriamente contrário a que se permita que os funcionários das escolas racistas retardem a dessegregação, mesmo reconhecendo que estes funcionários pensam ter o direito moral de fazer o que a lei proíbe. É verdade que o liberal raramente argumenta que as leis de dessegregação devam ser aplicadas para encorajar o respeito geral pela lei. Em vez disso, afirma que elas devem ser aplicadas porque são justas. Mas sua posição também parece inconsistente: seria justo processar uma pessoa por fazer o que sua consciência lhe exige, quando lhe reconhecemos o direito de seguir sua consciência?

Assim, nós nos vemos diante de duas perplexidades. Como é possível que duas posições, que se consideram em profundo desacordo com respeito a uma questão de princípio, adotem o mesmo ponto de vista sobre essa matéria? Como é possível que cada uma das partes insista em soluções para determinados problemas que parecem contradizer literalmente a posição de princípio aceita por ambas? Uma resposta possível é que alguns (ou todos) dos que aceitam a posição comum são hipócritas, apoiando da boca para fora direitos de consciência que na verdade não admitem.

Há alguma plausibilidade nesta acusação. Uma espécie de hipocrisia deve ter estado em jogo quando funcionários públicos que afirmam respeitar a consciência negaram a Muhammad Ali o direito de lutar em seus Estados. Se, apesar de seus escrúpulos religiosos, Ali tivesse ido para o Exército, teria obtido permissão para lutar mesmo que, com base nos princípios que estes funcionários afirmam honrar, ao fazê-lo tivesse se tornado um ser humano pior. Mas há poucos casos que parecem tão simples como este, e mesmo aqui os funcionários não pareceram reconhecer a contradição entre seus atos e seus princípios. Desse modo, precisamos procurar alguma explicação que vá além do fato de que os homens freqüentemente não pretendem dizer aquilo que dizem.

A explicação mais profunda encontra-se em uma série de confusões que freqüentemente embaralham os argumentos sobre os direitos. Estas confusões obscureceram todas as questões que mencionei inicialmente e neutralizaram as tentativas de desenvolver uma teoria coerente sobre como deve comportar-se um governo que respeite direitos.

Para explicar esse ponto, devo chamar a atenção para o fato familiar aos filósofos, mas freqüentemente ignorado no debate político, de que a palavra "direito" (*right*) tem força diferente em diferentes contextos. Na maioria dos casos, quando dizemos que alguém tem o "direito" de fazer alguma coisa, subentendemos que seria errado interferir com a realização daquela ação ou, pelo menos, que necessitamos de razões especiais para justificar qualquer interferência. Uso esse sentido forte da palavra "direito" quando afirmo que o leitor tem o direito de gastar seu dinheiro no jogo, se assim o desejar, embora devesse gastá-lo de maneira mais meritória. Quero dizer que seria errado interferir, mesmo quando você se propõe a gastar seu dinheiro de um modo que considero errado.

Há uma clara diferença entre dizer que uma pessoa tem o direito de fazer algo neste sentido e dizer que isto é que é a coisa "certa" a ser feita, ou que ela nada faz de "errado" ao agir dessa maneira. Alguém pode ter o direito de fazer algo que seja a coisa errada a fazer, como no caso do jogo. Inversamente, algo pode ser a coisa certa a fazer e a pessoa pode, mesmo assim, não ter o direito de fazê-la, no sentido de que não seria errado que alguém interferisse na sua tentativa. Se nosso exército captura um soldado inimigo, poderíamos dizer que o certo para ele é tentar fugir, mas isso não quer dizer que estaríamos errados se tentássemos impedir-lhe a fuga. Podemos admirá-lo por tentar escapar e, talvez, até menosprezá-lo se não agir assim. Mas não se sugere aqui que tentar barrar-lhe o caminho é errado. Pelo contrário, se pensamos que a nossa causa é justa, consideramos que é certo fazermos tudo o que estiver ao nosso alcance para detê-lo.

Em geral essa distinção, entre as questões relativas a saber se um homem tem o direito de fazer alguma coisa e se isso é a coisa certa a fazer, não traz problemas. Mas às vezes traz, quando dizemos que um homem tem direito de fazer algo, embora queiramos apenas negar que seja errado que a pessoa o faça. Assim, dizemos que o soldado capturado tem o "direito" de tentar fugir, quando queremos dizer, não que seja errado que tentemos detê-lo, mas que ele não tem o dever de não tentar. Usamos a palavra "direito" neste sentido quando falamos que alguém tem o "direito" de agir de acordo com seus próprios princípios ou o "direito" de seguir sua própria consciência. Queremos dizer que ele nada faz de errado ao proceder de acordo com suas convicções sinceras, ainda que discordemos dessas convicções, e mesmo se, por razões políticas ou de outra natureza, devamos forçá-la a agir contrariamente a elas.

Suponhamos que um homem acredite que os pagamentos da Previdência Social para os pobres sejam profundamente errados porque minam a capacidade de iniciativa e que, por este motivo, a cada ano declare a totalidade de seus rendimentos para o imposto de renda, mas se recuse a pagar a metade do imposto devido. Poderíamos dizer que, se assim lhe parecer melhor, ela tem o direito de recusar-se a pagar, mas que o governo tem o direito de agir contra ela para que pague o imposto integral, e de multá-la ou prendê-la por atraso de pagamento, se isso for necessário para manter o sistema de coleta de impostos funcionando eficientemente. Na maioria dos casos não assumimos essa postura; não afirmamos que o ladrão comum tem o direito de roubar, se quiser, contanto que cumpra a sua pena. Dizemos que um homem só tem o direito de violar a lei, muito embora o Estado tenha o direito de puni-lo, quando pensamos que, em razão de suas convicções, ele não erra ao agir assim[2].

Estas distinções nos permitem perceber uma ambigüidade na questão ortodoxa: existe alguma circunstância na qual um homem tenha direito de violar a lei? Esta indagação equivale a perguntar se ele tem direito de violar a lei no sentido forte e se o governo erraria ao detê-lo, prendendo-o ou processando-o? Ou equivale a perguntar se ele sempre faz a coisa certa ao infringir a lei, de modo que todos nós deveríamos respeitá-lo, mesmo se o governo tivesse a obrigação de prendê-lo?

Se considerarmos a posição ortodoxa como resposta à primeira – e mais importante – pergunta, começam a surgir os paradoxos por mim descritos. Mas se a considerarmos como resposta à segunda, isso não acontece. Os conservadores e os liberais concordam que às vezes um homem não comete um erro ao violar a lei, quando sua consciência assim exige. Quando

---

2. Não surpreende que às vezes usemos o conceito de "ter um direito" (*having a right*) para dizer que os outros não devem interferir numa ação, e às vezes para dizer que não é um erro praticar tal ação. Freqüentemente, quando alguém não tem o direito de fazer alguma coisa, como atacar fisicamente outra pessoa, é *ao mesmo tempo* verdade que é errado fazê-lo e que outros estão autorizados a impedir a consumação do ato, por bem ou pelo uso da força. É natural, portanto, dizer que alguém tem um direito quando queremos negar *uma* dessas conseqüências, bem como quando queremos negar ambas.

divergem, é a respeito de saber qual deveria ser a reação do Estado. Ambas as partes acham que, às vezes, o Estado deveria processá-lo. Mas isto não é incompatível com a afirmação de que o homem processado agiu corretamente ao infringir a lei.

Os paradoxos parecem genuínos porque as duas questões usualmente não são distinguidas e a posição ortodoxa é apresentada como uma solução geral para o problema da desobediência civil. Mas, uma vez feita a distinção, fica claro que a posição foi tão amplamente aceita apenas porque, quando aplicada, é tratada como uma resposta à segunda questão, mas não à primeira. A distinção crucial é obscurecida pela idéia problemática de um direito à consciência; esta idéia tem estado no centro da maioria das discussões recentes sobre a obrigação política, mas é uma pista falsa que nos afasta das questões políticas cruciais. O estado de consciência de um homem pode ser decisivo, ou central, quando a questão é saber se ele fez algo de moralmente errado ao violar a lei; mas não precisa ser decisivo, nem mesmo central, quando a questão é saber se ele tem o direito, no sentido forte do termo, de agir assim. Nesse sentido, um homem não tem o direito de fazer nenhuma coisa que sua consciência exija, mas pode ter o direito, nesse sentido, de fazer alguma coisa mesmo que sua consciência não lhe exija isso.

Se isto é verdade, então não tem havido quase nenhuma tentativa séria de responder às perguntas que quase todos querem fazer. Podemos recomeçar, colocando essas questões de maneira mais clara. Um norte-americano tem o direito, no sentido forte, de fazer algo que vá contra a lei? Se tem, quando pode fazê-lo? Para responder a estas questões, colocadas dessa maneira, precisamos tentar ser mais claros sobre as implicações da idéia, mencionada anteriormente, de que os cidadãos têm ao menos alguns direitos contra seus governos.

Afirmei que nos Estados Unidos pressupõe-se que os cidadãos têm certos direitos fundamentais contra seu governo, certos direitos morais transformados em direitos jurídicos pela Constituição. Se essa idéia tem sentido e merece ser motivo de orgulho, esses direitos devem ser direitos no sentido forte que acabei de escrever. A afirmação de que os cidadãos têm direito à liberdade de expressão deve implicar que seria errado, por parte do governo, impedi-los de se expressarem, mesmo acreditando que o que vão dizer causará mais mal do que bem. A afirmação não pode significar, com base na analogia do prisioneiro de guerra, apenas que os cidadãos nada fazem de errado ao dizer o que pensam, embora o governo se reserve o direito de impedir que o digam.

Este é o ponto crucial e desejo elaborá-lo. Sem dúvida, um governo responsável deve estar pronto para justificar o que quer que faça, particularmente quando isso restringe a liberdade de seus cidadãos. Em geral, porém, é uma justificação suficiente, mesmo para um ato que limita a liberdade, que esse ato seja calculado de modo que aumente aquilo que os filósofos chamam de utilidade geral – ou seja, calculado de modo que, no cômputo geral, produza mais benefícios que danos. Assim, embora o governo da cidade de Nova York necessite de uma justificativa para proibir que os motoristas dirijam pela Lexington Avenue acima, está suficientemente justificado se os funcionários competentes acreditarem, a partir de comprovação substantiva, que as vantagens para a maioria irão superar os inconvenientes para uns poucos. Contudo, quando se diz que cidadãos individuais têm direitos contra o governo, como o direito à liberdade de expressão, tal afirmação deve significar que esse tipo de justificativa não é suficiente. Caso contrário, a alegação não se sustentaria no argumento de que os indivíduos têm proteção especial contra a lei quando seus direitos estão em jogo, mas é esse precisamente o cerne da alegação.

Nem todos os direitos jurídicos, ou mesmo os direitos constitucionais, representam direitos morais contra o governo. Tenho hoje o direito jurídico de dirigir em mão dupla na Rua 57, mas o governo não erraria se a transformasse em rua de mão única por pensar que, assim procedendo, estaria favorecendo o interesse geral. Tenho o direito constitucional de votar em um congressista a cada dois anos, mas os governos estadual e federal não estariam agindo erroneamente se, respeitando os procedimentos para emendar a lei, criassem um mandato de deputados de quatro anos, em vez de dois, sempre a partir do pressuposto de que isso favoreceria o bem geral.

Supõe-se, porém, que os direitos constitucionais que chamamos de fundamentais, como o direito à liberdade de expressão, representam direitos, no sentido forte, contra o governo. Esta é a razão pela qual nos orgulhamos de que nosso sistema jurídico respeita os direitos fundamentais do cidadão. Se os cidadãos têm um direito moral à liberdade de expressão, o governo cometeria um erro ao revogar a Primeira Emenda, que o garante, mesmo que estivesse convencido de que a maioria ficaria em melhor situação se esse direito fosse restringido.

Não devo exagerar este ponto. Alguém que sustente que os cidadãos têm um direito contra o governo não precisa chegar ao ponto de afirmar que o Estado *nunca* está justificado a não dar o devido peso a tal direito. Poderia dizer, por exemplo, que embora os cidadãos tenham direito à liberdade de expressão, o governo pode ignorar esse direito quando necessário para proteger os direitos de outros, ou para evitar uma catástrofe, ou mesmo para obter um benefício público mais evidente e importante (ainda que, ao reconhecer este último como uma justificação possível, ele não estaria tratando o direito em questão como um dos mais importantes ou fundamentais). O que ele não pode fazer é dizer que o governo está justificado ao desconsiderar um direito com base em razões de pouco peso, que seriam suficientes se nenhum direito desse tipo existisse. Ele não pode afirmar que o governo está autorizado a agir baseando-se simplesmente no juízo de que seu ato provavelmente produzirá, no cômputo geral, um benefício para a comunidade. Essa suposição tornaria despropositada sua pretensão a um direito, e revelaria que ele usa a palavra "direito" em outro sentido que não o forte, necessário para conferir à sua alegação a importância política que normalmente se imagina que tenha.

Mas então as respostas às nossas duas questões sobre a desobediência parecem simples, embora heterodoxas. Em nossa sociedade, às vezes um homem tem o direito, no sentido forte, de desobedecer à lei. Tem esse direito toda vez que a lei erroneamente invade seus direitos contra o governo. Se ele tiver um direito moral à liberdade de expressão, terá então o direito moral de infringir qualquer lei que o governo, em virtude daquele seu direito, não tenha autoridade para adotar. O direito de desobedecer à lei não é um direito isolado, que tem algo a ver com a consciência, mas uma adição a outros direitos contra o governo. É simplesmente uma característica desses direitos contra o governo e em princípio não podemos negá-lo, sem que também neguemos a existência desses direitos.

Estas respostas parecem óbvias quando consideramos os direitos contra o governo como direitos no sentido forte que descrevi. Se tenho o direito de expressar minhas idéias sobre questões políticas, o governo erra ao considerar ilegal que eu assim proceda, mesmo que pense que sua ação é no interesse geral. Se, além disso, o governo torna meu ato ilegal, comete um novo erro ao acionar a lei contra mim. Meu direito contra o governo significa que é um erro da parte do governo impedir-me de falar. O governo não pode tornar correta essa obstrução do meu direito simplesmente com base na primeira dessas considerações.

Sem dúvida isso não nos diz quais são exatamente os direitos que as pessoas têm contra o governo. Não nos diz se o direito à liberdade de expressão inclui o direito à manifestação. Mas nos diz que a aprovação de uma lei não pode afetar os direitos que os homens de fato possuem, e isso é de importância crucial, pois dita a atitude que um indivíduo está autorizado a tomar, quanto à sua decisão pessoal, quando o que está em jogo é a desobediência civil.

Tanto os conservadores quanto os liberais pressupõem que, em uma sociedade que é em geral decente, todos têm o dever de obedecer à lei, seja ela qual for. Esta é a origem da cláusula do "dever geral" na posição ortodoxa. Ainda que os liberais acreditem que esse dever possa às vezes ser posto em segundo plano, eles próprios pressupõem, como sustenta a posição ortodoxa, que o dever de obediência permanece de alguma forma submerso, de modo que um homem age corretamente ao aceitar punição em nome desse dever. Mas esse dever geral é quase incoerente em uma sociedade que reconhece direitos.

Se um homem acredita que tem o direito à manifestação, então deve acreditar que o governo erraria ao impedir o exercício desse direito, com ou sem o respaldo de uma lei. Se ele está autorizado a acreditar nisso, é tolice falar de um dever de obedecer à lei enquanto tal, ou de um dever de aceitar uma punição que o Estado não tem o direito de aplicar.

Os conservadores criticarão a rapidez com que analisei seu ponto de vista. Argumentarão que, mesmo que o governo não aja bem ao adotar uma determinada lei, como aquela que restringe a liberdade de expressão, há razões independentes que explicam por que o governo está justificado ao fazer cumprir a lei, uma vez que ela tenha sido adotada. Quando a lei proíbe uma manifestação, dizem eles, é porque está em jogo algum princípio mais importante do que o direito individual à liberdade de expressão, a saber, o princípio do respeito à lei. Se uma lei, ainda que má, não é aplicada, o respeito pelo direito vê-se enfraquecido e a sociedade como um todo sofre. Portanto um indivíduo perde o direito moral de falar quando a livre expressão de suas idéias se torna ilegal, e o governo deve, para o bem comum e para o benefício geral, aplicar a lei contra ele.

Mas este argumento, embora popular, só é plausível se nos esquecemos do que significa dizer que um indivíduo tem um direito contra o Estado. Está longe de ser evidente que a desobediência civil diminui o respeito pela lei, mas, mesmo pressupondo que diminui, o fato é irrelevante. A perspectiva de ganhos utilitaristas não pode justificar que se impeça um homem de fazer o que tem direito de fazer. Os supostos ganhos resultantes do respeito à lei são meros ganhos utilitaristas. Não haveria sentido algum em alardear nosso respeito pelos direitos individuais, a menos que isso envolvesse algum sacrifício. E esse sacrifício deve ser o de renunciar a quaisquer benefícios marginais que nosso país possa vir a obter, caso ignore esses direitos, quando eles se mostrarem inconvenientes. Assim, o benefício geral não pode ser uma boa razão para a restrição dos direitos, mesmo quando o benefício em questão for um elevado respeito pela lei.

Talvez eu me engane ao pressupor que o argumento sobre o respeito à lei seja apenas um apelo à utilidade geral. Afirmei que um Estado pode ter justificativas para desconsiderar ou limitar os direitos com base em outros fundamentos. Devemos, pois, nos perguntar, antes de rejeitar a posição conservadora, se algum desses fundamentos se aplica. Dentre esses outros fundamentos, o mais importante – e menos bem compreendido – é o que invoca a noção de *direitos concorrentes* que seriam ameaçados caso o direito em questão não fosse limitado. Os cidadãos têm direitos pessoais à proteção do Estado, assim como direitos pessoais a estar livres da interferência estatal, e pode ser que o governo tenha de escolher entre esses dois tipos de direitos. A lei sobre a difamação, por exemplo, restringe o direito pessoal de dizer o que se pensa, pois exige que as afirmações de um homem sejam bem fundamentadas. Mas esta lei justifica-se, mesmo para aqueles que consideram que ela viola um direito pessoal, pelo fato de proteger o direito de outros a não terem a reputação arruinada por uma afirmação descuidada.

É dessa maneira que os direitos individuais reconhecidos por nossa sociedade entram freqüentemente em conflito, e, quando isso acontece, compete ao governo distingui-los. Se o governo fizer a escolha certa e proteger o mais importante em detrimento do que tem menos importância, o governo não terá enfraquecido ou aviltado a noção de direito; isso aconteceria caso ele tivesse fracassado na proteção do mais importante dos dois. Assim, devemos reconhecer que o governo tem uma razão para restringir direitos se, com plausibilidade, acreditar que um dos direitos concorrentes é o mais importante.

O conservador pode apegar-se a esse fato? Ele poderia afirmar que errei ao caracterizar seu argumento como um apelo ao benefício geral, porque, ao contrário, ele apela para os direitos concorrentes, sobretudo para o direito moral da maioria de ter suas leis aplicadas, ou ao direito da sociedade de manter o grau de ordem e segurança que deseja. Estes são os direitos, diria o conservador, que devem ser comparados com o direito individual de fazer o que a lei moralmente errada proíbe.

Mas este novo argumento é confuso, pois depende de uma outra ambigüidade da linguagem dos direitos. É verdade que falamos do "direito" da sociedade de fazer o que quer, mas este não pode ser um "direito concorrente", do tipo que justificaria a violação de um direito contra o governo. A existência dos direitos contra o governo seria colocada em risco se o governo fosse capaz de colocar em segundo plano tal direito, ao apelar para o direito de uma maioria democrática de fazer valer sua vontade. Um direito contra o governo deve ser um direito de fazer algo mesmo quando a maioria considera errado fazer tal coisa, ainda que a maioria fique prejudicada em razão disso. Mas se afirmamos que a sociedade tem o direito de fazer o que quer que seja para o benefício geral, ou ainda o direito de preservar qualquer tipo de ambiente no qual a maioria aspire viver – e se com tais afirmações queremos dizer que esses são os tipos de direitos que justificam a desconsideração de quaisquer direitos contra o governo que possam vir a gerar conflitos – então teremos aniquilado esses últimos direitos.

Para preservá-los, precisamos reconhecer como direitos concorrentes apenas aqueles pertencentes a outros membros da sociedade, tomados enquanto indivíduos. Precisamos diferenciar entre os "direitos" da maioria enquanto tal, que não podem valer como justificação para invalidar os direitos individuais, e os direitos pessoais de uma maioria, que podem ser levados em conta. O teste que devemos aplicar é o seguinte. Uma pessoa possui um direito concorrente à proteção, que deve ser contraposto a um direito individual de agir, se ela estiver, por si mesma, enquanto indivíduo, autorizada a exigir a proteção de seu governo para o seu direito, sem que se leve em consideração se a maioria de seus concidadãos partilha da mesma reivindicação.

Nos termos desse teste, não pode ser verdadeiro que uma pessoa tenha o direito de ver aplicadas todas as leis do país. Ela tem somente o direito de ver aplicadas aquelas leis penais que, por exemplo, ela tem o direito de ver promulgadas, caso ainda não sejam leis. As leis contra a agressão podem muito bem fazer parte desta categoria. Se os membros fisicamente vulneráveis da comunidade – aqueles que precisam da proteção policial contra a violência dirigida contra os indivíduos – fossem apenas uma pequena minoria, ainda assim seria plausível afirmar que eles têm direito a tal proteção. Mas não se pode pensar que as leis que asseguram um certo grau de tranqüilidade nos lugares públicos ou as que autorizam e financiam uma guerra contra outro país, tenham por base os direitos individuais. A tímida senhora nas ruas de Chicago não tem direito ao grau de tranqüilidade que hoje prevalece, nem tem o direito a que os jovens sejam recrutados para lutar em guerras que ela aprova. Existem leis – talvez leis desejáveis – que lhe dão essas vantagens, mas a justificação dessas leis, se é que elas podem ser justificadas, é o desejo comum de uma vasta maioria, e não o direito pessoal dela. Portanto, se essas leis realmente restringem o direito moral de alguém protestar, ou seu direito à segurança pessoal, aquela senhora não pode pressionar em favor de um direito concorrente que justifique tal restrição. Ela não tem um direito pessoal de que tais leis sejam aprovadas nem um direito concorrente de que elas sejam implementadas.

Assim, o conservador não pode levar adiante seu argumento com base nos direitos concorrentes, mas talvez ele queira recorrer a um outro tipo de fundamento. Um governo, poderia ele argumentar, pode ter razão em restringir os direitos pessoais dos cidadãos numa situação de emergência, ou quando uma grande perda puder ser evitada, ou talvez quando algum benefício de grande importância puder ser realmente assegurado. Se a nação estiver em guerra, uma política de censura pode justificar-se mesmo que infrinja o direito de dizer o que se pensa em questões politicamente controversas. A emergência, porém, deve ser genuína. Deve existir aquilo que Oliver Wendell Holmes descreveu como um perigo claro e iminente, e esse perigo deve ser de vulto.

Pode o conservador argumentar que quando qualquer lei é aprovada, mesmo se equivocada, seu cumprimento pode ser justificado desse modo? Seu argumento poderia ser algo do seguinte tipo: se alguma vez o governo reconhecer que pode ter errado – que o poder legislativo pode ter adotado, o executivo aprovado e os tribunais validado uma lei que de fato restringe direitos importantes – então essa admissão não levará simplesmente a um declínio marginal do respeito à lei, mas a uma crise de ordem. Os cidadãos podem optar por obedecer somente àquelas leis que eles pessoalmente aprovam e isso é anarquia. Desse modo, o governo deve insistir em que, sejam quais forem os direitos dos cidadãos antes de uma lei ser votada e aceita pelos tribunais, a partir daí tais direitos passarão a ser determinados por essa lei.

Esse argumento, porém, ignora a distinção primitiva entre o que pode acontecer e o que irá acontecer. Se permitirmos que a especulação fundamente a justificação de uma emergência ou de uma vantagem definitiva, mais uma vez teremos aniquilado os direitos. Como disse Learned Hand*, devemos descontar a gravidade do mal que nos ameaça da probabilidade de sua concretização. Não conheço nenhuma prova genuína de que a tolerância de uma certa desobediência civil, por respeito à posição moral de seus praticantes, contribua para aumentar essa desobediência, e muito menos o crime em geral. O argumento de que contribui para aumentá-la está baseado em vagos pressupostos relativos ao contágio dos crimes comuns, pressupostos que carecem de comprovação e que, de qualquer modo, são em grande parte irrelevantes. Parece igualmente plausível afirmar que a tolerância aumentará o respeito pelas autoridades e pelo conjunto das leis que elas promulgam ou que pelo menos retardará a taxa de crescente desrespeito.

Se a questão fosse simplesmente saber se a comunidade ficaria marginalmente melhor com a aplicação estrita da lei, então o governo teria que decidir isso com base nas evidências disponíveis; poderia ser razoável decidir que sim, pesados os ganhos e as perdas. Mas, uma vez que os direitos estão em jogo, a questão que se coloca é muito diferente: diz respeito a saber se a tolerância destruiria a comunidade ou a ameaçaria com

---

* Learned Hand (*Mão Sábia*), respeitado juiz da United States Court of Appeals, em Manhattan, com que Dworkin trabalhou durante um ano como assistente, logo após graduar-se em direito. Sobre a figura e as idéias jurídicas de Learned Hand, ver Ronald Dworkin, *Freedom's Law*, Harvard University Press, 1996, pp. 332-47. (N. do T.)

grandes danos. A mim parece simplesmente insensato pressupor que as evidências disponíveis tornem isso provável, ou mesmo concebível.

O argumento da emergência também se revela confuso sob outro ponto de vista. Ele pressupõe que o governo deve assumir ou a posição de que um homem nunca tem o direito de violar a lei, ou a de que sempre tem esse direito. Disse anteriormente que qualquer sociedade que afirme reconhecer os direitos deve abandonar a idéia de um dever geral de obedecer à lei, com vigência em todos os casos. Isso é importante, pois mostra que existem fórmulas simplificadas para atender às reivindicações de direitos por parte de um cidadão. Se um cidadão argumenta que tem o direito moral de não prestar serviço militar, ou de protestar de um modo que considera eficiente, uma autoridade que queira lhe responder e não simplesmente obrigá-lo com ameaças a obedecer, deve responder ao argumento particular que ele apresenta, e não pode apoiar-se na lei de recrutamento ou em uma decisão da Suprema Corte como se essas fossem dotadas de peso especial, para não dizer dirimente. Às vezes, uma autoridade que, de boa-fé, examina os argumentos morais do cidadão se persuadirá de que a reivindicação é plausível, ou mesmo correta. Daí não se segue, porém, que essa autoridade será sempre persuadida ou que deva sempre persuadir-se.

Devo enfatizar que todas essas proposições remetem ao sentido forte da palavra "direito" e que por isso deixam em aberto importantes questões a respeito do que é certo fazer. Se um homem acredita que tem o direito de violar a lei, deve então perguntar se faz a coisa certa ao exercer esse direito. Ele deve lembrar-se de que indivíduos sensatos podem divergir sobre o fato de ele ter ou não um direito contra o governo e, conseqüentemente, o direito que imagina ter de violar a lei. Em resumo, não deve perder de vista o fato de que indivíduos sensatos podem opor-se a ele de boa-fé. Ele deve levar em conta as diversas conseqüências que seus atos terão, se envolverem violência, e outras considerações similares que o contexto pode tornar relevantes. Não deve ir além dos direitos que, de boa-fé, ele pode reivindicar e não deve incluir atos que violem os direitos alheios.

Por outro lado, se alguma autoridade, como um promotor público, acredita que o cidadão *não* tem o direito de infringir a lei, então ela deve perguntar-se se faz a coisa certa ao aplicá-la. No capítulo 8, argumento que certas características de nosso sistema jurídico, e em particular a fusão de problemas morais e jurídicos em nossa Constituição, significam que os cidadãos freqüentemente fazem o que é certo ao exercer o que consideram ser direitos morais de infringir a lei, e que os promotores freqüentemente fazem o que é certo ao deixar de processá-los por isso. Não pretendo antecipar esses argumentos aqui; em vez disso, quero perguntar se a exigência de que o governo leve os direitos de seus cidadãos a sério tem alguma relação com a questão crucial a respeito de quais são esses direitos.

3. Direitos controversos

Até este ponto, a argumentação tem sido hipotética: se um homem tem um direito moral específico contra o governo, esse direito sobrevive à legislação e às decisões judiciais em contrário. Mas isso não nos diz que direitos eles têm e é notório que indivíduos sensatos discordam a esse respeito. Há ampla concordância quanto a certos casos cristalinos. Quase todos os que acreditam nos direitos admitiriam, por exemplo, que um homem tem o direito moral de expressar suas idéias, de modo não provocativo, sobre questões relativas à política e que esse é um direito importante que o Estado deve empenhar-se ao máximo em proteger. Mas há grande controvérsia quanto aos limites de tais direitos paradigmáticos. Exemplo disso é a chamada lei "contra distúrbios públicos", envolvida no célebre processo contra Os Sete de Chicago, na década de 60*.

---

* Para uma boa apresentação de conflitos sociais, mudanças culturais, transformações políticas, problemas raciais, etc. que formam o pano de fundo histórico que está na origem da maior parte das controvérsias jurídicas examinadas por Dworkin neste livro, ver Charles Morris, *A Time of Passion*, America 1960-1980, Penguin, 1986. (N. do T.)

Os réus eram acusados de conspirar para cruzar as fronteiras estaduais com a intenção de provocar distúrbios públicos. Esta acusação é vaga – talvez inconstitucionalmente vaga –, mas aparentemente a lei define como crimes os discursos emocionais que defendem que a violência é justificada quando tem por objetivo garantir a igualdade política. O direito à liberdade de expressão protege esse tipo de discurso? Esta é, sem dúvida, uma questão jurídica, porque invoca a cláusula de liberdade de expressão da Primeira Emenda da Constituição. Mas é também uma questão moral, porque, como afirmei, devemos tratar a Primeira Emenda como uma tentativa de proteger um direito moral. Faz parte da tarefa do governo "definir" direitos morais através de leis e decisões judiciais, ou seja, declarar de forma oficial em que medida a lei incorporará os direitos morais. O Congresso viu-se diante dessa tarefa ao votar a lei contra os distúrbios públicos e a Suprema Corte a enfrentou em incontáveis casos. Como deveriam as diferentes instâncias do governo proceder quanto à definição dos direitos morais?

Devem começar com o entendimento que seja lá o que decidam, podem estar erradas. A história e seus descendentes podem julgar que elas agiram injustamente quando pensavam estar agindo certo. Se levarem seu dever a sério, devem tentar limitar seus erros e, portanto, tentar descobrir onde reside o perigo de enganar-se.

Com esse objetivo em mente, poderiam escolher um de dois diferentes modelos. O primeiro recomenda que se busque o equilíbrio entre os direitos do indivíduo e as exigências da sociedade como um todo. Se o Governo *infringir* um direito moral (por exemplo, ao definir o direito à liberdade de expressão de forma mais restrita do que o exigido pela justiça), terá cometido um erro contra o indivíduo. Por outro lado, se o governo *inflar* um direito (definindo-o mais amplamente do que o exigido pela justiça), estará privando a sociedade de algum benefício geral, como o da segurança nas ruas, pois não há razão para negar-lhe isso. Assim, um engano em uma direção é tão sério quanto um engano em outra. O governo deve buscar o meio-termo: equilibrar o bem-estar geral e os direitos individuais, concedendo a cada um o que lhe é devido.

Quando o governo, ou qualquer de seus ramos, define um direito, deve ter em mente, de acordo com o primeiro modelo, o custo social de diferentes propostas e fazer os ajustes necessários. Não deve, por exemplo, conceder às manifestações ruidosas a mesma liberdade que concede ao debate político equilibrado, porque as primeiras causam muito mais confusão. Uma vez que decida em que medida irá reconhecer um direito, deve aplicar integralmente a sua decisão. Isso significa permitir que o indivíduo aja dentro dos limites de seus direitos, do modo como os definiu o governo, mas que não os extrapole, de maneira que se uma pessoa infringir a lei, mesmo por razões de consciência, deve ser punida. Sem dúvida qualquer governo cometerá erros e lamentará algumas das decisões que tomou. Isso é inevitável, mas essa política de meio-termo irá assegurar, a longo prazo, que os erros em uma direção compensarão os erros em outra direção.

Assim descrito, o primeiro modelo é extremamente plausível, e acredito que, em sua maioria, tanto os leigos quanto os juristas irão reagir a ele calorosamente. A metáfora de equilibrar o interesse público com as exigências pessoais encontra-se estabelecida em nossa retórica política e jurídica, e esta metáfora torna o modelo simultaneamente familiar e atraente. Não obstante, o primeiro modelo é falso, certamente no caso dos direitos geralmente tidos como importantes, e a metáfora é o cerne de seu erro.

A instituição dos direitos contra o governo não é um presente de Deus, um antigo ritual ou um esporte nacional. É uma prática complexa e problemática que torna mais difícil e mais cara a tarefa governamental de assegurar o bem-estar geral. Ela seria uma prática frívola e enganosa, caso não servisse a algum objetivo. Quem quer que professe levar os direitos a sério e que elogie nosso governo por respeitá-los, deve ter alguma idéia do que seja esse objetivo. Deve aceitar, no mínimo, uma ou duas idéias importantes. A primeira é a idéia vaga, mas poderosa, da dignidade humana. Essa idéia, associada a Kant, mas defendida por filósofos de diferentes escolas, pressupõe que existem maneiras de tratar um homem que são incompatíveis com seu reconhecimento como um membro pleno da comunidade humana, e sustenta que tal tratamento é profundamente injusto.

A segunda é a idéia, mais familiar, da igualdade política. Esta pressupõe que os membros mais frágeis da comunidade política têm direito à mesma consideração e ao mesmo respeito que o governo concede a seus membros mais poderosos, de modo que, se algumas pessoas têm liberdade de decisão, qualquer que seja o efeito sobre o bem-estar geral, todas as pessoas devem ter a mesma liberdade. Não pretendo defender ou desenvolver essas idéias aqui, mas apenas insistir que todo aquele que alega que os cidadãos têm direitos deve aceitar idéias muito próximas a essas[3].

Faz sentido dizer que um homem tem um direito fundamental contra o governo, no sentido forte, como a liberdade de expressão, se esse direito for necessário para proteger sua dignidade ou sua posição enquanto detentor da mesma consideração e do mesmo respeito, ou de qualquer outro valor pessoal da mesma importância. É somente nesses termos que essa afirmação tem sentido.

Assim, se os direitos têm sentido, a violação de um direito relativamente importante deve ser uma questão muito séria. Significa tratar um homem como menos que um homem ou como se fosse menos digno de consideração que outros homens. A instituição de direitos baseia-se na convicção de que isso é uma grave injustiça e que vale a pena arcar com o custo adi-

---

3. Tal pessoa não precisa considerar essas idéias como axiomáticas. Ou seja, pode ter razões para insistir que a dignidade ou a igualdade são valores importantes e essas razões podem ser utilitárias. Pode acreditar, por exemplo, que o bem comum só será alcançado, *a longo prazo*, se tratarmos a indignidade ou a desigualdade como injustiças muito graves e jamais permitirmos que nossas *opiniões* sobre o bem geral venham a justificá-las. Não conheço bons argumentos favoráveis ou contrários a esse tipo de utilitarismo "institucional", mas ele é compatível com o que afirmo, de vez que argumenta que devemos tratar as violações da dignidade e da igualdade como crimes morais especiais, que estão além do alcance da justificativa utilitarista comum.

cional, em política social ou eficiência, necessário para impedir sua ocorrência. Mas se é assim, deve ser errado afirmar que a inflação dos direitos é tão grave quanto sua violação. Se o governo erra do lado do indivíduo, simplesmente paga um pouco mais em eficiência social do que deveria pagar; em outras palavras, paga um pouco mais da mesma moeda que já tinha decidido gastar. Se, no entanto, o governo erra contra o indivíduo, infringe-lhe um insulto que, para ser evitado, envolveria um custo ainda maior em termos de eficiência social, de acordo com as ponderações do próprio governo.

O primeiro modelo é, portanto, indefensável. De fato, baseia-se em um engano que discuti anteriormente, a saber, a confusão entre direitos da sociedade e direitos dos membros da sociedade. O "equilíbrio" é apropriado quando o governo deve escolher entre reivindicações de direitos concorrentes – por exemplo, entre a reivindicação dos sulistas pela liberdade de associação e a reivindicação dos negros por condições iguais de educação. Nesse caso, o governo nada pode fazer além de avaliar os méritos das pretensões concorrentes e agir com base nessa avaliação. O primeiro modelo pressupõe que "o direito" da maioria seja um direito concorrente, que deve ser equilibrado dessa maneira; mas, como já afirmei, isto é uma confusão que ameaça destruir o conceito de direitos individuais. Vale a pena observar que a comunidade rejeita o primeiro modelo no plano em que se localizam os maiores interesses do indivíduo: o processo penal. Dizemos que é melhor dar liberdade a um grande número de culpados do que punir um inocente e essa homilia assenta-se numa preferência pelo segundo modelo de governo.

O segundo modelo considera a restrição de um direito como algo muito mais grave do que sua inflação, e suas recomendações partem desse juízo. Ele estipula que, quando um direito é reconhecido nos casos incontroversos, o governo somente deve agir para amputar esse direito quando alguma razão convincente for apresentada, alguma razão que seja consistente com os pressupostos sobre os quais o direito original deve assentar-se. Uma vez concedido um direito, o fato de a sociedade ter de pagar um preço mais elevado para ampliá-lo não pode ser usado como argumento para suprimi-lo. Deve haver algo de especial nesse custo adicional, ou deve haver um outro aspecto da questão que torne sensato afirmar que, embora um alto custo social se justifique sempre que o objetivo for proteger o direito original, este custo específico não é necessário. Caso contrário, a incapacidade do governo em ampliar o direito irá demonstrar que seu reconhecimento no caso original é uma impostura, uma promessa que ele pretende manter apenas até o momento em que este se tornar inconveniente.

Como podemos mostrar que não vale a pena arcar com um determinado custo, sem voltar atrás no reconhecimento inicial de um direito? Só posso pensar em três tipos de fundamentos que podem ser coerentemente utilizados para restringir a definição de um determinado direito. Primeiro, o governo poderia mostrar que os valores protegidos pelo direito original não estão realmente em jogo no caso marginal, ou que estão em jogo apenas de uma forma atenuada. Segundo, poderia mostrar que, se o direito for definido de modo a incluir o caso marginal, algum direito concorrente, no sentido forte que descrevi anteriormente, ver-se-á então restringido. Terceiro, poderia mostrar que, se o direito fosse assim definido, o custo para a sociedade não seria simplesmente adicional, mas de grau muito superior ao custo pago no caso da concessão do direito original; um grau suficientemente alto para justificar qualquer atentado à dignidade ou à igualdade que possa estar aqui envolvido.

Seria relativamente fácil aplicar essa fundamentação a um grupo de problemas com os quais a Suprema Corte se defrontou, engastados em questões constitucionais. A lei do recrutamento oferecia uma dispensa aos opositores por razões de consciência, mas essa dispensa, tal como a interpretaram as comissões de recrutamento, ficou restrita àqueles que se opunham a *todas* as guerras, por razões *religiosas*. Se supusermos que a dispensa se justifica em razão do fato de um indivíduo ter um direito moral de não matar em violação de seus próprios princípios, coloca-se a questão de saber se é legítimo excluir aqueles cuja moral não se baseia na religião, ou cuja moral seja complexa o bastante para estabelecer distinções entre guerras. A Corte sustentou, como matéria de direito constitucional, que as comissões de recrutamento erraram ao excluir os primeiros, mas que tinham competência para excluir os segundos.

Nenhum dos três fundamentos por mim arrolados pode justificar qualquer uma dessas exclusões sob a alegação de que se trata de matéria de moralidade política. A invasão da personalidade que ocorre ao obrigarmos homens a matar quando eles acreditam que matar é imoral é igualmente grave, tanto no caso em que essas crenças estão baseadas em motivos seculares, como quando levam em conta o fato de que as guerras diferem de maneira relevante no sentido moral e não existe, em tais casos, nenhuma diferença pertinente quando se trata de direitos concorrentes ou de um estado de emergência nacional. Existem diferenças entre os casos, sem dúvida, mas são insuficientes para justificar uma distinção. Um governo que é secular em princípio não pode preferir uma moral religiosa a uma moral não-religiosa. Há argumentos utilitaristas em favor de se restringir a dispensa a fundamentos religiosos ou universais – uma dispensa tão limitada pode ser menos dispendiosa para administrar e talvez permita uma diferenciação mais fácil entre os peticionários sinceros e os insinceros. Mas estas razões utilitaristas são irrelevantes, pois não podem ser consideradas como fundamentos para a limitação de um direito.

O que dizer sobre a lei contra distúrbios públicos, tal como foi aplicada no processo de Chicago? Será que a lei representa uma limitação indevida do direito à liberdade de expressão, supostamente protegida pela Primeira Emenda? Se fôssemos aplicar o primeiro modelo de governo a essa questão, o argumento a favor da lei contra os distúrbios públicos pareceria forte. No entanto, se descartarmos como inadequadas as considerações sobre equilíbrio e nos voltarmos para os fundamentos apropriados para a limitação de um direito, então este argumento torna-se bem mais fraco. O direito original à liberdade de expressão deve pressupor que é um atentado à personalidade humana impedir um homem de expressar aquilo em que honestamente acredita, sobretudo no que diz respeito a assuntos que afetam o modo como ele é governado. Sem dúvida, o atentado é maior, e não menor, quando ele se vê impedido de expressar os princípios de moralidade política que ele defende mais apaixonadamente, diante das circunstâncias que considera como violações intoleráveis desses princípios.

Pode-se dizer que a lei contra os distúrbios públicos deixa-o livre para expressar estes princípios de um modo não provocativo. Mas essa afirmação ignora o problema da conexão entre expressão e dignidade. Um homem não pode se expressar livremente quando não pode adequar sua retórica a seu ultraje, ou quando deve conter-se para proteger valores que para ele nada são quando comparados aos que está tentando defender. É verdade que alguns dissidentes políticos falam de modo que chocam a maioria, mas é arrogância da maioria pressupor que os métodos ortodoxos de expressão sejam as maneiras adequadas de falar, pois isso é uma negação do direito à igual consideração e respeito. Se o objetivo do direito é o de proteger a dignidade dos dissidentes, então devemos formular nossos juízos sobre a linguagem apropriada levando em conta a personalidade dos dissidentes, e não a personalidade da maioria "silenciosa", que em nada é restringida pela lei contra os distúrbios públicos.

Assim, fracassa o argumento segundo o qual os valores pessoais protegidos pelo direito original não se encontram tão profundamente em jogo neste caso marginal. Devemos agora verificar se, não obstante isso, os direitos concorrentes ou alguma grave ameaça à sociedade não justificam de alguma forma a lei contra os distúrbios públicos. Podemos examinar esses dois fundamentos em conjunto, porque os únicos direitos concorrentes plausíveis são os direitos de estar livre da violência, e a violência é a única ameaça plausível à sociedade que este contexto nos fornece.

Não tenho o direito de incendiar a casa de alguém, de apedrejar a ele ou ao seu carro, ou esfacelar seu crânio com uma corrente de bicicleta, mesmo que para mim esses atos sejam formas naturais de expressão. Mas os réus do processo de Chicago não foram acusados de violência direta; o argumento corrente era de que os atos de fala que eles planejaram tornaram possível que outros cometessem atos de violência, seja em apoio, seja como reação hostil ao que disseram. Isto conta como uma justificativa?

A questão seria diferente se pudéssemos dizer, com alguma margem de segurança, quanta violência e que tipo de violência pode-se esperar que a lei contra distúrbios públicos previna. Salvará duas, duzentas ou duas mil vidas por ano? Dois mil, duzentos mil ou dois milhões de dólares em propriedades? Ninguém pode afirmar, não apenas porque a previsão é quase impossível, mas porque não temos nenhuma compreensão sólida do processo pelo qual uma manifestação degenera em distúrbios e, em particular, do papel desempenhado pelo discurso incendiário, enquanto distinto da pobreza, da brutalidade da polícia, da sede de sangue e de todos os outros elementos do fracasso humano e econômico. O governo deve, sem dúvida, tentar reduzir a devastação violenta de vidas e propriedades, mas deve reconhecer que qualquer tentativa de localizar e eliminar uma causa de distúrbios que deixe de lado uma reorganização da sociedade haverá de ser um exercício de especulação, tentativa e erro. O governo deve tomar suas decisões sob condições de extrema incerteza, e a instituição dos direitos, quando levados a sério, limita sua liberdade de experimentar sob tais condições.

Isto obriga o governo a ter em mente que proibir um homem de falar ou de manifestar-se equivale a insultá-lo de forma incontestável e profunda, em troca de benefício especulativo que, de qualquer modo, pode ser obtido por outros meios, ainda que mais onerosos. Quando os juristas dizem que os direitos podem ser limitados para proteger outros direitos ou para impedir uma catástrofe, eles têm em mente casos nos quais causa e efeito são relativamente claros, como o conhecido exemplo do homem que dá um alarme falso de incêndio em um teatro lotado.

Mas a história de Chicago mostra quão obscuras podem tornar-se as ligações causais. Os discursos de Hoffman ou Rubin seriam condições necessárias do tumulto? Ou será que milhares de pessoas tinham ido a Chicago com o objetivo de tumultuar, como o governo também afirma? Estas seriam, de qualquer modo, condições suficientes? Ou será que a polícia poderia ter contido a violência se não estivesse tão ocupada em aumentá-la, como afirmou o corpo de assistentes da Comissão Presidencial sobre a Violência?

Essas não são questões fáceis, mas se direitos significam alguma coisa, o governo não pode simplesmente pressupor respostas que sirvam para justificar sua conduta. Se o homem tem o direito de falar, se as razões que sustentam esse direito estendem-se ao discurso político provocativo e se os efeitos de tal discurso sobre a violência são obscuros, então o governo não está autorizado a iniciar seu ataque a esse problema negando a existência de tal direito. Pode ser que reprimir o direito de falar seja o procedimento menos oneroso ou o que menos prejudique a moral da polícia, ou ainda, o mais popular do ponto de vista político. Esses são argumentos utilitaristas em favor de tomar um ou outro ponto de partida, mas tais argumentos são desautorizados pelo conceito dos direitos.

Esse ponto pode ser obscurecido pela crença popular de que os ativistas políticos aguardam com ansiedade a violência e "procuram encrenca" ao se expressarem da maneira que se expressam. De acordo com essa concepção geral, eles mal podem queixar-se se forem considerados como autores da violência pela qual anseiam e se forem tratados de acordo. Mas isso repete a confusão que tentei esclarecer anteriormente entre ter um direito e fazer o que é certo. Os motivos do orador podem ser importantes para decidirmos se ele fez o que é correto ao falar apaixonadamente sobre questões que podem inflamar ou enraivecer seu público. Mas, se ele tem o direito de falar, seus motivos não podem ser considerados como prova independente no argumento que justifica a interdição de sua fala, já que o perigo existente em permitir que ele fale é especulativo.

Que dizer, porém, dos direitos individuais dos que serão destruídos por um tumulto, do transeunte que será morto por uma bala perdida ou do comerciante que será arruinado pelos saques? Colocar o problema desse modo, como uma questão sobre direitos concorrentes, sugere um princípio que anularia o efeito da incerteza. Deveríamos dizer que alguns direitos à proteção são tão importantes que justificam que o governo faça tudo que estiver ao seu alcance para protegê-los? Deveríamos dizer, portanto, que o governo pode limitar os direitos de agir de outras pessoas quando esses atos podem aumentar o risco de que seja violado o direito de um indivíduo particular à vida ou à propriedade, por mais tênue ou especulativo que seja o risco?

Os que se opõem às decisões liberais recentemente tomadas pela Suprema Corte quanto aos procedimentos policiais, apóiam-se em algum princípio desse tipo. Essas decisões aumentam a possibilidade de que uma pessoa culpada seja libertada e, desse modo, aumentam marginalmente o risco de que algum membro da comunidade venha a ser assassinado, estuprado ou roubado. Por isso, alguns críticos acreditam que as decisões da Corte devem estar erradas.

Nenhuma sociedade que se proponha a reconhecer uma variedade de direitos, com fundamento no fato de que a dignidade ou a igualdade de um homem podem ser violadas de diferentes formas, pode aceitar um princípio desse tipo. Se forçar um homem a testemunhar contra si próprio ou proibi-lo de falar produz o dano implicado nos direitos contra a auto-incriminação e o direito à liberdade de expressão, então seria desrespeitoso se o Estado dissesse a um homem que ele deve sofrer tal dano em vista da possibilidade de que venha a reduzir marginalmente o risco de perdas por parte de outros homens. Se os direitos têm sentido, então seus graus de importância não podem ser tão diferentes a ponto de que alguns deles não sejam absolutamente levados em conta, enquanto outros sejam dignos de menção.

Sem dúvida, o governo pode discriminar e impedir que alguém exerça seu direito de falar quando houver um risco claro e concreto de que seu discurso irá causar um grande dano à pessoa ou à propriedade alheia, e quando não houver outras maneiras de impedir que isso aconteça, como no caso do homem que gritou "Fogo!" em um teatro. Mas devemos recusar o princípio proposto, segundo o qual o governo pode simplesmente ignorar os direitos à liberdade de expressão quando a vida e a propriedade estiverem em questão. Enquanto o impacto do discurso sobre esses outros direitos permanecerem especulativos e marginais, o governo deve procurar em outra parte o ponto de apoio para suas ações.

4. Por que levar os direitos a sério?

Ao iniciar este ensaio, afirmei que queria mostrar o que deve fazer um governo que professa o reconhecimento dos direitos individuais. Deve abrir mão da idéia de que os cidadãos nunca têm o direito de violar a lei e não deve definir os direitos dos cidadãos de modo que possam ser anulados por supostas razões de bem-estar geral. Por esse motivo, é preciso considerar insincero qualquer governo que trate com rispidez a desobediência civil, ou que faça campanha contra o protesto verbal.

Ainda assim cabe perguntar se, afinal, vale a pena levar os direitos tão a sério. A índole norte-americana, pelo menos nos termos de sua própria auto-imagem, está em não levar nenhuma doutrina abstrata a seu extremo lógico. Talvez seja hora de ignorar as abstrações e nos concentrarmos, em vez disso, na tarefa de oferecer à maioria de nossos cidadãos uma nova compreensão de em que consiste o interesse de seu governo por seu bem-estar e do direito que eles têm de governar.

Seja como for, é nisso que parecia acreditar o ex-vice-presidente Agnew. Em uma declaração política sobre as pessoas excêntricas e os desajustados sociais, ele afirmou que a preocupação dos liberais com os direitos individuais era um vento de proa que impedia o curso do navio do Estado. Trata-se de uma metáfora pobre, mas a questão filosófica que expressa não deixa margem a dúvidas. Ele reconheceu, como não o fazem muitos liberais, que a maioria não pode viajar tão rápido ou para tão longe quanto gostaria, caso reconheça os direitos dos indivíduos a fazer aquilo que, nos termos da maioria, é errado fazer.

Spiro Agnew supôs que os direitos provocam dissensões e que a unidade nacional e um novo respeito pela lei podem ser desenvolvidos se os consideramos de maneira mais cética. Mas ele está enganado. Os Estados Unidos continuarão divididos por sua política exterior e social e, se a economia voltar a debilitar-se, as dissensões se tornarão mais agudas. Se queremos que nossas leis e nossas instituições jurídicas forneçam as regras básicas a partir das quais essas questões venham a ser discutidas, essas regras não devem ser as leis do mais forte que a classe dominante impõe aos mais fracos, como Marx imaginava que devia ser o direito de uma sociedade capitalista. A parte principal do direito – a parte que define e executa as políticas sociais, econômicas e externas – não pode ser neutra. Deve afirmar, em sua maior parte, o ponto de vista da maioria sobre a natureza do bem comum. Portanto, a instituição dos direitos é crucial, pois representa a promessa da maioria às minorias de que sua dignidade e igualdade serão respeitadas. Quando as divisões entre os grupos forem mais violentas, esse gesto, se o direito de fato funcionar, deve ser o mais sincero possível.

A instituição requer um ato de fé por parte das minorias, porque o alcance de seus direitos será controverso sempre que forem direitos importantes, e porque os representantes da maioria agirão de acordo com suas próprias noções do que realmente são esses direitos. Sem dúvida, esses representantes irão discordar de muitas das reivindicações apresentadas pelas minorias. Isto torna ainda mais importante que eles tomem suas decisões com seriedade. Devem demonstrar que sabem o que são direitos e não devem trapacear quando examinam o conjunto das implicações da doutrina correspondente. O governo não irá restabelecer o respeito pelo direito se não conferir à lei alguma possibilidade de ser respeitada. Não será capaz de fazê-lo se negligenciar a única característica que distingue o direito da brutalidade organizada. Se o governo não levar os direitos a sério, é evidente que também não levará a lei a sério.

Capítulo 8
A desobediência civil

De que forma o governo deveria proceder com aqueles que desobedecem, por razões de consciência, às leis referentes ao recrutamento militar? Muitas pessoas acham que a resposta é óbvia: o governo deve processar os dissidentes e, se julgados culpados, deve puni-los. Alguns chegam a esta conclusão com facilidade, uma vez que adotam o ponto de vista insensato de que a desobediência por razões de consciência significa o mesmo que desacato à lei. Pensam que os dissidentes são anarquistas que devem ser punidos antes que a corrupção se dissemine. Entretanto, muitos juristas e intelectuais chegam à mesma conclusão, baseados no que parece ser um argumento mais sofisticado. Eles reconhecem que a desobediência à lei pode ser *moralmente* justificada, mas insistem em que ela não pode ser *legalmente* justificada e pensam que desse truísmo se deduz que a lei deve ser aplicada. Erwin Griswold, que foi Procurador Geral dos Estados Unidos e, antes, reitor da Faculdade de Direito de Harvard, parece ter adotado este ponto de vista. "É da essência da lei", disse ele, "que seja aplicada igualmente a todos, que sujeite a todos da mesma maneira, sem levar em conta motivos pessoais. Por esta razão, aquele que pratica a desobediência civil por convicções morais não deveria surpreender-se nem amargurar-se, se dessa desobediência resultasse uma condenação criminal. E ele deve aceitar o fato de que a sociedade organizada não poderá manter-se sobre uma base que não seja essa".

O *New York Times* aplaudiu essa declaração. Um grupo de mil professores de várias universidades assinou um pedido nesse jornal, exigindo que a Procuradoria Geral anulasse as acusações contra o reverendo William Sloane Coffin, o dr. Benjamin Spock, Marcus Raskin, Mitchell Goodman e Michael Ferber, acusados de conspiração por terem aconselhado várias transgressões ao recrutamento militar. O *Times* afirmou que a solicitação de anulação dos indiciamentos "confundia direitos morais com responsabilidades jurídicas".

Contudo, o argumento de que o governo deve processar um homem por acreditar que tenha cometido um crime é muito mais frágil do que aparenta. A sociedade "não pode manter-se" se tolerar toda e qualquer desobediência; daí não se segue, contudo, que ela irá desmoronar se tolerar alguma desobediência, e nem há provas disso. Nos Estados Unidos, os promotores públicos têm poder discricionário para aplicar ou não leis penais em casos particulares. Um promotor pode, com propriedade, decidir por não manter a acusação caso o infrator for um jovem inexperiente, ou arrimo de família, ou caso ele se arrependa ou colabore com a polícia, ou se a lei for impopular, impossível de ser aplicada, ou geralmente desobedecida, ou se os tribunais estiverem abarrotados de casos mais importantes, ou ainda por dezenas de outras razões. Esse poder discricionário não significa abuso de liberdade – espera-se que os promotores tenham boas razões para exercê-lo. Existem, contudo, pelo menos *prima facie*, algumas boas razões para não se processar aqueles que, com base na sua consciência, desobedecem às leis referentes ao recrutamento militar. Uma delas é a razão óbvia de que estes agem com melhores motivos do que aqueles que infringem as leis por cobiça ou pelo desejo de subverter o governo. Se o motivo pode pesar quando se estabelecem distinções entre ladrões, por que não para distinguir entre transgressores das leis de recrutamento? Outra é a razão prática de que a nossa sociedade sofre uma perda ao punir um grupo que inclui – como o grupo de dissidentes das leis de recrutamento – alguns de seus cidadãos mais leais e respeitadores da lei. Encarcerar tais pessoas significa aumentar sua alienação diante da sociedade. E aliena também muitos dos que, como eles, são dissuadidos por causa da ameaça. Se conseqüências práticas desse tipo sustentaram a aplicação da proibição, por que não sustentariam a tolerância dos crimes de consciência?

Aqueles que pensam que os que infringem as leis de recrutamento por motivos de consciência devem ser sempre punidos, precisam demonstrar que essas não são boas razões para o exercício do poder discricionário ou devem encontrar razões de peso superior, que a elas se contraponham. Que argumentos podem produzir? Há razões práticas para a aplicação das leis de recrutamento; examinarei algumas delas mais adiante. Mas o reitor Griswold e os* que com ele concordam parecem basear-se em um argumento moral fundamental segundo o qual seria injusto, e não apenas nada prático, deixar os dissidentes impunes. Eles acham que isso seria injusto, parece-me, porque a sociedade não poderia funcionar se todos desobedecessem às leis das quais discordam ou às que lhes parecessem desvantajosas. Se o governo tolerar estes poucos indivíduos que não querem "jogar o jogo", estará permitindo que desfrutem dos benefícios de todos aqueles que respeitam a lei, sem assumir os encargos, como o do recrutamento.

Este é um argumento sério que não pode ser contestado simplesmente afirmando que os dissidentes concederiam a todos os outros o privilégio de desobedecer a uma lei que considerassem imoral. De fato, poucos dissidentes do recrutamento aceitariam uma sociedade transformada na qual os segregacionistas sinceros fossem livres para transgredir as leis de direitos civis que detestassem. Em todo caso, a maioria das pessoas não deseja tal mudança, porque acha que ela tornaria a sociedade ainda pior. Até que se demonstre que estão erradas, tais

---

* A palestra de Erwin Griswold, cujos argumentos principais são examinados por Dworkin neste capítulo, encontra-se em Kenneth Kipnis, *Philosophical Issues in Law*, Prentice-Hall, Englewood Cliffs, 1977, p. 187. Sobre o tema mais geral da desobediência civil nos Estados Unidos, nos seus aspectos jurídicos, filosóficos, históricos e culturais, consultar Hugo Adam Bedau (ed.), *Civil Disobedience*, Pegasus, Nova York, 1969. (N. do T.)

pessoas continuarão esperando que seus representantes punam quem quer que faça uso de um privilégio que, tendo em vista o benefício geral, elas não admitem.

Entretanto, há uma falha nesse argumento. O raciocínio contém um pressuposto oculto que o torna quase totalmente irrelevante para os casos de recrutamento e, de fato, para qualquer caso grave de desobediência civil nos Estados Unidos. O argumento pressupõe que os dissidentes sabem que estão infringindo uma lei válida e que o privilégio que reivindicam é o de infringi-la. Certamente, quase todos os que discutem a desobediência civil reconhecem que, nos Estados Unidos, uma lei pode ser inválida por ser inconstitucional. Porém, os críticos lidam com essa complexidade argumentando a partir de duas hipóteses distintas: se a lei não é válida, não se comete crime algum e a sociedade não pode punir; se a lei é válida, algum crime foi cometido e a sociedade deve punir. Esse argumento oculta o fato crucial de que a validade da lei pode ser duvidosa. As autoridades e os juízes podem acreditar que a lei seja válida, os dissidentes podem discordar, e ambos podem ter argumentos plausíveis em defesa de suas posições. Nesse caso, os problemas são diferentes do que seriam se a lei fosse claramente válida ou inválida, e o argumento sobre a eqüidade, elaborado para essas alternativas, é irrelevante.

De modo algum uma lei duvidosa é especial ou exótica nos casos de desobediência civil; pelo contrário. Pelo menos nos Estados Unidos, quase todas as leis a que um número significativo de pessoas seria tentado a desobedecer por razões morais são também duvidosas – quando não claramente inválidas – por razões constitucionais. A Constituição torna nossa moral política convencional relevante para a questão da validade. Qualquer lei que pareça comprometer essa moral levanta questões constitucionais, e se esse comprometimento for grave, as dúvidas constitucionais também serão graves.

A ligação entre questões morais e jurídicas era especialmente clara nos casos de recrutamento nos anos 60. Na época, o protesto baseava-se nas seguintes objeções morais: a) os Estados Unidos estão empregando armas e táticas imorais no

Vietnã; b) a guerra nunca foi endossada pelo voto deliberado, refletido e em aberto dos representantes do povo; c) os Estados Unidos não têm nenhum interesse a defender no Vietnã, cuja força, nem mesmo remotamente, é suficiente para justificar que se obrigue um segmento de seus cidadãos a arriscar-se a morrer naquele país; d) se um exército deve ser recrutado para lutar nessa guerra, é imoral fazê-lo através de um recrutamento que adie a apresentação ou isente da prestação os estudantes universitários, discriminando assim os menos favorecidos economicamente; e) o recrutamento isenta aqueles que são contrários a quaisquer guerras por motivos religiosos, mas não aqueles que são contrários a determinadas guerras particulares por questões morais; mas não existe nenhuma diferença relevante entre essas posições, e desse modo o recrutamento, ao fazer essa distinção, sugere que o segundo grupo é menos digno do respeito do país que o primeiro; f) a lei que transforma em crime aconselhar a resistência ao recrutamento faz calar aqueles que se opõem à guerra, uma vez que é moralmente impossível sustentar que a guerra é profundamente imoral sem encorajar e ajudar aqueles que se recusam a lutar.

Os juristas reconhecerão que essas posições morais, se aceitas, fornecem a base para os seguintes argumentos constitucionais: a) a Constituição transforma tratados em parte do direito do país e os Estados Unidos firmaram acordos e convenções internacionais que tornam ilegais os atos de guerra que os dissidentes acusam a nação de estar cometendo; b) a Constituição determina que o Congresso deve declarar guerra; o problema legal de saber se ações dos Estados Unidos no Vietnã eram uma "guerra" e se a Resolução da Baía de Tonking constituía uma "declaração" é o cerne do problema moral de saber se o governo havia tomado uma decisão pública e deliberada; c) tanto a cláusula de processo legal regular da Quinta e da Décima Quarta Emendas quanto a cláusula de Igual Proteção da Décima Quarta Emenda condenam a imposição de encargos especiais a uma classe de cidadãos arbitrariamente escolhida, sempre que o encargo ou a classificação for não-razoável; o encargo é irracional quando ficar claro que não atende ao interesse público ou quando for extremamente desproporcional ao interesse atendido. Se a ação militar dos Estados Unidos no Vietnã era frívola ou perversa, como os dissidentes afirmavam, então o encargo imposto aos homens em idade de recrutamento era não-razoável e inconstitucional; d) de qualquer modo, a discriminação em favor dos estudantes universitários negava aos pobres a igual proteção da lei, que é assegurada pela Constituição; e) se não há nenhuma diferença pertinente entre a objeção religiosa a todas as guerras e a objeção moral a algumas guerras, então a classificação feita pelo recrutamento era arbitrária, não-razoável e, por este motivo, inconstitucional. A cláusula contra a "oficialização de uma religião" da Primeira Emenda proíbe a pressão governamental em favor da religião organizada; se a distinção estabelecida pela lei de recrutamento pressionava os homens nesse sentido, era inválida também sob esse aspecto; f) a Primeira Emenda também condena os atentados à liberdade de expressão. Se a proibição, por parte da lei, de promover a resistência ao recrutamento realmente inibia a expressão de uma série de opiniões a respeito da guerra, ela restringia a liberdade de expressão.

O contra-argumento principal, fundamentando o ponto de vista segundo o qual os tribunais não deveriam ter considerado inconstitucional a lei de recrutamento, também envolve questões morais. Com base na chamada doutrina da "questão política", os tribunais negam sua própria jurisdição para decidir sobre algumas matérias – como, por exemplo, política externa ou militar – cuja resolução caberia melhor a outras esferas do governo. O tribunal de Boston, que julgou o caso Coffin/Spock, declarou, com base nessa doutrina, que não levaria em consideração os argumentos relativos à legalidade da guerra. A Suprema Corte relutou (por exemplo, nos casos que envolvem os critérios de composição dos distritos eleitorais) recusar sua jurisdição quando acreditou que estavam em jogo as mais sérias questões de moralidade política e que o processo político não oferecia nenhuma solução para elas. Se os dissidentes estivessem certos e a guerra e o recrutamento constituíssem crimes de Estado, profundamente injustos para com um grupo de cidadãos, então o argumento de que os tribunais deveriam ter recusado a jurisdição fica bastante enfraquecido.

Não podemos concluir, partindo desses argumentos, que o recrutamento (ou qualquer parte dele) fosse inconstitucional. Quando a Suprema Corte foi chamada a manifestar-se sobre a questão, rejeitou alguns desses argumentos e recusou-se a considerar outros sob a alegação de que eram políticos. A maioria dos juristas concordou com esse resultado. Mas os argumentos de inconstitucionalidade eram pelo menos plausíveis; um jurista razoável e competente poderia muito bem pensar que eles, se comparados com os contra-argumentos, são mais convincentes. Se o fizer, terá que considerar o recrutamento como inconstitucional, e não haverá como provar que ele está errado.

Assim, ao julgar o que deveria ser feito em relação aos opositores do recrutamento, não podemos pressupor que eles estavam reivindicando o privilégio de desobedecer leis válidas. Não podemos decidir que a eqüidade exige sua punição enquanto não tentarmos responder às questões que se seguem: o que deve fazer um cidadão quando a lei não for clara e ele pensar que ela permite algo que, na opinião de outros, não é permitido? Sem dúvida, não pretendo perguntar o que, para ele, é *juridicamente* apropriado fazer, ou quais são seus direitos *jurídicos* – isso seria uma petição de princípio, já que a resposta depende de sabermos quem está certo: ele ou os outros. Eu desejo perguntar qual é o comportamento que lhe compete enquanto cidadão; em outras palavras, o que consideraríamos "seguir as regras do jogo". Trata-se de uma questão crucial, porque não pode ser injusto deixar de puni-lo se ele estiver agindo, dadas suas opiniões, como achamos que deve agir[1].

---

1. Não estou sugerindo que o governo deva sempre punir um homem que infringe deliberadamente uma lei que considera válida. Pode haver razões de eqüidade ou de caráter prático, como aquelas que listei no terceiro parágrafo, para não processar tais homens. Porém, casos como os de recrutamento contêm argumentos em favor da tolerância; eu desejo concentrar-me nesses argumentos e, por essa razão, selecionei esses casos.

Não há nenhuma resposta evidente com a qual a maioria dos cidadãos concordaria de imediato, fato que é significativo por si só. Contudo, se analisarmos nossas instituições e nossas práticas jurídicas, descobriremos em sua base alguns princípios e algumas políticas relevantes. Apresentarei três respostas possíveis para a questão e, em seguida, tentarei mostrar qual delas melhor se adapta a nossas práticas e expectativas. As três possibilidades que desejo examinar são as seguintes:

(1) Se a lei é duvidosa e, por isso, obscura quanto a permitir que um indivíduo faça o que quer, este deve imaginar o pior e agir pressupondo que lei não permite. Ele deve obedecer às ordens das autoridades responsáveis pela aplicação da lei mesmo considerando-as erradas, enquanto utiliza o processo político, se puder, para modificar a lei.

(2) Se a lei é duvidosa, ele pode seguir seu próprio discernimento, isto é, pode fazer o que quer, se pensar que o argumento a favor da permissão é mais forte do que aquele a favor da proibição. Mas ele pode seguir seu próprio discernimento somente até o ponto em que uma instituição autorizada, como um tribunal, decida o contrário em um caso que envolve a ele ou outra pessoa. Uma vez alcançada uma decisão institucional, ele deve submeter-se a essa decisão, mesmo que a considere errada. (Há, em teoria, muitas subdivisões dessa segunda possibilidade. Podemos dizer que a escolha individual é bloqueada pela decisão contrária de qualquer tribunal, inclusive o tribunal da instância mais baixa do sistema, se não houver recurso. Ou podemos requerer uma decisão de algum tribunal ou instituição particulares. Discutirei esta segunda possibilidade em sua forma mais liberal, a saber, que o indivíduo pode, com propriedade, orientar seu próprio discernimento, até que haja uma decisão em contrário da instância suprema, competente para pronunciar-se sobre o problema, instância que, no caso da lei de recrutamento, era a Suprema Corte dos Estados Unidos.)

(3) Se a lei é duvidosa, ele poderá orientar-se por seu próprio discernimento, mesmo depois de uma decisão em contrá-

rio tomada pelo mais alto tribunal competente. Sem dúvida, ele precisa levar em consideração a decisão contrária de qualquer tribunal, ao formar seu juízo sobre o que é requerido pela lei. De outro modo, o juízo não seria honesto e razoável, porque a doutrina do precedente, que é uma parte estabelecida de nosso sistema jurídico, tem o efeito de permitir que a decisão dos tribunais *modifique* o direito. Suponhamos, por exemplo, que um contribuinte acredite não ser obrigado a pagar impostos sobre determinadas formas de renda. Se a Suprema Corte decidir o contrário, ele deve, levando em consideração a prática de atribuir grande peso às decisões da Suprema Corte quanto às questões sobre impostos, decidir que o veredito da corte, por si mesmo, alterou os termos da questão e que agora a lei exige que ele pague o imposto.

Alguém poderia pensar que essa ressalva elimina a diferença entre o terceiro e o segundo modelos, mas isso não acontece. A doutrina do precedente atribui pesos diferentes às decisões de diferentes tribunais e o peso mais significativo às decisões da Suprema Corte, mas não torna definitivas as decisões de nenhum tribunal. Às vezes, mesmo depois de uma decisão contrária da Suprema Corte, um indivíduo ainda pode acreditar, razoavelmente, que o direito esteja do seu lado; tais casos são raros, mas ocorrem com maior freqüência nas disputas referentes ao direito constitucional, quando a desobediência civil está em jogo. A Suprema Corte mostrou-se mais disposta a rever suas decisões anteriores quando estas limitaram importantes direitos pessoais ou políticos. São exatamente essas decisões que um dissidente pode querer desafiar.

Em outras palavras, não se pode pressupor que a Constituição é sempre o que a Suprema Corte afirma que ela é. Oliver Wendell Holmes, por exemplo, não observou tal regra em seu célebre voto dissidente no caso *Gitlow*. Poucos anos antes, no caso *Abrams*, Holmes fracassara em sua tentativa de convencer o tribunal de que a Primeira Emenda protegia um anarquista que conclamava a greves gerais contra o governo. Uma questão parecida apresentou-se no caso *Gitlow* e Holmes voltou a divergir. "É verdade", disse ele, "que, em minha opinião, afastamo-nos desse critério (no caso *Abrams*), mas as convicções que expressei naquele caso são demasiadamente profundas para que me seja possível, no momento, acreditar que ela (...) fixou definitivamente o sentido da lei". Holmes votou pela absolvição, sustentando que o que Gitlow fizera não constituía crime, mesmo que a Suprema Corte tivesse recentemente sustentado que era.

Assim deparamos com três modelos possíveis para o comportamento dos que discordam das autoridades responsáveis pela aplicação da lei, quando a lei é ambígua. Qual deles se adapta melhor a nossas práticas jurídicas e sociais?

Parece-me claro que não seguiremos o primeiro desses modelos, ou seja, que não esperaremos que os cidadãos pressuponham o pior. Caso nenhum tribunal tenha se pronunciado quanto à questão e se um indivíduo acreditar, depois de ponderar sobre todos os fatores, que a lei está do seu lado, a maioria de nossos juristas e críticos achará perfeitamente correto que ele siga seu próprio discernimento. Mesmo quando muitos discordarem do que ele faz – como, por exemplo, vender literatura pornográfica – não pensarão que ele deve desistir somente porque a legalidade de sua conduta é objeto de dúvida.

Vale a pena parar um instante para refletir sobre o que a sociedade perderia se seguisse o primeiro modelo ou, colocando de outro modo a questão, o que a sociedade ganharia se as pessoas seguissem seu próprio discernimento em casos desse tipo. Quando a lei é ambígua, no sentido que os juristas podem razoavelmente discordar a respeito do que um tribunal deve decidir, a razão para isso usualmente consiste em que diferentes princípios jurídicos e políticos colidem, e não fica claro qual é a melhor forma de conciliar estes princípios e políticas conflitantes.

Nossa prática, na qual diferentes partes são encorajadas a buscar seu próprio entendimento, fornece meios para se testar a relevância de algumas hipóteses. Se a questão for saber se uma regra particular terá determinadas conseqüências indesejáveis ou se tais conseqüências terão ramificações amplas ou limitadas, então será conveniente, antes de tomar uma decisão a respeito, saber o que de fato ocorre quando algumas pessoas procedem de acordo com essa regra (grande parte das leis antitruste e das que regem o direito comercial desenvolveu-se utilizando esse tipo de teste). Se a questão for saber se, e em que medida, uma solução particular transgride princípios de justiça ou de jogo limpo (*fair play*), profundamente respeitados pela comunidade, será útil, uma vez mais, fazer uma experiência para testar a reação da comunidade. A amplitude da indiferença da comunidade em relação às leis contra prevenção da gravidez, por exemplo, jamais teria se consolidado caso algumas organizações não tivessem deliberadamente zombado dessas leis.

Se o primeiro modelo fosse seguido, perderíamos as vantagens desses testes. O direito se ressentiria, sobretudo se este modelo fosse aplicado a problemas constitucionais. Quando a validade de uma lei criminal é posta em dúvida, a lei quase sempre parecerá a algumas pessoas não ser eqüitativa ou justa, por infringir algum princípio de liberdade, justiça ou eqüidade que essas pessoas julgam incorporado à Constituição. Se a nossa prática recomendar que, sempre que uma lei for considerada ambígua com base em tais fundamentos, devemos agir como se a lei fosse válida – então o principal instrumento de que disporíamos para questioná-la a partir de fundamentos morais estaria perdido. Com o tempo, a lei a que obedecemos se tornaria menos eqüitativa e justa e a liberdade de nossos cidadãos certamente diminuiria.

Os resultados não seriam mais satisfatórios se utilizássemos uma variação do primeiro modelo. De acordo com esse modelo, um cidadão deve esperar pelo pior, a menos que possa antecipar que os tribunais concordarão com sua concepção a respeito da lei. Se todos se deixassem levar por seus palpites sobre o que os tribunais fariam, a sociedade e seu direito seriam mais pobres. Ao rejeitar o primeiro modelo, pressupomos que a interpretação que um cidadão faz, ao seguir seu próprio discernimento, juntamente com os argumentos que apresenta para justificá-la quando tem a oportunidade de fazê-lo, contribui para criar a melhor decisão judicial possível. Isto continua sendo verdadeiro mesmo quando, no momento em que o cidadão age, todas as probabilidades sejam contrárias a que saia vitorioso no tribunal. Devemos, igualmente, lembrar que o valor do exemplo do cidadão não se esgota uma vez tomada a decisão. Nossas práticas requerem que a decisão seja criticada pelos praticantes do direito e pelas escolas de direito e que a interpretação dissidente do cidadão venha a ser de muita valia para essa crítica.

Sem dúvida, um homem precisa levar em conta aquilo que os tribunais farão quando ele decidir se é *prudente* seguir o que seu próprio juízo indica. Ele pode ter que encarar a prisão, a falência ou o opróbrio. Mas é essencial que separemos o cálculo da prudência do que é apropriado que ele faça enquanto bom cidadão. Estamos investigando como a sociedade deve tratá-lo, quando os tribunais entenderem que ele tomou a decisão errada. Por isso, devemos perguntar o que ele está justificado a fazer quando seu julgamento difere do de outros. Não enfrentaremos a questão, se supusermos que o que é apropriado que ele faça depende de seus palpites quanto ao modo como a sociedade irá tratá-lo.

Devemos também rejeitar o segundo modelo, segundo o qual, se a lei for ambígua, um cidadão pode muito bem seguir seu próprio discernimento até que a mais alta corte estabeleça que ele está errado. Este raciocínio deixa de levar em conta o fato de que qualquer tribunal, inclusive a Suprema Corte, pode rever suas decisões. Em 1940, a Suprema Corte decidiu pela constitucionalidade de uma lei do Estado da West Virginia, que exigia que os estudantes saudassem a bandeira. Em 1943, mudou de opinião e decidiu que uma tal lei era afinal inconstitucional. Enquanto cidadãos, qual seria o dever daquelas pessoas que, em 1941 e 1942, se recusaram a saudar a bandeira por razões de consciência, por acharem que a decisão tomada pela Suprema Corte em 1940 estava errada? É difícil afirmar que seu dever era o de obedecer à primeira decisão. Elas pensavam que a saudação à bandeira era desarrazoada e acreditavam, com razão, que nenhuma lei válida exigia-lhes que a fizessem. Mais tarde, a Suprema Corte decidiu que estavam certos quanto a isso. A Suprema Corte não sustentou simplesmente que, depois da segunda decisão, deixar de saudar a bandeira não configurava um crime; tampouco sustentou (como quase sempre faria em casos semelhantes) que, após a primeira decisão, fora crime deixar de saudar a bandeira.

Alguns dirão que os opositores à saudação à bandeira deveriam ter acatado a primeira decisão da Suprema Corte, ao mesmo tempo que trabalhavam, junto ao Poder Legislativo, para derrubar a lei e tentavam, nos tribunais, encontrar alguma forma de contestar novamente a lei, sem chegar a transgredi-la. Essa talvez fosse uma recomendação plausível se não envolvesse consciência, porque neste caso é discutível se o ganho de proceder dentro da ordem vale o sacrifício pessoal envolvido na atitude resignada. Mas tratava-se de uma questão de consciência; se os dissidentes tivessem acatado a lei enquanto aguardavam o momento oportuno, teriam sofrido a irreparável injúria de terem feito aquilo que sua consciência lhes proibia. Uma coisa é afirmar que um indivíduo deve, de vez em quando, violar sua consciência quando sabe que a lei o obriga a agir assim. Coisa bastante diferente é afirmar que ele deve violar sua consciência, mesmo quando acredita sensatamente que a lei não exige que o faça, somente porque ele causará incômodo a seus concidadãos se utilizar o mais direto, e talvez o único método disponível, para tentar demonstrar que está certo e que os outros estão errados.

Uma vez que um tribunal pode rever suas decisões, as mesmas razões que arrolamos para rejeitar o primeiro modelo também se aplicam ao segundo. Se não contássemos com a pressão exercida pelo dissenso, não teríamos as declarações dramáticas e intensas que ocorrem quando percebemos como erro uma decisão de um tribunal contra um dissidente, que certamente são pertinentes para saber se se tratava da decisão correta. Aumentaríamos a probabilidade de sermos governados por regras que ofendem os princípios aos quais pretendemos servir. Creio que estas considerações nos obrigam a descartar o segundo modelo, mas alguns desejarão substituí-lo por uma variação. Eles alegam que, uma vez que a Suprema Corte tenha decidido que uma lei penal é válida, os cidadãos têm o dever de sujeitar-se a essa decisão até que tenham uma base razoável para acreditar, não apenas que a decisão é má enquanto lei, mas que existe uma grande probabilidade de que a Suprema Corte venha a revogá-la. Sob este ponto de vista, os dissidentes de West Virginia que se recusaram a saudar a bandeira em 1942 estavam agindo de maneira correta, porque poderiam racionalmente prever que a Suprema Corte mudaria de ponto de vista. Mas, uma vez que a Suprema Corte declarou constitucionais leis como as do recrutamento, não seria adequado continuar a questioná-las, pois não existia grande probabilidade de que a Suprema Corte fosse em seguida mudar de idéia. Esta sugestão, porém, deve ser igualmente rejeitada, pois se afirmarmos que um cidadão pode seguir sua própria interpretação da lei, mesmo julgando que os tribunais vão provavelmente se posicionar contra ele, não há nenhuma razão plausível para que ele aja de modo diferente, apenas porque uma decisão contrária já consta dos textos legais.

Assim, o terceiro modelo, ou algo aproximado, parece ser a formulação mais eqüitativa do dever social de um membro de nossa comunidade. A lealdade do cidadão é para com a lei e não para com nenhum ponto de vista particular que alguém tenha sobre a natureza do direito. E ele não se comporta injustamente enquanto se deixar guiar por sua própria concepção, ponderada e razoável, sobre o que a lei requer. Permitam-me repetir (porque é crucial) que isso não é a mesma coisa que dizer que um indivíduo pode ignorar o que foi estabelecido pelos tribunais. A doutrina do precedente está próxima ao centro de nosso sistema jurídico. Contudo, não é possível fazer um esforço sensato para obedecer às leis, a menos que se conceda aos tribunais o poder genérico de modificá-las através de suas decisões. Entretanto, se a matéria em discussão afetar os direitos individuais ou políticos fundamentais, e se for possível argumentar que a Suprema Corte cometeu um erro, um indivíduo não extrapolará os limites de seus direitos sociais ao se recusar a aceitar essa decisão como definitiva.

Fica por responder uma questão importante antes que possamos aplicar essas observações aos problemas relativos à resistência ao recrutamento. Tenho examinado o caso de alguém que acredita que a lei não é o que as outras pessoas pensam ou o que foi estabelecido pelos tribunais. Essa descrição pode ser adequada ao caso daqueles que desobedecem às leis de recrutamento por razões de consciência, mas não é adequada para a maioria deles. A maioria dos dissidentes não é formada por juristas ou filósofos políticos. Eles acreditam que as leis contidas nos livros são imorais e incompatíveis com os ideais jurídicos de seu país, mas não se perguntam se ela também pode ser inválida. Qual então a relevância, para a situação dos dissidentes, da proposição de que é correto seguir nossa própria interpretação da lei?

Para responder a esta questão, devo retomar o argumento que já apresentei anteriormente. A Constituição, através da cláusula do processo legal regular, da cláusula de igual proteção perante a lei, da Primeira Emenda e das outras disposições que mencionei, injeta uma extraordinária quantidade de elementos de nossa moralidade política na questão da validade de uma lei. Por isso, a afirmação de que a maioria dos que se opõem à lei de recrutamento ignora que essa lei não é válida, necessita ser formulada com maior precisão. Essa maioria adota crenças que, se verdadeiras, apóiam firmemente o ponto de vista de que o direito está a seu lado. O fato de a maioria não ter chegado a uma conclusão mais complexa, pode ser atribuído, pelo menos na maior parte dos casos, à sua falta de sofisticação jurídica. Se, quando a interpretação da lei for passível de dúvida, acreditarmos que as pessoas que seguem seu próprio discernimento podem estar agindo corretamente, então parecerá errado não estender essa conclusão aos dissidentes que pensam dessa maneira. Nada no meu argumento em favor do terceiro modelo nos autoriza a diferenciar os dissidentes de seus colegas mais bem informados.

Podemos esboçar várias conclusões preliminares a partir da argumentação feita até aqui: quando a lei for incerta, no sentido de permitir uma defesa plausível de dois pontos de vista contrários, um cidadão que siga seu próprio discernimento não está deixando de se comportar de maneira eqüitativa. Nossas práticas permitem que ele aja assim em tais casos – e até o encorajam a fazê-lo. Por esse motivo, nosso governo tem uma responsabilidade especial de tentar protegê-lo e amenizar sua condição desfavorável, sempre que puder fazê-lo sem causar grandes danos a outras políticas. Daí não se segue que o governo possa garantir-lhe imunidade; ele não pode adotar a regra de que não irá processar ninguém que agir por razões de consciência ou não condenar ninguém que discorde, de modo razoável, dos tribunais. Isso paralisaria a capacidade do governo de concretizar suas políticas; além disso, descartaria a mais importante vantagem de valer-se do terceiro modelo. Se o Estado nunca processasse, os tribunais não poderiam agir com base na experiência e nos argumentos gerados pela dissidência. Disso decorre, porém, que quando as razões práticas para processar são relativamente fracas em um determinado caso, ou podem ser enfrentadas por outros meios, o caminho da eqüidade está na tolerância. O ponto de vista popular segundo o qual a lei é a lei e deve ser sempre aplicada, não distingue entre o homem que age obedecendo a seu próprio julgamento a respeito de uma lei cuja interpretação é passível de dúvida – e por isso comporta-se de acordo com o que estipulam nossas práticas – e o criminoso comum. Desconheço qualquer razão, exceto a cegueira moral, para não se estabelecer uma distinção de princípio entre os dois casos.

Antecipo uma objeção filosófica a essas conclusões: a de que estou tratando o direito como uma " onipresença ameaçadora no firmamento". Já me referi a pessoas que emitem juízos sobre o que a lei exige, mesmo nos casos em que o significado da lei é ambíguo e indeterminado. Falei de casos nos quais um homem pode pensar que a lei exige uma coisa, ainda que a Suprema Corte tenha estabelecido que exige outra e mesmo quando não parece provável que a Suprema Corte venha a mudar de idéia em breve. Portanto, serei acusado de adotar o ponto de vista de que existe sempre uma "resposta correta" para uma questão jurídica, a ser encontrada no direito natural ou guardada a sete chaves em alguma caixa-forte transcendental.

A teoria do direito como caixa-forte é certamente um absurdo. Quando afirmo que as pessoas sustentam concepções sobre o direito quando a lei é ambígua, e que tais concepções não são simplesmente previsões a respeito do que os tribunais irão esposar, não pretendo adotar nenhuma metafísica desse tipo. Pretendo apenas resumir, da maneira mais precisa possível, muitas das práticas que fazem parte de nosso processo jurídico.

Juristas e juízes fazem declarações a respeito de direitos e deveres jurídicos, mesmo quando sabem que não são demonstráveis e as apóiam em argumentos, mesmo sabendo que esses argumentos não terão apelo generalizado. Difundem esses argumentos entre eles, em publicações jurídicas, nas salas de aula e nos tribunais. Respondem a tais argumentos, quando utilizados por outros, julgando-os bons, ruins ou medíocres. Ao procederem assim, pressupõem que determinados argumentos em favor de uma determinada posição duvidosa são melhores que outros. Pressupõem também que os argumentos em favor de um aspecto de uma proposição duvidosa podem ser mais fortes do que aqueles em favor de aspecto. Em minha opinião é este o significado de uma reivindicação de direito em um caso duvidoso. Sem muita dificuldade, eles distinguem entre esses argumentos e as previsões acerca do que os tribunais irão decidir.

Essas práticas estão muito mal representadas pela teoria segundo a qual juízos de natureza jurídica em matérias controversas são sem sentido ou não passam de previsões sobre o que os tribunais irão fazer. Os que defendem tais teorias não podem negar a realidade dessas práticas; talvez estes teóricos queiram dizer que as práticas não são sensatas, porque estão baseadas em pressupostos que não se sustentam, ou por alguma outra razão. Mas isto torna a objeção deles misteriosa, porque nunca especificam quais são, para eles, os propósitos subjacentes a essas práticas. E a menos que tais objetivos sejam especificados, não será possível decidir se essas práticas são ou não sensatas. Entendo que estes propósitos subjacentes são aqueles que descrevi anteriormente: desenvolver e testar a lei através de experimentação praticada pelos cidadãos e através do procedimento do contraditório.

Nosso sistema jurídico persegue esses objetivos convidando os cidadãos para decidirem sobre a força e a fragilidade dos argumentos jurídicos, por si mesmos ou através de seus representantes nos tribunais, e para agirem com base nesses juízos, ainda que essa permissão esteja sujeita a restrições, em vista da ameaça limitada a que estão sujeitos, caso os tribunais não concordem com suas condutas. O sucesso dessa estratégia depende de sabermos se existe, na comunidade, consenso suficiente sobre o que se considera como um bom ou mau argumento. Se ele existir, mesmo que diferentes pessoas possam chegar a diferentes juízos, essas diferenças não serão nem tão profundas nem tão freqüentes a ponto de tornarem o sistema inviável ou perigoso para aqueles que agem de acordo com suas próprias luzes. Creio que tal consenso existe quanto aos critérios de argumentação necessários para evitar essas armadilhas, ainda que uma das principais tarefas da filosofia do direito seja a de expor e esclarecer tais critérios. Em todo caso, ainda não se demonstrou que as práticas que descrevi sejam mal orientadas; portanto, devem ser levadas em conta para estabelecermos se é justo e eqüitativo mostrar-se leniente com aqueles que infringem o que outros consideram como lei.

Já afirmei que o governo tem uma responsabilidade especial para com os que agem com base em uma apreciação razoável de que determinada lei é inválida. Ele deve ser, tanto quanto possível, conciliatório, quando isso for compatível com outras políticas. Pode ser difícil decidir o que, em nome dessa responsabilidade, o governo deve fazer em casos particulares. A decisão será uma questão de equilíbrio; regras inflexíveis em nada ajudarão. Ainda assim, alguns princípios podem ser estabelecidos.

Começarei pela decisão do promotor público de dar início ou não à acusação formal. Ele precisa encontrar o equilíbrio entre, de um lado, a sua responsabilidade de ser leniente e o risco de que as condenações venham a dividir a sociedade e, de outro, o dano que pode resultar para o andamento do direito, caso ele ignore os dissidentes. Ao fazer seus cálculos, ele deve considerar não somente a extensão da lesão que poderá causar aos direitos dos outros, mas* também como o direito avalia essa lesão; e deve, portanto, fazer a distinção que se segue. Toda regra jurídica é sustentada e, presumivelmente, justificada por um conjunto de políticas as quais, supomos, ela faz avançar e por princípios os quais, supomos, ela deve respeitar. Algumas regras (por exemplo, as leis que proíbem o assassinato e o roubo) são sustentadas pela proposição segundo a qual os indivíduos protegidos pela lei têm um direito moral de ficarem imunes às lesões que o direito condena. Outras regras (por exemplo, as regras antitruste, que são de natureza mais técnica), não são sustentadas pela suposição da existência de um direito subjacente; sua fundamentação deriva principalmente da suposta utilidade das políticas sociais e econômicas que promovem. Essas regras podem ser suplementadas por princípios morais (como a concepção de que reduzir os preços prejudicando um concorrente fraco é uma prática comercial desleal), mas elas são insuficientes para validar um direito moral contra a lesão referida.

Aqui, o aspecto fundamental da distinção é o seguinte: se uma regra jurídica específica representa uma decisão oficial que estabelece que os indivíduos têm o direito moral de não sofrerem uma determinada lesão, estamos diante um poderoso argumento contra a tolerância às violações que infligem esses danos. Por exemplo, as leis que protegem os indivíduos contra danos pessoais ou contra a destruição de suas propriedades representam tal tipo de decisão, e este é um argumento muito forte contra a tolerância da desobediência civil que envolve a prática da violência.

Sem dúvida, pode ser discutido se uma lei pressupõe um direito moral. A questão é saber se é razoável supor, a partir do

* Nos parágrafos seguintes traduzimos "*harm*" por "lesão" ("a um direito estabelecido") e "*injury*" por "dano". Ver nota sobre o emprego desses termos no Apêndice. (N. do T.)

contexto de uma lei e de sua aplicação, que seus autores reconheciam um direito desse tipo. Existem casos, além das regras contra a violência, nos quais fica patente que eles o reconheciam; exemplos disso são as leis dos direitos civis. Muitos segregacionistas sinceros e fervorosos acreditam que as leis e as decisões dos direitos civis são inconstitucionais por comprometerem os princípios de governo local e de liberdade de associação. Este é um ponto de vista defensável, embora não seja convincente. Mas essas leis e decisões incorporam claramente a concepção de que os negros, enquanto indivíduos, têm o direito de não serem segregados. Elas não se fundamentam simplesmente no juízo de que outras políticas nacionais poderão ser mais bem executadas caso a segregação racial for evitada. Se não agirmos contra o homem que bloqueia a porta da escola, estaremos, portanto, violando os direitos morais, confirmados por lei, da estudante cuja entrada ele bloqueia. A responsabilidade da leniência não pode chegar a tanto.

Contudo, a posição da estudante é diferente da do recruta, que pode ser convocado mais cedo, ou ser indicado para um posto mais perigoso, caso os infratores das leis de recrutamento não forem punidos. Não se pode dizer que tais leis, tomadas em conjunto e tendo em vista sua administração, refletem o parecer segundo o qual um homem tem o direito moral de ser convocado somente depois que alguns outros homens ou grupos tenham sido recrutados. As classificações decorrentes das leis de recrutamento e a ordem de chamada dentro das classificações são estabelecidas tendo-se em vista a conveniência administrativa e social. Elas também refletem considerações de eqüidade, como a proposição de que uma mãe que tenha perdido um de seus dois filhos na guerra não deve correr o risco de perder o outro. Mas elas não pressupõem direitos fixos. Atribui-se um considerável poder discricionário aos conselhos de recrutamento no processo de classificação, e o exército, sem dúvida, tem liberdade quase total na atribuição de postos perigosos. Se o promotor público for tolerante com os infratores das leis de recrutamento, introduzirá pequenas alterações nos cálculos jurídicos de eqüidade e utilidade. Essas alterações podem provocar desvantagens para outros membros do grupo de recrutas, mas isso não é o mesmo que violar seus direitos morais.

Essa diferença entre segregação e recrutamento não é um acidente que decorre das condições em que as leis foram escritas. Vai de encontro a um século de prática supor que os cidadãos têm direitos morais diante da organização em que são chamados a servir; o sistema lotérico de seleção, por exemplo, seria um sistema abominável visto a partir dessa suposição. Se nossa história tivesse sido diferente e se a comunidade tivesse reconhecido um direito moral desse tipo, parece justo supor que ao menos alguns dos dissidentes do recrutamento teriam modificado seus atos a fim de respeitar esses direitos. Logo, é incorreto analisar os casos de recrutamento do mesmo modo que os de violência ou de direitos civis, como fazem muitos críticos, ao ponderar se a tolerância é justificável. Não quero dizer que a eqüidade para com os outros seja irrelevante nos casos de recrutamento; deve-se levá-la em consideração e ponderá-la com a eqüidade perante os dissidentes e perante o benefício para a sociedade a longo prazo. Aqui, porém, ela não desempenha o papel principal, como acontece quando o que está em jogo são direitos.

Onde então fica o equilíbrio entre eqüidade e utilidade no caso daqueles que aconselharam a resistência ao recrutamento? Se esses homens tivessem incentivado a violência ou, de algum modo, infringido os direitos de outros, estaria configurada uma forte justificativa para a instauração de um processo. Contudo, na ausência de tais ações, o equilíbrio da eqüidade e da utilidade parece-me estar do outro lado, razão pela qual considero errada a decisão de processar Coffin, Spock, Raskin, Goodman e Ferber. Teria sido possível argumentar que, se aqueles que aconselharam a resistência ao recrutamento não tivessem sido processados, o número dos que resistem à convocação aumentaria, mas, acredito, não muito além do número daqueles que resistiriam em qualquer situação.

Se tal raciocínio se revelasse incorreto e ocorresse uma resistência muito maior, então o significado desse descontentamento residual seria de grande importância para os que tivessem elaborado as diretrizes políticas, e não deveria ter sido ocultado por uma interdição do liberdade de expressão. Neste caso, a consciência está profundamente envolvida – é difícil acreditar que muitos dos que aconselharam a resistência o fizeram por outras razões. Existem fortes razões para considerarmos inconstitucionais as leis que fazem do aconselhamento um crime; mesmo aqueles que não consideram os argumentos persuasivos admitirão que eles são substanciais. O dano a recrutas potenciais, tanto àqueles que podem ter sido persuadidos a resistir quanto aos que podem ter sidos convocados mais cedo porque outros foram persuadidos, era remoto e especulativo.

Os casos de homens que se recusaram a aceitar o alistamento são mais complicados. A questão central é se a decisão de não processá-los induziria a recusas em massa de prestar serviço militar. Pode ser que não – havia pressões sociais, inclusive a ameaça de prejuízos para suas carreiras, que teriam forçado muitos jovens americanos a servir quando recrutados, mesmo que soubessem que não iriam para a cadeia caso se recusassem a fazê-lo. Se o número não tivesse aumentado muito, o Estado deveria ter deixado os dissidentes em paz – e não vejo que grande dano poderia ter ocorrido caso os processos tivessem sido adiados até que o efeito dessa política tivesse se tornado mais claro. Se o número daqueles que se recusavam ao alistamento se revelasse grande, isso contaria a favor da instauração de processos. Mas também tornaria o problema acadêmico, porque se a dissidência tivesse sido suficiente para conduzir a uma tal situação, de qualquer modo teria sido muito mais difícil de levar adiante a guerra, a não ser sob um regime quase totalitário.

Pode parecer que há algo de paradoxal nessas conclusões. Argumentei anteriormente que, quando a lei é ambígua, os cidadãos têm o direito de seguir seu próprio discernimento, em parte com fundamento na idéia de que essa prática ajuda a dar forma aos temas que irão à decisão judicial; agora, proponho um caminho que elimina ou adia tal decisão. Essa contradição, porém, é apenas aparente. Do fato de que nossa prática facilita a decisão judicial e a torna mais útil para o desenvolvimento do direito, não se segue que um julgamento deva ocorrer toda vez que os cidadãos agirem de acordo com suas próprias luzes. O problema que surge em todos os casos é saber se os assuntos em discussão estão maduros para uma decisão judicial e se a decisão judicial resolveria esses assuntos de forma a diminuir a probabibilidade de (ou eliminar as razões para) novos dissensos.

Nos casos de recrutamento, a resposta a essas duas questões era negativa: havia muita ambivalência a respeito da guerra, e muita incerteza e ignorância quanto à amplitude das questões morais envolvidas no recrutamento. Não era o melhor momento para que um tribunal se posicionasse a respeito de tais questões. Tolerar o dissenso por algum tempo era uma maneira de permitir que o debate continuasse até que se alcançasse maior clareza sobre o assunto. Além disso, era evidente que uma decisão judicial sobre os pontos constitucionais em disputa não iria estabelecer, de uma vez por todas, o significado da lei. Os que tinham dúvidas sobre a constitucionalidade do recrutamento continuaram a ter as mesmas dúvidas mesmo depois de a Suprema Corte ter afirmado sua constitucionalidade. Este é um daqueles casos, concernentes aos direitos fundamentais, em que nossas práticas relativas ao precedente estimulam esse tipo de dúvidas.

Contudo, mesmo quando o promotor público não intervém, o problema subjacente é apenas temporariamente amenizado. Enquanto o direito der a impressão de transformar atos de dissidência em crime, um homem de consciência correrá perigo. O que o Congresso, que compartilha a responsabilidade da tolerância, pode fazer para atenuar esse perigo?

O Congresso pode rever as leis em questão para avaliar até que ponto se pode ser flexível com os dissidentes. Todo programa adotado por um Poder Legislativo é um misto de políticas e de princípios restritivos. Por exemplo, aceitamos a perda de eficiência na detecção de crimes e na renovação urbana, para que possamos respeitar os direitos de criminosos submetidos à acusação e compensar os proprietários por seus prejuízos. O Congresso pode, de boa-fé, reconhecer suas responsabilidades para com os dissidentes, adaptando ou atenuando outras políticas. As questões relevantes são as seguintes: que meios podem ser encontrados para se permitir a maior tolerância possível para com objeções de consciência e, ao mesmo tempo, minimizar seu impacto sobre as políticas governamentais? Quão longe vai a responsabilidade do governo por tolerância nesse caso? Quão importante é o peso da consciência nesta matéria? Quão poderosas, afinal, são as razões para considerar a lei inválida? Qual a importância da política (*policy*) em questão – será a interferência em tal política um preço muito alto a pagar? Essas questões são, sem dúvida, muito simples, mas apontam para o núcleo das escolhas que devem ser feitas.

Pelas mesmas razões por que não devemos processar os que aconselharam a resistência, acredito que a lei que faz disto um crime deve ser revogada. O argumento de que atenta contra a liberdade de expressão é forte. Ela certamente constrange a consciência e provavelmente não tem nenhum efeito benéfico. Se o aconselhamento à resistência levasse à resistência apenas uns poucos que, de outro modo, não resistiriam, o valor da restrição seria pequeno; se o aconselhamento convencesse a muitos, estaríamos diante de um fato político importante demais para ser ignorado.

As questões são mais complexas, uma vez mais, no caso da resistência ao recrutamento. Os que acreditavam que a guerra do Vietnã não passava de um erro grotesco teriam favorecido qualquer mudança na lei que tornasse a paz mais provável. Mas, se assumimos a posição daqueles que pensavam que a guerra era necessária, temos que admitir que uma política que mantivesse o recrutamento, mas dispensasse totalmente os dissidentes, teria sido pouco sensata. Ainda assim, duas alternativas menos drásticas deveriam ter sido levadas em conta: um exército de voluntários e uma ampliação da categoria dos objetores de consciência que incluísse aqueles que consideravam a guerra imoral. Muito pode ser dito contra as duas propostas mas, uma vez reconhecida a necessidade de respeito pelo dissenso, o equilíbrio entre os princípios pode inclinar a favor delas.

Assim, os argumentos contrários a que se processassem os que se opunham ao recrutamento e favoráveis a uma mudança das leis em favor deles eram bastante fortes. Contudo, teria sido irreal esperar que essa política prevalecesse, pois pressões políticas a ela se opunham.

Portanto, devemos levar em conta o que os tribunais poderiam e deveriam ter feito. Um tribunal poderia, sem dúvida, ter aceitado os argumentos de que as leis de recrutamento eram, de algum modo, inconstitucionais, em termos gerais ou quando aplicadas aos indiciados no caso em exame. Ou poderiam absolvê-los porque os fatos necessários para condená-los não foram provados. Não discutirei os problemas constitucionais ou os fatos relativos a casos particulares. Em vez disso, gostaria de sugerir que um tribunal não deve condenar, pelo menos em determinadas circunstâncias, mesmo que concorde com as leis e confirme os fatos que são o objeto da acusação. Quando surgiram muitos dos casos sobre o recrutamento, a Suprema Corte ainda não havia deliberado sobre os principais argumentos a favor da inconstitucionalidade do recrutamento nem tinha decidido que tais argumentos colocavam questões políticas que estavam fora de sua alçada. Há razões muito fortes pelas quais a Suprema Corte deve absolver em tais circunstâncias, mesmo se nesse momento ela aprova o recrutamento. Deve absolver com fundamento em que, antes de sua decisão, a validade do recrutamento era duvidosa e que é injusto punir homens por desobedecerem a uma lei duvidosa.

Haveria precedentes para uma decisão nesses termos. A Suprema Corte revogou várias condenações criminais, com base na cláusula de processo legal regular, pois a lei em questão era demasiado vaga. (Por exemplo, reverteu condenações baseadas em leis que transformavam em crime o fato de se cobrarem "preços irrazoáveis" ou ser membro de uma gangue.) A condenação decorrente da aplicação de uma lei penal vaga fere os ideais morais e políticos da cláusula de processo legal regular de duas maneiras. Em primeiro lugar, coloca um cidadão na posição nada equânime de ou agir por sua própria conta e risco ou aceitar uma restrição sobre sua vida, mais severa do que aquela que o Poder Legislativo poderia ter autorizado. Como argumentei anteriormente, não é aceitável, enquanto modelo de comportamento social, que em casos como este o cidadão deva presumir o pior. Em segundo lugar, a condenação confere ao promotor público e aos tribunais o poder de legislar na esfera do direito penal, optando por uma ou outra das interpretações possíveis, depois do fato ocorrido. Isto seria uma delegação de autoridade por parte do Poder Legislativo, o que é incompatível com nosso sistema de separação dos poderes.

A condenação com base em uma lei penal cujos termos não são vagos, mas cuja validade constitucional é duvidosa, fere a cláusula de processo legal regular no primeiro desses sentidos. Força um cidadão a presumir o pior, ou agir por sua própria conta e risco. Fere a cláusula de justo processo legal também da segunda maneira. A maioria dos cidadãos seria dissuadida por uma lei duvidosa, se para violá-la, corressem o risco de serem presos. Assim, o Congresso, e não os tribunais, seria então a instância que efetivamente decidiria sobre a constitucionalidade das leis penais e isso também viola o sistema de separação dos poderes.

Se os atos da dissidência continuam a ocorrer depois de a Suprema Corte estabelecer que as leis são válidas ou que a doutrina da questão política é aplicável, então, nestes casos, a absolvição com base nos fundamentos que descrevi já não é mais apropriada. A decisão da Corte não terá decidido o sentido da lei de uma vez por todas – pelas razões mencionadas anteriormente – mas ela terá feito todo o possível para decidi-lo. Os tribunais, porém, podem continuar a exercer seu poder discricionário de sentenciar e impor penas mínimas ou de suspender os efeitos das sentenças, como uma manifestação de respeito pela posição dos dissidentes.

Alguns juristas ficarão chocados com minha conclusão geral, a de que temos uma responsabilidade para com aqueles que desobedecem às leis do recrutamento por razões de consciência e que pode ser exigido de nós que não os processemos. Ao contrário, pode nos vir a ser exigida a modificação de nossas leis ou a adaptação de nossos procedimentos judiciais para acomodar os casos de tais pessoas. As proposições draconianas simples, segundo as quais o crime deve ser punido e todo aquele que interpretar mal a lei deve suportar as conseqüências, possuem uma influência extraordinária tanto sobre a imaginação profissional como sobre a imaginação popular. Mas a regra jurídica é mais complexa e mais inteligente do que isso e é importante que ela sobreviva.

Capítulo 9
A discriminação compensatória

1.

Em 1945, um negro chamado Sweatt tentou ingressar na Faculdade de Direito da Universidade do Texas, mas foi recusado porque uma lei estadual determinava que somente brancos poderiam freqüentar a universidade. A Suprema Corte declarou que essa lei violava os direitos de Sweatt, garantidos pela Décima Quarta Emenda da Constituição dos Estados Unidos, segundo a qual nenhum Estado pode negar a um homem a igual proteção perante suas leis[1]. Em 1971, um judeu chamado DeFunis candidatou-se a uma vaga na Faculdade de Direito da Universidade de Washington e foi recusado, ainda que as notas dos exames aos quais se submeteu e as de todo seu histórico escolar fossem tão altas que ele teria facilmente sido admitido se fosse negro, filipino, chicano ou índio americano. DeFunis pediu à Suprema Corte que declarasse que a prática observada pela Universidade de Washington, menos exigente com os candidatos pertencentes a grupos minoritários, violava os direitos que lhe eram assegurados pela Décima Quarta Emenda[2]*.

---

1. *Sweatt vs. Painter*, 339 U.S. 629, 70 S. Ct. 848

2. *DeFunis vs. Odegaard*, 94 S. Ct. 1704 (1974).

* Os votos da maioria e o voto dissidente do Juiz Douglas no caso *DeFunis contra Odegaard*, acompanhados de esclarecimentos gerais sobre a matéria, estão transcritos em Kenneth Kippis, *Philosophical Issues in Law*, op. cit., pp. 208-34. (N. do T.)

Os procedimentos de admissão à Faculdade de Direito da Universidade de Washington eram complexos. As solicitações de ingresso eram divididas em dois grupos. A maioria – os que não vinham dos grupos minoritários especificados – passava por uma triagem prévia que eliminava todos os candidatos cuja média estimada, estabelecida em função das notas obtidas na universidade (*college*) e em exames de aptidão, ficava abaixo de um determinado nível. Os candidatos provenientes dos grupos majoritários que sobreviviam a esse corte inicial eram então colocados em categorias que recebiam uma consideração cada vez mais cuidadosa. Por outro lado, os candidatos provenientes de grupos minoritários não passavam por esse tipo de triagem; seus casos eram tratados com meticulosa consideração por uma comissão especial formada por um professor de direito negro e um professor branco que haviam ensinado em programas destinados a ajudar estudantes de direito negros. A maior parte dos candidatos de grupos minoritários aceita no ano em que DeFunis foi recusado tinha médias estimadas inferiores àquelas exigidas pela triagem inicial. E a Faculdade de Direito admitiu que qualquer candidato de um grupo minoritário, com a mesma média que DeFunis, certamente teria sido aceito.

O *caso DeFunis* dividiu os grupos de ação política que tradicionalmente defendiam causas liberais. A Liga Antidifamação B'nai Brith e a AFL-CIO*, por exemplo, juntaram seu parecer aos autos do processo na condição de *amici curiae (amigos da corte)***, em apoio à reivindicação de DeFunis, enquanto o *American Hebrew Woman's Council, a* UAW*** e a UMWA**** adotaram uma posição contrária.

* *American Federation of Labor and Congress of Industrial Organization.* (N. do T.)

** *Amicus curiae*: literalmente, amigo da corte. Indica aquela pessoa que, não sendo parte na ação, tem entretanto um interesse significativo na matéria em disputa perante o tribunal. O *amicus curiae*, com a autorização do juiz ou o consentimento escrito das partes, junta seu parecer aos autos do processo, indicando qual, no seu entender, deve ser a decisão. (N. do T.)

*** *United Auto Workers.* (N. do T.)

**** *United Metal Workers of America.* (N. do T.)

Essas divisões entre antigos aliados demonstram tanto a importância prática como a importância filosófica do caso. No passado, os liberais sustentaram, como parte de um conjunto de atitudes, três proposições distintas: (a) que a classificação racial é um mal em si mesma; (b) que todos têm direito a uma oportunidade educacional proporcional às suas habilidades; (c) que a ação afirmativa estatal é o remédio adequado para as graves desigualdades existentes na sociedade norte-americana. Na última década, contudo, ganhou corpo a opinião de que essas três proposições liberais não são compatíveis, pois os programas mais eficazes de ação estatal são aqueles que dão uma vantagem competitiva aos grupos raciais minoritários.

É claro que essa opinião tem sido contestada. Alguns educadores argumentam que quotas favorecidas são ineficazes e, até mesmo, contraproducentes, já que o tratamento preferencial reforça o sentimento de inferioridade que muitos negros já têm. Outros fazem uma objeção mais geral. Argumentam que qualquer discriminação racial – mesmo aquelas com o propósito de beneficiar minorias – termina na verdade por prejudicá-las, pois o preconceito é fomentado, sempre que as distinções raciais são toleradas, seja com que objetivo for. Contudo, esses juízos são empíricos complexos e controvertidos, e ainda é muito cedo, como admitem os críticos mais sensatos, para decidir se o tratamento preferencial resulta em mais mal do que bem. Também não é da atribuição dos juízes, sobretudo nos casos constitucionais, anular as decisões tomadas por outras autoridades, dado que os próprios juízes divergem sobre a eficiência de políticas sociais. Essa crítica empírica vê-se, portanto, reforçada pelo argumento moral, de acordo com o qual, mesmo se a discriminação compensatória realmente beneficia as minorias e diminui o preconceito a longo prazo, ela é equivocada, não obstante isso, porque as distinções com base em raça são inerentemente injustas. São injustas porque violam os direitos de membros individuais de grupos não igualmente favorecidos, os quais podem, portanto, vir a sofrer o mesmo processo de exclusão a que DeFunis foi submetido.

DeFunis apresentou esse argumento moral aos tribunais, na forma de uma reivindicação constitucional. No final, a Suprema Corte terminou não decidindo se o argumento era bom ou mau. DeFunis fora admitido na Faculdade de Direito depois que um tribunal inferior decidiu em seu favor, e a faculdade afirmou que ele seria autorizado a formar-se, qualquer que fosse a decisão final do caso. Por isso, a Suprema Corte sustentou que sua decisão sobre a matéria não teria nenhuma conseqüência prática e recusou o pedido de DeFunnis com base nessa argumentação*. Mas o juiz Douglas discordou dessa atitude de neutralidade para com o caso. Redigiu um voto dissidente, no qual afirmava que a Corte deveria ter apoiado a reivindicação de DeFunis com base no seu mérito. Muitas universidades e faculdades consideraram o voto do juiz Douglas como uma indicação da direção que a opinião do tribunal tomaria num futuro próximo e alteraram suas práticas, antecipando-se a uma decisão posterior da Corte na qual o voto de Douglas viesse a prevalecer. Na verdade, esse voto chamava atenção para o fato de que as faculdades de direito poderiam obter um resultado bastante semelhante, por meio de uma política mais sofisticada do que aquela empregada pela Escola de Direito de Washington. Uma faculdade poderia estipular, por exemplo, que os candidatos de qualquer raça ou grupo teriam seus pedidos examinados em conjunto, mas que os resultados dos testes de aptidão de certos candidatos provenientes de minorias seriam avaliados diferentemente, ou que lhes seria atribuído um peso menor na sua média estimada global, pois a experiência havia mostrado que, por diferentes razões, os exames padronizados eram menos eficazes para se avaliar a aptidão real desses candidatos. Contudo, essa técnica pode ser considerada desonesta, caso seja deliberadamente utilizada com a finalidade de obter o mesmo resultado anterior. Resta ainda perguntar por

* A Suprema Corte decidiu que se tratava de um "*moot case*", isto é, de uma ação cuja decisão judicial não tem efeito prático sobre a matéria em discussão. Em geral, uma ação é considerada "*moot*" quando a questão em disputa já foi resolvida ou o conflito que a gerou deixou de existir. (N. do T.)

que o programa sincero e sem malícia, utilizado pela Universidade de Washington, era ou injusto ou inconstitucional.

2.

DeFunis não tem, claramente, nenhum direito constitucional de que o Estado lhe ofereça uma educação jurídica de uma certa qualidade. Seus direitos não seriam violados se seu estado não tivesse nenhuma faculdade de direito, ou se tivesse uma com tão poucas vagas que ele não pudesse conquistar uma delas graças a seus méritos intelectuais. Ele também não tem o direito de insistir em que a inteligência seja o único critério de admissão a ser levado em conta. As faculdades de direito atribuem um peso enorme aos testes de aptidão intelectual para a admissão. Porém, isso parece adequado não porque os candidatos tenham o direito de serem avaliados dessa maneira, mas porque é razoável pensar que o conjunto da comunidade estará mais bem servido se seus advogados forem inteligentes. Em outras palavras, os padrões intelectuais se justificam não porque premiam os mais inteligentes, mas porque parecem servir a uma política social útil.

Além disso, algumas vezes as faculdades de direito dão uma contribuição mais qualificada para a implementação dessa política ao complementarem os testes de inteligência com critérios de outro tipo. Às vezes, por exemplo, preferem os candidatos mais esforçados aos que são mais brilhantes, mas também mais preguiçosos. Elas também promovem políticas de admissão especiais, para as quais a inteligência não é relevante. A Faculdade de Direito da Universidade de Washington, por exemplo, dava especial preferência não apenas aos candidatos provenientes de minorias, mas também aos veteranos que haviam freqüentado a escola antes de servirem nas forças armadas. Nem DeFunis nem qualquer das petições apresentadas em seu nome reclamaram dessa forma de preferência.

DeFunis não tem um direito absoluto a uma vaga em uma faculdade de direito e nem tem direito a que apenas a inteligência seja considerada como critério de admissão. Não obstante isso, ele afirma que tem direito a que raça *não* seja usada como um critério, independentemente de quanto uma classificação racial possa contribuir positivamente para a promoção do bem-estar geral ou para a diminuição da desigualdade social e econômica. Ele não alega, porém, que tenha esse direito como um direito político definido e independente, especialmente protegido pela Constituição, como é o caso de seu direito à liberdade de expressão e à liberdade religiosa. A Constituição não condena diretamente a classificação racial, como condena a censura ou o estabelecimento de uma religião de Estado. DeFunis alega que seu direito de que a raça não seja usada como critério de admissão decorre do direito mais abstrato à igualdade, que é assegurado pela Décima Quarta Emenda e determina que nenhum Estado negará a qualquer pessoa a igual proteção perante a lei.

Contudo, os argumentos jurídicos apresentados por ambas as partes mostram que nem o texto da Constituição nem as decisões anteriores da Suprema Corte respondem satisfatoriamente à questão de se, enquanto matéria de direito, a Cláusula de Igual Proteção perante a Lei torna todas as classificações raciais inconstitucionais. A Cláusula faz do conceito de igualdade um teste de legislação, mas não estipula nenhuma concepção particular desse conceito[3]. Os que redigiram a Cláusula pretendiam atacar certas conseqüências da escravidão e do preconceito racial, mas é improvável que pretendessem excluir todas as classificações raciais, ou que esperassem que uma tal proibição resultasse do que escreveram. Tornaram ilegais quaisquer políticas que violassem a igualdade, mas deixaram que outros decidissem, de tempos em tempos, o que isso significava. Portanto, não pode haver um bom argumento jurídico em favor de DeFunis a menos que encontremos um bom argumento moral que afirme que todas as classificações raciais, inclusive aquelas que tomam mais justo o conjunto da sociedade, constituem uma agressão intrínseca ao direito individual à igual proteção.

---

3. Ver capítulo 5.

Sem dúvida, não há nada de paradoxal na idéia de que o direito de um indivíduo à igual proteção pode às vezes entrar em conflito com uma política social desejável sob outros aspectos, inclusive aquela que tem por objetivo tornar a sociedade mais igual em termos gerais. Suponhamos que uma faculdade de direito resolvesse cobrar, de alguns alunos de classe média escolhidos por sorteio, o dobro das taxas escolares com o objetivo de aumentar a concessão de bolsas de estudo aos alunos mais pobres. Estaria pondo em prática uma política desejável – a igualdade de oportunidades – por meios que violariam o direito dos estudantes escolhidos por sorteio de serem tratados em condições de igualdade com outros estudantes que também poderiam arcar com o aumento das taxas. Na verdade, parte da importância do caso de DeFunis está no fato de forçar-nos a reconhecer a distinção entre igualdade como política e igualdade como direito, uma distinção que tem sido praticamente ignorada pela teoria política. Ele argumenta que a Faculdade de Direito da Universidade de Washington violou seu direito individual à igualdade em nome de uma política de maior igualdade geral, da mesma maneira que a cobrança em dobro das mensalidades de alunos escolhidos ao acaso violaria seus direitos pela mesma razão.

Devemos, portanto, concentrar nossa atenção nessa alegação. É preciso tentar definir o conceito central em que ela se fundamenta, que é o conceito de um direito individual à igualdade, transformado em direito constitucional pela Cláusula de Igual Proteção. Que direitos à igualdade têm os cidadãos enquanto indivíduos que podem sobrepor-se a programas voltados para importantes políticas econômicas e sociais, inclusive a política social que consiste em melhorar a igualdade em termos gerais?

Pode-se dizer que eles têm dois tipos diferentes de direitos. O primeiro é o direito a *igual tratamento* (*equal treatment*), que é o direito a uma igual distribuição de alguma oportunidade, recurso ou encargo. Todo cidadão, por exemplo, tem direito a um voto igual em uma democracia; este é o cerne da decisão da Suprema Corte de que uma pessoa deve ter um voto, mesmo se um arranjo diferente e mais complexo assegurar melhor o bem-estar coletivo. O segundo é o direito ao *tratamento como igual* (*treatment as equal*), que é o direito, não de receber a mesma distribuição de algum encargo ou benefício, mas de ser tratado com o mesmo respeito e consideração que qualquer outra pessoa. Se tenho dois filhos, e um deles está morrendo de uma doença que está causando desconforto ao outro, não demonstrarei igual atenção se jogar cara ou coroa para decidir qual deles deve receber a última dose de um medicamento. Este exemplo mostra que o direito ao tratamento como igual é fundamental, e que o direito ao igual tratamento é derivado. Em algumas circunstâncias, o direito ao tratamento como igual implicará um direito a igual tratamento, mas certamente não em todas as circunstâncias.

DeFunis não tem o direito a igual tratamento na alocação de vagas na faculdade de direito; não tem direito a uma vaga simplesmente porque elas são oferecidas a outros. Os indivíduos podem ter direito a igual tratamento na educação básica, pois é improvável que alguém a quem se negue esse direito venha a levar uma vida produtiva. A educação jurídica, por sua vez, não é tão vital a ponto de que todos devam ter um direito igual a ela.

DeFunis não tem o segundo tipo de direito – o direito ao tratamento como igual na decisão relativa às normas de admissão que devem ser usadas. Em outras palavras, tem direito de que seus interesses sejam examinados com a mesma simpatia e tão plenalmente quanto os interesses de quaisquer outras pessoas, quando a faculdade de direito decidir se a raça dos candidatos será um critério pertinente de admissão. Contudo, devemos ter o cuidado de não exagerar o que isso significa.

Suponhamos que um candidato a uma vaga se queixe de que seu direito a ser tratado como igual é violado por testes que colocam os candidatos menos inteligentes em desvantagem diante dos mais inteligentes. Uma faculdade de direito poderia muito bem responder da seguinte maneira: qualquer critério adotado colocará alguns candidatos em desvantagem diante dos outros, mas uma política de admissão pode, não obstante isso, justificar-se, caso pareça razoável esperar que o ganho geral da comunidade ultrapassa a perda global e caso não exista uma outra política que, não contendo uma desvantagem comparável, produza, ainda que aproximadamente, o mesmo ganho. O direito de um indivíduo de ser tratado como um igual significa que sua perda potencial deve ser tratada como uma questão que merece consideração. Mas essa perda pode, não obstante isso, ser compensada pelo ganho da comunidade como um todo. Se for assim, então o candidato menos inteligente não pode alegar que está sendo lesado em seu direito de ser tratado como igual, simplesmente porque enfrenta uma desvantagem que os outros não enfrentam.

A Faculdade de Direito da Universidade de Washington pode dar a mesma resposta a DeFunis. Qualquer política de admissão necessariamente coloca alguns candidatos em desvantagem e é razoável supor que uma política que dê preferência aos candidatos oriundos de minorias beneficie a comunidade como um todo, mesmo quando se leva em consideração a perda para candidatos como DeFunis. Se existem mais advogados negros, eles ajudarão a fornecer melhores serviços jurídicos à comunidade negra; desse modo estarão contribuindo para reduzir as tensões sociais. Além do mais, a participação de um maior número de negros nas discussões sobre problemas sociais nas salas de aula pode muito bem melhorar a qualidade da educação jurídica para todos os estudantes. E, se os negros forem vistos como alunos de direito bem-sucedidos, outros negros que satisfazem os critérios intelectuais habituais podem sentir-se estimulados a candidatar-se a novas vagas; isso, por sua vez, elevaria o nível intelectual do conjunto dos advogados. Seja como for, a admissão preferencial de negros diminuiria a diferença de riqueza e poder que existe atualmente entre os diferentes grupos raciais, tornando a comunidade mais igualitária em termos gerais. Como afirmei, é matéria controversa se um programa de admissão preferencial irá, de fato, promover essas várias políticas, mas não se pode dizer que é implausível que isso venha a acontecer. Segundo essa hipótese, a desvantagem para candidatos como DeFunis é um preço que deve ser pago para se obter um ganho maior; nesse sentido, equivale à desvantagem dos estudantes menos inteligentes, desvantagem esta que constitui o custo das políticas de admissão usuais[4].

Vemos agora a diferença entre o caso de DeFunis e o caso que imaginamos, no qual uma faculdade de direito cobrava mensalidades mais altas de alunos selecionados ao acaso. A desvantagem específica desses estudantes não era necessária para aumentar os fundos destinados às bolsas de estudos, pois o mesmo ganho teria sido alcançado mediante uma distribuição mais igualitária do custo entre todos os estudantes que com ele pudessem arcar. Isso não é verdadeiro no caso de DeFunis; graças à política de admissão da Faculdade de Direito da Universidade de Washington, ele sofreu mais do que os candidatos de grupos majoritários que foram admitidos. Essa discriminação, contudo, não foi arbitrária; foi uma conseqüência dos padrões de meritocracia que ele aprova. O argumento de DeFunis é, portanto, falho. A Cláusula de Igual Proteção confere estatuto constitucional ao direito de ser tratado como igual, mas DeFunis não pode encontrar, nesse direito, nenhum apoio para sua afirmação de que a cláusula torna ilegais todas as classificações raciais.

---

4. Mais adiante, neste mesmo capítulo, argumentarei que existem circunstâncias nas quais uma política viola o direito de alguém de ser tratado como igual, apesar dos ganhos sociais de tal política serem superiores às perdas. Essas circunstâncias surgem quando os ganhos que superam as perdas incluem o livre curso de preconceitos e outros tipos de preferência que autoridades e instituições não podem, de modo algum, levar em conta. Contudo, os ganhos sociais hipotéticos descritos neste parágrafo não incluem os ganhos desse tipo. Sem dúvida, se DeFunis tivesse algum outro direito além daquele de ser tratado como igual, que fosse violado pela política da Faculdade de Direito de Washington, então o fato de tal política permitir alcançar um ganho social geral, não justificaria a violação (ver capítulo 6). Se a política de admissão da Faculdade de Direito de Washington incluísse, por exemplo, um teste de religião que violasse seu direito à liberdade religiosa, a alegação de que esse teste poderia tornar a comunidade mais coesa não poderia ser usado como desculpa. DeFunis, porém, não recorre a nenhum direito específico além de seu direito à igualdade, que é protegido pela Cláusula de Igual Proteção perante a Lei.

3.

Contudo, se rejeitarmos a afirmação de DeFunis tão clara e diretamente, depararemos com a seguinte perplexidade. Como podem tantos advogados competentes, que apoiaram sua reivindicação tanto em termos morais quanto jurídicos, ter cometido esse erro? Todos esses advogados concordam que a inteligência é um critério apropriado para a admissão nas faculdades de direito. Eles não supõem que o direito constitucional de qualquer pessoa de ser tratada como igual fica comprometido por esse critério. Por que negam então que a raça, nas circunstâncias desta década, possa ser também um critério apropriado?

Talvez eles temam que os critérios raciais sejam mal utilizados; que tais critérios sirvam como desculpa para o preconceito contra as minorias que não são favorecidas, como os judeus. Isso, porém, não pode explicar sua oposição. Quaisquer critérios podem ser mal utilizados e, de qualquer modo, eles acreditam que os critérios raciais são errados em princípio, e não simplesmente expostos a abusos.

Por quê? A resposta está na crença deles de que, tanto na teoria quanto na prática, os argumentos em favor de *DeFunis e Sweatt* devem ser aceitos ou recusados em conjunto. Acreditam que é ilógico que os liberais condenem o Texas por fazer da cor uma barreira contra Sweatt e, em seguida, aplaudam a Faculdade de Direito da Universidade de Washington por erguer uma barreira de cor contra DeFunis. A diferença entre esses dois casos, supõem eles, deve estar apenas na preferência subjetiva dos liberais por certas minorias que estão atualmente em moda. Se existe algo de errado com as classificações raciais, deve ser algo que está errado com as classificações raciais enquanto tais e não apenas com aquelas que funcionam contra aqueles grupos que atualmente estão na graça dos liberais. Esta é a premissa inarticulada por trás do *slogan*, do qual se valeram os réus de DeFunis; que a Constituição é cega com respeito a diferenças de cores. Esse *slogan* significa, por certo, exatamente o contrário do que afirma: significa que a Constituição é tão sensível a cores que torna qualquer classificação racial institucional inválida enquanto matéria de direito.

É da maior importância, portanto, testar o pressuposto de que os argumentos em favor de Sweatt e DeFunis devem ser aceitos ou recusados em conjunto. Afinal, se esse pressuposto é bem fundado, o argumento explícito contra DeFunis deve ser falacioso, pois nenhum argumento poderia nos convencer de que a segregação do tipo praticado contra Sweatt seja constitucional[5]. Além disso, encarados superficialmente, os argumentos contra DeFunis parecem de fato passíveis de uso contra Sweatt, pois a partir deles podemos construir um argumento que o estado do Texas poderia ter utilizado para mostrar que a segregação fortalece o bem-estar coletivo, de modo que a desvantagem especial para os negros é um preço a ser pago para se alcançar um ganho geral.

Suponhamos que, apesar de composta por homens e mulheres que não têm preconceito racial, a comissão de admissões do Texas decidisse que a economia do estado exigia mais advogados brancos do que era possível formar, mas que ela não encontrasse uso algum para advogados negros. Afinal de contas, esta poderia ter sido uma avaliação realista do mercado de trabalho texano para advogados, logo após a Segunda Guerra Mundial. As grandes firmas de advocacia precisavam de advogados que atendessem o rápido crescimento dos negócios, mas não tinham condições de contratar advogados negros, por mais competentes que fossem, porque as firmas perderiam suas clientelas se o fizessem. Era evidente que a comunidade negra do Texas precisava muito de advogados competentes e que da-

5. Na decisão real do caso *Sweatt*, a Suprema Corte aplicou a antiga norma segundo a qual a segregação era constitucionalmente permitida, desde que se oferecessem aos negros instalações "separadas, mas iguais". O Texas havia criado uma faculdade de direito exclusivamente para negros, mas a Suprema Corte sustentou que a escola não era, de modo algum, igual à dos brancos. O caso *Sweatt* foi decidido antes do famoso caso *Brown*, no qual a Suprema Corte finalmente rejeitou a regra "separados, mas iguais". Não há dúvida de que, hoje, uma escola de direito exclusivamente para brancos seria inconstitucional, ainda que se oferecesse uma escola de direito exclusivamente para negros que fosse, em um sentido material, igual àquela oferecida aos brancos.

ria preferência a advogados negros, caso eles estivessem disponíveis. Mas a comissão poderia muito bem ter pensado que as necessidades comerciais do estado como um todo eram mais importantes do que essa necessidade específica.

Suponhamos que a comissão concluísse, sem dúvida corretamente, que as doações de ex-alunos da faculdade de direito diminuiriam drasticamente, caso se admitisse um estudante negro. A comissão poderia deplorar esse fato, mas ainda assim acreditar que, neste caso, o dano coletivo decorrente seria maior do que o dano aos candidatos negros excluídos pela restrição racial.

Pode-se afirmar que esses argumentos hipotéticos são insinceros, pois qualquer política de exclusão dos negros seria, na verdade, apoiada por um preconceito contra os negros como tais e os argumentos do tipo descrito acima não passariam de uma racionalização. Contudo, se esses argumentos fossem realmente sólidos, poderiam ser aceitos por homens que não têm os preconceitos que a objeção pressupõe. Assim, do fato de os membros das comissões de admissão serem preconceituosos, se é que eram, não se deduz que teriam rejeitado esses argumentos caso não fossem preconceituosos.

De qualquer modo, os argumentos como os que descrevi foram, de fato, utilizados por autoridades que podem não ter tido preconceito algum contra aqueles que excluíram. Há muitas décadas, como nos lembra o professor Bickel em seu sumário para a B'nai Brith, o reitor Lowell, da Universidade de Harvard, defendeu o estabelecimento de uma quota que limitasse o número de judeus que poderiam ser aceitos por sua Universidade. Na ocasião, Lowell declarou que se os judeus fossem aceitos em número superior ao de sua proporção na população, como certamente aconteceria se a inteligência fosse o único critério de admissão, Harvard deixaria de oferecer ao mundo homens com as qualidades e o temperamento que tinha por objetivo produzir, isto é, homens que fossem mais harmoniosamente educados e não tão exclusivamente intelectualizados do que os judeus tendiam a ser e, portanto, superiores e com maiores probabilidades de liderar outros homens, dentro e fora dos quadros do governo. Quando Lowell fez essas afirmações, era sem dúvida verdade que os judeus tinham menos probabilidade de ocupar cargos importantes no governo ou nas grandes empresas públicas. Se Harvard desejava servir ao bem-estar geral mediante o aperfeiçoamento das qualidades intelectuais dos líderes da nação, era racional não permitir que suas salas de aula estivessem repletas de judeus. Os homens que chegaram a tal conclusão poderiam muito bem preferir a companhia dos judeus à dos wasps*, que tinham maiores probabilidades de se tornarem senadores. Lowell sugeriu que era esse o seu caso, ainda que talvez as responsabilidades de seu cargo o impedissem, com freqüência, de satisfazer sua preferência.

Contudo, poderíamos agora dizer que a discriminação contra os negros, mesmo quando a serviço de alguma política plausível, é injustificada por ser odiosa e insultante. Os sumários que se opunham a DeFunis argumentavam exatamente dessa maneira para distinguir a diferença entre sua reivindicação e a de Sweatt. Como os negros foram vítimas da escravidão e da segregação legal, diziam, qualquer discriminação que os exclua será considerada insultante por eles, sejam quais forem os argumentos de bem-estar geral que possam ser utilizados para justificá-la. Em termos gerais, porém, não é verdade que qualquer política social seja injusta caso aqueles que ela coloca em situação de desvantagem se sentirem insultados. A admissão na faculdade de direito mediante o critério exclusivo da inteligência não é injusta porque os menos inteligentes se sentem insultados por sua exclusão. Tudo depende de saber se o sentimento de insulto é produzido por alguma característica mais objetiva que desqualificaria a política em questão, mesmo que ninguém se sentisse insultado. Se a segregação realmente aumenta o bem-estar geral, mesmo quando a desvantagem para os negros é plenamente levada em consideração, e se não for possível encontrar nenhuma outra razão pela qual a segregação é, apesar de tudo, injustificável, então o insulto que os negros sentem, embora compreensível, deve estar baseado em uma percepção equivocada.

* White Anglo-Saxon Protestants. (N. do T.)

De qualquer modo, seria errado supor que homens na situação de DeFunis deixarão de considerar *sua* exclusão como um insulto. É extremamente provável que eles se vejam não como membros de alguma outra minoria, como os judeus, os poloneses ou os italianos, pelos quais os liberais bem cuidados e bem-sucedidos estão dispostos a se sacrificar com o objetivo de retardar uma transformação social mais violenta. Se queremos distinguir os casos *DeFunis e Sweatt* com base em algum argumento que recorra ao conceito de insulto, devemos mostrar que o tratamento dispensado a um, mas não ao outro, é realmente injusto.

4.

Assim, esses argumentos familiares que poderiam distinguir os dois casos não são convincentes. Isso parece confirmar o ponto de vista de que Sweatt e DeFunis devem ser tratados do mesmo modo e que a classificação racial deve, portanto, ser banida por completo. Felizmente, porém, é possível encontrar um fundamento adequado para a distinção. Trata-se da nossa idéia inicial de que os dois casos são, na verdade, muito diferentes. Essa distinção não se fundamenta, como fazem esses argumentos não convincentes, em características peculiares de questões de raça ou de segregação, ou mesmo em características peculiares de questões de oportunidade educacional. Ao contrário, fundamenta-se em uma análise adicional da idéia, que era central para o meu argumento contra DeFunis, de que em determinadas circunstâncias uma política que coloca muitos indivíduos em situação de desvantagem pode, mesmo assim, ser justificada, porque dá melhores condições à comunidade como um todo.

Qualquer instituição que recorra a essa idéia para justificar uma política discriminatória vê-se diante de uma série de dificuldades teóricas e práticas. Em primeiro lugar, há dois sentidos distintos em que se pode afirmar que uma comunidade está melhor como um todo, ainda que alguns de seus membros não estejam bem, e qualquer justificação deve especificar a qual desses sentidos faz referência. Pode estar melhor em um sentido *utilitarista*, ou seja, porque o nível médio ou coletivo do bem-estar comunitário aumentou, apesar de o bem-estar de alguns indivíduos ter diminuído. Por outro lado, pode estar melhor em um sentido *ideal*, ou seja, porque é mais justo ou, de algum outro modo, mais próximo de uma sociedade ideal, quer o bem-estar médio seja ou não aumentado. A Universidade de Washington poderia usar tanto os argumentos utilitaristas quanto os de ideais para justificar sua classificação racial. Poderia argumentar, por exemplo, que o aumento do número de advogados negros diminui as tensões sociais, o que melhora o bem-estar de quase todos os membros da comunidade. Este é um argumento utilitarista. Ou poderia argumentar que, seja qual for o efeito que a preferência minoritária venha a exercer sobre o bem-estar médio, tornará a comunidade mais igualitária e, portanto, mais justa. Este é um argumento de ideal e não um argumento utilitarista.

Por outro lado, a Universidade do Texas não pode recorrer a um argumento de ideal para defender a segregação. Não pode alegar que a segregação torna a comunidade mais justa, a despeito de aumentar ou não o bem-estar geral. Portanto, os argumentos que utiliza para defender a segregação devem ser todos de natureza utilitarista. Os argumentos que inventei, como aquele em que os advogados brancos poderiam fazer mais do que os advogados negros para aumentar a eficiência comercial do Texas, são argumentos utilitaristas, uma vez que a eficiência comercial somente torna a sociedade melhor se aumentar o bem-estar geral.

Os argumentos utilitaristas deparam com uma dificuldade especial que não atinge os argumentos de ideal. O que quer dizer bem-estar médio ou coletivo? Como se pode avaliar o bem-estar de um indivíduo, mesmo em princípio, e como os aumentos do bem-estar de diferentes indivíduos podem ser somados e, em seguida, comparados às perdas, de modo a justificar a alegação de que, no todo, os ganhos superam as perdas? O argumento utilitarista de que a segregação aumenta o bem-estar geral pressupõe que tais cálculos possam ser feitos. Mas como fazê-los?

Jeremy Bentham, que acreditava que somente os argumentos utilitaristas podiam justificar as decisões políticas, deu a seguinte resposta. Disse que o efeito de uma política sobre o bem-estar de um indivíduo poderia ser determinado mediante a descoberta da quantidade de prazer ou dor que tal política lhe causa e que o efeito da política sobre o bem-estar coletivo poderia ser calculado somando-se todo o prazer e subtraindo-se todo a dor causada a todos. Mas como insistiram os críticos de Bentham, é duvidoso que exista um estado psicológico simples de prazer que seja comum a todos os que se beneficiam de uma política, ou de dor, comum a todos os que com ela têm a perder; de qualquer maneira, seria impossível identificar, medir e somar os diferentes prazeres e sofrimentos experimentados por grandes contingentes de pessoas.

Os filósofos e economistas que consideram os argumentos utilitaristas atraentes, mas rejeitam o utilitarismo psicológico de Bentham, propõem um conceito diferente de bem-estar individual e geral. Eles supõem que toda vez que uma instituição ou uma autoridade deve tomar uma decisão acerca de uma política, cada membro da comunidade irá preferir as conseqüências de uma decisão às conseqüências de outras. DeFunis, por exemplo, prefere as conseqüências da política padrão de admissões à política de preferência pelas minorias utilizada pela Faculdade de Direito da Universidade de Washington, enquanto cada um dos negros de algum gueto urbano talvez prefira as conseqüências desta segunda política às da primeira. Se for possível descobrir o que cada indivíduo prefere, e com que intensidade prefere, poderia ser mostrado que uma política específica satisfaz. em termos gerais, mais preferências, levando-se em conta sua intensidade, do que outras políticas alternativas. Nos termos desse conceito de bem-estar, uma política torna a comunidade melhor, em sentido utilitarista, se satisfaz o conjunto de preferências melhor do que o fariam as políticas alternativas, ainda que ela não satisfaça as preferências de alguns[6].

---

6. Muitos economistas e filósofos contestam a inteligibilidade tanto do utilitarismo de preferências quanto do utilitarismo psicológico. Argumentam

Sem dúvida, uma faculdade de direito não dispõe de quaisquer meios para fazer juízos precisos sobre as preferências de todos aqueles que serão afetados por sua política de admissão. Ainda assim, pode fazer ponderações que, apesar de especulativas, não podem ser rejeitadas como implausíveis. É plausível, por exemplo, pensar que no Texas do pós-guerra as preferências das pessoas eram, em geral, favoráveis às conseqüências da segregação nas faculdades de direito, mesmo que levemos em conta a intensidade da preferência concorrente, favorável à integração, e não apenas o número daqueles que defendiam tal preferência. Para chegar a essa decisão, as autoridades da Faculdade de Direito da Universidade do Texas poderiam basear-se no comportamento eleitoral, nos editoriais jornalísticos e simplesmente em sua própria percepção a respeito da comunidade. Embora eles pudessem estar errados, não podemos dizer hoje, mesmo com o benefício do distanciamento, que realmente estavam errados.

Assim, mesmo que o utilitarismo psicológico de Bentham seja rejeitado, as faculdades de direito podem recorrer ao utilitarismo de preferências para oferecer pelo menos uma justificação especulativa das políticas de admissão que colocam algumas categorias de candidatos em desvantagem. Mas, uma vez que se esclareça que esses argumentos utilitaristas estão baseados em juízos a respeito das preferências reais de membros da comunidade, surge uma nova dificuldade, muito mais séria.

O argumento utilitarista de que uma política se justifica quando satisfaz mais preferências em termos gerais parece ser, à primeira vista, um argumento igualitário. Parece observar uma estrita imparcialidade. Se a comunidade tiver remédios suficientes apenas para tratar alguns de seus doentes, o argumento parece recomendar que os que estão mais doentes sejam

---

que, mesmo em princípio, não há maneira de calcular e comparar a intensidade das preferências individuais. Como desejo demonstrar uma falha diferente de certos argumentos utilitaristas, pressuponho, tendo em vista os fins aos quais se propõe este capítulo, que ao menos em um nível aproximado e especulativo, é possível calcular as preferências gerais da comunidade.

tratados primeiro. Se a comunidade tiver condições de construir uma piscina ou um novo teatro, mas não ambos, e se mais pessoas querem a piscina, o argumento recomenda que a comunidade construa a piscina, a menos que os que preferem o teatro possam demonstrar que suas preferências são tão mais intensas que, a despeito de seu número inferior, eles têm mais peso. Um doente não deve ser preferido a outro por ser mais merecedor de atenção oficial; as preferências do público que aprecia o teatro não devem ser preferidas por serem dignas de maior admiração. Nas palavras de Bentham, cada homem deve contar como um e nenhum deve contar como mais de um.

Estes exemplos simples sugerem que o argumento utilitarista não apenas respeita, como também encarna, o direito de cada cidadão de ser tratado como igual a qualquer outro. A probabilidade de que as preferências de cada indivíduo têm de ser bem-sucedidas, na competição pelas políticas sociais, dependerá de quão importante for sua preferência para ele próprio, e de quantos outros indivíduos a partilham, comparados com a intensidade e o número das preferências rivais. Sua probabilidade não será afetada pela estima ou pelo desprezo das autoridades ou de seus concidadãos, e ele não será nem subserviente nem devedor a eles.

Se examinarmos, porém, a vasta gama de preferências que os indivíduos têm na realidade, veremos que o caráter aparentemente igualitário de um argumento utilitarista revela-se freqüentemente enganoso. O utilitarismo de preferências pede às autoridades que tentem satisfazer as preferências dos indivíduos na medida do possível. Mas as preferências dos indivíduos pelas conseqüências de uma política específica, submetidas a uma análise adicional, podem ser vistas como refletindo tanto uma preferência *pessoal* pela sua própria fruição de certos bens ou certas oportunidades, quanto uma preferência *externa* pela atribuição de bens e oportunidades a outros, ou ambas as coisas. Um candidato a uma escola de direito para brancos pode ter uma preferência pessoal pelas conseqüências da segregação, por exemplo, porque essa política aumenta as probabilidades de seu próprio sucesso ou uma preferência externa por essas conseqüências porque ele despreza os negros e desaprova os contextos sociais em que as raças se misturam.

A distinção entre preferências pessoais e externas é de grande importância pela seguinte razão. Se um argumento utilitarista contar as preferências externas junto com as preferências pessoais, o caráter igualitário desse argumento ficará corrompido, pois a probabilidade de que as preferências de qualquer pessoa venham a ser bem-sucedidas dependerá não apenas das exigências que as preferências pessoais de outros impuserem aos recursos escassos, mas do respeito ou da afeição que outros tiverem por ele ou por seu estilo de vida. Se as preferências externas predominarem, o fato de que uma política torne a comunidade melhor em um sentido utilitarista *não* oferece uma justificativa que seja compatível com o direito daqueles que ela coloca em desvantagem, isto é, com o direito de serem tratados como iguais.

Essa corrupção do utilitarismo fica clara quando algumas pessoas têm preferências externas porque defendem teorias que são, em si mesmas, contrárias ao utilitarismo. Suponhamos que muitos cidadãos que não estão doentes defendam uma teoria política racista e que prefiram, portanto, que um medicamento escasso seja ministrado a um branco que dele precisa do que a um negro que precisa dele ainda mais. Se o utilitarismo contar essas preferências políticas pelo que elas parecem ser, provocará o seu próprio fracasso do ponto de vista das preferências pessoais porque, desse ângulo, a distribuição do medicamento não será de modo algum utilitarista. De qualquer modo, contribuindo ou não para o próprio fracasso, a distribuição não será igualitária no sentido definido. Os negros sofrerão, em um grau que dependerá da força da preferência racista, devido ao fato de serem vistos pelos outros como menos dignos de respeito e consideração.

Uma corrupção similar ocorre quando as preferências externas contabilizadas são altruístas ou moralistas. Suponhamos que, apesar de não nadarem, muitos cidadãos preferem a construção da piscina à do teatro porque valorizam os esportes e admiram os atletas, ou porque acham que o teatro deve ser reprimido por ser imoral. Se as preferências altruístas forem levadas em conta, de modo a reforçarem as preferências pessoais dos nadadores, o resultado será uma espécie de contagem dupla: cada nadador terá o benefício não apenas de sua própria preferência, mas também o da preferência de outra pessoa que retira prazer de seu sucesso. Se as preferências moralistas forem levadas em conta, o efeito será o mesmo: os atores e o público sofrerão porque suas preferências são menos respeitadas pelos cidadãos cujas preferências pessoais não estão em jogo.

Nesses exemplos, as preferências externas são independentes das preferências pessoais. No entanto, com freqüência, as preferências políticas, altruístas e moralistas não são independentes; na verdade, estão enxertadas nas preferências pessoais que elas reforçam. Se sou branco e doente, também posso defender uma teoria política racista. Se quero uma piscina para meu próprio deleite, posso ser altruísta em favor de meu amigo atleta ou posso achar que o teatro é imoral. Neste caso, as conseqüências de levarmos em conta tais preferências externas serão tão sérias para a igualdade como seriam se elas fossem independentes da preferência pessoal, pois aqueles contra os quais se voltam as preferências externas podem ser incapazes de – ou não estar dispostos a – desenvolver preferências externas recíprocas que restabeleçam o equilíbrio.

As preferências externas apresentam, portanto, uma grande dificuldade para o utilitarismo. Essa teoria deve muito de sua popularidade à suposição de que encarna o direito dos cidadãos de serem tratados como iguais. Contudo, se as preferências externas forem contadas entre as preferências gerais, essa suposição se verá comprometida. Este é, em si, um ponto importante e negligenciado da teoria política; têm relevância, por exemplo, para a tese liberal, ressaltada pela primeira vez por Mill, de acordo com a qual o governo não tem o direito de impor a moralidade popular através da lei. Freqüentemente se diz que essa tese liberal é inconsistente com o utilitarismo, porque se as preferências da maioria em favor da repressão à homossexualidade, por exemplo, forem fortes o bastante, o utilitarismo deve submeterse aos seus desejos. Mas a preferência contra a homossexualidade é uma preferência externa, e o presente argumento oferece uma razão geral de por que os utilitaristas não devem contabilizar quaisquer modalidades de preferências externas. Se o utilitarismo for adequadamente reconstituído de modo a somente contabilizar as preferências pessoais, a tese liberal será então uma conseqüência, e não uma inimiga, dessa teoria.

Nem sempre é possível, porém, reconstituir um argumento utilitarista de modo a levar em conta apenas as preferências pessoais. Às vezes, as preferências pessoais e as preferências externas encontram-se tão inextrincavelmente ligadas, e tão mutuamente dependentes, que nenhum teste prático para medir as preferências será capaz de distinguir os elementos pessoais dos externos na preferência global de um determinado indivíduo. Isso é especialmente verdadeiro quando as preferências são afetadas pelo preconceito. Consideremos, por exemplo, a preferência de um estudante de direito branco por associar-se a colegas de classe igualmente brancos. É possível afirmar que se trata de uma preferência pessoal por uma associação com um tipo de colega, e não com outro. Mas trata-se de uma preferência pessoal que é parasitária de preferências externas: a não ser em casos muito raros, um estudante branco prefere a companhia de outros brancos porque tem convicções sociais e políticas racistas, ou porque despreza os negros enquanto grupo. Se essas preferências associativas forem levadas em conta em um argumento usado para justificar a segregação, o caráter igualitário do argumento será destruído exatamente como seria caso as preferências externas subjacentes fossem diretamente consideradas. Nesse caso, os negros veriam negado seu direito de serem tratados como iguais, uma vez que a probabilidade de que suas preferências prevalecessem no desenho das políticas de admissão seria frustrada pela baixa estima que outros têm por eles. Em qualquer comunidade na qual o preconceito contra uma determinada minoria é forte, as preferências pessoais sobre as quais um argumento utilitarista deve fixar sua atenção estarão saturadas desse preconceito; daí se segue que, em tal comunidade, nenhum argumento utilitarista que pretenda justificar uma desvantagem dessa minoria pode ser considerado equânime[7].

Esta dificuldade final é, portanto, fatal para os argumentos utilitaristas do Texas em favor da segregação. As preferências que poderiam dar sustentação a um argumento desse tipo são ou claramente externas, como as preferências da comunidade em geral pela separação racial, ou inextricavelmente combinadas com as preferências externas, e delas dependentes, como as preferências dos estudantes e dos advogados brancos por se associarem com estudantes e advogados brancos. Essas preferências externas são tão disseminadas que devem, necessariamente, corromper qualquer argumento desse tipo. A alegação da Universidade do Texas de que a segregação aumenta o bem-estar da comunidade em um sentido utilitarista é portanto incompatível com o direito de Sweatt de ser tratado como igual, garantida pela Cláusula de Igual Proteção.

Para esta conclusão, não importa se as preferências externas figuram na justificação de uma política fundamental ou na justificação de políticas derivadas, concebidas para promover uma política mais fundamental. Suponhamos que a Universi-

7. O argumento deste parágrafo é muito forte, mas em si mesmo não é suficiente para desqualificar todos os argumentos utilitaristas que produzem desvantagens substanciais para as minorias que são vítimas do preconceito. Suponhamos que o governo decida, com base em um argumento utilitarista, permitir que o desemprego cresça porque o prejuízo, para os que ficarem sem trabalho, será compensado pelo ganho daqueles que, de outro modo, sofreriam com a inflação. O ônus dessa política incidirá desproporcionalmente sobre os negros, que serão os primeiros a serem demitidos porque é contra eles que se volta o preconceito. Contudo, ainda que o preconceito afete desse modo as conseqüências da política de desemprego, ele não figura, nem mesmo indiretamente, no argumento utilitarista que sustenta tal política. (Figura, quando muito, como argumento utilitarista contra ela.) Não podemos dizer, portanto, que o dano específico imposto aos negros por uma política de desemprego é injusto pelas razões descritas neste ensaio. Ela pode muito bem ser injusta por outras razões; se John Rawls estiver certo, por exemplo, será injusto porque essa política melhora as condições da maioria à custa daqueles cuja situação já é comparativamente pior.

dade do Texas justifique a segregação apontando a política econômica aparentemente neutra, destinada a aumentar a riqueza da comunidade, o que satisfaz as preferências pessoais de todos por melhores habitações, alimentação e recreação. Se o argumento de que a segregação irá aumentar a riqueza da comunidade depende do fato da preferência externa, e se o argumento destaca, por exemplo, que em decorrência do preconceito a atividade industrial se desenvolverá de maneira mais eficiente se as fábricas forem segregadas, então, neste caso, o argumento terá como conseqüência que as preferências pessoais de um negro serão frustradas por aquilo que os outros pensam dele. Os argumentos utilitaristas que justificam uma desvantagem para os membros de uma raça contra a qual existe preconceito serão sempre argumentos não equânimes (*unfair*), a menos que se possa mostrar que a mesma desvantagem teria sido justificada na ausência do preconceito. Se este for muito difundido, como de fato acontece no caso dos negros, isso nunca poderá ser mostrado. As preferências nas quais deve se basear qualquer argumento econômico que justifique a segregação estarão tão entrelaçadas com o preconceito que será impossível desenredá-las no grau necessário para tornar plausível qualquer uma dessas hipóteses contrárias aos fatos.

Temos agora uma explicação que mostra por que qualquer forma de segregação que coloque os negros em situação de desvantagem constitui, nos Estados Unidos, um insulto automático a eles, e por que tal segregação infringe seu direito de serem tratados como iguais. O argumento confirma nossa impressão de que os argumentos utilitaristas que pretendem justificar a segregação não são errados apenas em seus detalhes, mas inapropriados em princípio. Essa objeção aos argumentos utilitaristas não se limita, porém, à raça, e nem mesmo ao preconceito. Existem outros casos nos quais o fato de se contabilizar as preferências externas viola os direitos dos cidadãos de serem tratados como iguais, e convém examiná-los brevemente, ainda que apenas para defender o argumento da acusação de ter sido construído *ad hoc*, tendo em vista a questão racial. Eu posso ter uma preferência moralista contra as mulheres profissionais ou uma preferência altruísta por homens virtuosos. Seria injusto que qualquer faculdade de direito levasse em conta preferências desse tipo para decidir sobre a admissão dos candidatos; injusto porque essas preferências, a exemplo dos preconceitos de raça, fazem com que o sucesso das preferências pessoais de um candidato dependa antes da estima e da aprovação do que das preferências pessoais concorrentes dos outros.

A mesma objeção não se sustenta, porém, contra um argumento utilitarista usado para justificar a admissão com base na inteligência. Essa política não precisa se apoiar, direta ou indiretamente, em nenhum juízo comunitário de que os advogados inteligentes são intrinsecamente mais dignos de respeito. Baseia-se, ao contrário, no juízo da própria faculdade de direito, certo ou errado, de que advogados inteligentes satisfazem com maior eficiência as preferências pessoais dos outros, como a preferência pela riqueza ou por sair vitorioso nos processos judiciais. É verdade que os escritórios de direito e seus clientes preferem os serviços de advogados inteligentes; tal fato deve nos levar a desconfiar de qualquer argumento utilitarista do qual se diga que não depende dessa preferência, do mesmo modo como desconfiamos de qualquer argumento que justifique a segregação, do qual se diga que não depende do preconceito. Em termos gerais, porém, a preferência disseminada por advogados inteligentes não é parasitária de preferências externas: os escritórios de advocacia e os clientes preferem os advogados inteligentes porque também são de opinião que tais advogados irão servir suas preferências pessoais de maneira mais eficiente. As preferências instrumentais dessa natureza não figuram, elas próprias, nos argumentos utilitaristas, embora uma faculdade de direito possa aceitar, sob sua própria responsabilidade, a hipótese instrumental da qual tais preferências dependem[8].

---

8. Sem dúvida, a preferência de alguns homens e mulheres por companhias intelectualizadas é parasitária de preferências externas; tais pessoas não valorizam essas companhias como meios para atingir quaisquer outros fins, mas porque pensam que pessoas inteligentes são melhores e mais dignas do

5.

A esta altura já dispomos, portanto, das distinções necessárias para demarcar as diferenças entre os casos *DeFunis* e *Sweatt*. Os argumentos favoráveis a um programa de admissões que discrimine os negros são, todos, argumentos utilitaristas que se baseiam em preferências externas de uma maneira tal que infringem o direito constitucional dos negros de serem tratados como iguais. Os argumentos favoráveis a um programa de admissões que discrimine em favor dos negros são ao mesmo tempo utilitaristas e de ideal. Alguns dos argumentos utilitaristas baseiam-se, ao menos indiretamente, em preferências externas, como a preferência de certos negros por advogados de sua própria raça; mas os argumentos utilitaristas que não se baseiam em tais preferências são fortes e podem ser suficientes. Os argumentos de ideal não se baseiam em preferências, mas sim no argumento independente de que uma sociedade mais igualitária será uma sociedade melhor, mesmo se seus cidadãos preferirem a desigualdade. Este argumento não nega a ninguém o direito de ser tratado como igual.

No caso *DeFunis*, portanto, resta-nos o argumento simples e direto do qual partimos. Os critérios raciais não são necessariamente os padrões corretos para decidir quais candidatos serão aceitos pelas faculdades de direito, mas o mesmo vale para os critérios intelectuais ou para quaisquer outros conjuntos de critérios. A eqüidade – e a constitucionalidade – de qualquer programa de admissões deve ser testada da mesma maneira. O programa estará justificado unicamente se servir a uma política adequada, que respeite o direito de todos os membros

---

que as outras. Se essas preferências fossem suficientemente fortes e difundidas, poderíamos chegar aqui à mesma conclusão a que chegamos sobre a segregação: nenhum argumento utilitarista que pretenda justificar a discriminação contra homens e mulheres menos inteligentes poderia ser considerado justo. Não há motivo, contudo, para se imaginar que os Estados Unidos cheguem a esse ponto de intelectualismo e, certamente, nenhum motivo para pensar que se trate de um país intelectualista na mesma medida que é racista.

da comunidade de serem tratados como iguais. Os critérios utilizados pelas escolas que se recusaram a levar os negros em consideração falharam nesse teste, mas não os critérios utilizados pela Faculdade de Direito da Universidade de Washington.

Temos, todos nós, inteira razão ao desconfiarmos das classificações por raça. Elas têm sido usadas para negar, em vez de respeitar, o direito à igualdade, e todos nós estamos conscientes da injustiça que daí decorre. Mas se entendermos mal a natureza dessa injustiça, ao não estabelecermos as distinções simples que são necessárias para o seu entendimento, estaremos correndo o risco de cometer ainda mais injustiças. Pode ser que os programas de admissão preferencial não criem, de fato, uma sociedade mais igualitária, pois é possível que não tenham os efeitos imaginados por seus advogados. Essa questão estratégica deveria estar no centro do debate sobre esses programas. Não devemos, porém, corromper esse debate imaginando que tais programas são injustos mesmo quando funcionam. Precisamos ter o cuidado de não usar a Cláusula de Igual Proteção para fraudar a igualdade.

Capítulo 10

Liberdade e moralismo

Não resta nenhuma dúvida de que a maioria dos norte-americanos e ingleses pensa que a homossexualidade, a prostituição e as publicações pornográficas são imorais. Que papel este fato deveria desempenhar na decisão de torná-las criminosas? Esta é uma questão emaranhada, cheia de problemas enraizados em controvérsias filosóficas e sociológicas. Trata-se, contudo, de uma questão que os juristas devem encarar. Eventos recentes e controvertidos – a publicação do relatório de Wolfenden na Inglaterra[1], seguida por um debate público sobre a prostituição e a homossexualidade e, nos Estados Unidos, uma série de decisões da Suprema Corte[2] sobre a obscenidade – nos impõem o exame da questão*.

Existem diversas posições sobre a matéria, cada uma delas com seu próprio conjunto de dificuldades. Será que pode-

---

1. *Report of the Committee on Homosexual Offenses and Prostitution*, Cmd. nº 247 (1957).

2. *Memoirs vs. Massachusetts (Fanny Hill)*, 383 U.S. 413 (1966), *Ginzburg vs. United States*, 383, 463 U.S. (1966), *Mishkin vs. New York*, 383 U.S. 502 (1966).

* Sobre a questão do fundo aqui discutida – os limites das escolhas privadas de cunho moral e sua relação com a ordem jurídica – ver também Ronald Dworkin, *Uma questão de princípio*, op. cit., pp. 497-554. Ver também Ronald Dworkin, *O império do direito*, op. cit., pp. 163-260, em que, além da questão da pornografia, são examinados as garantias e os limites constitucionais da liberdade de expressão e de consciência. (N. do T.)

ríamos dizer que uma condenação pública é suficiente, em si e por si mesma, para justificar a transformação de um ato em crime? Isto parece inconsistente com nossas tradições de liberdade individual e com nosso conhecimento de que os preceitos morais das multidões, mesmo as maiores, não podem ser afiançados como verdadeiros. Se a condenação pública não é suficiente, o que mais então é necessário? É necessário que haja alguma demonstração de danos presentes, causados a pessoas diretamente afetadas pela prática em questão? Ou será suficiente indicar a existência de algum efeito sobre os costumes e as instituições sociais, que altera o ambiente social e, desse modo, afeta indiretamente todos os membros da sociedade? Neste último caso, também deve ser demonstrado que essas transformações sociais ameaçam a sociedade com algum dano de longo prazo de tipo padrão, como o aumento da criminalidade ou a queda na produtividade? Ou seria suficiente provar que um vasto segmento da comunidade deplora a mudança? Se for assim, a exigência de um dano acrescenta alguma coisa à mera exigência da condenação pública?

Em 1958, lorde Devlin pronunciou a segunda Maccabaean Lecture (Conferência aos Macabeus) na Academia Britânica. Intitulou-a "A Implementação da Moral" ["The Enforcement of Morals"], e dedicou-a a essas questões de princípio[3]. Ele resumiu suas conclusões nas seguintes observações sobre a prática da homossexualidade: "Em primeiro lugar, devemos nos perguntar se, examinando de maneira fria e desapaixonada, consideramos essa prática um vício tão abominável que sua simples presença constitui uma ofensa. Se for esse o sentimento real da sociedade em que vivemos, não vejo como possa ser negado à sociedade o direito de erradicá-la"[4].

---

3. Devlin, *The Enforcement of Morals* (1959). Reimpresso em Devlin, *The Enforcement of Morals* (1965) [Doravante citado como Devlin].

4. Devlin 17. Esta posição foi cautelosamente apresentada como hipotética. Aparentemente, lorde Devlin não pensa atualmente que tal condição possa ser satisfeita pois, desde a publicação do livro, ele defendeu publicamente a modificação das leis sobre a homossexualidade.

A conferência, e em particular essa posição hipotética sobre a punição de homossexuais, provocou uma onda de refutações que transbordou das revistas acadêmicas e chegou até o rádio e à imprensa semipopular[5]. Desde então, lorde Devlin republicou sua conferência juntamente com seis ensaios posteriores que desenvolvem e defendem os pontos de vista nela expressos, um prefácio ao conjunto dos escritos e algumas novas e importantes notas de rodapé à conferência original[6].

Os juristas norte-americanos deveriam refletir sobre os argumentos de lorde Devlin. Suas conclusões não serão populares, ainda que a arrogante insensibilidade nelas encontrada por alguns de seus críticos desapareça depois de uma leitura mais apurada. Populares ou não, não temos o direito de desprezá-las enquanto não estivermos convencidos de que seus argumentos podem ser enfrentados. Um desses argumentos – o segundo dos dois que irei discutir – tem o mérito considerável de centrar nossa atenção na relação entre a teoria democrática e a implementação da moral. Incita-nos a considerar, de modo mais detalhado do que temos feito, o conceito fundamental do qual depende essa relação – o conceito de uma moral pública.

O desencanto de lorde Devlin

O prefácio do novo livro contém um relato revelador do modo pelo qual Devlin chegou a suas opiniões controvertidas. Quando foi convidado a preparar sua Maccabaean Lecture, a célebre Comissão Wolfenden acabara de publicar sua recomendação de que as práticas homossexuais privadas, entre adultos que com elas consentissem, não fossem mais consideradas criminosas. Ele havia lido, com total aprovação, a distinção estabelecida pela Comissão sobre a divisão apropriada entre crime e pecado:

---

5. Lorde Devlin inclui referências a esses comentários em uma bibliografia. Devlin xiii.

6. Devlin.

> Neste domínio, sua função [do direito], do modo como a vemos, é a de preservar a ordem e a decência públicas, proteger o cidadão do que é ofensivo ou injurioso e propiciar salvaguardas suficientes contra a exploração e a corrupção dos outros. (...) Em nosso ponto de vista, não é função do direito interferir na vida privada dos cidadãos, nem procurar impor qualquer padrão particular de comportamento, além do necessário para realizar os objetivos que delineamos. (...) Devemos reservar um domínio da moralidade e da imoralidade privadas, com o qual, para falar crua e sumariamente, o direito não tem nada a ver[7].

Lorde Devlin acreditava que esses ideais, que reconhecia como derivados dos ensinamentos de Jeremy Bentham e John Stuart Mill, eram inquestionáveis. Resolveu dedicar sua conferência a um exame minucioso das novas mudanças que – em adição às mudanças recomendadas da Comissão a respeito do crime de homossexualidade – seriam necessárias para fazer com que o direito penal da Inglaterra se adaptasse a estas. Mas o estudo que realizou, em suas palavras, "destruiu, em lugar de confirmar, a crença sincera com a qual eu começara minha tarefa"[8], e ele adquiriu a convicção de que esses ideais não eram apenas questionáveis, mas também incorretos.

O fato de seu desencanto é claro, mas a amplitude de seu descontentamento não é. Às vezes, ele parece estar defendendo a posição exatamente contrária à da Comissão, ou seja: a sociedade tem o direito de punir uma conduta que seus membros desaprovam categoricamente, ainda que tal conduta não tenha efeitos que possam ser considerados injuriosos a terceiros, sob o argumento de que o Estado tem um papel a desempenhar enquanto tutor moral e o direito penal é sua técnica pedagógica legítima. Os leitores que consideram ser esta a posição de Devlin ficam perplexos com o fato de que eminentes filósofos e juristas tenham se preocupado em replicar, uma vez que esta parece ser uma posição que pode, com segurança, ser con-

---

7. *Report of the Committee on Homosexual Offenses and Prostitution*, 9-10, 24.

8. Devlin, vii.

siderada excêntrica. Na realidade, não é esta posição que Devlin defende, mas sim posições mais complexas e não tão excêntricas ou tão radicalmente opostas aos ideais da Comissão Wolfenden. Essas posições não se encontram resumidas de forma nítida em lugar nenhum (de fato, a declaração sobre a homossexualidade há pouco citada é a coisa mais próxima de um resumo que ele oferece), mas devem ser pinçadas do emaranhado de argumentos que ele desenvolve.

Há dois argumentos principais. O primeiro é apresentado, de forma estruturada, na Maccabaean Lecture e discute o direito da sociedade de proteger sua própria existência. O segundo, um argumento muito diferente e bem mais importante, desenvolve-se de forma descontínua ao longo de vários ensaios. O argumento parte do direito da maioria de seguir suas próprias convicções morais ao defender seu ambiente social de transformações que não aceita. Vou considerar esses dois argumentos um de cada vez, mas o segundo mais longamente.

Primeiro argumento: o direito da sociedade de proteger a si mesma

O primeiro argumento – aquele que, de longe, recebeu a maior parte da atenção dos críticos – é o seguinte[9]:

(1) Em uma sociedade moderna há uma grande variedade de princípios morais que alguns homens adotam para sua própria orientação e que não tentam impor aos outros. Existem também padrões morais que a maioria coloca para além da tolerância e que impõe aos que discordam. Para nós, os preceitos de uma religião particular são um exemplo da primeira categoria e a prática da monogamia é um exemplo da segunda. Uma sociedade não pode sobreviver a menos que alguns padrões sejam da segunda categoria, uma vez que, para a sua existên-

9. Desenvolvido principalmente em Devlin 7-25.

cia, uma certa conformidade moral é essencial. Toda sociedade tem um direito de preservar sua própria existência e, por conseqüência, o direito de insistir na manutenção de tal conformidade.

(2) Se a sociedade tem um tal direito (*right*), tem também o de utilizar as instituições e as sanções de seu direito penal para fazer cumprir tal direito – "A sociedade pode utilizar o direito para preservar a moral da mesma maneira que o utiliza para salvaguardar qualquer outra coisa que é essencial para sua existência"[10]. Assim como a sociedade pode utilizar seu direito de impedir a traição, pode utilizá-lo para impedir uma corrupção da conformidade que a mantém unida.

(3) Mas o direito da sociedade de punir a imoralidade através da lei não deve, necessariamente, ser exercido contra todo tipo e toda ocorrência de imoralidade – devemos reconhecer o impacto e a importância de alguns princípios restritivos. Há vários desses princípios, mas o mais importante é o de que "deve haver tolerância para com a máxima liberdade individual que seja coerente com a integridade da sociedade"[11]. Esses princípios restritivos, tomados em conjunto, exigem que sejamos cautelosos quando concluímos que uma determinada prática deve ser considerada profundamente imoral. O direito deve abster-se de interferir sempre que detectar qualquer indecisão, indiferença ou tolerância latente na condenação social da prática. Mas nenhum desses princípios restritivos aplica-se, e portanto a sociedade é livre para fazer valer seus direitos, quando o sentimento público for muito forte, duradouro e insistente; quando, na frase de lorde Devlin, transformar-se em intolerância, indignação e repulsa[12]. Daí sua conclusão sumária sobre a homossexualidade: se ela realmente for encarada como um vício abominável, não se pode negar à sociedade o direito de erradicá-la.

10. Ibid., 11.
11. Ibid., 16 .
12. Ibid., 17.

Devemos nos prevenir contra uma possível – na verdade, tentadora – interpretação equivocada desse argumento. Ela não depende do pressuposto de que, quando a maior parte de uma comunidade pensa que uma prática é imoral, é provável que esteja certa. Para lorde Devlin o que está em jogo, quando nossa moralidade pública é desafiada, é a própria sobrevivência da sociedade, e ele acredita que a sociedade está autorizada a preservar-se sem ter que responder pela moralidade que assegura sua coesão.

Este argumento é consistente? O professor H. L. A. Hart, reagindo ao aparecimento desse argumento central nas Maccabaean Lectures de Devlin[13], pensa que ele repousa em uma concepção confusa do que é a sociedade. Se adotamos algo parecido com uma noção convencional do que é uma sociedade, disse ele, é absurdo sugerir que toda prática que a sociedade considera profundamente imoral e repulsiva ameaça sua sobrevivência. Isto é tão tolo quanto argumentar que a existência da sociedade é ameaçada pela morte de um de seus membros ou pelo nascimento de outro, e lorde Devlin, Hart nos recorda, nada oferece como prova para apoiar qualquer afirmação como essa. Mas, se adotamos uma definição artificial de sociedade, tal como a de que uma sociedade consiste no complexo particular de idéias e atitudes morais que ocorre serem defendidas por seus membros em um determinado momento, torna-se intolerável que cada um desses *status quo* morais deva ter o direito de preservar sua existência precária pela força. Assim, argumentou o professor Hart, o argumento de lorde Devlin fracassa quer se adote um sentido artificial, quer um sentido convencional de "sociedade".

Lorde Devlin responde ao professor Hart em uma nova e extensa nota de rodapé. Depois de resumir a crítica de Hart, ele comenta: "Não afirmo que *qualquer* desvio da moral compartilhada por uma sociedade ameace sua existência mais do que *qualquer* atividade subversiva. Afirmo que ambas são atividades que, por sua natureza, são capazes de ameaçar a existência

---

13. H. L. A. Hart, *Law, Liberty and Morality* 51 (1963).

da sociedade, de modo que nenhuma delas pode ser colocada fora do alcance do direito"[14]. Esta resposta expõe um grave defeito da arquitetura do argumento.

Ela nos diz que devemos entender o segundo passo do argumento – a afirmação crucial de que a sociedade tem o direito de fazer valer sua moralidade pública através da lei – como limitado a uma negação da proposição de que a sociedade nunca tem tal direito. Lorde Devlin aparentemente compreendeu que a declaração, contida no relatório Wolfenden, de um "domínio da moralidade privada (...) com o qual o direito nada tem a ver" afirma a existência de uma barreira jurisdicional fixa, que coloca as práticas sexuais privadas para sempre fora da apreciação do direito. Seus argumentos, como nos informa a nova nota de rodapé, pretendem mostrar simplesmente que uma barreira constitucional desse tipo não deve ser levantada, pois é possível que o desafio à moralidade estabelecida seja tão profundo que a própria existência de uma conformidade no tocante à moral e, com isso, à própria sociedade se veja ameaçada[15].

---

14. Devlin 13.

15. Esta interpretação encontra grande apoio no texto, mesmo sem a nova nota de rodapé: "Penso, portanto, que não é possível estabelecer limites teóricos ao poder que o Estado tem de legislar contra a imoralidade. Não é possível estabelecer, de antemão, exceções à regra geral, ou definir, de maneira inflexível, esferas da moralidade nas quais o direito não está autorizado a intervir em nenhuma circunstância." (Devlin, 12-13.)

Os argumentos apresentados corroboram essa construção. São do tipo *reductio ad absurdum*, explorando a possibilidade de que o que é imoral possa, teoricamente, tornar-se subversivo para a sociedade. "Suponhamos, porém, que um quarto ou metade da população se embebede toda noite. Que tipo de sociedade seria esta? Não se pode estabelecer um limite teórico para um número de pessoas que podem embebedar-se antes que a sociedade tenha o direito de legislar contra a embriaguez. O mesmo se aplica ao jogo." (ibid., 14.)

Cada um dos exemplos apresentados sustenta que não se pode traçar limite jurisdicional algum, e não que cada bêbado ou cada ocorrência de jogo representa uma ameaça para a sociedade. Não há nenhuma sugestão de que a sociedade esteja, de fato, autorizada a transformar a embriaguez e o jogo em crimes, se a sua prática, na realidade, ficar abaixo no nível de perigo. De fato, lorde Devlin cita a Comissão Real para Apostas, Loterias e Jogos a fim de corroborar seu exemplo sobre o jogo. "Se estivéssemos convencidos de que,

É perfeitamente possível que não sejamos persuadidos, mesmo sobre esse ponto limitado. Podemos acreditar que o perigo que qualquer prática impopular pudesse vir a representar para a existência da sociedade é tão pequeno que seria uma política sábia, uma proteção prudente da liberdade individual diante da histeria transitória, levantar precisamente este tipo de barreira constitucional e proibir a reavaliação periódica do risco.

Mas, se fôssemos convencidos a renunciar a essa barreira constitucional, esperaríamos que o terceiro passo da argumentação respondesse à seguinte e inevitável questão: se concebermos um desafio a uma moral pública genuína e profundamente enraizada, que ameace a existência da sociedade e que deva, portanto, ser colocada além do limiar das preocupações do direito, como iremos saber quando o perigo é suficientemente claro e presente para justificar não apenas o seu exame, mas também a ação? De que mais precisamos, além do fato de uma desaprovação pública apaixonada, para mostrar que estamos diante de uma ameaça real?

A retórica do terceiro passo faz com que ele pareça sensível a esta questão – muito se fala sobre "liberdade", "tolerância" e, inclusive, "equilíbrio". Mas o argumento não é sensível, uma vez que liberdade, tolerância e equilíbrio terminam por se mostrar apropriados somente quando a indignação pública, diagnosticada no segundo passo, revelou-se exagerada, ou seja, quando a febre terminou por se mostrar fingimento. Quando a febre se confirma, ou seja, quando a intolerância, a indignação e a repulsa são genuínas, o princípio que apela ao "máximo de liberdade individual compatível com a integridade da sociedade" não se aplica mais. Isso significa que, afinal de contas, não é necessário nada além de uma desaprovação pública apaixonada.

qualquer que fosse a incidência dos jogos de azar, esse efeito [sobre o caráter do jogador enquanto membro da sociedade] resultasse prejudicial, estaríamos inclinados a pensar que era dever do Estado restringir o jogo até onde fosse possível" (Cmd. nº 8.190, no parágrafo 159 [1951], citado em Devlin 14). A implicação é que a sociedade pode examinar e estar disposta a regulamentar a matéria, mas que não deve realmente fazê-lo enquanto não se encontrar diante de uma ameaça concreta.

Em resumo, o argumento envolve um toque de prestidigitação intelectual. No segundo passo, a indignação pública é apresentada como um critério que estabelece um limite. Isto é feito simplesmente colocando-a numa categoria da prática que direito não está proibido de regulamentar. Nos bastidores, porém, em algum ponto da transição para o terceiro passo, o critério que estabelece um limite uma razão afirmativa que move a ação, de modo que quando esse critério é claramente satisfeito, o direito pode intervir sem outras restrições. O poder desta manobra é comprovado pela passagem sobre a homossexualidade. Lorde Devlin conclui que, se nossa sociedade odeia suficientemente a homossexualidade, ela está justificada ao marginalizá-la e a forçar seres humanos a escolher entre as misérias da frustração e as da perseguição, em nome do perigo que a prática representa para existência da sociedade. Ele chega a essa conclusão sem oferecer provas de que a homossexualidade representa qualquer perigo para a existência da sociedade, além da afirmação não confirmada de que todos "os desvios de uma moral social compartilhada (...) podem, por sua natureza, constituir-se em uma ameaça à existência da sociedade" e, por esse motivo, "não podem ser colocadas fora da esfera do direito"[16].

Segundo argumento: O direito da sociedade de seguir suas próprias luzes

Estamos portanto justificados a deixar de lado o primeiro argumento e a passar ao segundo. Minha reconstrução inclui tornar bem explícito aquilo que acredito estar implícito; por isso envolve algum risco de distorção. Considero que o segundo argumento é o seguinte[17]:

16. Devlin 13, n. 1.

17. A maior parte da argumentação aparece em Devlin, caps. 5, 6 e 7. Ver também um artigo publicado após o livro já citado: "Law and Morality", 1 Manitoba L.S.J., 243 (1964/1965).

(1) Se aqueles que têm desejos homossexuais se entregassem a eles livremente, nosso ambiente social mudaria. Não se pode prever exatamente que mudanças seriam essas, mas é plausível imaginar, por exemplo, que a posição da família, enquanto instituição presumida como natural, em torno da qual se centram as organizações educacionais, econômicas e recreativas dos homens, seria minada e as implicações adicionais deste fato seriam enormes. Somos demasiado sofisticados para supor que os efeitos de um aumento da homossexualidade ficariam restritos somente aos que adotam essa prática, assim como somos sofisticados demais para supor que os preços e os salários afetam somente aqueles que os negociam. O ambiente em que nós e os nossos filhos devemos viver é determinado, entre outras coisas, por padrões e relações formados privadamente por outras pessoas além de nós.

(2) Somente isso não dá à sociedade o direito de proibir as práticas homossexuais. Não podemos manter todos os costumes de nossa preferência encarcerando aqueles que não desejam preservá-los. Mas isso significa que nossos legisladores devem, inevitavelmente, manifestar-se sobre algumas questões morais. Devem decidir se as instituições que parecem estar ameaçadas são suficientemente valiosas para serem protegidas à custa da liberdade humana. E precisam decidir se as práticas que ameaçam essa instituição são imorais, pois, se forem, então a liberdade individual de adotá-las conta menos. Não precisamos de uma justificativa tão forte, em termos da importância social das instituições a serem protegidas, se estivermos convencidos de que ninguém tem o direito moral de fazer o que se quer proibir. Isto é, para limitar a liberdade de alguém de mentir, enganar ou dirigir perigosamente não necessitamos de argumentos jurídicos poderosos; o contrário ocorre quando se trata de limitar a sua liberdade de escolher seu próprio emprego ou o preço de suas próprias mercadorias. Com isso não se alega que a imoralidade é suficiente para tornar criminosa uma conduta; mais propriamente, argumenta-se que, de quando em vez, ela é necessária.

(3) Mas como um legislador irá decidir se os atos homossexuais são imorais? A ciência não é capaz de dar uma resposta e o legislador não pode mais voltar-se, de modo legítimo, para a religião organizada. Contudo, se a grande maioria da comunidade concordar acerca de uma resposta, mesmo que uma pequena minoria de pessoas cultas discorde, o legislador tem o dever de agir com base no consenso. Ele tem este dever por duas razões estreitamente relacionadas: (a) em última análise, a decisão deve basear-se em algum artigo de fé moral e, em uma democracia, este tipo de questão, mais do que qualquer outro, deve ser decidido de acordo com princípios democráticos; (b) afinal de contas, é a comunidade que age quando as ameaças e as sanções da lei penal são postas em prática. A comunidade deve assumir a responsabilidade moral e, por conseguinte, deve agir de acordo com suas próprias luzes – ou seja, de acordo com a fé moral de seus membros.

Este é, tal como o entendo, o segundo argumento de lorde Devlin. É complexo e quase todos os seus componentes convidam à análise e ao repto. Alguns leitores discordarão de seu pressuposto básico: o de que uma mudança nas instituições sociais é o tipo de dano contra o qual uma sociedade tem o direito de proteger-se. Outros, que não assumem essa posição forte (talvez porque aprovem as leis destinadas a proteger as instituições econômicas), sentirão contudo que a sociedade não tem o direito de agir, por mais imoral que seja a prática, a menos que a ameaça de dano a uma instituição seja demonstrada, e iminente, em lugar de ser especulativa. Outros, ainda, questionarão a tese de que a moralidade ou a imoralidade de um ato deve pesar até mesmo para a determinação de se o ato é criminoso ou não (embora admitam, sem dúvida, que tal aspecto da questão seja levado em conta na prática hoje corrente). E há também os que afirmarão que, mesmo em uma democracia, os legisladores têm o dever de resolver questões morais por si mesmos, e não devem submetê-las à comunidade em geral. Não me proponho, no momento, a defender ou atacar nenhuma dessas posições. Em vez disso, desejo examinar se as conclusões de lorde Devlin são válidas em seus próprios termos ou

pressuposto – o de que a sociedade tem o direito de proteger suas mais importantes e valiosas instituições de condutas que a vasta maioria de seus membros desaprova com base em princípios morais.

Argumentarei que suas conclusões não são válidas, mesmo nestes termos, porque Devlin interpreta erradamente o que significa desaprovar com base em princípios morais. Preciso emitir uma palavra de cautela sobre o argumento que irei apresentar. Esse argumento consistirá, em parte, em lembrar que alguns tipos de linguagem moral (termos como "preconceito" e "posição moral", por exemplo) seguem padrões em seu uso na argumentação moral. Meu objetivo não é o de colocar questões de moralidade política extraídas de um dicionário, mas exibir o que acredito sejam erros na sociologia moral de lorde Devlin. Tentarei mostrar que nossas práticas morais convencionais são mais complexas e mais estruturadas do que ele acredita, e que ele, portanto, compreende equivocadamente o que significa dizer que o direito penal deve ser extraído da moralidade pública. Esta é uma tese popular e atraente, que está muito próxima do núcleo não apenas das teorias de lorde Devlin, mas de muitas outras teorias sobre o direito e a moral. É crucial que suas implicações sejam compreendidas.

O conceito de posição moral

Podemos começar com o fato de que, em nossa moral convencional, expressões como "posição moral" e "convicção moral" funcionam como termos de justificação e de crítica, bem como de descrição. É verdade que às vezes falamos de "moral", "moralidade", "crenças morais", "posições morais" ou "convicções morais" de um grupo, em um sentido que se poderia chamar de antropológico, querendo com isso nos referir a quaisquer atitudes que o grupo manifeste sobre a propriedade da conduta, das qualidades ou dos objetivos humanos. Nesse sentido, dizemos que a moral da Alemanha nazista baseava-se no preconceito ou que era irracional. Mas também usamos algumas dessas expressões, particularmente "posição moral" e "convicção moral", com um sentido discriminatório, para contrastar as posições que elas descrevem com preconceitos, racionalizações, questões de aversão ou gosto pessoal, posturas e opiniões arbitrárias, etc. Um dos usos – talvez o mais característico – desse sentido discriminatório consiste em oferecer um tipo de justificação limitada, mas importante, de um ato, quando as questões morais que o cercam são controvertidas ou pouco claras.

Suponhamos que eu diga que pretendo votar contra um candidato a um cargo público de responsabilidade porque sei que ele é homossexual e porque acredito que a homossexualidade é profundamente imoral. Se você discordar que homossexualidade é imoral, poderá acusar-me de estar votando de maneira injusta, motivado por preconceitos ou movido por uma repugnância pessoal que é irrelevante para a questão moral. Eu posso então tentar convertê-lo à minha posição sobre a homossexualidade, mas, se fracassar nessa tarefa, ainda assim posso querer convencê-lo daquilo que, tanto para você quanto para mim, é uma questão distinta – a de que meu voto tem por base uma posição moral, no sentido discriminatório, apesar de diferente daquela defendida por você. Tentarei convencê-lo disso porque, se conseguir isso, poderei esperar que mude de opinião a meu respeito e a respeito do que estou prestes a fazer. Seu juízo sobre o meu caráter será diferente – talvez continue a considerar-me excêntrico (ou puritano, ou tosco), mas estes são tipos e não defeitos de caráter. Sob esse aspecto, seu juízo sobre meu ato também será diferente. Admitirá que, enquanto eu mantiver minha posição moral, terei o direito moral de votar contra o homossexual, porque terei um direito (na verdade, um dever) de votar segundo minhas próprias convicções. Você não admitiria um tal direito (ou um tal dever) se ainda estivesse convencido de que eu estava agindo motivado por um preconceito ou gosto pessoal.

Estou autorizado a esperar que sua opinião se modifique nesses aspectos, porque essas distinções fazem parte da moral convencional que ambos compartilhamos e que forma o plano de fundo de nossa discussão. Elas sustentam a diferença entre as posições que devemos respeitar, embora as consideremos errôneas, e as posições que não precisamos respeitar, porque ofendem alguma regra fundamental do raciocínio moral. Grande parte do debate relativo a questões morais (na vida real, ainda que não nos textos filosóficos) consiste em argumentos que alegam que uma posição está situada em um ou outro lado dessa linha crucial.

É esse traço da moral convencional que anima o argumento de lorde Devlin de que a sociedade tem o direito de seguir suas próprias luzes. Devemos, portanto, examinar mais atentamente esse conceito discriminatório de uma posição moral, e podemos fazê-lo prosseguindo com a nossa conversação imaginária. O que devo fazer para convencê-lo de que minha posição é uma posição moral?

(a) Devo apresentar algumas razões que a justifiquem. Isso não significa que eu deva articular um princípio moral que me orienta, ou uma teoria moral com a qual eu concorde. Muito pouca gente pode fazer uma coisa ou outra, e a capacidade de assumir uma posição moral não se limita àqueles que podem fazê-lo. Minha razão não precisa, afinal, ser um princípio ou uma teoria. Deve apenas assinalar algum aspecto ou traço da homossexualidade que me leve a considerá-la como imoral: por exemplo, o fato de que a Bíblia a proíba ou de que alguém que pratica a homossexualidade torne-se inapto para o casamento ou a paternidade. Sem dúvida, quaisquer dessas razões pressuporia minha aceitação de algum princípio ou teoria geral, mas não é necessário que eu seja capaz de enunciá-la ou me dê conta de que estou me apoiando nela.

Contudo, nem toda razão que eu forneça será convincente. Algumas serão excluídas pelos critérios gerais que estipulam tipos de razões que não são pertinentes. Precisamos enfatizar quatro dos mais importantes desses critérios:

(i) Se eu disser que os homossexuais são moralmente inferiores por não terem desejos heterossexuais, não sendo, portanto, “verdadeiros seres humanos”, você rejeitará esse raciocínio por expressar um tipo de preconceito. Em geral, os preconceitos são maneiras de julgar que levam em conta considerações que nossas convenções excluem. Em um contexto estruturado, como um julgamento de um tribunal ou um concurso, as regras fundamentais aceitam apenas determinadas considerações, e um preconceito é um alicerce de juízo que viola tais regras. Nossas convenções estipulam algumas regras fundamentais para juízos morais que vigoram inclusive fora desses contextos especiais. A mais importante delas é a de que um homem não pode ser considerado moralmente inferior com base em alguma característica física, racial ou em um outro tipo de característica que ele não pode evitar ter. Assim, mesmo sem levar em conta qualquer outra coisa que ele próprio possa ter feito, dizemos que um homem, cujos julgamentos morais sobre os judeus, os negros, os sulistas, as mulheres ou os homens efeminados têm por base sua crença de que qualquer membro dessas classes merece automaticamente menos respeito, tem preconceitos contra esse grupo.

(ii) Se eu basear meu ponto de vista sobre os homossexuais numa reação pessoal emotiva ("eles me enojam"), você também rejeitará essa razão. Diferenciamos as posições morais das reações emocionais não por supormos que as posições morais carecem de emoção ou paixão – o contrário é que é verdadeiro –, mas porque supomos que a posição moral justifica a reação emocional e não vice-versa. Se um homem for incapaz de produzir tais razões, não negamos o fato de seu envolvimento emocional, que pode ter importantes conseqüências sociais e políticas, mas não tomamos esse envolvimento como uma demonstração de sua convicção moral. De fato, é exatamente este tipo de posição – uma forte reação emocional diante de uma prática ou de uma situação que não podemos explicar – que tendemos a descrever, como leigos, como uma fobia ou uma obsessão.

(iii) Se eu basear minha posição numa proposição de fato ("as práticas homossexuais são prejudiciais à saúde") que não é apenas falsa, mas tão implausível que desafia os padrões mínimos de prova e argumentação que eu em geral aceito e imponho aos outros, você irá considerar minha crença, por mais sincera que seja, como uma forma de racionalização, e com base nisso desqualificará minha razão. (A racionalização é um conceito complexo que também inclui, como veremos, a produção de razões que sugerem teorias gerais que eu não aceito.)

(iv) Se eu puder defender minha opinião apenas citando opiniões alheias ("Todo mundo sabe que a homossexualidade é um pecado"), você concluirá que estou falando como um papagaio, em vez de basear-me em uma convicção moral que me seja própria. Com a possível (embora complexa) exceção de uma divindade, não existe nenhuma autoridade moral à qual eu possa apelar, para assim transformar automaticamente minha posição em uma posição moral. Eu preciso ter minhas próprias razões, embora possa apreendê-las com os outros.

Sem dúvida, muitos leitores irão discordar dessas descrições curtas do preconceito, das reações emocionais, da racionalização e do papaguear. Outros podem ter suas próprias teorias sobre o que são tais comportamentos. Por ora, quero apenas enfatizar que são conceitos distintos, quaisquer que possam ser os detalhes dessas diferenças, e que eles têm um papel a cumprir na decisão de se a posição de alguém deve ou não ser tratada como uma convicção moral. Não são, simplesmente, epítetos a serem atribuídos a posições que nos repugnam profundamente.

(b) Suponhamos que eu apresente uma razão que não seja desqualificada por nenhum desses critérios, nem por outros semelhantes. Essa razão pressupõe algum princípio ou teoria geral, muito embora eu não seja capaz de enunciar tal princípio ou teoria, e não os tenha em mente quando falo. Se eu oferecer, como razão, o fato de que a Bíblia proíbe os atos homossexuais ou que estes tornam menos provável que seus praticantes se casem e criem filhos, estarei sugerindo que aceito a teoria que minha razão pressupõe, e você não convencerá que minha posição é moral se acreditar que eu não acredito nela. Pode ser uma questão sobre a minha sinceridade – será que de fato acredito que as imposições da Bíblia são moralmente válidas enquanto tais, ou que todos os homens têm o dever de procriar? A sinceridade não é, contudo, o único problema, pois a coerência também está em pauta. Eu posso acreditar que aceito uma dessas posições gerais e estar enganado, porque minhas outras crenças e minha própria conduta em outras ocasiões talvez sejam incompatíveis com ela. Posso rejeitar determinadas injunções bíblicas, ou afirmar que os homens têm o direito de permanecer solteiros se o desejarem ou de usar contraceptivos a vida inteira.

Sem dúvida, minhas posições morais gerais podem ter ressalvas e exceções. A diferença entre uma exceção e uma inconsistência é que a primeira pode ser sustentada por razões que pressupõem outras posições morais que eu posso legitimamente alegar que aceito. Suponhamos que eu condene todos os homossexuais com base na autoridade bíblica, mas não todos os fornicadores. Que razão posso oferecer para tal distinção? Se não puder apresentar nenhuma que a sustente não poderei afirmar que aceito a posição geral sobre a autoridade bíblica. Se apresentar uma razão que pareça sustentar a distinção, deixo em aberto a possibilidade de que me formulem o mesmo tipo de questão que foi colocada a propósito de minha resposta original. A razão que eu apresento para minha exceção supõe que posição geral? Posso afirmar, com sinceridade, que aceito essa posição geral adicional? Suponhamos, por exemplo, que minha razão é a de que a fornicação é atualmente bastante comum, e que foi sancionada pelos costumes. Será que eu realmente acredito que o que é imoral torna-se moral quando se populariza? Se não acredito, e se não sou capaz de apresentar nenhuma outra razão para a distinção, eu não posso alegar que aceito a posição geral segundo a qual aquilo que a Bíblia condena é imoral. É claro que, quando isso for assinalado, posso ser convencido a mudar minha concepção sobre a fornicação. Mas você ficaria em alerta para saber se esta é uma mudança de opinião genuína ou apenas de uma representação para sustentar minha argumentação.

Em princípio, não há limites para essas ramificações de minha afirmação original, embora, sem dívida, seja improvável que algum argumento real desenvolva muitas delas.

(c) Mas será que de fato preciso de uma razão para fazer de minha posição uma matéria de convicção moral? A maioria dos homens considera imorais os atos que provocam sofrimentos desnecessários, ou que quebram uma promessa séria sem justificativa e, ainda assim, não podem oferecer nenhuma razão para tais opiniões. Parece-lhes que nenhuma razão é necessária porque consideram axiomático ou auto-evidente que esses atos são imorais. Parece contrário ao senso comum negar que uma posição assim defendida possa ser uma posição moral.

No entanto, há uma diferença importante entre acreditar que a posição que se defende é evidente por si mesma e não dispor de nenhuma razão para a sua própria posição. O primeiro caso pressupõe acreditar positivamente que nenhuma razão adicional é necessária, que a imoralidade do ato em questão não depende de seus efeitos sociais, de seus efeitos sobre o caráter da pessoa que o executa, da sua interdição por uma divindade ou de qualquer outra coisa, mas deriva da natureza do ato em si. Em outras palavras, a afirmação de que uma posição particular é axiomática realmente fornece uma razão de tipo especial, a saber, de que o ato é imoral em si e por si mesmo. E essa razão especial, como outras que examinamos, pode ser incompatível com as teorias mais gerais que eu defendo.

Os argumentos morais que apresentamos pressupõem não apenas princípios morais, mas também posições mais abstratas acerca do raciocínio moral. Em particular, eles pressupõem posições a respeito de que tipos de atos podem ser imorais em si e por si mesmos. Quando critico suas opiniões morais, ou tento justificar minha própria desconsideração pelas regras morais tradicionais que considero tolas, é provável que o faça negando que o ato em questão apresente qualquer dos vários atributos que podem tornar imoral um ato – por exemplo, que ele não envolve o rompimento de um compromisso ou de um dever, que não causa mal a ninguém e inclusive a quem o pratica, que não é proscrito por nenhuma religião organizada e que não é ilegal. Procedo desta maneira porque suponho que os fundamentos últimos da moralidade limitam-se a um algum pequeno conjunto de padrões muito gerais como esse. Posso afirmar essa hipótese diretamente, ou ela pode emergir da configuração de meu argumento. De um modo ou de outro, eu afirmo essa hipótese chamando de *arbitrárias* as posições que não podem reivindicar apoio em nenhum desses padrões últimos – como com certeza eu faria se, por exemplo, você dissesse que a fotografia ou a natação são imorais. Mesmo se eu não puder articular esse pressuposto subjacente, ainda assim eu o utilizarei. E uma vez que os critérios de última instância que reconheço estão entre os mais abstratos dentre os meus padrões morais, eles não se diferenciarão muito daqueles que meus vizinhos reconhecem e aplicam. Embora muitos dos que desprezam os homossexuais sejam incapazes de explicar por que o fazem, poucos alegarão que ninguém precisa de uma razão para isso, pois isso tornará sua posição arbitrária, de acordo com seus próprios padrões.

(d) Poderíamos continuar com essa anatomia de nossa argumentação, mas ela se prolongou suficientemente para justificar algumas conclusões. Se a questão entre nós é saber se minhas opiniões sobre a homossexualidade correspondem a uma posição moral e, a partir daí, saber se, com base nisso, tenho o direito de votar contra um homossexual, não posso decidir a questão simplesmente relatando meus sentimentos. Você desejará examinar as razões que posso produzir em defesa de minha crença, e se minhas outras opiniões e comportamentos são compatíveis com as teorias que essas razões pressupõem. Sem dúvida, você desejará aplicar seu próprio entendimento, que poderá diferir em muito do meu, por exemplo, sobre o que é um preconceito ou uma racionalização, e sobre quando um ponto de vista é incompatível com outro. Podemos terminar em desacordo sobre se minha posição é moral ou não, em parte devido a tais diferenças de entendimento e em parte porque é menos provável que alguém reconheça essas razões ilegítimas em si mesmo do que nos outros.

Precisamos evitar a falácia cética de passar desses fatos para a conclusão de que não existe preconceito, racionalização ou inconsistência, ou para a conclusão de que tais termos significam apenas que aquele que os emprega sente um desagrado profundo pelas posições que descreve ao utilizá-los. Isso seria o mesmo que argumentar que, como diferentes pessoas entendem diferentemente o que seja o ciúme e podem, de boa fé, discordar sobre qual delas é ciumenta, o ciúme não existe, e que aquela pessoa que diz que outra é ciumenta quer apenas dizer que esta lhe desagrada muito.

A moral de lorde Devlin

Podemos agora retomar o segundo argumento de lorde Devlin. Ele afirma que, quando os legisladores têm necessidade de resolver uma questão moral (como ocorre, na hipótese de Devlin, quando uma prática ameaça uma ordem social estabelecida), eles precisam orientar-se por alguma posição moral consensual a que o conjunto da comunidade tenha chegado, porque isso é o que exige o princípio democrático e porque uma comunidade tem o direito de orientar-se por suas próprias luzes. O argumento teria alguma plausibilidade se, ao mencionar o consenso moral da comunidade, lorde Devlin tivesse em vista aquelas posições que são morais no sentido discriminatório que estivemos explorando.

Mas ele não quer dizer nada parecido. Sua definição de uma posição moral demonstra que ele a utiliza no sentido que chamei de antropológico. Ele diz que do homem comum, cuja opinião devemos fazer valer, "(...) não se deve esperar que raciocine sobre coisa alguma; e seus juízos de valor podem vir a ser, em grande parte, uma questão de sentimento"[18]. "Se o homem racional acredita", acrescenta ele, "que uma prática é imoral, e também acredita – não importa se a opinião é correta ou incorreta, mas sim se é honesta e desapaixonada – que nenhum membro idôneo de sua sociedade pode pensar de outro modo, então, pelo espírito da lei, essa prática é imoral"[19]. Mais adiante, ele cita com aprovação a visão, que Dean Rostow lhe atribui, de que, "em qualquer época, a moralidade de uma sociedade é uma mistura de costume e convicção, de razão e sen-

---

18. Devlin 15.
19. Ibid., 22-3.

timento, de experiência e preconceito"[20]. Sua visão do que é uma convicção moral emerge mais claramente de sua famosa observação sobre os homossexuais. Se o homem comum encara a homossexualidade "como um vício tão abominável que sua simples presença constitui uma ofensa"[21], isso, para ele, demonstra que os sentimentos do homem comum sobre os homossexuais são uma questão de convicção moral[22].

Suas conclusões fracassam porque dependem do uso de "posição moral" nesse sentido antropológico. Mesmo que seja verdade que a maioria dos homens considera a homossexualidade como um vício abominável e não pode tolerar sua presença, continua sendo possível que essa opinião popular seja uma soma de preconceito (com base no pressuposto de que os homossexuais são criaturas moralmente inferiores por serem efeminados), de racionalização (com base em suposições factuais tão desprovidas de fundamento que desafiam os próprios padrões de racionalidade da comunidade), e de aversão pessoal (que não representa convicção alguma, mas apenas um ódio cego derivado de uma autodesconfiança inconsciente). Continua sendo possível que o homem comum não consiga apresentar nenhuma razão que justifique seu ponto de vista, mas se limite apenas a repetir como papagaio o que pensa e diz o seu vizinho

---

20. Rostow, "The Enforcement of Morals", 1960 Camb. L.J. 174, 197; reimpresso em E.V. Rostow, *The Sovereign Prerogative* 45, 78 (1962). Citado em Devlin 95.

21. Ibid., 17.

22. No prefácio (ibid., viii), lorde Devlin reconhece que a linguagem da conferência original pode ter colocado "uma ênfase exagerada no sentimento, e muito pouca ênfase na razão" e afirma que o legislador tem o direito de desprezar opiniões "irracionais". Como exemplo destas últimas, menciona a crença de que a homossexualidade provoca terremotos, e afirma que a exclusão da irracionalidade "é, em geral, um processo fácil e relativamente pouco importante". Acredito ser justo concluir que isso é tudo o que lorde Devlin permitiria ao legislador excluir. Se estou enganado, e se lorde Devlin lhe pedisse que excluísse os preconceitos, as aversões pessoais, as posições arbitrárias e tudo mais, ele deveria tê-lo dito isso e tentado elaborar algumas dessas distinções. Se tivesse feito isso, suas conclusões teriam sido diferentes e, sem dúvida, provocado uma reação diferente.

(o qual, por sua vez, faz o mesmo com relação a ele), ou apresente alguma razão que pressupõe uma posição moral geral que ele não poderia, sincera ou coerentemente, afirmar que adota. Sendo assim, os princípios democráticos que seguimos não exigem a aplicação do consenso, pois a crença de que preconceitos, aversões pessoais e racionalizações não justificam a restrição da liberdade alheia ocupa, ela mesma, uma posição fundamental e crítica em nossa moral popular. Por outro lado, nem a comunidade como um todo teria o direito de orientar-se por suas próprias luzes, porque a comunidade não estende esse privilégio aos que agem com base em preconceito, racionalização ou aversão pessoal. De fato, as distinções entre estes e as convicções morais, no sentido discriminatório, existem em grande parte para excluir os primeiros como tipos de posições que não se autoriza adotar.

Um legislador consciencioso, a quem se diz que o consenso moral existe, deve testar as credenciais desse consenso. Ele não pode, por certo, examinar as opiniões ou o comportamento de cidadãos individuais; não pode realizar audiências para ouvir o homem comum nas ruas. Não se trata disso.

A alegação de que existe um consenso moral não se baseia em uma pesquisa de opinião. Ela tem por base um apelo à percepção do legislador de como sua comunidade reage a alguma prática não aceita. Mas essa mesma percepção inclui uma consciência das bases em que tal reação geralmente se assenta. Se houver um debate público envolvendo editoriais, discursos de seus colegas, o testemunho de grupos interessados e sua própria correspondência, isso tudo irá aguçar sua consciência de quais argumentos e posições estão em disputa. Ele deve esquadrinhar esses argumentos e posições para tentar descobrir quais são preconceitos ou racionalizações, quais dentre eles pressupõem princípios gerais ou teorias que não se esperaria que vastos setores da comunidade aceitassem e assim por diante. É possível que, terminado esse processo de reflexão, ele descubra que a alegação da existência de consenso moral não ficou comprovada. No caso da homossexualidade, espero, ela não teria sido, e é isso que faz da hipótese indiferenciada de lorde Devlin um erro tão grave. O que é chocante e falso não é a sua idéia de que a moral da comunidade deva pesar, mas a sua idéia sobre o que conta como moral da comunidade.

Sem dúvida, o legislador deve aplicar esses testes por si mesmo. Se partilhar as opiniões populares, é menos provável que as considere insuficientes, embora, se ele tiver autocrítica, o exame das opiniões talvez possa fazê-lo mudar de opinião. De qualquer maneira, sua resposta dependerá de sua própria compreensão sobre o que é exigido por nossa moralidade partilhada. Isso é inevitável, pois, quaisquer que sejam os critérios que instemos que ele aplique, só poderá aplicá-los do modo como os compreende.

Um legislador que procede dessa forma, que se recusa a considerar a indignação, a intolerância e a repulsa popular como a convicção moral de sua comunidade, não pode ser acusado de elitismo moral. Ele não está simplesmente contrapondo suas próprias opiniões civilizadas àquelas de um grande público que as rejeita. Está fazendo o melhor que pode para apoiar uma parte distinta e de fundamental importância da moralidade de sua comunidade, para apoiar um consenso que é mais essencial para a existência da comunidade, tal como a conhecemos, do que a opinião que lorde Devlin o convida a adotar.

Nenhum legislador pode permitir-se ignorar a indignação pública. É um fato que ele deve levar em consideração, que estabelecerá os limites do que é politicamente factível e determinará as estratégias de persuasão e de aplicação da lei dentro desses limites. Mas não devemos confundir estratégia com justiça, nem fatos da vida política com princípios de moralidade política. Lorde Devlin compreende essas distinções, mas receio que seus argumentos irão convencer exatamente aqueles que não as percebem.

Pós-escrito sobre a pornografia

Discuti a questão da homossexualidade por tratar-se do exemplo utilizado por lorde Devlin. Gostaria de acrescentar algumas palavras sobre a pornografia, ainda que apenas pelo fato de que esse tema, na época em que a Grã-Bretanha se ocupava com as teorias de lorde Devlin, estava mais presente nas manchetes jurídicas norte-americanas do que a homossexualidade. A Suprema Corte acabara de decidir três casos importantes: *Ginzburg, Mishkin e Fanny Hill*[23]. Em dois deles, as condenações (e as sentenças de prisão) por distribuição de material pornográfico foram mantidas, e no terceiro, enquanto a Suprema Corte revertia a proibição estadual contra um romance supostamente obsceno, três juízes não dissentiram da maioria.

Dois dos casos envolviam uma revisão dos procedimentos estaduais quanto à constitucionalidade, e o terceiro, a interpretação e a aplicação de uma lei federal. A Suprema Corte devia, portanto, manifestar-se sobre a questão constitucional de até que ponto um estado ou a nação podem, legalmente, restringir a publicação de literatura erótica, e sobre questões de interpretação das leis promulgadas pelo poder legislativo (*statutory construction*). Mas cada uma das decisões levantava questões de princípios políticos do tipo que estivemos examinando.

A maioria da Suprema Corte aderiu ao teste constitucional estabelecido alguns anos antes no caso *Roth*[24]. Segundo esse teste, um livro é obsceno e, enquanto tal, não está protegido pela primeira emenda, se: "(a) o tema dominante do material, considerado em sua totalidade, apela a um interesse mórbido pelo sexo; (b) o material for claramente ofensivo por afrontar os padrões contemporâneos da comunidade relativos à descrição ou representação de temas sexuais, e (c) o material for totalmente desprovido de um valor social que possa redimi-lo"[25]. Poderíamos colocar a questão do princípio político desse modo: o que confere ao governo federal ou a qualquer estado o direito moral de proibir a publicação de livros que sejam obscenos de acordo com o teste de *Roth*?

23. Acima, n. 2.
24. *Roth vs. United States*, 354 U.S. 476 (1957).
25. *Memoirs vs. Massachusetts (Fanny Hill)*, 383 U.S. 413, 418 (1966).

No caso *Mishkin*, a opinião do juiz Brennan sugeriu uma resposta: a literatura erótica, afirmou, incita alguns leitores ao crime. Se esse raciocínio é verdadeiro e se em um número significativo de tais casos os mesmos leitores não tivessem sido incitados ao mesmo crime por outros estímulos, e se é realmente impossível lidar com o problema de outras maneiras, isso poderia dar à sociedade o direito de proibir tais livros. Mas estas são, no mínimo, hipóteses especulativas, e de qualquer modo não são pertinentes em um caso como o de *Ginzburg*, no qual a Suprema Corte fundamentou sua decisão não no caráter obsceno das publicações em si, mas no fato de serem apresentadas ao público mais como lúbricas do que esclarecedoras. Será possível encontrar alguma outra justificativa para a proibição de livros obscenos?

Pode-se construir um argumento semelhante ao segundo apresentado por lorde Devlin; muitos dos que acham que a sociedade tem o direito de proibir a pornografia são de fato movidos por um argumento como esse. Ele pode tomar a seguinte forma:

(1) Se permitirmos que livros obscenos sejam vendidos livremente, que sejam entregues como o leite de todas as manhãs, a disposição geral da comunidade poderá eventualmente mudar. O que hoje se considera sórdido e vulgar na linguagem, no vestuário e no comportamento público se tornará aceitável. Um público que puder desfrutar legalmente da pornografia não demorará em rejeitar coisas mais brandas, e todas as formas de cultura popular acabarão se aproximando inevitavelmente da obscenidade. Já vimos essas forças em ação – o mesmo afrouxamento de nossas atitudes jurídicas que permitiram que livros como *Trópico de Câncer* fossem publicados já tiveram um efeito sobre o que encontramos em filmes e revistas, nas praias e nas ruas da cidade. Talvez tenhamos de pagar esse preço pelo que muitos críticos consideram, com plausibilidade, como obras de arte, mas não precisamos pagar um preço muito mais alto por lixo – produzido em massa, com vistas apenas ao lucro.

(2) Não é uma resposta satisfatória dizer que as práticas sociais não mudarão a menos que a maioria participe voluntariamente da mudança. A corrupção social funciona através dos meios de comunicação e de forças que fogem ao controle da maioria da população; na verdade, escapam ao controle de qualquer desígnio consciente. Sem dúvida, a pornografia atrai tanto quanto repele e, em algum momento da deterioração dos padrões comunitários, a maioria não se oporá a mais deterioração. Isso, porém, é índice do êxito da corrupção social e não uma prova de que esta não tenha ocorrido. É justamente essa possibilidade que torna imperativo que façamos valer nossos padrões enquanto ainda os temos. Este é um exemplo – e não o único – de nosso desejo de que a lei nos proteja de nós mesmos.

(3) A proibição da pornografia restringe a liberdade de autores, editores e potenciais leitores. Mas, se o que eles querem fazer é imoral, temos o direito de nos proteger, pagando esse preço. Vemo-nos, assim, diante de um problema moral: será que temos o direito de publicar ou de ler pornografia pesada, aquela que não afirma nenhum valor ou virtude além de seu efeito erótico? Esta questão moral não deve ser resolvida por decreto, nem por tutores éticos autodesignados, mas submetendo-a à consideração do público. Atualmente, o público acredita que a pornografia pesada é imoral, que aqueles que a produzem são proxenetas, e que a proteção dos costumes sexuais e afins da comunidade é suficientemente importante para justificar a restrição da liberdade deles.

Contudo, sem dúvida é crucial para este argumento – seja o que for que se pense dele – que o consenso descrito na última frase seja um consenso de convicção moral. Se ficasse evidente que o repúdio do homem comum às publicações pornográficas é uma questão de gosto, ou uma postura arbitrária, o argumento fracassaria porque estas não são razões satisfatórias para limitar a liberdade.

A muitos leitores soará paradoxal o simples fato de eu colocar a questão de saber se as opiniões consensuais dos homens comuns sobre a pornografia são ou não são convicções morais. Para a maioria das pessoas, o centro da moral é um código sexual e se as opiniões do homem comum sobre a fornicação, o adultério, o sadismo, o exibicionismo e os outros elementos fundamentais da pornografia não são posições morais, é difícil imaginar quaisquer crenças que ele possa ter que o sejam. Mas escrever e ler sobre essas aventuras não é o mesmo que praticá-las, e pode-se estar apto a fornecer razões para condenar as práticas (por causarem sofrimento ou serem sacrílegas ou insultantes, quando não uma causa de perturbação pública) que não se referem à produção ou ao desfrute de fantasias a respeito delas.

Aqueles que afirmam a existência de consenso de uma convicção moral sobre a pornografia devem apresentar provas de que isso existe. Devem apresentar razões ou argumentos morais que o cidadão médio da sociedade possa, sincera e consistentemente, aplicar da maneira que estivemos descrevendo. Talvez isso possa ser feito, mas não se pode substituir isso pela mera afirmação de que o homem comum – dentro ou fora do conselho de sentença do tribunal do júri – reprova categoricamente todo esse assunto.

Capítulo 11
Liberdade e liberalismo

Considerado no seu conjunto, o famoso ensaio de John Stuart Mill, *On Liberty**, serviu mais a conservadores que a liberais. De Fitzjames Stephen a Wilmore Kendall e lorde Devlin, os críticos do liberalismo têm citado, com agrado, este ensaio como a defesa filosófica mais cogente dessa teoria e, depois, ao indicarem os defeitos de sua argumentação, sustentam que o liberalismo é falho. Em *Liberty and Liberalism: The Case of John Stuart Mill*, Gertrude Himmelfarb usa o ensaio dessa mesma maneira, mas com esta diferença: ela não ataca os argumentos de Mill, mas argumenta *ad hominem* contra o próprio Mill. Diz que ele mesmo condena, em seus outros escritos, as premissas filosóficas nas quais *On Liberty* se baseia. Friedrich Hayek sustentou a mesma idéia anos atrás, e Himmelfarb a mencionou *en passant* na edição de 1962 dos ensaios de Mill. No seu livro mais recente, ela instrui seu argumento com grande detalhe.

Se, como ela acredita, *On Liberty* vai contra o espírito de tudo o que Mill escreveu antes ou depois dessa obra, é necessário explicar por que ele dedicou tanto tempo e atenção para refutar a si mesmo nesse ensaio. Ela encontra a resposta na longa associação dele com Harriet Taylor, que era sua esposa quando *On Liberty* foi escrito, embora ela tenha morrido antes

---

* Trad. bras. *Sobre a liberdade/Utilitarismo*, Martins Fontes, São Paulo, 2000.

que fosse publicado. Mill dedicou a obra a ela, usando termos exagerados. Mill disse que as idéias dela inspiraram o ensaio e que ela havia sido uma ativa colaboradora no longo processo de revisá-lo e aperfeiçoá-lo. Himmelfarb afirma que isto é uma subestimação; que Taylor era a tal ponto a parceira dominante no empreendimento que conseguiu levá-lo a adotar posições intelectuais que lhe eram estranhas. Ela também pensa que a indignação de Taylor, que provocou o ensaio, foi gerada pela subjugação jurídica e social das mulheres na Inglaterra vitoriana, um assunto raramente mencionado no ensaio, mas de grande preocupação para Taylor.

Porém, o único argumento de Himmelfarb a favor da hipótese de que Harriet Taylor exerceu forte influência intelectual sobre Mill é que não se consegue encontrar nenhuma outra explicação para a inconsistência de seu pensamento. Não há provas diretas no ensaio, sejam elas internas ou externas. Himmelfarb alega que a falta de provas internas apenas demonstra quão íntima fora a colaboração, e explica a ausência de provas externas observando que os Mill viveram isolados de todos os amigos enquanto o ensaio estava sendo escrito. Se, de fato, não há nenhuma inconsistência genuína entre *On Liberty* e as outras obras de Mill, não resta nada que prove as interessantes especulações de Himmelfarb.

Seu argumento em defesa da suposta inconsistência é o seguinte. Mill discutiu a liberdade não apenas nesse famoso ensaio, mas também em muitos livros e artigos, inclusive na sua autobiografia, no "The Spirt of the Age" (um de seus primeiros ensaios), no seu famoso ensaio sobre Coleridge e sua na obra fundamental sobre o utilitarismo. Nessas outras obras, ele argumenta em favor tanto da complexidade como do historicismo na teoria política. Condena Bentham, o fundador do utilitarismo, por reduzir a psicologia social e a teoria política a simples axiomas. Apresenta uma teoria pessimista da natureza humana, enfatiza a importância dos constrangimentos históricos e culturais sobre o egoísmo e insiste no papel que o Estado tem na educação de seus cidadãos, de modo a torná-los independentes de seus apetites individuais e desenvolver neles a consciência social.

Contudo, do ponto de vista de Himmelfarb, *On Liberty* contradiz cada uma destas proposições. O texto começa por afirmar:

> um princípio muito simples rege de maneira absoluta as relações da sociedade com o indivíduo, no que diz respeito à coerção e ao controle. (...) Esse princípio afirma que o único fim pelo qual a humanidade está justificada, individual ou coletivamente, a interferir na liberdade de ação de qualquer um de seus membros, é a autoproteção. O único propósito pelo qual o poder pode ser legitimamente exercido sobre qualquer membro de uma comunidade civilizada, contra sua vontade, é o de prevenir danos a terceiros. O próprio bem do indivíduo, seja físico ou moral, não é justificativa suficiente.

Em primeiro lugar, Himmelfarb condena o caráter absoluto desta afirmação: Mill não é fiel a sua própria sofisticação, diz ela, quando afirma que "um princípio muito simples" pode "reger de maneira absoluta" as complexas relações entre a sociedade e o indivíduo. Em seguida, ela caracteriza esse princípio simples como uma reivindicação "extrema" em favor da liberdade, o que contradiz as alegações mais características de Mill em favor da tradição e da educação. Ela diz que *On Liberty* encorajava os indivíduos a "estimar e cultivar seus desejos, impulsos, inclinações e vontades pessoais, a vê-los como a origem de todo o bem, como a força por trás do bem-estar individual e social"; apoiava uma filosofia "que não reconhecia nada mais elevado e digno do que o indivíduo, visto como o repositório da sabedoria e da virtude, o que fez da liberdade do indivíduo o objetivo único da política social". *On Liberty* sustentava tudo isto a despeito da própria filosofia de Mill, desenvolvida em outros ensaios, segundo a qual os indivíduos alcançam a virtude e a excelência por meio da preocupação com os outros, e não somente pela atenção a si mesmos.

A argumentação de Himmelfarb começa com um erro crasso do qual não se recupera. Confunde a força de um princípio com sua esfera de aplicação. As teorias de Bentham sobre a natureza humana e a utilidade, que Mill considerou demasiadamente simples, tinham valor incondicional na sua esfera de aplicação.

Bentham achava que todo ato e toda decisão humanos eram motivados por alguma estimativa de prazer e de dor e acreditava que toda decisão política deveria ser tomada com base nessa mesma estimativa, isto é, maximizando o resultado líquido tão-somente do prazer e da dor para a comunidade como um todo.

Mas o princípio de Mill é de aplicação muito limitada. Refere-se apenas àquelas ocasiões relativamente raras em que se pede a um governo que proíba algum ato pela única razão de que o ato é perigoso para quem o pratica, como dirigir uma motocicleta sem capacete. Ou pela razão de que o ato é ofensivo aos padrões morais da comunidade, como a prática da homossexualidade ou a publicação ou leitura de material pornográfico. Essas decisões constituem uma parte insignificante das ocupações de qualquer governo responsável. O princípio nada diz sobre o modo como o governo deve distribuir recursos escassos como renda, segurança ou poder, ou mesmo como deve decidir quando limitar a liberdade em nome de algum outro valor. Por exemplo, o princípio não recomenda que o governo respeite a liberdade de consciência dos que se opõem ao recrutamento militar compulsório à custa da eficiência militar, ou a liberdade de protesto à custa de danos à propriedade, ou a liberdade do que utiliza a terra à custa da perturbação que isso causa aos direitos de outros (*nuisance*)*.

Quanto mais limitada a esfera de aplicação de um princípio, mais plausível se torna afirmar que ele é válido incondicionalmente. Mesmo os mais sofisticados filósofos, por exemplo, podem acreditar que o governo esteja sempre errado ao insultar uma classe de seus cidadãos sem qualquer justificativa. Mill achava que seu princípio também era suficientemente limitado para ter validade incondicional e, embora ele possa ter

* *Nuisance* – o *Black's Law Dictionary* define *nuisance* como aquela atividade de um indivíduo que nasce de um uso ilegal, não-razoável ou não-autorizado de sua propriedade, ou decorre de sua obstrução ativa a um direito de outrem ou do público ou, ainda, de um outro prejuízo qualquer causado a esse direito. O direito presume que o desconforto, a inconveniência ou o incômodo material causado a terceiros pela *nuisance* resulta em um dano (*damage*), que pode ser determinado e compensado juridicamente. (N. do T.)

se equivocado a esse respeito, estamos longe de poder dizer que ele era ingênuo ou fanático por pensar desse modo.

A confusão de Himmelfarb entre a esfera de aplicação e a força do princípio de Mill é responsável pelo curioso argumento da última parte de seu livro. Nos últimos anos, diz ela, os liberais levaram esse princípio a seu extremo lógico, com resultados que mostram que eles ainda não aprenderam que "a liberdade absoluta pode corromper de maneira absoluta", e que "uma população que não consegue respeitar os princípios de prudência e moderação tende a comportar-se de modo tão imprudente e imoderado a ponto de violar qualquer outro princípio, inclusive o da liberdade". Mas sua própria apresentação, praticamente não sugere nenhuma relação entre Mill e alguma desordem social. Ela diz, por exemplo, que a "contracultura" radical exalta a espontaneidade e é, portanto, um rebento de Mill. Reconhece, no entanto, que a linguagem dessa "contracultura" enfatiza mais a comunidade do que a individualidade. Ela podia ter acrescentado que seus proponentes têm demonstrado um desprezo especial pelo liberalismo em geral, e por Mill em particular, bem como uma preferência inequívoca por escritores como Marcuse, cuja hostilidade a *On Liberty* consideram compatível com eles.

Sua outra prova da corrupção social limita-se a exemplos conhecidos de sexo explícito. É verdade que as leis que puniam os homossexuais foram abrandadas, que o filme *Deep Throat* (*Garganta profunda*) foi exibido sem cortes em algumas cidades, e que hoje há mais nudistas nas praias do que costumava haver. Essas, porém, não constituem ameaças a nenhum princípio de justiça. Os genuínos danos que sofremos no tocante à liberdade, como a recusa de Harvard e a inabilidade de Yale de permitir a fala do professor Shockley, não sugerem muita, mas sim pouca atenção às idéias de Mill*.

---

* *William Bradford Shockley* (1910-1989), engenheiro americano que partilhou o Prêmio Nobel de Física em 1956 por sua contribuição para o desenvolvimento do transistor. Nos anos 60, Shockley desenvolveu e divulgou publicamente suas idéias a respeito da diferença de inteligência entre as diferentes raças. Segundo ele, os testes de QI mostravam que os negros pos-

Himmelfarb acredita que estas mudanças nos costumes sexuais são antecipações ou sintomas de uma anarquia social e de um estado de ilegalidade generalizada. Ela sustenta que Mill introduziu uma nova *idéia* de liberdade, que se tornou dominante; que a distinção que ele fez entre as decisões que afetam um indivíduo e as que afetam os outros era simplesmente uma linha arbitrária e ilógica, que visava conter essa idéia corrosiva; que, como essa linha não pode ser sustentada, a idéia imediata e necessariamente transmutou-se em violência e anarquia, na corrupção absoluta que a liberdade absoluta garante. A retórica do último terço do livro de Himmelfarb somente pode ser explicada pela idéia da autora de que o princípio de Mill tem essa lógica interna e essa conseqüência inevitável, e de que tanto a sua esfera de aplicação própria como a sua força devem ser absolutas.

Porém, a despeito de outros defeitos que possa ter, a argumentação da autora deixa entrever um enorme mal-entendido com respeito a *On Liberty*: confunde dois conceitos de liberdade e atribui o errado ao ensaio de Mill. Não faz distinção entre a idéia de liberdade como licença, isto é, o grau em que uma pessoa está livre das restrições sociais ou jurídicas para fazer o que tenha vontade, e a idéia de liberdade como independência, isto é, o status de uma pessoa como independente e igual e não como subserviente. Estas duas idéias estão, por certo, intimamente relacionadas. Se uma pessoa for muito limitada pelas restrições jurídicas e sociais, isto será, pelo menos, uma forte evidência de que ela se encontra em uma situação politicamente inferior a algum grupo que usa seu poder sobre ela para impor essas restrições. Não obstante isso, essas duas idéias diferem em aspectos muito importantes.

A liberdade como licença é um conceito indiscriminado porque não distingue entre as formas de comportamento. Toda lei prescritiva diminui uma liberdade como licença, antes dis-

suíam uma inferioridade genética em face dos brancos e que a alta taxa de crescimento demográfico das populações negras representava uma ameaça ao processo evolutivo. (N. do T.)

ponível para os cidadãos: boas leis, como as que proíbem o homicídio, diminuem essa liberdade da mesma maneira, e possivelmente em um grau maior do que as más leis, como as que proíbem a liberdade de expressão política. A questão levantada por qualquer lei desse tipo não é se ela ataca a liberdade, coisa que faz, mas se o ataque é justificado por algum valor contrastável, como a igualdade, a segurança ou a comodidade pública. Se um filósofo social atribui um valor muito alto à liberdade como licença, ele pode ser entendido como se estivesse argumentando que esses valores contrastáveis têm um valor relativo mais baixo. Se ele defende a liberdade de expressão, por exemplo, por meio de algum argumento geral em favor da licença, então seu argumento também apóia, pelo menos *pro tanto*, a liberdade de formar monopólios ou de apedrejar vitrines de lojas.

Mas a liberdade como independência não é um conceito indiscriminado nesse sentido. Por exemplo, pode ocorrer que as leis contra o homicídio ou o monopólio não ameacem a independência política dos cidadãos em geral, mas sejam necessárias para protegê-la. Se um filósofo social atribui um alto valor à liberdade como independência, não está necessariamente denegrindo valores como segurança ou comodidade, nem mesmo de maneira relativa. Se ele defender a liberdade de expressão, por exemplo, com algum argumento geral em favor da independência e da igualdade, não estará automaticamente favorecendo uma maior licença quando esses outros valores não estiverem em jogo.

O argumento de Himmelfarb de que a lógica interna do princípio de Mill pode levar à anarquia pressupõe que o princípio incentiva a liberdade como licença. Na verdade, esse princípio incentiva a idéia mais complexa de liberdade como independência. Bentham e John Mill, pai de Mill, achavam que a independência política estaria suficientemente assegurada por uma grande ampliação do direito ao voto e de outras liberdades políticas, isto é, pela democracia. Mill via a independência como uma dimensão adicional da igualdade; argumentava que a independência de um indivíduo é ameaçada não simplesmente por um processo político que lhe nega voz igual, mas por decisões políticas que lhe negam igualdade de respeito. Leis que reconhecem e protegem interesses comuns, como as leis contra a violência e o monopólio, não ofendem nenhuma classe ou indivíduo. No entanto, leis que restringem um homem, com base apenas no suposto de que é incompetente para decidir o que é certo para ele, o ofendem profundamente. Elas o tornam intelectual e moralmente subserviente aos conformistas que formam a maioria e negam-lhe a independência à qual tem direito. Mill insistia na importância política dos conceitos morais de dignidade, personalidade e insulto. Foram essas idéias complexas, e não a idéia mais simples de licença, que Mill tentou tornar acessíveis à teoria política e empregar como o vocabulário básico do liberalismo.

Esta distinção entre atos que levam em consideração os interesses do próprio indivíduo e os que levam em consideração o interesse dos outros não era um compromisso arbitrário entre as pretensões da licença e de outros valores. Tal distinção tinha o propósito de definir a independência política, porque estabelecia o limite entre a regulamentação que implicava igualdade de respeito e a regulamentação que a negava. Isso explica por que ele teve tanta dificuldade para fazer a distinção e por que ele a delineou de diferentes maneiras em diferentes ocasiões. Mill concedia aquilo pelo qual seus críticos sempre batalharam: que qualquer ato, não importa quão pessoal seja, pode ter efeitos importantes sobre os outros. Ele admitia, por exemplo, que se um homem bebe até ficar doente, esse ato causará sofrimento a homens e mulheres bem-intencionados, que sofrerão diante do desperdício da vida humana. A decisão de beber é, no entanto, uma decisão subjetiva, não porque suas conseqüências não sejam reais ou socialmente importantes, mas porque operam, no dizer de Mill, *através* da personalidade do ator. Não poderíamos supor que a sociedade tem um direito de estar livre da compaixão ou do arrependimento, sem supor que ela tenha o direito de decidir que tipo de personalidade seus membros devem ter – e é esse direito que Mill considerava incompatível com a liberdade.

Uma vez que esses dois conceitos tenham sido distinguidos, o argumento de Himmelfarb de que Mill contradiz *On Li-*

berty em outros ensaios cai por terra. Ela cita, por exemplo, o seguinte trecho de um dos primeiros escritos de Mill:

> Liberdade, em seu sentido original, significa liberdade em face das restrições. Nesse sentido, toda lei e toda regra moral são contrárias à liberdade. Um déspota, que é inteiramente emancipado de ambas, é a única pessoa cuja liberdade de ação é completa. Portanto, uma medida governamental não é necessariamente má por ser contrária à liberdade; e culpá-la por essa razão leva à confusão de idéias.

O sentido "original" de liberdade que o jovem Mill tinha em mente era, sem dúvida, a liberdade como licença, e nada aqui contradiz *On Liberty*, nem nas palavras, nem no espírito. Ela também cita passagens do ensaio sobre Coleridge, no qual Mill inclui, entre as funções da educação em uma sociedade boa, "desenvolver no ser humano o hábito, e portanto a capacidade, de subordinar seus impulsos e objetivos pessoais ao que for considerado como os objetivos da sociedade (...)". Contudo, educar os homens para aceitar os objetivos da sociedade é educá-los a aceitar as restrições à licença, com vistas ao respeito pelos interesses dos outros, e não para subordinar a própria personalidade dos educandos quando esses interesses não estiverem em jogo.

No mesmo ensaio, ela cita a aprovação de Mill do sentimento de nacionalidade, isto é, de uma filosofia pública partilhada, e sugere que esse tipo de nacionalidade se opõe à individualidade de *On Liberty*. Mas ela não menciona a condição imediata de Mill, segundo a qual "a única forma na qual [esse] sentimento provavelmente existirá daqui por diante" será como respeito partilhado pelos "princípios da liberdade individual e da igualdade social, enquanto realizados em instituições que até agora não existem em lugar nenhum, ou existem apenas em estado rudimentar". Ela também não menciona que, no ensaio de Coleridge, Mill descreveu a educação e a nacionalidade não como compromissos com os objetivos de liberdade do *philosophe*, mas como condições sob as quais esse objetivo pode ser alcançado, como condições necessárias, isto é, para que o "vigor e hombridade de caráter" possam ser preservados. Cada ensaio que Himmelfarb menciona antes confirma do que contradiz o ponto defendido por *On Liberty*, de que a independência da personalidade deve ser distinguida da licença e da anarquia e estabelecida como uma condição especial e precisa de uma sociedade justa.

Se ela tivesse entendido isto, não teria repetido a tola proposição de que os verdadeiros liberais devem respeitar a liberdade econômica bem como a intelectual, nem teria também acusado Mill, que era socialista, de incoerência a esse respeito. A licença econômica e a liberdade intelectual devem ser colocadas em pé de igualdade apenas se a liberdade significar licença; elas são, em algum sentido, claramente distinguíveis e incoerentes, se liberdade significa independência.

A Suprema Corte confundiu essas duas idéias décadas atrás, quando decidiu, temporariamente, que, se a Constituição realmente protege a liberdade, deve proteger a liberdade de um empregador de contratar funcionários nos termos que bem entender. Os conservadores confundem estas idéias quando usam "permissividade" para descrever a independência sexual e a violência política e para sugerir que estas diferem apenas em grau. Os radicais confundem essas idéias quando identificam o liberalismo com o capitalismo e, portanto, supõem que os direitos individuais sejam responsáveis pela injustiça social. As obras completas de Mill não são a origem desse tipo de confusão, mas o antídoto contra ela.

Capítulo 12

Que direitos temos?

1. Nenhum direito à liberdade

Temos um direito à liberdade[1]? Thomas Jefferson pensava que sim, e desde sua época o direito à liberdade tem recebido mais atenção do que os direitos concorrentes, à vida e à busca da felicidade, por ele mencionados. A liberdade deu seu nome ao movimento político mais influente do século XIX, e muitos daqueles que hoje desprezam os liberais assim procedem por considerá-los insuficientemente libertários. Sem dúvida, quase todos reconhecem que o direito à liberdade não é o único direito político e que, portanto, as exigências da liberdade devem ser limitadas, por exemplo, por restrições que protejam a segurança ou a propriedade dos outros. Não obstante, o consenso em favor de algum direito à liberdade é vasto, ainda que mal orientado, como argumentarei neste capítulo.

O direito à liberdade é popular em todo esse espectro político. A retórica da liberdade alimenta todos os movimentos radicais, desde as guerras internacionais de libertação às campanhas em prol da liberdade sexual e da libertação das mulheres.

---

1. Neste capítulo, utilizo o termo "liberdade" no sentido que Isaiah Berlin chamou de "negativo". (N. do T.): ver definição mais adiante, neste capítulo. Para a formulação de Isaiah Berlin, ver *Four Essays on Liberty*, Oxford University Press, 1979, Introdução, mas especialmente pp. 118-72 (*Two Concepts of Liberty*).

Mas a liberdade tem servido de forma ainda mais proeminente aos conservadores. Mesmo as moderadas reorganizações sociais propostas pelos movimentos sindicais e antitruste, e pelo New Deal em seu início, foram contestadas com base na alegação de que infringiam o direito à liberdade. Em nossos dias, os esforços para alcançar alguma justiça racial por meio de técnicas como o transporte escolar (*busing*)* de crianças negras e brancas nos Estados Unidos, bem como as tentativas de justiça social na Inglaterra, através de restrições ao ensino privado, são acerbamente combatidos com base mesmo fundamento.

Na verdade, tornou-se comum descrever as grandes questões sociais de política interna e, em particular, a questão racial como paradigmas de conflitos entre as exigências da liberdade e da igualdade. É possível, afirma-se, que os pobres, os negros, os carentes de educação e os trabalhadores não especializados tenham um direito abstrato à igualdade, mas os prósperos, os brancos, os instruídos e os trabalhadores especializados também têm um direito à liberdade. Qualquer tentativa de reorganização social no sentido de favorecer o primeiro conjunto de direitos deve levar em conta e respeitar o segundo. Com exceção dos extremistas, portanto, todos reconhecem a necessidade de se chegar a um acordo entre a igualdade e a liberdade. Qualquer parcela de legislação social importante, desde a política tributária até os projetos de integração, é moldada pela suposta tensão entre esses dois objetivos.

Esse suposto conflito entre igualdade e liberdade é o que tenho em mente quando pergunto se temos um *direito* à liberdade, como supunham Jefferson e tantos outros. Trata-se de uma questão crucial. Se a liberdade de escolher a própria escola, os próprios empregados e o lugar onde se vai morar é sim-

* *Busing*: transporte escolar compulsório de crianças de bairros brancos e economicamente favorecidos para escolas de bairros negros e economicamente desfavorecidos e vice-versa, com o objetivo de proporcionar oportunidades de educação mais igualitárias e promover a integração racial nas escolas e na sociedade em geral. A matéria foi objeto de intenso debate constitucional nos Estados Unidos nos anos 60 e 70. Ver ainda Ronald Dworkin, *O império do direito*, op. cit., pp. 265 e 467-8. (N. do T.)

plesmente algo que todos queremos, tal como ar-condicionado ou lagostas, então não temos o direito de nos apegar a essas liberdades em face do que aceitamos como os direitos dos outros a uma igual quota de respeito e recursos. No entanto, se pudermos dizer não simplesmente que desejamos essas liberdades, mas também que temos direito a elas, teremos pelo menos estabelecido uma base para exigir um compromisso.

Existe hoje, por exemplo, um movimento em favor de uma proposta de emenda à Constituição dos Estados Unidos que assegure a toda criança em idade escolar o direito de freqüentar uma "escola da vizinhança", o que tornaria ilegal o tipo de transporte escolar a que referimos há pouco. A sugestão de que essas escolas da vizinhança estão, de algum modo, enquanto valores constitucionais, no mesmo nível que julgamentos pelo tribunal do júri pareceria tola, não fosse a percepção, compartilhada por muitos norte-americanos, de que obrigar crianças em idade escolar a tomar esses ônibus representa, de alguma forma, tanta interferência no direito fundamental à liberdade quanto o insulto à igualdade representado pela segregação escolar. Mas isso me parece absurdo; na verdade, parece-me absurdo supor que homens e mulheres tenham qualquer direito geral à liberdade, pelo menos do modo como a liberdade tem sido tradicionalmente concebida por seus defensores.

Tenho em mente a definição tradicional de liberdade como a ausência de restrições impostas pelo governo ao que um homem poderia fazer, caso desejasse. No mais famoso ensaio moderno sobre a liberdade, Isaiah Berlin colocou a questão deste modo: "No sentido em que utilizo o termo, a liberdade implica não simplesmente a ausência de frustração, mas também a ausência de obstáculos às escolhas e atividades possíveis – ausência de obstrução nos caminhos que um homem pode decidir trilhar". Esta concepção da liberdade como licença é neutra quanto às diferentes atividades que um homem pode buscar realizar, os diferentes caminhos que pode querer trilhar. A liberdade de um homem diminui quando o impedimos de falar ou fazer amor como deseja, mas também diminui quando o impedimos de assassinar ou difamar outras pessoas. Estas últimas restrições podem ser justificáveis, mas somente por serem compromissos necessários à proteção da liberdade ou da segurança dos outros, mas não por não infringirem, em si mesmas, o valor independente da liberdade. Bentham afirmou que qualquer lei é uma "infração" contra a liberdade e que, embora algumas dessas infrações possam ser necessárias, é obscurantismo fingir que elas não constituem uma infração. Neste sentido neutro e abrangente da liberdade como licença, é evidente que há uma competição entre liberdade e igualdade. As leis são necessárias para proteger a igualdade e, inevitavelmente, envolvem limitações da liberdade.

Os liberais como Berlin se dão por satisfeitos com esse sentido neutro da liberdade, porque ele parece estimular a clareza de pensamento. Permite-nos identificar exatamente aquilo que se perde, embora talvez de maneira inevitável, quando os homens aceitam restrições a seus atos em nome de algum outro objetivo ou valor. Desse ponto de vista, seria uma confusão intolerável utilizar o conceito de ausência de restrições ou liberdade (*liberty or freedom*) de tal maneira que considerássemos como perda de liberdade somente as situações nas quais os homens fossem impedidos de fazer alguma coisa que, em nossa opinião, devem fazer. Esse uso permitiria que governos totalitários se fizessem passar por liberais, simplesmente argumentando que eles impedem os indivíduos de fazer apenas o que é errado. Pior ainda, obscureceria o traço mais distintivo da tradição liberal, a saber, que interferir na liberdade de escolha de um homem para fazer o que ele quiser constitui, por si e em si mesmo, um insulto à humanidade, uma transgressão que pode ser justificada, mas que nunca poderá ser apagada por considerações concorrentes. Para um verdadeiro liberal, qualquer restrição à liberdade é algo que um governo honesto deve lamentar e manter limitada ao mínimo necessário para harmonizar os demais direitos de seus eleitores.

Contudo, apesar dessa tradição, o sentido neutro da liberdade parece-me ter causado mais confusão do que esclarecimento, particularmente quando ele é aditado à idéia popular e inspiradora de que homens e mulheres têm um direito à liberdade. Na verdade, só é possível manter essa noção se diluirmos muito a idéia do que é um direito (*right*). E nesse caso, o direito à liberdade acaba tornando-se algo que não vale muito a pena possuir.

Em política e filosofia, o termo "direito" (*right*) é empregado em muitos sentidos diferentes, alguns dos quais tentei deslindar em outra parte deste livro[2]. Para perguntar sensatamente se temos um direito à liberdade no sentido neutro, devemos fixar-nos um único sentido da palavra "direito" (*right*). Não é difícil encontrar um sentido desse termo que nos permita dizer, com alguma confiança, que os homens têm um direito à liberdade. Podemos dizer, por exemplo, que uma pessoa tem um direito à liberdade se for de seu interesse ter liberdade, isto é, se ela quiser tê-la ou se for bom para ela ter esse direito. Neste sentido, eu estaria disposto a admitir que os cidadãos têm um direito à liberdade. Neste mesmo sentido, porém, eu teria igualmente de conceder que eles têm um direito, pelo menos em termos gerais, a sorvete de baunilha. Além disso, essa minha concessão a respeito da liberdade teria muito pouco valor no debate político. Eu poderia alegar, por exemplo, que as pessoas têm um direito à igualdade em um sentido muito mais forte; que elas não apenas desejam igualdade como também que igualdade é uma prerrogativa delas (*are entitled to it*). Portanto, eu não aceitaria que a alegação – alguns homens e mulheres querem liberdade – exija qualquer concessão no tocante aos esforços, necessários no meu entender, para conferir a outros homens e mulheres a igualdade que é sua prerrogativa.

Portanto, se cabe ao direito à liberdade desempenhar o papel talhado para ele no debate político, ele precisa ser um direito em um sentido muito mais forte. No capítulo 7, defini um sentido forte de direito que me parece abranger as reivindicações que os homens fazem quando apelam aos direitos políticos e morais. Não me proponho a repetir minha análise aqui, mas apenas resumi-la como segue. No sentido forte que des-

---

2. Ver capítulo 7.

crevi, uma reivindicação bem-sucedida a um direito tem a seguinte conseqüência. Se uma pessoa tem um direito a alguma coisa, então é errado que o governo a prive desse direito, mesmo que seja do interesse geral proceder assim. Este sentido do que constitui um direito (que poderia ser chamado de conceito antiutilitarista de um direito) parece-me muito próximo do sentido de direito que, nos últimos anos, tem sido empregado principalmente nos escritos e na argumentação políticos e jurídicos. Esse sentido destaca o conceito bem definido de um direito individual contra o Estado, conceito que está, por exemplo, no cerne da teoria constitucional nos Estados Unidos.

Não penso que o direito à liberdade significasse muito ou tivesse muita força na argumentação política, caso dependesse de algum sentido de direito mais fraco do que aquele. Contudo, se aceitarmos esse conceito de um direito, parece evidente que não existe nenhum direito geral à liberdade enquanto tal. Não tenho o direito político de subir a Lexington Avenue dirigindo meu carro. Se o governo decidir que a Lexington Avenue passará a ter mão única em direção ao centro, essa decisão estará suficientemente justificada se isso for do interesse geral. E seria ridículo se eu tentasse argumentar que, não obstante isso, por alguma outra razão, o governo está errado. A grande maioria das leis que restringem minha liberdade se justificam por razões utilitaristas, por serem de interesse geral ou atenderem ao bem-estar geral. Se, como Bentham imagina, cada uma dessas leis restringe minha liberdade, elas ainda assim não me privam de coisa alguma que eu tenha o direito de ter. No caso da rua de mão única, não basta dizer que, embora eu tenha o direito de subir a Lexington Avenue dirigindo meu carro, não obstante isso o governo está justificado ao desconsiderar esse direito por razões especiais. Isso parece tolo, porque o governo não precisa de nenhuma justificação especial – mas somente de *uma* justificação – para tal tipo de legislação. Assim, eu posso ter um direito político à liberdade, de tal forma que toda restrição diminui ou infringe tal direito, mas somente em um sentido tão fraco de direito, que o assim chamado direito à liberdade não entra de modo algum em competição com direitos fortes, como o direito à igualdade. Não existe nenhum direito geral à liberdade, em qualquer sentido forte de direito que possa competir com o direito à igualdade.

Nesse ponto, seria possível afirmar que eu compreendi mal a alegação de que existe um direito a liberdade. Ela não pretenderia defender a existência de um direito à toda liberdade, mas simplesmente às liberdades básicas e importantes. Como Bentham disse, toda lei é uma violação da liberdade, mas só temos o direito de nos proteger contra as violações graves ou fundamentais. Nos casos em que a restrição à liberdade for suficientemente grave ou severa, é verdadeiro afirmar que o governo não está autorizado a impor essa restrição, apenas porque ela seria imposta no interesse geral. O governo não está autorizado, por exemplo, a restringir a liberdade de expressão sempre que lhe parecer que isso contribuirá para o aumento do bem-estar geral. Assim, existe afinal um direito geral à liberdade enquanto tal, desde que tal direito se limite a liberdades importantes ou violações graves. Pode-se afirmar que essa ressalva não afeta os argumentos políticos que descrevi anteriormente, porque os direitos à liberdade que representam um obstáculo à igualdade plena são direitos às liberdades básicas, tais como, por exemplo, o direito de uma pessoa freqüentar uma escola de sua escolha.

Essa ressalva coloca um problema de grande importância para a teoria liberal, um problema que aqueles que argumentam em favor de um direito à liberdade não enfrentam. O que significa dizer que o direito à liberdade é limitado a liberdades básicas ou que só oferece proteção contra graves violações da liberdade? Esta alegação pode ser apresentada de dois modos diferentes, com conseqüências teóricas e práticas muito diferentes. Imaginemos dois casos nos quais o governo impede que um cidadão faça alguma coisa que ele pode querer fazer: proíbe-o de dizer o que pensa sobre questões políticas e de subir a Lexington Avenue dirigindo seu carro. Qual deve ser a conexão entre estes dois casos e qual diferença há entre eles, para que nos seja permitido dizer que, embora em ambos os casos um cidadão seja constrangido e privado de liberdade, seu direito à liberdade somente é violado no primeiro caso, e não no segundo?

Na primeira das teorias que podemos examinar, o cidadão é privado, em ambos os casos, da mesma mercadoria, isto é, a liberdade, mas a diferença é que no primeiro caso a quantidade da mercadoria de que foi privado é, por alguma razão, maior em termos de quantidade ou de impacto do que no segundo caso. Mas isso parece bizarro. É muito difícil conceber a liberdade como uma mercadoria. Se tentamos dar à liberdade um sentido operacional, de tal forma que possamos medir a redução relativa de liberdade ocasionada por diferentes tipos de leis ou restrições, é improvável que o resultado se ajuste ao nosso sentido intuitivo sobre quais liberdades são básicas e quais não são. Suponhamos, por exemplo, que estamos medindo uma redução da liberdade, calculando a extensão da frustração a que ela induz. Teremos então de encarar o fato de que as leis contra o roubo, e mesmo as leis de trânsito, impõem restrições que a maioria dos homens sente de maneira mais intensa do que aquelas impostas ao discurso político. Poderíamos considerar a questão sob um outro ângulo, e medir o grau da perda de liberdade decorrente do impacto que uma restrição específica tem sobre as escolhas futuras. Contudo, nesse caso, teríamos de admitir que o código penal usual diminui as escolhas para a maioria dos homens, mais do que as leis que proíbem a atividade política marginal. Assim, a primeira teoria – aquela segundo a qual a diferença entre os casos abarcados e os não abarcados por nosso suposto direito à liberdade é uma questão de grau – não se sustenta.

A segunda teoria argumenta que a diferença entre os dois casos tem a ver não com o grau de liberdade, mas com a característica específica da liberdade envolvida no caso abarcado pelo direito. Nos termos dessa teoria, a ofensa ao direito envolvida numa lei que limita a liberdade de expressão é de caráter diferente – não apenas uma diferença de grau – da de [aquela que se poderia atribuir a] uma lei que impede um homem de dirigir seu carro pela Lexington Avenue acima. Isso parece plausível, ainda que, como veremos, não seja fácil formular em que consiste essa diferença de caráter, ou por que em alguns casos ela apóia um direito e em outros não. Neste momento, no entanto, meu ponto é que se a distinção entre liberdades básicas e outras liberdades for defendida dessa maneira, a noção de um direito geral à liberdade enquanto tal terá sido totalmente abandonada. Se temos um direito às liberdades básicas não porque em tais casos a liberdade como mercadoria esteja de algum modo especial em jogo, mas porque uma agressão às liberdades básicas nos prejudica ou nos avilta de uma forma que vai além de seu impacto sobre a liberdade, então com respeito ao que temos um direito não é, em absoluto, a liberdade, mas sim os valores, interesses ou posições que essa restrição particular frustra.

Esta não é simplesmente uma questão de terminologia. A idéia de um direito à liberdade é um conceito equivocado que, pelo menos em dois sentidos, presta um desserviço ao pensamento político. Em primeiro lugar, a idéia cria a falsa noção de um conflito necessário entre a liberdade e outros valores, naqueles casos em que uma regulamentação social é proposta, como no programa de transporte escolar compulsório (*busing*). Em segundo lugar, a idéia oferece uma resposta excessivamente fácil à questão de por que consideramos certos tipos de restrições como especialmente injustas, como, por exemplo, a restrição à expressão ou à liberdade religiosa. A idéia de um direito à liberdade nos permite dizer que essas restrições são injustas porque têm um impacto especial sobre a liberdade enquanto tal. Uma vez que reconhecemos que essa resposta é espúria, temos de enfrentar a difícil questão de saber o que está de fato em jogo nesses casos.

Gostaria de tratar de imediato dessa questão. Se não existe nenhum direito geral à liberdade, por que então em uma democracia os cidadãos têm direitos a algum tipo específico de liberdade, como a liberdade de expressão, a liberdade religiosa ou a liberdade de atuação política? Dizer que, se os indivíduos têm esses direitos, no longo prazo o conjunto da comunidade como um todo estará em melhor situação não é uma resposta. Essa idéia – a de que os direitos individuais podem conduzir à utilidade geral – pode ou não ser verdadeira, mas ela é irrelevante para a defesa dos direitos enquanto tais, pois quando afirmamos que alguém tem um direito de se expressar livremente suas opiniões, no sentido político relevante, queremos dizer que ele tem o direito de fazê-lo, mesmo quando isso não for de interesse geral. Se queremos defender os direitos individuais no [mesmo] sentido em que os reivindicamos, devemos tentar descobrir alguma coisa que, além da utilidade, sirva de argumento em favor deles.

Mencionei anteriormente uma possibilidade. Podemos defender o argumento de que os indivíduos sofrem algum prejuízo especial quando direitos tradicionais são infringidos. Segundo esse argumento, existe algo na liberdade de expressão sobre questões políticas que, quando ela é negada, o indivíduo sofre um tipo especial de dano. Esse resultado faz com que seja errado inflingir esse dano ao indivíduo, ainda que o conjunto da comunidade venha a beneficiar-se com isso. Esta linha de argumentação é atraente para aqueles que se sintam particularmente destituídos da perda de suas liberdades políticas e civis. Mesmo assim, este é um argumento difícil de sustentar, por duas razões.

Em primeiro lugar, há um grande número de homens e mulheres, indubitavelmente a maioria, mesmo em democracias como a Inglaterra e os Estados Unidos, que não exerce as liberdades políticas de que dispõem e que não consideraria a perda destas liberdades um fato especialmente grave. Em segundo lugar, carecemos de uma teoria psicológica que justifique e explique a idéia de que a perda das liberdades civis, ou de quaisquer outras liberdades, envolve algum dano psicológico inevitável ou mesmo provável. Ao contrário, a psicologia atual possui uma forte tradição, liderada por psicólogos como Ronald Laing, que argumenta que boa parte da instabilidade mental nas sociedades modernas pode ser associada à exigência de liberdade demais, e não de menos. Na opinião desses psicólogos, a necessidade de escolher, que decorre da liberdade, é uma fonte desnecessária de tensão destrutiva. Estas teorias não são necessariamente persuasivas, mas enquanto não pudermos ter certeza de que estão erradas, não podemos pressupor que a psicologia demonstra o contrário, por mais atraente que isso possa ser em termos políticos.

Portanto, se quisermos argumentar em favor de um direito a certas liberdades, devemos encontrar outro fundamento. Devemos, com base na moralidade política, argumentar que é errado privar indivíduos dessas liberdades, invocando alguma razão que não seja o dano psicológico direto, a despeito do fato de que o interesse comum estaria sendo promovido se assim procedêssemos. Coloco a questão deste modo vago porque não temos razão para supor, de antemão, que apenas um tipo de razão pode sustentar aquela posição moral. Uma sociedade justa poderia reconhecer uma variedade de direitos individuais, fundamentos em considerações morais muito diferentes umas das outras. No restante deste capítulo, tentarei descrever apenas um fundamento possível para os direitos. Disso não se segue que, na sociedade civil, homens e mulheres só têm os direitos apoiados pela argumentação que vou apresentar; mas segue-se que eles têm pelo menos esses direitos, e isto já é suficientemente importante.

2. O direito às liberdades

O conceito central da minha argumentação será o conceito não de liberdade, mas de igualdade. Presumo que todos aceitamos os seguintes postulados de moral política. O governo deve tratar aqueles a quem governa com consideração, isto é, como seres humanos capazes de sofrimento e de frustração, e com respeito, isto é, como seres humanos capazes de formar concepções inteligentes sobre o modo como suas vidas devem ser vividas, e de agir de acordo com elas. O governo deve não somente tratar as pessoas com consideração e respeito, mas com igual consideração e igual respeito. Não deve distribuir bens ou oportunidades de maneira desigual, com base no pressuposto de que alguns cidadãos têm direito a mais, por serem merecedores de maior consideração. O governo não deve restringir a liberdade, partindo do pressuposto de que a concepção de um cidadão sobre a forma de vida mais adequada para um grupo é mais nobre ou superior do que a de outro cidadão.

Considerados em conjunto, esses postulados expressam aquilo que se poderia chamar de concepção liberal da igualdade; mas o que expressam é uma concepção de igualdade e não uma concepção de liberdade como licença.

A questão soberana da teoria política, em um estado que se supõe governado pela concepção liberal de igualdade, é a questão de saber quais desigualdades em termos de bens, oportunidades e liberdades são permitidas em tal estado, e por quê. O começo de uma resposta está na seguinte distinção: todo cidadão governado pela concepção liberal de igualdade tem um direito a igual consideração e respeito. Existem, no entanto, dois direitos distintos que podem estar compreendidos neste direito abstrato. O primeiro deles é o direito a igual tratamento (*equal treatment*), isto é, à mesma distribuição de bens e oportunidades que qualquer outra pessoa possua ou receba. Nos casos de realinhamento dos distritos eleitorais, a Suprema Corte sustentou que os cidadãos têm direito a igual tratamento na distribuição do poder de voto; sustentou que se deve conceder um voto a cada pessoa, apesar do fato de que uma distribuição diferente dos votos possa realmente contribuir para o benefício geral. O segundo é o direito a ser tratado como igual (*treatment as an equal*). Este é o direito, não a uma distribuição igual de algum bem ou oportunidade, mas o direito a igual consideração e respeito na decisão política sobre como tais bens e oportunidades serão distribuídos. Suponhamos que se coloque a questão de saber se uma política econômica que prejudica os titulares de papéis de longo prazo é de interesse geral. Os que serão prejudicados têm um direito a ter sua provável perda levada em consideração quando da decisão de se a política servirá ao interesse coletivo. Não se pode, simplesmente, ignorá-los nesses cálculos. No entanto, quando o interesse deles é levado em consideração, poderá, não obstante isso, pesar menos que os interesses de outros que serão beneficiados por essa política. Neste caso, o direito dos primeiros a igual consideração e respeito, assim definido, não serviria de base para objeções. Portanto, no caso da política econômica, podemos dizer que os que serão prejudicados, caso a inflação for autorizada, têm direito a serem tratados como iguais quando da decisão de se essa política serve ou não ao interesse geral, mas nenhum direito a igual tratamento que anule essa política, se ela passar por aquele teste.

Proponho que o direito a ser tratado como igual deve ser visto como fundamental na concepção liberal de igualdade, e que o direito mais restritivo a igual tratamento somente tenha validade naquelas circunstâncias específicas nas quais, por alguma razão especial, ele decorra do direito mais fundamental, como talvez seja o caso na circunstância especial dos casos de realinhamento dos distritos eleitorais. Proponho igualmente que os direitos individuais a diferentes liberdades devam ser reconhecidos somente quando se puder mostrar que o direito fundamental a ser tratado como igual exige tais direitos. Se isso for correto, o direito a diferentes liberdades não entra em conflito com nenhum suposto direito à igualdade concorrente; ao contrário, decorre de uma concepção de igualdade que se admite como mais fundamental.

Porém, agora devo mostrar como se pode conceber que os bem conhecidos direitos a diferentes liberdades – por exemplo, aqueles estabelecidos pela Constituição dos Estados Unidos – são exigidos pela concepção fundamental de igualdade. Para os meus propósitos presentes, tentarei fazer isso fornecendo apenas o esqueleto da argumentação mais elaborada, que teria que ser feita para a defesa de qualquer liberdade específica nesses termos. Em seguida mostrarei por que é plausível esperar que as liberdades políticas e civis mais conhecidas sejam justificadas por uma tal argumentação, caso ela realmente seja formulada.

Um governo que respeita a concepção liberal de igualdade somente pode restringir a liberdade, de maneira adequada, com base em certos tipos muito limitados de justificação. Para sustentar esse ponto, adotarei a seguinte tipologia grosseira das justificações políticas. Existem, em primeiro lugar, argumentos de princípio, que apóiam uma restrição específica à liberdade, com base no argumento de que a restrição é exigida para proteger o direito específico de algum indivíduo que seria prejudicado pelo exercício da liberdade. Em segundo lugar, existem os argumentos de política (*policy*), que apóiam as restrições a partir de um fundamento distinto, a saber, de que elas são necessárias para alcançar algum objetivo político geral, isto é, para realizar algum estado de coisas no qual a comunidade como um todo, e não apenas determinados indivíduos, estará em melhor situação em virtude da restrição. Os argumentos de política podem ser subdivididos da seguinte maneira. Os argumentos de política utilitarista argumentam que a comunidade como um todo estará em melhor situação porque – apresentando a idéia de maneira tosca – um maior número de seus cidadãos terá, em geral, mais daquilo que deseja, ainda que alguns deles venham a ter menos. Por outro lado, os argumentos de política ideais sustentam que a comunidade estará em melhor situação, não porque um maior número de seus membros terá mais daquilo que deseja, mas porque a comunidade estará, de algum modo, mais próxima de uma comunidade ideal, pouco importando se seus membros desejam ou não tal melhoria.

A concepção liberal de igualdade limita precisamente os limites dentro dos quais os argumentos de política ideais podem ser usados para justificar qualquer restrição à liberdade. Tais argumentos não podem ser usados se a idéia em questão for controversa dentro da comunidade. As restrições não podem ser defendidas, por exemplo, a partir da idéia de que contribuem para a existência de uma comunidade culturalmente sofisticada, independentemente de se a comunidade deseja ou não essa sofisticação, pois esse argumento viola o cânone da concepção liberal de igualdade, que proíbe um governo de basear-se na alegação de que certas formas de vida são intrinsecamente mais valiosas que outras.

Os argumentos de política utilitaristas, contudo, parecem estar a salvo dessa objeção. Eles não supõem que alguma forma de vida seja intrinsecamente mais valiosa que outra; em vez disso, baseiam sua alegação de que as restrições à liberdade são necessárias para promover um objetivo coletivo da comunidade justamente no fato de que este objetivo é mais ampla ou profundamente desejado do que outro qualquer. Portanto, os argumentos de política utilitaristas parecem não se opor ao direito fundamental a igual consideração e respeito; ao contrário, parecem incorporá-lo, pois tratam os desejos de cada membro da comunidade como equivalentes aos de qualquer outro membro, sem bonificações ou descontos que reflitam a concepção de que esse membro é mais ou menos digno de consideração, ou que suas concepções são mais ou menos dignas de respeito.

Em minha opinião, essa aparência de igualitarismo tem sido a fonte principal da grande atração que o utilitarismo exerceu, durante o século XIX, como um filosofia política geral. No capítulo 9, porém, mostrei que o caráter igualitário de um argumento utilitarista é freqüentemente uma ilusão. Não vou repetir aqui minha argumentação, mas apenas resumi-la.

Os argumentos utilitaristas concentram-se no fato de que uma restrição particular à liberdade fará mais pessoas mais felizes, ou satisfará um número maior de suas preferências, dependendo do tipo de utilitarismo considerado, se o utilitarismo psicológico ou o utilitarismo baseado nas preferências. Contudo, a preferência global de pessoas por uma política em vez de outra pode ser vista, após análise adicional, como incluindo tanto as preferências que são *pessoais*, porque expressam uma preferência pela alocação de algum conjunto de bens ou oportunidades para si mesmo, como as preferências que são *externas*, porque expressam uma preferência pela atribuição de bens ou oportunidades a outras pessoas. Porém, um argumento utilitarista que atribua um peso decisivo às preferências externas de membros da comunidade não é igualitário no sentido que estamos examinando aqui. Ele não respeita o direito de cada um de ser tratado com igual consideração e respeito.

Suponhamos, por exemplo, que alguns membros da comunidade defendam teorias políticas racistas, e não utilitaristas. Acreditam, no que diz respeito à distribuição de bens, não que cada homem deve contar como um e que ninguém deve contar como mais do que um, mas sim que um negro deve contar como menos que um e um branco, por isso, contar como mais do que um. Esta é uma preferência externa; não obstante, é uma preferência genuína por uma política em detrimento de outra, e a satisfação dela produzirá prazer. Ainda assim, se em um cálculo utilitarista atribuirmos a essa preferência ou prazer um peso normal e se, em decorrência disso, os negros vierem a sofrer, então a própria atribuição de bens e oportunidades destes dependerá não simplesmente da competição entre preferências pessoais, como sugerem os enunciados abstratos do utilitarismo, mas exatamente do fato de os negros terem sido concebidos como menos merecedores de consideração e respeito do que os outros.

Suponhamos, para examinar um caso diferente, por razões morais, que muitos membros da comunidade desaprovem a homossexualidade, a prevenção da gravidez, a pornografia ou as manifestações de adesão ao partido comunista. Preferem não apenas não se entregar a essas práticas, mas também que ninguém mais o faça, e acreditam que uma comunidade que permite tais atos, em vez de proibi-los, é intrinsecamente má. Estas são preferências externas, mas, uma vez mais, não são menos genuínas, nem menos uma fonte de prazer quando satisfeitas e de desprazer quando ignoradas, do que preferências exclusivamente pessoais. Mais uma vez, porém, se essas preferências externas forem valorizadas de modo que justifiquem uma restrição à liberdade, os que forem constrangidos pela restrição sofrerão, não simplesmente porque suas preferências pessoais terão sido derrotadas pelas preferências pessoais de outros em uma competição por recursos escassos, mas precisamente porque suas concepções do que é uma forma de vida apropriada ou desejável terá sido desprezada pelos demais.

Esses argumentos justificam a seguinte importante conclusão: se os argumentos de política utilitaristas forem usados para justificar restrições à liberdade, será preciso tomar cuidado para assegurar que os cálculos utilitaristas nos quais se assenta o argumento concentrem-se exclusivamente nas preferências pessoais, ignorando as preferências externas. Esta é uma conclusão importante para a teoria política, porque ela mostra, por exemplo, por que os argumentos de John Stuart Mill em *On Liberty* não são antiutilitaristas, mas, ao contrário, argumentos a serviço da única forma defensável de utilitarismo.

Contudo, por mais importante que seja esta conclusão no nível da filosofia política, ela é em si mesma de importância prática limitada, porque é impossível conceber procedimentos políticos que discriminem com precisão entre preferências pessoais e externas. A democracia representativa é amplamente concebida como a estrutura institucional mais adequada, em uma sociedade complexa e diversificada, para a identificação e a consecução de políticas utilitaristas. Nesse ponto ela funciona imperfeitamente, pela conhecida razão de que a regra de decisão pela maioria não consegue levar suficientemente em conta a intensidade, por oposição ao número, das preferências particulares, e porque as técnicas de persuasão política, apoiadas pelo dinheiro, podem corromper a precisão com a qual os votos representam as verdadeiras preferências dos eleitores. Não obstante, a despeito de tais imperfeições, a democracia parece mais capaz de implementar satisfatoriamente o utilitarismo do que qualquer outra alternativa de esquema político geral.

Porém, na esfera das preferências globais imperfeitamente reveladas pelo voto, a democracia não é capaz de discriminar entre os diferentes componentes pessoais e externos, de modo que ofereça um método para implementar os primeiros e ignorar os últimos. Em uma eleição ou em um referendo, um voto real deve ser considerado, antes como uma expressão de uma preferência global do que como um componente da preferência do eleitor individual, que um exame rigoroso revelaria, caso o tempo e o custo o permitissem. Além disso, as preferências pessoais e externas estão às vezes tão inextricavelmente combinadas que a discriminação é psicológica e institucionalmente impossível. Isso é verdadeiro, por exemplo, no caso das preferências por associação que muitas pessoas têm por membros de uma raça ou pelos que têm um talento e qualidade, pois esta é uma preferência pessoal de tal modo parasitária de preferências externas que é impossível dizer, mesmo enquanto matéria para introspecção, quais preferências pessoais permaneceriam se a preferência externa subjacente fosse removida. Isso é igualmente verdadeiro a respeito de certas preferências caracterizadas pelo desprendimento, comuns a muitos indivíduos, isto é, preferências por uma quantidade menor de um certo bem com base no suposto, ou melhor, na condição de que outras pessoas venham a ter mais. Por mais nobre que seja, essa preferência também é parasitária de preferências externas na forma de teorias políticas e morais, e estas não podem ter mais peso em um argumento utilitarista defensável do que outras preferências menos atrativas, que têm raízes antes no preconceito e do que no altruísmo.

Desejo agora propor a seguinte teoria geral dos direitos. O conceito de direito político individual, no sentido antiutilitarista forte que distingui anteriormente, é uma resposta aos defeitos filosóficos de um utilitarismo que leva em conta as preferências externas e à impossibilidade prática de um utilitarismo que não as leve em conta. Ela nos permite desfrutar das instituições da democracia política que aplicam um utilitarismo genérico ou não refinado, e ainda assim protegem o direito fundamental dos cidadãos a igual consideração e igual respeito ao proibir decisões que pareçam, previamente, terem sido tomadas provavelmente em virtude dos componentes externos das preferências reveladas pela democracia.

Deve ficar claro como essa teoria dos direitos pode ser usada em defesa da idéia, que é o tema deste capítulo, de que temos direitos precisos a certas liberdades, tais como a liberdade de expressão e de escolha em nossas relações pessoais e sexuais. Pode-se mostrar que qualquer restrição utilitarista a essas liberdades deve ter por base as preferências genéricas da comunidade, as quais, como sabemos em razão de nosso conhecimento geral da sociedade, tendem a conter vastos componentes de preferências externas, na forma de teorias políticas ou morais, que o processo político não pode discriminar e eliminar. Como já afirmei, não é minha intenção formular os argumentos que, com essa orientação, teriam de ser elaborados em defesa de determinados direitos à liberdade; mas apenas mostrar as características gerais que tais argumentos podem ter.

Contudo, desejo sim mencionar um suposto direito que poderia ser questionado por meu argumento geral; refiro-me ao suposto direito individual ao livre uso da propriedade. No capítulo 11, protestei contra o argumento, popular em certos meios, de que é incoerente que os liberais defendam a liberdade de expressão, por exemplo, e não concedam, também, um direito paralelo a algum tipo de propriedade e à sua utilização. Esse argumento poderia ter força se a alegação de que temos um direito à liberdade de expressão dependesse da proposição mais geral de que temos um direito a alguma coisa chamada liberdade enquanto tal. Essa idéia geral, porém, é insustentável e incoerente; não existe essa tal coisa chamada de direito geral à liberdade. A argumentação em favor de uma liberdade específica pode ser, portanto, totalmente independente da argumentação em defesa de qualquer outra, e não existe nenhuma incoerência prévia ou mesmo falta de plausibilidade em se tomar a defesa de uma delas ao mesmo tempo que se questiona a outra.

O que se pode dizer, na teoria geral dos direitos que ofereço, em favor de qualquer direito específico à propriedade? Que dizer, por exemplo, em favor do direito à liberdade de contrato sustentado pela Suprema Corte no famoso caso *Lochner**, que mais tarde não apenas a própria Corte veio a lamentar, mas também os liberais em geral? Não consigo imaginar nenhum argumento de que uma decisão política de limitar esse direito – da maneira como as leis sobre o salário mínimo o limitaram – antecipadamente faça valer preferências externas, de um modo que agrida o direito a igual consideração e respeito daqueles cuja liberdade é reduzida. Se, como penso, nenhum argumento desse tipo pode ser concebido, então o pretextado direito não existe. Seja como for, não pode haver nenhuma incoerência em negar que ele exista enquanto se defende, com unhas e dentes, o direito a outras liberdades.

---

* Sobre o caso *Lochner* e outros casos que incidem sobre questões similares, ver Dworkin, *Uma questão de princípio*, op. cit., pp. 80 ss. (N. do T.)

Capítulo 13
Os direitos podem ser controversos?

1.

Neste último capítulo, devo defender os argumentos do livro contra uma objeção bastante disseminada e, se bem-sucedida, destrutiva. Meus argumentos pressupõem que freqüentemente há uma única resposta certa para questões complexas de direito e moralidade política. A objeção replica que às vezes não há uma única resposta certa, mas somente respostas.

Na base desta objeção encontra-se uma atrativa atitude: uma mistura de tolerância e bom senso que se expressa em juízos como os que se seguem. Quando as pessoas divergem quanto a saber se o direito à liberdade de expressão pode incluir termos ofensivos, ou se a pena capital é cruel e insólita segundo o significado da Constituição ou se um grupo de precedentes não conclusivos estabelece um direito à compensação por danos meramente econômicos em matérias cíveis [*merely economic damage in tort*] é tão tolo quanto arrogante pretender que exista, de algum modo latente na controvérsia, uma única resposta certa. É mais sensato e realista admitir que, embora algumas respostas possam estar evidentemente erradas, e alguns argumentos possam ser nitidamente ruins, existe ainda assim um conjunto de respostas e de argumentos que devemos reconhecer, desde qualquer ponto de vista objetivo ou neutro, como igualmente bons.

Se isto for assim, a escolha de um deles é apenas uma escolha, não uma decisão imposta pela razão. Se se pedir a um promotor público que decida se os participantes de um protesto têm o direito de protestar, ou se o prejuízo econômico é passível de indenização em causas cíveis, então tudo o que o público tem a prerrogativa de esperar é que sua escolha seja feita com honestidade e serenidade, livre de preconceitos, paixões ou fanatismo. Não lhe é dado o direito a nenhuma decisão específica porque isso pressupõe a existência de uma única resposta correta para a questão que o promotor deve decidir.

Este livro não respeita esses sentimentos modestos. Nos capítulos 2 e 3, por exemplo, oponho-me à teoria popular de que os juízes têm poder discricionário para decidir os casos difíceis. Admito que os princípios do direito são às vezes tão equilibrados que os que favorecem o demandante parecerão, tomados em conjunto, mais fortes a alguns advogados, mas a outros, mais fracos. Sustento que mesmo assim faz sentido que cada uma das partes reivindique a prerrogativa de sair vencedora e, em decorrência disso, de negar ao juiz o poder discricionário de decidir em favor da outra. No capítulo 4, descrevo um processo de decisão que atribui conteúdo a essa reivindicação; mas não afirmo (na verdade, nego) que esse processo de decisão levará sempre à mesma decisão nas mãos de diferentes juízes. Contudo, insisto que, mesmo nos casos difíceis, é razoável dizer que o processo tem por finalidade descobrir, e não inventar, os direitos das partes interessadas e que a justificação política do processo depende da validade dessa caracterização.

Portanto, a tese de que não há resposta correta é hostil à tese dos direitos que defendo. A primeira é apoiada pela atitude atrativa que descrevi, mas será igualmente apoiada por uma argumentação? Podemos distinguir dois tipos de argumentos que poderiam ser formulados. O primeiro deles é prático. Admite, em termos argumentativos, que em princípio pode haver uma resposta correta para uma questão jurídica controversa. Mas frisa que é inútil dizer que as partes têm direito a essa resposta, ou que um juiz tem o dever de encontrá-la, uma vez que ninguém pode saber ao certo qual é a resposta correta.. Suponhamos que eu aposto com você que *O rei Lear* é uma peça melhor que *Fim de partida*. Mesmo se formos adeptos da objetividade em estética e acreditarmos que existe, em princípio, uma resposta correta, tal aposta não passaria de uma tolice, pois jamais poderia ser resolvida de modo que satisfizesse o perdedor. Seria inútil resolver a aposta introduzindo uma terceira parte como árbitro. Este árbitro nada poderia oferecer além de uma terceira opinião pessoal, e este fato não convenceria (não deveria, pelo menos) nenhum de nós de que o outro está equivocado. O mesmo acontece com um juiz que depara com um processo judicial difícil. Mesmo havendo, em princípio, uma teoria do direito superior às outras e, portanto, uma única resposta correta a um caso difícil, esta resposta está trancafiada no céu do filósofo do direito, inacessível tanto aos leigos quanto aos advogados e juízes. Cada um pode ter apenas sua própria opinião, e a opinião do juiz não oferece mais garantias de verdade do que a de qualquer outra pessoa.

Esse argumento prático a favor da tese "não há resposta correta" é facilmente contestado. Sustenta que é inútil exigir que um juiz procure encontrar a resposta correta, mesmo que ela exista, porque não é provável que sua resposta seja mais correta do que a de qualquer outra pessoa e porque não há como provar que é, mesmo que seja, a resposta correta. Devemos ter o cuidado de distinguir as três questões seguintes: (a) Juristas criteriosos alguma vez divergem quanto a saber se um litigante, num caso difícil, tem o direito de ganhar, mesmo depois de terem concordado sobre todos os fatos, incluindo os da história institucional? (b) É possível que um litigante tenha o direito de ganhar um caso difícil, mesmo que juristas criteriosos divirjam depois de concordarem sobre todos os fatos? (c) É sensato ou justo que o Estado faça valer a decisão de um determinado grupo de juízes num caso difícil, mesmo que um outro grupo de juízes igualmente criteriosos e competentes tenha chegado a uma decisão diferente?

Que relações lógicas devem existir entre as respostas positivas a essas três questões? O argumento prático pressupõe que uma resposta positiva à primeira exclui uma resposta positiva à terceira, ainda que seja dada uma resposta positiva à segunda. Isso, porém, é evidentemente errado. É claro que uma resposta positiva à segunda é necessária para uma resposta positiva à terceira. Se os litigantes num caso difícil não podem ter nenhum direito a uma decisão específica, é inútil e injusto deixar que o litígio seja resolvido por uma decisão controversa (ou incontroversa quanto ao caso) sobre os direitos que eles têm. Também é claro que dar uma resposta positiva à segunda não é em si suficiente para dar uma resposta positiva à terceira. É preciso também estar convencido de que, apesar de a decisão de um determinado grupo de juízes ser falível, e talvez nunca se consiga provar sua correção, convencendo todos os outros advogados, ainda assim é melhor deixar essa decisão vigorar do que atribuí-la a outra instituição qualquer ou pedir que os juízes decidam com base em argumentos políticos ou de algum outro modo que não lhes exija seu melhor julgamento sobre os direitos das partes. Mas com certeza pode-se estar convencido disso de algum modo mesmo depois de ter respondido "sim" à primeira questão. Há muitas razões (e, entre elas, razões perfeitamente práticas) para pedir aos juízes que decidam os casos difíceis de acordo com sua melhor capacidade de julgar, mesmo quando não se puder provar, convencendo todos, que esse julgamento, que pode de fato ser falso, é verdadeiro.

O argumento prático pressupõe que a resposta à primeira questão é decisiva para a terceira. Vamos admitir, desta vez, que os direitos podem ser controversos; o argumento declara e frisa que os direitos controversos não podem desempenhar papel algum na decisão judicial [*adjudication*]. Mas isto não passa de um raciocínio simplista. A terceira questão é comparativa. Suponhamos (o que pode ser contestado) que uma resposta "sim" à primeira questão descarte um "sim" à terceira. Estaríamos em melhor situação com a tese dos direitos se não houvesse casos difíceis. Todavia, disso não se segue que devamos rejeitar a tese dos direitos se os casos difíceis forem inevitáveis. Tudo depende das alternativas. No capítulo 4, descrevi essas alternativas e as considerei sem atrativos. Nenhuma delas era mais prática ou mais confiável do que a tese dos direitos, e eram todas bem menos justas.

A segunda forma de argumento que devemos examinar, que é teórica em vez de prática, tem muito mais força. Sustenta que a segunda das três questões que distinguimos deve ter uma resposta negativa. Se for inerentemente controverso que uma das partes tenha um direito jurídico ou político específico, então, segundo o argumento, não pode ser verdadeiro que ela tenha tal direito.

No restante deste capítulo, examinarei se esse argumento é válido no caso dos direitos jurídicos. Antes, porém, quero mencionar o quanto o argumento teórico condena minuciosamente a prática comum, não somente no direito, mas também numa grande variedade de outras atividades. Historiadores e cientistas, por exemplo, supõem que o que dizem pode ser verdadeiro mesmo quando, da forma que exige o argumento teórico, não se pode prová-lo. Eles têm argumentos para apoiar os juízos que emitem, e formam e modificam uma opinião com base nesses argumentos. Mas não se trata de argumentos ligados por um encadeamento lógico a premissas inquestionáveis. No capítulo 4, descrevi a situação de um árbitro de xadrez que é instado a aplicar a regra segundo a qual os jogadores não devem se irritar mutuamente de maneira irracional. Afirmei que um árbitro nessa situação teria de emitir um juízo sobre o caráter do jogo de xadrez e que árbitros criteriosos poderiam por certo divergir quanto à exata caracterização que um problema específico poderia exigir. Suponhamos que dois árbitros estejam, de fato, em desacordo: um deles avalia (para retomarmos o exemplo daquele capítulo) que o xadrez é um jogo de inteligência no sentido de que exclui a intimidação psicológica e que o outro árbitro não concorda. O argumento teórico afirma que nenhuma opinião pode ser verdadeira; que não pode haver resposta à questão, mas somente respostas, cada uma tão válida quanto as outras. É evidente, porém, que os dois árbitros não podem ver o próprio argumento dessa maneira, pois essa análise deixa ambos com uma teoria sobre coisa nenhuma. Cada um sabe que o outro diverge e não há um teste comum que possa decidir sua disputa de modo que acabe com o desacordo. Não obstante, cada um pensa que a sua resposta à questão que os divide é uma resposta superior: se não pensa assim, pensa o que então?

De nada adianta dizer que cada um sabe que seu juízo representa mais uma escolha do que uma decisão imposta pela razão. Sua escolha é uma escolha da (o que lhe parece ser a) melhor caracterização, é uma escolha imposta por seu juízo tão inevitavelmente se o caso é controverso e os outros divergem quanto se é fácil e tal divergência não existe. Também é inútil enfatizar que a escolha é apenas o *seu* juízo, como se isso modificasse, de alguma maneira, o caráter do juízo que emite; na verdade, a última frase nada perderia ser mudada eliminando-se a expressão entre parênteses sem que seu sentido ou verdade mudassem. Os árbitros poderiam aceitar, como um exemplo válido de senso comum, que não existe "resposta correta" a sua questão. Contudo, se tomarem essa proposição como uma resposta negativa à segunda, e não somente à primeira, das três questões que distingui, então seu senso comum não garante sentido algum ao que fazem quando agem como profissionais e não como filósofos.

Daí não se segue, por certo, que a tese de que "não há resposta correta" esteja errada. Se alguma teoria filosófica nos forçar a admitir que uma proposição só pode ser verdadeira se houver um critério consensual de verificação mediante o qual sua verdade possa ser demonstrada, tanto pior para a experiência comum, inclusive para a experiência jurídica comum. Felizmente, porém, a situação é totalmente outra. O argumento teórico não é tão imperioso que nos force a rejeitar a experiência comum. Ao contrário, nem fica claro o que significa a tese de que "não há resposta correta" tal como a interpreta o argumento teórico.

2.

Suponhamos que, reunidos em uma convenção, os juízes de uma determinada jurisdição resolvam aplicar a tese dos direitos e, quanto ao mais, decidir os casos à maneira de Hércules no capítulo 4. Eles concordam, portanto, em agir como participantes de um empreendimento que estipula certas condições de verdade para as proposições do direito, tal como a de que a pena de morte não constitui, em si mesma, uma punição cruel e excepcional ou de que aqueles que sofrem um dano meramente econômico por negligência podem ser compensados em matérias cíveis. Uma proposição do direito pode ser considerada verdadeira se for mais coerente do que a proposição contrária com a teoria jurídica que justifique melhor o direito estabelecido. Pode ser negada como falsa se for menos coerente com essa teoria de direito do que a contrária. Suponhamos que o empreendimento continua com o êxito habitual dos sistemas jurídicos modernos. Os juízes costumam estar de acordo quanto aos valores de verdade das proposições do direito e, quando divergem, compreendem os argumentos de seus oponentes suficientemente bem para poderem localizar o nível de divergência e classificar esses argumentos segundo uma ordem aproximada de plausibilidade.

Suponhamos, agora, que um filósofo participe da convenção seguinte dos juízes e lhes diga que cometeram um erro muito grave. Eles parecem pensar que existe uma resposta correta a uma difícil questão de direito, quando na verdade não existe nenhuma resposta correta, mas tão-somente respostas. Estão errados ao pensar que, nos casos difíceis, qualquer proposição jurídica específica pode ser verdadeira, de modo que a proposição contrária seja falsa. É possível (acrescenta o filósofo) que haja algum valor político na propagação do mito de que existe uma resposta correta, e que eles, portanto, não têm poder discricionário para decidir os casos difíceis. Mas os juízes devem admitir (pelo menos entre eles próprios) que a idéia é na verdade um mito.

Por que os juízes deveriam deixar-se convencer pelo que diz o filósofo? Já de início, seus argumentos se vêem comprometidos pelas seguintes considerações. Suponhamos que os juízes convençam o filósofo a fazer um curso de direito completo e, depois, a assumir um cargo na magistratura durante vários anos. Ele descobrirá que ele próprio é capaz de emitir juízos do tipo, segundo pensa, apoiado num erro. Descobrirá que uma teoria do direito parece oferecer-lhe uma melhor justificação do direito estabelecido do que as demais. Será capaz de apresentar razões que justifiquem essa crença, mesmo sabendo que, para outros, elas não são conclusivas. Como ele pode dizer que, de acordo com os argumentos que considera convincentes, um dano econômico pode ser compensado em matérias cíveis e ainda assim negar que tal afirmação pode ser verdadeira? Como pode ter razões que fundamentem suas crenças e, no entanto, negar que qualquer um possa ter razões para uma tal crença?

Suponhamos que o filósofo diz que tem as crenças que tem devido somente à formação jurídica e que portanto se juntou a um empreendimento cujos membros se deixaram seduzir pelo treino em um mito. Ele nega que um observador independente, alguém que não participe do empreendimento, seja capaz de decidir, pelo menos nos casos controversos, que as teorias e os juízos de um participante são superiores aos de outro. Mas o que ele estaria querendo dizer aqui com a idéia de um observador independente? Se estiver se referindo a alguém que não teve um treinamento em direito, não será nem surpreendente nem relevante que tal observador venha a se mostrar incapaz de emitir opiniões sobre o que fazem os participantes. Por outro lado, se estiver se referindo a alguém que tem o treinamento necessário, mas que não foi convidado a atuar como juiz, será totalmente incompreensível por que essa falta de autoridade deva afetar a capacidade dessa pessoa para formar juízos que poderia formar caso tivesse a autoridade.

Assim, o filósofo vai se ver confundido por suas próprias capacidades. Além disso, terá um outro problema, ainda que correlacionado. Ele quer argumentar que, num caso difícil, nenhuma das partes tem direito a uma decisão a seu favor. Dirá, por exemplo, que a demandante no caso *Spartan Steel*[1] não tem direito a ser compensada por seu prejuízo econômico e também que a acusada não tem o direito de livrar-se da responsabilidade pelo dano. Acredita que a proposição de que uma empresa na situação da acusada é responsável pelos danos eco-

1. Ver capítulo 4.

nômicos não é verdadeira, mesmo que a proposição de que o acusado não é responsável também não o seja. Nenhuma das proposições é falsa (porque isso tornaria a outra verdadeira), mas nenhuma é verdadeira. Esta é, presumivelmente, a conseqüência para os valores de verdade das proposições da tese de que não há resposta correta.

Ora, nada disso parecerá necessariamente estranho ou ultrajante aos juízes que participam do empreendimento. Cada um dos juízos sobre o valor de verdade das proposições do direito poderia ser sensatamente emitido, sob determinadas condições, *no âmbito das regras fundamentais do empreendimento*. Suponhamos que um juiz pensa que as alegações favoráveis a uma teoria do direito relevante, que torna o acusado responsável pelos danos econômicos, são exatamente tão fortes quanto as alegações favoráveis a uma teoria que o livra dessa responsabilidade. Do modo como foram descritas, as regras do empreendimento reconhecem essa situação como uma possibilidade teórica; e, se vem a concretizar-se, os juízes não poderão, com base nessas regras, afirmar nenhuma das proposições como verdadeira, nem negar qualquer uma delas como falsa. Em qualquer caso difícil específico, portanto, um juiz pode muito bem emitir, para o caso em questão, o mesmo juízo que o filósofo parece adotar para todos os casos difíceis.

Podemos chamar o juízo de que nenhuma dessas proposições contrárias é verdadeira de juízo "de empate". A esta altura, podemos especificar as seguintes características dos juízos de empate enquanto juízos na esfera do empreendimento do juiz: (a) O juízo de empate é da mesma natureza daquele segundo o qual uma das proposições contrárias é verdadeira e a outra, falsa. Podemos imaginar que um caso difícil apresenta, para cada juiz, uma escala de segurança que começa em um ponto à esquerda, no qual o juiz está seguro que a proposição favorável ao demandante é verdadeira, passa por pontos nos quais ele acredita que a proposição é verdadeira, mas com segurança cada vez menor, e finalmente chega a uma posição à direita, com pontos representando, progressivamente, uma maior segurança de que a proposição favorável ao acusado é verdadeira. O ponto de empate é, portanto, o ponto único no centro da escala. Num caso difícil, os juízes podem defender uma das três seguintes posições. Alguns podem pensar que o caso deve situar-se em algum ponto à esquerda do centro; outros podem pensar que se deve situá-lo em algum ponto à direita do centro; e outros, ainda, podem pensar que a posição ideal é exatamente o centro. O juízo de empate é, porém, um juízo positivo que tem a mesma natureza dos outros dois. Compete com eles e tem exatamente os mesmos pressupostos epistemológicos ou ontológicos (quaisquer que possam ser). Podemos dizer que o terceiro juízo é um juízo de que "não há resposta correta" se com isto queremos dizer apenas que nenhuma das outras duas respostas disponíveis é correta; mas o terceiro juízo é um juízo com pretensão de ser *a* resposta correta.

(b) Suponhamos que um juiz que participa do empreendimento diz: (I) "Nem a proposição de que o acusado é responsável (p), nem a proposição de que não é responsável (– p) é verdadeira". Isso não significa o mesmo que (II) "Não consigo ver diferença alguma na argumentação a favor de (p) ou de (– p)". Um juiz na posição descrita por (II), se deve decidir estando nesta tal posição, não pode fazer melhor do que se decidir por (I). Pode ocorrer, inclusive, que para ele (II) conte como evidência para (I), mas isto não é o mesmo que afirmar que (I) e (II) são idênticas. "Parece-me que a argumentação favorável ao demandante é mais forte" não é o mesmo que "A argumentação favorável ao demandante é mais forte", mesmo na boca do mesmo juiz; do mesmo modo, (II) é diferente de (I). Suponhamos que um juiz afirma (I) e (II), mas que mais tarde outro juiz o convence de que, na verdade, a argumentação favorável ao demandante é mais forte do que a que favorece o acusado. Ele então dirá, de suas afirmações anteriores, que (I) era falsa, mas que (II) certamente não era.

Enfatizo a diferença entre (I) e (II) para reforçar a idéia central que acabo de apresentar, isto é, que a resposta chamada de "não há resposta correta", enquanto juízo no âmbito do empreendimento, é um juízo da mesma natureza que qualquer uma das outras respostas disponíveis e igualmente falível. Não se trata de uma resposta residual nem de uma resposta por omissão, que é automaticamente verdadeira sempre que não se disponha de um argumento convincente para qualquer outra resposta ou sempre que houver bons argumentos a favor das outras duas respostas. O juiz que afirma (I) está dando um salto de sua própria análise para uma conclusão que enuncia mais do que essa análise, assim como um juiz que toma uma decisão favorável ao demandante está dando um salto de seus próprios argumentos para a conclusão de que eles são corretos.

Podemos imaginar um empreendimento no qual a diferença entre (I) e (II) seja menos clara. Suponhamos que a administração de um hipódromo compra um equipamento que não é dos mais precisos para fotografar as chegadas. A administração pode criar uma regra nos seguintes termos: se uma foto tirada com esse equipamento for tão indistinta que não se possa determinar com clareza qual cavalo chegou primeiro, a conclusão inevitável será a de que houve um empate, ainda que um bom equipamento pudesse demonstrar, claramente, que haveria um vencedor. Neste caso, não há diferença alguma entre a proposição de que a máquina não pode distinguir um vencedor e a proposição de que não há vencedor algum. Mas não é este o empreendimento estabelecido pelos juízes. Não há nada, nas suas regras, que determine que o que parece um empate a um juiz ou a um grupo de juízes é, de fato, um empate.

(c) É bem possível que o juízo emitido por um determinado juiz de que um caso é um empate se torne polêmico, pois não oferece uma "resposta correta" no contexto do empreendimento. Não obstante, podemos falar da probabilidade prévia de que o empreendimento produzisse muitos ou alguns casos nos quais realmente se verificasse um empate. Suponhamos que o sistema jurídico no qual os juízes atuam seja um sistema jurídico primitivo: existem poucos precedentes ou poucas leis judiciais, e a Constituição existente é muito rudimentar. É provável que, antes de qualquer sessão específica, os juízes considerem que muitos dos casos a serem examinados sejam empates e que muitos deles de fato o serão. Como existe muito pouco direito estabelecido, mais de uma teoria do direito, criticamente diferente para o resultado num caso difícil, oferecerá justificações igualmente boas para o direito estabelecido e parecerá, para muitos juízes, oferecer justificações igualmente boas.

Mas suponhamos, por outro lado, que o sistema jurídico administrado por esses juízes seja muito avançado, pródigo em regras e práticas constitucionais e que contenha um grande número de precedentes e leis. A probabilidade prévia de um empate é muito menor; tão pequena, na verdade, que poderia justificar uma nova regra fundamental do empreendimento que instruísse os juízes a excluir os empates do conjunto de respostas que poderiam oferecer. Esta instrução não nega a possibilidade teórica de um empate, mas pressupõe que, dada a complexidade do material jurídico existente, os juízes irão concluir – depois de uma longa e exaustiva reflexão – que, pesados todos os prós e contras, uma ou outra das partes detém a melhor argumentação para o caso. Esta nova instrução será racional se a probabilidade prévia de erro numa decisão judicial parecer maior que a probabilidade de que algum caso venha a ser, de fato, um empate, e se houver vantagens de finalidade ou outras vantagens políticas a serem obtidas mediante a negação da possibilidade de casos de empate no direito. Certamente a instrução não será racional, mas tola, se o sistema jurídico não for suficientemente complexo para justificar o cálculo das probabilidades prévias.

Podemos agora retomar a afirmação do filósofo de que os juízes estão cometendo um grave erro ao pressuporem que não pode haver uma resposta correta num caso difícil. Se consideramos sua afirmação como uma resposta do empreendimento, como se um juiz mesmo a fizesse, ela é quase certamente falsa. Resume-se no seguinte: o juízo de empate é necessariamente o juízo correto em cada caso controverso, ou seja, em todos os casos nos quais uma resposta não puder ser comprovada de um modo unicamente contestável por via irracional. Mas (a menos que a instrução especial para ignorar os empates seja parte do empreendimento) todos os juízes admitirão que alguns casos difíceis podem, de fato, ser empates, mas nenhum irá pressupor que todos serão empates. Para defender sua afirmação contra a opinião deles, o filósofo teria de apresentar argumentos que efetivamente comprovassem que todos os casos difíceis incidiriam exatamente no centro da escala que imaginamos. Mas esta afirmação é tão implausível que podemos descartá-la de imediato.

Se o empreendimento tiver adotado a instrução especial há pouco mencionada, a afirmação do filósofo poderia ser compreendida de uma maneira mais modesta. Ele poderia contestar o caráter racional ou razoável da instrução argumentando que a probabilidade de um empate genuíno é grande o bastante para fazer com que seja uma tolice instruir os juízes a ignorá-la. Sua afirmação deve, então, ser retificada: ele não argumenta que não existe resposta correta em nenhum caso difícil, mas apenas que é irracional estipular que deve existir uma resposta correta em todos os casos difíceis. Esta afirmação mais modesta, que é uma recomendação no sentido de que se corrija o empreendimento de modo que permita que haja empates, deverá ser objeto de consideração, ainda que os juízes possam muito bem rejeitá-la se seu sistema for suficientemente complexo. Assim, se tomamos a afirmação do filósofo como uma afirmação intrínseca ao empreendimento, em qualquer das duas versões não é uma afirmação que deva perturbar os juízes por muito tempo, pois não contesta mas pressupõe a solidez fundamental de seu empreendimento. O filósofo poderia objetar que sua afirmação não deve ser interpretada como uma afirmação intrínseca ao empreendimento; não deve ser interpretada como uma afirmação de que os próprios juízes, devido à fidelidade ao empreendimento, pudessem fazer. Trata-se, na verdade, de um profundo ataque à própria racionalidade do empreendimento e como tal deve ser entendida. Devemos agora enfrentar esta questão crucial. Existe alguma outra maneira de interpretar a afirmação do filósofo que *não seja* como intrínseca ao empreendimento do juiz? De que modo podemos entendê-la como uma crítica totalmente externa ao empreendimento?

Duas possibilidades parecem abertas. Poderíamos interpretar a afirmação do filósofo como uma afirmação feita internamente a outro empreendimento judicial, que estipula diferentes condições de verdade para as proposições do direito. Ou poderíamos interpretá-la como uma afirmação externa a todos os empreendimentos desse tipo, por exemplo, uma afirmação sobre fatos do mundo real que os juízes, sejam quais forem as condições de verdade que escolhem para suas proposições, devem por fim respeitar. Mas nenhuma destas duas possibilidades terá o menor valor para os fins a que se propõe o filósofo.

(1) Poderíamos facilmente imaginar um empreendimento jurídico no qual o ponto de vista do filósofo de que jamais haverá uma resposta correta num caso difícil é perfeitamente válido. Suponhamos que um grupo de juízes tenha decidido observar as seguintes regras. Uma proposição do direito pode ser afirmada como verdadeira se pudermos inferi-la do direito estabelecido sobre fatos consensuais ou estipulados simplesmente por dedução. Uma proposição do direito pode ser negada como falsa se a contrária puder ser inferida do direito estabelecido sobre fatos consensuais ou estipulados simplesmente por dedução. Segundo estas regras, em todos os casos difíceis, nem a proposição do direito que favorece o demandante nem a que favorece o acusado podem ser afirmadas como verdadeiras, e tampouco se pode negá-las como falsas. Em qualquer caso difícil, não haverá nenhuma resposta correta neste sentido.

Mas o empreendimento que imaginamos dirigido pelos juízes não é, de modo algum, este empreendimento. A afirmação do filósofo, portanto, por mais válida que seja em outro empreendimento, é irrelevante para o caso em questão. Ele pode agora dizer que *seu* empreendimento, que acabamos de descrever, é o empreendimento jurídico que atualmente vigora, por exemplo, na Grã-Bretanha e nos Estados Unidos e que o empreendimento dos juízes que descrevi é tão-somente imaginário. No capítulo 4, argumentei que os sistemas jurídicos vigentes naqueles países (e, sem dúvida, também em outros) são na verdade bastante semelhantes ao empreendimento que imaginei aqui. Se assim for, o filósofo dificilmente poderá afirmar que seu empreendimento é mais fiel à realidade. Suponhamos, porém, que eu esteja errado, e que o empreendimento dele é mais parecido com os que são de fato vigentes. Segundo pensávamos, o argumento teórico a favor da tese de que não há resposta correta deveria demonstrar que, em princípio, não poderia haver nenhuma resposta correta num caso difícil. Mas agora este argumento sustenta apenas que, na realidade, os sistemas jurídicos vigentes reconhecem as condições de verdade para as proposições do direito que não permitem uma resposta correta num caso difícil. Esta seria uma afirmação muito mais modesta, ainda que fosse verdadeira, o que não é.

(2) Suponhamos que o filósofo afirma que está falando não de algum outro empreendimento, com diferentes regras fundamentais de afirmação e negação, mas do mundo real. Seu argumento é o de que, na verdade, não pode haver resposta correta a um caso jurídico difícil, de modo que, se qualquer empreendimento jurídico adotar regras que pressuponham sua existência, ele terá por base apenas um mito. Ele fala não de um empreendimento diferente, mas de fatos objetivos com os quais qualquer empreendimento deve se defrontar caso pretenda ser realista.

Mas o que vem a ser essa realidade objetiva? Deve conter direitos e deveres, inclusive direitos e deveres jurídicos, como fatos objetivos, independentes da estrutura ou do conteúdo dos sistemas convencionais. Esta idéia é familiar às teorias dos juristas que seguem o direito natural, mas é surpreendente encontrá-la nas mãos do filósofo que argumenta, em nome do senso comum, que não pode haver resposta correta em um caso difícil. Afinal, se os direitos e deveres são parte de um mundo objetivo e independente, por que não deveríamos pressupor que uma pessoa pode ter um direito mesmo quando ninguém mais acredita que ela tem ou quando ninguém consegue provar que ela tem?

Assim, é perigoso para o nosso filósofo afirmar que fala de uma realidade jurídica objetiva cujas condições de verdade são independentes das convenções humanas. É perigoso também em outro sentido: ameaça tomar sua afirmação mais básica incompreensível. De acordo com sua argumentação, (p) (o acusado é responsável pelo dano econômico) e (– p) (o acusado não é responsável pelo dano econômico) podem não ser verdadeiras, ainda que não sejam falsas. Como podemos dar sentido a isto? Se a responsabilidade é uma questão de fatos objetivos, independente de empreendimentos como aqueles que até aqui descrevemos, se uma proposição que afirma um direito à compensação (como (p)) não é verdadeira, então deve ser falsa.

A *única* maneira de conferir sentido à afirmação do filósofo consiste em tomá-la como descrevendo as condições especiais de verdade de um empreendimento. Como acabo de admitir, sua afirmação seria válida num empreendimento cujas condições de verdade só permitissem a afirmação ou a negação de uma proposição num caso fácil. Logo, num caso difícil, uma proposição do direito não poderia nem ser afirmada como verdadeira nem negada como falsa. Sua falsidade não decorreria da falha de sua verdade. No empreendimento que nossos juízes estabeleceram (mas sem a instrução especial que proíbe os empates), esta condição permanece como uma possibilidade teórica, por menor que seja a probabilidade de que venha a ocorrer em um sistema jurídico muito avançado. Se a instrução especial for acrescentada, então as regras proíbem, por decreto, a combinação de uma falha no afirmar e de uma falha no negar, confiando numa previsão de que a falha em permitir essa combinação não vai inibir, pelas razões que apresentei, a ação do empreendimento. Porém, sem *algumas* condições especiais de verdade que nos permitam resistir à inferência de que uma proposição é falsa quando não é verdadeira, é totalmente impossível manter a tese de que não há resposta correta.

Apresentei este mesmo argumento de maneira muito mais aprofundada em outro texto, e os interessados na questão geral de saber se existe sempre uma resposta correta a uma questão de direito devem reportar-se a essa argumentação mais longa[2]. Contudo, devo mencionar uma possível objeção a essa parte de meus argumentos não prevista naquela discussão. A objeção apela, em termos gerais, ao argumento, conhecido entre os filósofos da linguagem, de que as proposições sobre entidades

2. "No Right Answer", em *Law, Morality and Society: Essays in Honour of H. L. A. Hart*, Londres, 1977.

inexistentes não são nem verdadeiras nem falsas. Há uma tradição que argumenta que a proposição de que o atual rei da França é calvo não é nem verdadeira nem falsa (embora também exista uma tradição que argumenta que essa proposição, devidamente entendida, é simplesmente falsa). A proposição sobre o rei da França não parece ser uma proposição que só possa ser compreendida de acordo com algum empreendimento especial como aqueles que examinamos. Ainda assim (segundo um ponto de vista) não é nem verdadeira nem falsa. Desse modo (já ouvi argumentado), as proposições do direito não concebidas como proposições intrínsecas a empreendimentos especiais também podem não ser nem verdadeiras nem falsas.

Contudo, a comparação entre as proposições do direito nos casos difíceis e as proposições sobre entidades inexistentes é de uma inutilidade absoluta. Estas últimas só colocam um problema porque se entende que o sujeito da proposição não existe e a proposição pressupõe sua existência, em vez de afirmá-la. As proposições do direito controversas afirmam ou negam a existência de um direito jurídico ou de alguma outra relação jurídica. A controvérsia diz respeito exatamente a saber se a afirmação ou a negação são corretas. Se alguma vez supomos que o direito à compensação por danos econômicos não existe, a proposição de que o demandante tem direito, nesse caso, de ser compensado não é problemática. É simplesmente falsa. Uma proposição comparável é aquela segundo a qual existe, atualmente, um rei da França. Ninguém pressupõe que ela não é nem verdadeira nem falsa. Ou é falsa (como pensa a maioria de nós), ou (como acreditam os partidários mais extremados do conde de Paris) é verdadeira.

3.

Que dizer, finalmente, sobre a objeção geral que foi o tema deste capítulo? Já não fica tão claro que o senso comum ou o realismo justifiquem a objeção segundo a qual num caso difícil não pode haver uma resposta correta, mas apenas uma série de respostas aceitáveis. O argumento prático em favor desta afirmação é equivocado. O argumento teórico é contestado pelas aptidões daqueles que o articulam, e não pode nem mesmo ser enunciado sem que suas afirmações se desintegrem no mesmo fundamento que pretende contestar. Alguns leitores não se deixarão convencer. É certamente *impossível* que, num caso verdadeiramente difícil, uma das partes esteja simplesmente certa e a outra, simplesmente errada. Mas por quê? Pode ser que a suposição de que uma das partes pode estar certa e a outra, errada, esteja cimentada em nossos hábitos de pensamento em um nível tão profundo que não podemos, de modo coerente, negar tal suposição, por mais céticos ou intransigentes que pretendamos ser nessas questões. Isto explicaria nossa dificuldade em formular coerentemente o argumento teórico. O "mito" de que num caso difícil só existe uma resposta correta é tão obstinado quanto bem-sucedido. Sua obstinação e seu êxito valem como argumentos de que não se trata de um mito.

Apêndice*

Resposta aos críticos

Este apêndice é uma versão corrigida e ampliada de um artigo, *Seven Critics*, no qual respondi a uma série de artigos originalmente publicados em um número da *Georgia Law Review* (vol. II, setembro de 1977, nº 5), discutindo diversos aspectos deste livro. Vários desses artigos colocavam questões que me pareceram de interesse geral para os leitores, e desse modo achei que seria uma boa idéia acrescentar minha resposta, que desenvolve significativamente meus argumentos, à nova impressão do livro. Introduzi, contudo, algumas alterações. Suprimi uma seção do artigo original, não porque os críticos ali discutidos colocassem questões sem importância, mas porque minhas respostas a eles não pareciam conter nenhum interesse independente**.

Acrescentei novas seções sobre problemas levantados por três outros críticos. (Mas não pretendo sugerir que estes sejam

** O leitor interessado numa exposição articulada das idéias apresentadas neste livro lerá com proveito o texto de Stephen Guest *Ronald Dworkin*, Stanford University Press, Stanford, 1991, provavelmente a melhor introdução ao pensamento de Dworkin. Um complemento indispensável a este apêndice é o livro de Marshall Cohen (ed.), *Ronald Dworkin and Contemporary Jurisprudence*, Rowman & Allanheld, Totowa, 1984. Este livro recolhe numerosos ensaios críticos sobre os diferentes aspectos da obra de Dworkin, seguidos de sua resposta às diferentes considerações e objeções apresentadas. (N. do T.)

os únicos problemas ou mesmo os mais complexos contidos nessa vasta e bem-vinda literatura que se seguiu aos meus argumentos, nem tampouco que eu aceite ou não tenha resposta a outras objeções que foram feitas.) Acrescentei uma nova parte à seção 2, na qual examino um ensaio anterior do crítico ali discutido, e ampliei várias outras seções.

Em muito poucos casos, este apêndice argumenta que meus críticos não entenderam as questões que desejo colocar. Admito que a responsabilidade por essas interpretações equivocadas é minha. Os diferentes ensaios tentam configurar uma teoria geral do direito, mas, como afirmei na Introdução, foram escritos em separado, contêm algumas repetições e retomadas de idéias, e não dizem tudo que eu desejaria dizer sobre tópicos neles discutidos. Um livro como este corre mais risco de ser mal interpretado do que outro que tenha sido escrito como uma concepção unitária. O leitor deve sentir-se muitas vezes tentado a preencher, por si próprio, os vazios que encontra entre as diferentes partes, talvez de modo a aproximar o autor de alguma posição com a qual já esteja familiarizado. As passagens incompatíveis com essas posições mais conhecidas podem, desse modo, ser mais facilmente negligenciadas.

Acabei de repetir que pretendo dizer mais do que já disse sobre diversas questões, e menciono a seguir duas delas. A primeira é a distinção entre conceitos e concepções, e a idéia de que um argumento que defende uma concepção de um conceito é uma forma distinta de argumento. Baseio-me nesta idéia no capítulo 5, e também na seção 5 deste apêndice, mas minha análise dessa idéia é, até o momento, apenas intuitiva. A segunda é a alegação, descrita na Introdução e novamente mais adiante, na seção 6, de que a concepção de igualdade como igual consideração e respeito não somente oferece um argumento a favor dos conhecidos direitos constitucionais descritos no capítulo 12, e dos direitos econômicos descritos em outro ensaio[1],

1. "Liberalism", em S. Hampshire (org.), *Public and Private Morality* (no prelo). (N. do T).: este artigo está traduzido em Ronald Dworkin, *Uma questão de princípio*, op. cit., pp. 269-304.

mas também traz uma exposição da idéia de autonomia que tem figurado nas descrições clássicas dos direitos humanos. Se isso estiver correto, então o suposto conflito entre autonomia e igualdade, assim como o conhecido conflito entre liberdade e igualdade, não são legítimos. Penso, atualmente, que estes dois problemas – o de entender os argumentos a favor de uma concepção de um conceito e o de entender a ligação entre igualdade e autonomia – levarão a filosofia jurídica e política a outro problema clássico da filosofia: o da identidade pessoal. Pois o modo como cada um de nós forma uma concepção de vida é, para nós, tanto um paradigma de um tipo distinto de argumento como a fonte da idéia de autonomia. Contudo, esta última sugestão é especulativa e está além mesmo dos generosos limites deste parágrafo.

1. Hart e uma boa noite de sono

Pode parecer rude incluir entre as críticas as observações a mim dirigidas pelo professor Hart em sua elegante *Sibley Lecture*[2]. Ele apenas fez previsões sobre as falhas que outros poderiam encontrar, e mesmo assim o fez gentilmente, e com tal generosidade que me conscientizou, uma vez mais, que em suas mãos a crítica é sempre um instrumento de prazer e instrução. Ele afirma que os juristas encontrarão sérias dificuldades em meu argumento de que a decisão judicial, mesmo nos casos difíceis nos quais os juízes criam novas regras de direito, é uma questão de princípio, e não de política. Diz também que esses críticos não se deixarão convencer por minha negação da idéia corrente de que freqüentemente, em tais casos, não existe uma resposta certa às questões de direito.

O ensaio de Hart é útil, porém, não apenas por predizer essas reações, mas também por nos lembrar de uma conhecida imagem do direito que explica por que certos críticos passaram a entender minhas alegações do modo como fizeram, e a rejei-

2. H. L. A. Hart, "American Jurisprudence through English Eyes: The Nightmare and the Noble Dream", *Ga. L. Rev.* 968, 983 (1977).

tá-las com tanta segurança. Eles acreditam que se pode afirmar proveitosamente que as regras existem, e também em algo que Hart chama de "direito existente", que consiste em uma lista especial e enumerável de regras jurídicas (e, possivelmente, de outros tipos de padrões) que, em um momento dado, realmente existem. Assim concebido, o direito existente tem duas funções: só ele pode fornecer respostas a questões sobre os direitos jurídicos dos cidadãos e de outras pessoas jurídicas e só ele pode impor aos juízes a obrigação de aceitar tais respostas como dispositivos para a solução das ações judiciais. Na opinião de Hart, a jurisprudência norte-americana viu-se obrigada a optar entre duas teorias extremas sobre o conteúdo do direito existente. A primeira é um pesadelo, segundo o qual o direito existente é vazio: não existe nele absolutamente quaisquer regras. A segunda é um sonho nobre que pressupõe, na versão extrema que Hart atribui a mim, que o direito existente é tão rico e detalhado que o juiz

> deve sempre pressupor que, para cada caso concebível, existe alguma solução que já é direito [existente] antes que ele decida o caso e espere sua descoberta. O juiz nunca deve pressupor que o direito pode ser incompleto, inconsistente ou indeterminado; se assim lhe parecer, a falha não está no direito, mas na limitação humana da capacidade de discernimento do juiz (...)[3].

De fato, segundo Hart, o jurista sensível vai evitar tanto o pesadelo quanto o sonho, e terá uma boa noite de sono propiciada pela conhecida posição intermediária: a de que o direito existente contém um grande número de regras incorporadas a ele pela legislação, pelo precedente e pelo costume, mas que essas regras não são suficientemente numerosas ou precisas para decidirem todos os casos.

Hart está certo ao pensar que a imagem do "direito existente" como uma espécie de entidade exerceu uma influência terrível sobre a teoria do direito. Tal imagem é responsável pela teoria do "livro secreto" dos direitos jurídicos controversos que

3. Ibid., 983.

descrevo mais adiante. O próprio ponto de vista do senso comum de Hart compartilha essa imagem com as duas posições mais extremas, diferindo apenas no conteúdo que atribui ao direito existente. Espero convencer os juristas a pôr de lado a imagem toda do direito existente, a favor de uma teoria do direito que considera as questões sobre direitos jurídicos como questões especiais sobre direitos políticos, de modo que se possa pensar que um demandante tem um determinado direito jurídico sem pressupor que qualquer regra ou princípio já "existente" estipule este direito. Em vez da questão enganosa de saber se os juízes encontram regras no "direito existente" ou inventam regras que ali nunca estiveram, devemos nos perguntar se os juízes tentam determinar quais são os direitos das partes ou se inventam aquilo que consideram como novos direitos para servir a fins sociais. Ofereço a sugestão de que Hart e outros críticos tentaram introduzir à força minhas concepções na velha imagem que rejeito, e que o sonho que encontram em minha obra, que considero mais tolo que nobre, é o resultado dessa união. Concordo, porém, que algo de nobre está em jogo na questão de saber se estou certo ou errado em tudo isso, o que tentarei explicar na seção 3B mais adiante.

2. *Greenawalt e a tese dos direitos*

A. Princípios e políticas

Greenawalt toma como alvo principal minha afirmação de que, nos casos civis comuns, os juízes caracteristicamente justificam suas decisões através do que chamei de argumentos de princípio, e não de argumentos de política, e que eles não somente decidem desse modo mas deveriam. Greenawalt objeta diversos aspectos desta afirmação, em oposição a sua pretensão descritiva, uma série de contra-exemplos. Estes visam demonstrar que pelo menos os juízes norte-americanos freqüentemente decidem os casos difíceis com base em argumentos de política. Ele teme que eu tente evitar estes contra-exemplos por meio de argumentos "engenhosos", mostrando que nesses casos o que aparentemente são argumentos de política na verdade são, quando devidamente compreendidos, argumentos de princípio. Mas ele me adverte que, se eu tiver êxito neste tipo de defesa, será à custa de apagar a distinção entre os dois tipos de argumentos ou, de algum outro modo, trivializar minha alegação principal. Independentemente, ele também contesta minha afirmação de que, nos casos difíceis, juízes devem usar argumentos de princípio e evitar argumentos de política. É esta afirmação normativa, se é que o compreendo bem, que ele vê como baseada numa "teoria política surpreendente e enganosamente simplista"[4]. Ele acredita que pelo menos em alguns casos – quando os direitos das partes são controversos – é totalmente apropriado e benéfico que os juízes criem novas leis justificadas apenas por argumentos de política, ainda que devam aplicar tais leis retroativamente, para ajuizar as conseqüências de eventos passados.

O que são argumentos de princípio e argumentos de política, e qual a diferença entre eles? Os argumentos de princípio tentam justificar uma decisão política que beneficia alguma pessoa ou algum grupo mostrando que eles têm direito ao benefício. Os argumentos de política tentam justificar uma decisão mostrando que, apesar do fato de que os beneficiados não têm direito ao benefício, sua concessão favorecerá um objetivo coletivo da comunidade política. É importante não confundir esta distinção entre argumentos de princípio e argumentos de política com uma outra, que se dá entre as teorias conseqüencialistas e não conseqüencialistas dos direitos.

Consideremos um problema paradigmático de mau uso da propriedade. A propriedade de *A* é contígua à de *B*; *B* tem uma fábrica em sua propriedade, e a poluição resultante não permite que *A* desfrute de sua propriedade como poderia fazê-lo. Suponhamos que *A* se dirige ao poder legislativo e solicita uma lei que proíba as pessoas na situação de *B* de poluir da maneira que *B* polui, pelo menos até que na situação de *A* tenham

4. Greenawalt, "Policy, Rights and Judicial Decision", 11 *Ga. L. Rev.* 991, 992 (1977).

dado seu consentimento. *A* poderia apresentar dois tipos de argumentos em defesa de sua solicitação. Em primeiro lugar poderia dizer que, levando tudo em conta, tem o direito de desfrutar de sua propriedade sem poluição. Este seria um argumento de princípio, um argumento que apela aos direitos como justificação de uma decisão política que faz cumprir estes direitos ou que os protege. Ou poderia dizer que a comunidade como um todo ficará em melhor situação (uma vez que o ar será mais puro) se atividades como as de *B* forem proibidas ou se pelo menos os que lucram com elas tiverem de comprar o consentimento dos mais diretamente afetados. Este seria um argumento de política, um argumento que apela a algum objetivo comunitário para justificar uma decisão política que favorece ou protege esse objetivo.

Suponhamos que *A* faça – e é requisitado a defender – uma reivindicação de princípio segundo a qual ele tem o direito a que *B* não use sua propriedade do modo como usa. A argumentação de *A* poderia não apelar, de modo algum, às outras conseqüências que podem decorrer do fato de se permitir a *B* que polua o ar. Ele poderia dizer, por exemplo, que as pessoas que adquirem uma propriedade na área em questão têm o entendimento, confirmado pela convenção, de que nela poderão respirar um ar completamente puro, e que seu direito provém, exclusivamente, desse entendimento geral. Mas por outro lado, *A* poderia apresentar um argumento mais conseqüencialista. Poderia dizer, por exemplo, que a poluição do ar vai prejudicar a sua saúde e a de sua família e que seu direito provém do que a ação de *B* ameaça um interesse especialmente vital que ele tem direito de ver protegido pela sociedade. Desse modo, *A* apela às conseqüências do ato de *B* como um argumento de que *A* tem direito a que o ato não seja praticado. Sem dúvida, este apelo às conseqüências não converte seu argumento original num argumento de política. Se pensássemos assim, estaríamos incorrendo no erro de pressupor que, como os argumentos de política voltam nossa atenção para as conseqüências de ter ou não uma regra específica, qualquer argumento que volte nossa atenção para as conseqüências deve ser um argumento de política.

Os argumentos conseqüencialistas podem ser introduzidos num debate sobre direitos não apenas pelo proponente de um direito, mas também por seus adversários. Suponhamos que *B* questiona os argumentos de princípio de *A* perante a legislatura. *B* poderia se juntar a estes argumentos diretamente, negando, por exemplo, que as pessoas que compram terras nessa área da comunidade realmente esperam controlar a qualidade do ar ou negando que a poluição por ele provocada realmente põe em risco a saúde de *A* ou de sua família. Ou poderia tentar estabelecer, ele próprio, um direito concorrente de maior peso que o direito estabelecido por *A*, de modo que pudesse sair vitorioso do conflito de direitos assim estabelecido. Neste sentido poderia, por sua vez, usar tanto argumentos conseqüencialistas quanto não-conseqüencialistas. Poderia dizer, à maneira não-conseqüencialista, que os que compram terras nessa região compartilham a idéia de que poderão construir fábricas ou usar as terras do modo mais rentável do ponto de vista comercial, sem nenhum impedimento por parte dos vizinhos. Ou pode dizer, de modo mais conseqüencialista, que se não lhe permitirem produzir a poluição da qual *A* se queixa, sua atividade comercial deixará de ser rentável e ele será levado à bancarrota, com conseqüências muito mais graves, para ele, do que aquelas que se abateriam sobre *A* caso a poluição fosse mantida. Uma vez mais, essa atenção às conseqüências relativas de se aceitar ou rejeitar a reivindicação de um direito por parte de *A* é feita parte de um argumento de princípio. Neste caso, o argumento pressupõe que *B* tenha algum direito abstrato concorrente, e o apelo às conseqüências é usado para mostrar que, dadas as circunstâncias, o direito concorrente tem mais peso, de modo que, na verdade, *A* não tenha o direito concreto que pretende ter ao solicitar uma lei. Se *B* realmente convencer o poder legislativo a recusar essa lei através de um argumento conseqüencialista desse tipo, daí não se segue que a decisão da legislatura tenha sido gerada por argumentos de política. O poder legislativo não se recusou a promulgar a lei como uma estratégia para fomentar a eficiência econômica geral, por exemplo, mas sim por ter se deixado convencer de que *B* tem e *A* não tem o direito que afirmavam ter.

Mas *B* pode introduzir um argumento diferente, conseqüencialista negativo, com a intenção de anular a reivindicação de um direito por parte de *A* sem se basear, como os argumentos há pouco descritos, na idéia de que *B* tenha um direito concorrente mais forte. *B* pode dizer, por exemplo, que ninguém pode ter um direito de ser protegido contra o mau uso da propriedade se o custo dessa proteção à saúde econômica da comunidade for muito alto, e em seguida pode acrescentar que, como sua fábrica emprega a maioria da força de trabalho da comunidade, o custo da proteção de *A* seria por demais elevado. Suponhamos que os legisladores se deixem convencer por este argumento e, por este motivo, se recusem a promulgar a lei pedida por *A*. Agora poderia ser mais tentador afirmar que a decisão dos legisladores era uma questão de política, e não de princípio, mas ainda assim isto seria um erro. A questão que o legislativo tem diante de si continua sendo a de saber se, pesados todos os prós e contras, *A* tem o direito que reivindica. Se os legisladores estiverem convencidos de que a resposta a essa pergunta depende de algum cálculo das conseqüências, isto não altera a natureza da pergunta que se está tentando responder. A legislatura decide que *A* não tem direito à lei, e assim rejeita esta razão para promulgá-la. Sem dúvida, os legisladores poderiam ter desejado considerar se, mesmo na ausência de um direito de *A* a essa lei, não haveria boas razões políticas para promulgá-la de qualquer modo. Neste caso, os argumentos de *B* teriam cumprido uma dupla função: teriam refutado a reivindicação de *A* ao direito a uma lei, além de refutar também os argumentos de política independentes, caso houvesse algum, de que uma lei seria desejável ainda que *A* não tivesse qualquer direito a ela. Neste caso, o poder legislativo terá chegado a duas decisões: a primeira, com base em argumentos de princípio, afirmando que *A* não tem direito algum ao que pede, e a segunda, com base em argumentos de política, afirmando que o que ele pede é lesivo, e não útil, aos objetivos da comunidade.

Portanto, a diferença entre um argumento de princípio e um argumento de política é uma diferença entre dois tipos de questões que uma instituição política poderia colocar a si mesma, e não uma diferença nos tipos de fatos que podem figurar numa resposta. Se se pretende que um argumento responda à questão de saber se uma parte tem ou não direito a um ato ou a uma decisão política, o argumento será então um argumento de princípio, apesar de totalmente conseqüencialista em seus detalhes. É evidente que o crítico de um argumento de princípio talvez venha a dizer que se trata de um mau argumento de princípio, exatamente porque apela a conseqüências. Suponhamos que o poder legislativo decida que *A* não tem direito à lei porque *B* mostrou que o custo de alterar as fábricas de modo a reduzir a poluição, apesar de economicamente viável, é ainda assim superior à perda em valores imobiliários causada pela poluição em seus níveis atuais. *A* poderia protestar que seu direito abstrato a desfrutar de sua propriedade livre de ameaças é por demais importante para ceder, neste caso, a meras considerações de custo marginal dessa natureza. Ele poderia acrescentar (como eu mesmo o faria) que aceitar este tipo de razão como fundamento para recusar-se a reconhecer um direito político concreto equivale a negar totalmente a existência de qualquer direito político abstrato, de modo que é incoerente conceder o direito abstrato e depois negar-se a sancioná-lo neste tipo de caso. Mas estas são apenas diferentes maneiras de dizer que o poder legislativo cometeu um erro de princípio: o erro de ter dado muito pouco valor ao direito abstrato, ou o erro de recusar-se totalmente a reconhecê-lo. Os legisladores podem contestar que o erro não é deles, mas sim do crítico; a questão assim colocada é uma questão de princípio, não de política.

Como poderemos determinar, num contexto histórico, se uma decisão política específica foi tomada segundo considerações de princípio ou de política? A questão pode não ser tão simples. Suponhamos que tomemos, como exemplos, a série de casos dos primórdios do século XIX sobre os direitos dos proprietários ribeirinhos, discutidos pelo professor Horwitz em seu interessante livro[5]. Se duas pessoas ou duas empresas possuem terras a diferentes alturas de um curso de água onde

5. M. Horwitz, *The Transformation of American Law* (1977), Harvard University Press.

pode ser construída uma barragem, cada uma dessas partes pode querer usar a água de uma maneira que deixe a outra em desvantagem. Horwitz acredita que, em diferentes momentos, os tribunais de Massachusetts e de outros Estados tomaram atitudes diferentes diante desses casos. Durante um período, não permitiram que um dos proprietários fizesse quase nada que pudesse prejudicar os projetos do outro, por mais necessária ou valiosa que a atividade coibida pudesse ser para o primeiro proprietário, ou para a comunidade em geral. Em outro período, aplicaram um critério de racionalidade: era uma questão de comparar a perda para o acusado, caso este não pudesse usar sua terra do modo como desejava, com a perda para o demandante se a autorização fosse concedida. Ainda em outro momento, os tribunais colocaram-se no outro extremo: um dos proprietários poderia usar a água que corria por sua terra da maneira que lhe parecesse mais lucrativa, por maiores que fossem os prejuízos para seu vizinho. Horwitz argumenta que, em cada um desses períodos, a prática estabelecida teve o efeito de beneficiar a expansão da indústria capitalista; mudanças nas regras jurídicas acompanhadas por mudanças no modo como a água poderia contribuir para o uso mais rentável da terra. Em vários dos casos-limites nos quais as regras do direito foram alteradas, o tribunal apresentou justificações conseqüencialistas para as decisões que tomou. Em geral tais conseqüências eram, em primeira instância, conseqüências para o demandante ou para o acusado, ou, ainda, para os que estivessem em situação semelhante, mas em alguns casos fazia-se referência explícita aos interesse econômicos mais gerais do conjunto da comunidade.

Poderíamos apresentar duas versões muito diferentes desses casos. A primeira delas é política. Nos primórdios do século XIX, os juízes aproveitaram a oportunidade que lhes era oferecida por litígios privados para criar, a propósito da distribuição de energia elétrica nos cursos de água, normas que pudessem promover, mais do que quaisquer outras, o objetivo comum de desenvolver e fortalecer uma economia capitalista. À medida que a prática e as circunstâncias econômicas foram se modificando, estes juízes alteravam as regras para adaptá-las às novas condições. Sem dúvida, os juízes estavam dispostos a admitir que cada proprietário de terras tinha certos direitos sobre o uso de sua terra, direitos que seria injusto alterar apenas em nome dessa política. Nunca teriam pensado, por exemplo, em estabelecer uma regra que proibisse os proprietários de usar suas terras de maneira economicamente ineficaz, se assim desejassem, nem em permitir que um usuário mais eficiente invadisse a propriedade de um menos eficiente. Mas eles não viram os *casos difíceis* relativos à água como casos que exigissem uma descrição mais precisa dos direitos concretos dos proprietários vizinhos sempre que os direitos abstratos pareciam estar em conflito. Ao contrário, puseram de lado toda a questão dos direitos jurídicos vigentes das partes enquanto indivíduos, exatamente como o poder legislativo poderia fazer ao alterar um regime jurídico tendo em vista os interesses do comércio.

A segunda versão é a versão de princípio. Os juízes viram esses casos como casos difíceis sobre os direitos concretos dos vizinhos num contexto de transformação econômica. Admitiram, talvez sem muita reflexão, que, pelo menos no caso dos direitos relativos ao uso dos bens imobiliários, as considerações de conseqüência desempenhavam um papel importante na definição desses direitos. Adotaram este pressuposto como parte daquilo que se poderia chamar, para expressá-lo com clareza, de sua teoria política. Se lhes fosse pedido que descrevessem a situação geral em termo de moral fundamental, eles teriam dito que, apesar de os indivíduos terem um direito abstrato a usar sua propriedade do modo que lhes pareça melhor, não é justo que a usem de modo a impedir que seus vizinhos desfrutem de direitos semelhantes sobre suas respectivas propriedades; mas que, por outro lado, não é justo que um proprietário de terras espere que outros deixem de empregar sua terra de forma útil para permitir que ele faça valer sua preferência por uma utilização socialmente menos valiosa de sua própria terra. Com ou sem razão, eles poderiam ter imaginado que essa descrição muito sumária e abstrata dos direitos morais dos proprietários rivais oferecia a melhor justificação (no sentido dos *casos difíceis*[6]) do direito

6. Ver capítulo 4.

tal como o encontraram, e em seguida poderiam ter se empenhado ao máximo em criar regras de direito, para reger o uso ribeirinho, que declarassem com o máximo de precisão e protegessem do modo mais eficiente possível os direitos concretos decorrentes dessa análise nas circunstâncias econômicas vigentes. Sem dúvida, à medida que essas condições se modificaram, os direitos concretos também passaram por transformações que trouxeram consigo a necessidade da criação de novas regras fiéis aos antigos princípios. Do fato de que estes juízes tivessem uma visão conseqüencialista da dimensão dos direitos concretos sobre o uso da terra não se segue que eles defendessem uma teoria igualmente conseqüencialista sobre outros tipos de direitos. Podem ter pensado de outro modo, por exemplo, sobre os direitos a serem protegidos contra a invasão física da propriedade ou mesmo da pessoa. Seria então justo, e na verdade necessário, perguntar por que adotaram um ponto de vista diferente sobre o uso ribeirinho, a turbação de posse ou qualquer outra questão à qual tenham estendido sua teoria conseqüencialista. Mas uma resposta poderia ser encontrada em alguma concepção de que os direitos sobre a propriedade são mais institucionais, em sua origem, que os direitos mais pessoais ou em alguma outra característica de uma teoria política mais ou menos articulada.

Como faremos nossa escolha entre essas duas versões? Alguns críticos dirão que as duas não passam de maneiras diferentes de dizer a mesma coisa ou que, na prática, pouco importa qual delas venhamos a escolher como descrição geral da decisão judicial. Discutirei esta acusação em seguida, mas, se admitimos por enquanto que as duas versões são diferentes, talvez não seja tão simples decidir a qual delas daremos preferência enquanto descrição das decisões jurídicas específicas em questão. Espero ter deixado claro, porém, que o apelo às conseqüências a ser encontrado nas opiniões não é decisivo, nem mesmo comprobatório, a favor da versão política. Só seria comprobatório se fosse implausível supor que os juízes podem ter uma teoria conseqüencialista dos direitos relativos aos bens imóveis. Espero ter deixado claro, também, que o argumento de Horwitz, segundo o qual as regras formuladas pelos juizes eram, de fato, as mais apropriadas para promover o desenvolvimento de uma economia capitalista, é compatível com qualquer das duas versões. Se os juízes tivessem chegado às mesmas regras, mas sem fazer referência às conseqüências de permitir ou proibir os diferentes usos, então as afirmações de Horwitz teriam sustentado aquilo que, no capítulo *Casos Difíceis*, chamei de tese antropológica, segundo a qual os membros de uma comunidade desenvolverão uma teoria dos direitos que realmente promova a prosperidade geral do modo como eles a entendem. Estas afirmações não vão contestar a tese diferente de que, em sua própria opinião, os juízes estavam aplicando direitos ao tomarem suas decisões. Elas não podem ter mais força contra a tese de que os juízes se viam como fazendo cumprir direitos no contexto de uma teoria que tornava as conseqüências relevantes para os direitos. Os argumentos de Horwitz têm por objetivo, na verdade, defender aquilo que se poderia chamar de versão neomarxista da tese antropológica. Esta versão pressupõe que os membros de uma classe dominante vão desenvolver uma teoria dos direitos que funcione não em benefício do conjunto da comunidade, como poderiam imaginar os antropólogos mais otimistas, mas apenas no interesse de sua própria classe. Se assim for, trata-se de uma descoberta importante tanto para a história quanto para a política, mas não contradiz a versão de princípio, ainda que, sem dúvida, atenue quaisquer conclusões avaliativas ou normativas que pudessem ser extraídas dessa versão.

Tudo isso, porém, diz respeito a considerações que não são levadas em conta na escolha entre nossas duas versões. E quais são as que contam? Devemos nos lembrar que, embora estejamos fazendo uma escolha entre duas descrições concorrentes do que os juízes realmente fizeram, o êxito de uma ou de outra descrição depende de questões que, para esses juízes, eram questões relativas ao que *deveriam* fazer. Não quero pressupor que esses juízes (ou mesmo os juízes contemporâneos) tenham estabelecido nossa distinção entre argumentos de princípio e argumentos de política, nem que estivessem conscientemente tentando tomar decisões que poderiam caracterizar, de uma maneira ou de outra, recorrendo à linguagem dessa distinção. Ao contrário, mesmo que a distinção certamente não seja nova nem para a filosofia política nem para a filosofia do direito, nunca esteve nos alicerces da teoria do direito. Quero dizer, antes, que o melhor método para se escolher entre nossas duas caracterizações é perguntar qual delas se ajusta melhor às teorias políticas e morais que podemos, de maneira plausível, atribuir àqueles cuja prática estamos tentando descrever.

A versão de princípio seria implausível, por exemplo, se for impossível supor que os juízes mantiveram uma atitude conseqüencialista a propósito daquilo que um proprietário de terras pode, eqüitativamente, esperar de outro. Na verdade, porém, é implausível pressupor que eles não mantiveram uma atitude conseqüencialista, pois ela tem sido, há séculos, parte integrante da moral convencional tanto na Grã-Bretanha quanto nos Estados Unidos. As pessoas acreditam que a posse da terra traz consigo certos direitos relativos tanto para determinar o que vai ser feito dessa terra quanto para estar livre de interferências decorrentes do que é feito nas terras vizinhas; elas entendem que estes dois tipos de direitos podem entrar em conflito e não acreditam que, neste caso, qualquer vizinho tenha um direito moral contra o outro, ou que um tipo de direito prevaleça sempre sobre o outro. Acreditam, em vez disso, que em tais casos uma das partes tem o que se poderia chamar de direito "maior", o que me parece significar que uma parte tem um direito concreto nas circunstâncias do momento e que as conseqüências, não apenas para os vizinhos, mas para a sociedade em geral, são relevantes para se decidir qual é essa parte. É verdade que estes aspectos conseqüencialistas daquilo que é razoável que um proprietário de terras espere se misturam a outros aspectos não-conseqüencialistas, como a questão de qual dos dois usos conflitantes era mais antigo ou, como no caso da atual controvérsia sobre os direitos de aterrissagem do Concorde, qual uso é mais "natural" ou deve ser preferido por razões de moral política que não são conseqüencialistas. A teoria popular faz uso de todas essas considerações, e de outras, ao julgar o que a eqüidade requer em tais casos, e os cidadãos comuns divergem, em cada caso, quanto à sua correta combinação, ainda que raramente neguem o papel das considerações sobre conseqüências. A versão de princípio pressupõe apenas que os juízes adotem a mesma atitude geral diante das questões de eqüidade e que, ao apelarem às conseqüências, apeguem-se a certos aspectos que diferem de juiz para juiz, e de período para período, assim como diferem de pessoa para pessoa na vida real. O antropólogo social pode insistir que essas teorias de eqüidade provêm de alguma percepção comunitária da necessidade comum, e não da intervenção de princípios mais abstratos da moralidade ou resultam, se preferir a interpretação marxista, de uma percepção classista de seu próprio interesse. Mas essas diferentes versões da tese antropológica mais confirmam do que questionam a versão de princípio.

B. Contra-exemplos

Não pretendo prosseguir na questão histórica de saber se os juízes de Horwitz decidiram os casos ribeirinhos com base em princípios de política, ainda que, sem dúvida, creio que a decisão tenha se dado com base em princípios. Em vez disso, quero usar a circunstância factual desses casos como tema de um tedioso exercício. Vou distinguir, com algum detalhamento, as diferentes questões morais, políticas e judiciais que poderiam ser colocadas a respeito das circunstâncias. *A* e *B* possuem terras vizinhas; um rio corre pelos dois lotes, mas passa primeiro pela terra de *A*, e depois pela de *B*. *A* propõe represar o curso d'água para irrigar seu lote, ou para obter energia elétrica para sua fábrica, ou por outro motivo qualquer. Mas isto tornará o rio muito menos útil a *B*, para as mesmas ou para outras finalidades.

(1) Há, primeiro, o problema moral imediato da eqüidade. Se não houver uma lei explícita que proíba *A* de construir a represa, *B* terá, ainda assim, direito (que poderíamos chamar de direito "moral") a que *A* não interfira desse modo no desfrute de sua terra? Se *B* não tiver direito a que *A* não construa a represa, terá direito a que *A* indenize qualquer perda que venha a so-

frer porque, para ele, o valor do rio terá diminuído? Se *B* não tiver direito a que *A* não construa a represa, e nenhum direito a que *A* o indenize pela perda, terá pelo menos direito a que *A* tenha o cuidado de não causar mais prejuízos aos seus interesses além do necessário para as finalidades de *A*? Ou *B* não terá nenhum desses direitos nem mesmo do ponto de vista moral, de modo que *A* tenha total liberdade, tanto moral quanto juridicamente, de usar sua terra como bem entender, deixando que *B* cuide de seus interesses como bem quiser? Afinal, *B* comprou terras rio abaixo, e por esta razão pode ter pago um preço menor.

É evidente que as pessoas darão respostas diferentes a essas questões de moral privada, e que essas respostas diferentes irão refletir diferenças maiores ou mais abstratas em sua moral ou em suas teorias éticas sujbacentes. Também é evidente, como afirmei há pouco, que os que desejam refletir sobre estes problemas tendam a levar em consideração as conseqüências para as partes, e até mesmo para o conjunto da sociedade. Essas pessoas podem dizer, por exemplo, que embora tenhamos, em princípio, o direito de desfrutar dos recursos de nossas propriedades, este direito não pode chegar ao ponto de bloquear os benefícios sociais para a comunidade como um todo, pois isso significaria usar a propriedade privada de modo que deixe a comunidade na condição de refém. (Menciono aquilo que "muitas pessoas" pensariam porque estou preocupado em distinguir a questão de saber se é plausível tomar o argumento de alguém como sendo, para esta pessoa, um argumento sobre direitos da questão diferente de saber se se trata realmente de um bom argumento sobre os direitos. Como veremos, a primeira questão é essencial quando nos perguntamos se uma decisão judicial específica constitui um contra-exemplo ao aspecto descritivo da tese dos direitos. A segunda questão é mais importante quando estamos interessados em testar o aspecto normativo da tese dos direitos; e interessados, portanto, em saber quais decisões seriam realmente corretas segundo esta tese. As duas questões tornam-se importantes quando desejamos saber se a tese dos direitos é trivial ou, como diriam alguns, mais modesta do que poderia parecer à primeira vista. Quando digo que muitas pessoas tendem a atribuir às conseqüências um lugar importante em suas teorias sobre certos direitos, o que interessa à primeira questão, não estou nem sugerindo nem negando que estejam fazendo certo, tanto em termos gerais quanto no caso desses direitos específicos.)

(2) Chegamos agora a uma questão diferente: saber se seria adequado que o poder legislativo adotasse uma lei (a) dando aos proprietários de terra rio abaixo o direito jurídico de proibir as represas rio acima ou o direito jurídico de serem indenizados se uma delas for construída, ou algum direito mais complexo, como o direito, após o exame de todos os aspectos da questão, de que tais represas sejam razoáveis, ou (b) determinando que o proprietário do lote na parte de baixo do rio não tenha nenhum desses direitos, revogando assim qualquer lei anterior ou qualquer precedente judicial semelhante a (a). Suponhamos que um legislador tenha respondido ao nosso primeiro conjunto de questões (subseção 1, acima) decidindo que *B* tem direito moral à proteção que a lei (a) lhe daria. Este legislador tem, nessa decisão, um argumento de princípio para votar favoravelmente a essa lei. Também pode pensar que a lei (a) promoveria algum objetivo comunitário; de fato, se suas razões para pressupor que *B* tem o direito são fortemente conseqüencialistas, é provável (ainda que não inevitável) que venha a pensar que a lei promove algum objetivo comunitário. Neste caso, ele terá um argumento adicional de política a favor da lei. Mas o fato de que neste argumento figuram as mesmas conseqüências que figuravam no argumento de princípio não significa que o argumento de política seja o mesmo.

Mas suponhamos agora que o legislador respondeu negativamente ao primeiro conjunto de questões: ele não acredita que *B* tenha direito ao que determina a lei (a). Neste caso, não tem nenhum argumento de princípio a favor da lei, mas pode ser que, ainda assim, tenha o argumento de política. Se for assim, pode muito bem votar a favor da lei e criar um direito jurídico onde nenhum direito moral existia, pois o argumento de política seria, por si só, uma justificação suficiente. (Suponho que, embora o legislador considere *A* moralmente livre para represar o rio, ele não pense que *A* tem o direito legislativo político de fazê-lo, ou seja, não pensa que *A* tem um direito político de que nenhuma lei que o proíba de fazê-lo seja promulgada).

Mas suponhamos que a lei proposta é a lei (b), que nega o direito de *B* em vez de confirmá-lo, e suponhamos que nosso legislador acredita que existem boas razões políticas para votar a favor *dessa* lei. Se ele respondeu negativamente ao primeiro conjunto de perguntas, tem nessa resposta um argumento negativo de princípio. Os partidários de *B* podem alegar que, como ele tem direito ao que lhe é recusado pela lei (b), é errado votar a lei por razões exclusivamente políticas. Nosso legislador recorre a seu argumento de princípio de que *B* não tem este direito moral, e então sustenta seu voto favorável à lei em bases políticas. Por outro lado, se tiver dado uma resposta afirmativa às primeiras questões, terá então um argumento de princípio contra a lei (b) se acreditar que direitos morais desse tipo fundamentam direitos legislativos políticos, ou seja, direitos de que o poder legislativo dê sustentação aos direitos morais. Se não acreditar (como bem poderia ser o caso), não irá supor que tem um argumento de princípio contra a lei, e achará certo aprová-la por razões políticas.

(3) Suponhamos que o problema colocado pela conduta de *A* não tenha sido apresentado à legislatura, e que não existe nenhuma lei como (a) ou (b). Suponhamos, também, que não exista nenhum precedente jurídico claro com o efeito que qualquer dessas leis teria. Agora, *B* processa *A* porque deseja interditar suas atividades, ser indenizado ou obter alguma reparação mais complexa. Estamos diante de um caso difícil. Suponhamos que o juiz tenha dado uma resposta afirmativa às questões de eqüidade acima descritas – para sermos breves, ele acha que *B* tem um direito moral ao que solicita. Suponhamos também que o juiz tenha uma visão tal dos precedentes que a questão acima colocada – dos direitos morais de *B* contra *A* – será decisiva quanto aos direitos jurídicos de *B*. (Os argumentos mais gerais que desenvolvi no capítulo sobre os casos difíceis mostram, assim espero, as circunstâncias nas quais nosso juiz poderia pensar que a questão moral exerce este impacto decisivo

sobre a questão jurídica.) Se o juiz responder afirmativamente à questão moral e considerar, depois de um exame de todos os seus aspectos, que *B* tem um direito moral à mesma reparação que pede ao tribunal, então pensará que *B* tem também um direito jurídico a ela. Terá, assim, um argumento de princípio a favor de uma decisão favorável a *B*, e também um argumento de princípio a favor da declaração de uma nova regra que favoreça os que se encontrarem futuramente na situação de *B*. Ele também pode ter um argumento disponível favorável à mesma regra para o futuro. De fato, se seu argumento a favor do direito moral for intensamente conseqüencialista, então (como o legislador na mesma posição) será praticamente inevitável que as conseqüências lhe ofereçam um argumento de política. Mas os dois argumentos não são o mesmo, e apenas o argumento de princípio irá contar, substancialmente, a favor de uma decisão que privilegie *B* no caso concreto.

Suponhamos, porém, que ele tenha um argumento de política a favor da regra *contrária* (b) enquanto regra para o futuro. Isto parece improvável, porém possível, particularmente se seu argumento de princípio a favor do direito moral de *B* se baseava fortemente em fatores não-conseqüencialistas. Se o juiz proclama a regra (b) para o futuro, e aplica a regra contra *B* no caso presente, é evidente que sua decisão provém de um argumento de política que invalida um argumento de princípio concorrente. A decisão constituiria um contra-exemplo da tese dos direitos. Contudo, o caso não apresentaria nenhum contra-exemplo se o juiz anunciasse a regra (b) para o futuro como uma mudança "apenas provável" no direito, mas decidisse a favor de *B* no caso presente. Mas isto é extremamente improvável num caso difícil dessa natureza.

Suponhamos, agora, que o juiz decida negativamente as questões colocadas na subseção 1, pois não acredita que *B* tenha um direito moral ao que procura obter do tribunal. Ele também considera essa decisão conclusiva no caso do direito jurídico, nos termos da análise que apresentei no capítulo sobre os casos difíceis: não aceita, portanto, que *B* tenha um direito jurídico à reparação que pretende obter. Tem também um argumento negativo de princípio a favor de uma decisão que favoreça *A* e a favor da proclamação da regra (b) como regra para o futuro. Se seu argumento negativo de princípio se basear fortemente em considerações conseqüencialistas, é provável que ele também tenha um argumento de política a favor da regra (b) como regra para o futuro. Contudo, a disponibilidade desse argumento de política não significa que o argumento de princípio seja insuficiente para justificar sua decisão. O demandante pede que o Estado intervenha por intermédio do tribunal; será resposta suficiente dizer-lhe que não tem direito ao que procura. Mas suponhamos agora que o juiz tenha um argumento de política a favor da regra (a) como regra para o futuro. Isto é de novo possível, sobretudo se seu argumento negativo de princípio, contra a reivindicação de direito de *B*, não se basear fortemente em considerações conseqüencialistas. Se ele anunciar a regra (a) como regra para o futuro, em seguida aplicá-la ao caso presente de modo que permita o recurso de *B* contra *A*, sua decisão terá sido gerada por um argumento de política. O caso também pode ser visto como um contra-exemplo da tese dos direitos. (Mas, repetindo, não o será se sua escolha da regra (a) for "apenas provável"). O tribunal não considera que se possa encontrar qualquer argumento de eqüidade apoiando a alegação de *B*, de que foi errado *A* fazer o que fez, mas ainda assim o tribunal faz uso de sua autoridade para dar a *B* o que pede de *A*.

Adverti que esta exposição seria entediante, mas pelo menos tem o mérito de isolar os casos que poderiam configurar-se como contra-exemplos da tese dos direitos. Devemos buscar estes contra-exemplos entre os casos em que a opinião se fundamenta em algum tipo de argumento conseqüencialista, mas só os encontraremos em uma subsérie destes casos. Estes serão os casos nos quais (i) a decisão será favorável ao demandante, mas o tribunal não pensará, após o exame de todas as circunstâncias envolvidas, que ele tem um direito moral ao que pede e ao que se lhe concede, nem que um princípio que o descreve é parte integrante de uma melhor justificação do direito estabelecido, ou (ii) a decisão favorece o acusado, mas o tribunal não pensará que o demandante não tem direito jurídico ao que pede. Se, nos casos em que a decisão favorecer o demandante, o tribunal aceitar plenamente que ele tem direito moral ao que pede, então não é crível que o caso venha a fornecer um contra-exemplo da tese dos direitos. Só seria um contra-exemplo se houvesse razões pelas quais esse direito moral não pudesse ser igualmente considerado como um direito jurídico; mas, se o material jurídico fundamental é tal que permite uma decisão favorável ao demandante, dificilmente poderá ser forte o bastante contra o direito moral de excluir um direito jurídico do mesmo teor. Sem dúvida, os casos não podem fornecer contra-exemplos da tese dos direitos se a decisão favorecer o acusado, e o tribunal for de opinião que o demandante não tem nenhum direito jurídico ao que pede. A tese dos direitos pressupõe que, pelo menos numa ação civil privada comum, se o demandante não tem direito jurídico ao que pede, isto constitui um argumento de princípio decisivo a favor de uma decisão privilegiando o acusado.

Admito que pode ser difícil decidir se o tribunal acredita ou não que o demandante tem algum tipo de direito quando o tribunal não deixa claro, em sua opinião, se está se referindo a esta questão. Trata-se de saber o que é razoável atribuir aos juízes, em termos de posições ou pressupostos morais, mesmo se eles próprios não usaram o vocabulário exato nem fizeram as distinções precisas às quais devemos recorrer para fazer esta atribuição. Trata-se de uma questão meramente conjetural, mas, como veremos, existem certos princípios gerais que poderíamos seguir para decidir se esse tipo de atribuição é plausível ou não.

Podemos agora nos perguntar em que medida os contra-exemplos imaginados por Greenawalt são bem-sucedidos neste teste. Ele examina, primeiro, dois casos hipotéticos de negligência:

> O acusado *A*, que dirige cuidadosamente, depara com uma criança na estrada à sua frente; dá uma guinada para não atropelá-la, mas ao fazê-lo termina por chocar-se com o carro estacionado do demandante. O acusado *B*, que também dirige com cuidado, vê um coelho morto na estrada e, como detesta passar sobre animais mortos, dá uma guinada e, ao fazê-lo, termina por chocar-se com o carro estacionado do demandante. O acusado *A* não é negligente, e o acusado *B* é negligente exatamente porque o

bem-estar da criança tornou razoável a guinada de *A*, enquanto o bem-estar do coelho morto (!) não era motivo suficiente para tornar razoável o ato de *B*[7].

No caso de *A*, o acusado ganha o processo, mas seria irracional atribuir ao tribunal hipotético o ponto de vista de que o demandante tinha um direito moral de que a criança fosse morta para evitar os danos a seu carro. Portanto, o caso não pode ser um contra-exemplo. No caso de *B*, o demandante ganha o processo, mas é irracional não atribuir ao tribunal hipotético o ponto de vista de que as pessoas têm direito de que sua propriedade não seja prejudicada simplesmente por uma questão de melindres. Portanto, o caso de *B* também não pode servir como contra-exemplo.

Em seguida, Greenawalt se volta para casos de turbação de posse semelhantes aos que já apresentei aqui.

> Uma pessoa pode agir de modo perfeitamente razoável ao instalar, numa região distante, uma indústria que necessariamente provoca odores desagradáveis ou poluição do ar. Enquanto a população adjacente permanecer pequena e os danos sofridos por cada proprietário não forem muito grandes, ninguém pode ter direito de interromper as atividades da indústria. Mas se, ainda que por razões fortuitas e imprevisíveis, a região se tornar densamente populosa, a indústria pode vir a ser um foco de perturbações, e cada vizinho residente-proprietário ou a municipalidade podem ter direito a pedir sua extinção, ainda que cada pessoa afetada não sofre mais danos do que os que sofriam os moradores vizinhos quando a população era ainda muito pequena. (...) Seria redundante afirmar que a suspensão mandatória [no segundo caso] é simplesmente a aplicação de um princípio que exige um mínimo de respeito pelos outros[8].

No primeiro caso, quando a região afetada ficava longe, o demandante perde, mas não parece correto atribuir ao tribunal

7. Greenawalt, op. cit. ("Policy" etc.), 1012 (ponto de exclamação do autor).

8. *Ibid.*, 1013 (nota de rodapé do autor).

hipotético qualquer idéia de que o demandante tenha um direito concreto de que o dono da indústria encerre suas atividades. Cada parte tem um direito abstrato de usar sua própria terra livre de interferências externas, e alguma solução conciliatória entre esses direitos se faz necessária. No mais, não havendo diferenças, o acusado é moralmente livre para usar sua terra do modo que lhe parecer melhor. A questão moral consiste em saber se, dadas todas as circunstâncias, qualquer pessoa pertencente ao reduzido grupo dos menos adversamente afetados do que o acusado que fosse forçado a encerrar suas atividades tem direito de usar sua terra de modo que provoque odores desagradáveis. Nossa impressão de que a decisão favorável ao acusado é correta – impressão na qual se fundamenta o exemplo hipotético – pressupõe que daríamos uma resposta negativa a esta questão. Mas no segundo caso, a questão moral é bem diferente. Agora, o acusado deve fazer valer, contra a reivindicação de qualquer demandante em particular, a liberdade moral de usar sua terra de um modo que causa danos a um grande número de pessoas. Vista apenas como apelo moral, esta reivindicação é bem menos defensável. Na verdade, é parte integrante da moral convencional que uma pessoa que demonstra "um mínimo de respeito pelos outros" deva levar em conta o número de indivíduos que serão prejudicados por aquilo que ela faz, além da extensão dos danos que cada um irá sofrer. Se a mesma ação, com as mesmas vantagens para quem a pratica, prejudicar um número maior de pessoas, ainda que em grau semelhante, o praticante estará demonstrando menos respeito por *cada uma*, se persistir, do que faria se o número de pessoas lesadas fosse menor. Portanto, ainda que cada demandante, no segundo caso, tivesse somente o mesmo interesse para reivindicar que teve o demandante no primeiro, a liberdade moral do acusado, dada a obrigação geral de tratar seus vizinhos com respeito, será muito menor. Também pareceria plausível, nessas novas circunstâncias, insistir que o direito de cada demandante a este nível de respeito instaura um direito concreto de fazer com que a má utilização da propriedade seja interrompida neste caso. Se consideramos, no segundo caso, a decisão como correta é porque achamos que este direito é de fato instaurado.

A discussão que Greenawalt faz dos casos de turbação de posse (e sua discussão mais geral de como se poderia pensar que os interesses de terceiros afetam a decisão de processos privados) sugere que ele não se dá conta da diferença entre um argumento de política e um argumento de princípio que tenha por base considerações de conseqüência. A este respeito, ele pode ter se enganado por uma falha minha em desenvolver os pontos no parágrafo seguinte, e por minha discussão, que ele cita, do teste de negligência de Hand. Afirmei que, embora Hand, e outros que decidem os casos de negligência da maneira que ele sugere, apele às conseqüências, estes apelos são métodos para chegar a um meio-termo entre os direitos concorrentes das partes. Também assinalei, a este respeito, que as conseqüências levadas em conta eram conseqüências para ambas as partes, e não (como seria o caso se o argumento fosse político) conseqüências para o conjunto da comunidade[9]. Comparei a regra de Hand com uma regra imaginária que consideraria negligente uma pessoa que não corresse um risco para salvar alguém que, para a sociedade, é mais importante do que ela própria. Disse que essa regra imaginária só poderia ser a conseqüência de um argumento de política, pois oferecia a um demandante, e exigiria de um acusado, aquilo que seria oferecido e exigido por uma moral inflexivelmente utilitarista. Com relação a este aspecto da questão, eu deveria ter sido mais cuidadoso; deveria ter afirmado que não seria crível supor que algum tribunal viesse a adotar a regra imaginária com base em argumentos de princípio, porque seria implausível imaginar que algum tribunal pudesse adotar o ponto de vista de que as pessoas têm direitos e deveres morais que uma moralidade utilitarista completa pudesse sugerir, e inacreditável imaginar que algum tribunal pudesse pensar que uma teoria do direito que contivesse tal ponto de vista pudesse ser uma justificação adequada, no sentido de Hércules, da lei de negligência. Portanto, se algum tribunal realmente adotasse tal regra, seria irresistível concluir que sua decisão tivesse sido gerada por um argumento de políti-

9. Ver p.147.

ca, e estaríamos, finalmente, diante de um contra-exemplo da tese dos direitos.

Talvez fosse útil afirmar, de modo mais abstrato, como as considerações relativas aos interesses de terceiros poderiam figurar nos argumentos sobre os direitos[10]. Ainda que um caso de negligência realmente envolva um conflito entre dois direitos concorrentes, trata-se tipicamente de direitos que, para os fins propostos por Hohfeld, são de tipos diferentes. O demandante tem uma reivindicação de direito de que os outros ajam, em relação a ele e sua propriedade, com um certo nível de consideração e respeito; o acusado tem a liberdade de cuidar de seus assuntos livre de uma preocupação exagerada com as conseqüências para os outros: o meio-termo exigido é uma solução conciliatória entre as exigências dessa reivindicação de direito e o alcance dessa liberdade. Às vezes, as considerações que aumentam ou diminuem a força da reivindicação de direito são, automaticamente, considerações que aumentam ou diminuem a força da liberdade abstrata. Isto acontece, por exemplo, quando o prejuízo potencial para o demandante for especialmente sério ou quando o custo para evitar a ameaça for especialmente grande para o acusado. Em tal caso, as considerações de conseqüência irão limitar-se a considerações que afetam os interesses das partes diretamente afetadas. Às vezes, porém, as considerações de conseqüência que decorrem dos interesses de outras partes irão afetar, independentemente, a força da reivindicação de direito ou a força da liberdade, já que os argumentos de eqüidade que fundamentam estes direitos tornam relevantes essas considerações. O segundo caso de turbação de posse que discuti há pouco nos dá um exemplo disso: o maior

---

10. Na seção 3B do capítulo 4, discuti apenas casos (como o critério de negligência de Learned Hand) que usavam as conseqüências para as partes do processo para ajuizar direitos concorrentes. Não mencionei (embora não exclua) os casos discutidos aqui, nos quais as conseqüências para terceiros são, por diferentes motivos, relevantes para decidir quais são os direitos das partes. Discuti esses casos nas Conferências Rosenthal descritas acima (nota 14, p. 146), e o presente parágrafo foi extraído dessa conferência. Ver também minha discussão das teorias utilitaristas dos direitos.

número de pessoas com reivindicações concorrentes de direitos abstratos que seriam adversamente afetadas fez com que deixasse de ser plausível, para o acusado, reivindicar uma liberdade concreta como direito de poluir. Às vezes, os interesses de outros serão grandes o suficiente, independentemente de qualquer questão de direitos concorrentes, para invalidar um direito abstrato. Mas isso só acontecerá quando esses interesses forem muito importantes, e o impacto muito forte. Consideremos o caso seguinte[11], discutido em profundidade num seminário em Oxford. A demandante, que foi denunciada por um informante anônimo à Sociedade para a Prevenção da Crueldade com as Crianças, está agora processando a Sociedade por danos à sua reputação, e pede uma reunião do juiz com os advogados das partes porque deseja saber o nome do informante antes da abertura do processo, alegando que tal informação é necessária para dar prosseguimento a seu caso. O tribunal se recusa a fazê-lo, admitindo que em geral os demandantes têm direito à informação de que necessitam, mas argumentando que neste caso a eficácia da Sociedade seria diminuída se se soubesse que poderia se ver forçada a revelar os nomes dos informantes anônimos. Suponhamos que a demandante tem um direito moral abstrato à revelação do nome. Isso significa que, para uma regra que proíba tal revelação, não seria justificação suficiente o fato de que as agências funcionassem com mais eficiência, e que, portanto, o conjunto da comunidade ficasse em melhor situação se os registros das agências nunca pudessem ser abertos aos demandantes. Pode ocorrer, não obstante, que a demandante não tenha nenhum direito concreto à revelação do nome neste caso. Seria possível argumentar com êxito que as crianças, que estariam mais bem protegidas pela Sociedade sem a revelação dos nomes, têm direitos concorrentes que, nas circunstâncias, são de maior importância. Contudo, mesmo que este argumento fracasse, ainda assim se pode argumentar que o dano a essas crianças é tão grande que o direito abstrato da demandante à revela-

11. Ver *D. v. National Society for the Prevention of Cruelty to Children* (1977) 1 All E. R. 589.

ção dos nomes deve cair por terra, pois, enquanto direito, não é tão importante ou poderoso para triunfar sobre uma desvantagem social especialmente forte. Sem dúvida, em qualquer argumento (pouco importando se faz ou não uso da idéia de direitos concorrentes) está implícito algum pressuposto sobre a importância relativa do direito abstrato da demandante à revelação do nome do informante. Se a demandante fosse a acusada num processo criminal, o argumento de que tem um direito à revelação, a despeito dos danos futuros previsíveis para as crianças, seria obviamente muito mais poderoso.

Greenawalt vai ainda mais longe em sua busca de contra-exemplos, o que o leva à esfera das questões jurídicas mais específicas. Examina, por exemplo, um dos ensaios mais bizarros do Tribunal de Apelação de Nova York sobre o conflito de direitos[12]. Um residente nova-iorquino foi morto num acidente de carro no Maine por negligência de seu irmão, que também vivia naquele Estado mas mudou-se para Nova York antes do processo. Um tribunal nova-iorquino deveria aplicar o direito vigente no Maine, que limita muitíssimo o direito à indenização por homicídio culposo? Há bons argumentos de que os sobreviventes de um residente nova-iorquino têm direito, em um tribunal da cidade, aos limites nova-iorquinos de indenização nos casos de homicídio culposo, mesmo que o acidente tenha ocorrido fora do Estado, desde que não seja injusto (e não teria sido neste caso) impor essa norma ao acusado que é a parte mais interessada no caso, isto é, uma companhia nacional de seguros. Acredito que uma teoria bem fundada no conflito de direitos manteria este resultado, a despeito da opinião dissidente neste caso. Mas a maioria, adotando a abordagem diferente de "centro de interesse" que se observa em Nova York, afirmou que um dos fatores que poderia levar em conta ao decidir qual era o "direito de responsabilidade civil apropriado" era o fato de que o acusado havia se mudado para Nova York antes que se desse início ao processo. Em minha opinião, este foi resultado de

12. Ver *Miller vs. Miller*, 22 N.Y.2d 12, 237 NE.2d 877, 290 N.Y.S.2d 734 (1968), discutido em Greenawalt, op. cit., 1014.

se ter entendido equivocadamente o sentido de avanços recentes na teoria dos conflitos, e tem sido condenado não apenas pela opinião dissidente, mas por decisões tomadas em outras jurisdições[13]. Mas será que isso torna este caso um contra-exemplo da tese dos direitos?

Não, se puder entender que o argumento de que a mudança nominal de residência do acusado para Nova York pode afetar o resultado do caso com base na teoria apresentada a seguir. "A questão da escolha da lei não pergunta por quais direitos tinham as partes, uma diante da outra, por ocasião do acidente ou logo em seguida. Poderíamos dizer que a demandante tinha um direito segundo a lei de Nova York, e um direito diferente, e muito menos valioso, segundo a lei de Maine. A questão da escolha da lei é a seguinte: qual desses diferentes direitos configura um direito institucional contra um tribunal nova-iorquino por ocasião do juízo, de modo que justifique uma decisão particular desse tribunal. Esta questão deve ser respondida (de acordo com essa teoria) levando-se muitos fatores em consideração, inclusive a residência das partes no momento do julgamento. Conta a favor da reivindicação da demandante o fato de ter um direito constitucional de que o tribunal faça cumprir o que determina a lei nova-iorquina a propósito do homicídio culposo, e que o acusado tenha residência fixa em Nova York no momento em que a demandante argumentar que tem tal direito."

De fato, algo de muito semelhante a essa teoria da relação entre a questão dos conflitos e as questões substantivas é pressuposto por boa parte das mais recentes teorias dos conflitos, ainda que poucas jurisdições aceitem a conclusão enunciada na última frase. Um juiz que siga a teoria em sua totalidade, inclusive a última frase, não estará desobedecendo a tese dos direitos, mesmo que possa estar equivocado.

Que outra explicação se pode dar ao caso? Parece ridículo supor que a decisão tenha sido gerada por considerações *políticas*. Um tribunal nova-iorquino não pode pensar que as so-

13. Ver *Reich vs. Purcell*, 67 Cal. 2d 551, 432 P. 2d 727, 63 Cal. Rptr. 31 (1967), citado em Greenawalt 1014, n. 64.

mas envolvidas neste caso particular possam fazer qualquer diferença em termos do bem-estar coletivo do Estado. Em geral, quando se propõe que os tribunais criem jurisprudência com finalidades políticas, o que se imagina que possa produzir efeitos benéficos são os efeitos futuros das regras que anunciam. Mas os efeitos da proposição de que, caso os acusados passem a residir no Estado de Nova York depois de um acidente, o direito nova-iorquino poderá ser usado para decidir contra eles nos julgamentos são totalmente incertos e, de qualquer modo, insignificantes. Os juízes acham que o Estado de Nova York precisa de mais residentes que pratiquem delitos civis, que para lá irão se o direito nova-iorquino for mais favorável a eles ou, como no presente caso, desejam ajudar o demandante contra a parte cujos interesses estão, de fato, em pauta? Ou pretendem desestimular outros praticantes de delitos civis, que poderiam sentir-se tentados a mudar-se para Nova York, porque eles ficariam afastados (pelo menos enquanto não terminasse o processo) se o direito nova-iorquino for desfavorável a eles? Ou os juízes realmente acreditam que o bem-estar coletivo de Nova York será suficientemente favorecido para justificar a decisão, simplesmente pelo efeito da decisão presente, sem levar em conta essas considerações futuras, porque o dinheiro será transferido de uma companhia de seguros com grandes negócios em Nova York para uma família nova-iorquina, fazendo com que os prêmios de seguro de uma família tenham valor aumentado? Se assim for, o tribunal teria feito melhor se adotasse o princípio que sugeri, que justificaria uma indenização para as famílias nova-iorquinas contra as seguradoras nacionais de acidentes ocorridos em outros Estados, a despeito do acusado nominal ter ou não se mudado para Nova York. Isso causaria mais transferências vantajosas sem aumentar as pressões demográficas. Na verdade, o argumento de Greenawalt é um exemplo especialmente pobre da tese de que os tribunais decidem de modo que fomentem políticas, embora dificilmente se possa ver esta idéia como mais plausível do ponto de vista da racionalidade, no curso geral dos casos difíceis de direito civil.

Os últimos contra-exemplos que Greenawalt cita, *en passant*, reforçam minha suposição de que ele confundiu argumentos de política com argumentos de princípio que têm por base as conseqüencias[14]. Se as conseqüências do cumprimento específico de um contrato fossem inutilmente esbanjadoras tanto para o acusado quanto para o conjunto da comunidade, então este é um argumento negativo de princípio contra o fato de o demandante ter o direito de obter, com justiça, o cumprimento específico [do contrato], ainda que tenha direito à indenização. As regras da *common law* sobre questões hipotéticas de direito, ou *de minimis non curat lex*, podem certamente fundamentar-se em considerações de conseqüência, inclusive aquelas que mencionei no capítulo "Casos difíceis"[15]. Essas considerações de conseqüência podem fazer toda a diferença quando a questão for saber se um direito moral essencial a indenizações mínimas ou a um recurso que não tenha mais valor prático algum é suficiente para fundamentar um direito institucional a uma audiência e um julgamento caros, sobretudo quando houver outras exigências importantes a incidir sobre os recursos com os quais a comunidade teria de arcar.

C. Trivialidade

Devo agora abordar o segundo desmembramento do dilema com o qual, na opinião de Greenawalt, me defronto. Talvez os argumentos que apresentei há pouco sejam aqueles que ele esperava que eu pudesse apresentar em resposta a suas objeções e às objeções de outros juristas. Ele prevê que minha resposta deixará muito claro aquilo de que ele já suspeita, ou seja, que a distinção entre princípios e políticas não pode ter a importância teórica que penso existir. Devemos, porém, distinguir duas versões desta afirmação. A primeira argumenta que, na prática pelo menos, não há diferença entre um argumento

14. Ver Greenawalt, 1015.
15. Ver acima, pp. 148-9.

de princípio, do modo como descrevi, e um argumento de política porque um sempre poderá ser substituído pelo outro. Esta afirmação poderia ser assim colocada: a instrução a um juiz de que deve sempre encontrar um argumento de princípio que fundamente sua decisão em um caso difícil, e que não pode ter por base um argumento de política, não fará diferença alguma para ele, pois vai decidir da mesma maneira com ou sem ela. A segunda versão argumenta que, seja ou não assim, a distinção não pode ter a importância jurisprudencial que lhe atribuí, pois são falsas minhas razões para pensar que os enigmas normativos e jurídicos serão resolvidos se os juízes decidirem com base em princípios.

A primeira versão da afirmação de trivialidade deve ser distinguida de uma afirmação diferente, que não sei se Greenawalt gostaria de tornar sua. Trata-se da acusação de que, uma vez que se entenda como muitos argumentos de princípio podem contar como argumentos de princípio, a tese direitos perde seu poder enquanto instrumento crítico. Se disso decorrer que todos os tipos de argumentos conseqüencialistas podem ser argumentos de princípio, e não argumentos de política; se disso decorrer que os juízes, com raras exceções, criam argumentos de princípio o tempo todo, fica praticamente impossível fazer valer, como aspecto importante da jurisprudência normativa, a afirmação de que os juízes devem fazer exatamente o que fariam e que, de uma maneira ou de outra, têm feito até hoje. Concordei com a substância dessa "acusação" quando afirmei que a finalidade da tese dos direitos era ser tanto descritiva quanto normativa. Se eu considerasse a minha tese como um apelo à revolução, dificilmente argumentaria que os juízes fazem, de modo característico, o que ela recomenda. Esforcei-me para enfatizar que minha intenção era oferecer não um programa de reformas, mas uma melhor caracterização do que todos sabemos que os juízes fazem, melhor porque nos permitiria ver que muitos problemas conhecidos da teoria do direito política e conceitual são causados não pela decisão judicial, mas por nossa própria maneira enganosa de descrever esses fatos, como se tivéssemos nos metido em complicações conceituais por imaginar que M. Jourdain se expressava em versos livres[16]. Se a segunda versão da afirmação de trivialidade fosse bem fundada, este exercício não teria sentido. Não estaríamos em melhor situação, no que diz respeito à compreensão do processo jurídico, se optássemos por uma descrição diferente das mesmas práticas. Mas, se a segunda versão for falsa, a objeção de que não existe força revolucionária na tese dos direitos será simplesmente, como afirmei, uma afirmação de seu sucesso.

Daí não se segue, porém, que não haja força crítica na tese dos direitos. Atualmente existem muitos juízes que afirmam que seu trabalho consiste em legislar nos interstícios do direito e que tal postura significa comportar-se da mesma maneira que o poder legislativo se comportaria, atendendo aos aspectos políticos sempre que a oportunidade se apresentar. A maioria que assim se manifesta está simplesmente dizendo, na linguagem da antiga teoria do direito, que seus deveres incluem criação de novas regras nos casos difíceis e não que, ao fazê-lo, se deixem guiar pelo que chamo de argumentos de política. Mas sem dúvida alguns tentam pôr em prática o que parecem pregar, e a tese dos direitos fornece um critério para se negar que o que eles fazem é correto. O principal valor crítico da tese dos direitos encontra-se, contudo, num nível crítico diferente. Podemos admitir que os juízes se apegam à tese dos direitos, e ainda sustentar que cometem erros, ou por apoiar-se em uma teoria fundamental, moral ou política, cujas bases são frágeis, ou por cometerem os erros mais prosaicos de análise. A tese dos direitos orienta essa crítica ao expor a estrutura profunda dos argumentos jurídicos nos casos difíceis, inclusive os princípios de direito que ela contém e, portanto, as teorias políticas e morais mais gerais que estes princípios pressupõem. Ela mostra que a crítica eficaz deve isolar e avaliar esses princípios e teorias e, se necessário, confrontá-los com teorias consideradas mais sutis ou bem fundadas. Além disso, estimula uma ligação entre o direito e a filosofia política e moral que deve ser benéfica para ambos.

---

16. Ver pp. 133-4, 184.

No entanto, isto é uma digressão e devemos retomar a primeira das duas afirmações que distingui. Será indiferente dizer a um juiz que ele só deve decidir com base em argumentos de princípio ou que, nos casos difíceis, também pode usar argumentos de política? Sem dúvida, a diferença deve depender da teoria política e moral do próprio juiz e, em particular, do grau em que ele pensa que os argumentos conseqüencialistas são apropriados e convenientes para decidir quais são os direitos que as pessoas têm. Se o juiz defende uma teoria dos direitos estritamente deontológica, as duas instruções terão efeitos muito diversos. Ainda que não se saiba ao certo até que ponto o juiz conseguirá encontrar seus princípios deontológicos na melhor justificação do direito existente, permitir que ele leve em consideração as conseqüências através de argumentos de política iria liberá-lo das restrições deontológicas que devem, algumas vezes pelo menos, impedir que essas conseqüências figurem em um argumento de princípio que ele aceite. Mas, como afirmei anteriormente, poucas pessoas defendem uma teoria dos direitos rigorosamente deontológica. Assim, a maior parte dos juízes irá pensar que, mesmo quando os direitos morais e políticos estão em jogo, os argumentos conseqüencialistas têm um papel a desempenhar na definição das dimensões desses direitos. Eles podem, contudo, defender uma grande variedade de teorias diferentes sobre o papel que as considerações conseqüencialistas podem apropriadamente desempenhar. Seria útil estabelecer pelo menos algumas distinções sumárias entre essas diferentes teorias.

(1) Suponho que a mais extrema teoria conseqüencialista dos "direitos" seria uma teoria da utilidade do ato segundo a qual todos têm o dever de agir, em todas as ocasiões, de modo que produza os melhores resultados, como um utilitarista os definiria, e que aqueles que eventualmente se beneficiassem de tais atos têm "direito" a eles.

(2) Teorias dos direitos mais plausíveis, mas ainda assim relativamente extremas, poderiam ser elaboradas a partir de

uma ou outra forma de utilitarismo de regra. Alguém poderia, por exemplo, defender a teoria de que todos têm o dever de agir de acordo com a regra de conduta que, dentre todas as demais, viesse a produzir as melhores conseqüências enquanto regra se todos os que se encontrassem em tal situação a aceitassem. De acordo com essa teoria, alguém que esteja prestes a construir uma fábrica nas proximidades de uma área residencial teria de considerar qual das regras referentes à turbação de posse – que pudesse, de modo plausível, ser considerada por qualquer pessoa em sua situação – reduziria as melhores conseqüências se todos a aceitassem e agissem de acordo com ela. Os que se beneficiassem do cumprimento desse dever teriam o direito correspondente.

(3) Teorias dos direitos menos exigentes decorreriam de outras formas de utilitarismo de regra. Alguém poderia acreditar que as pessoas têm os direitos e os deveres estabelecidos pelas regras existentes da prática social, mas somente se essas regras aceitas produzissem melhores conseqüências do que qualquer outra regra passível de ser aceita, ou somente se produzissem melhores conseqüências do que as que seriam produzidas na ausência de toda e qualquer regra.

(4) Alguém pode rejeitar todas as formas de utilitarismo e, ainda assim, atribuir um lugar importante às considerações de conseqüência nos argumentos sobre os direitos. Já apresentei aqui uma descrição geral de tal teoria. Alguém poderia pensar que as pessoas têm um direito à consideração dos outros, de onde se depreende que os outros não podem lhe causar um grande prejuízo em troca de ganhos relativamente pequenos para si mesmos, ou que não podem se abster de livrá-las de um grande prejuízo se estiverem em condições de fazê-lo com poucos riscos para si próprios. Este direito abstrato tornará as considerações de conseqüência relevantes sempre que o ato ou a omissão de uma pessoa possa resultar em graves conseqüências para o bem-estar dos outros, mas a teoria pode insistir em uma grande variedade de distinções que tornarão diferente o

papel das conseqüências em diferentes situações. Pode configurar um padrão mais elevado de cuidado ou sacrifício quando o risco de prejuízo voltar-se mais para pessoas do que para a propriedade, por exemplo; e pode fazer com que certos direitos concorrentes, como o direito de expressar livremente as próprias opiniões políticas ou de escolher os próprios associados, se tornem tão importantes que só falhem, nos casos concretos, quando as conseqüências de seu exercício forem imediatas e graves, ao mesmo tempo que pode fazer com que outros direitos, como o direito de uma pessoa de usar seu lote de terra da melhor maneira que lhe aprouver, se tornem tão menos importantes que, em determinadas circunstâncias, conseqüências muito menos graves podem ser suficientes para negá-los.

(5) Alguém poderia defender uma teoria especial sobre os direitos institucionais, como aqueles ligados à instituição social da propriedade da terra, ao mesmo tempo conseqüencialista e não-utilitarista. Diante dessas instituições sociais, tal pessoa pode tomar a mesma atitude que o árbitro de xadrez tomou com relação a esse jogo, como mostrei no capítulo "Casos difíceis"[17]. Ela aceita que as pessoas têm os direitos políticos que essas instituições determinam não porque acredita que a instituição funcione tendo em vista o interesse geral, mas porque razões de eqüidade exigem que as instituições estabelecidas sejam administradas de acordo com suas regras e com as expectativas geradas por tais regras – como aquela segundo a qual ninguém pode ir além dos limites de terras alheias sem a permissão dos proprietários. Acredita, porém, que o atributo fundamental das instituições sociais encontra-se em certas conseqüências gerais que popularmente lhe são atribuídas, e que os casos difíceis que decorrem de um conflito de direitos abstratos no âmbito da instituição devem ser resolvidos simplesmente como uma questão de eqüidade, levando-se em conta o impacto daquele atributo. Tal pessoa poderia acreditar, ainda, que o traço principal das regras costumeiras sobre o modo como os ou-

17. Ver pp. 150-6.

tros usam suas terras, por exemplo, consiste em reduzir os conflitos entre os proprietários e decidir os casos difíceis de turbação de posse, assim como o árbitro de xadrez decide os casos difíceis desse jogo tendo em mente sua concepção do que ele significa. Uma vez mais, alguém que defendesse essa variedade de teoria conseqüencialista pode adotar uma teoria diferente e não-conseqüencialista dos direitos que não deriva das instituições sociais e pode também sustentar um ponto de vista muito diferente sobre o atributo fundamental de outras instituições sociais.

Essa amostra de teorias sobre os direitos que os cidadãos têm uns contra os outros pretende apenas ilustrar as diferentes teorias possíveis, bem como a complexidade potencial de cada uma delas. Ao considerar a primeira versão da afirmação de trivialidade, devemos ter em mente o fato de que os juízes podem implicitamente defender qualquer uma dessas teorias ou qualquer outra dentre uma variedade de teorias que não descrevi. Devo precaver-me para não cometer um erro do qual às vezes me acusam. Não acredito que todos os juízes, nem mesmo a maioria deles, tenham dedicado seu tempo à filosofia moral abstrata, nem que tenham optado por alguma teoria explícita dos direitos, alguns mantendo exemplares de Kant sob suas togas enquanto outros sob elas ocultam obras de Bentham ou de Teilhard de Chardin. Suponho apenas que os juízes tenham, diante da idéia dos direitos, um conjunto de atitudes que não são necessariamente articuladas, nem mesmo coerentes, às quais recorrem quando precisam afirmar quais são seus deveres com os que se apresentam diante deles.

Não aventarei nenhum pressuposto sobre a relativa popularidade das diferentes formas de teorias conseqüencialistas sobre os direitos, embora pense que as teorias semelhantes às das últimas que descrevi são mais comuns do que as três primeiras. Se um juiz sustenta uma teoria como uma das duas últimas, responderá de modo muito diferente à instrução de que deve decidir os casos difíceis com base em argumentos de princípio, levando em conta as conseqüências, quando os princípios assim exijam, do que se lhe fosse dito que decidisse os mesmos casos baseando-se em argumentos de política. Consideremos, por exemplo, um juiz que defende alguma forma da teoria do "respeito" descrita na subseção 4. Este juiz tem em mente um esquema para a administração dos rios que correm por terras nas quais em uma parte se pratica a exploração agrícola e na outra, a industrial. Se fosse membro do poder legislativo, ele patrocinaria este esquema por considerá-lo capaz de gerar o uso socialmente mais eficiente desses rios. Se lhe dissessem para decidir os casos de proprietários ribeirinhos em bases políticas, escolhendo as regras mais eficientes para o futuro e decidindo os casos que lhe são apresentados como se essas regras já estivessem em vigor, ele então criaria regras que estariam o mais próximas possível do esquema que proporia ao poder legislativo. Iria simplificá-las, sem dúvida, pois não poderia inserir um conjunto complexo de regulamentações na opinião judicial de características mais comuns (embora nada justifique que suas próprias opiniões não se assemelhem cada vez mais às leis, anulando, desse modo, essa convenção). Na medida do possível, porém, as simplificações seriam aquelas que deixassem intacta a parte essencial do esquema. Se lhe dissessem, como parte de suas instruções, para considerar-se como um parceiro secundário da legislatura, e para manter suas novas regras no contexto das diretrizes já estabelecidas pelos legisladores, essa ressalva quase não teria efeito nos casos em que o poder legislativo já tivesse deixado a regulamentação da lei a cargo dos tribunais, como no caso dos direitos ribeirinhos. Em outros casos, a ressalva exigiria que ele considerasse como fixas certas estratégias estabelecidas pela legislatura, mas a decisão sobre a parcela de seu esquema que seria, portanto, excluída não teria nenhuma relação com quaisquer considerações de eqüidade ou de direitos.

Mas, por outro lado, suponhamos que lhe dizem que deve decidir os casos ribeirinhos com base em razões de princípio, deixando de lado seu esquema preferido. Ele deve agora se perguntar, por exemplo, se o direito abstrato do agricultor demandante em relação à empresa do vizinho o primeiro a insistir em que este último não represe o rio para construir uma fábrica que trará os empregos necessários à comunidade. Por razões que já apresentei aqui, fica claro que nosso juiz levará em consideração a importância dos empregos para a comunidade, o custo e conseqüente ineficiência de adaptar a fábrica para que possa funcionar sem a energia oferecida pela represa, as fontes alternativas de irrigação para o demandante, bem como fatores não-conseqüencialistas que também afetam a questão do respeito, como a questão de saber se o lote vizinho já estava sendo usado para fins industriais quando o demandante resolveu dedicar-se à agricultura. Mas não há razão para pensar, e razões consideráveis para duvidar, que estes fatores, devidamente avaliados segundo os parâmetros da teoria geral da eqüidade defendida pelo juiz, venham a produzir exatamente as regras que resultariam de seu esquema político modificado por considerações de simplicidade e coerência. O esquema político poderia ter como um de seus objetivos, por exemplo, a redução do preço dos alimentos em comparação com o dos produtos manufaturados. A título de estratégia, poderia optar por dividir o Estado em áreas ribeirinhas nas quais se permitisse o uso dos rios sem se levar em conta o efeito sobre outros proprietários de uma área, mas não de outras. Como estratégia diferente, poderia estipular um regime para os primeiros anos do programa que lançasse, que seria substituído por outro regime nos anos seguintes, quando os lucros da primeira etapa já estivessem assegurados, ou quando fosse necessário introduzir mudanças em decorrência de circunstâncias inesperadas. Tudo isso configura objetivos ou estratégias conhecidos de um programa legislativo, mas são objetivos e estratégias que, para os que defendem uma teoria dos direitos do tipo descrito na subseção 4, pareceriam irrelevantes diante daquilo que a eqüidade exige das relações entre vizinhos.

Portanto, se é razoável pressupor que um número substancial de juízes de qualquer comunidade defende teorias não-conseqüencialistas dos direitos, ou teorias conseqüencialistas que não constituem uma forma ou outra de utilitarismo, a diretriz oferecida a estes juízes de que decidam os casos com base em razões de princípio não pode ter o mesmo efeito que teria a diretriz de que os decidam a partir de uma fundamentação política. Isso seria suficiente para anular a primeira versão da alegação de trivialidade, ainda que eu viesse a admitir que, para os juízes utilitaristas, o efeito das duas instruções seria o mesmo. Sem dúvida, porém, as coisas não são assim também. Uma teoria utilitarista dos direitos é uma teoria dos direitos e, mesmo para um utilitarista, a questão do que as pessoas podem, de maneira justa, exigir umas das outras, é diferente da questão de quais regras o poder legislativo, deixando-se levar por razões políticas, pode impor-lhes sem cometer uma injustiça. A literatura utilitarista, que atualmente é vasta e sutil, deixa isso bem claro[18]. O utilitarismo de regra argumenta que as pessoas têm os direitos especificados tanto por regras já estabelecidas como regras sociais, se estas tiverem valor utilitário, como o determina a teoria descrita na subseção 3, quanto por regras que poderiam ser consideradas ideais por indivíduos isolados que tomassem decisões sem o poder de impor quaisquer regras aos outros. Em nenhum desses casos seria plausível que um juiz utilitarista acreditasse que um indivíduo pode criar uma regra para sua própria conduta que tenha o detalhamento ou a variedade de estratégias, e menos ainda o sentido administrativo de economia, de um programa político decente. A questão que um indivíduo deve enfrentar ao decidir que deveres tem com os outros, mesmo para um utilitarista de regras, é uma questão diferente, e deve receber uma resposta diferente da questão de saber o que um legislador pode, em nome da utilidade, exigir que todos os indivíduos façam – se por nenhum outro motivo, pelo menos porque o poder legislativo tem recursos para tornar públicas e fazer cumprir suas determinações que nenhum indivíduo pode ou deve dispor.

Assim, é perfeitamente possível descartar a primeira versão da afirmação de trivialidade proposta por Greenawalt. A segunda versão argumenta que, mesmo havendo uma diferença entre os argumentos de princípio e os argumentos de política,

---

18. Ver Lyons, "Human Rights and the General Welfare", *6 Phil. & Pub. Aff.* 113 (1977), e os artigos ali citados.

estou errado ao encontrar algum conforto na idéia de que os juízes costumam decidir os casos difíceis com base em argumentos de princípio, pois os argumentos de política e jurisprudenciais que apresentei a favor dessa descrição de sua prática são falaciosos. Um dos argumentos de Greenawalt a este respeito, como seus supostos contra-exemplos, questiona o valor descritivo da tese dos direitos, e é este o primeiro argumento que desejo examinar. Suas outras críticas se voltam contra as afirmações normativas da tese.

Afirmei que a idéia de que os juízes decidem os casos difíceis com base em argumentos de princípio tem um mérito segundo a perspectiva da teoria do direito: explica, melhor que qualquer outra descrição concorrente, por que se atribui ao precedente aquilo que chamei de "força gravitacional" nas decisões posteriores. Greenawalt cita o seguinte trecho de meu artigo:

> A força gravitacional de um precedente pode ser explicada por um apelo não à sabedoria da promulgação das leis, mas à eqüidade do mesmo tratamento dispensado aos casos semelhantes. [O juiz] deve limitar a força gravitacional de decisões anteriores à extensão dos argumentos de princípio necessários à justificação de tais decisões. Se se considerasse uma decisão anterior como plenamente justificada por algum argumento de política, ela não teria nenhuma força gravitacional[19].

Ele afirma que "sob este aspecto, o argumento de Dworkin parece tão claramente equivocado que chegamos a nos perguntar se de fato o entendemos[20].

Com efeito, tal pergunta é até cabível. No que lhe diz respeito, Greenawalt entende mal o argumento porque negligencia seu principal recurso analítico, que é a distinção que estabeleço entre a força de lei e a força gravitacional dos precedentes. A força de lei de um precedente exige que os juízes posteriores sigam as regras ou os princípios estabelecidos no caso anterior

---

19. Ver p. 113, citado em Greenawalt, op. cit., 1008.
20. Greenawalt, 1008.

como se tivessem sido estabelecidos por lei. A força gravitacional continua exercendo seu poder sobre os casos posteriores que estão claramente para além da linguagem de tal regra ou princípio. Greenawalt afirma: "São muitas as razões pelas quais os tribunais seguem os precedentes. Além da noção de justiça segundo a qual os casos semelhantes devem receber o mesmo tratamento, alguns, como sugere Llewellyn, consideram também a conveniência, a confiança na experiência acumulada e a utilidade para o planejamento de se poder predizer o que será decidido por um tribunal"[21]. Estas são, de fato, razões pelas quais se atribui força de lei aos precedentes. Se se considerasse que os precedentes são gerados por argumentos de política, haveria uma razão adicional, e bem mais importante, que não é mencionada por Greenawalt: as regras judiciais não poderiam aperfeiçoar a política, a menos que se exigisse que fosse observadas pelos juízes posteriores.

O fato distintivo sobre a decisão judicial na *common law*, que dá origem aos enigmas jurisprudenciais por mim discutidos, é o de que também se atribui força gravitacional aos precedentes.

Mas a força gravitacional não pode ser explicada pelo elenco de razões que Greenawalt vai buscar em Llewellyn. A inércia e a conveniência não são respeitadas por argumentos polêmicos sobre o que é exigido por uma cadeia de precedentes quando devidamente compreendidos; a "experiência acumulada" não pode explicar as ocasiões em que novas interpretações de casos esquecidos são utilizadas em apoio a uma decisão; e o próprio Greenawalt argumenta que os precedentes cuja força gravitacional é incerta ou controversa são muito pouco úteis para se prever o que fará um tribunal. É evidente que ao procurar alguma justificação para a prática da força gravitacional, Hércules teria de ir além dessas banalidades de sala de aulas sobre precedentes.

Vemos então que Greenawalt não apreendeu o ponto essencial desse argumento. Mesmo assim, ele quer contestar uma característica diferente do argumento. Afirmei que, se os pre-

21. Ibid. (nota de rodapé omitida).

cedentes têm força gravitacional, e se isso deve ser justificado com base no fato de que a eqüidade requer coerência, daí se segue a necessidade de supor que esses precedentes foram gerados por argumentos de princípio, como estipula a tese dos direitos, porque, como afirmei,

> [se] se considerasse que uma decisão anterior estivesse totalmente justificada por algum argumento de política, ela não teria força gravitacional alguma. Seu valor enquanto precedente estaria limitado à sua força de lei (...) [porque] não pode haver (...) nenhum argumento geral de eqüidade segundo o qual um governo que, de algum modo e numa determinada ocasião, serve a um objetivo coletivo, deva servi-lo desse modo, ou mesmo servir o mesmo objetivo, sempre que surgir uma oportunidade paralela[22].

Greenawalt não concorda. Apresenta uma breve história de vida familiar para ilustrar sua afirmação de que (em certas ocasiões, pelo menos) as decisões baseadas em argumentos de política geram reivindicações de eqüidade para decisões paralelas que são posteriormente tomadas[23]. Se existem razões políticas para se mandar para a cama primeiro a criança ligeiramente mais jovem, como, por exemplo, o desejo de evitar o barulho das conversas nesse horário, essa criança poderá reivindicar, anos mais tarde, o direito de ir para a cama mais tarde que outra criança menor, mesmo que as razões políticas tenham desaparecido porque a família enriqueceu e pôde comprar uma casa bem maior, por exemplo. Concordo plenamente que a criança mais nova possa vir a fazer tal reivindicação, e que pode ser difícil lhe explicar a diferença entre princípio e política. Quanto aos argumentos de política, pode ser mais sensato ceder a suas exigências. Daí não se segue, porém, que a reivindicação da criança esteja correta do ponto de vista da teoria moral. Se os pais tivessem sido capazes de explicar a força das novas circunstâncias à criança, que então concordaria em retirar a exigência, deveríamos nos congratular. Dificil-

22. Ver acima, p. 169.
23. Greenawalt, 997-8.

mente poderíamos dizer que os pais teriam acalentado a criança de modo a levá-la a aceitar uma injustiça.

A esse respeito, o restante da argumentação de Greenawalt está contido na seguinte proposição: "Um momento de reflexão é o bastante para sugerir que, quando uma legislatura confere direitos a um grupo de pessoas, mesmo que o faça por razões políticas, outros grupos que não são justificadamente distinguíveis têm uma forte reivindicação de eqüidade de ser tratados em igualdade de condições[24]. Do modo como se coloca, esta afirmação é sem dúvida um truísmo. Contém uma petição de princípio relativa à questão de saber quando outros grupos são justificadamente distintos. Afirmei que, quando o que se coloca é a questão política, os grupos são justificadamente distintos por razões que seriam inadequadas se o argumento fosse de princípio porque não são razões que a eqüidade torne pertinentes. Essas incluem razões de conveniência ou de administração, ou simplesmente o fato de que uma política já testada tenha sido suficientemente bem-sucedida. Citei os subsídios legislativos como um exemplo claro, mas Greenawalt objeta que configuram um caso especial e que o que digo não tem validade quando o poder legislativo cria direitos ou adota regras de "aplicação geral" embasadas em política. Não entendo que distinção Greenawalt pretende fazer aqui, e ele não dá exemplos do que tem em mente. Uma vez aprovada uma legislação, os subsídios se tornam uma questão de direito, e as regras que os determinam são, teria eu pensado, regras de aplicação geral (ainda que, por certo, não universal). Além do mais, defendo o ponto de vista de que as decisões de conferir benefícios em bases políticas são sempre subsídios; todas as vezes que o poder legislativo assegura direitos a um grupo, não porque esse grupo esteja, por razões de eqüidade, habilitado a recebê-los, mas porque a criação de direitos na esfera desse grupo contribui para o aumento do bem-estar geral, a concessão representa um subsídio a grupo. Nada muda, porém, se usarmos a palavra "subsídio" em um sentido mais estrito. Os dispositivos sobre os ganhos de

24. Ibid., 1009.

capital no código tributário, destinados a estimular certas formas de investimento, e não outras, configuram casos de subsídio? Que dizer da proposta original de descontos para os carros eficientes e de baixo consumo de combustível que fazia parte do programa de contenção de energia do presidente Carter? Que dizer, também, da criação de um imposto especial para os carros ineficientes e de alto consumo de combustível, outra proposta contida no mesmo programa? De qualquer modo, se esse programa fosse adotado, não deveríamos pensar que os que comprassem barcos a motor eficientes, não incluídos no projeto legislativo, teriam um argumento de eqüidade no sentido de que também a eles fossem concedidos descontos, nem que os fabricantes de barcos eficientes tivessem o direito de exigir que os compradores de barcos ineficientes fosse instados a pagar um imposto equivalente. Seria uma resposta suficiente afirmar que a economia de energia proveniente dos carros bastaria para dar prosseguimento ao programa. Suponhamos que o Congresso criasse procedimentos especiais de negociação para algumas indústrias, com supervisão de órgãos do governo, para diminuir os conflitos trabalhistas ou aumentar a produtividade. Isso seria um subsídio para quem quer que se beneficiasse desses procedimentos especiais? Seja como for, não consideraríamos justo que os empregadores nem os empregados de outras indústrias tivessem direito a oportunidades semelhantes, simplesmente porque o mesmo investimento em termos de tempo administrativo e dinheiro teriam produzido ganhos equivalentes em tais indústrias.

A esta altura de nossa argumentação, é preciso muito cuidado para evitar confusões. Não quero dizer que governos orientados por política possam ser irracionais. Não pretendo negar aquilo que em outro capítulo deste livro me esforcei por explicar[25], isto é, que as regulamentações que servem à política podem ser inadequadas (e, muitas vezes, igualmente inconstitucionais) se violarem os princípios independentes que asseguram direitos contra o Estado. Tive o cuidado de dizer que o

25. Ver capítulo 7.

governo tem o dever geral de não permitir que os encargos dos programas regidos por finalidades políticas incidam muito pesadamente sobre qualquer indivíduo ou setor específico da comunidade, ainda que a eficiência técnica deva ser sacrificada para evitar que isso aconteça. Acrescento agora que o governo deve ser impedido de usar sua força para pôr em prática, gradualmente, políticas que possam discriminar grupos impopulares ou politicamente fracos[26]. A cada um desses pontos se deve conceder espaço em qualquer teoria abrangente de governo, e cada um deles coloca questões teóricas e práticas de grande interesse e complexidade. Contudo, tanto isoladamente quanto em conjunto, não desqualificam a seguinte proposição: se uma decisão legislativa beneficia algum grupo particular, não porque se considere que esse grupo teria direito ao benefício, mas porque o benefício é um subproduto de um projeto voltado para a conquista de um determinado objetivo coletivo, então outros não têm nenhum direito político ao mesmo benefício, *mesmo que a concessão deste contribuísse de fato para uma conquista ainda maior do objetivo coletivo*. Esta proposição é a base do argumento sobre a força gravitacional dos precedentes, pois ela não se sustenta quando um benefício é conferido a algum grupo porque se pensa que seus membros tenham direito a esse benefício. Mesmo que o direito seja estabelecido ou limitado por considerações conseqüencialistas, trata-se ainda assim de um direito, e uma vez que se afirme devidamente o princípio,

26. Tanto esta frase quanto a anterior colocam questões sobre o devido alcance da cláusula de "igual proteção" da décima quarta emenda da Constituição dos Estados Unidos. Até que ponto esta cláusula proíbe a distribuição desigual dos benefícios ou dos encargos de uma legislação gerada por diretrizes políticas? Seu alcance será limitado aos casos de legislação desigual em questões políticas apenas, na medida em que tal legislação viole um direito político independente, inclusive o direito de não se submeter à discriminação enquanto membro de um grupo impopular? Pretendi colocar esta questão numa breve nota de rodapé um pouco acima (p. 169, n. 1). Greenawalt diz que essa nota é "confusa"; admito que ela seja, quando muito, pouco clara. Não oferece nenhum argumento contra o ponto de vista mais convencional da cláusula de igual proteção, que Greenawalt agora reafirma, mas apenas pressupõe que o ponto de vista convencional é insatisfatório.

todos aqueles que venham a se beneficiar dele têm, por razões de eqüidade, direito ao que nele se estipula.

Alguém poderia desaprovar a proposição sobre políticas, afirmando que não é válida no caso de um objetivo coletivo – o bem-estar do conjunto da comunidade, do modo como se poderia defini-lo de uma ou outra forma de utilitarismo. Um utilitarista poderia argumentar que o poder legislativo tem o dever de buscar o bem-estar geral e que, por esta razão, todos têm direito ao que receberiam de uma legislação que realmente produzisse o maior bem-estar possível. Eu mesmo reluto em afirmar que este direito seja um direito genuíno, mas isso não tem importância aqui porque, mesmo que concordássemos, o caso do bem-estar geral não é uma exceção genuína à proposição sobre políticas. Uma pessoa que apelasse a seus supostos direitos a respeito do bem-estar geral não poderia aumentar a força de seu argumento ao citar quaisquer leis anteriores que tivessem sido promulgadas para assegurar o bem-estar geral. Tudo dependeria da questão independente e decisiva de saber se dar a tal pessoa aquilo que ela pede contribuiria agora para aumentar o bem-estar geral. De qualquer modo, esta suposta exceção não seria válida enquanto objeção a meu argumento sobre a força gravitacional. Se alguém pensa que as decisões judiciais são geradas por argumentos de política, e que ainda assim estes argumentos têm força gravitacional para decisões futuras, deve também pensar que a força é exercida pela escolha, na decisão anterior, de algum objetivo coletivo *mais específico* do que o de aumentar o bem-estar geral, tal como a redução do número de acidentes, a maior pureza do ar, a redução do desemprego ou a melhora das relações entre patrões e empregados, mesmo que se considere esse objetivo mais específico, como normalmente seria, um meio de assegurar aquele objetivo mais geral. Essa pessoa acredita que uma das partes de um processo posterior apela à escolha anterior desse objetivo mais específico como um argumento de que, em seu caso, é preciso criar uma regra que atenda a esse mesmo objetivo, e que (enquanto subproduto) venha a beneficiá-la. O argumento pressupõe, portanto, que políticas mais específicas do que de utilidade geral devem, elas próprias, ter força gravitacional.

Greenawalt também deseja criticar outro de meus argumentos. Afirmei que o conhecido argumento de que, numa democracia, as leis devem ser criadas pelo poder legislativo, e não pelos tribunais, seria uma objeção poderosa à originalidade judicial se o direito criado pelos juízes fosse gerado pela política, mas que não é tão poderosa contra a originalidade judicial em questões de princípio. Greenawalt objeta que o poder legislativo não parece, em absoluto, se preocupar com algumas áreas do direito, de modo que os tribunais se vêem forçados a tomar quaisquer decisões políticas que devam ser tomadas nessas áreas, e que os juízes podem ser tão hábeis quanto os congressistas para tomarem pelo menos alguns tipos de decisões políticas[27]. Quanto ao primeiro desses pontos, rejeita uma resposta que, imagina, eu poderia dar: a de que os congressistas decidem deixar certas áreas nas mãos dos tribunais porque tomaram, deliberadamente, a decisão de que essas áreas são mais bem desenvolvidas por considerações de princípio do que de política. Ele afirma que é mais realista supor que a legislatura se abstém em razão de "uma vaga sensação de que os problemas estão sendo adequadamente resolvidos pelos tribunais"[28]. Sem dúvida, mas isto impede que se coloque a questão fundamental. Talvez a "vaga sensação" se manifeste exatamente porque essas áreas sejam de fato adequadamente desenvolvidas por meio de considerações de princípio, inclusive pelas de natureza conseqüencialista, de modo que o poder legislativo não se vê pressionado a intervir em nome da política.

Dois pontos reforçam essa explicação particular do fato de que as chamadas áreas da *common law* foram capazes de se desenvolver até agora graças a leis criadas pelos juízes e não pelo poder legislativo. Em primeiro lugar, as áreas da *common law* são exatamente aquelas nas quais o famoso teorema do professor Coase tem mais força[29]. Coase afirmou que, se descon-

27. Ver Greenawalt, 1004.

28. Ibid., 1005.

29. Ver Coase, "The Problem of Social Cost", 3 J. L. & Econ. I, 19-28 (1960).

siderarmos os custos das transações, não fará diferença alguma para a eficiência geral da alocação de recursos o fato da responsabilidade contratual ou de delitos civis incidir sobre uma ou outra das partes de uma transação ou de um fato, embora certamente faça muita diferença para as partes. É evidente que os custos das transações são custos genuínos, de modo que a escolha de uma regra de responsabilidade delitual ou contratual tem uma importância marginal para a eficiência econômica em termos gerais, mas, como assinalaram os comentaristas, é provável que as considerações de eqüidade – aquelas que dizem respeito a que papel econômico deveria arcar, eqüitativamente, com um determinado custo – sejam mais significativas[30]. Em segundo lugar, as transações e os fatos que dão origem a problemas de *common law* provêm de tipos relativamente comuns de situações, mais exatamente daquelas que expõem o conhecido conflito entre o direito abstrato dos membros de uma comunidade a um certo grau de consideração por parte daqueles cujos atos os afetam e a liberdade abstrata dos que pretendem defender seus próprios interesses e ambições. Trata-se, portanto, de situações relativas a um certo grau de consenso moral alcançado dentro da comunidade quanto ao que é exigido pela eqüidade – um consenso que tornará as considerações de conseqüência inevitavelmente relevantes para essa determinação. Isto tem aqui duas conseqüências importantes. Vai significar que um tribunal mais provavelmente chegará a decisões de princípio que parecerão satisfatórias ao conjunto da comunidade – mais satisfatórias a todos os grupos do que as decisões que os tribunais podem tomar quando estão em jogo direitos novos ou controversos. Também significará que, quando um caso de *common law* apresentar um problema cuja solução tiver, por algum motivo, conseqüências econômicas importantes, a despeito do teorema de Coase, como o caso da indústria poluidora que oferece trabalho a muitas pessoas, teremos em mãos argumentos de princípio que tornarão relevantes essas conseqüências econômicas decisivas.

30. Ver, por exemplo, Baker, "The Ideology of the Economic Analysis of Law", 5 *Phil. & Pub. Aff.* 3 (1975).

O segundo ponto abordado por Greenawalt, o de que os juízes podem ser hábeis nas questões políticas, também erra o alvo. Na verdade, um argumento popular pressupõe que os juízes simplesmente não têm formação nem dispõem de recursos para estudar reivindicações complexas, sejam elas econômicas ou de outra natureza. Em minha opinião, porém, trata-se de um argumento equivocado. Não vejo motivo algum que nos leve a pensar que o juiz comum tenha menos capacidade ou disponha de menos tempo para fazer tais estudos do que o congressista comum, ou que não possa extrair dos livros nada além do que deles é transposto para os relatórios de comissões que os congressistas não têm tempo de ler.

O ponto central de minha abordagem era diferente. É irreal pensar que, individualmente considerados, os legisladores decidam como votar mediante uma comparação entre os programas a eles apresentados e as concepções benthamitas do bem-estar geral, avaliando com belos cálculos até que ponto uma estratégia deve ser adotada e quando se deve rejeitá-la a favor de outra. A instituição da democracia representativa é um mecanismo imperfeito para se perseguir o bem-estar geral: funciona, até um certo ponto, como um tipo de caixa preta na qual competem diversos tipos de pressões, de modo que (se a comunidade tiver sorte) uma mão invisível irá produzir uma aproximação do bem-estar geral a longo prazo ou, no mínimo, uma aproximação maior do que aquela que, como bons motivos nos levam a credor, seria produzida por uma instituição diferente. A instituição poderia fornecer um exemplo daquilo que Rawls chamava de justiça processual[31], e é possível que, como sugere essa descrição, a despeito dos esforços dos economistas do bem-estar e dos teóricos da vertente utilitarista, não possamos criar nenhuma definição independente e não institucional do bem-estar coletivo, mas que devamos, ao contrário, nos basear numa idéia intuitiva de que tal bem-estar consiste naquilo que é produzido por uma sólida instituição desse tipo. Há certamente outros argumentos a favor da legislação por meio da demo-

31. Ver J. Rawls, *A Theory of Justice* (1971).

cracia representativa, como o argumento de que esta instituição assegura uma participação política popular que é boa em si mesma ou pelos sentimentos comunitários que estimula. Contudo, o argumento da justiça processual é o que eu tinha em mente quando afirmei que a teoria da democracia coloca objeções aos juízes que decidem casos em bases políticas que não são válidas quando eles tomam decisões fundamentadas em princípios. Nunca me ocorreu que a caixa postal do político contivesse informações técnicas ou textos sobre a forma da curva da indiferença social, que não chegam às mãos do juiz; na verdade, sempre pensei que, chegando ao político, todo esse tipo de informação irá colocá-lo sob o peso de pressões políticas às quais o juiz é imune.

Cabe-nos ainda examinar a posição mais explicitamente normativa de Greenawalt. Ele acredita que, mesmo que eu esteja certo ao afirmar que os juízes caracteristicamente decidem os casos difíceis com base em argumentos de princípio, não há boas razões por que não devam às vezes decidir tais casos com base em argumentos de política[32]. Greenawalt toma por base exemplos bizarros e hipotéticos que não pertencem à esfera jurídica. Normalmente, os exemplos hipotéticos induzem intuições que mais tarde podem ser cotejadas com a teoria. Mas quando os exemplos são fantasiosos, as intuições que provocam são, muitas vezes, correspondentemente inseguras, se é que se pode afirmar que provoquem alguma intuição. O conselho tribal acreditava que, embora as convenções morais da sociedade, devidamente entendidas, permitissem que Barking Dog matasse Crazy Fox, do ponto de vista da moral genuína ele não teria a liberdade moral de fazê-lo[33]? Se acreditasse, estaria diante de um caso de conflito entre direito institucional e dever moral, não de um conflito simples entre direito institucional e bem-estar social. Por outro lado, se o conselho deliberasse que, pesados todos os prós e contras, Barking Dog tinha liberdade moral e institucional para fazer o que fez, prevalece minha intuição

32. Ver Greenawalt, 1052.
33. Ver Greenawalt, 999-1001.

de que estavam errados em puni-lo, mesmo lhe exigindo compensações. Para os membros do conselho, teria sido uma atitude ideal adotar uma postura legislativa e anunciar quaisquer regras reformistas que, em sua opinião, tivessem o poder de impor para o futuro. Assim também, o caso do passe dianteiro apresentado por Greenawalt requer uma legislação exclusivamente voltada para o futuro[34]. O árbitro supõe que o time que fez o passe não tinha o direito de fazê-lo, que uma decisão em seu favor violaria as expectativas legítimas do outro time – legítimas não porque a questão não deixasse margem a dúvidas, mas porque (como acredita o árbitro) o time tinha de fato o direito de que não se fizesse os passes. Se (incrivelmente) não existem meios de mudar as regras de um esporte comercialmente importante por seu apelo popular, a não ser o da mentira oficial, estamos diante de um defeito, mas minhas intuições não sugerem que, em decorrência disso, o time defendente deva sofrer uma injustiça. Desconfio que Greenawalt não se dê conta da injustiça por achar que a relevância moral de um direito institucional se esgota na menção que faz tal direito, de modo que, quando há dúvidas quanto à existência do direito, nenhuma injustiça ocorre se for ignorado, ainda que exista. (Este erro, como veremos, domina a segunda metade do artigo do professor Munzer.)[35]

Mais adiante, em seu ensaio, Greenawalt apresenta alguns exemplos de processos judiciais nos quais, imagina, os juízes têm legitimidade para ignorar os direitos jurídicos, às vezes em nome da política, outras, a favor de direitos morais concorrentes. No aspecto de política, ele imagina uma lei antipoluição "mal redigida" que, em um caso civil, coloca problemas quanto a abranger ou não uma prática específica[36]. Ele nos diz que, se um caso tivesse sido apresentado logo após a promulgação da lei, o juiz teria decidido "legitimamente" que a prática não era abrangida, mas que anos depois o juiz pode decidir "legiti-

34. Ver Greenawalt, 998-9.
35. Ver adiante, seção 3.
36. Ver Greenawalt, 1048.

mamente" de outra maneira se a opinião pública tiver mudado, mas que "todos os materiais jurídicos relevantes permanecem inalterados". Isso é misterioso. Se a questão jurídica girar em torno das conseqüências, para a comunidade, da prática em questão (o que seria muito provável, como vimos, se se tratasse de um caso de *common law* e, o que aqui é quase certo, no caso de uma lei escrita[37]), essas conseqüências farão parte dos "materiais jurídicos"; se as conseqüências não tiverem mudado nos anos intermediários, ficará difícil entender por que uma decisão que hoje é "legítima" não era na época. É certamente compreensível que o juiz em questão, e a comunidade jurídica como um todo, seriam mais suscetíveis de levar em consideração as conseqüências indesejáveis desde que a comunidade se houvesse mostrado indignada com elas; isso, porém, só nos faz ver que o mais provável é que hoje, e não no passado, a decisão seja considerada legítima, o que é algo diferente. Também é possível que de algum modo, no passado, a comunidade tivesse resistido a essa decisão, mas que agora pudesse mostrar-se disposta a aceitá-la; uma vez mais, porém, trata-se de um problema diferente.

Greenawalt também cita um caso real, *City of El Paso vs. Simmons*[38], no qual, como pensa, a Suprema Corte "sem dúvida" violou direitos políticos assegurados pela Constituição tendo em vista os interesses do bem-estar geral, e observa que o juiz Black, em dissidência, concordou com essa caracterização da decisão da Corte. A questão de saber se a maioria da Corte acreditava que era isso o que estava fazendo constitui, sem dúvida, um outro problema. Não acredito, e certamente a linguagem da opinião majoritária nega categoricamente a acusação de que, como tal linguagem sugere, seria decisiva se fosse verdadeira. Greenawalt, porém, parece pensar que, mesmo que os do grupo majoritário pensassem que a Constituição garantia o que havia sido retirado pelo Texas, teriam agido corretamente ao não

---

37. Greenawalt diz em seu ensaio que os juízes devem usar argumentos políticos na interpretacão. Ele parece desconhecer minha discussão nesse mesmo sentido. Ver acima pp. 159 ss.)

38. 379 U.S. (1965), discutido em Greenawalt, 1049.

interferir desde que aprovassem os argumentos de política do Texas. Para mim, isso é extraordinário.

Os outros casos apresentados por Greenawalt são aqueles nos quais, em sua opinião, seria correto que os tribunais ignorassem os direitos jurídicos em favor de direitos morais concorrentes. Esses casos, sem dúvida, colocam questões muito diferentes das dos chamados casos de política. Ele usa como exemplos casos anteriores à Guerra de Secessão que envolveram a fuga de escravos[39], que foram por mim discutidos numa resenha de um livro recente do professor Cover[40]. Afirmei que muitos desses casos (particularmente os que envolvem a interpretação da cláusula de processo legal justo) tinham sido mal decididos enquanto questão de direito, e que a incapacidade dos juízes que odiavam a escravidão de tomar decisões justas a favor dos escravos fugitivos podia se atribuída a uma falha da teoria do direito. Greenawalt não parece concordar, mas isto não é importante neste contexto, pois não pretendo negar que se possam encontrar casos reais que apresentam conflitos verdadeiros entre direitos morais e jurídicos, se não nos Estados Unidos, pelo menos em países despóticos como a Alemanha nazista e, em nossos tempos, a África do Sul*, para os quais a teoria do direito freqüentemente se volta.

Os direitos jurídicos são, em meu ponto de vista, direitos institucionais, que são direitos genuínos que oferecem razões importantes, e em geral muito poderosas, para a tomada de decisões políticas. Os direitos morais fundamentais entram, do modo como tentei descrever, no cálculo de quais direitos jurídicos as pessoas têm quando os materiais-padrão não fornecem uma orientação segura. A tese de alguns positivistas de que os direi-

39. Ver Greenawalt, 1050.

40. Ver Dworkin, "The Law of the Slave Catchers" (resenha de R. Cover, *Justice Accused*, 1975), *Times Literary Supplement*, 5 de dezembro de 1975, p. 1437.

* Embora a África do Sul ainda seja marcada pelo "apartheid" social, observe-se que a primeira edição do presente livro é de 1977, e que o regime de segregação racial terminou oficialmente em 1994, com a primeira eleição multirracial do país. (N. do T.)

tos jurídicos e os direitos morais são conceitualmente distintos, é portanto equivocada. Mas existem, sem dúvida, casos em que o direito institucional está claramente estabelecido pelos materiais jurídicos instituídos, uma lei, por exemplo, e se encontra em evidência com os direitos morais fundamentais. Nesses casos, o juiz que procura fazer o que é moralmente correto vê-se diante de um tipo conhecido de conflito: o direito institucional fornece uma razão verdadeira cuja importância irá variar de acordo com a justiça ou a perversidade geral do sistema como um todo, para uma decisão tomada em determinado sentido, mas certas considerações de natureza moral apresentam uma importante razão no sentido contrário. Se o juiz decidir que as razões oferecidas pelos direitos morais fundamentais são tão fortes que ele tem o dever moral de fazer o possível para apoiar esses direitos, é possível que tenha de mentir, pois em nada poderá ajudar a menos que se entenda que afirme, em seu papel oficial, que os direitos jurídicos são diferentes daquilo que ele acredita que sejam. Ele pode, sem dúvida, evitar a mentira se renunciar, o que em geral será de muito pouca utilidade, ou se permanecer no cargo e esperar, contra todas as probabilidades, que seu apelo com base em razões morais venha a surtir o mesmo efeito prático que uma mentira.

Concordo porém com o professor Hart[41], quando ele afirma que seria insensato fazer de tal mentira uma questão de teoria jurisprudencial, acrescentando que nesse caso os direitos jurídicos são, de fato, exatamente aquilo que é exigido pela moral. Em um caso desses, a questão se resolve por meio da descrição exata de que os direitos jurídicos e morais estão em conflito. Não é preciso abandonar esta descrição quando estivermos diante de um caso difícil. Se o direito jurídico institucional entra em conflito com a moral, apesar da influência que esta deve exercer sobre a resposta correta num caso difícil, então a teoria do direito deve expor o conflito de maneira precisa, deixando a car-

41. Ver Hart "Positivism and the Separation of Law and Morals", 71, *Harv. L. Rev.* 593 (1958).

go do juiz tanto a difícil decisão moral que deve tomar quanto a mentira que talvez seja forçado a dizer.

Não sei ao certo se Greenawalt pretende mostrar-se em desacordo com quaisquer destas minhas afirmações ou até que ponto pensa que eu tenha afirmado algo em contrário. Ele diz que, num caso no qual os direitos jurídicos e morais entram em conflito, seria errado pressupor que o juiz tenha o dever jurídico de decidir a favor do direito jurídico[42]. Que distinção ele pretende estabelecer aqui? Para tentar descrever o conflito moral que se apresenta ao juiz em tal caso, poderíamos distinguir entre seu dever jurídico", que é o de encontrar os direitos jurídicos, e seu dever "moral", "geral" ou "último", que pode exigir que ele ignore os direitos jurídicos. Esta não é, contudo, a distinção que Greenawalt pretende estabelecer, uma vez que afirma que o juiz pode não ter nenhum dever jurídico de fazer cumprir os direitos jurídicos. Ao falar de dever "jurídico", é possível que esteja se referindo ao dever geral ou último e, neste caso, ainda que sua linguagem possa gerar confusões, ele não está em desacordo comigo. Ou talvez pretenda, desse modo, juntar-se àqueles que afirmam que os deveres jurídicos e morais devidamente entendidos não podem nunca entrar em conflito. Mas assim ele estaria contradizendo sua própria hipótese: a de que, nesses casos, tal conflito existe.

D. Poder discricionário

Aproveitarei a ocasião para discutir um argumento que Greenawalt não apresentou nesse ensaio que venho examinando, mas num ensaio bem mais extenso que publicou sobre minha obra já há vários anos[43]. No capítulo 2, distingui três sentidos da expressão "poder discricionário", e identifiquei um sentido "forte". Neste sentido forte, os juízes só têm poder discricioná-

42. Ver Greenawalt, 1051.

43. Greenawalt, "Discretion and Judicial Decision: The Elusive Quest for the Fetters that Bind Judges", 75 *Colum. L. Rev.* 359 (1975).

rio quando nenhuma das partes tem direito a uma decisão. Em vários capítulos afirmo que, nesse sentido forte, os juízes não costumam ter poder discricionário algum para decidir reivindicações de direito nos casos civis convencionais, por mais polêmicas que possam ser tais reivindicações. O ensaio de Greenawalt sugere um atalho para furtar-se aos diferentes argumentos filosóficos que apresento. Diz que, se levarmos em conta o uso da expressão "poder discricionário" no discurso corrente, ou aquilo que "faz sentido" dizer em certos contextos, veremos que a idéia de que os juízes não costumam ter poder discricionário nos casos difíceis "é simplesmente incorreta".

Eis aqui duas passagens cruciais da argumentação de Greenawalt. "No discurso corrente, o poder discricionário existe se houver mais de uma decisão que seja percebida como apropriada por aqueles perante os quais quem toma a decisão é responsável e se quaisquer que forem os padrões externos passíveis de aplicação, não possam ser descobertos por quem toma a decisão ou não forneça respostas claras às questões que devem ser decididas. Se eu estiver certo no que diz respeito ao discurso corrente, nada justifica que se utilize a expressão "poder discricionário" sempre que se fizer menção às responsabilidades dos juízes nos casos jurídicos". "Quando os padrões aceitos não fornecerem respostas claras, quando um juiz tiver de confiar em afirmações pessoais discutíveis para decidir um caso e quando mais de um resultado for considerado, em termos gerais, um cumprimento satisfatório de sua responsabilidade judicial, então não faz sentido dizer que o juiz tem o dever de chegar a um resultado e não a outro; no que diz respeito ao direito, ele tem o poder discricionário de tomar uma decisão entre eles."

Essas duas afirmações (que considero maneiras diferentes de dizer a mesma coisa) contêm uma importante ambigüidade. Imaginemos um caso no qual padrões "aceitos" ou "externos" não fornecem "nenhuma resposta clara", de modo que o juiz deva então contar com "afirmações pessoais discutíveis". (De acordo com meu vocabulário, o que aí temos nada mais é que um caso difícil). Segundo tal formulação, um juiz terá poder discricionário para decidir tanto em um quanto em outro sentido desde que mais de uma decisão seja considerada "apropriada" ou "um cumprimento satisfatório" das responsabilidades judiciais. A ambigüidade encontra-se na palavra "apropriada" e na expressão "cumprimento satisfatório". Elas exigirão que duas decisões sejam consideradas *igualmente bem fundadas*, ou apenas *ambas respeitáveis*, isto é, ambas serão decisões que poderiam ser perfeitamente tomadas por um juiz competente, responsável e sincero? A prática moral estabelece uma distinção entre essas duas idéias. Alguém que acredite (mesmo apaixonadamente) que as pessoas que comem carne estão violando os direitos dos animais poderia admitir que não tem nenhum argumento em defesa desse ponto de vista que possa, de maneira inevitável, convencer qualquer pessoa honesta e, por conseguinte, que alguém que já tenha refletido sobre esse assunto com a devida atenção, mas que continue a comer carne por não ter se deixado convencer, esteja se comportando responsavelmente apesar de violar os direitos dos outros.

A distinção é especialmente importante na crítica jurídica. Posso pensar que a Suprema Corte tenha tomado, digamos, uma decisão errada no caso *Rodruiguiz*, e ainda assim pretender negar que a decisão tomada pelos juízes tenha sido tão cabalmente errada ou que o modo pelo qual chegaram a ela tão inequivocamente errado que seria justo afirmar que seu comportamento foi irresponsável. Eu poderia afirmar que, embora a classe dos demandantes tivesse o direito jurídico de ganhar, em minha opinião a decisão contra eles estava, ainda assim, dentro do grupo de decisões às quais a Corte poderia legitimamente chegar. Esta distinção – e a capacidade que os cidadãos têm de tomá-la – tem uma importância prática muito grande para assegurar o respeito pela lei quando as decisões devem ser polêmicas.

Portanto, devemos escolher entre duas interpretações da teoria de Greenawalt sobre o uso corrente da expressão "poder discricionário" e o que faz sentido afirmar. (1) O poder discricionário em sentido forte existe caso se admita, em termos gerais, que nenhuma das partes tem direito a ganhar, isto é, que qualquer decisão será, do ponto de vista dos direitos das partes, igualmente correta. (2) O poder discricionário em sentido forte existe caso se admita, em termos gerais, que mais de uma decisão poderia ser o resultado de um esforço sincero e responsável de tomar a decisão correta sobre os direitos das partes.

A interpretação (2) seria uma descrição aceitável do que chamei de primeiro sentido "fraco" do poder discricionário. (Afirmei que um juiz tem poder discricionário neste sentido fraco "se seu dever for definido por padrões que as pessoas razoáveis puderem interpretar de diferentes maneiras"[44]. A interpretação (2), porém, é incoerente enquanto descrição do sentido forte do poder discricionário, pois autoriza alguém a dizer que um juiz tem poder discricionário ainda que, após um exame de todos os aspectos da questão, uma das partes tenha direito à decisão que está tentando obter. Suponhamos que um partidário de (2) tenta rebater esta objeção argumentando que (2) também configura, na esfera da "linguagem comum", uma explicação correta do que significa ter direito a uma decisão. Segundo esta explicação, uma das partes tem direito a uma decisão somente quando uma ou outra decisão é considerada respeitável (Greenawalt sugere esta extensão quando afirma que "Nos casos muito difíceis, porém, nenhum dos litigantes está 'habilitado' a obter o resultado que deseja". As aspas que pontuam 'habilitado' (no original) sugerem o recurso a um certo tipo de linguagem comum). Isso só faz agravar o problema, porque os juristas que pretendem estabelecer a distinção acima descrita e dizer que os peticionários no caso *Rodruiguiz* tinham, após o exame de todas as circunstâncias, o direito de ganhar mesmo que a decisão certamente não fosse irresponsável, agora não podem estabelecer tal distinção sem se autocontradizer.

Nossa escolha deve ser, portanto, a interpretação (1). O poder discricionário existe se a maioria dos juristas acreditar que nenhuma das partes tem direito de ganhar, de modo que cada uma das decisões seja igualmente correta. Com certeza, isto não é o mesmo que uma terceira interpretação possível das afirmações originais: (3) O poder discricionário existe se mais de uma

44. Ver acima pp. 106-7.

decisão for considerada correta por um grupo, isto é, se cada uma das duas decisões contar com o apoio substancial dos juristas. Em meu ponto de vista, *esta* será a situação característica dos casos difíceis. Mas, se alguém propusesse (3) como uma explicação de "poder discricionário" em "linguagem comum", tornaria incoerente aquilo que cada jurista deseja afirmar em tal caso. Cada um pretende dizer que, apesar do fato de uma grande parte dos juristas acreditar no contrário, uma das partes tem o direito de ganhar, e o juiz não tem poder discricionário para decidir contra ela.

Se (1) fosse a explicação correta do poder discricionário, então a questão de saber se estou "simplesmente incorreto" (por acreditar que o poder discricionário raramente existe quando se trata de decidir questões relativas a problemas jurídicos) dependeria da questão factual de saber se, em tais casos, os juristas concordam que nenhuma das partes tem o direito de ganhar. Estou convencido de que, de modo característico, não existe tal concordância entre eles, embora eu possa estar equivocado. Isso pouco importa, porém, porque (1) não pode ser uma explicação correta do poder discricionário, uma vez que não consegue estabelecer a distinção natural entre a *crença* muito difundida de que um juiz tem poder discricionário e o *fato* de que tem. Ao contrário, faz com que o fato consista na popularidade da crença. Mas há dificuldades muito conhecidas em qualquer teoria que faz a existência de algum fato consistir na crença de que o fato existe. A esse respeito, em que uma pessoa acredita quando acredita que os juízes têm o poder discricionário? Acredita que outros acreditam que nenhuma das partes tem o direito de ganhar. Isso, porém, significa que ela acredita que cada um deles acredita que os outros acreditam que nenhuma das partes tem o direito de ganhar, e assim por diante. À parte essas evidentes dificuldades lógicas, (1) vai contra o uso corrente. Pois é perfeitamente sensato que um jurista diga que cada uma de duas decisões é igualmente correta e que o juiz tem, portanto, poder discricionário, mesmo quando souber que ninguém mais está de acordo (talvez por serem vítimas de más teorias da decisão judicial). Mas segundo a tese de Greenawalt (tomada no sentido da interpretação (1), esse jurista deve estar equivocado e, na verdade, dizendo absurdos.

Embora seja necessário introduzir algumas retificações, apenas uma delas será suficiente. Devemos abrir mão de toda referência às crenças muito difundidas, de modo que a tese passe a afirmar que o poder discricionário existe se duas decisões forem (e não, simplesmente, se se acreditar que sejam) igualmente corretas porque nenhuma das partes tem direito a uma decisão na matéria. É esta a tese que adoto sem ressalvas. É apenas uma maneira de apresentar aquilo que é, para mim, o sentido forte do poder discricionário. Mas ninguém pode fundamentar-se nesta tese para sustentar, sem outros argumentos, que é simplesmente falso que os juízes não têm poder discricionário nos casos difíceis. Esta afirmação deve ser corroborada ou por argumentos filosóficos que mostrem, *a priori*, que nenhuma das partes pode ter o direito de ganhar num caso difícil, ou por argumentos jurídicos que mostrem internamente, caso a caso, que os argumentos a favor do direito de qualquer das partes não são mais fortes do que os argumentos a favor dos direitos da outra. Discuti a possibilidade de tais argumentos no capítulo 13 e em "No Right Answer?". Até onde sei, não foram contestados por Greenawalt.

3. Munzer e a inexistência de resposta correta

A. Não existe resposta correta?

Quando homens de bom senso discordam sobre alguma questão de direito e não chegam a um consenso quanto a um critério que resolveria a discordância se todos os fatos físicos e os que se referem a estados mentais fossem conhecidos, sua discordância pode ser verdadeira? Ou seria melhor dizermos que não existe resposta correta para a questão em disputa? Este segundo ponto de vista encontra eco entre os juristas que atuam nas universidades, e é um pressuposto de grande parte da teoria do direito moderna. Também tem seus defensores na filosofia, embora eu não conheça filósofo para quem a questão seja tão objetiva quanto parecem pensar os juristas. Escrevi um artigo[45] e o capítulo 13 deste livro tentando mostrar as complexidades do problema e que nenhum bom argumento foi aventado para a tese de que não há resposta correta em direito. No primeiro, sugeri que os juristas não foram capazes de distinguir duas versões de sua afirmação. Na primeira versão, dois juristas que discutem se o democracia tem direito a uma decisão ou se, por outro lado, o acusado tem o direito de ganhar o processo, podem ambos estar errados, uma vez que a resposta correta é que nenhuma das partes tem o direito de sair vencedora. Na segunda versão, nenhum dos juristas está certo, mas nenhum está errado também; por algum motivo, o que cada um diz não é nem verdadeiro nem falso.

Ofereci como exemplo uma situação na qual a segunda versão da tese poderia ser, às vezes, considerada válida, um exercício literário no qual os participantes discutem, por exemplo, se David Copperfield realmente amava sua mãe ou se tinha sangue do tipo A. No capítulo 13, apresentei uma distinção posterior entre dois pontos de vista diferentes, a partir dos quais o juízo de que um problema não tem resposta correta no sentido da segunda versão poderia ser feito. O juízo poderia ser emitido como um juízo interno que toma "não existe resposta correta" como uma resposta que concorre com outras respostas possíveis, mas que, tudo considerado, deve ser preferida a elas. Suponhamos que um crítico literário afirme que, embora acredite que David realmente odiava a mãe, apesar do fato da maioria dos críticos discordar, ele também acredita que a questão de saber se David era do tipo sangüíneo A não tem resposta correta porque nada, no enredo, nos permite concluir desta ou daquela maneira. Ele chega à decisão de que não existe resposta correta, no caso deste último juízo, a partir do interior do contexto ficcional, como uniparticipante que aplica seus padrões do modo como os compreende. Mas suponhamos que um filó-

45. Ver Dworkin, "No Right Answer?", em P. Hacker e J. Raz (orgs.), *Law, Morality and Society: Essays in Honour of H. L. A. Hart*, pp. 58 ss., reimpresso e ampliado em um número da *New York University Law Review*.

sofo diga que nenhuma afirmação sobre um personagem de ficção pode ser verdadeira ou falsa, a não ser em decorrência de uma convenção ou alguma outra forma de acordo, e que por isso nenhuma afirmação sobre a qual os critérios discordem, tal como a de que David realmente odiava a mãe, pode ser considerada verdadeira ou falsa. Ele pretende pelo menos adotar um ponto de vista exterior ao empreendimento; não considera seu juízo de que não existe resposta correta para a questão relativa à mãe de David como concorrente com outros dois juízos possíveis, nem acredita na necessidade de se apoiar nos mesmos tipos de argumentos aos quais tentam recorrer os que emitem outros juízos. Seu ponto de vista é o de que a tentativa de introduzir esse tipo de argumento para qualquer proposição sobre um personagem de ficção é equivocada por razões filosóficas, porque a verdade ou a falsidade dessa proposição só pode se fundamentar num acordo.

Meus argumentos pretendem demonstrar que qualquer versão sensata da tese da inexistência de resposta correta em direito deve basear-se não nessa postura crítica externa, mas antes em juízos internos como os que o crítico literário poderia emitir sobre David. Isso significa que a tese da falta de resposta correta é uma tese relativa a questões jurídicas particulares, que afirma que a resposta de que não há resposta correta constitui, por seus próprios méritos, uma resposta melhor que suas concorrentes em casos particulares. Apresentei razões para se pensar que a resposta de que não há resposta correta raramente será a resposta certa num sistema jurídico desenvolvido, embora certamente minha teoria geral da decisão judicial deixe clara a possibilidade de que, em algumas ocasiões, será.

Esses problemas, devo repetir, são de extrema complexidade. Não quero dizer que esta síntese substitua os argumentos dos ensaios que resume, e sei bem que esses ensaios apenas arranham a superfície de problemas difíceis e controversos da filosofia da linguagem. Devo escrever mais do que já fiz sobre este assunto. Mas os argumentos que apresentei nesses ensaios pretenderam mostrar que um argumento a favor da tese da inexistência de resposta correta é demasiado simples. Ninguém ainda demonstrou que, do fato de pessoas de bom senso discordarem quanto a alguma proposição, e não concordarem com um critério que possa tornar decisiva alguma nova descoberta, podemos inferir que a proposição não é, apenas por esta razão, nem verdadeira nem falsa. O professor Munzer apresenta agora sua resposta. Ele diz que não posso estar certo porque, nos exemplos que ofereci, pessoas de bom senso discordam e nem mesmo estão de acordo quanto a um critério que caracterize como conclusiva qualquer descoberta posterior[46].

Confesso não saber qual a melhor maneira de continuar a discussão com ele. Gostaria que ele tivesse percebido as distinções que ofereci, e que nos dissesse qual versão da tese pretende manter, ou por que, se este for o caso, ele pensa que as distinções que propus são inúteis. Gostaria que ele tivesse percebido que os argumentos que apresentei contra sua simples afirmação de que a divergência em princípio não significa nenhum valor de verdade. Da forma como o assunto foi colocado posso mostrar apenas de que modo os argumentos que já formulei são mais confirmados do que rejeitados pelas observações de Munzer.

Por aceitar a analogia entre o direito e a crítica literária, pelo menos até o ponto pressuposto pelos argumentos que apresenta, Munzer bem poderia querer defender a segunda versão da tese da inexistência de resposta correta, e defendê-la do ponto de vista interno. Ele discute, por exemplo, a questão de saber se Maggie Verver conhecia o novo caso entre Charlotte e o príncipe e diz que

> os críticos literários podem encontrar provas substanciais para ambos aspectos da questão. (...) Muito provavelmente, não existe resposta correta para estas questões ou para milhares de outras que são colocadas pelas obras literárias. (...) Há, poderíamos dizer, outros universos ficcionais possíveis, de verossimilhança comparável, nos quais tanto a proposição quanto sua negação podem ser verdadeiras[47].

46. Ver Munzer, "Right Answers, Pre-existing Rights and Fairness", 11 *Ga. L. Rev.* 1055, 1060.

47. Ibid., 1957.

As palavras "substancial" e "comparável" podem aqui provocar confusão. Será que o próprio Munzer (que leu o romance e refletiu sobre a questão) pensa que as provas não são apenas substanciais de ambos os lados, mas, após o exame de todos os prós e contras, que são também de força equivalente, de modo que os dois mundos possíveis que ele encara não são apenas de verossimilhança "comparável", mas também de "igual" verossimilhança? Por "força equivalente" e "igual verossimilhança" refiro-me não ao mesmo ponto numérico em alguma escala quantitatitva; quero apenas dizer que os argumentos de ambos os lados são tão equilibrados que não há razão para preferirmos um ao outro, o que é, sem dúvida, uma afirmação mais forte que a de que ambos os lados são de plausibilidade "comparável". Se for assim, Munzer discorda de todos os críticos literários que cita, cada um dos quais pressupõe que os argumentos a favor de uma ou de outra interpretação são mais fortes, ainda que, sem dúvida, não cheguem a um consenso a respeito de qual. Ele pode estar certo – cada leitor do romance terá que julgar por si, e alguns deles talvez estejam mais de acordo com Munzer do que com o conjunto dos críticos. Contudo, se a impopularidade for alguma prova de que uma posição é falsa, será Munzer, e não um ou outro dos grupos de críticos que se opõem unanimemente à sua tese, o mais prejudicado por tal prova. (Não faz nenhuma diferença que, como diz Munzer, cada crítico estará tomando por base não apenas critérios de coerência, mas critérios de crítica literária são tão controvertidos quanto os citados por ele. Parece que Munzer pretende incluir a escolha e a aplicação desses critérios quando afirma que os argumentos de ambas as partes são substanciais e comparáveis – um argumento que tivesse por base uma teoria literária comprovadamente tola não seria substancial. Ainda assim, podemos perguntar se ele pensa que, levadas em conta essas considerações, os argumentos de ambas as partes têm força equivalente.)

Contudo, suponhamos que Munzer não pensa que os argumentos sejam de força equivalente. Fosse ele um crítico literário, iria se juntar ao grupo que sustenta que Maggie sabia, mesmo reconhecendo que os argumentos da outra parte são "substanciais". (Se ele fosse o juiz em algum caso difícil, decidiria que o demandante estava com a melhor parte do argumento de princípio, mesmo que ele não pudesse rejeitar os argumentos do acusado por considerá-los triviais.) Agora não pode dizer, do ponto de vista interno, que não há nenhuma resposta correta à questão de saber qual das partes tem o melhor argumento, pois acredita que, de fato, uma das partes é a melhor. Será que ele pode agora dizer que deseja impor não o ponto de vista crítico interno mas sim o externo? Poderia dizer que, quando os argumentos tiverem força comparável, mesmo que não necessariamente equivalente, então, em decorrência da teoria da verdade ou de alguma outra consideração filosófica, as proposições que tais argumentos defendem não podem ser verdadeiras ou falsas. Em seguida, porém, ele deve responder algumas questões muito difíceis, inclusive estas: as proposições sobre personagens de ficção (ou proposições de direito) podem ser verdadeiras ou falsas? Se podem, em que poderia consistir sua veracidade ou falsidade? Consistirá no fato do consenso, se tal coisa existir, ou no fato de que a proposição ou sua negação decorrem de alguma proposição mais abstrata a propósito da qual há uma posição consensual? Poderiam uma ou outra dessas teorias da verdade ser harmonizadas, direta ou indiretamente, com a prática dos juristas e críticos literários que, ao emitirem um juízo, não pensam que estão relatando ou predizendo o fato do consenso? O que pode o próprio Munzer querer dizer quando, na posição de participante, afirma (ou, de qualquer modo, acredita) que uma ou outra das partes dispõe do melhor argumento, ainda que limitadamente? Como poderíamos resolver o conflito aparente entre o que ele diz como crítico e acredita como participante? Não pretendo dizer que nada possa ser dito em resposta a essas questões; na verdade, imagino, para muitos filósofos elas são menos cruciais do que suponho. Mas precisamos saber que respostas seriam dadas por Munzer se quisermos prosseguir com o exame de seus argumentos, considerando-os como se houvessem sido apresentados do ponto de vista externo.

No final de sua argumentação a favor da tese da inexistência de resposta correta, Munzer faz uma declaração que considero importante e reveladora. Ele menciona o que chama de uma concessão de minha parte, segundo a qual "é logicamente possível que alguns processos não tenham, exclusivamente, resultados corretos"[48]. Se ele pretende dizer que acredito ser "logicamente possível" que, em alguns casos, os argumentos de cada parte devem ter uma força equivalente, tem razão, ainda que dificilmente eu me referisse a isso como uma concessão. Em seguida, porém, ele acrescenta: "Sem dúvida, a posição de Dworkin [a de que é provável que existam poucos casos desse tipo] é compatível com a existência de algumas divergências entre juristas de bom senso. Mas o grande número de controvérsias importantes é uma eloqüente prova empírica a favor da proposição de que as respostas corretas estão quase sempre ausentes dos casos difíceis"[49].

Seu uso do termo "empírico" sustenta aqui minha hipótese de que ele fala desde um ponto de vista mais interno do que externo. Do ponto de vista interno, porém, as controvérsias acirradas e persistentes sobre as proposições de direito dificilmente podem ser vistas como uma prova forte contra a "posição de Dworkin". Aparentemente, Munzer pressupõe que, se dois juristas divergem sinceramente, e se nenhum consegue convencer o outro, isso vem confirmar que ambos estão enganados, porque então nenhuma das partes poderá ter, ainda que de modo muito limitado, os melhores argumentos. É bem possível, contudo, que o próprio Munzer tivesse dificuldades em convencer *um ou outro* dos dois juristas, dos quais *um* estaria errado, e a divergência entre Munzer e ele seria persistente, quando não acirrada. Seguir-se-á disso tudo, de acordo com o pressuposto de Munzer, que Munzer também está enganado em sua terceira concepção? Isto o deixaria absolutamente sem nada[50].

48. Ibid., 1059.

49. Ibid., 1059-60.

50. Se a crítica se pretende externa, e tem por base alguma teoria filosófica sobre a verdade, então o grande número de controvérsias insolúveis não seria uma prova de que "as respostas certas estão quase sempre ausentes dos casos difíceis", mas constituiria o próprio fato.

B. Isso tem importância?

Contudo, há uma razão pela qual Munzer não explorou, com todo o cuidado que se faz necessário, como sugere meu artigo, a questão de saber se as questões jurídicas têm respostas corretas. Ele pensa, como explica na segunda metade de seu ensaio, que a questão não tem importância prática. Seu argumento para isto "depende (...) da modesta tese de que não haveria nenhum interesse prático em classificar um direito como existe anteriormente, a menos que fosse possível, em princípio, estabelecer sua preexistência"[51], e "estabelecer" significa demonstrar de tal modo que nenhum jurista razoável pudesse se opor à demonstração. Ele concede, mesmo a título de argumentação, que num caso difícil como os casos de negligência que discuti no capítulo anterior, o demandante pode ter um direito jurídico à indenização pelos danos sofridos, mesmo que juristas de bom senso não estejam de acordo quanto a isso, mas que nesse caso o fato de ele ter não implicaria qualquer importância prática. Esta conclusão fundamenta-se, por sua vez, em uma hipótese surpreendente, que é a de que o único interesse que existe em dizer que um direito existe antes de qualquer decisão ser de fato anunciada é que, se há um direito jurídico preexistente, o acusado pode ser advertido de que não deve infringi-lo. Já que este é o único interesse que temos quanto a saber se o demandante tem direito jurídico à compensação, a questão perde qualquer interesse quando o direito, se existe, é tão controverso que o acusado pode ser desculpado por não saber que o demandante o tinha.

Este argumento equivoca-se quanto à referência de um argumento sobre os direitos. Ele se refere a direitos. Se alguém tem direito a uma decisão política de qualquer tipo, isso constitui em si mesmo uma razão poderosa, e normalmente decisiva, a favor de uma decisão judicial que lhe assegure uma indenização por perdas e danos. A ligação entre o fato de que alguém tem direito a uma decisão e o de que há uma razão favorável a

51. Munzer, op. cit., 1063.

esta decisão não é uma relação contingente, mas conceitual. Não se pode fazer nenhuma descrição convincente sobre o que é um direito se esta não incluir, como pertencente ao conceito de direito, a idéia de que, se uma pessoa tem um direito, é errado que outros a tratem de maneira que não seja a especificada, a menos que se disponha de uma razão poderosa, que prevaleça, para não se agir assim. Qualquer outra formulação do que é um direito – supondo que uma coisa é uma pessoa ter um direito e outra, saber se a existência de tal direito exige que todos a tratem de modo diferente – incorre no erro de reificar os direitos.

Sem dúvida, a questão de saber s alguém tem um direito particular pode ser complexa, e qualquer resposta pode ser polêmica. Mas a questão sobre que decisão política é a correta não é *independente* da questão de saber se alguém tem direito a tal decisão. Se a última questão é controversa, então a primeira deve ser, pela mesma razão, igualmente controversa; se uma pessoa acredita que o demandante, num caso de negligência, tem direito de ser indenizado por perdas e danos, mesmo que outros discordem, deve também acreditar que existe um argumento muito mais poderoso para uma decisão a favor do demandante, ainda que outros também se mostrem em desacordo com tal argumento. Se a pessoa tentar separar essas duas crenças mediante o pressuposto, ainda que a título de argumentação, de que o demandante tem um direito jurídico do qual nada se segue sobre o que deve fazer um tribunal, então o que ela diz não é coerente. O mesmo se aplica à afirmação de que nenhum interesse prático pode ligar-se à questão de saber se o demandante tem um direito jurídico num caso difícil. Além do interesse prático, nada mais diz respeito a essa questão.

Como é possível que um filósofo do direito tão competente tenha se enganado tanto neste ponto? Em um certo nível a resposta parece clara. Ele confundiu a questão da notificação, que é freqüentemente um fator decisivo para saber se uma decisão judicial particular é justa com a questão da justiça em si. Uma discussão sobre direitos jurídicos, mesmo num caso difícil, é uma discussão sobre algo importante para a eqüidade; se o tribunal acredita que o demandante tem um direito, logo acredita, após um exame de todas as questões pertinentes, inclusive a da surpresa, que uma decisão contrária ao demandante seria injusta, pelo menos *prima facie*. Sem dúvida, a questão dos direitos e, conseqüentemente, a da justiça, podem ser controversas. Contudo, se o tribunal for encarregado de decidir, sua decisão sobre qual é, afinal de contas, a coisa mais justa a fazer deve solucionar o caso do ponto de vista prático. Falei sobre esta questão, antecipando o argumento atual de Munzer, no capítulo sobre os "casos difíceis", e não vou repetir aqui o que disse lá. Mas seria útil ver até que ponto o argumento de Munzer pareceria absurdo se o discutíssemos num contexto mais moral que judicial. Suponhamos que, por descuido, eu tenha causado danos a sua propriedade e que agora você diz que eu não tinha o direito de me comportar assim e que agora tenho a obrigação de indenizá-lo pelos danos que causei. Discutimos a questão, e eu concordo que você tem razão quanto a esses dois pontos, mas acrescento que isso tem um interesse puramente acadêmico e nenhuma importância prática porque seu direito e meu dever, que agora admito, são controversos, de tal sorte que não posso ser culpado por não os ter reconhecido quando agi. Estou confuso. O que digo pode estabelecer que eu não devo ser acusado ou considerado perigoso por ter me comportado daquela forma. Mas não devo dizer que isso demonstra que o que fiz não estava errado, ou que você não tem o direito de ser por mim indenizado, por isso é exatamente o que admiti ao renderme aos seus argumentos.

Mas esta explicação do engano de Munzer apenas faz surgir o mesmo enigma em um outro nível. Por que deveria Munzer ter misturado a questão da possibilidade de controvérsia com a questão da eqüidade em sua teoria dos direitos jurídicos quando, presumivelmente, não teria cometido o mesmo erro quanto aos direitos morais? A resposta reside, penso eu, em um erro mais geral e mais popular sobre a natureza dos direitos jurídicos. Em casos jurídicos fáceis, os direitos podem ser deduzidos, quase que de modo silogístico, a partir de proposições apresentadas em livros disponíveis a qualquer pessoa, e principalmente aos juristas aos quais essas pessoas podem recorrer.

É inevitável, portanto, que tiremos duas conclusões. A primeira é que os direitos jurídicos suscitam uma decisão judicial *porque* se originam nos livros, ou seja, porque as proposições que os criaram anunciam seu nascimento. A segunda é que, em casos difíceis, se o demandante realmente tiver o direito que reivindica, e esse direito não puder ser deduzido das proposições relatadas em livros públicos, ele deverá, então, ser deduzido de proposições encontradas em livros *secretos*, aos quais nem o público em geral, nem os juristas, nem os juizes têm acesso. Neste caso, os juízes, pretendendo decidir casos difíceis com base em argumentações relativas aos direitos jurídicos, estarão supondo o que poderiam encontrar nesses livros secretos, caso somente eles pudessem ter acesso. (Brilmayer, que compartilha a mesma opinião de Munzer, aplica o princípio da indiferença, e conclui que os juízes têm a chance de fazer uma suposição correta em apenas cinqüenta por cento dos casos[52].) Creio que essa maneira de pensar tem influenciado bastante nossa teoria do direito. Respalda a célebre observação de Holmes de que os direitos jurídicos devem se referir apenas aos direitos que podem ser encontrados em livros reais e terrenos, pois o direito não pode se limitar a uma "onipresença baseada em elocubrações". Essa maneira de pensar também respalda a idéia de que os não-positivistas devem acreditar em algo que chamam de direito natural, que se encontra nos livros secretos celestiais.

Caso imaginássemos que os direitos, em caso difíceis, pudessem ser direitos pelo simples fato de estarem em livros secretos, poderíamos, então, supor que essas leis secretas podem ser relevantes em decisões judiciais, apenas pela indicação que oferecem para guiar a conduta, ou seja, indicação nenhuma. Mas a idéia do livro secreto não faz parte de nenhuma explicação legítima de por que as pessoas possuem direitos jurídicos, mesmo que juristas de bom senso discordem disso. As pessoas possuem tais direitos devido a razões de eqüidade como as que

52. Ver Brilmayer, "The Institutional and Empirical Basis of the Rights Thesis", 11 *Ga. L. Rev*. 1173, 1198-9 (1977).

descrevi no capítulo sobre "Casos difíceis". Se Munzer aceita que elas possuem tais direitos, mesmo a título de argumentação, então ele não pode negar que as mesmas razões de eqüidade façam tais direitos serem respeitados.

Mas talvez aqui devêssemos reinterpretar os argumentos de Munzer, já que sugerem alterações em nosso sistema jurídico. Poderíamos entender que ele estivesse propondo uma nova teoria dos direitos jurídicos, segundo a qual uma das partes simplesmente não possui direitos jurídicos, a menos que seja capaz de demonstrar, para satisfação de todos os juristas de bom senso, que os possui. Nessa circunstância, os casos difíceis não seriam decididos, como ocorre atualmente, após tentativas cuidadosas, e talvez angustiantes, para decidir se, afinal de contas, o demandante possui o direito institucional que reivindica. Se o demandante for incapaz de apresentar uma argumentação definitiva em prol de um direito, ele não o possui, e ponto final. Munzer não deixa claro por qual processo de deliberação o substituiria e, portanto, ficamos sem saber o que poderíamos ganhar com a mudança. Porém, fica bem claro o que perderíamos.

No sistema atual, aspiramos que uma decisão judicial seja uma questão de princípio. Isto não pode ser completamente realizado, pois todos nós achamos que os juízes, às vezes, e talvez com freqüência, apresentam argumentos de princípio equivocados. Mas saímos ganhando mesmo com a tentativa. Os cidadãos são encorajados a supor que todos têm direitos e deveres perante os outros cidadãos e perante o governo, mesmo que tais direitos e deveres não estejam claramente estabelecidos. Por conseguinte, são encorajados a elaborar e testar hipóteses sobre o que são tais direitos, a se relacionar e a exigir que sejam tratados pelo Estado, segundo o pressuposto benefício e unificador de que a justiça é sempre importante para suas reivindicações mesmo quando não esteja claro o que a justiça requer. Os tribunais participam desses processos dando, às vezes, a oportunidade de se discutirem tais questões controversas que envolvem a justiça, oferecendo uma liderança cujo poder é, de direito, qualificado pela força do argumento que pode impor.

Estaremos nos subestimando caso consideremos que essa prática seja válida apenas na medida em que fornece previsões confiáveis quanto ao modo como o poder oficial pode ser utilizado. Sem dúvida, a prática pode ser, e tem sido, utilizada abusivamente pelos governos, ávidos por fazer uso da boa reputação da lei em prol da tirania. Existem nações onde os cidadãos estariam numa melhor situação se nenhuma reivindicação pudesse ser feita com base em uma lei que não fosse extraída de um livro público. E existem, bem sei, aqueles que acham que a Grã-Bretanha e os Estados Unidos estão entre essas nações. Mas eles mesmos devem aceitar que alguma coisa se perderia com a mudança. O princípio geral do direito é um ideal mais nobre do que o princípio dos textos jurídicos.

4. Richards e o renascimento do positivismo

O ensaio do professor Richards[53] não é necessariamente uma crítica às minhas idéias, mas um ensaio muito mais abrangente sobre os liames entre o direito e a moral. Contudo, faz questão de deixar claro que suas idéias sobre o problema são distintas das minhas. Segundo meu entendimento, ele acredita que, embora na prática meu trabalho siga os fundamentos do que ele denomina "direito natural metodológico", existem falhas no que diz respeito às minhas considerações mais conceituais, que felizmente não afetam minha prática. Creio que discordamos menos, mesmo em nível conceitual, do que Richards agora supõe, porque as discordâncias que ele detecta são mais de forma do que de conteúdo. Nosso desacordo, suponho, advém do fato de que Richards não avalia suficientemente as diferenças entre a teoria do direito natural ortodoxo e a teoria do direito que venho tentando defender. Uma teoria semelhante à apresentada anteriormente, melhorada e elucidada, certamente como ne-

53. Richards, "Rules, Policies and Neutral Principles: The Search for Legitimacy in Common Law and Constitutional Adjudication", 11 *Ga. L. Rev.* 1069, 1095-96 (1977).

cessita, pode oferecer uma sustentação muito mais concreta do que o positivismo jurídico, no que tange aos estudos sobre o "direito natural metodológico" que Richards recomenda e que apresenta de maneira competente.

A crítica de Richards se dirige a dois pontos de minha argumentação geral. Concorda comigo por reconhecer que o que chamei de princípios (usarei esta palavra de maneira abrangente aqui, a fim de não fazer uma distinção entre políticas e princípios, que podem ser definidos de maneira restrita) desempenha um papel importante no estabelecimento do que é o direito sobre um determinado assunto, e que o papel desses princípios não fica, portanto, limitado a argumentações sobre o que deveria ser o direito. Mas ele acredita que o positivismo jurídico tradicional, que insiste em alegar que o direito é apenas uma questão de fato, tem, todavia, fundamento. O positivismo pode admitir o papel dos princípios do direito, pois a questão de que os princípios sejam, na realidade, princípios de algum sistema jurídico específico já é em si uma questão de fato, e a questão do que tais princípios exigem, num caso específico, refere-se apenas a um problema de juízo profissional comum. Os argumentos de Richards nesse sentido podem ser encontrados nas seguintes afirmações:

> Os princípios jurídicos são, afinal de contas, jurídicos; para que sejam válidos, devem estar implícitos tanto nas práticas anteriores quanto na tradição judicial, e ser dedutíveis por meio dos métodos habituais do raciocínio jurídico por analogia (...)
>
> (...) Os princípios jurídicos, como regras jurídicas, no fundo dependem de uma questão de fato, ou seja, das atitudes críticas dos juízes (...)
>
> (...) De fato, é possível que os princípios juridicamente válidos para um juiz sejam tão moralmente defeituosos que a aplicação pura e simples desses princípios violaria os deveres morais do juiz. Podem-se, ainda, estabelecer distinções desse tipo, e a questão moral deve sempre ser discutida de forma independente.

Em outras ocasiões debati sobre o seguinte: Pode-se dizer que a identificação de princípios jurídicos seja simplesmente uma questão de fato comum[54]? Concluí que não poderia, e gostaria de saber por que Richards considera meus argumentos insatisfatórios. Talvez a dificuldade se origine de uma ambigüidade na primeira das três afirmações reunidas na citação precedente. Se os princípios podem figurar legitimamente na decisão judicial, diz ele, então devem estar "implícitos" na "tradição judicial e nas práticas anteriores, dedutíveis a partir dos métodos habituais" Mas o que isso significa? Se significar, tal como sugere a referência de Richards às "atitudes críticas", que os princípios não importam a menos que haja uma tradição efetiva de citá-los, ele está equivocado, uma vez que a prática efetiva da utilização dos princípios em geral ignora essa exigência. Ele não quer dizer, como se poderia pensar que a palavra "dedutível" sugere, que os princípios derivam dedutivamente de uma série de precedentes, de modo que se dois juristas discordam quanto a considerar se um determinado princípio é "juridicamente válido", um deles deve estar cometendo um erro lógico. Esta é uma sugestão tola, e mais tola ainda se admitirmos que não apenas o conteúdo de um princípio mas também sua força sejam frutos da dedução. Richards afirma que o conteúdo é passível de ser inferido através dos "métodos habituais de raciocínio por analogia". No entanto, isso só não basta, pois o que está em jogo é se os "métodos habituais" de raciocínio empregados em casos difíceis, chamados de raciocínio por analogia pelos juristas, tornam as questões apresentadas por esses casos questões de fato, e isto depende de uma análise posterior daquilo que esse "raciocínio por analogia" realmente quer dizer.

No capítulo sobre "Casos difíceis"[55], apresentei um relato sobre o que significa dizer que um princípio está "incorporado" ou "implícito" num conjunto de decisões prévias ou pode ser "inferido por analogia" a partir desse conjunto. A meu ver, um princípio estará nessa relação com as decisões anteriores ou com outro material jurídico se tal princípio se enquadrar no que chamei de a melhor justificativa desse material. Isto o trans-

54. Ver acima, pp. 100-6.
55. Ver acima, p. 119.

forma, sem dúvida, numa questão de juízo, sobre o qual os juristas podem e irão discordar, de se um determinado princípio é de fato "passível de ser inferido" de material prévio. Uma justificativa pode ser melhor que outra (como eu também disse) com base em duas dimensões diferentes: ela pode se mostrar mais adequada, no sentido de que exige menos material considerado como "erros", ou pode se mostrar uma justificativa moral mais coerciva por se aproximar mais de uma moral política sólida. Se uma teoria com um determinado princípio é melhor na dimensão da adequação e outra, com um princípio contrário, é melhor na dimensão moral, então se levanta uma questão de teoria do direito relativa a qual dimensão é mais importante ao se determinarem os direitos institucionais em casos dessa natureza. Uma resposta a esta questão (apresentada de maneira nua e crua) seria a seguinte: nenhuma teoria pode ser considerada uma justificativa suficiente da história institucional a menos que se mostre bastante adequada a essa história; além disso, não deve expor mais do que algumas poucas decisões, principalmente decisões recentes, como erros; mas se duas ou mais teorias se mostrarem adequadas, segundo esse critério prevalece então a teoria que for moralmente mais forte e será assim considerada a melhor justificativa, mesmo que aponte mais decisões como erros do que outra. Essa resposta carece de refinamento; porém, ilustra claramente como uma teoria completa de decisão judicial poderia se desenvolver, num determinado sentido, a partir da teoria esquemática que descrevi.

Mas nenhuma explicação dessas sobre o raciocínio por analogia, que inclui uma dimensão da moralidade no teste dos princípio, consegue reconciliar o positivismo com a questão dos princípios da maneira esperada por Richards. Talvez neste momento Richards deseje partilhar do ponto de vista do professor Sartorius[56], que diz que eu deveria ter ficado satisfeito com a primeira das duas dimensões que descrevi, e não ter acrescentado a segunda, porque uma teoria será quase certamente

56. Ver Sartorius, "Social Policy and Judicial Legislation", 8 *Am. Phil. Q.* 151 (1971).

mais bem adequada aos dados devido apenas aos cânones da melhor explicação utilizada nas ciências, e os juízes escolheriam essa teoria. Uma vez, eu mesmo pensei que fosse assim, mas me convenci do contrário através das considerações que descrevi longamente[57]. Não creio que haja consenso sobre os critérios de explicação teórica superior, mesmo no caso de explicação científica, e a experiência demonstra que, no caso do direito, muitas vezes prefere-se uma explicação à outra por razões que não podem ser realisticamente entendidas como redutíveis a um número relativo das decisões anteriores explicadas, à simplicidade ou ao refinamento da explicação ou a algo parecido. Ninguém que esteja familiarizado com o procedimento das sentenças e votos dos tribunais poderia supor que os juízes escolhem entre teorias de justificativa da mesma maneira que os historiadores jurídicos, por exemplo, poderiam escolher explicações históricas no que diz respeito a padrões de decisão. Se os juízes deliberassem citando os cânones da construção teórica, contabilizando o número de precedentes explicados por hipóteses concorrentes e comparassem o refinamento teórico dessas hipóteses, poderíamos, finalmente, ter um exemplo autêntico de tomada de decisão "mecânica", uma descrição há tempo considerada pejorativa no direito; no entanto, no meu entender, não em outras áreas, em que falta uma dimensão moral, como a engenharia por exemplo.

Assim, parece que o tema sobre os quais os princípios que estão "implícitos" nas tradições e práticas passadas é tão intrigante a ponto de poder ser realmente uma questão de fato, segundo uma concepção positivista do que são os fatos. Por que a insistência de Richards em considerá-la apenas uma questão de fato? Isso já foi respondido por ele quando apresentou as três afirmações por mim citadas, e a resposta está na terceira, que parece ser a mais reveladora de todas. Ele se mostra bastante inclinado a resistir ao absurdo ponto de vista de que o direito é sempre moralmente fundamentado ou (para dizer o mesmo de um modo mais revolucionário) que uma lei moralmente ruim

57. Ver acima, pp. 100-6.

não pode pertencer ao direito. Ele quer dizer que um princípio "juridicamente válido" para os juízes pode, no entanto, ser um princípio torpe, tão torpe que talvez seja o dever de um juiz se recusar a aplicá-lo. Eu disse várias coisas semelhantes algumas páginas atrás. Disse que em alguns casos seria obrigação do juiz mentir e dar uma informação falsa sobre o que é o direito, e que essa descrição supõe que o direito pode não ser o que deveria. Aparentemente, Richards acha que, de algum modo, eu sou forçado a admitir esse ponto de vista absurdo, pois para ele a filosofia do direito dispõe, neste caso, de apenas duas opções. Devemos ficar com os positivistas que insistem em que o direito é sempre apenas uma questão de fato. Ou talvez devêssemos ficar com os juristas mais extremistas do direito natural, para quem não pode existir diferença entre os princípios de direito e os princípios de moralidade. Mas essas duas visões extremadas estão erradas. Em alguns casos, a resposta à questão sobre o que é exigido pelo direito pode depender da questão (embora nunca seja idêntica) do que é exigido pela moral básica, de modo que é um engano considerar a primeira questão como uma simples questão de fato, na intenção humana que a descrição representa. Isso não acontece apenas nos casos em que alguma fonte legislativa deliberadamente incorpora testes morais às regras jurídicas, mas também nos casos em que o que é exigido pela lei é controverso, uma vez que nenhuma fonte legislativa tenha dito algo realmente decisivo. Isso não acontece apenas quando se aceita que os princípios jurídicos que incorporam conceitos morais são reconhecidamente decisivos para os argumentos jurídicos, mas também quando a questão em jogo refere-se a saber quais princípios devem ser considerados decisivos.

Mas, sem dúvida, disso não se segue que o direito seja sempre moralmente correto, nem que o moralmente correto seja sempre o direito, *nem mesmo nos casos difíceis*. Consideremos o ponto de vista plausível que acabei de esboçar. Nenhum princípio pode valer como justificativa da história institucional, a menos que ofereça um certo limiar adequado de ajuste, embora entre os principais que passam nesse teste de adequação se deva dar preferência ao que é mais bem fundamentado moralmente. Se aplicarmos esse teste a um sistema jurídico perverso, pode acontecer que nenhum princípio que consideramos aceitável por razões morais consiga satisfazer o teste de adequação mínima.

Nesse caso, a teoria geral deve respaldar algum princípio pouco atrativo que ofereça a melhor justificativa da história institucional, apresentando ao juiz uma decisão jurídica e, talvez, também um problema moral. O positivismo utiliza uma distinção simples entre questões factuais e normativas. Se aceitamos esta distinção, então devemos dizer que o problema de saber se um princípio vale numa decisão judicial, e em que medida, é um problema normativo. Porém, todo cuidado é pouco para não pensarmos (como alguns filósofos freqüentemente parecem pensar) que há um único tipo de problema normativo: a pergunta última sobre o que fazer. Saber se um determinado princípio vale (ao decidir o que é o direito) é, em parte, um problema normativo porque inclui um juízo sobre a validade do princípio na moralidade política. Contudo, esta é a diferença de um outro problema normativo, que é se esse princípio, mesmo quando válido, seria o melhor princípio sobre o qual basear um sistema jurídico, caso a ficha esteja limpa, e diferente também de um terceiro, que consiste em saber se o princípio é tão injusto que seria errado o juiz exigir o cumprimento de um direito legal atrelado ao princípio, e certo mentir para que isso fosse evitado.

Devo acrescentar aqui dois outros assuntos que têm apenas um interesse periférico. Richards me acusa do seguinte erro: "Partindo do fato de que os princípios jurídicos são, muitas vezes, princípios morais, ele injustificadamente infere que sempre são."[58] Sem dúvida, esta inferência específica seria um erro, mas creio que ele queria me acusar pela crença e não pela inferência. Eu penso mesmo que os princípios jurídicos sempre são princípios morais? Há uma ambigüidade aí. A proposição poderia significar que os princípios jurídicos sempre são prin-

58. Richards, op. cit., 1096.

cípios morais fundamentados e corretos, e se for isso mesmo, então, como tive o cuidado de repetir, não é o que penso. Mas pode significar que os princípios jurídicos sempre são princípios morais na forma (sejam bem fundamentados ou não, tenham força ou sejam insignificantes como juízos morais) em vez de, por exemplo, juízos prudentes ou generalizações históricas. Esta consideração é mais interessante e eu a apóio, pelo menos no seguinte sentido. A palavra "moral" pode causar confusão aqui, como sempre acontece, mas para mim essa proposição significa que os princípios que figuram nos argumentos jurídicos fazem menção aos direitos e deveres dos cidadãos e de outras pessoas jurídicas em vez de exaltar, por exemplo, juízos prudentes ou generalizações históricas. Como acabei de dizer, suponho que o processo de avaliação dos princípios extraídos da história institucional seja o processo de avaliação das justificativas dessa história, no qual se diferencia justificativa de explicação. Mesmo se é verdade que todas as decisões tomadas em direito contratual no Estado de Wisconsin, durante anos a fio tiveram o objetivo de beneficiar o Partido Republicano local, o fato em si, por mais importante que pudesse ser para o historiador, o sociólogo ou o crítico, não poderia ser considerado como uma justificativa descabida) para essas decisões. Ele não abriria precedente aos juízes para que deliberassem, posteriormente, aplicando o pretenso princípio de que o que é bom para os Republicanos é bom para a justiça. Eu poderia acrescentar ainda que os princípios jurídicos devem ser princípios morais e isso está em sintonia com as considerações feitas no início desta seção pelo menos no sentido que acabei de descrever. Isso poderia, sob certas circunstâncias, excluir argumentos em prol de supostos princípios em sistemas jurídicos perversos[59]. Mas não deveria depositar muita confiança no poder de filtro do conceito de princípios moral. Não há nenhuma análise convincente de que esse conceito possa garantir que o princípio de que os negros são menos dignos de atenção do que os brancos seja rejeitado como não sendo princípio algum.

59. Ver acima, capítulo 10.

Contudo, quero rejeitar a imagem do "direito existente" que descrevi anteriormente. Essa imagem, creio, é sustentada por aqueles que desejam negar que os direitos jurídicos sejam sempre princípios morais. Eles supõem que o direito de uma comunidade é um conjunto distinto de regras e princípios específicos (e sabe Deus o que mais!) de tal modo que é razoável perguntar se, em dado momento, uma regra ou um princípio específico pertencem a esse conjunto. Se um princípio realmente pertencer a esse conjunto, então é um princípio jurídico; se pertencer também ao conjunto diferente de princípios morais bem fundamentados, então também é um princípio moral. Assim, poderemos nos perguntar se esses dois conjuntos são idênticos, ou sobrepostos ou extensionalmente distintos. Se alguém adota este ponto de vista quanto à questão (trata-se de uma concepção aparentada à teoria do livro secreto que discuti anteriormente, na página 509), então achará importante que os filósofos do direito indiquem as condições necessárias e suficientes para ser membro do conjunto de princípios jurídicos, e necessário que respondam se essas condições incluem ou excluem a condição de ser membro do conjunto diferente de princípios morais bem fundamentados. De minha parte, não acho que seja necessário individualizar princípios dessa maneira e atribuí-los a conjuntos, do mesmo modo que não precisamos individualizar e nomear os "princípios" de uma determinada ciência. Ao rejeitar a idéia de que o direito é um sistema de regras, não foi intenção substituí-la pela teoria de que o direito é um sistema de regras e princípios. Não existe nada como "o direito" como um conjunto distinto de proposições, cada uma com sua própria forma canônica. As pessoas têm direitos jurídicos e os princípios de moralidade política figuram, do modo que tentei descrever, ao se decidir que direitos jurídicos elas têm. Se entendermos por "princípio de direito" um princípio que pode, por princípio, ser escolhido para esse papel, então todos os princípios de moralidade política vigentes na comunidade em questão são princípios jurídicos. Por vezes utilizamos "princípio jurídico" num sentido diferente, para designar aqueles princípios que de fato foram com freqüência citados por juízes e que, por isso, figuram nos livros e nas aulas de direito. Porém, não se acredita que os únicos princípios que podem legitimamente figurar nas argumentações jurídicas sejam os princípios jurídicos segundo esse sentido restrito, ou seja, princípios que se tornaram familiares desse modo.

Dessa forma, Richards se engana ao pensar que uma teoria positivista do direito, como a de Hart, pode ser facilmente adaptada a fim de acolher o papel que os princípios desempenham na argumentação jurídica; e também se engana ao pensar que a única alternativa para o positivismo é uma teoria radical do direito natural que negue a diferença entre argumento jurídico e argumento moral nos casos difíceis. Ele também discorda a tese dos direitos que defendi, segundo a qual os casos difíceis deveriam ser – e caracteristicamente o são – decididos com base em argumentos de princípio e de política. Apresenta, como contra-argumentos, casos como os citados por Greenawalt, e creio ser desnecessário repetir o que já disse sobre tais casos. Richards também me lembra que os tribunais realmente levam em conta questões de política quando aplicam leis que considerem geradas por política, e tenho que repetir que acredito ter dito exatamente isso no capítulo sobre "Casos difíceis"[60]. Contudo, ele acrescenta a esses pontos levantados por outros uma referência a um diferente conjunto de casos[61]. Trata-se de casos em que o tribunal indica regras de administração às vezes simples, como no caso *Mapp*[62], e às vezes complexas, como no caso *Miranda*[63], não porque o tribunal supõe que qualquer indivíduo tem prerrogativas concedidas apenas conforme tais regras, mas pela diferente razão de que essas regras fornecem um esquema, ainda que não o único ou mesmo o melhor, através do qual outros direitos dos indivíduos podem ser protegidos ou assegurados. Recentemente, o professor Chayes publicou um artigo[64], pro-

60. Ver acima, pp. 160-3.
61. Ver Richards, 1098.
62. *Mapp vs. Ohio*, 367 U.S. 643 (1961).
63. *Miranda vs. Arizona*, 384 U.S. 436 (1966).
64. Chayes, "The Role of a Judge in Public Law Legislation", 89 *Harv. L. Rev.* 1281 (1976).

vavelmente de grande influência, no qual casos desse tipo são analisados de modo mais geral e com diferentes objetivos; com justa razão chama a nossa atenção para o papel desempenhado pelos tribunais na elaboração e na aplicação de decretos antitruste, de complexas reestruturações financeiras e, mais notadamente, de ordens de dessegregação escolar que, às vezes, levam os tribunais para dentro das atividades diárias dos conselhos de ensino.

O trabalho administrativo dos tribunais, que de acordo com Chayes oferece um novo estilo de decisão judicial, levanta uma série de problemas para a teoria do direito e para a teoria política e, embora digam respeito à tese dos direitos apenas obliquamente, são problemas com os quais qualquer teoria da decisão judicial deve se defrontar algum dia. Contudo, para os objetivos deste apêndice, preciso indicar dois fatos relativos à tese dos direitos e que parecem ter sido descuidados. Primeiro, a tese não proíbe os tribunais de decidir os casos de direito penal ou público em favor do indivíduo e contra o Estado ou alguma instância do Estado, por não pressuporem que o indivíduo tenha direito à decisão. Disse que a tese dos direitos é assimétrica a esse respeito, e apresentei como exemplo o caso *Mapp*, citado por Richards. E segundo, a tese não proíbe o que é freqüentemente denominada, pelos tribunais, legislação prospectiva; contanto que regras criadas para o futuro, não sendo formulações precisas de direitos existentes, não sejam aplicadas retrospectivamente para justificar concessões ou denegações no caso presente. Está claro que a legislação prospectiva não ofende a consideração de moralidade política que mencionei como respaldo à tese dos direitos, quando a legislação é concebida como necessária para proteger os direitos individuais, como nos casos mencionados por Richards. De fato, nos casos constitucionais, poderia ser pensado que tais considerações exigem exatamente isso. Contudo, gostaria de repetir que é necessário que se discuta muito mais sobre o vigoroso papel administrativo que os tribunais dos Estados Unidos parecem ter assumido e o impacto de tal prática sobre a tese dos direitos.

5. *Soper e o positivismo redefinido*

A. Um positivismo menos positivo

O brilhante ensaio do professor Soper[65] analisa as relações entre meus argumentos e as diversas formas de positivismo jurídico. Ele sugere uma forma de positivismo que poderia simplesmente incorporar todas as minhas alegações sobre a prática jurídica, caso sejam válidas como refinamentos. Segundo esse ponto de vista, o positivismo insiste em que as proposições de direito, se verdadeiras, são verdadeiras devido a alguma prática social que especifica suas condições de verdade. Mas não insiste em que as condições de verdade especificadas desse modo não possam incluir as condições morais. Suponhamos que eu estou certo, por exemplo, ao dizer que os juízes, como sempre fazem, decidem casos difíceis apelando para princípios que se justificam por representarem a melhor justificação da lei estabelecida e que esse processo de justificação inclui uma dimensão moral como a descrita por mim no capítulo 4 e na seção 4 deste apêndice. O esquema inteiro de decisão que descrevo é ele mesmo uma prática social, que se identifica como proposições verdadeiras de direito respaldadas pelos princípios que fornecem a melhor justificação. Suponhamos que dois advogados ou juízes discordem sobre algumas proposições de direito por discordarem sobre algumas proposições de moralidade política. Ambos poderiam ser positivistas, no sentido acima formulado, e mesmo assim cada um poderia pensar que uma proposição do direito é verdadeira, mas que não pode ser provada verdadeira por um apelo a seu *pedigree*, mesmo que os dois afirmem que a verdade de sua proposição depende da verdade de algum princípio de moralidade. Ambos são positivistas porque reconhecem que a moralidade é tornada relevante pela prática social, ou seja, a prática social que descrevo.

---

65. Soper, "Legal Theory and the Obligation of a Judge: The Hart/Dworkin Dispute", 75 *Mich. L. Rev.* 473 (1977).

Soper indica que o próprio professor Hart observou que algumas leis e disposições constitucionais, como algumas das que se encontram na Constituição dos Estados Unidos, "incorporam a moralidade por referência". A presente proposta simplesmente estende a idéia latente nesta observação, ao supor que a incorporação da moralidade pode ocorrer não simplesmente em algum trecho específico da legislação ou disposição constitucional, mas na prática social mais geral que define o que vale como decisão judicial na comunidade em questão.

Na resenha que fez de meu livro[66], o professor Lyons inclui uma observação muito parecida. Ele também acha que o cerne do positivismo está na afirmação de que alguma prática social está na base de toda pretensão de direito, ainda que essa prática mesma faça a moralidade por vezes, ou quase sempre, decisiva. Sem dúvida, não tenho a intenção de discutir com Soper ou Lyons sobre nomes. Para mim o positivismo faz duas importantes alegações interligadas que não são feitas por suas versões do positivismo; minha disputa diz respeito a ela e não a um rótulo. De acordo com a primeira alegação, é característico de um sistema jurídico que um teste mais ou menos mecânico forneça as condições necessárias e suficientes para a verdade das proposições sobre o que o direito é, distintas que são das proposições sobre o que o direito deve ser. No capítulo 2, descrevi esse teste do *pedigree* por oposição a um teste de conteúdo; quis dizer que o positivismo insiste em que os testes para o direito deveriam ser temas de história, e não de política ou moralidade, que seriam inerentemente controvertidos. Hart, por exemplo, descreve sua regra de reconhecimento não simplesmente como apenas uma outra regra que impõe obrigações, mas como uma regra secundária que estipula os traços exteriores cuja ausência ou presença será decisiva na identificação de outras regras como regras jurídicas. Diz ainda que a aceitação desse tipo de regra secundária marca a transição de uma sociedade pré-jurí-

66. Lyons, "Principles, Positivism and Legal Theory – Dworkin, *Taking Rights Seriously*", 87 *Yale L. J.* 415 (1977).

dica para uma sociedade de direito, pois as características públicas que se tornaram decisivas pela regra secundária eliminarão a deficiência da incerteza latente na prática pré-jurídica. Sem dúvida, é compatível com esse quadro que a regra secundária possa, ela mesma, conter termos vagos ou, de algum modo, expressar um certo grau de indeterminação. Mas uma regra secundária que simplesmente remetesse todas as questões de obrigação diretamente de volta às práticas sociais vigentes de obrigação não causaria (como Hart assinala claramente em sua discussão do direito internacional) nenhuma mudança no *status quo*. Uma regra secundária desse tipo não estaria introduzindo nenhuma nova determinação e tampouco representaria algum tipo de transição. Eu teria pensado que tais objeções se aplicariam *a fortiori* a uma regra secundária como a que Soper considera quando concebe um soberano que ordena tão somente: faça o que a justiça exige.

A questão importante não é, contudo, se Hart ou algum outro filósofo do direito adere à tese de que o teste para o direito deve transformar o direito em algo razoavelmente demonstrável. Essa tese relaciona-se com um teoria mais geral do direito, em especial com uma concepção da função do direito. Trata-se da teoria de que o direito proporciona um conjunto estabelecido, público e confiável de padrões de conduta privada e funcional, padrões cuja força não pode ser questionada pela percepção individual de algum funcionário sobre política ou moralidade. Essa teoria da função do direito reconhece, como deve, que nenhum conjunto de regras públicas pode ser completo ou completamente preciso. Porém, reforça uma distinção entre situações em que o direito, assim concebido, realmente dita uma decisão e outras situações em que, na linguagem dos positivistas, o juiz deve fazer uso do poder discricionário e estabelecer jurisprudência simplesmente porque o direito se cala. Essa distinção é vital do ponto de vista da função do direito, porque é importante reconhecer que quando homens de bom senso podem discordar do que é exigido pelo direito, uma decisão judicial não pode ser uma decisão neutra do tipo prometido pela idéia de direito. É mais honesto admitir que, nesse caso, essa decisão não seja absolutamente uma decisão de direito.

Assim, a tese de que um teste de *pedigree* mais ou menos mecânico identifica o direito está, desse modo, ligada a uma teoria política sobre o objeto ou a função do direito e a uma parte necessária sua, a teoria do poder discricionário do juiz. A teoria que defendo, ao contrário, propõe para o direito uma função diferente e mais ambiciosa, descrita no final da seção 3 deste Apêndice. Se o positivismo é flexível tal como Soper e Lyons sugerem, a ponto de acomodar a descrição das práticas jurídicas que ofereço, então o argumento a favor da teoria ortodoxa sobre o objeto do direito fica correlativamente enfraquecido e o argumento sustentando a tese que defendo, reforçado.

A segunda alegação que atribuí ao positivismo também está ligada a uma posição teórica mais geral que teria de ser modificada caso a alegação fosse abandonada. Esta alegação é colocada mais claramente da seguinte maneira. Podemos supor que as proposições de direito sejam verdadeiras ou falsas, exatas ou inexatas, sem por isso aceitar outra antologia que não seja empírica. A verdade de uma proposição de direito, quando é verdadeira, consiste em fatos históricos comuns sobre comportamentos individuais ou sociais, incluindo talvez fatos referentes a crenças e a atitudes, mas não em fatos metafisicamente suspeitos. Oliver Wendell Holmes sustentou a mesma opinião quando disse que o direito não é uma onipresença pairando no céu. Os positivistas não necessitam ser reducionistas no sentido *semântico*: não é necessário que sustentem que as proposições de direito significam a mesma coisa que as proposições históricas sobre comportamento, crença ou atitudes. Mas faz parte de seu programa (ou era o que eu pensava) ser reducionista no sentido mais fraco contido na afirmação de que as condições de verdade das proposições de direito não incluem nada além de tais condições históricas.

Sem dúvida, essa tese é coerente com a teoria causal, perfeitamente verdadeira, de que as crenças sobre a justiça são com freqüência causalmente responsáveis pelas condutas que constituem o direito. Os legisladores, por exemplo, seguidamente criam leis porque lhes parecem justas. A tese é também coerente com a afirmação diferente de que as *crenças* sobre a justiça podem ser parte das condições de verdade das proposições de direito. Um positivista pode sustentar uma teoria da interpretação das leis de modo que, se uma lei estipula que um contrato é inválido quando é despropositado, e a grande maioria das pessoas pensa que um tipo determinado de contrato é injusto, então esse tipo de contrato é, como questão de direito, inválido. Essa teoria toma as crenças sobre os fatos morais, não os próprios fatos morais, como decisivas para as proposições de direito. Mas para um positivista ao estilo Soper-Lyons a validade jurídica de um contrato dependeria não de se acreditar que o contrato é injusto, mas se é injusto. Essa teoria é incompatível com a tese reducionista porque inclui o próprio fato moral como parte das condições de verdade de uma proposição de direito.

O programa fraco do reducionismo não é satisfeito com a demonstração de que as proposições de direito são, às vezes, verdadeiras devido apenas a fatos históricos. Deve-se mostrar que todas as proposições que a teoria considera verdadeiras são verdadeiras devido a esses fatos. O positivismo ao estilo Soper-Lyons não consegue sustentar isso. Se uma prática social torna a moralidade sistematicamente relevante para certas questões jurídicas (e Soper e Lyons aceitam, a título de argumentação, que nosso próprio sistema jurídico pode fazer isso), então a verdade das proposições de direito dependerão sistematicamente da verdade das proposições da moralidade. A verdade das primeiras consistirá, pelo menos parcialmente, na verdade das outras. Desse modo, a separação ontológica prometida entre o direito e a moral não se mantém. Ao supormos que existem fatos jurídicos dentro de um determinado sistema, devemos supor que também existem fatos morais.

Isso explica por que a posição de Hart de que o direito positivo utiliza, algumas vezes, uma linguagem moral explícita não é uma cavidade dentro da qual uma teoria geral do direito que torna a moralidade sistematicamente relevante, mesmo na ausência de qualquer incorporação, possa ser derramada. Hart provavelmente ampliaria sua discussão sobre a "textura aberta" das linguagens jurídicas (que ele aplica a termos como "de bom senso") a termos morais que figuram igualmente no direito positivo (como a cláusula "cruel e excepcional" da Constituição americana). Para ele, a palavra "cruel" tem um núcleo estabelecido de aplicação nos Estados Unidos (aplica-se à pena de bordoadas nas plantas dos pés); porém, também tem uma penumbra de imprecisão (homens e mulheres de bom senso discordam se a pena de morte é em si cruel). Quando um caso (como o de *Furmson x Georgia*) situa-se nessa penumbra, o juiz deve então fazer uso do poder discricionário e decidir, embora essa decisão termine ampliando o núcleo do conceito para fins jurídicos.

Essa análise do papel desempenhado pela linguagem moral nas disposições legais é inteiramente consistente com o programa reducionista fraco que descrevi. Ela faz a verdade da proposição de direito, que a pena das bordoadas é inconstitucional, consistir nas crenças de que ela é cruel. Mas não poderia ser ampliada a ponto de abarcar a teoria da decisão judicial que descrevo. Suponhamos contudo que minha compreensão está errada e que Hart rejeitasse essa análise da linguagem moral em direito. Suponhamos que ele diria que se a pena de morte é inconstitucional ou não depende totalmente de ela ser ou não, como uma questão de fato moral, cruel, e não simplesmente de ser considerada assim por um grande número de pessoas, ou de algum juiz, ao fazer uso de seu bom senso, decidir assim. (Então, deveríamos perguntar por que ele não ofereceu uma análise paralela de toda a linguagem de "textura aberta" e por isso reduziu o uso do poder discricionário do juiz.) Mas se esta distinção for válida, e se as proposições sobre a constitucionalidade da pena puderem ser verdadeiras, então deve haver (para falar à moda antiga) um domínio objetivo dos fatos morais. Eu tinha pensado que fosse parte da ambição de Hart (e também dos positivistas em geral) tornar a posição objetiva de suas proposições direito independente de qualquer teoria controvertida tanto de meta-ética quanto de ontologia moral.

Hart não precisaria aceitar um domínio objetivo de fatos sobre a crueldade se ele não insistisse obviamente que as proposições sobre a pena de morte podem ser verdadeiras do mesmo modo que as proposições que não dependem do entendimento correto da linguagem moral podem ser verdadeiras. Ele poderia dizer que, uma vez que a Constituição estabeleceu que a constitucionalidade da punição depende da sua crueldade, todas as afirmações desse tipo, tomadas literalmente, são ou falsas ou nem falsas nem verdadeiras[67]. Mas trata-se de uma extensão plausível da teoria geral de Hart apenas sob a hipótese de que a utilização da linguagem moral é um traço mais ocasional que sistemático dos sistemas jurídicos com os quais estamos familiarizados. Se minha explicação de nossa própria prática jurídica estiver correta, e se Hart tentar fazer essa explicação para dentro de seu próprio sistema desse modo, ele terminaria concluindo que, para nós, quase nenhuma dessas proposições é realmente verdadeira. Em todo caso, o enlace das duas teorias, que Soper considera, seria dissolvido por esta última afirmação radical.

B. Conceitual ou descritiva?

Soper traz à discussão um outro ponto interessante logo no início de seu ensaio. Faz uma distinção entre dois tipos de teorias do direito: as conceituais e as descritivas. Para ele, a teoria positivista é conceitual e a minha, descritiva, pela seguinte razão. Os positivistas sustentam algo válido (isso se estiverem certos) para todos os sistemas jurídicos, não apenas como matéria de generalização, mas de necessidade. Por outro lado, faço afirmações apenas sobre um sistema jurídico determinado. Para mim, a prática característica dos juízes em nosso próprio sistema jurídico não se coaduna com a formulação positivista sobre como devem ser todos os sistemas jurídicos. Se eu estiver certo, então a alegação dos positivistas, que é universal, deverá estar errada. Mas disso não se infere que minha descrição é conseqüentemente verdadeira para qualquer sistema jurídico

67. Ver Mackie, *Ethics: Inventing Right and Wrong* (1978), cap. 1.

que não o nosso. Assim, minha posição deve ser descritiva, ao passo que a deles, conceitual.

Agrada-me que Soper tenha levantado essa questão porque freqüentemente me perguntam se pretendo que minha teoria seja conceitual como o positivismo, ou apenas descritiva. Será que pretendo oferecer uma teoria geral do que o direito deveria ser, ou somente apresentar uma melhor explicação de uma versão determinada do direito? Temo não entender a força da distinção neste contexto. A teoria do direito dos positivistas é, sem dúvida, conceitual em um sentido. Mas em que sentido? Será que Soper pensa que a teoria dos positivistas (segundo a qual as preposições de direito não podem ser verdadeiras devido à moralidade) é uma teoria lingüística sobre o uso "padrão" ou da "linguagem" das palavras "jurídico" ("legal") ou "direito" ('lei")? Segundo esta interpretação, o positivista alga que do uso da palavra "legal" segue-se que um direito jurídico não pode simplesmente depender de fatos morais do modo como sustento, tal como, alguém diria, do uso da palavra "irmã" segue-se que uma irmã não pode ser um homem. Mas se eu apresento um suposto contra-exemplo – se produzo uma instância de direito jurídico que eu afirmo ser um direito jurídico devido a um direito moral, então minha afirmação deve *também* ser de ordem lingüística. Devo afirmar que o termo "jurídico" é utilizado adequadamente de modo que inclua este caso. Minha afirmação é tão lingüística quanto a dele, embora possa ser mais reservada. Minha afirmação ao pode ser "meramente" descritiva – ou meramente relativa aos fatos de um único caso citado como contra-exemplo – como pode ser um contra-exemplo de uma generalização empírica. Suponhamos que eu afirme ter descoberto uma irmã homem e, desta forma, ter apresentado um contra-exemplo à afirmação de que, no que se refere ao uso lingüístico, irmãs não podem ser homens. Não estou simplesmente afirmando ter encontrado um novo fato não-lingüístico que refute uma teoria lingüística. A menos que eu demonstre que a teoria lingüística esta *lingüisticamente* errada, não posso ter encontrado o fato que digo ter descoberto. Suponhamos que eu tenha encontrado um homem a quem a comunidade lingüística tinha por hábito, sabendo que se tratava de um homem, chamar de irmã. Se eu o apresento como um contra-exemplo, faço isso porque considero essa prática como parte da prática lingüística que fornece o uso correto de "irmã". Trata-se de uma observação sobre o uso correto de uma palavra, não simplesmente sobre fatos de um caso isolado. Se o positivismo é conceitual por ser lingüístico e se minha teoria oferece pelo menos um contra-exemplo, então minha teoria deve ser conceitual, porque é igualmente lingüística.

Coloco a questão de forma hipotética porque não aceito que o positivismo seja uma teoria relativa à prática lingüística (Duvido que haja um uso padrão das palavras "jurídico" ou "direito" ao qual o positivista possa recorrer. Em todo caso, em seus argumentos ele não se baseia em definições tomadas de dicionários nem em estatísticas de utilização lingüística.) Mas em que outro sentido devemos entender que o positivista esteja fazendo uma alegação conceitual em vez de simplesmente uma generalização descritiva? Se o positivista dissesse apenas que, em todos os países ou subdivisões políticas que estudou, os direitos jurídicos não são considerados como estabelecidos por argumentos morais e que, em conseqüência, ele acredita que nunca são considerados como estabelecidos dessa forma, então sua afirmação não pareceria nada conceitual. Alguém pode sugerir que o positivismo é conceitual porque *propõe* que os conceitos jurídicos deveriam ser usados de uma certa maneira, objetivando a clareza ou conveniência ou algum outro motivo político. Mas se o positivismo é assim tão exortatório, e se minha teoria produz realmente um "contra-exemplo" em nosso sistema jurídico, então isso deve acontecer porque mostrei que motivos concorrentes e melhores recomendam uma utilização contrária desses conceitos. Se for assim, então devo estar me baseando em alguma teoria sobre as divisões conceituais desejáveis do mesmo tipo daquela em que Soper se baseia, embora minha teoria possa não ser tão articulada. Mais uma vez, se sua teoria é legitimamente denominada conceitual porque é exortatória, então a minha também o é.

Mais uma vez, falo hipoteticamente, pois acredito que dizer que o positivismo seja exortatório e lingüístico é compreendê-lo mal. As teorias do direito são conceituais, mas não em quaisquer dessas formas. Já descrevi, anteriormente, um tipo especial de atividade intelectual que denominei como defesa de uma concepção específica de um conceito. Não pretendo já ter oferecido uma explicação adequada ou mesmo clara dessa atividade, mas espero que os exemplos que ofereci sugiram como essa atividade é diferente da generalização empírica, do estudo lingüístico e da exortação lingüística. Todos nós – ao menos todos os juristas – compartilhamos um conceito de direito e de direito jurídico, e contestamos concepções diferentes desse conceito. O positivismo defende uma concepção específica e eu tentei defender uma concepção concorrente. Discordamos quanto ao que são os direitos jurídicos mais ou menos do mesmo modo que os filósofos que discutem sobre a justiça discordam sobre o que a justiça é. Eu me concentro nos detalhes de um sistema jurídico específico com o qual estou especialmente familiarizado, não simplesmente para mostrar que o positivismo oferece uma explicação pobre desse sistema, mas para mostrar que o positivismo oferece uma concepção pobre de conceito de direito jurídico. Não estou argumentando que o positivismo esteja errado como explicação do nosso sistema jurídico, embora possa estar certo em sua explicação de outros sistemas jurídicos da mesma forma que, por exemplo, um historiador poderia afirmar que um teoria específica sobre as causas das guerras está errada, no que diz respeito à Guerra da Sucessão Austríaca, embora possa estar certa quanto a muitas outras guerras.

A analogia com os argumentos relativos ao conceito de justiça é útil. Suponhamos que alguém argumenta contra as teorias utilitaristas da justiça mostrando que essas teorias não conseguem explica por que a escravidão é injusta em alguma situação real ou imaginária na qual a escravidão de fato maximiza a utilidade. Ele poderia aceitar que, em outras situações reais ou imaginárias, a escravidão é contra-utilitarista, mas seu argumento pretende mostrar que mesmo então a escravidão não é injusta *porque* é contra-utilitarista. Ele pretende mostrar que o utilitarismo não é uma concepção satisfatória de justiça; se isso for certo, *nada* é injusto simplesmente por ser contra-utilitarista. Minha argumentação tem a mesma ambição. Recorro a sistemas jurídicos modernos complexos para mostrar que, uma vez que nesses sistemas a verdade de uma proposição sobre direitos jurídicos pode consistir em algum fato moral, a concepção positivista de direitos jurídicos deve ser falsa. Concluo que devemos abandonar a concepção positivista em prol de uma concepção diferente do tipo que descrevo no capítulo 4. Essa concepção torna a prática institucional e a história de cada jurisdição importantes para a verdade das proposições sobre direitos jurídicos, embora não necessariamente decisivas. Disso decorre que, em algumas jurisdições, os direitos jurídicos claramente divergem de qualquer moralidade política de fundo defensável. Eles se sustentam, apesar dessa divergência, por sanção institucional. Contudo, isso não ocorre pelo fato de o positivismo oferecer uma boa concepção dos direitos jurídicos para essas jurisdições, mas antes porque a concepção certa produz a conclusão nesse caso.

Em seus últimos parágrafos, Soper sugere que minha teoria iria provocar mais dificuldades para o positivismo, tal como ele o compreende, se ela se tornasse mais normativa e menos uma teoria sobre quais são realmente os fatos ou a nossa prática. Mas a questão que ele acha que nos divide – como realmente é nossa prática jurídica? – não é uma disputa sobre fatos comuns. Os positivistas e eu não discordamos sobre detalhes da prática que poderiam ser estabelecidos analisando mais cuidadosamente o que há nos livros ou elaborando questionários mais inteligentes aos juristas. Podemos discordar de questões desse tipo, mas essa discordância não é fundamental. Discordamos fundamentalmente sobre o que nossa prática é, ou seja, sobre qual explicação filosófica da prática é superior. Tentei explicar na parte final do capítulo 4 por que as discordâncias entre os cidadãos quanto ao que realmente significa a moralidade de suas sociedades têm aquele caráter e por que seria errado ver essas discussões como simples disputas sobre a moralidade popular, ou seja, sobre funções estatísticas de crenças morais que indivíduos específicos têm. Se insistirmos no contraste, então as disputas sobre o que é a moralidade social são mais normativas do que (simplesmente) factuais. O livro defende o mesmo ponto de vista sobre as disputas entre juristas e juízes que a história institucional realmente oferece quanto a uma questão particular. Saber se os princípios estão incorporados na história institucional é mais uma questão normativa do que (simplesmente) histórica. Assim também é a questão sobre o que realmente é nossa prática jurídica como um todo. A controvérsia entre as teorias do direito assume a mesma forma das controvérsias entre as teorias sobre a cláusula de igual proteção ou teorias da responsabilidade, embora a primeira seja a mais geral.

6. Nickel e a miopia

Concordo com grande parte do que diz o professor Nickel sobre os direitos políticos em seu ensaio. Ele discute, por exemplo, minha explicação, num ensaio sobre a teoria da justiça de Rawls, teoria que denominei como modelo "construtivo" de coerência na teoria moral[68]. Eu disse que o modelo construtivo fornece uma melhor justificação para o uso feito por Rawls da idéia de equilíbrio reflexivo do que outro modelo diferente, que denominei como "natural", que muitos críticos pensaram estar implícito no ar de Rawls. Nickel acredita que não ofereci nenhuma razão para pensar que o modelo construtivo oferece uma boa explicação do raciocínio moral privado, e eu concordo com ele. De fato, não tenho certeza de que alguma forma da teoria da coerência, quer baseada num modelo construtivo, quer num modelo natural, seja adequada a isso.

Nickel tem dúvidas quanto a meus argumentos contra a idéia corrente de que é apropriado, ao decidir se direitos políticos importantes dos indivíduos devem se revelar em casos particulares, equilibrar esses direitos individuais com os "direitos" da comunidade como um todo. Ele não afirma que a comunidade tenha um direito, concorrente com os direitos individuais,

68. Ver acima, capítulo 6.

a melhorias marginais no bem-estar geral, seja qual for sua definição. Ele diz que a idéia de um direito como esse representa uma "mera caricatura da posição conservadora[69]. (Discordo disso – acho que muitos conservadores falaram como se a comunidade tivesse exatamente esse direito, embora sem dúvida ninguém pense que esse direito da comunidade deva predominar sempre sobre todos os direitos individuais.) Contudo, ele parece pensar que a idéia de alguns direitos da comunidade, concorrentes com os direitos individuais, é necessária para "limitar o âmbito dos direitos individuais nas situações em que é muito custoso protegê-los em termos de outros valores[70]. Mas sem dúvida podemos dizer tudo que desejamos sem recorrer à idéia, que considero confusa, de que a comunidade como tal possui direitos. Nickel fala, por exemplo, do "direito" do maioria de ter, numa eleição justa, de seu candidato empossado[71]; mas à medida que essa é uma questão de direito, é uma questão dos direitos dos indivíduos que compõem a maioria. Denominamos isso um direito da maioria apenas para indicar a base ou as condições sob as quais os indivíduos possuem esse direito, principalmente quando são membros da maioria. Além disso, aceitei que nem mesmo os direitos individuais importantes são absolutos, mas que cederão a considerações especialmente poderosas de conseqüência que eu chamei, dramaticamente, de "emergências". O argumento de princípio que estabelece o direito individual como um direito abstrato deve reconhecer, em circunstâncias mais concretas, que há argumentos de princípio negativos, dos quais pode decorrer, por exemplo, que ninguém tem o direito de se expressar livremente quando o resultado for paralisar a capacidade de defesa da nação. Podemos aceitar ou discutir esse argumento de princípio negativo sem supor que a nação, considerada à parte dos indivíduos que a compõem, tenha direitos concorrentes com os direitos daqueles que querem falar.

---

69. Nickel, "Dworkin on the Nature and Consequences of Rights", 11 *Ga. L. Rev.* 1115, 1137 (1977).

70. Ibid.

71. Ibid.

Nickel também duvida de meu argumento de que, se um indivíduo tem um direito político de que o governo não o impeça de fazer algo transformando em delito essa ação, então ele tem o direito político de violar essa lei[72]. Ele diz que pareço pensar que, num tal caso, nem mesmo é *relevante* para se saber se alguém tem um direito moral de fazer algo que este ato seja contra a lei, o que lhe parece ser contra-intuitivo e implausível. Tive o cuidado, no ensaio em questão, de distinguir o problema relativo ao que alguém tem direito político de fazer, no sentido forte ali definido, do problema relativo ao que é certo fazer; e tive o cuidado de indicar que a ilegalidade de um ato certamente é relevante para o segundo problema[73]. Mas será que o governo tem alguma justificação para executar uma lei que viola os direitos políticos fundamentais além da que tem para fazer a lei valer logo de início? Eu achava que não e ainda penso assim, embora talvez alguma restrição devesse ser feita ao modo como coloquei a questão. Posso imaginar circunstâncias nas quais, devido ao fato de uma lei ter sido aprovada, um dano severo seria causado – uma emergência surgiria – se uma lei injusta não fosse aplicada, uma emergência que não teria surgido caso a lei nunca tivesse sido aprovada. Nickel estaria certo ao insistir que, num caso como esse, a transformação produzida pela lei seria, com certeza, moralmente relevante e, possivelmente, até decisiva contra o direito concreto de violar a lei nessas circunstâncias. É claro que não era essa a situação que eu tinha em mente, e não é razoável pressupor que aquela situação se produza nos Estados Unidos num futuro previsível. Eu pensava no argumento corrente de que algum dano sempre é cometido quando uma lei não é aplicada numa democracia. Um dano de caráter limitado não pode oferecer um argumento contra o direito político de violar a lei, se esta lei é ilegítima porque viola um direito político fundamental.

A principal objeção de Nickel à minha teoria dos direitos é muito diferente desses problemas que apresenta com toda ra-

72. Ibid., 1140.

73. Ver acima, capítulo 7.

zão. Ele se preocupa com o que considera ser minha crença de que o único argumento disponível a favor de qualquer direito político é o argumento de que um tal direito é necessário para proteger o que denominei direito fundamental a igual consideração e igual respeito. "Neste ponto a miopia de Dworkin deriva, suspeito eu, da equiparação completa que estabelece entre a questão dos direitos humanos e da igualdade política[74]. Deveríamos separar duas questões que ele apresenta. Ele duvida que se possa mostrar que uma teoria dos direitos individuais contra seus concidadãos, enquanto distintos dos direitos políticos, deriva do direito de igual consideração e respeito. Eu nunca disse que se podia mostrar, ainda que o direito de qualquer indivíduo de ser tratado com "certo" respeito, que discuti anteriormente, seja um direito correlato. Segunda, ele duvida que mesmo todos os direitos políticos que eu mesmo desejaria reconhecer possam ser defendidos por meio da distinção que fiz entre preferências pessoais e externas. Mais uma vez concordo. Num ensaio recente, tentei demonstrar de que modo o direito fundamental a igual consideração e igual respeito produz direitos econômicos, por exemplo, e o argumento não faz uso dessa distinção[75].

A crítica mais fundamental e mais importante feita por Nickel é aquela sugerida por sua afirmação sobre minha miopia. Ele se preocupa com fato de achar que minha teoria dos direitos está demasiadamente ligada a direitos que achamos que deveriam ser direitos contra a maioria numa democracia, e que ignora totalmente direitos que intuitivamente achamos que deveriam ser direitos contra qualquer forma de governo, como por exemplo o direito de não ser torturado. Com certeza, não se poderia dizer que um governo respeita os direitos humanos fundamentais se torturasse a todos e os torturasse igualmente. Além disso, mesmo que torture apenas alguns, nossa objeção não é uma objeção contra a discriminação; não acreditamos que a situação melhoraria se houvesse mais tortura.

---

74. Nickel, 1129.

75. Ver Dworkin, "Liberalism", em S. Hampshire (org.), *Public and Private Morality* (1978).

Contudo, não me parece tão claro que nossa crença de que as pessoas têm direito de não serem torturadas, mesmo para bons propósitos, não deriva no final de alguma concepção de igualdade. Mas antes que eu tente defender este juízo, permitam-me repetir, pelo menos para tornar as coisas mais claras, que jamais afirmei que os argumentos que formulei em prol de certos direitos políticos são os únicos que permitem defendê-los com êxito. Tive o cuidado de negar esta afirmação na introdução e no capítulo 12 deste livro:

> Coloco a questão deste modo vago porque nada nos leva a pressupor, de antemão, que apenas um tipo de razão pode fundamentar essa posição moral. Uma sociedade justa poderia reconhecer uma grande variedade de direitos individuais, fundamentados em considerações morais muito diferentes umas das outras. No restante deste capítulo, tentarei descrever apenas um fundamento possível para os direitos. Daí não se segue que, na sociedade civil, homens e mulheres só têm os direitos justificados pela argumentação que vou apresentar; mas se segue que eles têm no mínimo esses direitos, o que é suficientemente importante[76].
>
> Convém repetir aqui o que afirmo [no capítulo que Nickel discute]: nem os direitos ali descritos nem o método utilizado para defendê-los pretendem excluir outros direitos ou outros métodos de argumentação. A teoria geral dos direitos admite a existência de tipos diferentes de argumentos, cada um deles suficiente para sustentar alguma razão que explique por que uma meta coletiva, que normalmente fornece uma justificativa para uma decisão política, não justifica que algum indivíduo seja objeto de uma determinada desvantagem.
>
> Não obstante, o livro sugere uma forma preferencial de argumentação em favor dos direitos políticos, que consiste na derivação de direitos específicos do direito abstrato à consideração e respeito, tomados como fundamentais e axiomáticos[77].

Esse direito abstrato exige que os funcionários públicos e aqueles que os controlam não discriminem entre os cidadãos

---

76. Ver acima, p. 411.
77. Ver acima, p. XVIII.

de forma a negar a mesma consideração ou respeito a um grupo em favor de outro. Trata-se de uma exigência muito abstrata, e em um artigo recente mencionei ter tentado mostrar o que, segundo diferentes concepções de respeito, é exigido pelo princípio abstrato em circunstâncias mais concretas. Numa democracia, esse aspecto não-discricionatório da exigência fundamental será muito importante. Mas sem dúvida o princípio de igual consideração e respeito requer que os funcionários e aqueles que os controlam tratem os cidadãos com a mesma consideração e respeito que demonstram para si mesmos, e nos estados totalitários esse aspecto do princípio será ainda mais importante. Poderia ser dito que nesse caso a referência à igualdade no princípio é desnecessária ou até mesmo confusa; seria melhor dizermos que os funcionários públicos devem tratar todos os cidadãos com consideração e respeito, ou como seres humanos autônomos, o que aboliria a tortura. Talvez, mas a idéia de igualdade pretende sugerir um conteúdo para as idéias de respeito e autonomia: diz-se que aqueles que estão no poder devem tratar os outros como tratam a si mesmos, não no sentido de lhes proporcionar somente os mesmos bens e oportunidades que concedem a si mesmos, de tal modo que um tirano masoquista poderia, como justiça, torturar a todos como ele mesmo se tortura, mas no sentido mais fundamental de tentar, tanto quanto possível, ver a situação de cada pessoa definida por meio das ambições e valores dela, assim como deve ver sua própria situação definida por meio de suas próprias ambições e valores para se compreender como uma entidade que é necessária para a autoconsciência, em conseqüência, para a auto-identidade[78]. No momento, não posso elaborar melhor esta afirmação possivelmente confusa do sentido em que penso que a idéia de igualdade tem poder além do alcance que normalmente se pensa que tem, embora certamente eu deva, caso deseje estender minhas afirmações em favor do princípio fundamental para além

---

78. Ver também Williams, "The Idea of Equality", em P. Laslett e W. Runciman (orgs.), *Philosophy, Politics and Society* (1962), reimpresso em B. Williams, *Problems of the Self* (1973).

daquelas que fiz na introdução, que acabo de citar. Gostaria simplesmente de dizer agora que não parece absurdo encontrar idéias de igualdade mesmo por trás de nossa crença de que a tortura é errada.

Este momento é propício para mencionar uma interpretação errônea que Nickel não faz, mas que outros já fizeram. Dizem que os argumentos que produzi nos capítulos 9 e 12, utilizando a distinção entre preferências pessoais e externas, constituem um endosso geral do utilitarismo depurado de preferências externas, de modo que estou comprometido a sustentar quaisquer decisões políticas ditadas por todo argumento utilitarista que não se baseie em tais preferências. Não encontro respaldo para tal posição em meu texto; tampouco a sustento. Meus argumentos são argumentos contra um utilitarismo sem restrições, não a favor de um restrito. Eu afirmo que um argumento utilitarista não pode ser um bom argumento quando se baseia em preferências externas[79]; mas isso não quer dizer que um argumento utilitarista seja um bom argumento apenas se não se baseia. Acredito efetivamente que os argumentos de trocas compensatórias (*trade-off arguments*), que incluem argumentos utilitaristas, ocupam um lugar importante na teoria política, não porque o prazer total seja um bem em si, mas porque e apenas porque são argumentos a serviço da igualdade; e os argumentos utilitaristas, como indiquei em "Liberalismo"[80], podem ser antiigualitaristas por razões completamente independentes de preferências externas.

Tenho sido interpretado – de maneira ainda menos plausível – como se sustentasse que as preferências externas são más em si, e que as pessoas deveriam se esforçar para não as ter e deveriam votar ignorando aqueles que as têm. Nunca utilizei a distinção entre preferências pessoais e externas para descrever

---

79. Desde que o capítulo 12 foi escrito, percebi que seria necessário fazer uma distinção entre preferências externas e pessoais, em economia, para evitar aquilo que veio a ser chamado de "paradoxo de Sen". Ver Sen, "Liberty, Unanimity and Rights", 43 *Economica* 217 (1976), e a bibliografia ali discutida.

80. Em S. Hampshire (org.), *Public and Private Morality* (1978).

como as pessoas deveriam agir ou votar. Nada poderia estar mais longe do que supus do que a idéia de que as pessoas devem agir apenas seguindo seus próprios interesses e nunca os interesses de seus filhos, de seus amores, de seus amigos, ou da humanidade; ou de que seu voto não deve representar seus ideais de justiça ou outros ideais políticos bem como seus interesses egoístas. A distinção entre preferências é feita no contexto de uma discussão do utilitarismo de preferências. Argumento contra se levar em conta preferências externas, sejam elas malévolas ou altruístas, boas ou más, em alguma justificativa utilitarista para um decisão política. As pessoas têm inevitavelmente preferências externas de diversos tipos e agem em sua vida pessoal sob a influência delas. Pessoas boas têm preferências externas boas e pessoas más, preferências más. Votam de acordo com suas preferências externas; votam em deputados, por exemplo, que compartilham suas próprias teorias sobre justiça política. De que outra maneira decidiriam em quem votar? Mas, depois de eleitos, esses deputados estarão submetidos a limitações impostas quanto ao alcance da justificativa oferecida pelo utilitarismo de preferências para suas decisões; ou seja, até que ponto o fato de uma maioria preferir um determinado estado de coisas (independentemente da justiça daquilo que a maioria quer) vale como um argumento a favor de uma decisão política para promovê-lo? O fato de um maioria preferir um estádio esportivo a uma casa de ópera poderia ser levado em conta como um argumento a favor do estádio? O fato de a maioria pensar que a homossexualidade é imoral ou que a crueldade com às crianças é condenável não deveria, do meu ponto de vista, valer com argumento a favor de qualquer uma delas, embora certamente valha muito o fato diferente de que a crueldade prejudica as crianças.

Essa distinção é implausível? Consideremos duas sociedades, nas quais alguns deficientes físicos são incapazes de se sustentar. Na primeira delas, a maioria é indiferente ao destino dessas pessoas, enquanto na segunda a maioria prefere (preferências externas altruístas) que os sofrimentos dessas pessoas sejam aliviados. Sustento que a justificativa para ajudar os deficientes através de uma ação política, igual em todos os demais aspectos, não deve ser mais forte na segunda sociedade do que na primeira, embora certamente é muito mais provável que a segunda realize aquela ação. Seria desnecessário acrescentar, assim espero, que o princípio de justiça no qual a segunda maioria acredita oferece uma boa razão para uma decisão política. Mas como é a validade do princípio que molda a razão, e não o fato ser popular, a razão é igualmente forte nas duas sociedades.

Finalmente, poderia mencionar uma objeção diferente, colocada por Nickel, à minha descrição, no capítulo sobre os "Casos difíceis"[81], de como os juízes julgam e como deveriam decidir os casos. Disse que Hércules, que tem habilidades sobrehumanas e, por isso, trabalha rapidamente, poderia preparar de antemão toda uma teoria política, ricamente detalhada, com a qual poderia então enfrentar casos específicos difíceis. Não foi minha intenção sugerir que os juízes mais comuns de fato fazem a mesma coisa, embora desempenhem suas funções até onde o uso completo de suas habilidades e de seu tempo mais limitados lhes permitem[82]. Foi minha intenção, no entanto, dizer que fazem parcelas bem pequenas do mesmo trabalho, como e quando a ocasião assim requer, de modo que não produzem uma teoria geral, mas, na melhor das hipóteses, pequenos trechos de uma teoria geral ou, como sem dúvida freqüentemente ocorre, trechos de teorias diferentes. Mesmo fazendo isso, baseiam-se não em um estudo filosófico formal, mas em idéias intuitivas do que um esquema mais geral justificaria, feitas mais articuladas pela experiência de defender suas intuições diante de casos reais e hipotéticos proporcionados pela prática. Como disse, no caso paralelo de um árbitro de xadrez filosoficamente sofisticado (cap. 4), "trata-se obviamente apenas de uma reconstrução imaginária de um cálculo que nunca irá acontecer; o sentido do jogo para qualquer juiz vai se desenvolver no decorrer de sua carreira, e ele vai antes empregá-lo do que expô-lo em juízos". Estou repetindo isso agora por-

81. Ver acima, p. 119.
82. Ver Nickel, 1135.

que outros, além de Nickel, criticaram minha descrição baseados no fundamento de que não se lê as opiniões judiciais como ensaios de filosofia política. Alguns deles fazem isso, e eu desejaria que mais fizessem, mas eu não gostaria de apostar na plausibilidade da tese dos direitos como um modelo para compreender o que está por trás de uma decisão judicial, com base na quantidade de opiniões de que o modelo se mostra evidente na sua superfície.

7. Mackie e o jogo da inconstância

Os principais comentários de John Mackie sobre minha teoria da decisão judicial[83] são políticos, mas antes de enunciar suas reservas políticas ele indica o que lhe parece ser pelo menos problemático para meus pontos de vista. Alguns deles foram destacados por outros e já foram discutidos neste apêndice, mas há um problema que só Mackie salientou. No capítulo 13 deste livro admito que, em certos casos (que imagino devam ser muito raros em sistemas jurídicos complexos), a argumentação em defesa de uma das partes possa ser tão boa quanto a argumentação a favor de outra. Denomino esses casos de "empates". Mackie sustenta que minha afirmação de que os empates devem ser raros se baseia no que ele chama de uma "métrica" demasiadamente simples. Ela pressupõe que existe um equilíbrio usual entre dois pesos exatamente iguais, de modo que, se o menor peso adicional for acrescentado a qualquer um dos lados da balança, o equilíbrio seria destruído e faria a balança se inclinar. Mas Mackie argumenta que os casos em que não há uma resposta certa podem ser casos em que não se pode escolher entre dois lados, não devido ao fato de estarem nesse sentido exatamente em desequilíbrio, mas porque são casos incomensuráveis. Em seus escritos, ele nos oferece um exemplo de semelhanças faciais, mas a questão pode ser colocada de ma-

83. J. L. Mackie, "The Third Theory of Law", *Phil. and Pub. Aff.*, vol. 7, n. 1 (1977), p. 3.

neira mais incisiva, exatamente como Mackie fez quando tratou verbalmente de casos difíceis. Imaginemos um caso que parece oferecer um empate no sentido que descrevi. Acreditamos que duas teorias do direito que dão origem a decisões contrárias oferecem justificativas igualmente boas das leis anteriores e de seus precedentes. Suponhamos agora que encontramos um antigo precedente obscuro e sem importância que encontra sua justificativa numa teoria, mas não na outra. Se as duas teorias estivessem em equilíbrio perfeito, esse precedente novamente descoberto, por mais obscuro que fosse, deveria ser decisivo. Mas, na realidade, o precedente novamente descoberto pode não afetar nossa convicção de que não há nada a escolher entre as teorias. Podemos muito bem nos recusar a dizer que a descoberta de um caso como esse fizesse toda essa diferença. Sendo assim, Mackie sustenta então que o xeque-mate original não constituía um empate de perfeito equilíbrio, mas um caso de incomensurabilidade, e meus argumentos de que empates exatos devem ser raros não demonstram que incomensurabilidades devem ser.

Contudo, o argumento de Mackie pressupõe uma explicação do modo como as teorias justificam a história institucional que difere em dois pontos da explicação que recomendo. Em primeiro lugar, ele pressupõe que uma prova de um conjunto de elementos torna-se automaticamente melhor, como uma prova, quando justifica uma maior porcentagem desses elementos, mesmo que seja uma porcentagem marginalmente maior. Não vejo nenhuma razão por que deva ser assim. Quando duas teorias concorrem quanto ao que eu chamei de dimensão da adequação, a disputa não consiste em ver quantos fragmentos distintos da história institucional são explicados por cada uma. (De fato, não temos nenhum princípio de individualização de fragmentos da história do tipo requerido por uma tal disputa. Quantos fragmentos da história existem numa lei complexa? Será que um caso complexo, com muitas partes, ou uma ação grupal, vale como mais fragmentos do que um caso mais simples?) A disputa nessa dimensão pressupõe uma métrica menos precisa e que é mais um problema de caracterização. As duas teorias podem satisfazer "razoavelmente" mas não muito bem "a grande massa" de precedentes. Ainda, uma é preferida à outra por poder ser vista, com mais plausibilidade, como explicação para "a tendência" das decisões recentes. Nesse caso, a justificação para nenhuma das duas melhora pelo simples fato de descobrirem um ou dois casos mais antigos explicados por uma, mas não por outra. Em segundo lugar, a concepção de justificação que descrevi não estipula que qualquer melhora na dimensão da adequação seja automaticamente uma melhora na justificação global. Estipula um limiar de adequação que deve ser respeitado por qualquer teoria que, em última instância, deva se habilitar, mas sustenta que, se duas teorias ultrapassam esse limiar, a escolha entre elas será orientada pela moralidade política. (Numa recente ampliação de *No Right Answer*?[84] admiti que minha tese de que os empates serão raros não pressupõe qualquer concepção de moralidade a de que teorias morais diferentes são freqüentemente incomensuráveis.)

A principal objeção de Mackie é, como digo, uma objeção política. Ele observa que, em outra resenha, afirmei que em determinadas questões relativas à escravidão no período pré-Guerra da Secessão (referia-me principalmente aos casos que implicavam a cláusula do processo legal justo), o melhor argumento jurídico justificava uma decisão contra os captores de escravos e a favor dos supostos escravos, embora os juízes tivessem tomado decisões contrárias. Mackie constrói um argumento jurídico que, pretendendo seguir a forma que recomendo, justificaria a decisão a que os juízes chegaram e observa que juízes de bom senso e de boa vontade poderiam muito bem aceitar tanto sua argumentação quanto a minha. Ele não quer dizer (penso eu) que cada um dos dois argumentos tenha de fato o mesmo peso. Sem dúvida, ele pensa que sua argumentação é de fato melhor que a minha nos casos específicos em questão. Mas o que ele quer provar é simplesmente que não é indiscutível que os juízes que tivessem que decidir essas questões teriam considerado meu argumento o melhor, de modo que os

---

84. A ser publicado pela *New York University Law Review.*

leitores não deveriam pensar que o método de decisão judicial que recomendo fornece necessariamente as decisões mais atraentes, mesmo nos Estados Unidos ou na Grã-Bretanha.

Resisto a concordar até mesmo com esta afirmação mais limitada. Os juízes que decidiram esses casos eram, como cidadãos, politicamente comprometidos: eram antiescravagistas por razões de princípios. Em conseqüência, tinham pontos de vista sobre os direitos individuais e, em particular, sobre os direitos dos negros como pessoas, que os teriam feito preferir meu argumento como argumento jurídico, se tivessem reconhecido o papel legítimo de tais princípios na argumentação jurídica. Minha alegação histórica pressupõe uma posição jurídica que compartilho com o professor Cover (o autor do livro que resenhei), mas contestada por Mackie: ela pressupõe que os casos de escravidão envolvendo processo legal justo eram casos difíceis, não decididos de antemão pelo significado direto das disposições constitucionais e das leis. Mas é claro que se os juízes pensassem que o assunto estava prescrito por um direito positivo como esse, então eles também não teriam considerado os argumentos que Mackie construiu para eles.

Isso tudo, no entanto, não passa de tergiversações sobre casos históricos específicos e não se refere ao ponto mais geral apresentado por Mackie. O ponto é que minha teoria da decisão judicial atribui mais poder aos juízes do que o positivismo e que deveríamos recomendar minha teoria somente se (ou quando) estivéssemos convencidos de que queremos que os juízes, mais que os legisladores ou os outros funcionários, tenham este poder. Será que isso está certo? Mackie antecipa a minha seguinte resposta: "O positivismo atribui aos juízes tanto poder político quanto a minha teoria. O positivismo reconhece igualmente a distinção entre casos fáceis, nos quais o direito está estabelecido e o juiz é obrigado a decidir segundo os ditames da lei, e casos difíceis, nos quais o juiz está livre para exercitar um poder discricionário legislativo. Minha teoria recomenda apenas que os juízes tomem decisões políticas nos casos difíceis, e o positivismo também recomenda isso, porque o exercício de um poder discricionário legislativo é o exercício do poder político". Mackie responde, de antemão, que minha resposta falha, pois coloca, na categoria de difíceis, muito mais casos do que o positivismo, abrindo mais espaço para desafiar o que é considerado como direito estabelecido. Seu argumento consiste tão somente em citar meu ponto de vista de que os casos de processo legal justo da escravidão não eram orientados pelo direito estabelecido. Mas este não é um bom argumento. O próprio Mackie diz a essa altura que "está longe de ser claro que as disposições (as pertinentes) são contrárias à cláusula do processo legal justo". Isso não quer dizer que fique claro que elas não a violam. Mas suponhamos que esteja nesse caso um advogado constitucional americano melhor do que Cover ou eu e que ele esteja certo. Segue-se apenas que cometemos um erro em nossa análise do direito, não que a minha teoria da decisão judicial de algum modo legitime tal engano. Nem a história jurídica sugere que os juristas que se autodenominam positivistas – como, por exemplo, Holmes – são especialmente relutantes em julgar como não estabelecido o que os outros pensam que está claramente estabelecido.

É de fato muito difícil saber se minha teoria admite que uma parte maior do direito "estabelecido" seja desafiada. Muito depende dos detalhes da doutrina e da prática em jurisdições específicas – por exemplo, se estas admitem uma reviravolta em casos de precedentes indesejáveis. Mas Mackie poderia ter elaborado um argumento mais forte do que elaborou. Ele poderia ter dito que o positivismo permite que um juiz seja mais respeitoso com outras instituições quando ele cria um "direito novo" nos casos difíceis e que talvez até mesmo o encoraje a fazer isso. Desde que o positivismo afirme que nenhuma das partes tem o direito a qualquer decisão específica num caso difícil, um juiz positivista pode aceitar a responsabilidade geral de chegar à decisão que ele pensa que o legislador teria tomado, seja em deferência a alguma teoria democrática ou ao interesse de um governo idôneo. (Sugeri, na resenha do livro, que os juízes anteriores à Guerra da Secessão podem ter sido influenciados pelo sentimento dessa responsabilidade.) Por outro lado, minha teoria da decisão judicial insiste no fato de que as duas partes possuem direitos jurídicos nos casos difíceis e que um juiz que aceite o dever de tentar identificar esse direito não pode se deixar influenciar contra sua teoria do que são os direitos, por qualquer consideração concorrente de democracia ou de governo eficaz. De modo que Mackie poderia estar certo, por essa razão, em pensar que as convicções políticas dos juízes são mais importantes na minha teoria.

Mas existem duas considerações em contrário. Em primeiro lugar, é uma queixa comum, feita tanto de juízes britânicos quanto norte-americanos, de que eles contrabandeam convicções políticas sob o pretexto de querer descobrir o que a legislatura "realmente" pretendia ou "teria feito se estivesse consciente do problema"[85]. Alguns críticos acham que aí se dá uma atitude deliberada; para outros, ela é involuntária. De fato, em muitos casos nos quais juízes aparentemente respeitosos recorrem à intenção do legislador ou a afirmações contrafactuais sobre o que o legislador teria feito, é estúpido pensar que tenham tido sucesso encontrando a resposta certa para essas questões porque não há nenhuma resposta certa a ser encontrada. Essas acusações de hipocrisia ou auto-engano servem para checar a própria acusação de Mackie de que minha teoria trata negligentemente o direito. (Ainda estou em débito com ele por me haver explicado o que queria dizer com isso. Pensei que era uma alusão às mulheres que são, de modo perfeitamente coerente, ao mesmo tempo firmes e descuidadas.) Ele acha que minha teoria irá aumentar o engano, porque os juízes pensarão estar buscando determinadas soluções para problemas jurídicos quando na realidade estarão legislando com suas convicções pessoais. Essa acusação sem dúvida questiona as bases teóricas sobre as quais minhas recomendações estão fundadas. Se forem sólidas, os juízes *estarão* dando o melhor de si para descobrir os direitos das partes, e não haverá engano algum. Mas ainda que minhas afirmações teóricas sejam indefensáveis, o engano, se houver, parece estar no outro tribunal. Hércules deixa claro, em suas opiniões, a influência da moralidade política em

85. Ver exemplo, Griffith, *The Politics of the Judiciary* (1977).

suas decisões. Os positivistas que recorrem à intenção do legislador ou às afirmações contrafáticas freqüentemente ocultam a influência de suas convicções atrás de uma tela decorada pelo disparate.

O segundo fato contrário é mais complexo em suas implicações. O positivismo sustenta que os juízes, no exercício de seu poder discricionário para criar um direito novo nos casos difíceis, estão livres para criar direitos novos em nome de políticas assim como de princípios. Minha teoria inclui a tese dos direitos, que argumenta que, por ser dever dos juízes, mesmo nos casos difíceis, identificar os direitos das partes, os juízes nesses casos deveriam recorrer a argumentos de princípios e não a argumentos políticos. A seção 2 deste apêndice discute a se a tese dos direitos faz muita diferença na prática. Sustento que sempre fará alguma diferença, e que o grau da diferença dependerá da área do direito em questão – em particular se o juiz adota uma teoria conseqüencialista dos direitos que compõem essa área. Essa questão é, neste momento, pertinente porque os riscos para a liberdade individual são muito maiores, penso eu, quando os juízes são convidados a fazer novas leis baseados em juízos de política (como o juízo de que um certo tipo de conduta é danoso ao bem-estar público, ou que as penalidades deveriam ser incrementadas para aumentar seu poder dissuasivo) do que quando são chamados a proteger os direitos políticos e morais dos cidadãos de sua comunidade. O risco, no primeiro caso, é o de que os juízes venham a desgastar a liberdade individual num grau maior do que o processo político ordinário, com seus limites e inércias. O risco, no segundo caso, é amplamente negativo: liga-se ao fato de que os juízes serão conservadores e utilizarão menos seu poder do que poderiam recusando-se a reconhecer os direitos individuais que o processo político ainda não estabeleceu no direito positivo. Essas são generalizações, nenhuma é inevitável ou absolutamente verdadeira. Não é difícil imaginar casos nos quais os juízes podem provocar grandes danos, mesmo em casos civis, aplicando uma falsa concepção dos direitos de propriedade. Mas a tese dos direitos coloca uma questão prática que Mackie deveria pelo menos acrescentar a sua lista das questões políticas que minha teoria tornou pertinentes. Suponhamos que é verdade que juízes que aplicam a tese dos direitos provavelmente não limitem substancialmente a liberdade individual, além do que os legisladores limitaram, quando suas convicções políticas forem conservadoras, mas que, quando suas convicções forem liberais, aumentem a liberdade individual. Assim, os liberais pelo menos acharão melhor apostar nesta tese do que na antiga trapaça de Mackie.

8. Raz e a banalidade dos direitos

Em seu ensaio extremamente condensado[86], o doutor Raz apresenta várias questões. Muitas delas já foram discutidas neste apêndice[87]; mas a questão à qual ele devota maior atenção

86. Raz, "Professor Dworkin's Theory of Rights", XXVI *Political Studies* 123 (1978).

87. A propósito de sua discussão das preferências externas e pessoais, por exemplo, ver pp. 539-42 acima. Grande parte da resenha discute a teoria jurídica naquilo que ela difere da teoria política. Raz argumenta que a tese dos direitos é "vazia de conteúdo". Mas baseia essa acusação em sua interpretação equivocada de minha apresentação dos direitos, discutida na continuidade deste texto, e também no pressuposto, discutido em profundidade na seção 2 deste apêndice, de que, se às vezes os direitos dependem das conseqüências, então todos os argumentos de conseqüência são argumentos sobre os direitos. Sua discussão daquilo que chama de minha "tese conservadora" (uma descrição que muito me apraz enquanto antídoto ao pressuposto muito difundido, refletido na crítica de Mackie, de que minha teoria é radical) ignora a distinção que estabeleço entre direitos jurídicos e direitos morais fundamentais com os quais os direitos jurídicos podem entrar em conflito, e o impacto dessa distinção sobre a questão do que, num sistema jurídico imoral, um juiz deve fazer no final do dia (ver pp. 491-4 acima). Com respeito à sua discussão daquilo que chama de meu argumento a partir da eqüidade, ver pp. 383-6 acima. Raz descreve minha afirmação de que as condições de verdade das proposições de direito às vezes incluem condições de moralidade como uma "tese de direito natural". Mas deturpa vários argumentos que apresentei a favor dessa afirmação (ver capítulos 2, 4 e 13, e seções 3, 4 e 5 deste apêndice) e defende sua afirmação contrária por meio de uma única referência a seu artigo anterior, sem discutir minha réplica a esse artigo no capítulo 3, e com uma apresentação rasa de uma versão especialmente simples do positivismo jurídico.

ainda não foi, e sua discussão revela um importante mal entendido do qual outros podem compartilhar. Sustento que as reivindicações políticas devem ser entendidas de modo funcional, como pretensões de trunfo sobre alguma justificação coletiva de fundo que normalmente é decisiva. A força política das exigências do direito depende, em conseqüência, da estrutura geral da comunidade política em que é formulada. Depende particularmente do tipo de justificativa coletiva que se toma como justificativa geral de fundo nessa comunidade política, seja explicitamente, na moral política compartilhada por essa comunidade, contanto que exista, seja de modo implícito, segundo suas principais instituições legislativas.

Nos Estados Unidos e na Grã-Bretanha contemporâneos, certo apelo ao bem-estar geral, entendido como um apelo à maximização utilitarista de preferências, fornece uma justificativa geral para decisões políticas, e a estrutura das Assembléias Legislativas e dos Parlamentos é concebida de modo a determinar e servir o bem-estar geral. Assim, uma reivindicação de direito político é a reivindicação de um trunfo sobre o bem-estar geral em favor de um indivíduo particular. Quando alguém reivindica um direito à liberdade de expressão, por exemplo, afirma que o estado erraria ao proibi-lo de falar sobre um assunto, mesmo que com isso o bem-estar geral fosse melhorado. A natureza hipotética da reivindicação é importante. Enfatizamos a injustiça especial da tortura, por exemplo, quando falamos de um direito contra a tortura porque proclamamos que a tortura seria condenável mesmo que fosse realizada no interesse geral. Mas é legítimo falar do direito de não ser torturado mesmo que a tortura servisse apenas a interesses privados ou ilegítimos. A tortura neste último caso é condenável *a fortiori*.

Dou destaque às reivindicações de direitos enquanto reivindicações de um trunfo sobre uma justificativa utilitarista geral, nos capítulos explicitamente políticos deste livro, porque discuto decisões políticas no seio de comunidades em que a justificativa coletiva geral é utilitarista. Não pretendo que os indivíduos só tenham direitos numa comunidade desse tipo. Suponhamos uma comunidade política na qual a justificativa geral de fundo consiste numa invocação da glória ou do reforço da posição militar do estado, ou no triunfo de uma classe ou na riqueza absoluta da nação, em cada caso como um objetivo valorizado por si mesmo. Numa sociedade assim, a força prática das reivindicações de direito consistiria na afirmação de que uma decisão que prejudica o indivíduo é condenável mesmo que concorra para melhoria desses objetivos políticos. Os argumentos do capítulo 12 mostram, contudo, que mesmo o conteúdo dos direitos pode variar em função da justificativa básica, ou da estrutura das instituições políticas destinadas a fazer valer diferentes justificativas básicas. Pois direitos que excluem preferências externas do processo político podem ser necessários numa comunidade política cuja estrutura legislativa pressupõe uma justificativa básica de cunho utilitarista e cujo membros têm preconceitos sistemáticos, que não necessários em outro lugar. A afirmação de que os membros de alguma minoria possuem direitos específicos numa sociedade desse tipo (tal como o direito a uma educação integrada, possivelmente) apelaria a características não necessariamente presentes em outros lugares. Mas muitos direitos são universais, pois dispomos de argumentos a favor deles diante de qualquer justificativa coletiva em quaisquer circunstâncias que provavelmente possamos encontrar na sociedade política. São esses os direitos que poderiam justificadamente ser chamados de direitos humanos.

Raz sublinha que a idéia dos direitos como trunfos pode ser utilizada de modo que aumente grotescamente o número de direitos, banalizando o apelo a um direito. Certamente isto é possível – poderíamos estipular que se diga que alguém tem um direito se sua desvantagem proporciona uma razão mais forte do que *alguma* outra razão de *qualquer* espécie que pudesse existir sustentando essa desvantagem. A maioria dos direitos não teria (segundo esta explicação) nenhuma importância prática. Precisaríamos então de um novo conceito de direitos como trunfos sobre importantes justificativas coletivas, que é o que proponho em primeiro lugar. Ninguém tem um direito político (segundo minha explicação) a menos que as razões para conceder-lhe o que pede sejam mais fortes do que alguma justificativa coletiva que normalmente proporciona uma justificativa inteiramente política para uma decisão[88]. Que alguém tenha uma forte preferência por sorvete de pistache é, de fato, uma razão para que a sociedade o produza, e é uma razão mais forte do que outras que possam ser encontradas ou inventadas para não produzi-lo – como a leve preferência por baunilha de alguma outra pessoa. Mas é inútil falar de um direito de ter pistache (ou de um direito mais geral de ter suas preferências mais fortes satisfeitas) a menos que pretendamos dizer que essa preferência constitui uma razão para a produção do pistache, mesmo que as preferências *coletivas* da comunidade fossem mais bem satisfeitas produzindo baunilha. Digo "inútil" em vez de "errado" porque não pretendo (como tive o cuidado de fazer) que minha apresentação dos direitos abranja a linguagem mais comum de maneira exata ou completa. Minha apresentação é, nesse sentido, uma condição. (Certamente não é uma descoberta empírica, como às vezes Raz sugere que uma teoria dos direitos poderia ser.) Mas é uma condição, ou acho que seja, que isola uma idéia notadamente importante na teoria política, que é a idéia de um trunfo individual sobre as decisões coletivamente justificadas. E igualmente uma condição que abarca a idéia dos direitos individuais vigentes utilizados na prática constitucional norte-americana.

Deveria acrescentar que (embora seja uma simples repetição do que está explícito no livro) a teoria dos direitos que apresento não nega que alguns direitos são mais importantes que outros. Nenhum suposto direito constitui-se em direito (sob meu ponto de vista) a menos que invalide pelo menos um caso marginal de uma justificativa coletiva geral; mas um direito é mais importante que o outro se alguma justificativa coletiva especialmente dramática ou urgente, que supere esse limiar, derrotar o último, mas não o primeiro.

O mal-entendido de Raz provoca confusão na discussão do que denomina "direitos ao bem-estar". Ele afirma que nego

88. Ver acima, por exemplo, pp. 136 e 406.

que as pessoas possam ter direitos ao bem-estar, e que isso é contrário ao que muitos pensam. Mas ele agrupa, na categoria das "reivindicações de bem-estar", tipos de reivindicação muito diferentes. De fato se segue da explicação dos direitos que sugeri que é absurdo dizer, numa sociedade cuja justificativa geral básica é utilitarista, que alguém tem o direito apenas ao nível de bem-estar recomendado por esta justificativa geral básica. É absurdo porque esse direito aceito funciona apenas para confirmar a justificativa coletiva e não para trunfar sobre ela. Não reivindica nada mais do que a justificativa coletiva ofereceria sem a ajuda de qualquer idéia de direitos individuais. Mas suponhamos que a reivindicação de um direito ao bem-estar recomendado pelo utilitarismo se faça contra uma outra justificativa coletiva básica, como a justificativa do poder militar ou da glória nacional por si mesmos. Essa reivindicação é forte demais para valer como uma reivindicação de direito do tipo que a teoria contempla. Sustenta que a justificativa coletiva básica deveria ser aniquilada e substituída pelo utilitarismo, não apenas que deva ceder, em determinadas ocasiões, a direitos vistos como trunfos. Uma vez reconhecida a idéia de que é injusto negar aos indivíduos o bem-estar, seja qual for o bem-estar que a justificativa utilitarista recomende, não resta espaço para os objetivos desafiados do poder militar ou da glória nacional. Em conseqüência, alguém que reivindique um direito desse tipo não está usando a idéia do modo por mim recomendado, e (como Bentham insistiu) poderia apresentar seu ponto de modo mais simples evitando quaisquer idéias de direito.

Contudo, quando Raz fala de "direitos ao bem-estar", está pensando não simplesmente no suposto direito a qualquer nível de bem-estar exigido pela justificativa utilitarista básica. Pensa também na pretensão de que alguma pessoa (ou grupo) tem direito a um determinado nível mínimo de bem-estar, ou a um nível que não seja menor do que uma fração especificada a partir do nível do bem-estar de uma pessoa ou um grupo bem de vida, ou ainda ao mesmo nível de bem-estar de qualquer outra pessoa (ou grupo). Mas essas reivindicações populares são muito diferentes da reivindicação de que uma pessoa ou grupo tem direito ao bem-estar exigido por alguma justificativa coletiva global. A reivindicação de que alguém tem um direito a um nível mínimo de bem-estar, por exemplo, pode ser entendida facilmente como reivindicação de que é condenável para o governo manter um sistema econômico segundo o qual certos indivíduos ou famílias ou grupos fiquem abaixo de um nível mínimo de bem-estar, mesmo que esse sistema econômico produza utilidade pública média (um nível de bem-estar coletivo global maior) mais elevada do que qualquer outro sistema. Esse tipo de reivindicação não é excluído da apresentação dos direitos que propus; ao contrário, acredito que seja uma virtude dessa explicação deixar claro que é precisamente a competição entre níveis mínimos de bem-estar e o bem-estar coletivo global que está em jogo quando se discute esse "tipo de direito" ao bem-estar.

Raz acredita que há uma importante mudança entre a teoria política proposta nos capítulos do livro e a que é sugerida no capítulo 12. Os capítulos iniciais pressupõem a explicação dos direitos que eu acabo de defender, na qual os direitos funcionam como trunfos sobre alguma justificativa básica que recorra ao bem-estar coletivo. No capítulo 12, esse antagonismo entre direitos particulares e o bem-estar coletivo desaparece, diz ele, porque tanto os direitos particulares quanto o bem-estar coletivo são considerados como conseqüência de um direito muito mais geral, que chamo de direito que todos os membros de uma comunidade política têm de serem tratados como iguais. Mas nisso não há nenhuma incoerência.

Os direitos políticos particulares só podem ser entendidos funcionalmente, como acabei de dizer, atentando para o seu papel político. Esse papel pressupõe, em nossa comunidade política, um antagonismo entre o apelo a esses direitos e o apelo ao bem-estar geral. Mas essa descrição traz à baila uma importante questão. Será que esse antagonismo no nível de argumentação política reflete um antagonismo profundo num nível mais fundamental? Será que os direitos particulares refletem algum ideal político profundo, como a idéia da dignidade ou autonomia individuais, e o bem-estar coletivo um *outro* ideal concorrente, como idéia de que o prazer é um bem em si mesmo? Se for assim, a teoria política (ou pelo menos a teoria política que seria necessária para justificar instituições como as nossas, que apelam tanto aos direitos quanto ao bem-estar coletivo) é pluralista em um nível fundamental. Ou, por outro lado, o antagonismo aparente entre os direitos e o bem-estar coletivo será o produto de um teoria política que é unificada em um nível mais profundo? O capítulo 12, e outras partes da Introdução e deste Apêndice apóiam esta última hipótese, que também é defendida num ensaio posterior, *Liberalism*, ao qual já me referi. Sugiro que os direitos políticos particulares *e* a idéia do bem-estar coletivo, *e* a idéia de que funcionam como antagonistas no nível do debate político são conseqüências do ideal fundamental de uma comunidade política enquanto comunidade de iguais. Fale de fato de um "direito" de ser tratado como igual, com igual consideração e igual respeito, mas enfatizei que se tratava de "um direito tão fundamental que não pode ser apreendido através da caracterização geral dos direitos como trunfos diante dos objetivos coletivos, a não ser como um caso limítrofe, pois ele é a fonte da autoridade geral dos objetivos coletivos e das restrições especiais à autoridade desses objetivos, usadas para justificar os direitos mais particulares"[89]. Os comentários de Raz sugerem, contudo, que foi enganoso falar da idéia de tratamento como um "direito" de algum modo, se aí se configurasse algum direito.

Raz tem algo a dizer sobre o conteúdo da idéia de igual tratamento, quer a descrevemos ou não como um direito. Seguindo o professor Benn[90], ele diz que essa idéia realmente não apela à igualdade. (Já mencionei e comentei aqui essa sugestão[91]). Diz também que a idéia é vazia por ser compatível com muitos padrões diferentes de distribuição. Tal afirmação, porém, está errada em dois sentidos. Em primeiro lugar, mesmo como afirmação abstrata, a proposição de que um governo deve tratar

---

89. Ver acima, pp. XVIII-XIX.

90. Ver Benn, "Egalitarianism and the Equal Consideration of Interests", in Pennock and Chapman (orgs.), *Nomos IX: Equality* (1967), pp. 66-7.

91. Ver acima, pp. 537-8.

aqueles sobre os quais pretende exercer autoridade com igual consideração e igual respeito não é vazia, uma vez que exclui posições políticas que foram outrora dominantes e ainda são populares em determinados círculos. Em segundo lugar, a ingerência na qual se baseia a acusação de Raz – se duas concepções diferentes de um conceito abstrato podem ser mantidas com alguma plausibilidade, então o conceito não recomenda nenhuma delas – compreende mal o papel dos conceitos abstratos na teoria e no debate políticos. Em *Liberalism*, argumento que as posições políticas mais populares só poderão ser entendidas e que as importantes distinções entre elas só poderão ser reconhecidas quando se perceber que cada uma representa uma concepção diferente da exigência abstrata de igualdade. É verdade que essas concepções diferentes competem entre si, pois recomendam, entre outras coisas, esquemas diferentes de distribuição econômica. De tal constatação, porém, dificilmente se poderá inferir que uma concepção não pode ser, enquanto concepção, superior às outras.

Índice de nomes e assuntos

GRÁFICA PAYM
Tel. [11] 4392-3344
paym@graficapaym.com.br